Das Katholische Sonntagsblatt (1850–2000)

Hubert Wolf / Jörg Seiler (Hg.)

Das Katholische Sonntagsblatt (1850–2000)

Württembergischer Katholizismus
im Spiegel der Bistumspresse

Schwabenverlag

Die Deutsche Bibliothek – CIP-Einheitsaufnahme
Ein Titeldatensatz ist bei
Der Deutschen Bibliothek erhältlich

Alle Rechte vorbehalten
© 2001 Schwabenverlag AG, Ostfildern
www.schwabenverlag.de

Umschlaggestaltung: Wolfgang Sailer, Oberboihingen,
mit Motiven aus dem Katholischen Sonntagsblatt
Satz: Schwabenverlag AG, Ostfildern
Herstellung: Süddeutsche Verlagsgesellschaft mbH, Ulm
Printed in Germany

ISBN 3-7966-1040-4

Inhalt

Hubert Wolf/Jörg Seiler
Vorwort … 7

Bischof Dr. Gebhard Fürst
Geleitwort … 9

Jörg Seiler
Typisch katholisch
Geschichte, Gestalt und Bedeutung des Katholischen Sonntagsblattes … 11

Barbara Wieland
Der katholische Hausstand und das Sonntagsblatt
Belehrung – Werbung – Lebensgestaltung … 61

Dominik Burkard
Volksmissionen und Jugendbünde
Eine kritische Analyse und die Diskussion um ein katholisches Milieu
in der Diözese Rottenburg … 109

Dominik Burkard
Kirche und Staat
Das Katholische Sonntagsblatt im Dienst der »libertas ecclesiae« (1850–1862) … 190

Barbara Wieland
Die Jahresbilder des Katholischen Sonntagsblattes
Ein Spiegel schwäbischer Frömmigkeit … 230

Claus Arnold
»Sie vergehen und Du bleibst …«
Das Katholische Sonntagsblatt und der württembergische Katholizismus
an der Jahrhundertwende 1900 … 266

MARIE-LUISE ENGELHARDT
»Kreuzfahrt 1933«
Das Katholische Sonntagsblatt, der Nationalsozialismus und das Ende
der Weimarer Republik   274

JÖRG SEILER
Der Kampf um die Bekenntnisschule im »Südweststaat« (1946–1953)
Was ein Sonntagsblattleser wissen sollte und konnte   296

Personenregister   325

Autorennachweis   331

Abkürzungen für das Sonntagsblatt

SCV   Sonntagsblatt für das christliche Volk (1850–1867)
KS   Katholisches Sonntagsblatt (1868–1938, ab 1945)
KKW   Katholische Kirchenwoche (April 1938–1941)

Vorwort

Trauen Sie keiner Festschrift und keiner Festrede aus Anlaß eines beliebigen Jubiläums! Allzu leicht ist der Ehrende versucht, schön zu reden, schön zu schreiben; den Geehrten berührt dies – peinlich im einen, selbstverliebt im anderen Falle. Doch auch das Gegenteil stimmt: Wollen Sie etwas über den Geehrten wissen, greifen Sie zu einer Festschrift oder lauschen Sie den Worten eines Festredners! Doch bitte nicht unkritisch. Was gesagt und geschrieben wird, ist nämlich selbst wieder Zeitaufnahme, bestenfalls *ein* mögliches Verständnis, die *Bedeutung* des zu Ehrenden zu erfassen. Damit sind die Leitlinien des vorliegenden Bandes erläutert. Wessen gedacht wird, ist keineswegs unbedeutend: Seit 150 Jahren erscheint wöchentlich das Katholische Sonntagsblatt, die Kirchenzeitung der Diözese Rottenburg-Stuttgart (abgesehen von einer Zwangspause 1941–1945). Wahrhaft ein Grund zu feiern! Sie ist ein Spiegelbild dieser Diözese, ihrer Geschichte und der sie prägenden Kräfte. Anschaulich überblickt der Beitrag von Jörg SEILER (Typisch katholisch) diese Geschichte und die ihr zugeschriebenen Deutungen, wie sie sich in den Bänden des Sonntagsblattes selbst finden. Hier wird eine traditionsreiche Zeitschrift in ihren vielfältigen Selbstdeutungen gefeiert. Auf einer »urtümlicheren« Ebene befaßt sich der Aufsatz von Barbara WIELAND (Katholischer Hausstand) mit einer ähnlichen Vielfalt – konkret im katholischen Alltagsleben in Württemberg. Das zu ehrende Sonntagsblatt erhält hier ein buntes Gemälde katholisch-schwäbischer Kultur. Dieses Bild beschreibt anschaulich, wie mustergültig man sich katholisches Familienleben vorstellte. Die Frage nach der Einheitlichkeit solcher Kultur steht im Hintergrund der Analyse von Dominik BURKARD über Volksmissionen und Jugendbünde, wie auch immer man diese Kultur bezeichnen mag (Stichwort »Milieu«, »Katholizismus«, »Katholizismen«). Bereits hier beleuchtet ein Kenner der württembergischen Kirchengeschichte die (kirchen-) politische Dimension frommen Verhaltens, das auch mehr sein kann als nur *frommes* Verhalten. Diese Dimension ist ausschließliches Thema seines nachfolgenden Beitrages über das Verhältnis zwischen Kirche und Staat in der so entscheidenden Phase von 1850 bis 1862. Von nicht geringer Aussagekraft ist hierbei, einmal darauf zu achten, was ein Sonntagsblattleser, ein guter Katholik also, über die in Württemberg eigentümliche Form dieses Verhältnisses erfahren konnte und sollte. Beide Beiträge sind somit (kirchen-) politikgeschichtliche Festgaben für eine Institution, die diese politische Funktion sehr wohl wahrzunehmen wußte.

Chronologisch reihen sich die weiteren Beiträge der Gratulantenschar bei: Barbara WIELAND untersucht die Jahresbilder der Jahrzehnte um 1900 – ein genußvolles, kunstgeschichtlich interessantes Unternehmen, das Licht auf zeittypische Mentalitäten und Frömmigkeit wirft. Auch solch eine Macht des Bildes sei dem Sonntagsblatt zu seinem Jubiläum widergespiegelt. Nahezu fließend ist der Übergang zu einem Charakterbild des schwäbischen Katholizismus, wie es Claus ARNOLD in seinem Beitrag (»Sie vergehen und Du bleibst«) zeichnet. In den Blick gerät hierbei neben einer launigen Momentaufnahme des Jahreswechsels 1899/1900 auch die Zeitgeistnähe des Sonntagsblattes in ihrer bezeichnend antimodern-modernen Weise. Diese Zeitgeistnähe untersucht Marie-Luise ENGELHARDT für die Jahre 1932/1933 (»Kreuzfahrt 1933«). Der in der Neujahrsausgabe von 1933 prognostizierte Kreuzzug sollte sich auf ungeahnte, furchtbare Weise erfüllen. ENGELHARDT ordnet das Sonntagsblatt in den zeitgeschichtlichen und mentalen Kontext dieser beiden entscheidenden Jahre ein. Aus der Erfahrung nationalsozialistischer Schreckensherrschaft heraus war der Katholizismus der Nachkriegszeit von einem moralischen Sendungsbewußtsein erfüllt, das, je länger je mehr, mit einem eigentümlichen Welt-Pessimismus gepaart war. Der daraus resultierenden kämpferischen Kraft geht Jörg SEILER in seinen Ausführungen über die Bekenntnisschule (Kampf um die Bekenntnisschule) nach. Daß die Bistumszeitung an vorderster Front dieses Kampfes beteiligt war, erweist einmal mehr ihre meinungsbildende Funktion, die sie für die Diözese bis auf den heutigen Tag besitzt.

Wir bieten also einen bunten Geschenkkorb mit Früchten aus dem reichen Sonntagsblattvorrat an: Es sind dies allesamt wesentliche Bereicherungen für die Rottenburger Diözesangeschichte – schmackhaft dem Kenner, appetitanregend für den historischen »Laien«. Ein solches Geschenk vorzubereiten, bedarf begleitender Maßnahmen. Herr Udo Vogt, Vorstand des Schwabenverlags, hat durch seine überaus großzügige Bereitschaft, die 150 Bände des Sonntagsblattes dem Frankfurter Lehrstuhl für Kirchengeschichte (Johann Wolfgang Goethe-Universität) so lange zur Verfügung zu stellen, den Mitarbeitern hier in Frankfurt höchsten Genuß bereitet. Die unkomplizierte Art seiner Unterstützung verdient gleichermaßen Respekt. Der ehemalige Chefredakteur des Sonntagsblattes, Herr Uwe Renz, hat die Arbeit angeregt und mit klarem Blick auf deren Bedeutung verwiesen. Wir sprechen ihm hierfür unseren herzlichen Dank aus. Dieser gebührt auch Herrn Martin Günther vom Schwabenverlag, dessen konstruktive Vorschläge nicht nur die äußere Gestalt dieses Buches bereicherten. Frau Christine Piqué und Frau Jennifer Denker haben die ersten Monate des Projektes unermüdlich und mit viel Geduld begleitet. Auch ihnen sei an dieser Stelle ausdrücklich gedankt. Obgleich die Kost als leichte daherkommt, so ist sie doch in vielen Details und mancher Gesamtlinie sehr nahrhaft. Damit entspricht sie dem Anlaß ihrer Präsentation. Einen herzlichen Glückwunsch dem Sonntagsblatt!

Frankfurt/Main, am 9. August 2000

Hubert Wolf   *Jörg Seiler*

Geleitwort

Als Herausgeber des Katholischen Sonntagsblattes schenke ich sehr gerne der vorliegenden Festschrift *Das Katholische Sonntagsblatt (1850–2000). Württembergischer Katholizismus im Spiegel der Bistumspresse* ein Wort des Geleites. Mit großer Sympathie habe ich das Entstehen dieser Festschrift begleitet und nunmehr mit großem Interesse und Respekt die einzelnen Beiträge zur Kenntnis genommen. Tatsächlich wie in einem Spiegel läßt sich hier die Geschichte der Diözese Rottenburg-Stuttgart und die Geschichte des Katholizismus im Württemberg der vergangenen 150 Jahre erkennen.

Die 150 Jahrgänge des Katholischen Sonntagsblattes haben als Quelle, wie es allen Massenmedien eigen ist, eine doppelte Bedeutsamkeit: Sie geben Auskunft über den Katholizismus in Württemberg, indem sie über Ereignisse, Stimmungen, Meinungen berichten. Sie geben aber auf einer höheren Ebene zugleich auch Auskunft über die Art und Weise, wie dieser Katholizismus publizistisch begleitet oder auch geleitet wurde. So hat der »Spiegel der Bistumspresse« selbst Anteil an jenem Bild, das wir in ihm erblicken. Aus diesem doppelten Blick in den »Rückspiegel« der vergangenen 150 Jahre stellt sich freilich insbesondere für den Bischof als Herausgeber des Katholischen Sonntagsblattes auch die Frage nach der Zukunft des Glaubens und des katholischen Lebens in Württemberg und nach dem Programm einer Bistumszeitung, die den Herausforderungen, vor denen Glaube und kirchliches Leben aktuell und zukünftig stehen, gerecht werden kann.

Ich danke den beiden Herausgebern der Festschrift, Prof. Dr. Hubert Wolf und Herrn Dipl. Theol. Jörg Seiler, sowie dem Vorstand des Schwabenverlags, Herrn Udo Vogt, sehr herzlich für die eindrucksvolle Würdigung, die das Katholische Sonntagsblatt aus Anlaß seines 150jährigen Jubiläums mit diesem Band erfahren darf.

Dr. Gebhard Fürst
Bischof von Rottenburg-Stuttgart

Jörg Seiler

Typisch katholisch
Geschichte, Gestalt und Bedeutung des Katholischen Sonntagsblattes

1. Einführung

»Es ist Typisch. Das Sonntagsblatt war das ganze Jahrhundert seines Bestehens hindurch der Lehrmeister der Diözese« (KS 100 [1952] Nr. 39, 641). Ein hoher Anspruch, ein klares Selbstbewußtsein und eine maßgebende Richtschur für die Zukunft – all dies artikuliert sich in jener Charakterisierung, welche die Herausgabe des 100. Jahresbandes (1952) begleitete. Als Spiegelbild der Diözesangeschichte ist die Bistumszeitung typisch für ihre Diözese. Nicht weniger vermag sie aber auch selbst als Medium, das auf Massenwirkung angelegt ist, einen bestimmten Kirchentyp in einer Diözese zu fördern, im erstrebten Idealfall auch zum Durchbruch zu verhelfen. Wer sich über den Katholizismus in Württemberg informieren möchte, dem könnte kaum eine aussagekräftigere Quelle zur Verfügung gestellt werden als das Katholische Sonntagsblatt. Es berichtet seit 150 Jahren über das kirchliche und politische Leben in Württemberg und in der Diözese Rottenburg (-Stuttgart), über die Kirche in Deutschland und in der Welt, über kirchenpolitische Fragen und gesellschaftliche Entwicklungen[1]. Hierbei kommen religiöse Themen, Beiträge spiritueller Art, liturgische Hinweise und erbauliche Literatur nicht zu kurz; zu bestimmten Zeiten nahmen sie sogar den umfangreichsten Teil der Zeitung ein.

So waren die Leserin und der Leser stets gut unterrichtet über bedeutende und, man darf es lächelnd zugestehen, zuweilen auch unbedeutende Ereignisse der Weltkirche und ihrer schwäbischen Ausprägung im Südwesten Deutschlands. Ausführlich kommen die Stellungnahmen der Päpste zu Fragen von Kirche und Gesellschaft zu Wort. Was der jeweilige Diözesanbischof in diesem Kontext äußerte, auch das konnte man zeitnah erfahren. Ja, nicht nur erfahren – die Berichterstattung suchte stets, die Bande unter den Gläubigen (Laien wie Amtsträgern) eng geknüpft zu halten. Sie sollte Identifikation schaffen. So war und ist das Sonntagsblatt bis heute das wichtigste Organ, die Öffentlichkeit der Diözese zu erreichen. Es stiftet Solidarität unter den Katholiken Württembergs und mit deren Oberhirten in Rottenburg, es verbindet mit den Ortskirchen auf der ganzen Erde und dem Garanten der Einheit und Oberhaupt der katholischen Kirche, dem Papst in Rom. Das jeweils vorherrschende Kirchenbild (Theologie und Frömmigkeitspraxis liegen diesem zugrunde) prägt dann die zeitgenössische Form dieser Solidarisierungsarbeit, die im Laufe von 150 Jahren immer in Fluß ist. Ein heutiger Leser des Sonntagsblattes versteht beispielsweise die aktuell-kritischen »Klartext«-Zwischenrufe der Redakteure der vergangenen Jahrgänge[2], in denen sie zu wichtigen Themen der zurückliegenden Woche Stellung nehmen, als »kirchlichen« Beitrag zu den augenblicklichen gesellschaftlichen Diskussionen. In solchem Sinne »politisch« äußerte sich auch der Chefredakteur vor 100 Jahren über die Probleme, die sich für die Kirche eben seiner Zeit ergaben. Ich zitiere ein beliebiges Beispiel: Das Sonntagsblatt »möchte nur das Eine betonen, daß es noch nie, selbst nicht in den schwersten Kulturkampfzeiten, so dringend nötig war, daß jede, jede, *jede* katholische Familie, ja auch jeder einzeln stehende Katholik ein katholisches Blatt hält, aus welchem er sich orientieren kann über das, was unsere katholischen Interessen betrifft. [...] Vor Gott und vor den Engeln stehen wir in der Verteidigung und in dem Bekenntnis unseres Glaubens da [...]. Das aber ist der Zweck des ›Katholischen Sonntagsblatts‹ [...], daß der Katholik, der's liest, weiß, wo es gilt und daß er im Glauben und in der Treue gegen den lebendigen Gott gestärkt und bewahrt werde« (KS 48 [1897] Nr. 17, 161). Inhaltlich hätten sich die Leser – und vermutlich auch die Redakteure – beider Jahrhunderte wohl kaum über »unsere katholischen Interessen« einigen können. Denn notwendigerweise entwickeln sich Kirche und Katholizismus ebenso wie die sie prägende Gesellschaft. Und dennoch verbindet die Verantwortlichen beider Jahrhunderte ein ähnliches Anliegen: aus christlichem Verantwortungsbewußtsein an der Gestaltung von Gesellschaft, Politik und Kirche mitzuwirken. Solidarität mit der Kirche der ausgehenden Kulturkampfzeit hier, (kritische) Solidarität mit der Kirche nach dem 2. Vaticanum dort. Wer aus dieser ungeschminkten und souveränen Perspektive heraus den Mut hat, die Geschichte seiner Institution erforschen zu lassen und anzusehen, schafft dadurch eine Tradition, aus der heraus er mit Zuversicht seine Arbeit heute tun kann. Anders formuliert: Hinter dem Begriff »Katholizismus« verbergen sich verschiedene Katholizismen, sowohl über die Zeiten hinweg als auch zeitgleich betrachtet. Das Sonntagsblatt spiegelt in seiner Geschichte die Einheit des Katholischen in der Vielfalt verschiedener Katholizismen – dadurch wird es zur einzigartigen Quelle für die Rottenburger Diözesangeschichte. Bereits der Untertitel der Zeitung bestätigt diese Vielfalt: einerseits ist es »fürs christliche Volk« (1850), »Familienblatt für die schwäbischen Katholiken« (1924), später »für die Katholiken in Württemberg« (1959), auf der anderen Seite zugleich »Kirchenamtliches Blatt der Diözese Rottenburg« (1936), »Bistumsblatt der Diözese Rottenburg« (1949) und »Kirchenzeitung für die Diözese Rottenburg-Stuttgart« (so die heutige Bezeichnung), herausgegeben vom Bischof der Diözese. In solchen Begriffen drückt sich die Nähe zur amtlich verfaßten Kirche aus, zur Diözesanleitung in Rottenburg und den Personen, die sie tragen. Greifbar wird diese Ebene in den wöchentlich abgedruckten Neubesetzungen geistlicher Stellen im Bistum. Wer von dieser spröden Lektüre nicht ermüdet ist, der kann sich über die Hirtenbriefe und Handlungen der Bischöfe oder Stellungnahmen des Ordinariates informieren. Das Sonntagsblatt berichtet zudem auch darüber, wenn diese institutionelle Seite der Kirche dem Volk »unten« begegnet. Und das »christliche Volk« findet sich mit seinen großen und kleinen Themen wieder. Es ist selbst Adressat jener Nachrichten und Kommentare, die für wissenswert erachtet werden; es ist Adressat von erbaulichen Geschichten und informativen Beiträgen, von Witzigem, Rätselhaftem und Hintergründigem. Und es kommt, je länger, je mehr, mit seinen Zuschriften selbst zu Wort, eine nicht zu verachtende Möglichkeit öffentlicher Meinungsbildung in der Diözese. Im folgenden gehe ich der 150jährigen Geschichte der Bistumszeitung nach, wie sie sich im Sonntagsblatt selbst widerspiegelt. Hierbei werden inhaltliche wie formale Aspekte berücksichtigt, die allerdings nur einen groben Überblick bieten können. Das dadurch gezeichnete Bild mag jedoch einen sinnvollen Eindruck darüber vermitteln, was katholische Bistumspresse im Laufe der Zeit geleistet hat und zu leisten vermag.

Florian Rieß (1823–1882);
Begründer, Herausgeber und Redakteur des
Sonntagsblattes 1850–1857.
Bildnachweis: Hepach, Das wahre Wort –
Die Ware Wort, Ostfildern 1998, 13.

2. Das Programm: unterhalten, belehren, mahnen und warnen

Florian Rieß (1823–1882)[3], der Begründer und erste Herausgeber des »Sonntagsblatt[es] für das christliche Volk«[4], konnte erst auf eine zweijährige Berufserfahrung als Redakteur zurückschauen, als er sich entschloß, eine weitere Zeitschrift zu publizieren, die nun eher den »inneren Menschen, den Hausvater, den christlichen Bürger« (SCV 1 [1850] Nr. 1, 1) ansprechen sollte. Bereits seit dem 1. Mai 1848 suchte Rieß die Katholiken Württembergs und Badens über die Tageszeitung »Deutsches Volksblatt« zu erreichen, einer großdeutsch orientierten »politische[n] Zeitung« (so der Untertitel) mit konservativ-föderalistischer Ausrichtung. Er nutzte hierbei die Möglichkeiten der neu errungenen Pressefreiheit, die in Württemberg ab dem 1. März 1848 zugestanden wurden: Von nun an gab es eine politische Tagespresse auch für die Katholiken Württembergs[5].

Doch im Grunde war das Volksblatt kein volkstümliches Organ: Die Beiträge, oftmals aus der Feder von Mitgliedern der Tübinger katholisch-theologischen Fakultät, mit denen der junge Rieß als Repetent des Wilhelmsstiftes in engem Kontakt stand, sprachen die bürgerliche Bildungsschicht der Städte an, nicht so sehr das christliche Volk auf dem Land. Dieses Volk aber wollte der erst 27jährige mit seinem Sonntagsblatt erreichen. In der ersten Nummer erläuterte er die Motivation für seine Neugründung: »Der Herausgeber des ›Sonntagsblatts‹ hatte längst den Wunsch, Etwas für diejenigen zu schreiben, welche entweder nicht Zeit oder

Sonntagsblatt
für's
christliche Volk.

№ 1.   Stuttgart, 1. Januar.   **1850.**

An den geneigten Leser.

Der Herausgeber des „Sonntagsblatts" hatte längst den Wunsch, Etwas für diejenigen zu schreiben, welche entweder nicht Zeit oder nicht Lust haben, sich um die großen und kleinen Weltbegebenheiten zu kümmern, oder welche doch das Bedürfniß in sich tragen, einmal in der Woche sich von den gewöhnlichen Zeitungen zurückzuziehen und Etwas, was den innern Menschen, den Hausvater, den christlichen Bürger anspricht, zu lesen. Für solche ist das Sonntagsblatt bestimmt.

Es wird keine politischen Nachrichten, keine Abhandlungen, seien es theologische oder über Gegenstände des bürgerlichen Lebens enthalten, keine Händel ausfechten, seien es kirchliche oder politische; aber es will auch nicht predigen oder katechisiren, moralisiren oder religiöse Betrachtungen anstellen. Das Sonntagsblatt soll unterhalten, belehren, hie und da mahnen und warnen, also wenn man will, im weitesten Sinne des Wortes erbauen durch Erzählungen, Beschreibungen und Nachrichten, wie sie für ein christliches Volk passen. Was seine Endabsicht ist, wird der geneigte Leser des Blattes bald selber merken, so daß wir nicht nöthig haben, viele Worte zu machen.

Es haben sich gute Freunde, welche eine Liebe zum Volke in sich tragen und christliche Zucht und christlichen Sinn helfen wecken und pflegen möchten, zur Verfassung des Sonntagsblattes mit uns verbunden. Wir bitten alle, die gleicher Gesinnung sind und welche die Gabe, für das Volk zu schreiben, empfangen haben, daß sie sich diesem Kreise anschließen. Namentlich bitten wir die Herren Geistlichen darum, sowie um ihre Mitwirkung, daß das Blatt unter das Volk, in die Familien komme. Daß es diese bald liebgewinnen werden, besonders wenn viele frische Kräfte mitarbeiten, glaubt der Herausgeber schon hoffen zu dürfen.

Das Sonntagsblatt, welches im vorliegenden Format, wöchentlich Einmal, herausgegeben wird, beginnt eigentlich erst mit dem Januar und zwar wird es von der ersten Woche dieses Monats an jedesmal am Freitag Abend ausgegeben, so daß es am Sonntag auch in den Händen der Abnehmer vom Lande sein kann. Im laufenden Monate erscheinen nur einige Probeblätter. Vom Januar an werden

Die erste Nummer des Sonntagsblattes (1. Januar 1850).
Bildnachweis: KS 123 (1975) Nr. 1, 1.

nicht Lust haben, sich um die großen und kleinen Weltbegebenheiten zu kümmern, oder welche doch das Bedürfnis in sich tragen, einmal die Woche sich von den gewöhnlichen Zeitungen zurückzuziehen und Etwas, was den inneren Menschen, den Hausvater, den christlichen Bürger anspricht, zu lesen. Für solche ist das Sonntagsblatt bestimmt« (SCV 1 [1850] Nr. 1, 1). Der Adressatenkreis sollte auch den Lesestoff bestimmen: »Es [SCV] wird keine politischen Nachrichten, keine Abhandlungen, seien es theologische oder über Gegenstände des bürgerlichen Lebens enthalten, keine Händel ausfechten, seien es kirchliche oder politische; aber es will auch nicht predigen oder katechisiren, moralisiren oder religiöse Betrachtungen anstellen. Das Sonntagsblatt soll unterhalten, belehren, hie und da mahnen und warnen, also, wenn man will, im weitesten Sinn des Wortes erbauen durch Erzählungen, Beschreibungen und Nachrichten, wie sie für ein christliches Volk passen« (ebd.).

Die katholische Familie konnte also gespannt sein, was das Sonntagsblatt ihr bringen würde. Am 7. Juli zog der Herausgeber eine Halbjahresbilanz: Er wolle »im bisherigen Geiste fortfahren, Unterhaltendes, Belehrendes und Erbauendes, Ernstes und Scherzhaftes zu bringen, möglichst nach dem Sinne des Volkes« (SCV 1 [1850] Nr. 29, 242). Und dieses Konzept hatte sich gelohnt. Mittlerweile war das Sonntagsblatt über Agenturen in Mergentheim, Ulm, Gmünd, Ehingen, Rottenburg, Rottweil, Biberach, Zwiefalten, Weingarten und Ravensburg zu beziehen.

3. Durchführung und Auftrag: Die Bedeutung der ersten Redakteure Rieß und Uhl (1850–1877)

Hierin jedoch täuschte sich Rieß: Weder wollte noch konnte er seine Kirchenzeitung aus dem politischen Alltagsgeschäft heraushalten, das regelmäßig unter der Rubrik »Nachrichten«, seit Oktober 1854 zusätzlich unter der Rubrik »Wochenbericht« (Vorgänger: »Aus der oberrheinischen Kirchenprovinz«) dargestellt und vorsichtig kommentiert wurde. Diese Nachrichten ergänzten die sonstigen Artikel erbaulichen Inhalts, die frommen Erzählungen und historischen Artikel und Lebensbeschreibungen. Eher in die Kategorie »Nachricht« fallen die Listen über die bei der Redaktion eingegangenen Spenden und Missionsbeiträge, die sich bis zu Beginn des 20. Jahrhunderts finden – von Anfang an öffnete sich das Sonntagsblatt also auch der karitativen Arbeit, wie sie sich auch in der Aktion »Wir schaffen Hoffnung« ausdrückt. Rieß erwies sich in seinen Beiträgen stilistisch nicht als »flott und schneidig, wie man es gern einem guten Journalisten nachrühmt, sondern eher knapp und gedankenreich, manchmal sogar schwerfällig« (KS 121 [1973] Nr. 5, 10)[6]. Vor allem war er Idealist, erfüllt von missionarischem Eifer für die geistige Erneuerung des schwäbischen Katholizismus, von der er sich gesellschaftliche Auswirkungen erhoffte – nicht umsonst standen die Missionen innerhalb der Diözese im Zentrum seiner Berichterstattung (vgl. den Aufsatz von BURKARD, Volksmissionen, in diesem Band). Und tatsächlich ist er in seinen erbaulichen, belehrenden und historischen Beiträgen zum Katecheten geworden[7]. Bewundernswert, wenn auch zeittypisch, ist die Nähe zum Leser, den Rieß regelmäßig direkt anspricht: »Lieber Leser! Du wirst zwar jetzt im Sonntagsblatt vollauf zu lesen haben […]« (SCV 1 [1850] Nr. 43, 361). Daß das Berichtete durchaus politische Brisanz haben konnte, beweist die Beschlagnahmung von drei Sonntagsblattausgaben, in denen der Herausgeber über die Gefangennahme des Freiburger Erzbischofs (1854) berichtet hatte[8]. In der »Neujahrsbetrachtung« der letzten Nummer dieses Jahrgangs reflektierte der junge Redakteur das abgelaufene Jahr mit der ihm eigenen Spitzzüngigkeit: »Das Sonntagsblatt ist nun fünf Jahre alt; ein geringes Alter, wenn man blos die Jahre zählt und nicht dasjenige, was in dieser Zeit geschehen ist. Daß es aber außerordentliches geleistet hat, geht wohl schon daraus hervor, daß es das gegenwärtige Jahr auf 54 Wochen gebracht hat! Wem ist das jemals möglich gewesen? Wer das aber nicht glauben will, der sehe auf die Nummer, die letzte heißt 54. – ›Das ist doch lustig‹, wird der geehrte Leser denken [...]. Nun ja, im letzten Jahre war manches nicht recht in Ordnung, und der geehrte Leser wird sich wohl noch daran erinnern, wie er am Botentag kein Blättchen erhielt, und zwar nicht blos einmal. Wenn man sodann Nachfrage nach dem Grund hievon hielt, lautete die Antwort: die Polizei hat es confiscirt. Ja wohl, das Sonntagsblättchen, das, kaum fünf Jahre alt, wie ein treues Kind für seine Mutter, die heilige Kirche, die Hand aufhob, um sie mit seinen schwachen Kräften zu vertheidigen, wurde deshalb eingesperrt, und zwar gerade im Wonnemonat, wo Andere gerne Ausflüge machen, z. B. nach dem schönen Baden hinüber. Da es ihm aber doch etwas zu eng wurde in seinem Verhaft und es zu seinen Lesern begehrte, machte es einen Befreiungsversuch. Schon war es auf der Post angelangt, um schnell davonzuhuschen; aber nichts da! herrschte es aus der Poststube! heraus mit dem Blättchen, die Nummer so und so viel gehört unter Schloß und Riegel! Und als nun das Blättchen capitulirte, da verlangte der gestrenge Herr zum Mindesten, daß es ein anderes Gewand, eine neue Nummer anziehe, wenn es frei passiren wolle. So kam es, daß das Sonntagsblättchen, weil es in zwei Wochen die Nummer wechseln mußte, auf 54 Wochen im Jahr kam. Allein mit diesen Kunststücken ist es ihm doch nicht gelungen, eine freie Aussicht nach Baden zu erlangen [...]«.

Wenig später eskalierte der Streit: Aufgrund eines Artikels im Volksblatt wurde Rieß zu einer dreimonatigen Festungshaft auf dem Hohenasperg verurteilt[9]; die Ausgaben des Sonntagsblattes zwischen Mai und August konnte er jedoch weiterhin vom Asperg aus besorgen. Am 26. Juni lud er von dort zu »zahlreichen Bestellungen« ein für das Blatt, das mittlerweile »nahezu 5000 Abonnenten« zählte (SCV 6 [1855] Nr. 26, 245). Rieß selbst führte die für seine Verhältnisse enorme Steigerung der Auflage zu Beginn des Jahres 1855 auf die Qualität des »Wochenberichtes« und seiner Erzählung »Bernhard und Genofev« zurück, die er beide nachzudrucken gedachte (SCV 6 [1855] Nr. 11, 111). Seit 1856 hatte der eher stille Rieß in seinem künftigen Nachfolger, Stephan Uhl, einen fähigen Mitarbeiter; der Rückzug aus der vordersten Front gesellschaftlichen Kampfes in Württemberg deutete sich bereits an. Er wurde im folgenden Jahr radikal vollzogen. Am 1. Juli 1857 ließ Rieß, der bei den Jesuiten eintrat und später als Herausgeber der »Stimmen aus Maria Laach« nochmals publizistische Bedeutung gewinnen sollte, seine Leser wissen: »Mit dem Heutigen tritt der Unterzeichnete von der Redaction und dem Verlag des Sonntagsblattes ab und übergibt beides seinem Stellvertreter Hrn. Uhl. Mein einziger Wunsch hiebei ist, daß das Sonntagsblatt, gestützt auf das Zutrauen seiner Leser, immer mehr zunehme und gedeihe, wozu wenigstens der neue Redacteur nach Kräften beitragen wird« (SCV 8 [1857] Nr. 27, 229). Damit verließ der »Wegbereiter des katholischen Zeitungswesens in Württemberg«[10] das Schwabenland und die von ihm gegründeten Zeitungen.

Wir jedoch verbleiben noch ein wenig bei ihm, besser gesagt bei seiner Nachwirkung und den Würdigungen im Sonntagsblatt. Denn aus der Konstruktion und Interpretation der eigenen Vergangenheit läßt sich sehr schön die Zielsetzung in der augenblicklichen Arbeit ablesen. So ermöglicht die Darstellung der Gründungszeit anläßlich verschiedener Jubiläen, das jeweils eigene Selbstverständnis aufzudecken. Anläßlich des 80jährigen Bestehens des Sonntagsblattes (1929) gedachte die Redaktion auch ihres Gründungsvaters. Typisch für die kirchengeschichtlichen Kategorisierungen der Zeit situierte man die Gründung von 1850 folgendermaßen: »Seine hervorragende Note hatte das neue Blatt von Anfang an in seinem unentwegten Eintreten für die Erneuerung des katholischen Lebens, das nach der Eiskälte der Aufklärung und dem verheerenden Raubzug der Säkularisation mit Macht zu neuer Blüte emporstrebte«. Die positive Wertung der Aufklärung, wie sie beim Würzburger Kirchenhistoriker Sebastian Merkle (1862–1945) begegnet und zur heftigen Kontroverse mit dem Tübinger Kirchenrechtler Johann Baptist Sägmüller (1860–1942) führte, ist hier noch nicht rezipiert[11]. Es ging dem Sonntagsblatt in der Wertung Ende der zwanziger Jahre um etwas anderes; die auch hier erwähnte Aufklärungsarbeit (das Sonntagsblatt habe »gepredigt und aufgeklärt, erzählt und ermuntert«) bezieht sich auf die Verteidigung der Rechte der Kirche nach außen und bestand nach innen in der Kritik an den reformkatholischen Bestrebungen: »Ganz besonders zieht sich aber durch diesen ersten Jahrgang die innige Liebe zum Heiligen Vater […] Eine besondere Aufmerksamkeit wird auch schon der Apologetik (Verteidigung der Kirche und der kirchlichen Lehre) gewidmet […]. So bietet also der erste Jahrgang bereits ein klares Bild von der eminenten Bedeutung des Sonntagsblattes für das religiöse Leben der Diözese Rottenburg […]. Und nun geht es dem ersten Jahrhundert zu. Ein neues Programm brauchen wir [heute, 1929] nicht zu entwerfen, wir bleiben auf dem alten Wege […]. Wir üben Katholische Aktion, wie schon Florian Rieß und Konrad Kümmel sie geübt haben, ohne deren Namen zu kennen, wir suchen dem Volke zu dienen, dessen Liebe unser schönster Lohn ist, wir sind entschlossen, die Rechte der Kirche zu verteidigen, wie es immer vom ›Sonntagsblatt‹ geschehen ist« (KS 80 [1929] Nr. 42, 680). Traditionsbegründung also aus apologetischer Grundhaltung heraus. Sie begegnet, wenn auch in milderer Form, ebenso anläßlich des 1952 gefeierten 100jährigen Jubiläum von Sonntagsblatt und Schwabenverlag. Domdekan Rupert Storr (1883–1957) bezeichnete es als beider bleibende Aufgabe, »Lichtträger zu sein in einer dunklen Zeit« (KS 100 [1952] Nr. 40, 696) – auf die politischen Auseinandersetzungen dieser »dunklen« fünfziger Jahre und der Rolle des Sonntagsblattes werde ich in meinem Beitrag über die Bekenntnisschule in diesem Band näher eingehen. Daß Redakteure wie Rieß und Kümmel »die Auseinandersetzung mit der spitzen Feder nicht gescheut und oft eine sehr entschiedene Sprache geführt« hätten, erklärt der Festbeitrag mit der Aufgabe, die eine Bistumszeitung zu erfüllen habe: »Das mußte aber sein, wenn es [das Sonntagsblatt] ein zuverlässiger Beistand und ein sicherer Wegbegleiter der Diözese während der hundert Jahre sein sollte« (ebd., 642). Beistand und Wegbegleiter, statisch/bewahrend (stehen) und innovativ/voranschreitend (begleiten) – damit ist ungewollt das Programm der Bistumszeitung offenbart, wie es in den Möglichkeiten und Entwicklungen der jeweiligen Zeit, den Feinheiten kirchenpolitischer, gesellschaftlicher und kirchengeschichtlicher Wandlungen umgesetzt wurde. So gesehen ist das Sonntagsblatt zeitnahes und typisches Spiegelbild der Rottenburger Diözesangeschichte. Und auch dieser Diözese brachten die Aufbrüche des 2. Vatikanischen Konzils (1962–1965) ein neues Bewußtsein von Kirche, um dessen Verständnis und Umsetzung jahrelang gerungen werden mußte. Teil dieser Suchbewegung ist die Gedenkfeier anläßlich des 150. Geburtstages von Rieß (1973), zu welcher der Schwabenverlag in dessen Geburtsort Tiefenbach einlud. Die Leser des Sonntagsblattes erhielten in Nr. 8 (KS 112 [1973]) die eindrucksvolle Mahnrede von Verlagsdirektor Paul Löcher im Wortlaut mitgeteilt. Dieser beschwor den Geist des Tiefenbachers, der seine Stimme erhoben und zur Feder gegriffen habe angesichts »fragwürdigster Strömungen und Meinungen« seiner Zeit. So führte er den »Kampf gegen den Ungeist einer Zeit, die der unseren in vielem ähnlich war« (16). Rhetorisch bewegend wandte sich Löcher am Ende seiner Rede in sechs Bitten an Gott, nämlich »um das, worum auch ein Florian Rieß, lebte er heute unter uns, bitten würde« (18)[12].

Alois Keck würdigte in der Festausgabe zum 125jährigen Gründungsjubiläum die Bedeutung von Rieß aus dessen historischem Umfeld heraus: »Man erkannte [in der Mitte des 19. Jahrhunderts], daß die Selbstbehauptung des Katholizismus nicht außerhalb der Öffentlichkeit stattfinden konnte. Die weltanschaulichen Auseinandersetzungen, die kirchenpolitischen Entwicklungen forderten zur Meinungsbildung heraus« (KS 123 [1975] Nr. 1, 13). In der aktiven Mitgestaltung der Gesellschaft durch, modern ausgedrückt, Teilhabe am öffentlichen Diskurs sah der Chefredakteur im Jahre 1975 also die bleibende Aufgabe der Bistumspresse: »Geblieben ist uns aber der Auftrag, diese Kirche der Welt als die Möglichkeit des Heils anzubieten. Nichts anderes wollte der Gründer des Sonntagsblattes« (16). Eine ähnlich gelungene Würdigung erfuhr Rieß 1998 in der Festschrift zum 150jährigen Bestehen des Schwabenverlages[13].

Stephan Uhl[14] trat mit der ersten Julinummer 1857 (KS 8 [1857] Nr. 27) die Nachfolge von Rieß an. Er tat dies mit Bravour. Bis 1876 (Nr. 1) redigierte er nun das Sonntagsblatt, dessen informellen Teil (Wochenbericht und Nachrichten) er erheblich ausbaute, so daß dieser manchmal nahezu die Hälfte des Umfangs einer Ausgabe ausmachte. Uhl bot damit den Katholiken Württembergs eine konzise Zusammenfassung des politischen und kirchlichen Lebens, das er gleichzeitig vorsichtig zu kommentieren verstand. In den Diskussionen um die Klärung des Verhältnisses zwischen Staat und Kirche leistete das Sonntagsblatt dem Bistum treffliche Dienste. Und auch innerkirchlich verstand es Uhl, die heiklen Themen und Auseinandersetzungen, die mit dem 1. Vatikanischen Konzil (1869/70) aufkamen, als dessen historisch versiertester Teilnehmer der gerade neu gewählte Diözesanbischof Carl Joseph von Hefele (1809–1893) zu gelten hat, behutsam zu behandeln. Als langjähriger Begleiter und Freund unterstützte Uhl Hefeles kritische Haltung, womit er sich den Unwillen neo-ultramontaner Kreise zuzog, die sich im »Katholischen Wochenblatt« (unter Federführung des Ellwanger Stadtpfarrers Franz Joseph Schwarz) ein Gegenstück zum Sonntagsblatt schufen[15]. Eine im Kontext überraschend kritische Betrachtung dieser Ereignisse lieferte Uhls Nachfolger, Konrad Kümmel, in seinem Lebensbild von Bischof Hefele: »Wenn auch die Vorwürfe gegen das Stuttgarter Blatt [Deutsches Volksblatt] vielfach zu weit gehen, so muß doch zugestanden werden, daß manche Klagen berechtigt waren. Dr. Uhl und sein verantwortlicher Redakteur B. (Nichtgeistlicher) waren in ihrer Stellungnahme zum Vatikan usw. entschieden zu weit gegangen«[16]. Doch nicht die verzögerte Rezeption des Unfehlbarkeitsdogmas in der Diözese Rottenburg stand im Blickfeld der Berichterstattung im Jahre 1870 – sie fällt überraschenderweise ganz aus –, sondern der deutsch-französische Krieg, der den weitaus größten Teil einer Ausgabe beanspruchte[17].

Eine auch nur annähernd vergleichbare Rezeption wie Rieß hat Uhl nie erfahren. Die Erwähnungen in den Beiträgen zu Jubiläen würdigen seine Verdienste in der Weiterführung des von Rieß eingeschlagenen Weges. Uhl, der 1860 mit einer Abhandlung über die Geschichte des deutschen Unterrichts im Mittelalter promoviert wurde (KS 11 [1860] Nr. 33, 267), verstand es, den Informationsgehalt des Sonntagsblattes wesentlich zu heben. Die Leser dankten es ihm, so daß die Auflagenhöhe unter Uhl auf 22.000 Exemplare ansteigen konnte. Über die Umstände seines Ausscheidens erfährt man öffentlich jedoch nichts. Vermutlich ist sein Rückzug vom Sonntagsblatt im Kontext der Krise des Volksblattes zu sehen, die 1875 zur Um-

Stephan Uhl (1824–1880),
Herausgeber und Redakteur 1857–1875.
Bildnachweis: Hepach, Das wahre Wort –
Die Ware Wort, Ostfildern 1998, 17.

wandlung in die Aktiengesellschaft »Deutsches Volksblatt« führte, der Uhl das Sonntagsblatt verkaufte. Er selbst widmete sich seit dieser Zeit wieder der Seelsorge. Unter »ferner liefen«, nämlich in der Rubrik »Nachrichten«, findet sich dann doch der Hinweis: »Ferner wurden zu Vorständen der Gesellschaft gewählt Redakteur Wanner für die Redaktion, Herr Partikulier Roest für die Verwaltung der Gesellschaft, welche von jetzt an das ›Deutsche Volksblatt‹ und das ›Katholische Sonntagsblatt‹ herausgibt. Herr Dr. Uhl hatte diese Blätter 18 Jahre lang herausgegeben« (KS 27 [1876] Nr. 2, 18). Ein Dank begleitete diesen Abgang nicht.

4. Die »zweite Gründung des Sonntagsblattes« unter Konrad Kümmel (1877–1927)

Zunächst leitete der hochgabte Gustav Wanner die mit dem Weggang Uhls frei gewordene Redaktion, von der er jedoch im März 1877 wegen Krankheit zurücktreten mußte. Nun stellte sich ein neuer Redakteur vor, der es hierbei nicht vergaß, seinem Vorgänger für seine Verdienste um die »Vertheidigung der Katholischen Sache und die Belehrung und Erbauung des katholischen Volkes den pflichtschuldigen Dank zu sagen« (KS 28 [1877] Nr. 9, 65). Erstmals seit Rieß nahm nun ein neuer »Sonntagserzähler« mit einem einleitenden »Grüß Gott« (so die Bezeichnung des Artikels) Kontakt zu seinen Lesern auf. Der Gruß war freilich bewußt gewählt, schließlich stammte Dr. Nikolaus Thömes aus dem Rheinland. Als Bindeglied zwischen seiner »rheinisch-deutschen« Heimat und der »schwäbisch-deutschen« seines neuen Wirkungsfeldes sah Thömes die gemeinsame Andacht zur allerseligsten Gottesmutter. Im anfänglichen »Grüß Gott« deute sich an, »daß wir in voller Uebereinstimmung mit Gott, Gottes

Wort und Gottes Gebot unsere von nun an gemeinsame Aufgabe lösen wollen. Diese Aufgabe wird in Zukunft [...] keine andere sein, wie bisher, nämlich Wahrheit, Recht und Freiheit nach den Grundsätzen der heiligen katholischen Religion zu vertheidigen, zu wahren, zu fördern, zu verbreiten«. Die aktuelle Kulturkampfstimmung des Rheinländers akzentuiert von vornherein anders als das »unterhalten, belehren, mahnen und warnen« im Programm von Rieß. Die Zeiten hatten sich gewandelt. Ob Thömes wußte, daß er nur sehr kurze Zeit in Württemberg wirken würde? Seine Vorstellung läßt nichts davon erahnen, daß er bereits nach 20 Ausgaben die Herausgabe an Konrad Kümmel (1848–1936)[18] übergeben würde, dem »zweite[n] Gründer des Sonntagsblattes (Hermann Tüchle in KS 100 [1952] Nr. 39, 644), der die Geschicke des Blattes 50 Jahre lang (vom 14. August 1877 bis zum 27. November 1927) in seinen Händen halten sollte. Tüchles Charakterisierung trifft die Bedeutung, die Kümmel für das Sonntagsblatt besitzt. Ebenso wie Rieß trat er als junger Mann (gerade einmal 29jährig) seinen Dienst an. Dieser führte ihn durch die Kulturkampfzeit, durch die Wilhelminische Ära, die Auseinandersetzungen um den Modernismus zu Beginn des 20. Jahrhunderts, den Ersten Weltkrieg, die Weimarer Republik und den Beginn der nationalsozialistischen »Bewegung«.

Redselig wandte sich Kümmel in KS 28 (1877) Nr. 34, 267 an die Leser: »Er [Kümmel als neuer Redakteur] hofft, sie [die Leser] werden ihm das nemliche Vertrauen schenken, wie dem bisherigen; braucht er ja nicht wie der vorige, sich zu bemühen, daß er die Schwaben erst kennen lerne, denn er ist selbst einer, und liebt sein theures schönes Land [...]. Darum hofft er auch, bald überall willkommen zu sein, wenn er zu erzählen kommt, was die Woche über geschehen ist in Krieg und Frieden, in unserem Land, im neuen deutschen Reich und im Ausland, besonders aber dann, wenn er redet von der Schönheit und Größe unserer hl. Kirche, wenn er erwecken und bestärken will den Glauben, wenn er ermuntern will zu gutem Leben und wenn er ernst hinweist auf ein anderes Leben, gegen welches das jetzige nur ein Schatten ist. Und so beginnt er denn in Gottes Namen und wünscht allen durch sein ›Geles‹ nicht nur etwas für den Kopf und das Gedächtnis (nemlich Neuigkeiten), sondern auch etwas für das Herz (nemlich christliche Bildung) zu bringen«. Dies ist also das künftige Programm: Vermittlung von Nachrichten, Liebe zur Heimat, Einsatz für die katholische Kirche und den Glauben; modern gesprochen: (lebenspraktische und spirituelle) Begleitung des Menschen auf seiner Suche nach gelingendem Leben – umfassend und ganzheitlich (Kopf, Gedächtnis, Herz). Fünfzig Jahre später reflektierte Kümmel dieses mit »heilige[m] Ernst« verfaßte Programm und das von ihm Erreichte. Sein Dienst habe unter dem Wort gestanden: »›Niemand kann zwei Herren dienen‹. Das hat ihn [Kümmel als Redakteur] trotz mancher Kämpfe und Schwierigkeiten nie gereut«. Kümmel verstand sein Wirken als Fortsetzung des Werkes von Rieß. »Auch dem neuen Redakteur [Franz Stärk] wird es eine heilige Pflicht sein, daran zu arbeiten und dafür zu sorgen, daß das ›Kath. Sonntagsblatt‹ ein wahrhaft volkstümliches Diözesanblatt, die beliebte und gegebene Sonntagslektüre der schwäbischen Katholiken bleibt«. Im Wissen darum, daß niemand unersetzlich ist, »und wer sich dafür hält, zeigt nur, daß er nichts gelernt hat vom Leben«, verabschiedete sich Kümmel von »jedem Leser, jeder Leserin« mit dem Versprechen, weiterhin für das Sonntagsblatt Beiträge zu liefern, »so Gott will« (KS 78 [1927] Nr. 49, 793f.). »Ganz ergeben« würdigte Bischof Joannes Baptista Sproll Kümmels Verdienste um das Sonntagsblatt, »das in erster Linie Ihr Werk ist«: »In dem großen Entscheidungskampf zwischen Glauben und Unglauben, zwischen alter christlicher Sitte und moderner Ungebundenheit sind Sie stets in vorderster Linie gestanden. Mit unerschrockenem Mute

Konrad Kümmel (1848–1936),
Chefredakteur 1877–1927.
Bildnachweis: KS 80 (1929) Nr. 42, 681.

haben Sie den Finger auf die Uebel der Zeit gelegt und alle Ereignisse vom unverrückbaren Standpunkte des katholischen Glaubens aus beurteilt und so das katholische Volk zum Kampfe für seine heilige Kirche eingeschult«. Kümmels Erzählungen atmeten »mit ihrer tiefen Kenntnis des Volkslebens und mit dem heiteren Grundton, der sie oft durchzieht«, einen »warmen Hauch von Religiosität« (ebd.). Es lag in Sprolls Mentalität, Kümmel als Kämpfer herauszustellen. Sah Kümmel sich selbst so? Hinweise ergeben sich aus einer großen, wunderschön gestalteten Werbeseite für das Sonntagsblatt, in der Kümmel die einzelnen Rubriken der Zeitung charakterisierte. Hier heißt es unter anderem: »›Politische Wochenrundschau‹: entschieden christlicher, katholischer Standpunkt […], Widerlegung von Irrtümern und Verleumdungen über den katholischen Glauben und katholische Politik, Verteidigung derselben. […] Im Hinblick auf den ungemeinen Einfluß der guten Presse für Haus, Familie und Erziehung und auf die Notwendigkeit der Verdrängung der schlechten und indifferenten Blätter, und im Hinblick auf die gewaltigen Fortschritte, welche das Abonnement protestantischer Sonntagsblätter macht, wäre dringend zu wünschen, daß bald kein katholisches Haus mehr wäre, in welchem nicht auch ein katholisches Blättchen sich fände« (KS 51 [1900] Nr. 39, 393).

Katholische Politik zu machen und zu verteidigen, war demnach Sinn der politischen Berichterstattung. Hiernach handelte Kümmel. Nach der Gründung des württembergischen Zentrums (1894/95) – unter Hefele war eine solche nicht möglich[19] – wurde das Sonntagsblatt in dessen Dienst gestellt. Am 27. Januar 1895, fünf Tage vor der Landtagswahl, wurden

Werbung für das Katholische Sonntagsblatt (1900).
Bildnachweis: KS 51 (1900) Nr. 39, 393.

Leser und Leserin[20] über »das kommende neue schwäbische Zentrum« und dessen Konstituierung in Ravensburg ausführlich informiert: »Jetzt geht die Thür auf und es kommt ein frischer, kräftiger, sturm- und wettergebräunter neuer Gast mit hellen Augen, keckem Sinn und fröhlichem Mut herein. [...] Ich wünsche, alle Leser des ›Sonntagsblattes‹ hätten den Sturm des Beifalls hören können, welcher diese Rede [Adolf Gröbers] lohnte; sie hätten Zeugen sein können von dieser großartigen Programmentwicklung des württembergischen Zentrums. Jeder ohne Ausnahme hätte mit Stolz gesagt: *Das ist unsere Partei, und sie soll es bleiben immerdar: das Zentrum!*« (KS 46 [1895] Nr. 4, 29–31). Zwei Wochen später lagen die Wahlergebnisse vor: »Schöne Erfolge« für das Zentrum wußte Kümmel zu vermelden. Für die anstehende Stichwahl wurden die Leser mobilisiert: »Es könnten noch viele Wähler zu den bisherigen kommen, und wenn jeder seine Schuldigkeit [!] thut, dann wird es, muß es gelingen! Darum voran, auf zum letzten, entscheidenden Kampf fürs Zentrum!« (KS 46 [1895] Nr. 6, 47). Die abschließende Wertung dieser ersten Wahl mit Zentrumsbeteiligung in Württemberg setzte sich sehr polemisch mit dem Verhalten der evangelischen Wähler auseinander, die der Sozialdemokratie, den Liberalen und den Demokraten in die Hand gespielt hätten (KS 46 [1895] Nr. 8, 65). Überhaupt verschärfte sich die konfessionelle Polemik im Zuge der Zentrumsgründung, auch im Sonntagsblatt; nicht selten griff Kümmel in langen Erwiderungen Beiträge des Evangelischen Sonntagsblattes heraus, die er spitzzüngig und nicht ohne Genuß widerlegte.

Das Sonntagsblatt begleitete auch äußerlich diese ab 1895 einsetzende Politisierung, indem es ein Rahmenbild für die Wochenrundschau schuf, dessen ausgeklügelte Symbolik Beachtung verdient: Es ist der Einsiedler, der mit den Augen des Gekreuzigten auf die Welt herabblickt, bereit, im Notfall die Sturmglocke (eigentlich ein Gebetsglöckchen) zu schlagen. Bis 1938 wird er – abgesehen von der Zeit zwischen September 1917 und August 1924 – herabsehen »auf all das, was unten ringsum vorgeht, ob's politisch ist oder ob's kleinere Sachen sind. Denn schließlich haben alle großen politischen, sozialen und sonstigen Fragen einen religiösen Hintergrund«. Er soll daran erinnern, »daß Gott und Seine Liebe und Furcht der Anfang und das Ende von allem sein müssen« (KS 46 [1895] Nr. 15, 142). Eines der ersten Ereignisse, die der Eremit in der Welt erblickte und über die Feder Kümmels süffisant kommentierte, war die Geschenkmasse anläßlich des 80. Geburtstags von Bismarck, die ebenso umfangreich auf der gegenüberliegenden Seite dieser Nummer (143) kommentiert wurde, zu Füßen also jenes frommen Einsiedlers, der so gar nichts erahnen läßt von der Gewalt des unter seinen Augen Geschriebenen.

Und doch war diese Welt seltsam klein: Einzig Begebenheiten aus Württemberg, Baden, Bayern, dem Deutschen Reich und Preußen wurden aus katholischer Perspektive heraus in einer Weise betrachtet, die erahnen läßt, daß ihr Nachrichtenwert die Zeitgenossen tatsächlich interessiert hat. Unter »Verschiedene Nachrichten« finden sich zumeist kurze Begebenheiten, wie sie heute, unbedeutend genug, unter der Rubrik »Aus aller Welt« in jeder Tageszeitung abgedruckt sind. Aus dem Vatikan wird selten berichtet; und was ein Leser über Rußland, Österreich, China und andere erfahren sollte, war dem konkreten Tagesgeschehen tendenziell enthoben[21]. Die Pontifikate Pius' X. (1903–1914) und Pius' XI. (1922–1939) gehen in ihrer theologiegeschichtlichen Bedeutsamkeit am Sonntagsblattleser ebenfalls beinahe unbeachtet vorüber. Noch weniger findet eine Diskussion um kirchlich brisante Themen statt. Darin unterscheidet sich das Sonntagsblatt vergangener Tage vom heutigen. Beides ist hier zu veranschlagen: der milieugebundene Adressatenkreis[22] ebenso wie die Person des Herausgebers, der sich bereits während des Studiums eher als Kunsthistoriker und Schöngeist verstand denn

Wahlwerbung für das Zentrum (1900) als Bestandteil des Sonntagsblattes (Seitenzählung läuft mit).
Bildnachweis: KS 51 (1900) Nr. 49, 487f.

vorsteheramtes; aber es ist auch dabei geblieben, daß jene Ortsvorsteher, die unter dem alten Gesetz, also auf Lebensdauer, gewählt worden sind, ein Recht auf ihren Gehalt und die Bezüge aus ihrem Amt haben. Das konnten auch die Gegner nicht leugnen und daher wollten sie diesen Ortsvorstehern für den Fall ihrer Nichtwiederwahl eine Entschädigung geben. Allein, je länger man sich mit dieser Entschädigungsfrage befaßte, desto mehr zeigte es sich, daß sich die wohlerworbenen Rechte der Ortsvorsteher auf diesem Wege nicht wahren ließen, ohne daß die Gemeinden in die Gefahr kämen, unter Umständen zwei Schultheißengehalte gleichzeitig bezahlen zu müssen. Daher stimmte das Zentrum dafür, daß die Rückwirkung des Gesetzes ausgeschlossen werde. So wäre die Lebenslänglichkeit beseitigt gewesen, wenn auch nicht mit einem Schlag, aber in völlig gerechter Weise. Recht muß Recht bleiben; davon geht das Zentrum nicht ab.

Mit voller Selbständigkeit ist das Zentrum auch vorgegangen bei der Steuerreform. Das Zentrum hat die schärfsten Anträge zu der Einkommensteuer gestellt: es hat die Progression bis auf sechs Prozent zu erhöhen gesucht; es hat ein steuerfreies Einkommen von 900 M. beantragt. Es hat auch dagegen angekämpft, als die Volkspartei den Aktiengesellschaften ein Steuerprivileg bis zu drei Prozent ihrer Dividenden gewähren wollte. Es hat zwar diese Anträge nicht endgültig durchzusetzen vermocht; allein es hat doch eine Berücksichtigung der Familie, der Kinderzahl u. s. w. erreicht, so daß eine sehr große Anzahl von Steuerzahlern bei der Einkommenssteuer steuerfrei geblieben und eine weitere Anzahl wesentlich erleichtert worden wäre. Bezüglich des Höchstsatzes der Einkommenssteuer bestand schließlich zwischen der Ersten und Zweiten Kammer nur noch eine Differenz von einem halben Prozent; aber die Erste Kammer wäre sicherlich auf fünf Prozent noch hinaufgegangen und hätte das Gesetz nicht scheitern lassen, wenn die Volkspartei in einem andern Punkte rechtzeitig vernünftig gewesen wäre. Die Erste Kammer machte nämlich zur Bedingung ihrer Zustimmung zur Steuerreform, daß ihr das Recht eingeräumt werde, bei einer künftigen Erhöhung der Einkommensteuer ebenso mitsprechen zu dürfen, wie die Zweite Kammer. Das Zentrum hat das Steuerverwilligungsrecht der Zweiten gegenüber der Ersten Kammer vertreten; aber es ist nicht so weit gegangen, wie die Volkspartei, welche an dieser Frage die ganze Steuerreform scheitern ließ. Zu spät hat die Volkspartei eingesehen, welch' schweren Fehler sie in ihrem Radikalismus begangen hatte. Aber sie hat vom Januar 1899 bis zum Dezember 1899 keinen Finger gerührt, um die Steuerreform wieder in Fluß zu bringen. Als im Dezember 1899 das Zentrum die Volkspartei zwang, endlich einmal Farbe zu bekennen, da zeigten sich elf Volksparteiler geneigt, der Ersten Kammer das verlangte Recht zu gewähren; die Mehrheit der Volkspartei blieb auf ihrer ablehnenden Haltung und Konrad Haußmann verlangte noch ausdrücklich, daß bei einer Wiedereinbringung der Steuerreform alle Einzelfragen nach Belieben wieder durchgekämpft werden sollten. Damit war aber jede Hoffnung, die Steuerreform im alten Landtag noch zu Ende zu führen, geschwunden. Die unbesonnene, radikale Haltung der Volkspartei trägt die Schuld daran, daß die Steuerreform nicht zu stande gekommen ist, und wenn im nächsten Landtag die Volkspartei es wieder so macht, dann kann das Volk um die Steuerreform abermals betrogen werden.

Zentrums-Wähler!

Um was handelt es sich bei der bevorstehenden Wahl?

Daß Ihr wieder in den Landtag eine starke Zentrumsfraktion schickt, die ebenso entschieden, aber ebenso besonnen und selbständig zum Wohl des ganzen Volkes arbeitet, wie das Zentrum das in den letzten 6 Jahren gethan hat. Mit was ist Euch gedient? — Mit großen Worten? Mit radikalen Phrasen? Mit schillernden Versprechungen? — Nein! Mögen in diesem Stück Volksparteiler und Sozialdemokraten sich gegenseitig übertrumpfen. — Das Zentrum wird seinen Ruhm stets nur in ruhiger, solider, praktischer Arbeit suchen. Schaut Euch doch das neue Zentrumsprogramm an! Was es enthält, das sind keine schönen Schaugerichte! Das sind praktische, erfolgversprechende Forderungen! Nehmet nur die Programme anderer Parteien zur Hand und vergleicht das Zentrumsprogramm mit denselben; es ist uns nicht bang: Das Zentrumsprogramm hält den Vergleich aus.

Das Zentrum verlangt zur Verfassungsrevision: Beseitigung der „Geisterstimmen" in der Ersten Kammer und Entfernung der Privilegierten in der Zweiten Kammer. Es verlangt eine neue Gemeindeordnung, bei welcher die Selbstverwaltung der Gemeinden thunlichst erweitert werden soll. Die direkte Wahl des Ortsvorstehers in allen Gemeinden soll beibehalten, die Lebenslänglichkeit des Ortsvorsteheramtes soll abgeschafft werden unter Ausschluß der Rückwirkung. Den Gemeinden soll es überlassen bleiben, ihren Gemeinderäten mäßige Taggelder zu gewähren; den Geschworenen sollen gleichfalls Taggelder gewährt werden. Das Gebühren- und Gerichtskostenwesen in Sachen der freiwilligen Gerichtsbarkeit soll in möglichst billiger Weise geregelt werden. Das Zentrum verlangt eine Revision der Bauordnung, damit dieselbe besser den ländlichen Bedürfnissen angepaßt werde. Es verlangt eine neue Wegordnung, um die Gemeinden- und Amtskorporationen von Straßenlasten mehr zu erleichtern und die Staatsbeiträge zu diesem Zweck einheitlicher zu regeln. Das Zentrum ist nicht dafür, daß alle Schulkosten auf den Staat übernommen werden, weil sonst die ländlichen Gemeinden an den Schullasten der größeren Städte mittragen müßten; aber das Zentrum ist dafür, daß den bedürftigen Gemeinden für ihre Schulkosten entsprechende, gerecht verteilte Staatsbeiträge geleistet werden. Das Zentrum verlangt vor allem **schleunige Wiederaufnahme der Steuerreform** und wird bei derselben ganz in derselben energischen und volkstümlichen Weise mitarbeiten, wie bei der letzten Steuerreform. Ganz besonders aber ist das Zentrum in seinem Programm darauf bedacht gewesen, die Interessen der verschiedenen Berufsstände zu wahren und gegenseitig auszugleichen. Das Zentrumsprogramm ist ein echtes volkswirtschaftliches Programm; das Zentrum ist eine wahre Mittelstandspartei, ohne die Interessen der Industriearbeiterschaft zu verkennen. Landwirte, Handwerker, Kleinkaufleute, Arbeiter nehmt das Zentrumsprogramm, vergleicht es mit den Programmen des Bauernbundes, der Konservativen, der deutschen Partei und Volkspartei und der Sozialdemokratie: Ihr werdet keine einzige wirklich praktische Forderung finden, die nicht das Zentrum in seinem Programm behandelt. In politischer Beziehung aber steht das Zentrumsprogramm auf dem einzigen festen Boden des **gleichen Rechts für alle.** Fest und klar lautet die oberste Forderung im Arbeitsprogramm des Zentrums:

> „Volle Koalitionsfreiheit auf dem Boden des gemeinen Rechts für politische, religiöse und soziale Vereinigungen, für Arbeiter wie für Arbeitgeber, für religiöse Vereinigungen der Katholiken, einschließlich ihrer Orden und Kongregationen, wie für die religiösen Vereinigungen der Protestanten."

Das soll für die Rechtsverhältnisse der Staatsbürger das sichere Fundament bilden: Das ist echter Freisinn, das ist hochsinnig erfaßte Freiheit. Auch dem Reiche gegenüber bleibt das Zentrum auf dem festen Boden des Rechts: es wird festhalten an den verfassungsmäßigen Rechten des Deutschen Reiches, aber auch an den Sonderrechten des württembergischen Heimatlandes. Daher verlangt es ungeschmälerte Durchführung der in der Militärkonvention getroffenen Vereinbarungen und fordert die Erhaltung der Selbständigkeit Württembergs in der Verwaltung seiner Eisenbahnen.

Aus all' dem ersehet Ihr, Zentrumswähler, daß Eure politischen und wirtschaftlichen Interessen beim Zentrum in den nächsten sechs Jahren aufs beste gewahrt sein werden.

Aber es handelt sich bei der nächsten Wahl auch noch um höhere Dinge! **Es handelt sich um die Interessen Eurer Religion, um die christlich-konfessionelle Volksschule, um die Freiheit und Gleichberechtigung Eurer Kirche.** Laßt Euch nicht täuschen, Zentrumswähler! wenn die Gegner in diesen prinzipiellen Fragen jetzt recht unschuldig auftreten! Die nächste Wahl ist noch viel bedeutungsvoller als die von 1895.

Die christlich-konfessionelle Volksschule ist in Gefahr! Oder habt Ihr nicht gehört, wie erst kürzlich wieder in der Abgeordnetenkammer die Deutschparteiler Hieber und Geß für die Staatsschule gesprochen haben? Solltet Ihr vergessen haben, daß die Volkspartei mit aller Macht auf Trennung von Kirche und Schule hinarbeitet? Ja noch weiter: Der Präsident des Evangelischen Konsistoriums, der zugleich der Vorsitzende der Evangelischen Oberschulbehörde ist, hat am 13. Mai 1898 in der Abgeordnetenkammer schon erklärt, daß er in der konfessionellen Volksschule kein unveräußerliches Recht sehe. Die protestantischen Bauernbündler und Konservativen, auf die man in der Schulfrage noch am meisten Hoffnung setzte, beginnen auch schon zu wanken und verlangen bereits: fachmännische Bezirksschulaufsicht. Im letzten Landtag ist von der Volkspartei bereits ein Antrag gestellt worden, in gemischten Gemeinden Simultanschulen zu gestatten und eine konfessionslose Oberschulbehörde einzusetzen. Katholische Männer! Das sind doch deutliche Anzeichen, wohin der Weg geht! Und wäre nur erst einmal an Stelle der katholischen Mehrheit in der Ersten Kammer eine protestantisch-liberale Mehrheit, dann würde von unserer konfessionellen Volksschule ein Stück nach dem andern fallen! Darum Vorsicht Zentrumswähler! Ihr wißt nicht, was unter dem neuen Kultusminister alles versucht werden wird.

Aber auch Eurer **katholischen Kirche,** Eurer eigenen katholischen Ueberzeugung seid Ihr es schuldig, daß Ihr bei der nächsten Wahl treu zum Zentrum haltet! Wer ist denn in den letzten sechs Jahren in der Kammer für die Freiheit und Gleichberechtigung der katholischen Kirche eingetreten? Einzig und allein das Zentrum! Die Volkspartei und die Sozialdemokratie haben den Grundsatz des gleichen Rechts für alle in der Ordensfrage schmählich verleugnet. Ja man hat das Zentrum, weil es überall die Gleichberechtigung der katholischen Konfession vertreten hat, ohne aber dabei irgendwie einer andern Konfession zu nahe zu treten, als eine konfessionelle Partei zu beschimpfen gesucht. Und schaut Euch die neuen Wahlprogramme der anderen Parteien an: wo ist eines, das klar und aufrichtig sich für die Gleichberechtigung der katholischen Kirche, für die Selbständigkeit der Kirche und für ihr Recht in der Schule wie im öffentlichen Leben ausspricht? Ihr werdet keines finden. Im Gegenteil, das ist es, was die gegnerische Presse am Zentrumsprogramm zu tadeln hat, daß es frei und offen für die Rechte der katholischen Kirche eintritt. Der „Schwäbische Merkur", der „Beobachter" und die „Schwäbische Tagwacht" haben einmütig über diese Forderungen des Zentrumsprogramms gehöhnt. Das Programm der Konservativen verlangt offen die Beseitigung der katholischen Mehrheit der Ersten Kammer. Und draußen im Wahlkampf wird auch jetzt wieder alles, was nicht katholisch ist, dem Zentrum feindlich gegenüber treten. Schauet nur hin auf die Bezirke Aalen, Rottweil, Oberndorf, Geislingen, Künzelsau, Neckarsulm, Mergentheim. Dem Zentrum gegenüber werden plötzlich Volkspartei und deutsche Partei einig, wenn sie sich sonst auch noch so sehr in den Haaren liegen. Und man weiß nicht, von welcher Seite zurzeit der Kampf gegen die katholische Kirche heftiger geführt wird, ob von seiten des Evangelischen Bundes, der auch für Württemberg schon die Parole ausgegeben hat: Los von Rom! oder von seiten der Volkspartei, deren Hauptorgan, der „Beobachter", sich bemüht, möglichst viel Schmutz gegen die katholischen Geistlichen zusammenzutragen, oder von seiten der Sozialdemokratie, vor deren Anmaßung der katholische Geistliche nicht einmal dann mehr sicher ist, wenn er am Krankenbett und am Grabe des Arbeiters seines Amtes waltet!

Katholiken! Zentrumswähler! Was klagt Ihr darüber, daß Ihr in Eurer heiligsten Ueberzeugung von den gegnerischen Parteien und ihren Blättern so schmachvoll behandelt werdet! Seid Männer! Kommt am Wahltag zur Urne! Da könnt Ihr die Antwort geben! Stimmt Mann für Mann am 5. Dezember

für das Zentrum!

Gegen Einsendung des Betrages in Marken oder durch Postanweisung überallhin frei zu beziehen vom Verlag des „Deutschen Volksblatts", Akt.-Ges. f. Verlag u. Druckerei in Stuttgart und Ellwangen: 1 Exemplar zu 8 Pf., 10 Exemplare zu 25 Pf., 100 Exemplare zu M. 1.50, 500 Exemplare zu M. 6.50, 1000 Exemplare zu M. 10.—.

Der Blick des Gekreuzigten auf die Welt durch die Augen des Einsiedlers. Bildnachweis: KS 46 (1895) Nr. 20, 187.

als Theologe. Über den *Syllabus* (3.7.1907) und die Enzyklika *Pascendi* (8.9.1907), die ja auch in der Diözese keineswegs unbeachtet blieben, wird nur sehr kurz berichtet. Dann allerdings mit einer überraschenden (oder bewußten?) Unbedarftheit: Der *Syllabus* sei mit dem von Pius IX. publizierten vergleichbar. »Und doch sagen selbst ehrliche liberale Zeitungen, es handle sich fast meistens [bei den zurückgewiesenen Irrtümern] um die Grundlagen des christlichen Glaubens, die durch diese päpstliche Kundgebung verteidigt werden, nicht aber um den modernen Fortschritt« (KS 58 [1907] Nr. 30, 350)[23]. Auch *Pascendi* »hat nichts Aufsehenerregendes, wie es unsere Gegner darzustellen beliebten. […] Ganz falsch aber wäre es, aus der Bezeichnung ›Modernismus‹ [mit welcher der Papst sämtliche Irrtümer bezeichnet] den Schluß ziehen zu wollen, den böswillige Gegner schon ziehen, nämlich als ob Rom nun alle modernen Bestrebungen verworfen habe. Der Umfang der einzelnen Irrtümer ist ganz genau umschrieben« (KS 58 [1907] Nr. 39, 437f.). Und selbst die Debatten um den Antimodernisteneid (Ende 1910) gingen vorüber, ohne daß sie im Sonntagsblatt ausführlicher erwähnt worden wären. In dem Augenblick, als Kümmel nicht mehr über sie schweigen konnte (Anfang 1911, im Kontext der öffentlichen Zölibatsdiskussion in Württemberg), diente die Berichterstattung vornehmlich der konfessionellen Polemik[24]. Nein, was den katholischen Leser zu interessieren hatte und, nimmt man die Auflagenhöhe als Maßstab (75.000), wohl auch interessierte, waren in Fülle erbauliche Geschichten, die etwa die Hälfte des Textumfangs einnahmen, seitenweise Anzeigen und mehr oder weniger bedeutende Nachrichten aus katholischer, zentrumsgeprägter Perspektive. Die jeweils anstehenden Wahlen wurden regelmäßig zu besonders bedeutungsvollen stilisiert und dadurch der Einsatz der Leser eingefordert. Sie sollten um die (vermeintlich) geplante Vernichtung des Zentrums wissen: »Zur Vereitelung dieser Pläne wird das ›Sonntagsblatt‹ alle seine Kräfte anspannen« (KS 62 [1911] Nr. 39, 465 – ein beliebiges Beispiel!). Kümmel konnte hier mit dem glänzen, was er im Grunde war: einerseits ein bedingungsloser Verteidiger der katholischen Sache gegen die »unchristlichen und unkatholischen Zeitströmungen«[25] im gesellschaftlichen (und nicht so sehr im innerkirchlichen) Raum; andererseits begnadeter Volksschriftsteller, dessen Erzählungen ab 1881 den Charakter des Blattes prägten, wenn auch die längeren Erzählungen in der Regel nicht mehr von ihm stammten[26]. Er erreichte mit dieser Mischung seinen Leserkreis. Die Steigerung der Auflagenhöhe im Ersten Weltkrieg (auf 84.000 Exemplare, von denen etliche an die Front verschickt wurden) resultiert gewiß auch aus der ausführlichen Berichterstattung »Der Weltkrieg«.

Dieser Weltkriegsbericht endete am 24. November 1918 mit jener Ausgabe, in welcher der Monarchist Kümmel nahezu fassungslos die Revolution vom 9. November kommentierte. »Seit Jahrzehnten ist ja durch politische Unterwühlung von unten herauf (Verbreitung radikaler Schriften und Vereine) wie von oben herunter (Begünstigung der modernen, gegen die alten Autoritäten gerichteten Lehren, kleinlichen Bureaukratismus und verhängnisvolle Verkennung der Zeichen der Zeit) unendlich viel am Volk und seinem geistigen Erbe gesündigt worden. […] Das Volk, welches Tausende seiner Söhne im Heldentod verloren hatte oder als Krüppel und zermürbte, abgeschundene Leute wieder sehen mußte, hatte übersatt an den Leiden des Krieges und, sagen wir es offen, noch mehr an den tausendfachen, oft himmelschreienden Ungerechtigkeiten desselben«. Nun gelte es, sich bei der anstehenden Wahl zur württembergischen Landesversammlung natürlich zugunsten des Zentrums geschlossen zu beteiligen. Daß der Friede nun auf dem Wege sei, »ist, wenn es auch ein Gewaltfriede von grausamer Härte […] sein wird, trotz alledem noch tröstlich«. Und auch dies war Kümmel ein Trost bei aller Unsicherheit, wohin »diese allgemeine große Umwälzung noch treiben« werde: »Eines jeden Menschen Ende, ob er nun groß oder klein, ob König oder Arbeiter ist, bleibt der Tod und nach dem Tod folgt das Gericht. Hier aber waltet allein die furchtbare Allwissenheit und Gerechtigkeit Gottes« (KS 69 [1918] Nr. 47, 405. 408). Doch schon in der nächsten Nummer wird Kümmel weniger schicksalsergeben ausrufen: »Wem es unter solchen Zeichen der Zeit noch nicht klar geworden ist, daß ein deutsches nationales, christliches Zentrum notwendig ist, der wird es nie lernen. Darum nochmals: Christliches Volk, wahre deine heiligsten Güter!« (KS 69 [1918] Nr. 48, 416). Mit großer Leidenschaft und bissigem Ernst begleitete Kümmel in seinen Berichten »Aus Staat und Kirche« die Umwälzungen von 1919. Die Berichterstattung in der Zeit der Weimarer Republik geschah wieder ganz aus der Perspektive des Zentrumanhängers heraus. Noch immer erfüllte der schon über 70jährige damit jenes Programm, das er zu Beginn seiner Amtszeit aufgestellt hatte[27]. Daß sich nach über 40jähriger ideologiegeprägter Arbeit Einseitigkeiten einstellten, kann kaum verwundern.

Von vornherein setzte sich das Sonntagsblatt mit dem Nationalsozialismus auseinander. So charakterisierte es Hitler anläßlich des »Staatsstreich[es] von rechtsradikaler Seite« am 9. November 1923 als »rechtsradikalen Führer«, als einen Österreicher, »der erst kürzlich das deutsche Bürgerrecht erworben hat«, als »›Reichsverweser‹ von seinen eigenen Gnaden«. Leider irrte Kümmel in seiner nachfolgenden Vermutung: »Für den ›Reichsverweser‹ Hitler wird nun seine Rolle in Bayern ausgespielt sein. Er darf froh sein, wenn er über die Grenzen wieder zurückgelangt nach Österreich, von wo er gekommen ist« (KS 74 [1923] Nr. 46, 411f.). Letztlich blieb jedoch der Marxismus als Hauptgegner, der alles Übel verursacht habe[28].

So mußte Kümmel bei seinem Ausscheiden aus der Redaktion (1927) wohl mit gemischten Gefühlen auf die Erfolge seiner jahrzehntelangen Arbeit zurückblicken. Er tat es nicht mit Verbitterung: »Was seitdem gearbeitet und erzielt worden ist, soll Gott anheimgestellt sein, ohne dessen Hilfe nichts gedeiht« (KS 78 [1927] Nr. 49, 793). Kümmels Wirken hatte großen Einfluß auf den württembergischen Katholizismus um die Jahrhundertwende 1900 – das wußte er; dieser Einfluß war es, der ihn in den Augen der Nachwelt neben dem Ahnherrn Rieß zum »Patriarch[en] der katholischen Presse« (Franz Stärk im Nachruf KS 87 [1936] Nr. 26, 511), zum »zweite[n] Gründer des Sonntagsblattes« (Hermann Tüchle in KS 100 [1952] Nr. 39, 644) werden ließ. Gewiß aber wird man der nun (endlich?) beginnenden Nach-Kümmel-Ära Positives abgewonnen haben können[29].

5. »Lichtträger in dunkler Zeit«: Das Sonntagsblatt unter Franz Stärk (1927–1941, 1945–1946)

»Mit der heutigen Nummer übernimmt der Unterzeichnete die Redaktion des Katholischen Sonntagsblattes‹. Sein Programm sind die Namen Rieß und Kümmel, die das Blatt gegründet und groß gemacht haben, sein Vertrauen setzt er auf den Beistand Gottes, der das ›Sbl.‹ schon so viele Jahre hindurch begleitet hat, seine Liebe gilt dem katholischen Volke, besonders in unserer Diözese, dem er nun mit seiner Feder dienen will und um dessen Treue er herzlich bittet« (KS 78 [1927] Nr. 49, 794). Diese programmatische Verortung – interessanterweise auf Personen und nicht auf Themen zugeschnitten – ist ebenso selbstverständlich wie von geringem Aussagewert, handelt es sich doch um die Übernahme eines feststehenden Topos. Denn wer möchte in einem so traditionsreichen Unternehmen schon »Neuerer« sein angesichts solcher Vorgänger wie Rieß und Kümmel? Ein Neuerer war der aristokratisch wirkende Franz Stärk[30] gewiß nicht[31]. Doch mußte er das Sonntagsblatt durch eine Zeit führen, die ihm von außen neue Aufgaben zuwies: Am bedeutendsten ist selbstverständlich jene, während des »Dritten Reiches« kirchliche, katholische Positionen in einem ideologischen Umfeld zu vertreten, dessen antikirchliche Grundausrichtung bekannt war und zu äußerster Vorsicht gemahnte.

Überblickt man die Bände Ende der zwanziger Jahre, so gewinnt man den Eindruck, daß der Nationalsozialismus als antikirchlicher Gegner zwar durchaus wahrgenommen wurde, eine grundsätzliche Auseinandersetzung mit ihm, von der wir heute wissen, daß sie nötig gewesen wäre, fand aber nicht statt. Neben parteipolitisch motivierter Distanz mag sogar manche mentale Nähe bestanden haben. Ein Umschwung in der Wahrnehmung trat erst mit der Septemberwahl 1930 ein, welche die extremen Parteien des linken und rechten Spektrums stärkte[32]. Nunmehr war der Nationalsozialismus als politischer Gegner auch ernst genommen, wenn auch eine Diskussion seiner Ideologie bis 1932/33 noch immer eher beiläufig begegnet[33]. Ab Februar 1936 durften nur noch religiöse Artikel und Berichte aus dem binnenkirchlichen Raum abgedruckt werden. Wiederholt führten die Zensurbestimmungen zu Problemen mit der Reichspressekammer[34]. Eine wichtige Funktion hatte das Sonntagsblatt bezüglich der Wie-

Franz Stärk (1887–1963),
Chefredakteur 1927–1941, 1945/46.
Bildnachweis: KS 111 (1963) Nr. 22, 5.

dergabe von Hirtenbriefen, die – wenn auch zaghaft – die gesellschaftlichen Entwicklungen kritisch beleuchteten. Manch Kritisches schlich sich nebenbei hinein: so die umfangreiche Abhandlung von August Hagen, »Romkirche oder Deutschkirche. Die nationalkirchlichen Bestrebungen im katholischen Deutschland« in KS 87 (1936), die in manchen (wenn auch wenigen) Teilen den zeitgenössischen Leser durchaus zum Nachdenken anregen sollte[35]. Oder was sollte der Leser davon halten, wenn er zu Beginn desselben Jahrganges eine Betrachtung von Joseph Tillinger über Ps 90,4 las (»in deinen Augen gleichen tausend Jahre einem Tag von gestern«): »Wir armselige Menschlein sind eine Null gegen den ewigen und unveränderlichen Gott, vor dem tausend Jahre wie ein Tag sind […]. Was sind denn achtzig, neunzig, meinetwegen tausend Jahre gegen die Ewigkeit…? […] Gewiß, wenn man so ein armseliges Wesen ist, wie der Mensch, dann sucht man sich einen Stärkeren, auf den man sich stützen kann. Und da gibt es nur einen einzigen, das ist der Allmächtige, der Unendliche, das ist Gott« (KS 87 [1936] Nr. 1, 1f.). Sind das nicht hintergründig eindeutige Worte im und über das Tausendjährige Reich des Jahres 1936? Oder dies: Eine kurze Meldung über »Religion und Ahnenforschung« (KS 89 [1938] Nr. 12, 196) betont zunächst den hohen Wert der Ahnenforschung auch vom religiösen Standpunkt aus. Seine Schlußfolgerung läßt jedoch aufhorchen: »Je älter die erforschten Lebensspuren unserer katholischen Ahnen sind, um so bestimmter zeigen sie einer kommenden Generation den Weg katholischen Denkens und Handelns«. Hier stehen also nicht Rasse und Stamm im Mittelpunkt, sondern die kulturprägende Macht der Religion. Ein weiteres Beispiel: Während Kardinal Innitzer seine Grußadresse an Gauleiter Bürckel nach dem »Anschluß« Österreichs mit »Heil Hitler« unterschrieb, heißt es über den Verfasser der Sonntagsartikel, Joseph Tillinger: »[…] schloß er [Tillinger] seine Schreiben [stets] mit den

Deutschland und sein Führer
Zum 50. Geburtstag Adolf Hitlers

Ein Volk von 80 Millionen feiert am nächsten Donnerstag die 50. Wiederkehr des Tages, da in dem kleinen Städtchen Braunau am Inn der Mann geboren wurde, der nach Gottes Vorsehung und auf Grund der ihm geschenkten glänzenden Anlagen der Führer dieses Volkes und der Lenker seines Staatswesens werden sollte. 80 Millionen treten an diesem Tag zum Glückwunsch an, und mit ihnen vereinigen sich weit über die deutschen Grenzen hinaus Millionen von Angehörigen deutschen Volkstums und feiern den Tag mit, der auch ihnen als Festtag gilt. Da darf auch ein Blatt nicht schweigen, dem im Gesamtplan der berufsständischen Ordnung sonst das rein religiöse Gebiet zur Bearbeitung zugewiesen ist. Gehorsam gegen die Obrigkeit, Liebe zum Vaterland, innige Verbundenheit mit den Geschicken des eigenen Volkes sind ja für den Katholiken Gewissenspflicht, und wenn ein solch außerordentlicher Tag aus der gleichmäßigen Reihe der andern heraustritt, dann wird und soll er auch einem kirchlichen Blatt das äußere Gepräge geben. Und deshalb trägt diese Nummer der »Katholischen Kirchenwoche« das Bild des Führers auf der ersten Seite. Den Rahmen desselben aber soll eine Rückschau über das Geschehen während der sechs Jahre bilden, denen die unbeugsame Kraft und das zielbewußte Wollen Adolf Hitlers den Stempel aufgedrückt hat.

Wenn wir diese tatengefüllten sechs Jahre überschauen, dann sind wir in wirklicher Not, ob wir den außenpolitischen oder den innenpolitischen Begebnissen das größere Gewicht zusprechen sollen. Denn beide sind so überwältigend und tiefeinschneidend in das Leben unseres Volkes und in die Geschichte Europas, ja der ganzen Welt, daß sie sich gegenseitig die Wage halten. Richten wir unseren Blick zuerst auf diejenigen Ereignisse, die vor der Weltöffentlichkeit den noch größeren Eindruck gemacht haben, da sie sich von ihnen näher berührt fühlte.

Adolf Hitler ist der Schöpfer des Großdeutschen

Leitartikel zu Hitlers 50. Geburtstag.
Bildnachweis: KKW 90 (1939) Nr. 16, 267.

anheimelnden Worten: ›Mit herzlichem Brudergruß‹. So vor, so nach 1933« (beides in KS 89 [1938] Nr. 14, 236–238). Zwar wurde also der »Anschluß« in dieser und den folgenden Ausgaben als nahezu natürlicher Prozeß euphorisch gefeiert, doch an solch kleinen Sätzen konnten sich die Katholiken in ihrer (innerlichen) Ablehnung nationalsozialistischer Ideologie und Politik untereinander verbunden fühlen. Eine andere Form von Widerstehen war öffentlich nicht möglich. Wie sehr wir uns aber hier in einem Grenzbereich bewegen, mögen Artikel veranschaulichen, die Gegenteiliges vermuten lassen: »Vereidigung des Bischofs von Passau. General v. Epp über [die Vereinbarkeit von] Nationalsozialismus und Christentum« (KS 87 [1936] Nr. 44, 879f.), »Nach vier Wochen« (über die ersten Kriegswochen nach dem Einmarsch in Polen; in KKW 90 [1939] Nr. 41, 573) oder der Artikel zu Hitlers 50. Geburtstag, »Deutschland und sein Führer« (KKW 90 [1939] Nr. 16, 267–269), der aber in einer Weise aus dem Rahmen fällt, daß man ihn nur schwerlich als Produkt eines Mitarbeiters der Kirchenwoche ansehen möchte[36]. Auch diese Artikel spiegeln ein Stück katholischer Realität 1933–1945 wider.

Verlag und Schriftleitung der Katholischen Kirchenwoche – die Umbenennung mußte 1938 vorgenommen werden – teilten den Lesern am 25. Mai 1941 die bevorstehende Einstellung des Blattes mit. »Die Kriegswirtschaft erfordert stärkste Konzentration aller Kräfte. Diese Zusammenfassung macht es notwendig, daß unser Blatt mit dem heutigen Tage bis auf weiteres sein Erscheinen einstellt, um Menschen und Material für andere kriegswichtige Zwecke freizumachen«. Es handelte sich hierbei um einen genormten Text, zu dessen Veröffentlichung das Sonntagsblatt – zusammen mit vielen Hunderten anderen Zeitschriften – durch ein Schreiben der Reichspressekammer vom 25. April 1941 verpflichtet wurde. Proteste des Vorsitzenden der Fuldaer Bischofskonferenz, Kardinal Bertram, verhallten ungehört[37]. Damit verstummte auch diese Stimme, die noch immer versucht hatte, »in dunkler Zeit« unter den Katholiken Württembergs Identität und Solidarität mit der Kirche zu stiften, um dadurch für diese »Lichtträger« zu sein. »Das Band, das die ganze Schwabenfamilie […] umschlang, war zerschnitten« (KS 93[38] [1945] Nr. 1, 1). Sinnig vermerkt die Betrachtung zum Sonntagsevangelium in dieser letzten Ausgabe: »Noch vieles hätte ich euch zu sagen, aber ihr könnt es jetzt noch nicht tragen [Joh 16,12], hat damals der Herr zu den Aposteln gesagt. Wie vieles können wir jetzt noch nicht tragen! Darum bleibt es uns auch jetzt noch wie in einem Spiegel rätselhaft. […] Wir vertrauen auf ein glückliches [nicht: siegreiches!] Ende des Krieges, wir vertrauen auf eine gute Heimkehr unserer Soldaten; wir vertrauen auf die selige Lösung aller Daseinsfragen, wir vertrauen auf ein zukünftiges, alles überstrahlendes Licht« (KKW 92 [1941] Nr. 21, 121).

Leider berichten die Festbeiträge zu Jubiläen des Sonntagsblattes nicht ausführlich über die Bistumszeitung während der Jahre 1933–1941[39]. In seinem Artikel zum Tode Stärks führte der damalige Chefredakteur, Franz Kaiser, aus: »Aber wer wie der Schreiber dieser Zeilen jene Jahre in der Redaktion des ›Katholischen Sonntagsblattes‹ miterlebte, weiß, mit welch tiefem Verantwortungsbewußtsein, mit wieviel Mut und Tapferkeit, aber auch oft mit blutendem Herzen unser Chefredakteur [Stärk] diese schweren Zeiten durchgestanden hat« (KS 111 [1963] Nr. 22, 5). Kaiser spricht hierbei von der »Kunst des Zwischen-den-Zeilen-Schreibens, die sich in jener Zeit so hoch entwickelte«. Der damalige Verlagsdirektor, Josef Vögele, wird mit einem für ihn typischen Schreiben zum Goldenen Priesterjubiläum im Juli 1962 (Bericht hierüber in KS 110 [1962] Nr. 29, 13f.) zitiert: »Besserwissende Kritiker mögen heute, nachdem alle Gefahren längst vorüber sind, hochnäsig ein anderes Urteil fällen. Was aber in jenen Jahren an Verantwortungsbewußtsein verlangt wurde, um dem katholischen Volk in der Zeit allgemeiner Begriffsverwirrung noch katholische Wahrheiten durch das gedruckte Wort zu ermitteln, darüber mag nur der zu befinden, der leidend und handelnd dabei war. Wir haben uns nichts vorzuwerfen. Und Sie [Stärk] selbst dürfen auf Ihre langjährige Arbeit im Dienste der katholischen Presse mit Befriedigung zurückblicken, wissend, daß Sie auch unter unzumutbaren Verhältnissen der katholischen Sache unschätzbare Dienste geleistet haben«. Die Apologie macht skeptisch – doch müßten die damit verbundenen Fragen und Zusammenhänge auf gründlicherer Quellenbasis als hier möglich geklärt werden.

6. Übergänge: Das Sonntagsblatt bis zum Beginn des Zweiten Vatikanums (1945–1963)

Am 29. Juli 1945 erschien das Katholische Sonntagsblatt unter demselben Motto, unter dem es sich vier Jahre zuvor verabschieden mußte: »Ich will loben den Herrn solange ich lebe, will lobsingen meinem Gott, solange ich bin« (Ps 146,2). Im einmal mehr beschworenen Geiste von Rieß und Kümmel sollte das Sonntagsblatt »auch jetzt wieder erstehen und den veränderten Zeitverhältnissen Rechnung tragend immer dem gleichen Ziel dienen«. Das Psalmzitat zeige Richtschnur und Ziel der zukünftigen Arbeit an. Es lebe im Sonntagsblatt weiterhin »der alte ungebrochene und ewig jugendfrische Geist des Gottvertrauens, der uns auch in ernster Zeit getrost in die Zukunft blicken ließ und heute mit neuem Mut an den Wiederaufbau materieller Werte und an die geistige Neugestaltung unseres Volkes nach dem Zusammenbruch von Scheinwerten gehen läßt«; dieser Geist solle zum »Quell geistiger Kraft und Stärkung werden« (KS 93 [1945] Nr. 1, 1).

Für die erste Übergangszeit übernahm noch einmal Stärk die Leitung der Redaktion, die man aber wohl von vornherein dem seit 1933 ebenfalls beim Sonntagsblatt arbeitenden Dr. Franz Kaiser zu übertragen gedachte[40]. Bischof Sproll, über dessen Rückkehr nach Rottenburg in dieser und der nächsten Nummer ausführlich berichtet wurde, wandte sich aus Anlaß des Wiedererscheinens an die Gläubigen seiner Diözese: Das Sonntagsblatt möge den Lesern in kurzer Zeit wieder all das bieten, »was sie von ihm erwarten dürfen: die Festigung der katholischen Glaubensüberzeugung und des katholischen Lebens in Familie und Gemeinde. [...] Es ist zu hoffen, daß unser Sonntagsblatt im alten guten katholischen Geiste die neue Zeit mitgestalten helfe« (KS 93 [1945] Nr. 1, 3). Das Sonntagsblatt tat es. Unsicher betrachtete man die zurückliegenden zwölf Jahre. Zunächst berichtete bereits ab der zweiten Ausgabe 1945 ein Trierer Diözesanpriester über seine Wahrnehmung des KZ Dachau (KS 93 [1945] Nr. 2, 6f.; Nr. 3, 11f.; Nr. 4, 14)[41]. Ermutigend wird den Lesern in einem weiteren Artikel vor Augen geführt, »[w]as uns geblieben ist«: Heimat (Wiederaufbau kommunaler Verwaltung), Natur (»Die Natur folgt der unzerstörbaren Ordnung Gottes, und nur der Mensch empört sich wider Gottes Gebot, und darum ist sein Werk Vernichtung und Zerstörung«; ein Vorgeschmack auf den Naturrechtspositivismus der fünfziger Jahre), christliche Überlieferung der Heimat, Kirche der Heimat (als Trostquelle für die bevorstehenden schweren Jahre des Wiederaufbaus), Familie. Diese Werte gelte es, fruchtbar werden zu lassen. Wie schwierig es war, dem Unfaßbaren einen Namen geben, erkennt man an der Beschreibung, mit der die zurückliegenden Jahre qualifiziert wurden: Verbrechen, »wie sie nur satanische Gehirne ausdenken können«, »verhängnisvolle[r] zwölfjährige[r] Irrweg«; das Kriegsende ist ein Tag, »da unser Geschick sich vollzogen hatte« (KS 93 [1945] Nr. 3, 10). Es sind tastende Versuche, das gegenwärtig Vergangene, in das man verwoben war, in den Blick zu bekommen. Doch waren dieser Selbstvergewisserung enge Grenzen gesetzt. Am 9. September 1945 erfuhr der Leser, daß entsprechend einer Weisung der Militärregierung das Sonntagsblatt inhaltlich anders gestaltet werden müsse. »Zu gegebener Zeit dürfte dann wieder eine Ausweitung des Inhalts erfolgen. Wir bitten unsere Leser, sich unterdessen mit der vorwiegend liturgischen Gestaltung des Blattes zu begnügen« (KS 93 [1945] Nr. 7, 23)[42]. In diese bis zum Jahresende liturgisch dominierten Ausgaben der Bistumszeitung mischten sich die nachdenklichen Fragen zum Jahresschluß: »Aber haben wir nicht Leids genug? Haben wir nicht einen Krieg verloren? Haben wir nicht eine schwere Zukunft vor uns? […] Das ist alles wahr. Aber eine Gegenfrage: Wäre es besser gewesen, Gott hätte unser Volk in Siegestaumel und Hochmut ersticken oder in Trägheit und Sattheit versumpfen lassen? Wäre es besser gewesen, er hätte es der Finsternis des Geistes überlassen […]? Mußte es nicht aus den Zwingburgen seines Hochmuts hinausgeworfen, aus dem Schlaf aufgerüttelt werden? Mußte nicht die Finsternis so groß werden, daß sie ihm den Atem beraubte, damit es wieder Sehnsucht nach dem Licht empfinde und den rechten Weg zu suchen beginne?« (KS 93 [1945] Nr. 23, 83).

Die Vergangenheit konnte unter dem Eindruck ihrer Nähe und übergroßen Mächtigkeit und aufgrund der beschriebenen moralisierend katholischen Perspektive heraus nur auf zwei Arten bewältigt werden: durch Individualisierung von Schuld- und Schreckenserfahrungen (so auch der Silvesterartikel KS 93 [1945] Nr. 23, 83) und durch den Blick nach vorn in eine Zukunft, in der das katholische Wertesystem garantieren sollte, daß eine Barbarei, wie die jüngst erlebte (man ist aus der Kenntnis der Jahrgänge 1946–1953 versucht zu sagen: erlittene), nicht mehr möglich würde: »Mächtige Götzen sind gestürzt, die Kirche ist unerschütterlich geblieben. Sie hat ihre neuen großen Aufgaben in der Welt des Zusammenbruchs« (KS 94 [1946] Nr. 1, 1). Interessant ist eine Artikelserie über »Worte, die wieder verschwinden müssen« (Organisieren [für »stehlen«], Umlegen, An die Wand stellen, Fanatisch, Einmalig und einzigst, Hart und eiskalt, »Mädel« und »Kleine Freundin«). Ihr Verfasser, Heinrich Getzeny, setzte sich darin mit der »Sprachverwilderung der letzten Jahre« auseinander, aus der »der Ungeist dieser Zeit besonders in Erscheinung trat« (KS 94 [1946] Nr. 10, 57) – doch ist diese konstruktive Art, mit den Erfahrungen nationalsozialistischer Herrschaft umzugehen, die Ausnahme[43]. Es überwiegen bei der Auseinandersetzung mit den Jahren 1933–1945 jene Artikel, die apologetisches Interesse verraten: die Fortsetzungsreihe über den ermordeten württembergischen Staatspräsidenten Eugen Bolz; der Leitartikel vom 10. März 1946 (»Der Verräter«, KS 94 [1946] Nr. 10, 57), der die Schrecken einer von den Nationalsozialisten geplanten »Kristall-Nacht« gegen die Kirche heraufbeschwört, ohne der wirklichen Opfer der Pogrome zu gedenken. In die gleiche Richtung geht ein Beitrag über Bischof Felix von Karthago (um 300), der als »Martyrer des kath. Schrifttums« und als »Bruder und geistige[r] Ahn« der im Nationalsozialismus verbotenen katholischen Presse vorgestellt wird (Nr. 16, 95). Am offensichtlichsten ist die apologetische Grundhaltung in jenen Artikeln festzustellen, die den damals noch amtierenden Papst, Pius XII., in seiner Funktion als Kämpfer gegen den Nationalsozialismus schilderten. Die Jahrgänge 94/95 (1946/47) sind durchsetzt mit solchen Beiträgen. Da die Kirche angesichts des Wiederaufbaus und der anstehenden geistigen Erneuerung der Gesellschaft für die Vermittlung von Werten zuständig gemacht wurde und sich zuständig fühlte, ist diese Art der Erinnerung an die Jahre nationalsozialistischer Schreckensherrschaft nicht verwunderlich. Doch auch historische Beiträge lassen sich, einer guten Tradition folgend, finden: Der ehemalige Tübinger Dogmatiker Wilhelm Koch (1874–1955) verfaßte Aufsätze über das Konzil von Trient,

Franz Kaiser;
Chefredakteur 1946–1963.
Bildnachweis: KS 112 (1964) Nr. 1, 3.

Hermann Tüchle (1905–1975), damals gerade zum Dozent in Tübingen avanciert, bot »[n]eue Enthüllungen« über den »Papst, Italien und de[n] Krieg« (ab KS 94 [1946] Nr. 38, 222f.). Und auch August Hagen kam mit der Reihe »Katholische Pioniere der Sozialreform« (1947) zu Wort.

Der Wechsel in der Chefetage der Redaktion (April 1946) verlief lautlos: Der seit 1933 für das Sonntagsblatt tätige Dr. Franz Kaiser[44] sollte nun bis 1963 als erster Laie Gestalt und Programm der Zeitung bestimmen.

Lassen wir auch hier zunächst die Würdigungen seiner Dienstjahre aus dem eigenen Haus anläßlich seiner Verabschiedung zu Wort kommen. Sie charakterisieren Kaisers Wirken als ein »sentire cum ecclesia« (»Mitdenken und Mitfühlen mit der Kirche«). Dieser kirchlichen Dimension wurde das Programm von Rieß, modifiziert durch Kümmel, zur Seite gestellt, in dessen Tradition der zu Verabschiedende gestanden habe. Doch »die Zeiten [waren] andere geworden«, so daß Kaisers Arbeit auch mit dem Begriff »Zeitaufgeschlossenheit« charakterisiert werden konnte (KS 112 (1964) Nr. 1, 3f.). Der ebenfalls hier begegnende Hinweis auf die vielschichtig gewordene Leserschaft mag als Indiz dafür gelten, daß die Bistumszeitung mittlerweile (nach den Pontifikatswechseln von Pius XII. auf Johannes XXIII. und dann auf Paul VI.) inmitten eines Modernisierungsprozesses stand, der es schwierig machte, die erstrebte Einheitlichkeit des württembergischen Katholizismus zu erreichen. Als Zielvorgabe fand diese Einheitlichkeit, von der man sich größtmögliche Gestaltungskraft in der Nachkriegsgesellschaft erhoffte, im Motto »sentire cum ecclesia« ihren beredten Ausdruck[45]. Es war aber nunmehr nicht mehr klar, mit welcher der divergierenden Richtungen innerhalb der Kirche man denn mitfühlen sollte. Aus dieser Perspektive erklärt sich die Ausrichtung des Sonntagsblattes in den fünfziger Jahren: Es bleibt streng dem durch Pius XII. repräsentierten »totalitären Anspruch des kirchlichen Lehramts«[46] verbunden. Aus dem Wissen um die Weiterentwicklung der Kirche, des kirchlichen Lebens in der Diözese (hier ist auch der Einfluß des 2. Vaticanums auf Bischof Leiprecht zu veranschlagen) und der Bistumszeitung selbst muten die Themen und Berichte der fünfziger Jahre aus der Rückschau wie Kämpfe gegen eine als feindlich verstandene Welt an. Trotzdem: Das Sonntagsblatt wurde unter Kaiser, je länger, je mehr und in Relation zu gesamtkirchlichen Entwicklungen, zeitaufgeschlossen. Seine Aufgabe sollte im »katholischen Presseapostolat« bestehen[47]. Die Artikel waren weit weniger als zuvor durch die Persönlichkeit des Redakteurs geprägt; es ging vielmehr um Nachrichtenvermittlung über Themen, die Relevanz für die katholische Kirche besaßen. Insofern wurde das Sonntagsblatt seriöser. Hinzu kam eine starke Verbundenheit mit der Weltkirche, die durch regelmäßige Beiträge und vielfältiges Bildmaterial den Katholiken Württembergs vorgestellt wurde.

Die Feierlichkeiten zum 100jährigen Zeitungsjubiläum nahm Kaiser zum Anlaß, über »Freuden und Leiden des Redakteurs«, der sich zwischen allen Fronten wiederfindet, zu berichten. Er definierte hierbei seinen Standort als den »goldenen Mittelweg […], nämlich möglichst allen Lesern etwas zu bieten« (KS 100 [1952] Nr. 39, 655f.). Gegenüber dem konfliktfreudigeren Selbstverständnis seiner Vorgänger sind dies moderate Töne. Sie mögen als typisch gelten für den mühsamen Lernprozeß, den die Kirche in einer zunehmend plural werdenden Gesellschaft zu durchlaufen hatte. Kirchenpolitisch war ein Wandel mit Beginn des Pontifikates Johannes' XXIII. möglich geworden. Bereits das Thema der Predigt von Msgr. Bacci vor Beginn des Konklaves ließ aufhorchen. Der Sonntagsblattleser erhielt natürlich zeitgleich hierüber eine Zusammenfassung: »Es genüge nicht ein gelehrter Papst, der in den menschlichen und göttlichen Wissenschaften zu Hause sei, es genüge auch nicht, wenn der Papst die feinen Gedankengänge der Diplomatie erforscht und erprobt habe. Dies alles sei zwar notwendig, aber es reiche nicht aus, denn ein heiliger Papst müsse gewählt werden« (KS 106 [1958] Nr. 44, 2). Eine Spitze gegen den Diplomatenpapst Pacelli? Vorbereitende Worte für Roncalli? Die Deutung wäre zu gewagt. Und dennoch: Die Mahnungen zu Beginn der Papstwahl von 1958 stehen typisch für die Umbruchzeit, in der sich Kirche und Gesellschaft Ende der fünfziger Jahre befanden. Als die eben zitierte Ausgabe vom 2. November die Leser erreichte, war der neue Papst bereits gewählt; eine zweiseitige Extraausgabe hatte am 29. Oktober hierüber berichtet. Mit Johannes XXIII. kam eine »achtunggebietende Erscheinung« auf den Balkon der Peterskirche, »die den Hunderttausenden aber sofort freundlich zuwinkte« (KS 106 [1958] Extraausgabe [29.10.]). Seine Fähigkeiten machten ihn, so Kaiser, besonders geeignet, »das universale Werk Pius' XII. fortzusetzen«. Die Berichte über die ersten Monate des Papstes bieten keinen Anhaltspunkt zur Klärung der Frage, was man in der Redaktion über den neuen Mann auf dem Stuhl Petri dachte. Soweit ich sehe, war es der Stil der Bistumszeitung in diesen späten fünfziger Jahren, sich mit Kommentaren zurückzuhalten (außer unter der Rubrik »Blick in die Zeit«); im Vordergrund stand die eher nüchterne Berichterstattung.

Die Konzilsankündigung (KS 107 [1959] Nr. 5, 2) blieb ganz auf dieser berichtenden Ebene; erst Hermann Tüchle, wiederholt Autor im Sonntagsblatt, wagte sich ein wenig weiter vor: Das Konzil sei eine »Hoffnung der Christenheit« und markiere einen »Wendepunkt … der Kirchengeschichte«. Die Dogmen könnten in einer anderen Sprache, entsprechend heutigen Denkformen, erklärt werden, und vielleicht könnte ja eine »ganz andere Allgemeinheit sichtbar werden, in der vielleicht etwas, was bisher als Abirrung erschien, nur als Produkt eines Denkens auf anderen Grundlagen offenbar werden? […] Eine Tür ist aufgetan« (KS 107 [1959] Nr. 7, 3f.). Die Bistumszeitung ging, wenn auch zögerlich, zusammen mit der ganzen Diözese durch diese Tür. Dies hatte nicht nur Auswirkungen auf ihre äußere Gestalt. Der

Verzicht auf apologetische Schärfe zugunsten möglichst objektiver Berichterstattung und die zunehmend katechetische Funktion der Zeitung spiegeln die inneren Wandlungen in Theologie und Kirche wider, die »in die Struktur des Gespräches« eingetreten sei (so Leiprecht am 5. Februar 1961; KS 109 [1961] Nr. 6, 14). Aus einer in sich abgeschlossenen Institution sollte im Gefolge des Konzilsereignisses eine dialogbereite und -fähige Kirche »für die moderne Welt« (KS 109 [1961] Nr. 46, 3) werden. Theologisch interessant ist die Serie »Im Blick auf das Konzil« ab August 1961, die kurz die bisherigen ökumenischen Konzilien darstellte, um dann systematische Fragen wie Unfehlbarkeit der Kirche, des Bischofskollegiums und des Papstes, Verhältnisbestimmung von Papst und Konzil, Stellung des Bischofsamtes usw. in einer Weise zu behandeln, die ein Jahrzehnt zuvor nicht denkbar gewesen wäre[48]. Das Sonntagsblatt rezipierte hier langsam gesamtkirchliche Prozesse, die mit dem Pontifikatswechsel von 1958 in Gang kamen[49]. Die heute geläufige Formulierung, daß Kirche »sich ereignet«, begegnet bereits vor der Konzilseröffnung (KS 110 [1962] Nr. 23, 1; Nr. 39, 1). Es ist das unumschränkte Verdienst des damaligen Chefredakteurs, Franz Kaiser, die Bistumszeitung in diesen Prozeß mit eingebunden zu haben. Von vornherein berichtete das Sonntagsblatt sehr ausführlich über die Diskussionen und Beratungsgegenstände auf dem Konzil und versuchte, Hintergründe zu beleuchten. Immer wieder konnten sich die Leser über die Aktivitäten Leiprechts und seines Weihbischofs Sedlmeier informieren, deren Briefe an die Redaktion veröffentlicht wurden. Auch die Ernennung von Hans Küng zum offiziellen Konzilstheologen fand Erwähnung (KS 110 [1962] Nr. 49, 6), und dieser meldete sich seinerseits mit dem Beitrag »Warum sind dogmatische Konzilsentscheide heute schwierig« zu Wort (Nr. 50, 6; vgl. Nr. 48, 4).

7. »Unheilige Sebastiane«? – Das Sonntagsblatt heute

»Ein Chefredakteur kommt sich manchmal vor wie ein unheiliger Sebastian, den die Pfeile dieser Art von Anti-Konziliaristen freilich nicht zum Himmel, sondern in die tiefste Hölle befördern möchten« (KS 119 [1971] Nr. 21, 3). Kurz vor der Veröffentlichung der mit Spannung erwarteten Pastoral-Instruktion über die Kommunikationsmedien (3. Juni 1971; Bericht in KS 119 [1971] Nr. 23, 3), welche die eklatanten Defizite des Konzilsdekretes *Inter Mirifica* über die sozialen Kommunikationsmittel (4. Dezember 1963) ausgleichen sollte, zitierte Norbert J. Stahl eine ungenannte Bistumszeitung mit diesem Stoßseufzer. Er charakterisierte damit wortgewaltig die Schwierigkeiten, denen sich eine Kirchenzeitung nach dem Konzil ausgesetzt sah: Die Wandlungen des kirchlichen Selbstverständnisses, dem die Konzilsväter Ausdruck verliehen, mußten auf der Ebene der Ortskirche umgesetzt werden. Den einen ging es hierbei nicht schnell genug, die anderen witterten Verrat an der Kirche und einen Ausverkauf des Glaubens. Dieser Spannung war auch die kirchliche Presse ausgesetzt: »Sie muß die vielfältigen Entwicklungen in unserer Kirche für das vielzitierte Gottesvolk durchsichtig machen. Sie kann sich dabei nicht nur auf eine Seite schlagen, sondern muß verschiedene Meinungen zu Wort kommen lassen. Nur so dient sie der Einheit des Gottesvolkes und der Einheit der Menschen« (KS 119 [1971] Nr. 21, 1). Vergleicht man dieses moderne Programm mit den Äußerungen von Rieß bis Stärk, so wird deutlich, wie sehr sich kirchliches Leben in Württemberg gewandelt hatte. Das Bistumsblatt spiegelt die dahinter stehenden Prozesse. Freilich blieb diese Öffnung der Kirchenzeitung, die in einer pluralen Gesellschaft gar nicht ausbleiben konnte, zunächst auf den binnenkirchlichen Raum beschränkt. Die Berichterstattung über politische Themen im engeren Sinn (Familienpolitik, Wiederbewaffnung) war weiterhin von Skepsis gegenüber Sozialdemokraten und Liberalen geprägt. Erst in den siebziger Jahren konnte in dieses fixe System Bewegung kommen. Mit dem hierfür durch das Zweite Vatikanum gegebenen Impuls korrespondiert auf der anderen Seite die programmatische Entwicklung der Parteien.

Franz Uhl[50], der im Januar 1964 die Leitung der Redaktion übernahm, suchte von Anfang an, die fortschrittliche Linie Kaisers weiterzuführen und den Lesern »die Probleme einer aufbrechenden Kirche zu verdeutlichen und sie ihnen behutsam verständlich zu machen« (KS 123 [1975] Nr. 1, 17). Hierzu führte er die ausführliche Berichterstattung über das Konzil mit einer eigenen Rubrik fort. Dadurch förderte das Sonntagsblatt die Vermittlung des Konzilsereignisses auf der ortskirchlichen Ebene der Diözese, eine katechetische Funktion, die kaum unterschätzt werden kann und eine großflächig angelegte Untersuchung wert wäre. Dieser Vermittlung dienten auch jene begleitenden Hintergrundartikel, welche die Diskussionen des Konzils den Gläubigen verständlich zu machen suchten. Als Beispiele seien genannt: »Erneuerung der Liturgie« von Joseph Pascher (ab KS 111 [1963] Nr. 19) oder die Serie »Vergessene Wahrheiten über die Kirche« von Felix Schlösser (ab KS 111 [1963] Nr. 40), welche die Diskussion um das »Schema 13« (dann: »Kirche in der Welt von heute«) begleitete. Besonders die Liturgiereform und ihre praktischen Auswirkungen kamen wiederholt zur Sprache, so daß die Gläubigen nicht unvorbereitet von ihrer alten Praxis Abschied nehmen mußten.

Nach dem Ende des Konzils reflektierte die Redaktion die Funktion des Sonntagsblattes in der nachkonziliaren Zeit, das nach der Einstellung des Deutschen Volksblattes (31. Juli 1965) auch wesentliche Aufgaben dieser Zeitung zu übernehmen gedachte[51]. Es sei ein »wichtiges Hilfsmittel« bei der Umsetzung der Konzilsbeschlüsse und von daher auf flächendeckende Verbreitung angewiesen, wofür gerade auch die Seelsorger werben sollten, die teilweise, so hat es den Anschein, eine kritische Distanz zur Bistumszeitung eingenommen hatten. Denn dadurch schaffe es ein »Zusammengehörigkeitsbewußtsein der einzelnen Pfarrglieder und erleichtert dem Priester seine schwere Seelsorgearbeit in unserer Zeit der wachsenden Gleichgültigkeit dem Religiösen und Kirchlichen gegenüber«[52]. Mit der erweiterten Rubrik »Leser schreiben uns« (seit April 1965) solle ein Diskussionsforum für die Katholiken der Diözese geschaffen werden (KS 116 [1966] Nr. 1, 9). Es wurde in den folgenden Jahren bis heute ausgiebig genutzt. In ihm tritt, öffentlichkeitswirksam wie sonst nirgends in den bistumsinternen Diskussionen, das zum Vorschein, was oben mit »Einheit des Katholischen in der Vielfalt verschiedener Katholizismen« bezeichnet wurde. Nicht selten darf man beim Studium der Leserzuschriften darüber staunen, zu welch theologischer und spiritueller Bandbreite (nach allen Seiten hin) die zeitgenössischen Katholiken Württembergs fähig sind, ohne dadurch, nach eigener Überzeugung, den Boden des Katholischen zu verlassen.

Eine ähnliche Bandbreite ist auch bei den Wechseln in der Redaktionsstube seit 1972 festzustellen. Mit Alois Keck (*1931; Chefredakteur 1972–1990) begegnet ein eher wert-konservativer Chefredakteur mit entschieden ökumenischer Ausrichtung. Leidenschaftlich kommentierte er beispielsweise bald nach der Übernahme seines Amtes den Ausgang der Bundestagswahl 1972 (KS 120 [1972] Nr. 48, 5 und Nr. 49, 5). Ein weiteres Beispiel aus dem gleichen Jahrgang: Die Verleihung des Literaturnobelpreises an Heinrich Böll motivierte einen mit »Barbarossa« zeichnenden Anonymus zu einem sarkastischen Zwischenruf. Diese Vergabe sei für all jene verwunderlich, »die seine [Bölls] weltweite literarische Bedeutung so wenig zu sehen vermögen wie eine überragende im deutschen Sprachraum« (KS 120 [1972] Nr. 45, 21).

Die Leser reagierten empört, diesmal aber über die Herabsetzung Bölls (Nr. 48, 22) – ein immerhin bemerkenswertes Beispiel katholischer Streitkultur, nachdem bereits neun Jahre zuvor die »Ansichten eines Clowns« als »arrogant und lieblos« den Lesern vorgestellt worden waren[53]. Am 18. März 1984 wandte sich Keck mit seinem ersten »Grüß Gott«, einem kurzen Impuls zu Beginn des Heftes, der nun als neue Rubrik eingeführt wurde, an seine Leser: »Gedankenaustausch gehört zur Kirche und zur Kirchenzeitung, und dies ganz besonders in einer Zeit, in der die Christen ungewöhnlich herausgefordert sind. […] Mit unserer Kirche unterwegs zu sein, das ist auch eine Perspektive Ihrer Kirchenzeitung. Wir, die Redaktion und die Leser, begleiten uns, offen und redlich, sachlich und kritisch« (KS 132 [1984] Nr. 12, 2). Diese Begleitung kam von Herzen – man merkte es den Nachrichten, Kommentaren und Berichten an. Und selbst kritische Christen, denen nicht selten die im Katholischen Sonntagsblatt vertretene kirchenpolitische und politische Richtung ein Ärgernis war, werden aus dem Abstand der Jahre zugeben, daß die regelmäßige und intensive Berichterstattung über Themen wie Friedenssicherung und Gerechtigkeit es geschafft hat, diese Themen auf der Ebene der Kirchengemeinde präsent zu halten. Hier hat das Sonntagsblatt wertvolle Funktion bis heute. Und wieder andere Akzente legten die Nachfolger Kecks: Gerd-Otto Veser (*1941; Chefredakteur 1990–1994) und Uwe Renz (Chefredakteur 1994–1999). Doch macht sich hier der Verfasser die Einsicht seines großen Historikerkollegen, Pius XI., zu eigen, der meinte, ein »Pontifikat« solle sinnvollerweise erst aus dem Abstand von 50 Jahren beurteilt werden (KS 109 [1961] Nr. 45, 3).

8. Das äußere Gewand: Funktion und Anspruch

Die Aufmachung des Sonntagsblattes ist bis in unsere Tage hinein Programm. Nicht nur der Text spricht, nicht nur Auswahl und Darstellungsweise des Berichteten beeinflussen den Leser, sondern auch die äußere Aufmachung, das Erscheinungsbild – nur so kann es passendes Gewand für das Dargestellte sein.

Die ersten Nummern des »Sonntagsblatt[es] für's christliche Volk« (SCV 1 [1850]) kommen nüchtern daher: Lediglich das Wort »Sonntagsblatt« im Kopf ist durch Fettdruck hervorgehoben, es folgen genormte Angaben zu Erscheinungsort, Datierung und Numerierung der Ausgabe und zu den verschiedenen Bezugs- und Inseratspreisen – dies alles ganz im Stile einer seriösen Wochenzeitung des 19. Jahrhunderts.

Diese Nüchternheit läßt noch nichts davon erahnen, wie ab SCV 2 (1851) Nr. 3 der Titel der Zeitung in einem entsprechenden Bild umgesetzt wird. Denn nun erhält der Leser sichtbares Anschauungsmaterial darüber, wie man sich »christliches Volk« vorzustellen hat.

In einem angedeuteten Wohnraum versammeln sich um einen Tisch die Eltern mit ihren drei Kindern: Stehend liest das älteste vermutlich die Berichte des Sonntagsblattes vor[54], denen der Vater – herausgeputzt wie alle Familienmitglieder – mit offensichtlichem Interesse lauscht (rechte Hand am Ohr). Pfeife und Tabaksbeutel liegen auf dem Tisch, auf dem sich die Erwachsenen abstützen. Die rechts sitzende Mutter, auf weitaus einfacherem Stuhl als der nahezu thronende Vater, war wohl mit der Lektüre einer Schrift beschäftigt, auf der ihre Hand noch ruht. Vor und hinter dem Tisch spielen zwei Kinder: im Vordergrund das kleinste mit einem Hampelmann, im Hintergrund der etwa fünfjährige mit einem Stock. Über der Szene befindet sich am rechten Bildrand eine Kreuzigungsgruppe mit der Familie zugeneigten

Kopf des ersten Jahrganges (1850).
Bildnachweis: SCV 1 (1850) Nr. 25, 203.

Erster Kopf 1851.
Bildnachweis: SCV 2 (1851) Nr. 3, 17.

Zweiter Kopf 1851.
Bildnachweis: SCV 2 (1851) Nr. 10, 101.

Kruzifixus, unter welcher ein Rosenkranz hängt. Diesem religiösen Zeichen entspricht auf der linken Hälfte die Darstellung des sonntäglichen Kirchgangs: Beides zusammen wird zur Rahmung der Familienszene. Die Frontalansicht des Vaters, der, obwohl seinen Sohn links von sich, seine Hand am rechten Ohr hält, ermöglicht auch die Interpretation, daß er nicht nur dem Sohn zuhört, sondern auch auf die Kirche hört, der er sein Ohr ja eigentlich zugewandt hat. Hierfür spricht auch die unklare Abgrenzung zwischen öffentlichem und privatem Raum. Diese Darstellung wird jedoch nach nur sieben Ausgaben durch das künstlerisch weitaus gelungenere und aussagekräftigere Bild ab SCV 2 (1851) Nr. 10 abgelöst.

Man sieht eine gute Stube, um dessen Holztisch der alternde Vater (mit Zipfelmütze, dicker Brille und schweren Stiefeln; Hände auf dem Tisch) und die etwas jüngere Mutter (mit zeittypischer Haube; Hände unter dem Tisch) sitzen; interessiert lauschen sie den Ausführungen des stehenden Sohnes, der, unschwer als Schüler in bürgerlicher Kleidung zu erkennen, ver-

Kopf 1852.
Bildnachweis: SCV 3 (1852) Nr. 4, 25.

mutlich aus dem Sonntagsblatt vorliest. Diese Lesung des Sohnes unterbricht den väterlichen Vortrag aus einem Buch (Familienbibel?), aus dessen Anlaß sich die Familie wohl um den Tisch versammelt hatte (die Hand des Vaters markiert noch die zuvor aufgeschlagene Seite des Buches). Hinter dem Rücken des Vaters wendet sich ein Geistlicher (wohl als weiteres Mitglied der Familie zu denken) pfeiferauchend der Szene zu. Diese aufsteigende Linie läßt sich weiter nach hinten zu der Kreuzigungsgruppe am rechten oberen Bildrand ziehen. Und in umgekehrter Reihung haben wir eine Stufung vor uns: der Gekreuzigte, der Geistliche, der Vater. Am linken unteren Bildrand wendet ein vergnügt mit einem Pferdestock spielendes Kind dem Betrachter den Rücken zu; doch selbst in seinem ausgelassenen Spiel bleibt dieses jüngste Familienmitglied dem Geschehen am Tisch zugewandt. Zu dieser häuslichen Familienidylle stößt ein von außen kommender junger Mann hinzu: Der Sonntag versammelt die Familie

Kopf 1854.
Bildnachweis: SCV 5 (1854) Nr. 18, 179.

(und deren Gäste) zur frühen Nachmittagsstunde (die Kuckucksuhr zeigt 14 Uhr an). Und wie der neben der Tür hängende Schlüssel den Zugang zu dieser Welt auf profane Weise eröffnet, so tun dies auf geistliche Weise der ihm beigegebene Rosenkranz und das Weihwasserschälchen. In diesem Haus herrscht eine Harmonie, in deren Zentrum die Familie steht, die ihrerseits gerahmt und gestützt ist durch den Glauben und die Kirche, denen auch im weltlichen Haus der ihnen gebührende Platz eingeräumt wird. Das Bild entspricht dem von Rieß in der Probenummer aufgestellten Ideal, von dem bereits die Rede war. Und in SCV 1 (1850) Nr. 30, 243 schreibt Rieß über »Das christliche Wohnhaus«: »Das Wohnhaus der Christen soll ein christliches, ein Ort des Gebetes, der häuslichen Andacht sein. Er soll dort nicht bloß essen, trinken, schlafen und arbeiten, er soll dort auch beten und seine Kammer, sein Zimmer, worin er sich den Tag über aufhält, zu einem Schauplatze häuslicher Tugenden machen«[55].

Kopf 1857.
Bildnachweis: SCV 8 (1857) Nr. 6, 45.

Noch stärker romantisierend ist die Darstellung, die 1852–1853 den Kopf zierte. Die jüngere Familie hat nunmehr ihren Wohnraum verlassen und befindet sich auf einem Sonntagsspaziergang (festliche Kleidung!) durch eine hügelige, bewaldete Wiesenlandschaft. Diese Naturidylle ist durch das mittlerweile ins Zentrum gerückte, alles überragende (Missions-) Kreuz als Gottes Schöpfung, mehr noch als durch die Erlösung begnadete gute Schöpfung Gottes gekennzeichnet. Den Erlöser und Schöpfer der Welt verehrt die junge Familie durch einen Kniefall: auf der linken Seite des Kreuzes die Männer (Vater mit seinen beiden Söhnen), rechts die Mutter mit dem kleinsten Kind, der Tochter, die, auf dem Knie der Mutter sitzend und dadurch weniger aktiv scheinend als die älteren Brüder, von dieser auf den Gekreuzigten verwiesen wird. Christus, das Licht der Welt, erglänzt im Abendrot der untergehenden Sonne. Sonnenstrahlen, Wolken und Vögel unterstreichen die Dominanz dieses Wegkreuzes. Der links beim Vater verlaufende Pfad führt zu einer Kirche: Symbol der richtigen Ausrichtung des

Kopf 1859.
Bildnachweis: SCV 10 (1859) Nr. 1, 1.

menschlichen Lebensweges, ob beabsichtigt oder unbewußt – auf den Betrachter sollten diese Zusammenhänge selbstverständlich wirken.

Mit der ersten Ausgabe des 5. Jahrgangs (1854) verschwindet die um die Familie als Adressat kreisende Ausrichtung des Titelbildes zugunsten einer kirchenpolitisch und theologisch motivierten Darstellung.

Im Mittelpunkt steht nun nicht mehr das Kreuz, sondern die von einem Strahlenkranz umgebene Gottesmutter mit dem hoheitsvoll segnenden Jesuskind im Arm. Flankiert ist die Himmelskönigin (Krone) von zwei anbetenden Engeln, die auf großen Blumenranken knien. In diese Ranken ist eine Schriftrolle (»Sonntagsblatt«) kunstvoll hineingewoben. Der Schriftzug »für das christliche Volk« ist außerhalb dieses symbolträchtigen Raumes. Insgesamt entsteht ein formvollendetes, wohlproportioniertes Ensemble. Die theologische Akzentverschiebung ist gleichermaßen frömmigkeitsgeschichtlich wie kirchenpolitisch motiviert. Ich interpretiere sie im Zusammenhang mit der am 8. Dezember 1854 vorgenommenen Dogmatisierung der Immaculata Conceptio Marias. Seit 1848 tagte eine vom Papst eingesetzte

Kopf 1863.
Bildnachweis: SCV 14 (1863) Nr. 12, 89.

Kommission, die das Dogma von der ohne Erbsünde empfangenen Gottesmutter Maria vorbereiten sollte. Bekanntermaßen hatte sich die jahrhundertelange Auseinandersetzung um diese Frage in den ersten Jahrzehnten des 19. Jahrhunderts so weit geklärt, daß einer Dogmatisierung lehramtlicherseits nichts mehr im Wege stand. Das Sonntagsblatt nahm mit seiner Änderung des Kopfes die entsprechenden Impulse des gläubigen Volkes, der Theologie und der kirchenpolitischen Großwetterlage auf und leistete dadurch einen dem Medium Zeitung angemessenen Beitrag in diesem Prozeß. Noch deutlicher wird dies in der Darstellung, die ab 1857 verwendet wurde.

Im Zentrum steht Maria im Sternenkranz mit dem Jesuskind auf dem Arm; wieder gehen Strahlen von ihr aus. Anstelle der trapezförmigen Ausrichtung des Vorgängerbildes wird nun ein Rechteck dem Betrachter vorgestellt (die Leerstellen sind mit Blütenranken und Bändern gefüllt). Die Formen sind zackiger als die geschwungenen Linien der Darstellung von 1854. Der linke Engel trägt das eindeutig auf die Immaculata ausgerichtete Spruchband: »ohne Sünde du empfangen und großen Fall entgangen«. Dem korrespondiert das Spruchband der rechten Seite, das sich um eine Personengruppe (stehender Vater mit stehendem Sohn und kniender Tochter) windet und auch auf diese Weise den Spruch (»Unter deinem Schutz und Schirm fliehen wir, o heilige Gottesgebärerin«) als Gebet der verehrenden Personen ausweist. Eindeutiger noch als zuvor ist die Ausrichtung auf die Gottesmutter. Doch auch dieser Variante ist keine längere Dauer beschieden.

Bereits seit dem 10. Jahrgang (1859) begegnet jener Typus, der den Zeitungstitel in den Mittelpunkt des Bildprogrammes stellt. Maria im Strahlenkranz (nahezu identisch mit der Madonna der vorangehenden Jahre) steht am linken Rand, zur Seite des großen Zierbuchstabens »S« des Wortes »Sonntagsblatt«. Die Lilie als Blume der Reinheit und Jungfräulichkeit ist geblieben.

Vier Jahrgänge später (SCV 14 [1863]) erfährt dieses Ensemble jene Form, die bis Ende der siebziger Jahre bleiben soll: Im Kasten neben dem Kopf wird die Rubrik über den Preis und

Kopf 1878.
Bildnachweis: KS 29 (1878) Nr. 27, 219.

der »Wochenkalender« mit den Heiligen der entsprechenden Woche eingefügt. Auch die Umbenennung in »Katholisches Sonntagsblatt« (1868) ändert an der Gestaltung des Kopfes nichts mehr.

Erst die Vergrößerung des Formats im Jahre 1877 veranlaßte die Redaktion auch zu dessen Neugestaltung, das entsprechend dem Stil der Zeit ornamentaler wurde. Die einzelnen Elemente sind nunmehr miteinander verbunden, so daß sich der Eindruck eines einheitlichen, rechteckigen Kastens einstellt. Aber nicht einmal die neue Marienstatue mit Jesuskind impliziert eine wie auch immer geartete theologische oder kirchenpolitisch motivierte Umgestaltung. Es handelt sich um eine Anpassung an den Stil der Zeit. Lediglich eine kleine, jedoch interessante Korrektur findet sich: Während 1877 die Mitte der oberen Kastenleiste ein Ornament zierte, so findet sich ab 1878 der nahezu gleiche Unterbau, aus dem nunmehr aber ein Kreuz herausragt. Immerhin ein Hinweis auf das Fingerspitzengefühl, mit dem auch in diesem Bereich am Sonntagsblatt gearbeitet wurde.

Die Übernahme des »Wochenblatt[es] für das katholische Volk« machte auch eine Umgestaltung des Kopfes nötig, die jedoch kaum ins Gewicht fiel. Ähnliches gilt für die Änderung, die im 51. Jahrgang (1900) vorgenommen wurde. Für ein knappes Vierteljahrhundert erscheinen nun die redaktionellen Nachweise ebenfalls im Titelkopf der Zeitung. Am Bild selbst änderte sich jedoch nichts. Erst der 75. Jahrgang (1924) brachte – zusammen mit einer erneuten Formatsänderung – auch einen völlig neuen Kopf.

Der prunkvolle Rahmen der Jahrzehnte zuvor geht verloren; zurück bleibt eine dem Zeitgeschmack angepaßte, süßlich wirkende Himmelskönigin mit Jesuskind, die wieder ins Zentrum der Kopfzeile gerückt sind. Zwei schlichte Kästen bieten die Angaben zur Redaktion (links) und zu den Preisen (rechts). Die Hinweise auf die Gedenktage der Heiligen erhalten eine eigene Spalte. Das ganze Ensemble wirkt schlichter und volkstümlicher als der aristokra-

Erster Kopf 1924.
Bildnachweis: KS 75 (1924) Nr. 20, 215.

Zweiter Kopf 1924.
Bildnachweis: KS 75 (1924) Nr. 28, 311.

tische Stil des Vorgängerbildes, das eher in eine großbürgerliche Familie paßte als in das Haus einer schwäbischen Landfamilie.

Scheinbar fiel den Redakteuren die Ungleichheit in der Gewichtung von redaktionellen Nachweisen und der Preisliste einerseits (in den beiden Rahmen) und Heiligenkalender andererseits (an den unteren Rand gedrängt) auf; denn noch im gleichen Jahrgang begegnet ab Nr. 28 eine Variante, bei welcher der erweiterte Titel (Erweiterung »Familienblatt für die schwäbischen Katholiken«[56]) im Zentrum steht, gerahmt von der bekannten Mariendarstellung (links) und dem Heiligenkalender (rechts), der seine Position mit den Preisnachweisen vertauscht hat.

Doch währte dieses Intermezzo keinen Monat lang. Beginnend mit Nr. 31 fand das Sonntagsblatt im Kopf jene strukturelle Form (Maria/Titel/Martin), die es bis zur grundlegenden

Dritter Kopf 1924.
Bildnachweis: KS 75 (1924) Nr. 31, 347.

Kopf 1938.
Bildnachweis: KS 89 (1938) Nr. 17, 283.

Umgestaltung von 1959 beibehalten sollte. Die künstlerische Gestaltung bleibt jedoch weiterhin variabel. Zunächst übernahm man mit leichten Modifikationen die vertraute Mariendarstellung. Sie erhält nun in der Gestalt des Diözesanpatrons, Martin von Tours, der als Stifterfigur mit dem Kirchenmodell im Arm vorgestellt wird, ein Pendant auf der rechten Seite – unschwer zu erkennen an der von hinten vortretenden Gans. Rosenranken umrahmen beide Personengruppen, die den Titel flankieren. Dieser Titel erfährt 1936 eine Erweiterung durch den Zusatz: »Kirchenamtliches Blatt der Diözese Rottenburg«.

Die erzwungene Umbenennung im Jahre 1938 (»Katholische Kirchenwoche. Bistumsblatt der Diözese Rottenburg«) hatte auf die graphische Gestaltung keinerlei Auswirkungen. In gra-

Kopf 1939.
Bildnachweis: KKW 90 (1939) Nr. 1, 1.

Kopf 1945.
Bildnachweis: KS 93 (1945) Nr. 1, 1.

phisch völlig anderem Gewand erscheinen die Ausgaben 1939–1951 (mit der Unterbrechung von 1941–1945). Die Gestalten werden modernisiert und dadurch ihrer überzeitlichen Patina entkleidet. Der genaue Blick offenbart wesentliche Wandlungen: Maria ist jetzt die milde, junge Herrscherin mit dem Lilienszepter und nicht so sehr Nonne wie zuvor. Sie trägt das segnende Jesuskind wieder auf den Armen, zu ihren Füßen ist der Mond und nicht mehr die Erdkugel. In gleicher Weise bezeichnend ist die neue Interpretation der Gestalt des hl. Martin, der nun nicht mehr als Bischof dargestellt wird (die Mitra schwebt im luftleeren Raum im Hintergrund), sondern als junger Ritter und Krieger (befestigte Stadt im Hintergrund), der mit einem Armen seinen Mantel teilt. Auf Seite 2 der ersten Ausgabe 1939 kommentiert die

Kopf 1952.
Bildnachweis: KS 100 (1952) Nr. 1, 1.

Kopf 1959.
Bildnachweis: KS 107 (1959) Nr. 31, 1.

Redaktion diesen Gestaltwandel: »Die frühere Zeit liebte mehr das zierlich ausgestaltete Rankenwerk, die jetzige bevorzugt einfache, klare Linien. So ist auch unser neuer Titelkopf in kräftigen Strichen gestaltet, die ein ausdrucksvolles Bild ergeben. Wir sind gewiß, daß sich unsere Leser schnell mit ihm befreunden werden«. Die angesprochene Freundschaft währte – abgesehen von der Änderung der nunmehr nicht mehr möglichen Schrifttype, die zu sehr an den Kunstgeschmack der zurückliegenden Naziherrschaft erinnerte, und abgesehen von der Übernahme des alten Namens – auch über 1945 hinaus. Doch gerade die neue Schrifttype läßt erkennen, wie sehr die vorangegangene Gestaltung Ausdruck des Zeitgeistes war. Das neue Design des Jahres 1945 wirkt weitaus freundlicher als das von 1939. Noch einmal volkstümlicher erscheint der Kopf ab 1952: Maria im Gewand einer einfachen Frau, würdevoll Ruhe ausstrahlend, und Martin als jugendlicher Held nun ohne Pferd, wodurch die liebevolle Geste des Helfens noch besser zum Ausdruck gebracht werden kann. Helm und Rüstung betonen jedoch weiterhin, vielleicht noch stärker als zuvor, seinen Status als Kämpfer.

Mit dem 2. August 1959 beginnt eine neue Ära in der graphischen Gestaltung des Titelkopfes: Von nun an verzichtete das Sonntagsblatt auf die seit über 100 Jahren üblich gewesene

Katholisches Sonntagsblatt 15

Stuttgart, 11. April 1965

Familienblatt für die Katholiken in Württemberg · Bistumsblatt der Diözese Rottenburg · 113. Jahrgang · E 4091 C

Kopf 1965.
Bildnachweis: KS 113 (1965) Nr. 15, 1.

bildnerische Gestaltung. Und wieder griff die Redaktion dadurch den »veränderten Zeitgeschmack«, wie er sich auch in den lokalen Tageszeitungen finden läßt, auf: »So haben wir uns auch jetzt entschlossen, dem Titelkopf des Sonntagsblattes eine neue Form zu geben, die, wie wir glauben, in ihrer klaren, einfachen und vornehmen Gestaltung dem Empfinden unserer Zeit entspricht« (KS 107 [1959] Nr. 31, 11). Das Ergebnis ist gelungen.

Auf diese vornehme Gestaltung verzichtete man ab dem 4. April 1965, also im Umfeld des Zweiten Vatikanischen Konzils, zugunsten einer moderneren Fassung, die mittlerweile in drei Variationen (abgesehen von kleinen Veränderungen) vorliegt. Bei der letzten Neugestaltung 1991 bezeichnete der damalige Diözesanbischof, Walter Kasper, die Kirchenzeitung als eine »unentbehrliche Hilfe« für die Kirche von Rottenburg-Stuttgart, in besonderem Maße bei der »Weitergabe des Glaubens und beim Entwickeln und Erhalten eines regen kirchlichen Lebens«. Sie verdiene »eine möglichst große Verbreitung und bei den Gläubigen eine gute Aufnahme« (KS 139 [1991] Nr. 1, 3).

Diese Aufgabe, reges kirchliches Leben zu entwickeln und zu erhalten – damit angedeutet eine Spannung zwischen Tradition und Aufbruch –, spiegelt sich gut in den besprochenen Köpfen wider. Sie stiften eine spontane Identifikation mit den Inhalten und Zielen der Zeitung, wenn sie den Idealtypus einer christlichen Familie, natürlich in Abhängigkeit zu dem uns heute fremden Zeitgeschmack, abbilden. Solch ein Ideal war den Gläubigen über die vielfältigen Formen katechetischer Unterweisung in Gottesdienst und Gemeindeleben vertraut. Das Sonntagsblatt setzte es bildlich um. Insofern kommt hierin typisch Katholisches zum Ausdruck, das ja bewußt immer auch missionarischen Eifer auf Untypisches hin entwickelt. Daß Maria in einer Zeit zum Titelbild wurde, in der über die Dogmatisierung der Unbefleckten Empfängnis und der auf die Unfehlbarkeitsdefinition des 1. Vatikanischen Konzils zuschreitenden Klärung der hierarchisch verstandenen Amtsfrage eine Scheidung zwischen orthodox (typisch) und unorthodox/häretisch (untypisch) sich vollziehen sollte, kann kaum Zufall sein. In der Form des 19. Jahrhunderts ist das Sonntagsblatt hier an der für damals typischen Arbeit der Weitergabe des Glaubens beteiligt. In seiner Zeit modern, mag es aus der ideologischen Brille von heute eher restaurativ (»Erhalten«) erscheinen. Solchen Wertungen gegenüber sei jedoch immer zur Vorsicht geraten. Historisch sauber ist das Aufdecken plausibler Erklärungen für beschreibbare Entwicklungen, nicht deren Wertung. Der Titelkopf um 1900 war modern – 1924 hatte er ausgedient. Was 1939 nicht ausreichend klar, jugendlich und ein-

Kopf 1984.
Bildnachweis: KS 132 (1984) Nr. 12, 1.

Kopf 1991.
Bildnachweis: KS 139 (1991) Nr. 1, 1.

fach wirkte, galt zuvor wohl als Ausdruck katholischer Weisheit (Martin als alter Bischof) und Beständigkeit, vielleicht gerade angesichts der Umwälzungen der zwanziger Jahre. Die vornehme Schlichtheit von 1959 schuf nach außen eine Distanz, die eine Kirchenzeitung nach dem Zweiten Vatikanischen Konzil zu vermitteln nicht mehr bereit sein wollte. Wie erschrocken jedoch müßte der zeitgenössische Leser des Jahres 1851 sein, hätte er die Ausgabe von 1991 in Händen halten können. Die gesellschaftlichen und kirchlichen Umbrüche der zwischen diesen Zeiten liegenden Jahrzehnte spiegeln sich in der Gestaltung des Sonntagsblattes.

9. Würdigung

Das Katholische Sonntagsblatt erzählt die Geschichte der Diözese Rottenburg-Stuttgart – mal in referierenden Berichten und Nachrichten, mal in Bildern, frommen Erzählungen und aufbauenden Romanen, mal in historischen oder theologischen Traktätchen. Es erzählt von der Weltkirche und von seiner Wahrnehmung der gesellschaftlichen und politischen Entwicklungen. Die Art des »Erzählens« ist selbst Teil dieser Geschichte. Oder könnten wir uns heute noch vorstellen, mittels der Rubrik »Gebetserhörungen« (etwa 1890–1930) ernsthaft über das durch die Fürsprache bestimmter Heiliger motivierte wunderbare Eingreifen Gottes in die Diözesangeschichte aufgeklärt zu werden? Gläubige früherer Zeiten konnten und wollten es. Die sich hierin offenbarende Frömmigkeit, die Gottes Spuren im eigenen Leben nachgeht (so die formale Beschreibung, die auch heute noch verstanden werden kann), ist durch ihre Veröffentlichung Teil der Diözesangeschichte geworden.

Gestalt und Inhalt des Sonntagsblattes sind nicht nur zeittypisch (dies wird vor allem an der äußeren Aufmachung sichtbar, aber beispielsweise auch an der [Un-] Möglichkeit parteipolitischer Instrumentalisierung). Sie sind auch typisch katholisch. Es sollte ein bestimmter Typ katholischen Lebens in Württemberg gefördert werden. Diesen konkret zu benennen, fällt jedoch schwer. Wir näherten uns ihm in einem Überblick lediglich an. Vor uns erschien der Typ des trauten Familien-Christen in der Mitte des 19. Jahrhunderts, der sich ganz den Weisungen und Deutungen der katholischen Kirche hingibt, deren Wirklichkeit seinen Alltag bestimmen sollte. Er selbst profitierte von dieser Hingabe, indem er mit Erzählungen belohnt wurde, die das heimelig Einfache solchen Weltbildes wecken, stärken und begründen konnten. Kirchenpolitisch ist das Sonntagsblatt dieser Zeit stets dem Papst nahe, also vor allem in diesem räumlichen Sinn ultramontan, und dennoch ohne kulturkämpferische Frontstellung gegen eine staatliche Ordnung, welche die katholische Kirche moderat als Teil dieser Ordnung behandelte, ohne jedoch an das über den Bereich der staatlichen Ordnung hinausgehende »Weitere« dieser Kirche rühren zu wollen – dies ist typisch für die Situation in Württemberg.

Später trat ein politisch kämpfender Katholik auf (Konrad Kümmel), der es verstand, den, modern gesprochen, Weltauftrag seiner Mitchristen als parteipolitischen Auftrag zu definieren – typisch für eine Zeit und Gesellschaft, in der sich das Katholische als Zentrumskatholizismus ausdrücken konnte. Die binnenkirchlichen Fragen blieben demgegenüber außen vor. Man nahm sie allenfalls als katechetische Aufgaben wahr, denen der Chefredakteur meisterhaft in Form von Erzählungen gerecht wurde. Selbstverständlich: Seit Beginn des Sonntagsblattes bis heute erfüllen liturgische Hinweise (auf Lesungstexte oder den Heiligenkalender) und Betrachtungen zum Sonntagsevangelium ebenfalls diese katechetische Funktion. Hier und in den kirchenamtlichen Nachrichten kommt das Sonntagsblatt als kirchliche Zeitung am eindeutigsten in dem Blick; allerdings ist dies ein Blick, der eben nur einen kleinen Teil der Gesamtwirklichkeit ausmacht. Daß gerade nach dem Zweiten Vaticanum dieser Bereich ausgebaut wurde, ist typisch, schließlich geht es doch in der nachkonziliaren Liturgie um die tätige Teilnahme aller Gläubigen am Gottesdienst. So diente denn auch die Rubrik »Am Samstag-Abend« als »Statio zu Hause«, als Vorbereitung für den Gottesdienstbesuch am nachfolgenden Vormittag.

Da dieser Ausschnitt jedoch nur Teil des Gesamtkomplexes »Katholisches Sonntagsblatt« ist, muß der Historiker und der Zeitgenosse jene Zeiten, in denen liturgische und rein binnenkirchliche Themen formal als einzige zugelassen waren, mit besonderer Wachsamkeit verfolgen. Insofern wird das Schweigen über anderes tatsächlich beredt: Es spricht über den totalen Anspruch der reglementierenden Macht. Schwierig sind dann Texte zu interpretieren, die aus dieser Regel herausfallen – so wie der zu Hitlers Geburtstag 1939. Bei der Auseinandersetzung mit dem Nationalsozialismus vermischten sich (innerkirchlich) die Fehleinschätzungen der katholischen Kirche mit denen (parteipolitisch) des Zentrums. Vielleicht bietet diese Sicht eine Möglichkeit, entsprechende Artikel angemessen zu interpretieren. Es scheint, als sei sie dem größten Teil der Zeitgenossen versperrt geblieben.

Daß die katholische Weltdeutung nur noch einen kleinen Teil dieser Welt überhaupt erreichte, geschweige denn bewegte, förderte das kirchlicherseits propagierte pessimistische Weltbild der fünfziger Jahre. Als Sonntagsblattleser mußte man sich eigentlich als Fremder in dieser Welt vorkommen – oder eben als besonders behütet in einer katholischen Nische im Schwabenland. Doch dauerhaft konnte diese Frontstellung nicht sein. Man spürt auch in der Bistumszeitung die frische Luft, die den Pontifikat Johannes' XXIII. begleitete. Für die Rezeption des Konzils in der Diözese Rottenburg kann die Arbeit des Sonntagsblatts wohl kaum unterschätzt werden – zu entsprechenden Forschungen sei nochmals ermutigt! In den heutigen Auseinandersetzungen um einen »zeittypischen« Katholizismus stellt die Redaktion Woche für Woche eine Plattform zur Verfügung, die es verdient, reichlich angenommen zu werden – übrigens eine typisch »katholische« Plattform: offen für viele Katholizismen.

Literatur

ADRIANYI, Gabriel, Apostolat der Priester- und Ordensberufe. Ein Beitrag zur Geschichte des deutschen Katholizismus im 20. Jahrhundert, Köln 1979.

ARNOLD, Claus, »Nur ein Nachschlagebuch«? Zum kirchengeschichtlichen Profil der »Conciliengeschichte Hefeles«, in: Hubert Wolf (Hg.), Zwischen Wahrheit und Gehorsam. Carl Joseph von Hefele (1809–1893), Ostfildern 1994, 52–77.

Deutsche Biographische Enzyklopädie 8 (1998) (DBE).

DOERNER, August, Sentire cum Ecclesia! Ein dringender Aufruf und Weckruf an Priester, Mönchengladbach 1941.

HAGEN, August, Geschichte der Diözese Rottenburg, 3 Bde., Stuttgart 1956–1960.

HAGEN, August, Konrad Kümmel, in: ders. (Hg.), Gestalten aus dem Schwäbischen Katholizismus Bd. 2, Stuttgart 1950, 412–472.

HAGEN, August, Staat und katholische Kirche in Württemberg in den Jahren 1848–1862 (Kirchenrechtliche Abhandlungen 105–108), 2 Bde., Stuttgart 1928.

HAUSBERGER, Karl, »Reformistae quoad intellectum confusi sunt, quoad mores mendaces«. Zur antimodernistischen Protagonistenrolle des Rottenburger Bischofs Paul Wilhelm von Keppler (1898–1926), in: Hubert Wolf (Hg.), Antimodernismus und Modernismus in der katholischen Kirche. Beiträge zum theologiegeschichtlichen Vorfeld des II. Vatikanums (Programm und Wirkungsgeschichte des II. Vatikanums 2), Paderborn 1998, 217–239.

HEPACH, Wolf-Dieter, Das wahre Wort. Die Ware Wort. 150 Jahre Schwabenverlag (Ulm 1998).

HÜNERMANN, Peter, Theologie als Wissenschaft und ihre Disziplinen, in: Hubert Wolf (Hg.), Die katholisch-theologischen Disziplinen in Deutschland 1870–1962. Ihre Geschichte, ihr Zeitbezug (Programm und Wirkungsgeschichte des II. Vatikanums 3), Paderborn 1999, 377–394.

KECK, Alois, Anpassung und Widerstand in der kirchlichen Presse, in: Rottenburger Jahrbuch für Kirchengeschichte 2 (1983), 87–94.

KÜMMEL, Konrad, Bischof Hefele und seine Zeit, in: Franz Stärk (Hg.), Die Diözese Rottenburg und ihre Bischöfe 1828–1928. Ein Festbuch zum hundertjährigen Jubiläum der Diözese, Stuttgart o.D. (1928), 107–202.

SECKLER, Max, Kirchliches Lehramt und theologische Wissenschaft, in: ders., Die schiefen Wände des Lehrhauses. Katholizität als Herausforderung, Freiburg-Basel-Wien 1988, 105–135.

STÄRK, Franz, Ein Jahrhundert verlegerischer Tätigkeit (1848–1948). Zur einhundertsten Wiederkehr des Gründungstages der Schwabenverlag AG Stuttgart (Stuttgart 1949).

WOLF, Hubert (Hg.), Karl Rahner. Theologische und philosophische Zeitfragen im katholischen deutschen Raum (1943), Ostfildern 1994.

WOLF, Hubert, »Ein dogmatisches Kriterium der Kirchengeschichte«? Franz Xaver Funk (1840–1907) und Sebastian Merkle (1862–1945) im Streit um die Identität des Faches, in: Reimund Haas u.a. (Hg.), »Im Gedächtnis der Kirche neu erwachen«. Studien zur Geschichte des Christentums in Mittel- und Osteuropa (FS Gabriel Adriányi), Köln 2000, 713–732.

Anmerkungen

1 Anläßlich des achtzigjährigen Jubiläums (1929) heißt es im Festartikel: »Die ganze Geschichte der Diözese seit dem Jahre 1850 könnte bis auf viele Einzelheiten allein aus diesen achtzig Jahrgängen des ›Sonntagsblattes‹ herausgestellt werden. Es ist höchst interessant, in den alten Jahrgängen zu blättern und zu lesen, und da und dort eine besondere Notiz, einen bekannten Namen zu finden. Deshalb ist es auch recht zu empfehlen, die Jahrgänge des ›Sonntagsblattes‹ sich binden zu lassen, damit auch spätere Geschlechter noch eine Chronik der früheren Jahre besitzen«; KS 80 (1929) Nr. 42, 681. Ich schließe mich dieser Einschätzung an, allerdings nicht, weil im KS eine Chronik vor uns liege, welche die Ereignisse der Diözesangeschichte konserviert, sondern weil Inhalt und Art der Darstellung selbst Geschichtsquellen sind, die etwas über die Ausprägung des Katholizismus in Württemberg seit 1850 aussagen.

2 Als beliebige Beispiele seien herausgegriffen: KS 147 (1997) Nr. 8: »Mammon – wir Armen!« (Uwe Renz); Nr. 48 »Nach dem Kirchenbeben« (Uwe Renz); Nr. 46 »Lektionen für Soldaten« (Reiner Schlotthauer); KS 146 (1996) Nr. 47 »Die Ungeduld wächst« (Reiner Schlotthauer); Nr. 38 »Ein Signal« (Reinhard Abeln); Nr. 34 »Dabeisein ist nicht alles« (Andrea Wohnhaas).

3 Geboren 5.2.1823 Tiefenbach (bei Gundelfingen); gestorben 30.12.1882 Feldkirch; Studium der Theologie und Philosophie in Tübingen; 1845 Priesterweihe; 1847 Repetent im Wilhelmsstift; 1848 Deutsches Volksblatt (Stuttgart), 1850 Sonntagsblatt für das christliche Volk und den Katholischen Volks- und Hauskalender begründet; 1857 Eintritt bei den Jesuiten in Gorheim (bei Sigmaringen); 1872 nach der Vertreibung der Jesuiten aus dem Deutschen Reich in Ditton Hall (bei Liverpool); Mitbegründer der Stimmen aus Maria Laach; 1870–82 Professor für Kirchengeschichte in Maria Laach und Ditton Hall.

4 Diesen Titel trug die Zeitung bis 1867; seit 1868 erscheint sie als »Katholisches Sonntagsblatt«, von der erzwungenen Umbenennung im Jahre 1938 (»Katholische Kirchenwoche« ab Nr. 17 [24. April] bis 1941; zwischen Juni 1941 und Juli 1945 war der Betrieb eingestellt) abgesehen. Die Namensänderung von 1868 erfolgte, »weil hier [Stuttgart] noch zwei andere ›Sonntagsblatt‹ erscheinen und […] bei der Post viele Verwechslungen vorkamen« (KS 18 [1867] Nr. 48, 389).

5 Als Vorläufer und Zeitgenossen des Sonntagsblattes können gelten: Kirchenblätter für das Bistum Rottenburg (1830; hg. von Domdekan Lorenz Lang; lediglich vier Jahre lang; fast ausschließlich unter dem Klerus verbreitet); Friedensbote (1844; hg. von Patriz Seibold [Weißenau]; geht ebenfalls nach wenigen Jahren ein); Kirchliches Wochenblatt aus der Diözese Rottenburg (1848–1849; hg. vom Ludwigsburger Stadtpfarrer Eduard Vogt; v.a. Klerikerblatt); Rottenburger Katholisches Kirchenblatt (1857–1859; hg. von Adolph Pfister [Risstissen]; reines Pastoralblatt), weitergeführt vom Katholischen Kirchenblatt für die Diözese Rottenburg (1862–1868, hg. von Stephan Uhl). Seit dem 1. Juli 1894 erscheint das Kirchliche Amtsblatt für die Diözese Rottenburg; vgl. insgesamt HAGEN, Geschichte Bd. 2, 215–217.

6 Der Artikel entstand aus Anlaß des 150. Geburtstages von Rieß. Zur karitativen Tätigkeit des KS vgl. HAGEN, Geschichte Bd. 2, 142. 268. 331; BURKARD, Volksmissionen, im vorliegenden Band. Hingewiesen sei darüber hinaus auf kirchenpolitisch motivierte Sammlungen wie der »Aufruf an die katholische Jugend Württembergs«, der die Sammlung des Peterspfennigs mit einer Selbstverpflichtung zur Zahlung von 1 Kreuzer monatlich verband (KS 18 [1867] Nr. 50, 412).

7 Bereits im 1. Jahrgang begegnen lehrhafte Leitartikel: Der Namenstag (Nr. 27), Das christliche Wohnhaus (Nr. 30), Die Pfarrkirche (Nr. 31f.), Der Gottesacker (Nr. 35); erinnert sei auch an die umfängliche Lebensbeschreibung über Philipp Jeningen ab August 1850.

8 SCV 5 (1854) Nr. 26, 264: »Die letzte Nummer 25 des Sonntagsblatts […] wurde leider abermals von der Polizei weggenommen, vermuthlich wegen des Artikels aus der oberrheinischen Kirchenprovinz. Indeß hat das Gericht der Polizeibehörde in zwei vorangegangenen Fällen bereits Unrecht gegeben, indem es die Beschlagnahme der Nummer 22, zweite Ausgabe, sowie der Nummer 25 aufhob. […] von Nummer 24 ist eine zweite Ausgabe alsbald mit Auslassung des Artikels aus der oberrheinischen Kirchenprovinz veranstaltet worden. Es genügt deshalb, daß dieser Artikel, welcher die Beschlagnahme verursachte, nachgetragen werde«.

9 Vgl. zu diesen Auseinandersetzungen und der Berichterstattung im SCV den Beitrag von BURKARD, Kirche und Staat, in diesem Band. Etwas launig berichtet Rieß in SCV 6 (1855) Nr. 22, 209 von

seiner Haft: »Es sind hier drei Classen von Gefangenen, Solche, welche auf ihr Zimmer, Andere, welche auf eine Abtheilung des Hauses und wieder Andere, welche auf den inneren Festungsraum beschränkt sind. Zu der letztern Classe mit sogenannter Festungsfreiheit gehört unser Gefangener! Er hat deshalb von früh 5 Uhr bis Abends 9 Uhr ungehinderten Ausgang, kann arbeiten auf seiner Zelle, der freilich alle Bequemlichkeiten versagt sind, Besuche annehmen, und uncontrolirt Briefe absenden und empfangen«. Und kurz vor Ende seiner Haft war es ihm »recht vergnüglich um's Herz« (SCV 6 [1855] Nr. 34, 326). Zu den Auseinandersetzungen dieser Jahre, soweit sie die Diözese Rottenburg berühren und die schillernde Rolle von Florian Rieß hierbei, siehe HAGEN, Geschichte Bd. 2, 26–60; vgl. HAGEN, Staat Bd. 1, 271.

10 So die Charakterisierung in der Deutschen Biographischen Enzyklopädie Bd. 8, 307.
11 Zur Auseinandersetzung zwischen Sägmüller und Merkle vgl. WOLF, Kriterium.
12 Die Bitten lassen sich am ehesten aus dem Schock von 1968 verstehen, aus dessen Perspektive man dann auch das 2. Vaticanum interpretierte. Es geht in ihnen um Schutz angesichts der »Wirrnisse unserer Tage« und angesichts der »Verlockungen der Unwahrheit und de[r] Irrlehren dieser Zeit«; Löcher bittet um »Bekennermut«, um »Einsicht, daß der Weg der Sittenlosigkeit ins Verderben führt«, um »Mut und Bereitschaft, diese Freiheit jederzeit zu verteidigen« und um Segen für die katholische Presse und ihre Rezipienten (KS 112 [1973] Nr. 8, 18).
13 HEPACH, Ware Wort, 13–17 und passim.
14 Geboren 1824 in Schneidheim; 1849 Priesterweihe; seit 1856 in der Redaktion bei Rieß; Herausgabe des Sonntagsblattes bis einschließlich KS 27 (1876) Nr. 1; verstorben am 9.6.1880 in Öffingen.
15 Vgl. hierzu HAGEN, Geschichte Bd. 2, 129f. Zum kirchengeschichtlichen Profil Hefeles vgl. ARNOLD, Nachschlagebuch. Über den Treueid Hefeles gegenüber dem König berichtete KS 20 [1869] Nr. 52. Charakteristisch für das Staat-Kirchen-Verhältnis waren die dort gehaltenen Reden. So führte Hefele gegenüber dem König aus: »[…] und namentlich fühle ich mich nicht bloß durch den feierlichen, eben geleisteten Eid verpflichtet, sondern auch durch innere Neigung gedrungen, nach Kräften den Frieden zu wahren im Innern der Diözese, und den Frieden zwischen Staat und Kirche. Dabei lebe ich von der freudigen Ueberzeugung, daß bei den hochherzigen Gesinnungen E. Kön. Majestät und den erleuchteten Prinzipien Höchst Ihrer Regierung die Erhaltung dieses Friedens nicht allzu schwer sein werde« (447). Beispiele für Uhls Unterstützung der Haltung Hefeles, die freilich im Volksblatt noch viel offener ist: KS 21 (1870) Nr. 12, 98f.; Nr. 20, 166; Nr. 22, 182f.; Nr. 30, 255; Nr. 31, 263; Nr. 32, 275; KS 22 (1871) Nr. 17, 144f. (Erklärung Hefeles vom 10. April 1871); Nr. 31, 261 (»Es ist in Stuttgart und in Württemberg überhaupt kein Boden für einen Kirchenstreit, wenn auch manche Katholiken vorhanden sein mögen, welche an die neuen Dekrete des Koncils nicht mit innerlicher Ueberzeugung glauben […]. Um des Friedens und der Einigkeit willen halten sie an sich«).
16 KÜMMEL, Hefele, 156. Im Kontext seines Beitrages versucht Kümmel, die ersten Jahre des Pontifikats von Hefele als die Durchsetzung des »inneren Friedens« in der Diözese zu beschreiben. Seine Sympathie liegt hierbei eindeutig auf der Seite Hefeles, wenn er auch Verständnis für dessen Widersacher Josef Mast und Franz Joseph Schwarz zeigte. Ähnlich interpretiert auch HAGEN, Kümmel, 422; andere Akzentuierungen im Beitrag von ARNOLD, Jahrhundertwende, im vorliegenden Band. Die dort erwähnten Transformationsprozesse sollten stärker im Zusammenhang mit dem jeweiligen Pontifikat gesehen werden. Nach HAGEN, Geschichte Bd. 3, 130, vertrat selbst Keppler einen vermittelnden Kurs zwischen Integralisten und Reformkatholiken (anders neuerdings HAUSBERGER, Keppler). 1914 äußerte sich Kümmel über einen Artikel zur Indizierung von Theodor Wacker (Artikel »Zentrum und kirchliche Autorität«): »Was sind aber die Früchte des integralen Treibens in Holland? Antwort: Vater steht gegen Sohn, Mutter gegen Tochter in einer Familie, und in vielen Pfarreien befehden sich in unseliger Spaltung Integrale und Nichtintegrale«; KS 65 (1914) Nr. 26, 347. Noch schärfer reagierte Kümmel auf eine anonyme Leserzuschrift: »Uns aber wird man es zu gut halten, wenn wir dem anonymen Briefschreiber wünschen, er möge immer noch weniger ›integral‹ und dafür immer mehr ehrlich und offen werden«; Nr. 26, 353; vgl. Nr. 29, 389. HAGEN, Kümmel, 421, hebt als vorteilhaften Unterschied zwischen Uhl und Kümmel hervor, daß sich letzterer »mannhaft vor die katholische Kirche stellte und die Angriffe der gegnerischen Presse nicht unerwidert ließ«.
17 Die entsprechende Rubrik »Vom Kriegsschauplatz« findet sich regelmäßig im Kontext kriegerischer Auseinandersetzungen. KS 21 (1870) Nr. 33, 282f., wendet sich gegen Vorwürfe, Katholi-

ken seien keine wahren Patrioten: »›Fried im Land, Krieg gegen den Feind‹ sollte jetzt das einmüthige Losungswort sein unter den Deutschen, unter Katholiken und Protestanten, zwischen den Großdeutschen und Neoliberalen. Leider ist dem nicht so. […] Besonders traurig und nichtswürdig ist es, daß gewisse Leute förmlich gegen die Katholiken und ihre Geistlichen, gegen die ›Ultramontanen und die Pfaffen‹ hetzen und lügen, als seien sie Spione, Verräther des Vaterlandes«.

18 Geboren 22.4.1848 in Rechberg; Studium der Philosophie, Theologie, Kunstgeschichte und Archäologie in Tübingen; 1873 Priesterweihe; seit 1877 Leitung des Deutschen Volksblattes (bis 1895) und des Katholischen Sonntagsblattes (bis 1927); verstorben 20.6.1936; Verfasser volkstümlicher Erzählungen, historischer Charakterbilder und von Reiseerinnerungen. Über ihn: HAGEN, Kümmel.

19 Zum Hintergrund vgl. HAGEN, Geschichte Bd. 2, 124–128. Bereits in der Osterausgabe 1894 (25.3.) bemerkte Kümmel: »Bei der nächsten Landtagswahl dürfte wohl ein Umschwung in den Parteien eintreten, indem alle katholischen Abgeordneten zu einer eigenen Fraktion zweifellos zusammengehen, was ja die Wählerschaft längst ersehnt und wünscht«; KS 45 (1894) Nr. 12, 100. Rechtzeitig vor den Landtagswahlen (1.2.1895) fand die konstituierende Sitzung des Zentrums statt (17.1.1895). Zur Vorgeschichte der Zentrumsgründung und der Haltung Sprolls vgl. Kümmels Darstellung in KS 71 (1920) Nr. 18, 181f.

20 Auf diese wird besonders verwiesen: »Und selbst die Frauen nehmen lebhaften Anteil daran [Landtagswahl], was gar nicht so unrecht ist, weil sie auch hierin ein sehr praktisches und gesundes Urteil haben (obgleich ein demokratisches Blatt gemeint hat, die Weiber haben keine ›großen‹ Gesichtspunkte und sie haben nicht das Recht, über politische Sachen auch mit ihrem Mann zu reden – da sollen die Männer allein und ausschließlich den demokratischen Zeitungsschreibern und Wanderrednern glauben, natürlich!)«; KS 46 (1895) Nr. 4, 29.

21 HAGEN, Kümmel, 422: »Schließlich schüttelte er [Kümmel] das drückende Joch der Tagesjournalistik ab«.

22 Zur hier nicht rezipierten Kritik am »Milieu«-Begriff für Württemberg vgl. die Ausführungen von BURKARD, Volksmissionen, in diesem Band.

23 Es folgt der konfessionelle Seitenhieb: »Die Protestanten aber dürften froh sein, wenn sie auch ein oberstes Hirten- und Lehramt hätten, welches in ihre tausendfache Verwirrung und in ihre Sekten hinein klar und unzweideutig ihm sagte: das ist wahr und das ist falsch«.

24 Vgl. KS 62 (1911) Nr. 3, 25f. und Nr. 6, 63 – dieser Ausgabe lag der Hirtenbrief Kepplers zum Zölibat (6.1.1911) bei; vgl. auch Nr. 7, 78f. Die komplizierten Probleme, die sich bei der Diskussion um die Gestalt des württembergischen Katholizismus in den Jahrzehnten vor und nach 1900 ergeben, verdienten eine grundsätzliche Untersuchung. Die hier gegebenen Hinweise können lediglich Annäherungen sein.

25 HAGEN, Kümmel, 420. Auf S. 436 die Charakteristik: »Kümmel war immer Seelsorger. Man kann aber auch sagen: Er war immer Politiker – nie jedoch, so möchte ich ergänzen, war er Theologe«.

26 Hierzu mit einer Charakteristik der Erzählungen: HAGEN, Kümmel, 424f. 443ff. Hervorgehoben seien auch die historischen Beiträge und Reiseerinnerungen: »In der Fürstengruft in Ludwigsburg« (1911ff.[!]), einem Gang durch die württembergische Geschichte; Reisen nach Berlin (1885), Prag, Antwerpen (1890) und Italien (1892). Kümmel literarisch neben Jeremias Gotthelf zu stellen, wie dies Stärk an Kümmels 100. Geburtstag (1948) tut, mag dann doch etwas zu hoch gegriffen sein (KS 96 [1948] Nr. 16, 65f.).

27 Ein weiteres programmatisches Beispiel jener Anfangsjahre: »Das ›Sonntagsblatt‹ verspricht […], dir alles zu sagen, was es für dich nothwendig, nützlich und ergötzlich findet, mit dir Leid und Freud im Großen wie im Kleinen, in weltlicher Arbeit, wie in inneren Angelegenheiten zu theilen; zu belehren, auf Gefahren und Feinde aufmerksam zu machen, die Vorgänge in unserer hl. Kirche zu melden und mit Gerechtigkeit und Wahrheitsliebe, dir in Wahrheit […] Aufklärung zu geben; KS 29 (1878) Nr. 1, 2.

28 Der gleiche Artikel führt in seiner Ursachenergründung für den Putschversuch aus: »Daß dem Freistaat Deutschland große und schwere Mängel anhaften, die in seiner Verfassung begründet sind und daß besonders der Marxismus mehr und mehr als vielfach gemeingefährlich sich erwiesen hat, darüber ist man sich selbst bis in die Reihen der Sozialdemokratie hinein klar; aber mit Gewalt jetzt

alles umstürzen wollen, würde unabsehbare Folgen nach sich ziehen, und die letzten Dinge wären tausendfach schlimmer als die ersten. Vielleicht bricht sich unter dem Druck unsrer Not schließlich doch in weitesten Kreisen und auch nach links hinüber von selber die Erkenntnis durch, daß manches, was man auf jener Seite bisher wie ein Evangelium glaubte, kein Segen sei, sondern verhängnisvoller Irrwahn«. Auf gesetzlichem Wege »und in friedlicher Entwicklung« könnte die Weimarer Verfassung abgeändert werden. »Vielleicht kommt solch eine ordnungsgemäße Entwicklung doch bälder als man glaubt« (412).

29 Ausführliche Würdigungen auch in KS 80 (1929) Nr. 42, 681ff., STÄRK, Tätigkeit, 36–40, und HEPACH, Ware Wort, 21–31. 52.

30 Geboren 7.5.1887 in Heudorf (Kr. Saulgau); verstorben 22.5.1963 Kloster Säben (Südtirol); 1912 Priesterweihe; Seelsorgstätigkeit (zuletzt Ellwangen); 1927–1941 und 1945/46 Chefredakteur des Sonntagsblattes; ab 1941 Pfarrverweser, dann Pfarrer in Oberdorf; Päpstlicher Geheimkämmerer 14.7.1948 (Bericht KS 96 [1948] Nr. 37, 179); 1946–1957 Pfarrer Oberteuringen; bis zu seinem Tod Spiritual im Kloster Säben (Südtirol).

31 Er selbst führte an Modernisierungsmaßnahmen rückblickend an: größerer Wert auf Originalromane, modernere Schreibweise, reichhaltigere Bebilderung, Einführung der Sonntagsbeilage »Das Sonntagskind« (Ende 1927), einem Vorläufer der heute noch vorhandenen Seite für die Kinder. Außerdem konnten nun einzelne Pfarrblätter sich dem Sonntagsblatt angliedern, die sich in einem entsprechenden Regionalteil wiederfanden; vgl. STÄRK, Tätigkeit, 40–42.

32 In der Berichterstattung des ersten Halbjahres 1930 begegnet der Nationalsozialismus nahezu nicht; vgl. KS 81 (1930) Nr. 7, 99; Nr. 27, 446; zur Auseinandersetzung im Zuge der Septemberwahlen: Nr. 31, 503; Nr. 33, 537; Nr. 35, 562; Nr. 37, 594; Nr. 38, 610; Nr. 43, 690. Kritischer wird die Berichterstattung dann in KS 82 (1931) Nr. 2, 18f.; Nr. 5, 62f.; Nr. 6, 82; Nr. 7, 101; Nr. 8, 118 u.ö.

33 Zu einer etwas anderen Deutung gelangt KECK, Anpassung, 94: »Bis zur Machtübernahme Hitlers hat das Katholische Sonntagsblatt seinen Widerstand gegen den Nationalsozialismus deutlich artikuliert.« Er bietet in seinem Aufsatz interessante Beispiele (v. a. aus dem Jahr 1931), die meine Ausführungen und jene von ENGELHARDT, Kreuzfahrt, im vorliegenden Band ergänzen.

34 Vgl. HAGEN, Geschichte Bd. 3, 530, und den Nachruf auf Stärk in KS 111 (1963) Nr. 22, 5: »Wiederholt verfiel das Sonntagsblatt der Beschlagnahme, und einmal wurde der Chefredakteur zur Gestapo gerufen und zur Zurücknahme einer Notiz gezwungen, deren Richtigkeit auch diese Stelle nicht bestreiten konnte«.

35 HAGEN, Geschichte 3, 530, gab sich selbst als Verfasser dieses anonymen Beitrages an. Einleitend zur Serie heißt es vieldeutig: »Wir beginnen heute mit einer Artikelserie, deren Titel schon zeigt, daß sie sehr zeitgemäß ist, und die sicher dem vollen Interesse unserer Leser begegnen wird. [...] Mögen die ersten Kapitel [über den Febronianismus] vielleicht manchem Leser als fernerliegend erscheinen, so sind sie doch notwendig, um die ganzen Bestrebungen, die das deutsche Geistesleben bis in seine Tiefen aufgewühlt haben, zu verstehen«.

36 Über den Beitrag von ENGELHARDT in diesem Band hinaus wäre es geboten, auf breiterer Quellenbasis die Geschichte des Sonntagsblattes im Dritten Reich (ggf. im Vergleich mit anderen Bistumsblättern) zu erforschen und die entsprechenden Jahrgänge systematischer, als es hier geschehen kann, zu analysieren. Hierbei wäre auch die Gestalt von Joseph Tillinger (nahe Wien lebend!) zu untersuchen, der einen nicht geringen Teil der Artikel verfaßte.

37 Karl Aloys Altmeyer veröffentlichte über die Hintergründe am 2. April 1962 einen Artikel über »Schicksal vor 20 Jahren: Die kirchliche Presse wurde fast restlos vernichtet«; KS 109 (1961) Nr. 14, 5.

38 Die ersten drei Nummern von 1945 zählen dieses Jahr irrtümlich als 94. Jahrgang. Ich korrigiere dies an entsprechenden Stellen.

39 HEPACH, Ware Wort, 54–56, bietet auch, abgesehen von der reinen Verlaufsgeschichte, keine weiteren Hinweise.

40 Dies ergibt sich aus KS 95 (1947) Nr. 19, 114.

41 Die Schriftleitung führte in den Artikel ein: »Die Namen Buchenwald, Belsen, Auschwitz und andere K.Z.-Lager sind uns Süddeutschen erst nach dem Zusammenbruch bekannt geworden. Von Dachau dagegen wußte jeder. Es sickerte auch langsam durch, daß die Behandlung dort die Grenzen der Menschlichkeit unterschritt, doch konnte man Genaues nicht erfahren. [...] Umso furchtbarer was das Erschrecken, als Rundfunk und Bildveröffentlichungen das Inferno von Dachau [...],

42 Zwischen Januar 1946 und Dezember 1949 erschien das Sonntagsblatt »unter Zulassung Nr. US-W–1024 der Nachrichtenkontrolle der Militärregierung«.

43 Die Reihe beginnt in KS 93 (1945) Nr. 5 (26. August), mußte allerdings aufgrund der Zensurbestimmungen bis KS 94 (1946) Nr. 3 (20. Januar) ausgesetzt werden. Vgl. zu dieser Serie auch die Ausführungen von WIELAND, Der katholische Hausstand, in diesem Band.

44 1923–1931 Chefredakteur der Bayerischen Volkszeitung (Nürnberg); 1931–1933 Chefredakteur der Ipf- und Jagstzeitung (Ellwangen), der Aalener Volkszeitung, des Bopfinger und Neresheimer Tagblatts; seit 1933 beim Katholischen Sonntagsblatt.

45 Eine Motivgeschichte dieses Satzes wäre lohnend! Er verweist allemal auf eine extrem konservative Grundhaltung; so zeitnah bei DOERNER, Sentire (1941); vgl. WOLF, Rahner, 27 u.ö.; ADRIANYI, Apostolat, passim.

46 So die pointiert-scharfe Formulierung bei SECKLER, Kirchliches Lehramt, 126; vgl. hierzu HÜNERMANN, Theologie, 390f.

47 So die Zuschreibung durch Bischof Leiprecht aus Anlaß des 100jährigen Bestehens. Es sei nämlich nicht so sehr die Aufgabe eines katholischen Sonntagsblattes, »Tagesneuigkeiten zu verkünden und unterhaltende Erzählungen zu bringen« (KS 100 [1952] Nr. 39, 642)!

48 Beispielsweise: »So wird aber auch der Papst seinen Standpunkt neu durchdenken, falls er damit der geschlossenen Meinung aller Bischöfe gegenüberstehen sollte. Denn das könnte sehr wohl ein Zeichen des Heiligen Geistes sein, der ihn vor Irrtümern in letzten Entscheidungen über Glaube und Sitten bewahrt«. Die Frage sei, »wie diese beiden obersten Gewalten in der Kirche bei etwaigen Meinungsverschiedenheiten auf dem Boden der geoffenbarten Wahrheit zur Einheit finden. Dieses Wie legt den Theologen eine Menge Fragen vor […]«; KS 109 (1961) Nr. 6, 41.

49 Daß diese Rezeption nur langsam vonstatten ging, ließe sich vielfältig am Sonntagsblatt belegen. Ein beliebiges Beispiel sei herausgegriffen: Der überschwengliche Beitrag zum 80. Geburtstag Johannes' XXIII. aus der Feder einer Salvatorianerin ist mit einem Vorwort versehen, in dem die Redaktion die Frage diskutiert, ob es überhaupt sinnvoll sei, einen Pontifikat aus der Perspektive eines Zeitgenossen zu kommentieren und nicht erst aus der Distanz von 50 Jahren, wie einst Pius XI. vorgeschlagen hatte; KS 109 (1961) Nr. 45, 3. Zur Epochenwende vgl. etwa Hubert Jedin, der in seinem Nachruf auf Johannes XXIII. (KS 111 [1963] Nr. 23, 4) diese Vorstellung vertritt. Dies ist auch der Tenor weiterer Berichte zum Tod Johannes' XXIII.

50 Geboren 1914; verstorben am 23.6.1972; zuvor langjähriger Mitarbeit in der Redaktion.

51 Seit April 1965 erschien die Bistumszeitung in neuem Layout; der Umfang wurde um vier Seiten erweitert und die Redaktion vergrößert. »In Berichten und Kommentaren wird es [Sonntagsblatt] den Blick öffnen für die rechte Beurteilung positiver oder negativer geistiger Strömungen in unserer Zeit. Es wird keine Parteipolitik treiben, aber es wird stets dann seine Stimme erheben, wenn sich im Bereich der Politik Dinge zutragen, die sich mit dem Interesse der Kirche berühren«. Entstehen solle so »eine moderne katholische Wochenzeitung neuen Typs«; KS 113 (1965) Nr. 31, 3.

52 Das Sonntagsblatt hatte diese Werbung nötig, denn seit Beginn der sechziger Jahre nahm die Abonnentenzahl und damit die Auflagenhöhe ab. Als Eckdaten über die Auflagenhöhe seien genannt: 1855 (5.000), 1871 (22.000), 1879 (15.000), 1884 (24.000), 1887 (31.000), 1894 (56.000), 1900 (72.000), 1920 (30.000), 1923 (30.000), 1929 (100.000), 1936 (160.000), 1946 (125.000), 1952 (165.000), 1961 (168.000), 1971 (141.000), 1982 (117.000), 1994 (70.000).

53 KS 111 (1963) Nr. 26, 4; die gleiche Nummer berichtete über die Wahl Pauls VI. Die Scharfzüngigkeit Bölls in seiner Auseinandersetzung mit der katholischen Kirche motivierte den Kommentator, Winfried Henze, zu folgender Überlegung: »Machen wir nur einmal einen Test: In dem Böll-Buch für das Wort ›Katholik‹ jeweils das Wort ›Jude‹ einzusetzen. Man hätte ein antisemitisches Pamphlet […]. Man hätte den Skandal des Jahres, Bundestagssitzungen und Spiegelgeschichten. Aber – so fragen wir: Ist es eigentlich etwas anderes, wenn die Katholiken als Menschengruppe derartig besudelt werden?«

54 Daß gerade die »Schulbuben« ihren Eltern und Großeltern aus dem Sonntagsblatt vorlasen, verdeutlichen die Leserzuschriften anläßlich des achtzigjährigen Bestehens der Bistumszeitung in KS 80 (1929) Nr. 42, 680 und 709. Kein Geringerer als der amtierende Diözesanbischof Joannes Baptista Sproll erinnerte sich der »Samstagabende, wo ich meinen Eltern und Geschwistern das Blatt vorlesen durfte. Alles nahm an den Berichten über die großen kirchenpolitischen Ereignisse jener Zeit (Kulturkampf) und an den ernsten und heiteren Erzählungen Anteil. Es waren wirklich Weihestunden im Familienkreise« (680).

55 Zu dieser häuslichen Familienidylle mit dem Sonntagsblatt vgl. die Beschreibung, die Konrad Kümmel in seinem Neujahrsgruß 1878 gab: »Und wenn es [das Katholische Sonntagsblatt] dann in einer Familie aufgenommen ist, wo es das Kruzifix in der Stube, ein schönes Heiligenbild und das Weihwasserkesselchen (aber gefüllt!) an der Wand und einen ernsten und gesetzten Hausvater, eine gute, fromme Hausmutter, liebe, sorgsame Kinder mit unschuldigen Augen und ein ehrbares Hausgesinde um den Tisch sitzen sieht und überall Zucht und Ordnung, Arbeit und Gebet, Fleiß und Munterkeit erblickt, da ist es ihm doppelt wohl, da spricht es dann mit beredter Zunge vom Krieg und Frieden, von der Zeit und der Ewigkeit, von Großem und Kleinem, von Ernstem und Heiterem, und wenn es sich schickt, singt es wohl auch ein Lied und gibt der Jugend ein lustiges Räthsel auf. Das ist sein Beruf, und darum dankt dir das Sonntagsblatt, geneigter Leser, von Herzen für die Aufnahme, die es bei dir gefunden«; KS 29 (1878) Nr. 1, 1f.

56 In seinem Beitrag zum 100jährigen Jubiläum bemerkt Franz Stärk zu diesem Untertitel, er habe den Unmut mancher Heimatvertriebener heraufbeschworen, »denn sie seien ja keine *schwäbischen* Katholiken […] Und wir dachten nicht daran, daß dies mißverstanden werden könnte! Denn das Sonntagsblatt hat seine Liebe zu den Familien immer so weit aufgefaßt, daß es an alle dachte, die im Schwabenland wohnen, und das tun wir auch heute«; KS 100 [1952] Nr. 39, 656.

Barbara Wieland

Der katholische Hausstand und das Sonntagsblatt
Belehrung – Werbung – Lebensgestaltung

Das Sonntagsblatt »soll unterhalten, belehren, hie und da mahnen und warnen, also, wenn man will im weitesten Sinn das Wort erbauen durch Erzählungen, Beschreibungen und Nachrichten, wie sie für ein christliches Volk passen«[1]. Wenige Monate nachdem die Pressefreiheit am 1. März 1848 in Württemberg gewährt wurde, erschien die erste Ausgabe des »Sonntagsblattes für das christliche Volk«. Von Beginn an griffen seine Redakteure auch Themen des täglichen Lebens ihrer Leser auf. Dabei wollten sie immer ein »wahrhaft volkstümliches Diözesanblatt« herstellen, die beliebte Sonntagslektüre der schwäbischen Katholiken[2]. Der vorliegende Artikel ist unter dem Blickwinkel geschrieben: Was bietet das Sonntagsblatt für den katholischen Hausstand, für das katholische Leben im eigenen Heim? Wie soll das Leben dort gestaltet, welche Frömmigkeit soll geübt werden, wie können Haus und Landwirtschaft so bewirtet werden, daß ein möglichst gutes Auskommen zu erzielen ist, und wie sollen die normalen und außergewöhnlichen familiären Situationen bewältigt werden? Zur Beantwortung dieser Fragen standen redaktionelle Beiträge sowie Annoncen und Werbung zur Verfügung.

1. Die Zeit des Neuanfangs und der Positionierung des Sonntagsblattes 1850 – 1877

Die *bäuerliche Lebensweise und Lebensform* gestaltete sich bis zum Beginn der Industrialisierung einheitlich und einförmig. Das Bauerntum stellte den »geschlossensten und umfassendsten Sozialbestand in der Menschheitsgeschichte«[3] dar, die Familie bildete die Basis für das Bauerntum und das religiöse Leben auf dem Dorf. In sie einbezogen wurden auch die fremden Hilfskräfte auf dem Hof, die Knechte, Mägde und Saisonarbeiter. Zum Wesen des Bauerntums gehörte die mit der Natur und dem jahreszeitlichen Ablauf verbundene Religiosität, die sich in lokalem Brauchtum niederschlug[4]. Die goldenen Jahre der Landwirtschaft erreichten zur Zeit der Gründung des Sonntagsblattes ihren Höhepunkt, die Preise stiegen, die Produktionsmengen konnten durch neue Methoden und Maschinen vermehrt werden[5]. Die Kirche wandte sich in der Zeit der Aufklärung und des Rationalismus verstärkt in erzieherischer Weise an die Bauern – entweder direkt während des Gottesdienstes von der Kanzel oder durch Vorträge und Schrifttum[6]. In dieser Tradition stand auch das Sonntagsblatt. Die Redakteure Florian Rieß, Stephan Uhl, Gustav Wanner und Nikolaus Thömes setzten sich seit der Mitte des 19. Jahrhunderts zum Ziel, über verschiedene Mißstände in der *Landwirtschaft* aufzuklären und praktische Ratschläge zu erteilen, damit auch die Bauern Schwabens am allgemeinen Aufschwung teilhaben konnten. Ziel war es gewiß nicht, die Wirkungen von Segenshandlungen der Kirche, wie den Wettersegen, in Abrede zu stellen. Vielmehr lag den Redakteuren daran, mit vernünftigen Argumenten verschiedenem Fehlverhalten, Unwissenheit und Aberglauben beizukommen.

Die Verbreitung der Ergebnisse der landwirtschaftlichen Wandervorträge der Zentralstelle für Landwirtschaft im SCV war für das angestrebte Ziel von Bedeutung, da neben den Zuhörern vor Ort mit dem Sonntagsblatt eine große Zahl von Bauern und Knechten erreicht wurde. Das wichtigste Anliegen der Wanderlehrer bestand darin, Mißständen und der daraus entstehenden Armut der Landbevölkerung abzuhelfen. In bezug auf das Vieh wurde die zeitgleiche Einführung besserer Rassen und die Vermehrung des Futterbaus durch »zweckmäßiges Dörren des Klees« angeraten, da bislang dem »Cerealienanbau« zu viel Raum zugewiesen wurde. Um mit der »Einführung verbesserter landwirthschaftlicher Geräte« auch zu höherem Ertrag zu gelangen, rieten die Vortragenden einen geordneten »Beetbau an Stelle der schmalen vierfurchigen Beete« an. Außerdem ermunterten sie die Landwirte, eine »Gewann- und Markungsregulierung« vorzunehmen, in deren Rahmen auch eine »Drainierung« und die Anlage neuer Wege durchgeführt werden sollten. Damit das alles auf Zukunft hin gelingen konnte, bestand die dringende »Nothwendigkeit weiterer beruflicher Ausbildung der bäuerlichen Jugend und deren Uebung im Denken und Rechnen«[7]. 1872 wurden offiziell neue Maße und Gewichte eingeführt, die regionale Traditionen ablösten. Das Sonntagsblatt wußte um die Schwerfälligkeit seiner Leser in der Annahme solcher Neuerungen und griff deshalb zu einer List: Nicht belehrende Mahnungen, sondern eine Erklärung in Reimform wurde gedruckt[8]. Um den Ernteertrag zu erhöhen, gab das KS dem Bauern Anleitungen zur Herstellung guten Düngers mittels chemischer Zusatzstoffe an die Hand. Die weit verbreitete Meinung »Was stinkt, das düngt« ließ zuweilen nur auf eine mangelhafte Ausführung der Dunglege schließen, deren Produkt den Pflanzenwuchs nicht förderte[9]. Zur Sicherung der Ernährung von Mensch und Tier gehörte neben der Bestellung des Ackers das Wissen um den genauen Erntezeitpunkt. Am Erntetag durfte das Korn weder unreif noch überreif sein. Zu späte Ernte, die sogenannte Todreife, bedeutete den Verlust einer bedeutenden Menge von Körnern, das Abbrechen ganzer Ähren und einen Qualitätsverlust des Mehls. Deshalb übermittelte das KS für den Erntezeitpunkt der häufigsten Hülsenfrüchte und Getreidearten genaue Anweisungen[10].

Landwirtschaft bedeutete im 19. und angehenden 20. Jahrhundert fast immer die Kombination von Ackerbau und Viehhaltung. Eine Kunst des Landwirts bestand in der bedarfsgerechten Fütterung der Tiere. Deshalb informierte das Sonntagsblatt sehr eingehend über die Salzfütterung, die großen Vorteile des Kochsalzes und die genauen Mengen, welche dem Futter zugegeben werden sollten. Erhöhte Salzgaben »bringen bei Mastochsen vermehrte Lebensfülle hervor«, wodurch die Tiere schwerer wirkten, als sie tatsächlich waren[11]. Gesundes Milchvieh konnte nur im Stall stehen, wenn Ratschläge zur Verminderung der Futternot angenommen wurden. Neben der rigiden Haushaltung mit den zur Verfügung stehenden Futtermitteln und vordringlichen Sättigung des Melkviehs mußte auch an eine Verkleinerung des Bestandes an Tieren gedacht werden. Abhilfe sah das SCV darin, noch ein zweites Mal im Juli Futterpflanzen wie Wicken, Erbsen, Buchweizen und Spörgel auszusäen, um genügend Herbstfutter zur Verfügung zu haben[12]. Ein anderer Aufruf forderte die zusätzliche Kultur von Runkelrüben und weißen Rüben. Mit Hilfe dieser Ernte konnte die Zeit bis zum Beginn der Grünfütterung überbrückt werden, ohne daß das Vieh abmagerte[13].

Die Geflügelzucht, oft Angelegenheit der Hausfrau, forderte besonderes Augenmerk, damit Tiere und Eier nicht Raub der Marder, Füchse, Hunde, Iltisse und Wiesel wurden. Gesundes Federvieh hielt man in einem gesonderten Hühnerstall, in dem übersichtlich und frei von Zugluft die Nestkästen anzubringen waren[14]. Leider blieb in den Viehbeständen auch die »Maul- und Klauenseuche unter dem Rindvieh« nicht aus, deren Ursachen, Krankheitsbilder und Behandlung durch den Bauern genau beschrieben wurden[15]. »Die Rinderpest«, einmal im Stall, galt nur heilbar mit Hilfe des schnell gerufenen Tierarztes – keinesfalls durch »eigenes kuriren oder durch einen Pfuscher«. Einige Vorsichtsmaßnahmen konnten das Schlimmste verhindern: Desinfektion des Stalles mit Chlordämpfen und Verzicht auf Vieh- und Futterankauf aus Kriegsgebieten[16]. Wunderbares vermeldete das KS 1876 zum Thema eines neuartigen Hufbeschlags für Pferde aus Frankreich. Der Ersatzstoff bestand aus Ochsen- oder Büffelhaut, die »dreifach übereinandergebogen und in einer stählernen Form dem energischesten Drucke ausgesetzt« wurde. Die entstandene »künstliche Hornmasse« versprach sowohl leichter als auch elastischer und haltbarer als herkömmliches Eisen zu sein[17]. Trotz der vielversprechenden Werbung setzte sich das Produkt – mindestens in Schwaben – nicht durch.

Die schwäbischen Bauern verharrten offenbar zäh in der althergebrachten Arbeitsweise, denn »der conservative Sinn des Landmanns neigt[e] ohnehin nicht sehr zu Neuerungen hin«. Die Einführung von Mähmaschinen für Gras und Getreide wurde daher mit einiger Skepsis gesehen. Das Sonntagsblatt stellte dagegen eine etwas andere Rechnung auf. Das Anwerben tüchtiger Knechte und Erntehelfer wurde immer schwieriger. Ärgernis entstand häufig über deren Gehaltsvorstellungen, den geringen Leistungswillen und über »Unbotmäßigkeit und Uebermuth«. Die Folgerung aus der beginnenden Industrialisierung lautete: »Betriebskapital ist heutzutage wichtiger als Grundkapital und wer gewinnen will, muß einsetzen, wer theure Arbeitskraft ersparen will, muß Maschinen anschaffen«. Den Bauern wurde vorgeschlagen, sich zu mehreren zusammenzuschließen, um sich gemeinsam eine solide Mähmaschine zu kaufen[18].

Die Höhe und die Qualität der Erträge aus Gemüse- und Ackerbau stand und fiel mit der rechtzeitigen Bekämpfung der Schädlinge. Das Sonntagsblatt vertrat durchgängig den Rat: Wehret den Anfängen! In den Kreislauf der Natur sollte der Bauer so wenig wie möglich eingreifen, um die Selbsterhaltungskräfte nicht zu schwächen. Auch kleinere Nachteile mußten mit dem Blick aufs Ganze in Kauf genommen werden. So wurde der Maulwurf trotz seiner weniger guten Eigenschaft, in den Gärten Hügel zu erzeugen, dem Bauern als äußerst nützliches Tier vorgestellt. Der Nutzen eines Maulwurfs sei deutlich größer als der Schaden, den er verursache, da ihm als Nahrung Engerlinge, Regenwürmer, Mäuse und andere Kerbtiere dienten[19]. Der sich rasend vermehrende Maikäfer rückte im Frühjahr 1864 in den Vordergrund, wobei der wichtigste Rat darin bestand, dessen natürliche Feinde nicht zu dezimieren. Wenn die Plage aber dennoch ausgebrochen war, half nur eines: »Laß die Maikäfer Morgens und Mittags von den Bäumen schütteln, werfe sie aber nicht in's Güllenloch und auf die Miste, sondern brühe sie sorgfältig ab, füttere sie mit Vorsicht und Maß den Schweinen und Geflügel, oder bringe sie erst, wenn sie gehörig abgebrüht und völlig getödtet sind, auf den Dünger- und Komposthaufen«. Die Anzahl der Käfer war zuweilen so groß, daß »für Fabriken und Gasbereitungsanstalten die Verwendung […] zu Ölgas zu empfehlen« wäre[20]. Auch fünf Jahre später war man der Schädlinge noch nicht Herr geworden, und das Sonntagsblatt propagierte den »Staar als Maikäfervertilger«, der die gefräßigen Engerlinge töten sollte[21]. Bedeutenden Schaden richteten auch Mäuse an, die »Mäusevertilgung« stand hoch im Kurs, doch zeigten sich dabei nur recht magere Ergebnisse, da zuvor die natürlichen Feinde (unter anderem Eulen und Bussarde) trotz Warnung zu stark bejagt worden waren. Vor der Vergiftung der Feldmäuse wurde jedoch gewarnt und ein Tatsachenbericht aus Salzburg angeführt. Dort war gestattet worden, mit Arsenik versetzten Hafer in die Mäuselöcher zu streuen. Leider gelangte das Gift aber auf die gesamten Äcker, und »da nun selbstverständlich die dort heimischen Rebhühner nicht in Kenntniß gesetzt werden konnten, welchen gefährlichen Charakter das Futter habe, so geschah, was überhaupt unter solchen Umständen geschehen mußte: die Rebhühner fraßen von dieser ›verbotenen Frucht‹ und verendeten«. Es konnte davon ausgegangen werden, daß es sich dabei keinesfalls um einen Einzelfall gehandelt hatte[22]. In Sechsjahresfrist war keine Verbesserung in Sicht. Immer noch verdienten an den unnützen Gifteinsätzen im Herbst, die »entweder gesetzlich oder moralisch verboten« waren, nur die Händler. Einer erfolgreichen Frühlingsvertilgung im nächsten Jahr sollte mehr Erfolg beschieden sein, wenn für getötete und abgelieferte Mäuse eine »erhebliche Prämie« ausgesetzt würde[23]. Um die Schädlings- und Unkrautplagen grundsätzlich einzudämmen, sprach sich das SCV für den Schutz der heimischen Vögel aus. Neben Schleiereule, Saatkrähe, Specht, Wiedehopf, Blauspecht und Kuckuck wurde die Taube besonders hervorgehoben, da sie die Samen von gefährlichen Unkräutern auf den Feldern (blaue Kornblume, rote Kornrade, Vogelwicke, Wolfsmilch) zum Futter nahm. Der Landzuwachs, der durch das bei »Gemeinheitstheilungen erfolgte Rasiren der Hecken« erzielt wurde, war teuer erkauft. Die gerodeten Hecken wuchsen ursprünglich als »unersetzliche Wohnstelle« der Vögel. Um den Lebensraum wieder herzustellen, wurden die Landwirte gebeten, an Wegrändern erneut Gebüsch anzupflanzen[24]. Auch die Unsitte des Nesterausnehmens trug zur Vermehrung von Schädlingen bei. Eltern und Lehrer wurden ermahnt, ihren Söhnen bzw. Schülern das Anlegen von Eiersammlungen streng zu untersagen. Das Ausrauben der Vogelnester war »eine Sache, die Kindern eben so wenig zukommt, wie die Beihülfe beim Tödten unserer Hausthiere«. Die Sammelleidenschaft der heranwachsenden Jugend sollte vermehrt auf Pflanzen- und Mineralreich gelenkt werden[25].

Trotz verbesserter Produkte und guter Absatzmärkte geriet die Landwirtschaft wegen des Überangebots an Agrarprodukten auf dem Weltmarkt unter Druck. Mit der Einflußnahme Bismarcks zum Schutz des Agrarsektors, dem sogenannten Neomerkantilismus, ließ sich der Niedergang nicht aufhalten[26]. Um gemeinsam Stärke zu beweisen und ihre *finanzielle Lage* zu stabilisieren, schlossen sich die Bauern in Selbsthilfeorganisationen (Landwirtschaftskammern etc.) zusammen. Die dauerhafte finanzielle Sicherung der Bauern war dem Sonntagsblatt ein ernstes Anliegen. Vier Folgen über »Eine Landeshagelversicherungsanstalt die größte Wohlthat für die Landwirtschaft« beleuchteten mit einer Vielzahl von Argumenten und mehreren konkreten Rechenbeispielen die Vorteile einer solchen Einrichtung. 1867 bestand nur die Möglichkeit, eine private – und somit unverhältnismäßig teure – Hagelversicherung abzuschließen. Das Ziel der Kampagne des SCV bestand nun darin, möglichst viele Bauern zur Unterschrift unter eine Petition an den landwirtschaftlichen Bezirksverein zu bewegen, die die Gründung einer Landeshagelversicherungsanstalt zum Ziel hatte, in welche sich jeder Landbesitzer einzubezahlen verpflichtete. Es war geplant, die Beiträge wegen der geringen zusätzlichen Verwaltungskosten ohne eigene Agenten direkt vom Gemeinderechner einzuziehen. Die grundsätzliche Notwendigkeit einer Versicherung gegen Hageleinschlag ergab sich, da im Schadensfall nicht nur der Landwirt in Not geriet, sondern auch die von ihm abhängigen Kaufleute, Handwerker und Wirte die Folgen zu spüren bekamen[27]. Den Lesern wurde auch – zunächst allgemein – die Frage vorgelegt: »Was ist die Lebensversicherung?« Die Rücklage von Ersparnissen oder der Ankauf weiteren Ackerlandes zur Vermögenssicherung waren üblich. Daß jedoch der Vorteil einer guten Lebensversicherung darin lag, daß das Kapital besser verzinst und im Todesfalle in der vereinbarten Höhe direkt an »Weib und Kind« ausbezahlt wurde, war noch nicht allseits bekannt. Das »Sonntagsblättchen« zeigte noch ein zutiefst christliches Motiv auf: »Man gibt sein Erspartes hin, ohne Aussicht, für sich selbst etwas dafür zu empfangen, und das ist eine uneigennützige, rechtschaffene, gottgefällige Sparsamkeit«[28]. Die allgemeine Sinnhaftigkeit beantwortete aber noch längst nicht die Frage »Ist die Lebensversicherung auch für den Bauern?«, denn als Sicherheit waren ja Land und Hof vorhanden. Hier berührte das Sonntagsblatt die heikle Frage der Erbfolge[29]. Wirkliches Hindernis schien eher zu sein, daß dem Bauern die Lebensversicherung unbequem war, weil er pünktlich Bareinzahlungen leisten mußte[30]. Damit die Bauern nicht falschen Versprechungen auf den Leim gingen, fand auch die Frage »Wo soll man sein Leben versichern?« eine Antwort. Eine sichere Geldanlage bot ausschließlich eine Versicherung bei einer »deutschen auf Gegenseitigkeit beruhenden Anstalt, welche eine starke Dividendenreserve und hohe Dividenden aufzuweisen hat«, die nach sorgfältigen Vergleichen auszuwählen war[31].

In der ländlichen Gegend des Schwabenlandes spielten für die *gesunde Ernährung* der Anbau und die Verwertung der Früchte des Ackers und des Gartens traditionell eine große Rolle. Über die Verarbeitung des frisch geernteten Obstes dachten im Jahr 1860, dem ein großer Obstsegen in Aussicht stand, nicht nur die Besitzer der Obstbäume nach, sondern auch »sachverständige Männer«, die Sorge für die gesunde und ausreichende Ernährung des Volkes trugen. Neben der Ausfuhr frischen Obstes bestand eine weitere Verwertungsmöglichkeit in der Produktion von Obstmost, der bei der »Feldarbeit anerkannt das passendste und gesündeste, und eines der wohlfeilsten Getränke«[32] war. Um ihn mit geringem Aufwand haltbarer und stärkender zu machen, sollten je Eimer Most der Saft von zwölf Pfund süßen schwarzen Waldkirschen und ein Maß Branntwein zugegeben werden. Eine anderes Verbesserungsmittel in Weinbaugegenden bestand in der Anreicherung des gärenden Obstmostes mit Weintrester von roten oder schwarzen Trauben. Um den Bedarf an Obst in den Familien zu decken und einen Verkaufserlös über die Erntezeit hinaus zu erzielen, konnte ein weiterer Teil des Obstes gedörrt werden. Beklagenswert war bislang aber die Art der Konservierung: Das meiste Obst dörrten die Bauern auf »barbarische Weise« im Rauch – es blieb deshalb wegen der schlechten Qualität unverkäuflich. Das Sonntagsblatt empfahl den Lesern, vom Schreiner ein Dörrgestell zur Aufstellung über der gußeisernen Herdplatte anfertigen zu lassen. Das getrocknete Obst verkaufte sich zu gutem Preis als Fastenspeise ins Rheinland oder als Schiffsproviant nach Nordamerika[33]. Um zu hohen und verwertbaren Erträgen zu kommen, erhielten die Bauern Unterweisungen zur Obstbaumzucht. Ein »Pomologe Vosseler«[34], beauftragt von der Stuttgarter Regierung, reiste über Land und hielt Vorträge und praktische Übungen ab, die das Sonntagsblatt in den wichtigsten Inhalten wiedergab: die Veredelung junger Bäume und die Wurzel-, Stamm- und Kronenpflege[35]. Völlig entgegengesetzt zu den Ratschlägen Vosselers sprach sich die »Wander-Versammlung süddeutscher Wein- und Obstproducenten in Heilbronn« aus, die meinte, in Hinsicht auf den Obstbaumschnitt sei »es kaum glaublich, daß ein Mensch mit gesundem Verstande« solche Behauptungen aufstellen könne. Die Leser des KS mußten wohl fortan mit ihrem eigenen Menschenverstand diese Arbeit in Angriff nehmen. Klarere Hinweise erhielten sie aber in bezug auf die Auswahl von Weinstöcken und geeignetem Futter- und Tafelobst, das auch in den kargeren Gegenden reichen Ertrag versprach[36]. Ein willkommener Beitrag zur abwechslungsreicheren Ernährung im Winterhalbjahr war »Die Anfertigung eines guten Sauerkrautes«. Der fein gehobelte und eingesalzene Kohl wurde mit der Hand in das Faß gepreßt, »das Eintreten mit den Füßen, wie es in manchen Häusern noch üblich ist, ist unappetitlich.« Drohte das Kraut zu verderben, goß man bei jeder Entnahme »langsam ein Seidel Branntwein« in das Faß, wodurch das Kraut einen »angenehmen, weinigen Geschmack« annahm[37]. Auch die Aufbewahrung der frisch gelegten Hühnereier erforderte einiges Geschick. Einfach stellte sich die Lagerung im Keller dar, da hier die Eier nur auf Stellagen zu legen waren. Wollte man diese später auf den Markt transportieren, erwies sich eine gewisse Prozedur als nötig. Alle Eier waren »in heiße Gummilösung einzutauchen und sodann mit Gypspulver zu überstreuen«, um sie haltbar zu machen[38]. Besonders an seine Leserinnen wandte sich das Sonntagsblatt, wenn es Artikel unter der Überschrift »Der Kaffee« abdruckte, damit diese »nähere Bekanntschaft von dem Kaffee erhalten«[39]. Ein detaillierter Bericht veranschaulichte, in welchen Ländern die Kaffeepflanze gedieh, und setzte mittels einer Zeichnung die Leser über die botanischen Eigenschaften der Pflanze, die Kultur und die möglichen Schädlinge in Kenntnis. Die Interessierten erfuhren einiges über den Erntevorgang und die Exportmengen für Rohkaffee in alle Welt[40]. Eine eingehende Zubereitungsanweisung bot der Experte Justus von Liebig. Nur die sorgfältige Vorbereitung ermöglichte den ungetrübten Genuß des Kaffees: »Man bringt das Wasser mit drei Viertel des Kaffeepulvers […] zum Sieden und läßt es volle zehn Minuten, oder auch länger, bei gelindem Feuer und mit schwachem Aufwallen kochen. Nach dieser Zeit wird das zurückbehaltene Viertel Kaffeepulver eingetragen und das Kochgeschirr sogleich vom Feuer entfernt; es wird bedeckt und fünf bis sechs Minuten ruhig stehen gelassen; beim Umrühren setzt sich alsdann das auf der Oberfläche schwimmende Pulver leicht zu Boden und der Kaffee ist jetzt […] zum Genusse fertig«. Weit verbreitet war damals die Zubereitung eines Kaffeesurrogats, genannt »Mokka«, eine »dunkelbraune Brühe, welche brenzlig schmeckt[e]«, die aus gerösteten Zichorienwurzeln, gelben Rüben bzw. Runkelrüben oder aus »schwarzem Karamehl« bestand – in jedem Falle aber ohne eine einzige Kaffeebohne auskam[41].

Jedes Auftreten einer *ernsthaften Erkrankung* griff tief in das Leben der Familie ein. Bis ins 19. Jahrhundert versuchten die Menschen Kriterien für die Entstehung von Krankheiten zu finden. Man erkannte natürliche und übernatürliche Ursachen, die direkt von Gott gesandt oder dem Teufel zugerechnet und nur durch übernatürliche Mittel wie Gebet oder Exorzismus zu heilen waren[42]. Die christliche Theologie betrachtete Krankheit als durch den Sündenfall verursachten Fluch, der auf dem Leben der Menschheit lag. Krankheit war Bußruf Gottes und zugleich Sündenstrafe[43]. Diese Sichtweise fand sich auch im SCV. 1854 suchte eine Choleraepidemie Deutschland heim, »und gleich wie einst der Engel Gottes mit flammendem Schwerte unsere der Sünde verfallenen Voreltern aus dem Paradiese vertrieben hat, so hat der Würgeengel die Tausende gezüchtigt«. Das Sonntagsblatt sah die Ursache für diese Krankheit in der sittlichen Verkommenheit des Landes. Die einzige wirkliche Hilfe in dieser schweren Prüfung bestand in der Hinwendung zu Gott, nicht im Konsultieren eines Arztes, »darum umgekehrt, heraus aus dem Sumpfe religiöser Gleichgiltigkeit, festes Vertrauen gefaßt zum Herrn aller Herren und er wird die strafende Hand von uns wenden«[44]. Krankheit wurde aber keineswegs nur als »Verhängnis« gesehen, dem der Mensch ohne eigene Einflußnahme ausgeliefert war. Der Mensch mußte mit seiner Gesundheit verantwortlich umgehen, denn der leichtfertige Umgang mit ihr war eine Sünde gegen den eigenen Leib oder gegen das unversehrte Leben Dritter[45]. So ist zu verstehen, daß das Sonntagsblatt knapp zwanzig Jahre später in einer »Belehrung gegen die Cholera« von gänzlich anderem zu berichten wußte: Die Cholera ließ sich nun mit Hilfe der Homöopathie vorbeugen und heilen. Als »eigentliches Präservativmittel hat sich der Schwefel bewährt. Man streue alle 2–3 Tage eine Prise feinstes Schwefelpulver (sogen. Schwefelmilch) auf die Sohlen der (wollenen) Socken«. Kam es trotz der Vorsichtsmaßnahme zum Ausbruch der Krankheit, waren sofort »2–3 Tropfen einer gesättigten Campherlösung auf Zucker« einzunehmen, in schwereren Fällen »Arsenicum, Veratrum und

Cuprum abwechselnd alle 5–10 Minuten ein Schlückchen«[46]. Linderung im Krankheitsfall verschaffte neben der richtigen Ernährung »Champagner mit natürlichem Sauerwasser zu gleichen Theilen vermischt und mit Eis kalt gemacht«[47]. Als »Mittel gegen die Epilepsie« pries das Sonntagsblatt ein Verfahren an, das, »wenn es auch in einzelnen Fällen nicht helfen sollte, in keinem Fall etwas schadet«: Man wurde angewiesen, dem Kranken bei einem akuten Anfall ein schwarzseidenes Halstuch über das Gesicht zu decken – öftere Anwendung versprach in kurzer Zeit eine vollständige Heilung[48]. Der Soor, bei Kindern eine weitverbreitete Krankheit, war hauptsächlich auf die schlechte Kinderpflege, auf »Unsauberkeit und Vorurtheil« zurückzuführen. Wertvolle Ratschläge zur Behandlung und Heilung wurden durch eindringliche Warnungen abgeschlossen, den Schnuller wegzulassen – mindestens aber ihn nur »gewaschen« zu geben – und von der »ekelhaften Manier des Vorkostens« Abstand zu nehmen[49].

Besondere Vorsicht mußte beim Ausbruch von Gewittern geübt werden. Viele Häuser besaßen keine Blitzableiter, und so war streng darauf zu achten, daß sich die Bewohner von allen Wänden und Kaminen fernhielten. Auch Spiegel durften nicht verwendet werden, was den Autor des Sonntagsblatts zu dem Kommentar »für Frauenzimmer schwierig« veranlaßte. Zu weiteren Maßnahmen gehörte es, das Küchenfeuer zu löschen, sich nicht unter Türstürze zu stellen und die Fenster zu öffnen. Im Freien wurde geraten, sich flach in das Gras oder in einen Graben zu legen, keine Sensen und Flinten am Körper zu tragen, keinesfalls aber in Panik auszubrechen. Gewässer und Bäume sollten gemieden werden, und in Heuhaufen war keinesfalls zum Schutz hineinzukriechen[50].

Mit dem Tages- und dem Jahreslauf verband sich untrennbar die *Volksfrömmigkeit*. Zur Weihnachtszeit verwendeten gutsituierte Katholiken große Kunstfertigkeit auf die Aufstellung der Weihnachtskrippe in der eigenen Wohnung, um »nach Kräften auch bei sich das göttliche Jesuskind mit einer Glorie« zu umgeben. Das SCV stellte einige Möglichkeiten vor, wie eine solche plastische Krippengestaltung möglichst naturgetreu aussehen könnte: Die »Decoration einer Stadt […] mit Thürmen, Zinnen, Thoren und Brücken«; Wege gesäumt mit Blumen und Bäumchen, darauf »Pilgrime in verschiedenen Trachten«; Höhlen, Brunnen und Grotten und ein »Eremit bei Todtenkopf und Gebetbuch«. Vor allem, auf dem unteren Postament stand der Stall mit der Krippe. Im Hintergrund Ochs und Esel, Maria zur Rechten und Josef zur Linken lag »anmuthig aus Wachs gestaltet, das liebe, süße Jesuskind […] Mit gestoßenem Marienglas ist diese Geburtshöhle am allermeisten ausgeziert und sie schimmert wie in Verklärung«. Inmitten des Stalles schwebte ein »Engel mit Rauschgoldflügeln«, das Gloria singend; den freien Raum um die Geburtsstätte bevölkern »Thiere aller Art, besonders Lämmer, Kameele und Elephanten«[51]. Eine Figur komplettierte die Darstellung: »Ganz vorn pflegt ein Bettelmann, der einen Stelzfuß hat zu stehen, und der einen Opferbeutel, daran unten ein Glöckchen hängt, in der einen Hand trägt; bei eintretenden Gästen wird das Männlein an einer Schnur in Bewegung gesetzt, es neigt sich und bittet um ein Almosen für das arme Jesuskind.« An jedem Abend der Weihnachtszeit versammelte sich die Familie zusammen mit den Knechten und Mägden, den Nachbarn und armen Kindern des Dorfes. Gemeinsam beteten sie den Rosenkranz und sangen dem »gebenedeiten Christkind ein Wiegenlied«[52]. Die Volkskunst der Hauskrippe und im besonderen die sogenannte »Bühnenkrippe« kamen unter dem Einfluß des Franziskanerordens im 18. Jahrhundert in Schwaben auf[53]. Die Bräuche zu Dreikönig wurden 1861 in Erinnerung gerufen. Drei Knaben zogen umher, »sie tragen ein langes, weißes Unterhemd mit einem ledernen Gürtel um die Lenden, dazu eine ausgeschnitzte Krone, die mit farbigem Papier umklebt ist. Einer hat sich als Mohrenkönig das Gesicht geschwärzt und geht in der Mitte; ein anderer trägt an einer Stange einen Stern, der wie ein Haspel gedreht werden kann«. Gemeinsam gingen sie von Haus zu Haus und erzählten in einem Lied die Geschichte von den drei Weisen aus dem Morgenland[54].

Als Gegengewicht zu der sich rasant entwickelnden Umwelt und der politischen Situation verstand das Volk die tief im Glauben verwurzelten Maiandachten. Die Andachten litten im Jahr 1859 trotz der ungewöhnlich frühen Blütenpracht unter dem Eindruck des Krieges. Im Vertrauen auf die »liebreiche Mutter« konnte ihm furchtloser entgegengegangen werden, und so stimmten Familien und Einzelne täglich im Maimonat in das Lied »Bitt, daß uns Gott den Frieden geb', O Königin! Bitt, daß er Mord und Krieg aufheb', O Königin Maria« ein[55]. Persönliche Anliegen verbanden sich häufig mit dem Gebet des Rosenkranzes[56]. Eine »zuverlässige Belehrung« über den »Rosenkranz von der unbefleckten Empfängnis« konnte helfen, die darauf verliehenen Ablässe zu gewinnen. Zum Gelingen waren keine geweihten Rosenkränze nötig, wohl aber für einen Ablaß von jedesmal 100 Tagen der Abschluß der Andacht mit dem Weihespruch: »Dir, o Jungfrau Mutter, die du niemals von irgend einer Mackel der Schuld, sei es wirkliche oder anererbte, bist berührt gewesen, empfehle und anvertraue ich die Reinigkeit meines Herzens«[57]. Unter »den bekannten Bedingungen« gebetet, konnte monatlich ein vollkommener Ablaß gewonnen werden[58].

Vor allem im ländlichen Bereich begingen die Dorfgemeinschaften den Dank für die geernteten Früchte, Gemüse und Getreide in besonders feierlicher Weise. 1864 fuhren die Bauern wegen der günstigen Witterung eine außerordentlich reiche Ernte ein, die weit über allen Erwartungen lag. Zu jeder Feier des Erntedankfestes gehörte es, Gaben mit denen zu teilen, die leer ausgegangen waren. In diesem reich gesegneten Jahr forderte das Sonntagsblatt »zu einer werkthätigen Danksagung« auf. Damit war gemeint, in großzügiger Weise Waisenhäuser zu bedenken und Geld für die katholische Diaspora, die bessere Ausstattung der eigenen Gotteshäuser und die Anschaffung von schönem Weißzeug für die Altäre zurückzulegen. Auch milde Gaben für den Missions- und Kindheit-Jesuverein und den Heiligen Vater wurden gelobt. Der Grundsatz »an das Nähere zuerst gedacht« galt bei der Auswahl der Bedürftigen, da die guten Werke im Lande ihren Gebern das Fürbittgebet der Empfänger sicherten[59].

Neue Technologien erforderten neue Sitten, und so stellte das Sonntagsblatt »Kirchliche Gebete zur Einweihung von Eisenbahnen und Dampfwägen« vor, die die Ritenkongregation in Rom für solche Feierlichkeiten genehmigt hatte[60]. Neues einzuführen bedeutete noch lange nicht, geübte und geliebte Gewohnheiten aufzugeben. »Zum Nachtwächterruf«, der im Schwabenland um 1850 im ländlichen Gebiet noch Sitte war, gab das Sonntagsblatt elf Rufe vor, die »eine große Wahrheit und einen Anklang an die Zahl der gegenwärtigen Stunden« enthielten. Die Rufe wollten Trost für Leidende und Kranke sein, die den Schlaf nicht finden konnten, aber auch eine Warnung, die »in stiller Nacht, etwa an dem Herzen eines Menschen, der auf dem Weg zur Sünde ist, anklopft.« Um Mitternacht lautete der Ruf »Zwölf (Offenb. 21, 21.12) Thor hat die goldne Stadt, selig, wer dort Eingang hat«, um zwei Uhr »Zwei (Matth. 7, 13.14) Weg hat der Mensch vor sich, Herr, den schmalen führe mich« und eine Stunde vor dem Weckruf »Vierfach (Matth. 13, 9–8) ist das Ackerfeld, Mensch, wie ist dein Herz bestellt?«[61]

Ein Thema, »Der Kirchenbann und seine Folgen«, berührte das persönliche Verhältnis des Menschen zu Gott. Der Bann zog aber auch Folgen für die Familiengemeinschaft und den Einzelnen nach sich. Obwohl die Kirche in ihrer Milde selten Exkommunikationen namentlich aussprach, bestanden die Strafen des großen Kirchenbanns im Verlust aller Gnadenmittel, näherhin dem Ausschluß von der Gebetsgemeinschaft, dem Gottesdienst, aller Sakramente und im Verlust des Rechts auf ein kirchliches Begräbnis[62]. Nach diesen für alle Katholiken gültigen Regeln erhob sich eine Frage von öffentlichem Interesse: Sind »die Unterthanen dem excommunicirten König Gehorsam schuldig«? Die Antwort dürfte für manchen der Leser enttäuschend ausgefallen sein, denn die Frage, ob einem solchen König weiterhin Steuern zu zahlen seien, wurde »wohl mit Ja« beantwortet, da »die Möglichkeit einer schlechten Verwendung die Unterthanen nicht von der sicheren Pflicht, dem Regenten Steuern und Abgaben zu entrichten, loszählen kann.« Auch wenn der König verlangte, sich an einem Verbrechen zu beteiligen, das die Kirche unter den Bann gestellt hatte, so »verwirft die Kirche wie überhaupt in allen Fällen die Revolution und erkennt nur als zulässig den passiven Widerstand«[63] an.

Mit dem Glaubensleben verband sich die angemessene *Lebensführung*. Zu einer Zeit, als Konrad Kümmel schon in die Redaktion eingetreten war, erschien im Sonntagsblatt ein Artikel, der mit dem Ausruf »Es fehlt am Besten« überschrieben war. Das Beste war die Sorge um das ewige Leben, das nur nach einem Leben in Weisheit und Tugend, in Pflichterfüllung und bei unablässigem Streben nach Geistes- und Herzensbildung in Aussicht stand. Die 1876 um sich greifende Losung »Geld machen« brachte die Menschen dagegen vom gottgefälligen Weg ab. Die Gier nach Geld, Gut und »blendendem Tand« äußerte sich in einem gemächlichen Leben fern aller Mühen und Beschwerden, in köstlichen Speisen und Getränken, in prunkend zur Schau gestellten Kleidern und Schmuckstücken, in prachtvollen Häusern, in »glänzenden Equipagen« und vielen weiteren Vergnügungen und Zerstreuungen. Den Lesern des Sonntagsblattes, die wohl in ihrer allergrößten Mehrzahl niemals einen auch nur annähernd so luxuriösen Lebensstandard erreichen konnten, wurde gezeigt, daß ihre einfache und bodenständige Lebensweise die »bessere« Art der Vorbereitung auf die Abschiedsstunde von dieser Welt war[64].

Ein mit besonderem Nachdruck vorgetragenes Anliegen war den Herausgebern des Sonntagsblattes, ihren Lesern *die richtige, sprich katholische, Literatur* anzuempfehlen: Bücher[65], Kalender, Zeitschriften und Tageszeitungen. Der katholische Volks- und Hauskalender[66] sollte einen festen Platz im Leben des Lesers während des ganzen Jahres erhalten, so wie die wöchentliche Lektüre des Sonntagsblattes: »Es ist dein Kalender, denn er ist für dich gemacht. Es ist auch ein Recht des Katholiken, daß er einen eigenen katholischen Kalender hat. Ehre dein Recht, indem du Gebrauch davon machst!« Der Kalender, 1851 gegründet von Dr. Florian Rieß, enthielt den kirchlichen, bürgerlichen und astronomischen Kalender mit seinen Festen, den Heiligengedenktagen, dem Planetenlauf und dem Verzeichnis der Märkte in der näheren und ferneren Umgebung, außerdem den Hundertjährigen Kalender. Zur Erbauung gab es fromme Erzählungen zu lesen, ferner zum Teil bebilderte Berichte über Ereignisse im Vatikan, von fremden Ländern und ernste sowie lustige Anekdoten; »probate Hausmittel, aber kein dummes und abergläubisches Zeug«[67] fanden hier ihren Raum. Auch der Kalender von Professor Alban Stolz wurde den Lesern warm empfohlen, da er den Katholiken Argumentationshilfen im Gespräch mit den Protestanten anbot: Das Ave Maria wurde als »ein durchaus vernünftiger, wahrhaft christlicher Brauch« bewiesen und die Heiligenverehrung gegen den Vorwurf verteidigt, die Katholiken trieben damit Götzendienst[68]. Nicht nur Empfehlungen sprach das Sonntagsblatt aus, es wandte sich auch dezidiert gegen schlechte Presseerzeugnisse. Damit die Abonnenten des SCV nicht im unklaren blieben, »daß es Katholiken gebe, welche mit ihrem guten Geld ihre eigene Schande, die Schmach ihrer Kirche, die Verhöhnung all dessen, was ihnen heilig und theuer ist, bezahlen«, wurde ein Verlag und seine schändlichen Druckwerke benannt: Der Buchdrucker Kröner in Stuttgart verlegte sowohl in hoher Auflage die Werke von Carl Theodor Griesinger (1809–1884)[69] als auch die Zeitschrift die »Stadtglocke«[70]. Alle diese Erzeugnisse frönten der Mode der »Katholikenfresserei« und eigneten sich ausschließlich dafür, die katholische Kirche zu diskreditieren. Kein Leser des Sonntagsblattes durfte solche »Schandschriften« käuflich erwerben, erst recht nicht, um dadurch »aufgeklärt« zu wirken[71].

2. Ein halbes Jahrhundert unter der Ägide von Konrad Kümmel 1877–1927

Mit der Übernahme der Redaktion durch Konrad Kümmel im August 1877 veränderten sich Auswahl und Aufbereitung der Themen deutlich. Redaktionelle Beiträge traten zugunsten erbaulich-belehrender Erzählungen und Geschichten zurück. Die landwirtschaftlichen Fragestellungen lagen Kümmel wohl weniger nahe, er strich sie jedenfalls ganz aus dem Programm. In den Jahren 1893 bis 1927 erschien so gut wie gar kein redaktioneller Artikel, der sich Fragen des Glaubens und Lebens in der Familie zuwandte. Rückblickend faßte Kümmel am Ende der Schaffenszeit noch einmal seinen Anspruch ins Wort: Er wollte »den Lesern jede Woche etwas für den Kopf und den Verstand, aber ebenso auch etwas fürs Herz und Gemüt – natürlich im Sinne unserer katholischen Weltanschauung« bieten[72]. Bischof Joannes Baptista Sproll würdigte Kümmels Werk mit hohem Lob, denn »in dem großen Entscheidungskampf zwischen Glauben und Unglauben, zwischen alter christlicher Sitte und moderner Ungebundenheit sind Sie stets in vorderster Linie gestanden«[73]. In einer Würdigung anläßlich der 100. Wiederkehr seines Geburtstags formulierte es Franz Stärk so: »In diesem Blatt wurde nicht katechisiert und theoretisiert, alles wurde anschaulich gemacht«[74]. In den ersten fünfzehn Jahren der Leitung durch Konrad Kümmel setzte sich das Blatt aber noch mit den Fragen des täglichen Lebens auseinander.

Die Situation der *Landwirtschaft* spitzte sich zu, oft fehlte es nicht an Grundbesitz, wohl aber an Geldmitteln zum Begleichen bereits bestehender Schulden oder zum Ankauf dringend benötigter Gerätschaften. Wechsel und Bürgschaften versprachen eine schnelle Abhilfe bei Zahlungsunfähigkeit. Vor dem Unterzeichnen eines Wechsels wurden die Leser des Sonntagsblattes dennoch eindringlich gewarnt, »weder als Aussteller noch als Bezogener, noch als Mittelsmann oder Bürge«. Oft unterzeichneten des Lesens unkundige Personen Schriftstücke, deren vertragliche Folgen (z. B. Pfändung in das volle Vermögen) sie nicht kannten. Sie sollten sich vorher an einen vertrauten Mann, den Geistlichen oder den Lehrer des Ortes, wenden[75]. Auch das Bürgen empfahl das Sonntagsblatt nur sehr eingeschränkt, denn eine Bürgschaft leisten (»eines der traurigsten Kapitel des sozialen Lebens«), hieß sich selbst und sein Eigentum in Gefahr zu begeben. Doch »das eigene Glück und das seiner Familie gänzlich aufs Spiel zu setzen um des nächsten willen, das verlangt niemand«. Mit Hilfe von Bibelstellen legte der Verfasser dar, daß die Heilige Schrift das überlegte Bürgen nicht verbot. Der Bürge mußte nur sorgfältig prüfen, welche Höhe er auch im Ernstfall zu übernehmen in der Lage war. Wer tatsächlich als Bürge eintrat, sollte keine Feindschaft gegen den Zahlungsunfähigen aufkommen lassen, sondern sich in christlicher Geduld üben. Neben Dankbarkeit konnte der eingesprungene Bürge die vollständige Rückzahlung bei besserer wirtschaftlicher Lage des Schuldners erwarten[76].

Die Frage, wie mit den damals bekannten Möglichkeiten der Konservierung *Nahrungsmittel* für den Winter und das Frühjahr bereitgestellt werden konnten, blieb aktuell. Zur Verarbeitung gelangten selbstgezogenes Obst und Frischmilch. Der Aufruf »Pflanzet Obst« erreichte mit dem Sonntagsblatt eine breite Bevölkerungsschicht. Es wurde empfohlen, die »Königin der Beeren«, die Erdbeere, anstelle nutzloser Einfassungspflanzen der Gartenbeete, wie z. B. Buchsbaum, anzupflanzen. Man kannte sie auch unter dem Namen »Ananasbeere«, da sie aromatisch wie die Ananas, »die köstlichste aller Südfrüchte«, schmeckte[77]. Die Erdbeerkultur wurde als unkompliziert geschildert, die lediglich im Winter eine »mäßige Düngung mit Ofenruß« erforderte. Die Früchte der besten Erdbeersorten erreichten oft »die Größe eines Borsdorfer Apfels«[78]. Damals kochte man noch keine Marmelade aus Erdbeeren, man verwendete sie »fast ausschließlich zum Rohgenuß«. Johannis- und Stachelbeeren hingegen verarbeitete man zu schmackhaftem Wein, der als billiger und besser galt als »Traubenwein von mittleren und geringen Jahrgängen«. Es war Mode, neben den weniger zeitaufwendigen Büschen auch »verschiedene künstliche Formen, wie Spaliere, Cordons und Kronenbäume« anzupflanzen[79]. Immer noch gab es Schwaben, die zwar gerne Most, Kirschen- und Zwetschgenwasser tranken, aber nicht bereit waren, dafür in ihren Gärten auch Obstbäume anzupflanzen. Das KS vertrat mit Nachdruck die Meinung, daß Obstbäume die Landschaft verschönerten – Obst war ein günstiges Nahrungsmittel für Gesunde und Kranke, es eröffnete nicht zuletzt eine weitere Einnahmequelle für den Bauern[80]. Beklagenswerterweise interessierten sich die jungen Männer in weit höherem Maße für jegliche Vergnügung (Kartenspiel, Kegelbahn, Tanzboden) als für die Sitzungen des Obstbauvereins, denen sie fernblieben[81]. Für die Aufbewahrung des geernteten Kernobstes über den Winter erteilte das KS verschiedene Ratschläge. Neben der Einlagerung zwischen Asche, Sand, Spreu, Getreide oder Häcksel versprach eine neue Methode Erfolg: Mitte Dezember sollte eine Tonne mit Äpfeln gefüllt werden. Obenauf legte man Wacholderzweige, deckte alles mit steinbeschwerten Brettern ab und füllte die Zwischenräume in der Tonne mit reinem Wasser. Bis Pfingsten sollte man auf diese Weise frische Äpfel genießen können[82].

Die Verarbeitung der Frischmilch zu Rahm, Butter und Käse gehörte zu den wichtigsten Aufgaben der Frauen. Frauen galten als geeigneter zur Käserei als Männer, da sie ihre Arbeit pünktlicher und reinlicher erledigten. Grundlage für gute Milchprodukte bildeten zunächst das sorgfältige und saubere Melken im Stall und die gesunde und reine Haltung der Milchkühe. Nur eine »Melkerin, welche eine leichte und weiche Hand hat und die Milch dem Thiere abschmeichelt«, hatte ein wertvolles Ausgangsprodukt zur Verarbeitung, denn das Melken hatte Einfluß auf die Zusammensetzung der Milch[83]. Die praktische Einrichtung der Milchkammer – kühl, gut zu lüften, mit fließendem Wasser und verzinnten Gefäßen aus Eisenblech versehen – war ein erster Schritt[84]. Um qualitativ hochwertigen Süßrahm herzustellen, brauchte es genauere Kenntnisse der Kaltwassermeierei, die verhinderte, daß die Milch sauer und der Rahm schimmelig wurde[85]. Nur guter Rahm ergab eine schmackhafte Butter. Zum Buttern wurden Kastenfässer aus verzinntem Eisenblech mit Schlagrädern empfohlen[86]. Die abgerahmte Milch bildete ein preisgünstiges Nahrungsmittel, das den Fleischgenuß ebenso wie teure Getränke fast ganz ersparen konnte. Der Überschuß sollte wegen seines hohen Futterwertes in der Kälber- und Schweinemast eingesetzt werden[87]. In der Hauskäserei bestand die Möglichkeit, große Milchmengen haltbar zu machen. Das dazu benötigte Lab konnte die geschickte Meierin nach einem abgedruckten Rezept selbst herstellen[88].

Das Thema der Vorsorge bzw. der Heilung von *Krankheiten* fand nach 1877 keinen Eingang mehr in das Sonntagsblatt. Nur an die Unwägbarkeiten der Naturereignisse knüpfte die Redaktion an. Vor vierzehn Jahren hatte sie schon einmal Hinweise zum Verhalten während des Gewitters gegeben. Diese Vorsichtsmaßregeln wurden auch unverändert empfohlen, doch nur an zweiter Stelle. Im Naturschauspiel des Gewitters zeigte sich Gott »der vielfach so glaubens- und sittenlosen Welt so recht in seiner vollen Majestät«. Beim Aufzug des Unwetters sollten sich alle Familienmitglieder mit den Dienstboten im Wohnzimmer versammeln und niederknien, um gemeinsam für ein Vorüberziehen zu bitten. Vorgeschlagen wurden der Wettersegen, der Anfang des Evangeliums nach Johannes und die Allerheiligenlitanei. Alle diese Texte hatten zum Ziel, bei den Betern »Reue über ihre Sünden zu erwecken« und damit Gott zu besänftigen. Einen weiteren Hinweis gab das KS dennoch: Der fehlende Abschluß einer Inventarversicherung für den Fall des Blitzschlags bedeutete eine grobe Nachlässigkeit[89].

Unter Konrad Kümmel wandte sich das Sonntagsblatt einer Vielzahl von Themen aus dem Bereich der *Frömmigkeit* zu. In Vergessenheit geratende Volksbräuche rief es wieder in Erinnerung. Gut angenommene Formen prüften die Autoren auf ihren Sinn und wiesen auf bestehende Mißstände hin. Die Adventszeit, mit der das Kirchenjahr begann, diente der Vorbereitung auf das Christfest. Noch höher in ihrer Bedeutung als die Rorategottesdienste standen die acht Fasttage im Advent, das heißt alle Mittwoche und Freitage, der Quatembersamstag und die Vigil vor Weihnachten. Der Autor ließ die Leser an seiner Erfahrung teilhaben, »daß viele Kinder, da sie von diesen Fasten hörten, mit großer Freude auf einen Theil ihres Morgen- und Abendessens verzichteten, und eine Begierde hatten, dieses öfter thun zu dürfen«[90], und rief aus: »Dein freiwilliges kleines Fasten macht Gott eine Freude, welche Dir viel – viel nützen, ja Dich dereinst retten kann«[91]. Das Advents- und das Quatemberfasten ging auf die geübte Praxis in der frühen Kirche zurück, in der die Christen drei Fastenzeiten einhielten: vor Ostern, vor Pfingsten und vor Weihnachten. Papst Leo I. († 461) fand das Quatemberfasten bereits als bestehend vor[92]. Weihnachten war nicht nur ein gemütlicher, sondern ein geweihter und heiliger Tag, an dem die Nähe und das überirdische Licht Gottes erfahrbar werden sollten. Zu weiteren Vorbereitungen neben dem Fasten zählten für alle Katholiken verpflichtend die Beichte und der Empfang der heiligen Kommunion[93]. Im Zusammenhang mit dem Fest der Auferstehung Jesu Christi erinnerte das Sonntagsblatt die Eltern an den schönen Brauch, am Ostersonntag für ihre Kinder Ostereier zu verstecken. Das Ei bildete mit seiner Reinheit und Unberührtheit ein Sinnbild für Gott, denn so wie ein Küken aus dem Ei schlüpfte, so erstand Christus aus dem Grabe. Weil die Kinder in ihrer »Einfalt« wußten, daß der Osterhase die bunt verzierten Eier legte, hatten sie auch viel Freude, am Tag zuvor aus Moos »Haasengärtlein« herzurichten. Christliche Eltern sollten an den »unschuldigen Freuden« der Kinder festhalten, die Eier zuvor weihen lassen, um sie dann ihren Kindern als »übernatürliche Eier« zu schenken[94].

Wie alle Leser des Sonntagsblattes wußten, war »Der schönste Tag im Leben« der Tag der ersten heiligen Kommunion. Der Weiße Sonntag entwickelte sich im 19. Jahrhundert zum allgemeinen Fest der Erstkommunion, das die Kirche zwischen dem zehnten und vierzehnten Lebensjahr der Jungen und Mädchen feierte[95]. Um die Kinder nicht nur dem Verstande nach darauf einzustimmen, stand es in der Verantwortung der Eltern, von den Tagen frühester Kindheit an auf die »Vorbereitung des Herzens« Wert zu legen. Die ersten Tage des erwachenden Verstandes bereiteten bereits auf die heilige Kommunion, den »Einzug Jesu in die Seele des Kindes, auf den Tag, wo Jesus sich auf das Innigste mit dem Kinde vereinigen will«, vor. Schlechte und untugendhafte Erziehung war deshalb auch eine schwere Sünde[96]. Während der Zeit des Erstkommunikanten-Unterrichts galten für die Eltern bestimmte Verhaltensregeln: 1. Häufiges Gespräch über die heilige Kommunion, da die Ergriffenheit eines

»frommen Vaters« und einer »geliebten Mutter« tief in die Kinderseele hineinging[97]; 2. Überwachung des Unterrichts; 3. Anleitung und Unterstützung des Kindes »in seiner Lebensbesserung«; 4. Erinnerung an die Tugenden, die »das christliche Kind dem göttlichen Heiland wohlgefällig machen«; 5. Ermahnung der Kinder zur häufigen Beichte; 6. regelmäßiges Gebet für die Kinder und Abhaltung des gemeinschaftlichen Familiengebetes am Abend[98]. Auch für den Tag der ersten heiligen Kommunion selber hielt das Sonntagsblatt Verhaltensregeln bereit. Eltern und Hausgenossen hatten sich am Festtag in fromme Stimmung zu versetzen. Die Eltern mußten überwachen, daß niemand die Andacht des Kindes störte. Gleichzeitig war den Kindern nahezubringen, daß trotz aller Festlichkeit keinerlei Eitelkeit angebracht war, sondern daß jeder Schmuck nur der Ehre Gottes diente. Am Vorabend sollten die Eltern es nicht unterlassen, das Kind nochmals zu ermahnen, »dem Heiland recht treu zu bleiben und in allen Tugenden fortzuschreiten«. Alle geladenen Gäste wurden angehalten, sich zu beherrschen und auf ihre Worte und Handlungen zu achten. Bei der Gestaltung der Feier war es auch wichtig, dafür Sorge zu tragen, daß das Gastmahl nicht durch »Ueberladung an Speise und Trank« die fromme Stimmung störte, und »sehr tadelnswert ist es auch, wenn am Nachmittage des Festes den Erstkommunikanten bei den gegenseitigen Besuchen über all Speise und Trank aufgenöthigt wird«. Die Verantwortung der Eltern endete nicht mit dem »schönsten Tag im Leben«. Sie waren weiter dafür verantwortlich, daß »Jesus bei dem Kinde bleibt und es nicht wieder verläßt«. Ermahnung zu regelmäßigem Gebet und zum sonntäglichen Gottesdienstbesuch sowie die Sorge für eine Lehrstelle oder ein Diensthaus, das die Ausübung der Religion ermöglichte, blieben Elternpflicht[99].

Im Jahre 1884 beging das gläubige Volk das hundertjährige Jubiläum der Maiandacht. Zu diesem festlichen Anlaß wurden die Ablässe in Erinnerung gerufen, die mit dem Beten der Andacht erworben werden konnten – selbstverständlich auch dann, wenn »eine Maiandacht privatim zu Hause« vorgenommen wurde[100]. Die Andachten, »Sträußlein der Verehrung« für die Gottesmutter, empfahl das Sonntagsblatt im besonderen den Jünglingen und Jungfrauen, die in ihrer Lebensblüte den Mai der heiligen Gemeinschaft der Kirche bildeten. Allen, die berufliche Gründe dazu zwangen, in der Diaspora zu leben, sollte die Maiandacht Anlaß sein, auch in der Fremde zu ihrem Glauben der Kindheit zurückzukehren[101].

Im Juni, dem sogenannten »Herz-Jesu-Monat«, wurde dem »Herrgott im Sakramente« Verehrung entgegengebracht. Wenn möglich, besuchten die Gläubigen abends die dunkle und verlassene Kirche, um vor dem Allerheiligsten in stillem Gebet zu verharren. Denen, die das heiligste Herz Jesu in einer neuntägigen Andacht verehrten, erfüllten sich die zwölf Verheißungen Christi, z. B. »Ich werde ihnen alle in ihrem Stande nöthigen Gnaden geben« und »Ich werde die Häuser segnen, in denen das Bild meines Herzens wird aufgestellt und verehrt werden«[102]. Aus Anlaß der bevorstehenden Primizen wies das Sonntagsblatt 1886 darauf hin, daß einen vollkommenen Ablaß der Neupriester selber und seine Blutsverwandten bis zum dritten Grade einschließlich erwarben und allen anderen Gläubigen ein Ablaß von sieben Jahren und sieben Quadragenen in Aussicht stand[103]. Die Tradition der Kräuterweihe an Mariä Himmelfahrt (15. August) beschrieb P. Alban von Ehingen. Im Schwäbischen bestand der Weihbüschel aus der Königskerze (als Ersatz Sonnenblume oder Malve), Wermut, Baldrian, Bibernell, Helenenkraut (auch Alant oder Odinsauge genannt), Raute, Rainfarn (als Ersatz Schafgarbe) und Johanniskraut. Nach lokaler Tradition kamen bis zu 77 Pflanzen zusammen. Unabhängig vom Umfang des Würzwischs dienten die geweihten Kräuter der Gesundheit an Leib und Seele bei Mensch und Tier. Ein Teil wurde zum Palmbüschel hinter das Kreuz im

Herrgottswinkel gesteckt, andere im Stall, in der Scheune, auf der Bühne und im Keller aufgehängt. Auch auf Reisen trug man etwas vom Weihbüschel mit sich[104]. Zum Rosenkranzfest im Oktober ermunterte das KS die Leser, das Rosenkranzgebet zu pflegen, um an den zahlreichen Gnaden und Ablässen teilhaben zu können, die vom Heiligen Vater selbst für die »Andachtsübungen« ausgesetzt waren[105]. Doch nicht nur an das persönliche Leben war dabei zu denken, es war auch bei »den Schäden und Gebrechen unserer Zeit als kräftiges Heilmittel zu gebrauchen«. Wenn auch in der Familie das Gebet eifrig »unter Betrachtung des großen und tiefen Inhalts« geübt werde, dann »wird der Segen dieser Andacht für den Einzelnen wie für die Gesammtheit nicht ausbleiben«[106]. Die Rosenkranzvereine sollten ihr Hausgebet mindestens teilweise für die Wiedervereinigung der Deutschen im Glauben aufopfern. Wenn in jedem Ort Deutschlands tagtäglich der Rosenkranz mit dem Ziel »Ein Glauben und eine Kirche. Ein Hirt und eine Herde« gebetet würde, so könnten die in die Irre Gegangenen zur Wahrheit, zur Seligkeit und zum Glück zurückkehren – schon das Wirken des hl. Dominikus legte dafür beredtes Zeugnis ab[107].

So wie im Sommer und Herbst die Ernte für den Leib eingebracht wurde, so sollte der November und die Winterzeit zum Horten der Nahrung für die Seele dienen, damit davon während des Sommers gezehrt werden konnte[108]. Am Gedenktag »Allerseelen« wurden die Leser »vom ältesten, dem Fegfeuer am nächsten stehenden bis zum jüngsten Kinde [veranlaßt], ein frommes Vaterunser für die armen Seelen« zu sprechen. Alle bereits Verstorbenen – so der Verfasser des Artikels – befanden sich im Jammertal, dem Fegfeuer, weil »Gott unmöglich einen Menschen augenblicklich vom Todtenbette in den Himmel nehmen kann, mitten hinein unter die Heiligen, Maria, die Apostel, die Märtyrer und die Engel«. Das Fegfeuer stellte sich als stark bevölkerte »zweite Erde« dar, deren Bewohner gebunden auf dem Boden lagen und auf die Gebete der Lebenden warteten. Der Allerseelentag diente deshalb nicht vordringlich dazu, die Gräber zu schmücken. Für den Katholiken galt es, sich der Fehler der toten Angehörigen zu erinnern, »aus Liebe und Sorge und um sich selbst anzuspornen, recht viel Gott zu bitten, daß er's gnädig mache mit der armen Seele im Vorbereitungs- und Läuterungsfeuer auf den Himmel hin«[109]. Im November gedachten alle Familien ihrer verstorbenen Angehörigen, Katholiken und Protestanten. Allerheiligen war deshalb auch Anlaß, die protestantischen Unterstellungen, Katholiken seien »ausgesprochene Götzendiener und halbe Heiden«, zu überwinden. Das Sonntagsblatt erinnerte an eine kleine Schrift von Max von Auer († 1871)[110], der sich für das gemeinsame Gebet der katholischen und protestantischen Familien für die armen Seelen ausgesprochen hatte[111]. Jeder Christ erhielt durch das KS drei Ratschläge: Häufiges und eifriges Gebet für die Verstorbenen; tätige Wiedergutmachung dessen, was die Verstorbenen versäumt oder gefehlt hatten, und das Bemühen um die eigene Bekehrung[112]. Zur »rechten Buße und Heiligung« gehörte das Meiden der »kleinsten freiwilligen Sünden«, ja sogar das Sich-Versagen nicht nur des Unerlaubten, sondern auch des Erlaubten, wenn es durch Maßlosigkeit zur Sünde führen konnte (z. B. in Gesellschaft gehen, Rauchen, eine Spazierfahrt machen). Nicht nur »Gutgesinntes« war gefragt, um gottgefällig zu leben, sondern das Halten der Gebote Gottes, die gute Tat und das Ertragen der Leiden der dieswärtigen Zeit. Die »Leiden sind Strafen der Sünde« als auch »Bewahrungsmittel vor der Sünde, Besserungs- und Heiligungsmittel«. Die Leiden verdienten Lob, sie trieben die Menschen, wenn sie noch nicht ganz »verhärtet und verstockt« waren, mit (sanfter) Gewalt zu Gott hin[113]. In der Zeit der Seelenoktav, gemeint ist die Oktav des Festes Allerheiligen, bestand kein Anlaß zum Aberglauben der blinden »Geisterfurcht«. Auch wenn es vorkommen konnte, daß »die armen Seelen aus dem

Jenseits herüber bei uns anklopfen«, so lag das immer in Gottes Hand. Gott ließ solche »Anmeldungen« nur dort zu, wo sie Gutes bewirkten, keinesfalls aber dort, wo sie zu »Furcht oder noch üblerer körperlichen und geistigen Folgen« führen konnten. Für die Zeit der Oktav erhielten die Gläubigen den Rat, Gebete, Almosen und gute Werke für die Verstorbenen aufzuopfern[114].

Die *Lebensführung* ihrer Leser im allgemeinen und die würdige Gestaltung des Samstagabends im besonderen waren dem Sonntagsblatt ein tiefes Anliegen. Nach einer ganzen Woche der Arbeit wollte der Sonntag, der Tag des Herrn, vorbereitet sein. In den Abendstunden des Samstags konnte der Katholik nun dem »Bedürfnis nach einer übernatürlichen Nahrung des Geistes« nachkommen, das heißt sich dem Gebet widmen und diese Zeit wie eine kleine Vigil vor dem Sonntag halten[115]. Wie aber verbrachten viele Katholiken oftmals den Samstagabend? Der Besuch des Wirtshauses rangierte vor dem Aufenthalt in der eigenen Wohnstube, Ausgelassenheit und Trunkenheit waren die Folge – die Sonntagsfreude trübte die Tatsache, daß sich »Kopf und Magen wüst und krank« fühlten. Der Verfasser des Artikels mahnte angesichts solcher Zustände: »Ein schlechter Sonntag ist schlimmer als ein schlechter Werktag. Denn alles Heilige, was entehrt und mißbraucht wird, bringt Verderben anstatt Segen. Denke an den Fluch eines mißbrauchten Sakramentes«[116]. Die Winterzeit, in der der Abend sehr früh hereinbrach, bot den Frauen Gelegenheit, Handarbeiten anzufertigen, die Kinder bereiteten sich auf die Schule vor, nur die Bauern und Knechte wußten mit der Zeit nichts Rechtes anzufangen – sie gingen ins Wirtshaus. Wozu führten die Ausschweifungen: »Man ist daheim mit dem Essen und Trinken nicht mehr zufrieden, man kommt in Disputationen und Wirthshausschreien und Krakehlen, in Streit und Händel hinein, geht ohne Nachtgebet ins Bett und steht mit wüstem Kopf und einem veröteten Herzen auf, von dem ärgsten gar nicht zu sagen, daß auf diese Weise Söhne und Knechte auch hie und da noch andere Wege gehen«. Diesem moralischen Fehlverhalten gedachte das Sonntagsblatt abzuhelfen, es riet den Männern, sich daheim auf die Ofenbank zu setzen, das Sonntagsblatt und den Kalender vorzulesen, sich zu unterhalten und den Abend mit dem gemeinsamen Nachtgebet zu beschließen[117]. Immer wieder mahnte das Sonntagblatt vor den betrüblichen Folgen des Wirtshauslebens der Männer für die Familien: Das Geld wurde durchgebracht, bis nur noch die Armenfürsorge helfen konnte, bei der nächtlichen Heimkehr kam es zu »Prügelscenen« zwischen dem Mann, seiner Ehefrau und den Kindern, und das schlechte Vorbild führte dazu, daß die Söhne später den Weg des Vaters gingen[118]. Der Alkoholismus blieb ein schwere Sorge in vielen Familien. Immer häufiger kam es zu Alkoholvergiftungen bei Kindern, und das Wirtshaussitzen trat auch bei Frauen vermehrt auf. In der Fastenzeit 1906 rief das Sonntagsblatt dazu auf, sich dem katholischen Mäßigkeitsbund oder dem Verein abstinenter Katholiken anzuschließen, um Mitstreiter im Kampf gegen diese Geißel des Volkes zu sammeln. Auch eine eigene Zeitschrift[119] konnte abonniert werden. Eine der Hauptforderungen des Sonntagsblattes bestand darin, daß Kinder vor Beginn des 15. Lebensjahres keinen Zugang zu Bier, Most, Wein oder gar Schnaps erhalten durften[120].

In der *Erziehung* der Kinder und in der Sorge um ihre *Ausbildung* lag eine der anspruchsvollsten Aufgaben der Eltern. Die um sich greifende »geistige und sittliche Verkommenheit« zahlreicher Kinder führte das KS auf die Sorglosigkeit und Gleichgültigkeit der Eltern zurück. Wegen des elterlichen Versagens erwuchsen aus vielen »holden, liebenswürdigen und unschuldigen Kinderchen […] grundverdorbene, boshafte Menschen«. Die Erinnerung an die Elternpflichten gehörte zum Programm des Sonntagsblattes[121].

Gutsituierte Bauern schickten ihre Töchter traditionell für eine Zeitlang in eine Familie in die Stadt, um sie dort für den Haushalt ausbilden zu lassen. Tatsächlich war ihre zukünftige Aufgabe aber, einer Landwirtschaft vorstehen zu können. Solche Kenntnisse vermittelten ihnen am besten katholische »Haushaltungs- und Fortbildungsschulen für Mädchen«. In praktischen Unterweisungen lernten die Mädchen alles, was zur »einfachen, soliden, pünktlichen und reinlichen Führung« eines ländlichen Hauswesens gehörte. Neben den Arbeiten in der Küche und im Garten, dem Putzen und Nähen gehörten dazu auch Kopfrechnen, Briefeschreiben, die Führung eines Haushaltungsbuches, Schön- und Rechtschreiben sowie Gesundheitspflege. Das Sonntagsblatt hoffte, daß in Zukunft »kein ordentlicher Jüngling auf dem Lande« mehr ein Mädchen zur Frau nahm, das nicht eine solche Ausbildung erhalten hatte[122]. Die Erziehung der Mädchen zu verantwortungsvollen jungen Frauen wurde offenbar bereits 1889 als eine der schwierigeren Aufgaben elterlicher Sorge empfunden. Neben all dem, was eine Haushaltungsschule zu vermitteln in der Lage war, gehörte die Charakterschulung zu den Pflichten der Eltern. Sie sollten sie zu tatkräftigen Frauen und tüchtigen Müttern bilden, die wußten, »daß ein rundes volles Gesicht mit natürlicher Gestalt mehr ist, als fünfzig schwindsüchtige Schönheiten in gepanzerter Taille«[123]. Bei der Wahl des zukünftigen Ehemannes rangierte ein »rechtschaffener, geschickter Handwerker in Hemdsärmeln und mit der Schürze«[124] vorne, selbst wenn er kein Vermögen aufzuweisen hatte – nicht Geld, sondern Gesinnung sollte die Entscheidung beeinflussen. Am Ende des 19. Jahrhunderts überholte die Industrie die Landwirtschaft in ihrer wirtschaftlichen Bedeutung. Das Bauerntum bildete zahlenmäßig nicht mehr den stärksten Stand[125]. Weil in den Städten zunehmend Arbeitsstellen zu finden waren, verdingten sich nach Ende der Schulzeit viele junge Leute als Dienstboten und Dienstmädchen. Die Mehrzahl traf es bei der Wahl der Stellen gut, und die Herrschaften vertraten Elternstelle an den noch nicht mündigen Kindern. Einige andere aber fanden sich körperlichen und moralischen Gefahren ausgesetzt. Die Eltern leitete bei der Wahl der Stelle oft nur die Höhe des Lohns. Sie versäumten, sich vor Ort von der Dienststelle einen Eindruck zu verschaffen und kirchliche Anbindung herzustellen. Stellenvermittlern, die oft eher als »Seelenverkäufer« zu bezeichnen waren, durfte nur getraut werden, wenn sie auch Garantien für ihre Stellen bieten konnten[126]. Mädchen, die ihr Glück als Kindermädchen in Frankreich versuchen wollten, mußten besondere Vorsicht an den Tag legen. Keinesfalls durften sie sich Dienststellen in kleineren Städten aufschwatzen lassen. Von den großen Städten war Paris, Marseille oder Lyon der Vorzug zu geben, da hier eigene deutsche Missionsposten mit Rat und Tat zur Seite standen. Diese halfen auch bei der Stellensuche, die unter keinen Umständen durch einen Agenten von Deutschland aus geführt werden sollte. Der grundlegendste Ratschlag des Sonntagsblattes bestand aber in der Warnung an die Eltern, nur »ernstreligiösen und ernstsittlichen« Mädchen die Reise zu gestatten, da leichtsinnige Mädchen in Gefahren »Schiffbruch« erlitten haben[127]. War die Karriere als Dienstmädchen oder die Arbeit in einer Fabrik lange Zeit für die meisten jungen Frauen die einzige erreichbare Arbeitsgelegenheit außerhalb der Landwirtschaft, so kamen mit der Jahrhundertwende vermehrt Berufe im Bereich des Handels auf. Schon während der Lehrzeit gewährten die Betriebe den Auszubildenden eine Vergütung. Das Sonntagsblatt wähnte darin eine neue Möglichkeit für Mädchen, sich »Putz, Tand und Vergnügungssucht« hinzugeben. Die sorgfältige Überwachung derer, die in Warenhäusern arbeiteten, erwies sich besonders dann als nötig, wenn sie außerhalb des Elternhauses wohnen mußten: »Nur Charakterfestigkeit, sorgsame Pflege der Standestugenden, Gottesfurcht und Frömmigkeit, Vermeidung jeglicher ungeziemender Freundschaft kann das

Mädchen gut und edel erhalten in der gefahrvollen Umgebung«. Vor allem Geschäfte, die Frauen bevorzugt aufsuchten, gaben Lehrmädchen eine Chance: Modehäuser, Handlungen mit Woll- und Weißwaren und Haushaltungssachen. Eine andere neue Berufssparte eröffnete sich im Angestelltenverhältnis in Post- und Telegrafenämtern. Frauen wurden hier gerne wegen ihrer Gewissenhaftigkeit und Freundlichkeit, ihrer Stimmlage und der Handfertigkeit am Telefonapparat eingestellt. Grundsätzlich stand das Sonntagsblatt positiv zur Entwicklung der Frauenarbeit, wenn sich eine Reihe von Rahmenbedingungen erfüllen ließen: Die Eltern waren an der Lehrstellensuche zu beteiligen, die Mädchen sollten sich einem katholischen Verband der Handelsgehilfinnen anschließen und in einem katholischen Wohnheim leben[128].

Zur Auswanderung nach Amerika verhielt sich das Sonntagsblatt eher distanziert. Die Redakteure vertraten mehrheitlich die Meinung, daß es in Deutschland genügend Möglichkeiten gab, seinen Lebensunterhalt zu verdienen. Nicht wenige Auswanderer bereuten ihre Entscheidung bitter, und manche kehrten von ihrer Expedition körperlich und seelisch entkräftet zurück. Wollte aber eine Familie dennoch in die neue Welt aufbrechen, so sollte sie sich wenigstens vorher genau über die einzelnen Länder und die dort anzutreffenden materiellen und religiös-sittlichen Verhältnisse informieren. Als zuverlässig galten die katholischen Vertrauensmänner, die in den Hafenstädten vor Ort als Ansprechpartner dienten[129]. Obwohl das KS die Auswanderung nicht befürwortete, vermittelte es, um die Ausreisewilligen vor Spekulanten zu schützen, zwei Jahre später Adressen im Süden von Illinois[130].

Die *Lektüre* der in immer größerer Zahl aufkommenden Bücher, Zeitungen, Kalender und Zeitschriften barg mannigfaltige Gefahren in sich[131]. So wurde im Artikel »Das Lesen« auf die Frage, ob Lesen Sünde sei, geantwortet, daß es sich immer dann um eine Sünde handele, wenn dadurch die aufgetragene Pflicht versäumt werde. Ferner haftete der Lektüre immer dann Sünde an, wenn schlechtes und katholikenfeindliches Druckwerk gelesen wurde, denn es handelte sich um »eine Theilnahme am fremden Unglauben und an fremder Sittenlosigkeit«. Auch das häufige Lesen schaffe manches Laster, denn »gewohnheitsmäßige Romanleser schweben immer 20 Fuß über der Erde und ihren Mitmenschen in ihren Gedanken, sie sind und bleiben unpraktisch, sie nehmen an fremdem Leid und Freud nicht mehr Theil, sie werden herzlos und selbstsüchtig, phantastisch und eingebildet, sie sehen und hören nichts mehr von selbst, außer man stößt ihnen die Nase auf die Dinge. Und das Beste, der gesunde Menschenverstand, das richtige, schlagfertige Urtheil, und die praktische, frische Thätigkeit, welche gerade das Originelle an jedem Menschen bildet, wird ihnen nach und nach ganz oder theilweise genommen; nicht wenige sind wahnsinnig geworden durch's Roman- und Geschichtenlesen«[132]. Ob die Presse, die erst der Buchdruck ermöglichte, »mehr Gutes oder mehr Böses in der Welt gistiftet« habe, lasse sich noch nicht mit Sicherheit sagen. Daß das Christentum damit jedoch erst weite Kreise der Gläubigen mit der Heiligen Schrift, den Glaubenswahrheiten, den Überlieferungen, Heiligenviten und der Kirchengeschichte in Kontakt bringen konnte, blieb unbestritten, und so »darf und muß das Christentum mit diesem Fortschritt rechnen und ihn benützen«. Die »Macht und Gewalt der Presse« zu kontrollieren, bedeutete auch, den Fortschritt der gerechten Sache dienstbar zu machen[133]. Der schmale Pfad der Tugend schien aber durch »die Presse« im allgemeinen und durch »den Teufel eines schlechten Buches« im besonderen gefährdet, ja, »es ist nicht zu sagen, welche unendliche Sündfluth von Lastern und Bosheiten, Sünde gegen Glauben und Sitte [...] sich über die Erde dahinwälzt.« Dabei handelte es sich keineswegs um ein Einzelphänomen, denn »Millionen und aber Millionen Menschen sind verführt, sind verschlechtert, ja zu gemeinen Verbrechern geworden durch das Lesen schlechter Bücher und Zeitschriften«[134]. Aus jeder neuen leichtsinnigen Lektüre wachsen »ein neuer Satan im Dienst der Hölle« und damit ein Feind Gottes. Die Kirche verfluchte sie deshalb und verbot ihren Gebrauch unter Strafe, auch im Blick auf die heranwachsende Jugend, denn »ein schlechtes Buch [...] ist noch gefährlicher und schlimmer als ein schlechter Mensch«[135]. Eine geeignete Lektüre für Kinder und junge Menschen sah das Sonntagsblatt in den Zeitschriften »Monika«, »Der Schutzengel« und in »Nothburga«[136]. Einige Zeitungen und Zeitschriften zeigten wiederholt, wie wenig sie vom katholischen Glauben wußten. Ein Berliner Blatt (»also ein Blatt aus der Stadt der Intelligenz«) berichtete, daß Papst Leo XIII. einem Kardinal die Sterbesakramente zugeschickt habe (»per Post oder per Telegramm?«). Eine Illustrierte meinte gar, der Tabernakel sei der Schrank für die Meßgewänder (»das läßt auf tiefe Intelligenz schließen«). Solche Blätter waren für Katholiken gänzlich ungeeignet[137]. Zur nützlichen Lektüre an den Abenden oder am Sonntag zählten in jedem Fall das Katholische Sonntagsblatt, der Hauskalender, das Wochenblatt und wiederum die »Monika«. Vor allem Kinder sollten in ihrer Freizeit Erbauendes lesen. Nach vollständiger Lektüre sollte das Sonntagsblatt an Verwandte und Nachbarn ausgeliehen werden, selbst wenn diese sich nicht veranlaßt fühlten, sich finanziell am Abonnement zu beteiligen. Schließlich ermöglichte die gemeinsame Lektüre auch, sich über schöne Dinge zu unterhalten. Man brauchte dann die Themen der Illustrierten – hübsche Kleider, übertriebene Aussteuer, Kaffeevisiten und Bälle – nicht mehr anzuschneiden[138]. Die gutgläubigen Katholiken wurden 1895 vor einem ganz abgefeimten Trick des J. Junginger Verlags aus Stuttgart gewarnt: Der von Haus aus protestantische Verlag produzierte einen Kalender mit dem Titel »Jungingers illustrierter katholischer Haus- und Volkskalender für das Jahr 1896«, wobei die beiden ersten Worte sehr klein gedruckt waren. Der Inhalt wurde als »fast ganz wertlos und höchst nichtssagend« bezeichnet, die Zitate aus der Heiligen Schrift entstammten der Lutherbibel, zahlreiche »horrende Druckfehler« stachen ins Auge, ja der ganze »Textinhalt war namenlos öde und lau und platt«. Die abgedruckten Bildchen entsprachen dem Text in ihrer Qualität, »eins davon sieht aus wie ein schwarzgrauer Schmutzfleck und soll die unbefleckte Empfängnis darstellen«. Besonders verwerflich aber war, daß in diesem katholischen Kalender ausschließlich protestantische Erbauungsschriften mit pietistischem Charakter, Moritatenschriftchen und »Büchlein voll des Aberglaubens und der Volksverdummung« angepriesen wurden[139].

3. Redakteur in schweren Zeiten: Franz Stärk 1927–1946

In den Jahren zwischen 1927 und Mai 1941 blieb die Anzahl der redaktionellen Beiträge, die das Leben des katholischen Christen in seinem heimischen Umfeld betrafen, niedrig. In der Zeit vor der Machtübernahme durch die Nationalsozialisten 1933 nutzte das Sonntagsblatt seine Möglichkeiten der Einflußnahme und Bestärkung außerhalb politischer Fragestellungen nur indirekt. Es blieb, auf den Gesamtumfang hin betrachtet, bei Berichten aus der Diözesan- und Weltkirche, den erbaulich-moralisierenden Erzählungen, humoristischen Geschichten und der Poesie aus der Feder lokaler Dichter. Die Wertvorstellungen des katholischen Blattes kleidete die Redaktion lieber in die Form der Erzählung als in die direkter Ratschläge. Die Beiträge des Sonntagsblattes zu den Bereichen Frömmigkeit, Erziehung und Lebensführung paßten sich der Zeit des Nationalsozialismus nicht an. Ganz im Gegenteil, sie riefen das katholische Volk auf, die guten Traditionen zu bewahren und fortzusetzen.

In der bedrängenden wirtschaftlichen Lage der dreißiger Jahre stellte sich für viele Menschen die Frage nach der Gründung einer neuen Existenz. Der katholische Siedlungsdienst, eine Abteilung des Caritasverbandes, riet aber vordringlich die *Innensiedlung* an. Ein neuer Siedlerhof in Schlesien, Mecklenburg oder in der Grenzmark versprach in Zukunft ein gutes Auskommen[140]. Den vielen arbeitslosen und von der Unterstützung lebenden Industriearbeitern sprach das Sonntagsblatt Mut zu, wenn in ihnen »noch etwas von Bauernblut lebt«, die Stadt zu verlassen und sich als Landarbeiter zu verdingen, die dringend benötigt wurden[141]. Eine andere Möglichkeit sahen vor allem junge Menschen in der *Auswanderung* nach Argentinien, Brasilien oder Paraguay. In Brasilien konnten arbeitslose und besitzlose Deutsche »unter verhältnismäßig sehr erträglichen Bedingungen eine neue Heimat« finden. Das Sonntagsblatt eröffnete diese Möglichkeit nicht nur Bauernsöhnen, sondern auch Abiturienten und »Leuten aus den Kreisen des jungen gebildeten Geschlechts«, wenn sie sich wirklich auf das Wesentliche des Lebens besinnen wollten[142]. Die Hauptsache verschwieg es nicht: Der Kolonist mußte zuerst über eine äußerst schwere Anfangszeit hinweg, ehe er ein einfaches Kolonistenanwesen sein eigen nennen konnte. Neben seinem mitgebrachten Wissen hatte er sich unbedingt an den Rat landeskundlicher Männer zu halten[143]. Aus Sorge vor bitterer Enttäuschung sprach das KS jedoch vielen Auswanderungswilligen die Eignung zum Neuanfang ab. Nur wenn »Nerven und Gesundheit, Wille und Energie« die Urbarmachung des Urwaldes durchhalten konnten und zudem die nötigen finanziellen Mittel bereitstanden, durfte ernstlich an die Auswanderung gedacht werden[144]. Entschiedene katholische »Auswanderungslustige« fanden Rat und Unterstützung bei den Auswandererberatungsstellen des St. Raphaels-Vereins. Zuversichtlich schloß die Artikelserie: »Wer noch an das deutsche Volk glaubt, der muß ihm auch die Fähigkeit zuschreiben, daß Tausende [...] noch fähig sind zur Siedlung auf fruchtbarem Boden«[145].

Viel Unwissen herrschte bei der Beantragung von Renten aus der Invaliden- und Angestelltenversicherung. Hier half das KS mit detaillierten Informationen zu Anwartschaften und Höhe des Ruhegeldes seinen Lesern weiter[146]. Das Reichserbhofgesetz von 1933 griff in nicht zu unterschätzender Weise in die familiären Strukturen auf dem Land ein. Das Sonntagsblatt erinnerte seine Leser daran, daß das neue Gesetz das Positive der alten Lehnsgesetzgebung, die soziale Ordnung, aufnahm, ohne jedoch die Freiheit zu beschränken. Um festzustellen, welche Landwirtschaften überhaupt denen eines »Erbhofes« entsprachen, führte das KS ausführliche Beispiele an. Die Größe des Hofes und des dazugehörigen Landes und der abgeworfene Ertrag mußten vier Erwachsene oder zwei Erwachsene und vier minderjährige Kinder erhalten können, sonst blieb die bisherige Erbfolge bestehen. Um ein »schollentreues, gesundes Bauerntum« zu schaffen, blieben die Höfe in der Hand des bearbeitenden Bauern, eine Verpachtung war nur bei Minderjährigkeit des Erben gestattet. Die Frage der neuen Erbfolge rückte nicht erst beim Tod der Hofbesitzer in den Vordergrund, sondern bereits bei der Verheiratung der Erben. Sollte eine Tochter den Erbhof erhalten, so zwang sie das Gesetz (und in der Folge ihre Eltern), einen »bauernfähigen« Mann zu ehelichen, das heißt keinen Förster, Lehrer, Kaufmann usw.[147]

Im Jahr 1938 startete die Katholische Kirchenwoche eine beispiellose Serie zur *Gestaltung des religiösen Lebens* für Familien. Neben grundsätzlichen Abhandlungen wurde eine 31teilige Folge »Zum Vorlesen beim häuslichen Gottesdienst«[148] von Juli 1938 bis Januar 1939 zur Umsetzung vorgegeben. Die Serie stand unter der Frage: Wie können die Familienmitglieder mithelfen an der fleißigen Verrichtung privater Gebete? Daß Mann und Frau füreinander beteten, galt als selbstverständlich. Bei der religiösen Erziehung der Kinder spielte die Mutter die wichtigste Rolle. Sie erzählte dem Kind von Gott und betete mit ihm ungezwungen während des gemeinsamen Tageslaufs. Der Vater sollte sich daran beteiligen, denn die Bedeutung des Gebetes erhöhte sich auf diese Weise für das Kind beträchtlich – religiöse Erziehung war eben nicht nur Frauensache. Die älteren Geschwister, die den jüngeren neben vielen Streichen auch viel Brauchbares beibrachten, sollten dabei nicht die Kindergebete vergessen[149]. Als besonders wichtig für den Zusammenhalt der Familie wurde das gemeinsame Morgen- und Abendgebet eingeschätzt. Morgens sollte auch »der Vater [...] dabei sein, sonst zieht es nicht«. Möglichst vollzählig fanden sich die Familienmitglieder für das Abendgebet zusammen, um den Tag gemeinsam zu beschließen. Alle, die wegen anderer abendlicher Verpflichtungen fehlen mußten, berücksichtigten die anderen im Gebet[150]. Die Auswahl der Gebete richtete sich nach den Festtagen des Kirchenjahres und nach familiären Gedenktagen: Festgebete am Weihnachtsabend und zum Jahresschluß (vor der »Fröhlichkeit des Glühweintrinkens«), Fürbittgebete an Todestagen[151]. Sicher war es sinnvoll, einige bekannte Gebete der Kirche häufiger zu beten, das Familiengebet sollte sich jedoch dadurch auszeichnen, daß es sich an den eigenen Familienverhältnissen, den Familienereignissen, den Jahreszeiten und dem liturgischen Jahr wie auch am öffentlichen Leben, dem Berufs- und Geschäftsleben orientierte[152]. Das Vaterunser sollte der Höhepunkt jeder Gebetszeit sein, weitere Gebete ließen sich dem Katechismus der Kinder, dem Kirchengesangbuch, dem Schott[153] und den Gebetbüchern entnehmen. Ein Gesetz des Rosenkranzes und mindestens ein gesungenes Lied durften am Abend nicht fehlen[154]. Die ehrfurchtsvolle Haltung gehörte zu jedem Gebet: Alle Familienmitglieder sollten sich »zusammenreißen« und in »anständiger innerer und äußerer Haltung« dem Gebet folgen. Beim Tischgebet gehörte es sich für die Kinder nicht, »miteinander zu händeln«, noch sollten die Eltern ihren Kindern »zwischenhinein eine herunterlangen«, denn »dazu ist nachher noch Zeit, wenn es absolut sein muß«. Die Gebetshaltungen am Morgen und am Abend waren »körperlicher Ausdruck der geistigen Erhebung«: Stehen zum Bekenntnis und zum Dank, knien zur Bitte und zum Gebet, sitzen zum Aufnehmen der Auslegung der Schrift[155]. Damit es nicht zu »Moden und Mödeleien« kam, richtete sich die liturgische Gestaltung des Familiengebetes nach dem kirchlichen Gebet. Gut geeignet war das Wechselgebet, bei dem jeder einmal der Vorbeter sein durfte – auch der Vater![156] Die Aufgabenverteilung ermöglichte auch nicht so leicht, daß einzelne nur stumm dabeisaßen, jeder mußte aktiv mittun. Die schönsten Familiengebete ersetzten eines aber nicht: den gemeinsamen Besuch der heiligen Messe und die Familienkommunion[157]. Jedes katholische Haus bot auch religiöse Heimat, »wir lieben den traulichen Herrgottswinkel in der Stube, und niemand könnte uns diese kleine Heimstätte des Väterglaubens nehmen, ohne uns einen Teil Lebensinhalt zu zerschlagen«. Den Herrgottswinkel schmückten die Erstlingsgaben der Blumen, Früchte und Ähren, zu Weihnachten standen hier die Krippe und der Christbaum. Dieser Ort war auch das »Hauskapellchen« der Familie, wo das Herz-Jesu-Bild und die Marienstatue ihren Platz fanden. Die Mutter lehrte dort ihre kleinen Kinder und segnete die älteren, bevor sie für immer das Haus verließen. Auch die Alten und Kranken konnten dort Ruhe finden. Zum Feierabend versammelten sich hier alle zum Abendgebet[158].

Zur Erinnerung an die verstorbenen Angehörigen war es von jeher üblich, auf den Gräbern Denkmäler aufzustellen. Der Gestaltung dieser Kreuze und Grabsteine nahm sich Franz Stärk 1937 an. Zum Anlaß gereichten ihm die weitverbreitete »unkünstlerische« Gestaltung, der »Kitsch aus dem Grabsteinwerk ›Ruhe sanft‹« und die fabrikmäßige Gestaltung vieler Grabplatten. Stärk besuchte wohl häufiger Friedhöfe mit kritischem Blick, denn er sah den Geschmack auf dem Land bereits verdorben: »aufgedonnerte Steinmassen, die in keinem Verhältnis zu der Größe der übrigen Grabsteine« standen, »fremdländisches Material« und »falscher Zierrat wie Säulen, Nischen, Plättchen«. Auch den Aufsatz von Marmor- oder Glastafeln und Porzellanengelchen auf Sandsteinen, Emailtafeln mit Photos der Verstorbenen auf Holzkreuzen und Symbole aus der Vorstellungswelt der alten Griechen und Römer auf Dorffriedhöfen wies er entschieden zurück, denn Geschmacklosigkeiten bereiteten nur den Kirchenfeinden Freude. Die christliche Kirche als »Gottes schönste Schöpfung« verpflichtete auch zu entsprechender Gestaltung[159]. In drei Folgen stellte Stärk geeignete Grabdenkmäler vor: aus Metall, aus Holz und aus Stein. Bei den sogenannten »eisernen Grabkreuzen« gefielen ihm besonders die materialechten und bescheidenen Grabkreuze aus der Werkstatt von F. Aßfalg aus Ehingen a.D., der die Schrift als Schmuckelement verwendete. Klaren Formen, die sich nicht »in eitlem Protzentum« ergingen, gehörte der Vorzug, allerdings war an einem schlichten Metallkreuz dann auch eine Herzdose vertretbar, die beim Öffnen den Namen des Toten preisgab[160]. Die Gestaltung der Kreuze aus Holz sollte in jedem Fall über das »Schreinermäßige«[161] hinausgehen, zum Schmuck konnten sie Perlenkränze und künstliche Blumen tragen. Für Kindergräber riet Stärk den Eltern weiße Holzkreuze an. Den Bildhauern, die ihr Motiv aus Holz arbeiteten, boten sich die Darstellungen des »gekreuzigten Gottmenschen«, dreiteilige Kreuze wie auf dem Kalvarienberg und der Auferstandene an[162]. Mit Abstand am häufigsten wählten die Hinterbliebenen aber nach wie vor Grabmale aus Stein. Stärk gab für die Auswahl gewisse Leitlinien vor: Am ästhetischsten erschien ihm ein Naturstein, der in Württemberg gebrochen wurde (Sandstein, Muschelkalk, Travertin), eventuell auch ein Kunststein oder auf Waldfriedhöfen ein Findling. Bei bearbeiteten Steinen empfand er »glattpolierte Flächen [und] alles Gläserne und Glänzende im Freien unschön«, das Matte hingegen war »sanfter und bodenechter«. Die Abmaße des Steins sollten an anderen Gräbern des Friedhofs orientiert werden, da sowohl zu breite als auch zu hohe Steine unpassend wirkten[163]. Der gärtnerischen Gestaltung kam auf jedem Friedhof eine große Bedeutung zu, denn trotz vieler »entseelter kalter Grabmäler« sprachen doch wenigstens die Blumen zu Herzen. Für die Hinterbliebenen boten sich grundsätzlich zwei Möglichkeiten der Gestaltung an: einmal der freie Pflanzenwuchs ohne fremdländische Pflanzen (Palmen etc.), zum anderen die künstliche, architektonische Anlage. Eine Einfassung durfte trotzdem bei keinem Grab fehlen, entweder aus Stein oder durch niedrige Hecken. Die Entscheidung darüber sollte auch im Rahmen des Vorgegebenen fallen, abzulehnen waren nur Grabeinfassungen aus »Flaschen, Krügen und Dachplatten«[164]. Franz Stärk rief am Ende der Serie zu den Grabmalen noch einmal in Erinnerung, daß nur der Grundsatz des tief Christlichen und echt Künstlerischen beachtet werden müsse, um eine »Oase stiller Schönheit, ein Ruheplätzchen des Friedens im Weltgewimmel« auf dem Gottesacker zu schaffen[165].

Im November, dem Monat des Totengedenkens, richteten viele Familien die Gräber für den Winter her, denn nichts galt als pietätloser als ein verwildertes und ungepflegtes Grab. Verschiedene unschöne Bräuche hatten sich eingeschlichen: die Unsitte, Pflanzen mit dem Topf wahllos auf die Gräber zu stellen, und die Nachlässigkeit, Schnittblumen in Kochtöpfen, Biergläsern, Einmachgläsern, Marmeladeeimern und Konservenbüchsen einzufrischen und alles bis über den Winter auf dem Grab zu vergessen. »Kann es wirklich eine Frau mit ihrem Schönheitsgefühl vereinen, ein liebes Grab in dieser unwürdigen Weise zu bestellen?« Den Lesern schlug die KKW vor, frische Blumen in einer eigenen Friedhofsvase zu drapieren und ansonsten winterharte Pflanzen wie Heide oder Dauerkränze zum Schmuck auszuwählen[166].

In der Adventszeit bürgerte sich ein für Schwaben neuer Brauch ein: der Adventsgang. Die Familien eines Dorfes beherbergten für einen Tag und eine Nacht die Muttergottesstatue, um an die Einwohner Betlehems zu erinnern, die der Heiligen Familie die Herberge versagten[167]. 1935 keimte in Italien und im Vatikan der Verdacht auf, der Weihnachtsbaum sei »eine protestantische Mode und ein heidnischer Überrest«. Auch die KKW wußte, daß der Ursprung des Weihnachtsbaums im heidnischen und altgermanischen Lebensbaum zu suchen war. Die Bedeutung hatte sich aber zum Christbaum hin gewandelt, nachdem der Baum in Norddeutschland zunächst bei den Protestanten Eingang gefunden hatte. Ab 1900 stellten auch Katholiken in Schwaben einen geschmückten Baum zur Bereicherung der Krippenecke auf. Einen Christbaum ohne Christkind in der darunter aufgebauten Krippe empfand die KKW als sinnlos[168]. Für das Weihnachtsfest 1938 gab die KKW einen Vorschlag heraus, wie der Heilige Abend mit der Krippe im Mittelpunkt von der Familie gefeiert werden konnte. Nachdem die Mutter die Kerzen des Christbaums entzündet und der Vater das Weihnachtsevangelium vorgetragen hatte, sangen alle gemeinsam »Zu Bethlehem geboren«. Ein Weihnachtsgebet aus dem »Schott«, ein von den Kindern vorgetragenes Weihnachtsgedicht, das Lied »Stille Nacht« und eine kleine Krippenszene wurden vor der Bescherung vorgetragen. Unter den Geschenken sollte sich auch eines mit »religiösem Sinn« finden, z. B. der »Schott«, »Schülerschott«, »Helden und Heilige« oder die Heilige Schrift. Mit dem Abendgebet schloß die gemeinsame Feier[169].

In einer fünfzehnteiligen Folge zeigte Caritasdirektor Dr. Johannes Straubinger aus Stuttgart Möglichkeiten auf, »*Wie ich helfen kann*«. Straubinger dachte sowohl an die Caritas innerhalb der Familie wie auch an die vielfältigen Spezialeinrichtungen der katholischen Kirche und der Ordensgemeinschaften. Unwissenheit und falsche Scham durften Arme und Behinderte nicht von der vorhandenen Hilfe fernhalten. Echt Hilfsbedürftigen kam oft nicht die Liebe zu, derer sie bedurften, wohl auch, weil sich »Windmacher« ins Parlament drängten, um dort die Wohlfahrtsgesetzgebung zu beeinflussen. Das Volk konnte Kräfte und Schätze freisetzen, wenn es nur Nächstenliebe übte. Zunächst trennte Straubinger die wirklich Armen von denen, die sich nur einbildeten, arm zu sein. Gott hatte gegen die Armut drei »Heilkräutlein« wachsen lassen, »so da heißen Arbeitsamkeit, Sparsamkeit und Nüchternheit«[170]. Wem diese bittere Arznei nicht schmeckte, brauchte von Straubinger keine Hilfe zu erwarten. Zu den wirklich Armen zählten die kinderreichen Familien, die Opfer der Inflation und die Kleinrentner, denen mit dem nötigen Taktgefühl über finanzielle Engpässe hinweggeholfen werden sollte[171]. Das Los der Arbeitslosigkeit lastete auf vielen Familien, und die Verelendung trat verstärkt dort ein, wo nicht sparsam und einfach gelebt wurde. Passivität half in solch einer Situation wenig, denn »überall wo Not ist, hat Gott einen Nothelfer bestellt«. Der Caritasdirektor räumte mit einem Mißverständnis auf: Zunächst sind Männer als das stärkere Geschlecht zu Nothelfern bestellt. »Es ist durchaus falsch, die Frauen in der Caritas voranzuschieben und ihnen schließlich das Feld zu überlassen [...] Gewiß hat die Frau, wenn es ans Helfen geht, eine geschickte Hand und ein weiches Herz, aber mindestens ebenso wichtig ist für das richtige Helfen die männliche Überlegung und Kraft«[172]. Zu den Aufgaben der Frauen gehörten dagegen die körperliche Pflege und die seelische Stütze der alten Menschen, damit ihnen der Aufenthalt in einem Altenheim erspart blieb[173]. Alte Menschen, die eine Rente bezogen (Kleinrentner und Sozialrentner), stellten sich besser als die meisten Bauern, die zwar viel gearbeitet, aber nirgends eingezahlt hatten. Obwohl der St. Josephs-Verein für die Bauern einsprang, die unverschuldeterweise in Not gerieten, ließen die Beitrittszahlen zu wünschen übrig. Das mußte sich ändern, scheiterte bislang aber noch an dem »Erblaster der Bauern, der Eigenbrödelei«[174]. Um taubstumme und blinde Kinder und Erwachsene kümmerten sich vor allem Ordensgemeinschaften in Schulen, Werkstätten und Wohnheimen. Die im Allgäu stark verbreitete Taubstummheit rührte von den zahlreichen Verwandschaftsehen und dem Alkoholismus her, beides Ursachen, die die Kirche verurteilte[175]. Der Krankenpflege zu Hause gab Straubinger den Vorzug, nicht wegen der besseren Pflegemöglichkeiten, sondern weil die Familie sonst des Segens entbehre, der vom Krankenbett ausging; »jedes Krankenbett ist eine heilsame Predigt, jedes Sterbebett eine religiöse Erschütterung für die Angehörigen, die persönlich ausgeübte Krankenpflege aber ein Heiligungsmittel und eine Medizin gegen allerlei Torheiten«[176]. Eine besondere Belastung für die Angehörigen waren Behinderte und Kranke, deren Leiden nicht oder nur in geringem Maße gebessert werden konnte: Kriegsversehrte, Krüppel, geistesschwache Kinder und Erwachsene, Epileptiker, Geisteskranke, Irrsinnige sowie Nerven- und Gemütskranke. Sie alle sollten in Anstalten gepflegt und nicht im Haus versteckt werden[177]. Zahlreiche Gefahren entstanden auf Reisen und bei der Suche nach Quartier. Eltern, die ihre Söhne als Gesellen in die Welt ziehen ließen, halfen, indem sie die Anmeldung im Kolping-Gesellenverein übernahmen. Unbegleitet reisende Frauen mahnte der Caritasdirektor zur Vorsicht: »Wahret eure Würde, helft einander und benützt die Einrichtung des Mädchenschutzes und der Bahnhofsmission«[178]. Auch die studierende Jugend verdiente Unterstützung, zuallererst aber die Theologiestudenten, »der Priesterberuf ist nämlich der einzige Beruf, der nicht übersetzt ist, zugleich derjenige Beruf, der einem edlen Menschen am meisten Befriedigung gewährt«. Stipendien auf Rückzahlungsbasis für Mittellose, aber Begabte vergaben für junge Männer der Theologenfonds, der Albertus-Magnus-Verein und der Paulus-Verein, für junge Frauen der Hildegardis-Verein[179].

Die *Lebensführung* lediger Mütter kritisierte Straubinger aufs schärfste: »Wo aber die Weihe des Sakramentes fehlt, da ist die Mutterwürde des heiligen Glanzes verlustig, der Mutterschoß entweiht, die Frauenwürde mißbraucht, das Kind der schützenden Hülle der Familie beraubt«. Frauen, die 1930 eheliche und uneheliche Mütter gleichstellen wollten, bezeichnete er als »entartete Weiber«, die nicht den Schutzwert der Ehe für die Frau erkannten. In Not geratenen ledigen Müttern stand der »Rettungsverein zum Guten Hirten« mit seinem Mathildenhaus bei, der sich durch Spenden »wohlversorgter Damen« zu finanzieren versuchte[180]. Die Zahl der Waisenkinder und der pflegebedürftigen Kinder nahm in den dreißiger Jahren zwar ab, dennoch suchten die Heime immer noch Pflegefamilien für ihre Zöglinge. Scharf rügte der Caritasdirektor die Vorstellungen der Aufnahmewilligen: Das Kind – im Idealfall selbstverständlich ein Mädchen – sollte »von guten Eltern abstammen, nicht unehelich geboren sein, bereits die ersten Kinderjahre hinter sich haben, ein hübsches Aussehen und womöglich blaue Augen und blonde Haare besitzen. Rote Haare sind nie gewünscht.« Der Blick katholischer Pflegeeltern sollte sich nur darauf richten, welches Kind der Hilfe am meisten bedurfte[181].

»Kinder erziehen darf jeder und jede, ob sie es können oder nicht!« Die Klage verhallte ungehört, bis heute gibt es keine allgemeine Ausbildung dafür. Der Kapitalfehler der *Erziehung* lag in der Verwechslung von »Verwöhnung für Bildung«. Niemals sollte man den Kindern sagen, daß sie es einmal besser als die Eltern haben sollten. Ihr Anspruchsdenken erhöhe sich damit sprunghaft, viele von ihnen landeten in einer der Erziehungs- und Rettungsanstalten für verwahrloste Kinder. Damit die Kinder einmal emporsteigen konnten, brauchten christliche Eltern nur die Grundsätze der »Einfachheit, Arbeitsamkeit und Sparsamkeit« einzuüben[182].

Mit katholischer Erziehung der Kinder verband das Sonntagsblatt auch eine vernünftige Auswahl des Spielzeugs. In Blick auf das Weihnachtsfest legte man den Eltern nahe, die Kinder keine Wunschzettel schreiben zu lassen, da diese als »Bestellungen an das Christkind« empfunden wurden. Auch verbot es sich, mit dem Kind in den Laden zu gehen und das mitzunehmen, was es dort auf den ersten Blick haben wollte. Da werde ein bunt angestrichenes »zappelndes, laufendes, hüpfendes Ding« mitgenommen, das das Kind nach kürzester Zeit demoliere, weil es sonst damit nichts anfangen könne. Empfehlenswert für Kinder schienen altersgerechte Baukästen oder eine solide Puppe zum An- und Ausziehen, denn was habe ein Mädchen »von einer Puppe, die aufgedonnert wie ein Pfau, gepäppte Lockenhaare hat, Papa und Mama schreien kann und kaum angerührt« werden durfte[183]. Neben dem Spiel prägte die Kinder der Ernst des Lebens, die Schule, besonders stark. Tiefen Eindruck hinterließen der Beginn der Schulzeit und die Fibel, die das Lesenlernen begleitete. 1933 führten die katholischen Volksschulen Württembergs eine neue Fibel ein, da die Schriftreform, das heißt der Wechsel vom württembergischen Normalalphabet zu einer Form der Sütterlinschrift, eine Neuauflage erzwang. Allen Lesern des Sonntagsblattes stellte der Leiter der Fibelkommission, Oberregierungsrat a.D. Pollich aus Stuttgart, das Ergebnis vor. Der Bekenntnisschule angemessen, entbehre die Fibel als Kinder- und Heimatbuch nicht »das konfessionelle Moment in lebenswahrer und lebenswarmer Ausprägung«[184]. Die Fibel diente den Eltern auch als Erziehungsbuch, da religiöse Elemente (Lieder, Gedichte, Brauchtum) fest in die Texte integriert waren. Um die Kinder auch in der Zeit an den Glauben heranzuführen, da die Eltern der Erwerbsarbeit nachgehen mußten, stellte die katholische Kirche neben den Bekenntnisschulen verschiedene Einrichtungen bereit: Kindergärten und Kleinkinderschulen, Horte, Ferienkolonien, Waldschulheime und Schullandheime[185].

In bezug auf die heimische *Lektüre* stellte die Redaktion 1932 die Frage: »Mit wem hältst du es?« Auch unter den Katholiken fanden sich wohl Verräter an der katholischen Sache, die mit der Unterstützung der schlechten Presse Christus verleugneten und Verrat an seiner heiligen Kirche übten. Da die Presse die Funktion einer »Weltkanzel« im täglichen Leben einnahm, verstand es sich für den aufrechten Katholiken, nur die katholische Presse zu fördern und zu unterstützen – handelte es sich doch um ein gutes Werk, das Gott in der Ewigkeit lohnen wird »wie Almosengeben und Kirchgehen!«[186] 1935 sah sich das Katholische Sonntagsblatt veranlaßt, zum Index der verbotenen Bücher Stellung zu nehmen. Zunächst erklärte der Redakteur Kaiser den Sinn der staatlichen Bücherverbote: Die Lenker des Staates fühlten sich verantwortlich dafür, daß die Volksseele nicht politisch irregeführt und sittlich geschädigt wurde. Der Durchschnittsmensch war nämlich nicht imstande, das in diesen Büchern enthaltene Gift zu erkennen, und »da ist es vernünftiger, solche Bücher dem breiten Volke von vornherein vorzuenthalten«[187]. Genauso dachte auch die Kirche, als sie den Index einführte, mit dem einzigen Unterschied, daß sie sich nicht den politischen, sondern den religiösen Schriften widmete. Es war zu unterscheiden zwischen dem allgemeinen und dem namentlichen Bücherverbot. Das allgemeine Verbot konnte man auch als »Index des Gewissens« bezeichnen, weil Katholiken von selbst in der Lage waren, diese Bücher als schlecht zu erkennen. Die Kirche, so die KKW, sprach namentliche Verbote nur dann aus, wenn selbst der Gutwillige in die Irre geführt werden konnte. Das galt z. B. für einen Teil der Bücher von Joseph Wittig. Diese Bücher durften nur bei berechtigtem Interesse nach Genehmigung durch die bischöfliche Behörde gelesen werden. In allen andern Fällen waren die Katholiken unter schwerer Sünde verpflichtet, sich an die Indexbestimmungen zu halten[188].

Das Sonntagsblatt konnte nach Kriegsende bereits wieder am 29. Juli 1945 in gewohnter Aufmachung und weiterhin unter der Redaktion von Franz Stärk erscheinen. In einer neunteiligen Serie nahm sich Heinrich Getzeny einem Nachkriegsproblem an: »Worte, die wieder verschwinden müssen«. Zuvorderst stand das »Organisieren«[189], das Getzeny klar als Stehlen charakterisierte[190]. Die Leser des KS sollten sich die »Unsitten des Krieges« wieder abgewöhnen und zur Ehrlichkeit zurückkehren. Eines der häßlichsten und unwürdigsten Worte für das Töten von Menschen war das Wort »Umlegen«[191]. Der Mensch ist Schöpfung nach Gottes Bild, ausgestattet mit einer unverwechselbaren Persönlichkeit, die niemand »umlegen« kann, »nie hat man vom Menschen niedriger gedacht und am Menschen gemeiner gehandelt als im Zeitalter der nordischen Rassenverhimmelung und Blutsvergötzung«. Alle Christen müßten das Wort aus ihrem Reden und Denken ausmerzen und selbst im »entartetesten und verirrtesten Sünder« noch das »mißhandelte Bild Gottes«[192] sehen. Angesichts der schweren Leiden vieler im Volk und der erst noch bevorstehenden Kriegsverbrecherprozesse schien das eine sehr schwere Forderung. Es verwunderte kaum, daß Getzeny auch den Wunsch »Der gehört an die Wand gestellt«[193] nicht mehr hören wollte. Die Leichtfertigkeit, mit der das Begehren ausgesprochen wurde, das Leben anderer Menschen zu beenden, zeigte eine tiefe Mißachtung des von Gott geschenkten Lebens – solches Denken erinnerte immer noch an Blutrache und blutgierige Vergeltung. Der Autor sah im Streichen dieses Ausdrucks einen Grundstein zur Wiederherstellung der Rechtspflege, in der die »Todesstrafe wieder auf Ausnahmefälle zu beschränken« war, »bei denen die gerechte Sühne das Leben des Untäters forderte«[194]. Die im Entstehen begriffene Demokratie war nur dann überlebensfähig, wenn dem Fanatismus der vergangenen Zeit Einhalt geboten werden konnte. Eines der Lieblingsworte der Nationalsozialisten, das Wort »fanatisch«, war aus diesem Grund aus dem Sprachschatz zu streichen – Überzeugung und Tatkraft sollten zur Haltung des echten Christen werden[195]. Die »geistige Erkrankung« der vergangenen Jahre zeigte sich auch in ihrem Superlative anhäufenden »Sprachverschleiß«, genauer gesagt in den Worten »einmalig« und »einzigst«. Einmalig, so Getzeny, war nur die Niederlage, mit der das Deutsche Reich komplett ausgetilgt wurde – und einzig konnte auf dieser Erde nur ein Leben sein, das »Leben unseres Herrn«[196]. Die Begriffe »total« und »totalitär« konnten ebenfalls nicht mit dem christlichen Gedankengut in Einklang gebracht werden. Der »wahnwitzige und widersittliche, ja wahrhaft furchtbare Grundsatz des Totalen« zeigte sich im Wunsch nach dem »totalen Krieg«, der in die »totale Niederlage« führte. Nur Gott allein habe das Recht, den Menschen ganz und ungeteilt – also total – in Anspruch zu nehmen[197]. Nicht nur aus dem Wortschatz, sondern auch aus den Herzen sollten »hart« und »eiskalt« gestrichen werden. Der infernalische Haß, der als Tugend »harte Herzen« pries und der dem Volk eiskalte Rache, Vernichtung und Vergeltung als richtiges Verhalten predigte, mußte im Anblick der Nachkriegsnot ein sofortiges Ende finden[198]. In den Kriegsjahren bürgerten sich in der deutschen Sprache und in den Schlagern die Begriffe »Mädel« bzw. in der Mehrzahl »Mädels« und »kleine Freundin« ein. Im Ausdruck »Mädel« klang ein Wesen an, »das beständig überlaut lacht und sich möglichst auffällig benimmt, eine schnatternde Mühle […] die nichts mahlt als leeren Dunst«. Die »kleine Freundin«, von der die Soldaten oftmals sprachen, charakterisierte nichts anderes als Amüsement und Oberflächlichkeit. Diese üblen Ausdrücke und die damit verbundenen Zustände sollten der Vergangenheit angehören, von nun an mochte Getzeny nur noch von »deutschen Mädchen« mit besinnlichem und entschiedenem Wesen hören[199]. Die wichtigste Aufgabe bestand neben dem Verschwinden der genannten Worte darin, die Denkweise wieder entschieden christlich auszurichten, um damit die genannten und zukünftige Sprachverirrungen zu vermeiden[200].

4. Vom Wiederaufbau bis zum Jubiläumsjahr 2000

1946 änderten sich der Aufbau und die Aufgabenstellung des Sonntagsblattes zunächst nicht: Fromme Geschichten, Heiligenlegenden, katholische Fortsetzungsromane auf der einen Seite, Sachinformationen über das kirchliche Leben in Schwaben und in der fernen Welt auf der anderen Seite. Auch die Klage über den Abfall so vieler vom rechten Glauben änderte sich nur im Worte, nicht in der Sache. Das Verhältnis von Kirche und Staat aus Sicht der Katholiken lieferte ebenfalls Diskussionsstoff. In den fünfziger Jahren richtete sich das KS als volkstümliches Familienblatt zunächst an alle Diözesanen. Der Spagat zwischen der Forderung eines Leserkreises nach einem »höheren geistigen Format« und der freudigen Zustimmung anderer, die keinerlei Veränderung wünschten, war nicht immer leicht auszuhalten. In einem Grußwort zum 100. Jahrgang erinnerte Bischof Carl Joseph Leiprecht: »Wir dürfen aber nicht vergessen, daß die eigentliche Aufgabe eines ›Katholischen Sonntagsblattes‹ nicht darin besteht, Tagesneuigkeiten zu verkünden und unterhaltende Erzählungen zu bringen [...] Die größere Aufgabe aber ist die des katholischen Presseapostolates«[201]. Das Sonntagsblatt verstand sich deshalb nur in begrenztem Maße als ein Medium zur religiösen Formung des Familienlebens. »Anleitungen« im engeren Sinne wurden im Lauf der Jahre immer seltener an die Hand gegeben[202]. Unter der Redaktion von Dr. Franz Kaiser stellten sich jedoch brennende Fragen des Nachkriegsdeutschlands, die auf eine helfende Antwort aus katholischer Feder warteten.

Gertrud Steinhorst richtete im November 1946 in einem Leitartikel das Wort an die Frauen der Kriegsheimkehrer. Die meisten Familien wurden in der Kriegs- und direkten Nachkriegszeit von den Müttern zusammengehalten. Sie übernahmen die Rolle des Vaters und der Mutter, sie trugen die Verantwortung für die Kinder, das oft karge Heim, die religiöse Erziehung und die finanzielle Sicherung. In den Kriegsjahren entwickelten viele von ihnen gezwungenermaßen ein hohes Maß an Selbständigkeit. Die nun *aus der Gefangenschaft heimkehrenden Männer*, vom Krieg gekennzeichnet, viele unterernährt und krank, suchten ihre Stellung innerhalb der Familie. Gertrud Steinhorst stellte klar: An der Frau »liegt es nun, dem heimkehrenden Vater den Weg zu bereiten, ihm innerhalb der Familie seine Stelle als Mittelpunkt und Wegweiser uneingeschränkt zurückzugeben, nur noch Helferin zu sein, wenn der Vater das ihm kraft des Ehesakramentes verliehene Amt wieder selbst übernimmt«. Die entstehenden Schwierigkeiten erforderten von den Frauen Ehrfurcht, Ertragen, ernstes Bemühen und den Willen, sich einzufügen, denn Ehe war auch »Opfergemeinschaft unter dem Kreuz«[203]. Nach dem Krieg bestand die *Aufgabe der katholischen Familie* in erster Linie darin, eine »Heimstatt« zu schaffen, »in der all ihre zerstreuten Glieder wieder aufatmen können nach all dem Schweren, das sie erlebt« hatten. Dr. Emil Kaim erinnerte daran, daß die Kinder hier alles zur Gestaltung ihrer Zukunft Grundlegende lernten: Gottesfurcht, Glaube und Sitte. Die Aufgabe der christlichen Eltern war schwer, denn durch die Kriegswirren hatten sich viele Eheleute einander entfremdet. Vor den Kindern durften Meinungsverschiedenheiten niemals ausgetragen werden, und nach außen mußte unbedingt der Schein gemieden werden, als ob im Haus etwas nicht stimmte[204]. Den alten Menschen, die in der Familie lebten, kamen ebenfalls Aufgaben zu. Neben dem Fürbittgebet für die ganze Familie sollten sie nach Möglichkeit bei der Kindererziehung helfen, denn »gute Kinder werden großgezogen von christlichen Frauen, Müttern und Großmüttern«. Das Sonntagsblatt wandte sich auch dem schwierigen Verhältnis zwischen Schwiegermutter und Schwiegertochter zu und mahnte beide, sich an ihre je eigene Rolle zu halten: Die junge Frau sollte sich bewußt sein, daß sie mit der Hochzeit »Glied der Familie ihres Mannes« wurde und damit seine Mutter auch ihre Mutter. Umgekehrt jedoch galt für die Schwiegermutter, daß mit dem Hochzeitstag des Sohnes eine Änderung eintritt und »fortan nach Gottes heiliger Ordnung das Weib dem Manne näher steht als die Mutter«[205].

Eine in ihrer Bedeutung wachsende Rolle spielten nach dem Krieg die *Medien* Funk, Film und Fernsehen. Die sonntäglichen Morgenfeiern in »Radio Stuttgart« kündigte das Sonntagsblatt ab Februar 1946 an. Die halbstündigen Andachten gestalteten im ersten Sendejahr zumeist Geistliche aus der Diözese Rottenburg[206]. An Weihnachten 1946 sollte erstmals die Mitternachtsmesse aus der Abtei Neresheim übertragen werden[207]. 1948 weitete sich das Angebot religiöser *Rundfunksendungen* durch die tägliche »katholische Morgenandacht«[208] und die wöchentliche Nachrichtensendung »Aus der Welt des Glaubens«[209] sowie Beiträge mit geistlicher Musik aus. Die erste Sendung gestaltete der Chor der katholischen Jugend aus Isny[210]. Dem Katholikentag vom 2. bis 5. September 1948 in Mainz räumte der Südwestfunk breiteren Raum ein. Er übertrug die Eröffnungsfeier, die Feier der katholischen Jugend mit einer Ansprache von Prälat Wolker, die sonntägliche Ponitifikalmesse und die Schlußkundgebung mit der Ansprache des Heiligen Vaters sowie weitere Berichte und Interviews[211]. Ab dem Spätherbst 1948 gestaltete sich das Hörangebot vielfältiger. Neben das Programm von »Radio Stuttgart« traten nun der »Südwestfunk« mit den Studios Freiburg und Koblenz, »Radio München« und der »Nordwestdeutsche Rundfunk«[212], 1949 kamen »Radio Beromünster« mit Predigtsendungen, »Radio Luxemburg« und der »Vatikansender« hinzu[213]. Bis ins Jubiläumsjahr 2000 stellte das Sonntagsblatt in jeder Ausgabe empfehlenswerte Radiosendungen zusammen. Radio Stuttgart führte im Herbst 1948 erstmals eine Umfrage unter den Hörern religiöser Sendungen durch. Aus den Hörerzuschriften wählte der Sender eine vom Zufall bestimmte Gruppe aus, zu der neben 151 Protestanten auch 22 Katholiken gehörten. Diese im Anteil geringe Zahl erfüllte das Sonntagsblatt mit Sorge, »auch die Katholiken dürfen sich vom Rundfunk nicht kritik- und urteilslos anreden lassen«[214]. Alle Befragten hörten die Morgenfeier am Sonntag. Die Erteilung des Segens am Ende der Sendung lehnte die Mehrzahl der Katholiken im Gegensatz zu den Protestanten ab. Bei den weiteren Fragen herrschte konfessionelle Einigkeit: Eine enge Anlehnung der Predigt an das Sonntagsevangelium war nicht erwünscht, und die Sendung »Aus der Welt des Glaubens« sollte nicht an Themen der Theologie und Kirchenpolitik, sondern an Caritas und Kultur orientiert sein. In erster Linie, so die Hörer, richtete sich der Kirchenfunk ohnehin an Zweifler und an der Religion entfremdete Menschen[215]. Hinweise zu neu in den *Kinos* anlaufenden Filmen gab das Bischöfliche Filmamt Rottenburg ab August 1949 heraus, um vor katholische Sitte und Moral untergrabenden Streifen zu warnen und vertretbare Filme anzuraten[216]. Zugleich führte man die Kategorien »Für alle«, »Für Erwachsene« und »Für die reifere Jugend« jeweils mit und ohne Einschränkungen ein – die meisten Filme erreichten allerdings nur eine sehr eingeschränkte Empfehlung. Entweder besserte sich im Laufe der Jahre die Qualität der Filme, oder die Zensoren walteten nicht mehr mit der gleichen Strenge ihres Amtes, erkennbar ist auf jeden Fall eine geringere Zahl an zu beanstandenden Filmen. Beispielhaft seien die Filme genannt, die das Filmamt 1949 grundsätzlich ablehnte. Dazu gehörten der ungarische Film »Vision am See« wegen der »Darstellung hemmungsloser Triebhaftigkeit in bewußt animierender Weise«[217]; das französische Lustspiel »Wenn der Himmel versagt« wegen der Verharmlosung des Bösen[218]; der englische Farbfilm »Schwarze Narzisse«, der eine »falsche Vorstellung des Ordenslebens und der Gelübde des Gehorsams und der Enthaltsamkeit«[219] vermittelte; das amerikanische Filmdrama »Das

Geheimnis von Malampur« wegen der »quälenden, vordergründigen Handlung voll Eifersucht und Rache«[220] wie auch der französische Kriminalfilm »Unter falschem Verdacht«, den eine »zynische Lebensverneinung und ein trüber, lichtloser Pessimismus durchziehen«[221]. Die später in »Diözesanfilmstelle« umbenannte Einrichtung bewertete bis zum März 1965 allwöchentlich eine Auswahl von Filmen[222]. Mit der Umgestaltung des Sonntagsblattes im April 1965 entfiel die Rubrik für mehr als dreißig Jahre. Im neugestalteten »Medienmagazin« findet sich seit April 1996 die Spalte »Zur Zeit im Kino«, eingeteilt in drei Kategorien: »sehenswert«, »akzeptabel« und »ärgerlich«. 1996 erschienen die Filme »Toy Story«, »Sinn und Sinnlichkeit«, »Richard III.«, »Nelly & Monsieur Arnaud« und »Heat« sehenswert; die Streifen »Das Superweib«, »Männerpension«, »Die Schwanenprinzessin«, »Operation Broken Arrow«, »Schnappt Shorty«, »12 Monkeys« und »Familienfest und andere Schwierigkeiten« waren immerhin noch akzeptabel; während »Jumanji« und »Showgirls« mit dem Urteil »ärgerlich« gekennzeichnet wurden[223]. Die ersten Fernsehsendungen zeigte das KS Anfang August 1958 noch innerhalb der Rubrik »Rundfunksendungen« an. Unter dem »Süddeutschen Rundfunk« angefügt, fand sich eine Auswahl aus dem gesamten Wochenprogramm[224]. Ein eigenes Fernsehprogramm stand dem Leser des Sonntagsblattes ab Januar 1961 zur Verfügung. Auf Beschluß der Deutschen Bischofskonferenz sollte Eltern eine Hilfe zur Programmauswahl geboten werden. Das katholische Rundfunkinstitut Köln erstellte dazu eine Vorbewertung – grundsätzlicher Maßstab: »Ab 21 Uhr anlaufende Sendungen sind gedacht für über 16jährige; jüngere Zuschauer gehören dann nicht mehr vor den Bildschirm (Jugendschutzgesetz)«. Da es sich um eine Positivliste handelte, lauteten die Beurteilungen »Unbedenklich«, »Sehenswert« und selten »mit Vorbehalten«[225]. Die Empfehlung der Eignung für Altersgruppen entfiel ab 1972 schleichend; immer weniger Magazine und Spielfilme wurden einer bestimmten Zuschauergruppe zugeordnet. Das änderte sich zu Beginn des Jahres 1991 mit dem neuen Fernsehservice, den der Fernsehdienst des Katholischen Instituts für Medieninformation in Köln erstellte. Erneut eingeführt wurden die Altersgruppen »Für die ganze Familie« bis »Nur für Erwachsene«, hinzu kam eine Auszeichnung besonders empfehlenswerter Sendungen mittels eines Punktesystems. Einzelne Sendungen erhielten eine eingehendere Würdigung im Medienmagazin unter der neuen Rubrik »Tele-Tip«. Mit der immer größer werdenden Anzahl von Fernsehprogrammen änderte sich schon fünf Jahre später die Gestaltung. Mit dem Osterheft 1996 verließ das Sonntagsblatt die Linie, alle Programme der öffentlich-rechtlichen Fernsehanstalten komplett abzudrucken, um statt dessen eine Auswahl aus allen zur Verfügung stehenden Sendern zu treffen. Einzelne Sendungen erhielten im »Tele-Thema« eine eingehendere Vorstellung[226].

Um zu angemessener heimischer *Lektüre* zu verhelfen, stellte die Redaktion 1946 eine Auswahl von Zeitschriften vor, die dem geneigten Leser die katholische bzw. christliche Grundhaltung vermitteln sollten: Die »Begegnung« als Zeitschrift für Kultur und Geistesleben; »Die Lücke« mit Beiträgen des religiösen und geistigen Zeitgeschehens; die in föderalistisch-abendländischer Tradition verfaßte Monatsschrift »Neues Abendland«; die stark sozial betonten »Frankfurter Hefte«; »Die Besinnung« mit zeitgeschichtlichem Schwerpunkt; die dem Anliegen der Erneuerung verpflichtete Schrift der jüngeren Generation »Ende und Anfang« und die Jugendzeitschriften »Der junge Tag« sowie »Der Fährmann«. Übersetzungen katholischer fremdsprachlicher Beiträge bieten die »Stimmen der katholischen Welt«. Einige überregionale und theologisch-wissenschaftliche Zeitschriften erscheinen auch wieder in den ersten Nachkriegsausgaben: die »Theologische Quartalschrift«, die »Benediktinische Monatsschrift«, das »Oberrheinische Pastoralblatt«, die »Seele«, »Bibel und Kirche« und nicht zuletzt die

»Monatsblätter« der Oblatenpatres von Hünfeld[227]. Für Katholiken verzichtbare »Schmutz- und Schundliteratur« lieferten die Besatzungsmächte 1948/49 unter anderem im Rahmen des Marshallplanes nach Deutschland. Eltern und Erzieher konnten aber für die heranwachsende Jugend inzwischen wieder gute Unterhaltungsliteratur auswählen, die Romanhefte des »Familienfreund«, die Zeitschrift »Der Pfeiler« und die Illustrierte der »Feuerreiter«[228].

Aktuellen theologischen Fragen ging das Sonntagsblatt seit 1970 in der Rubrik »die aktuelle Frage« nach[229]. 1979 kam das Bedürfnis nach *Lebenshilfe* auf. Die Redaktion wollte in der Halbseite »Leser fragen – wir antworten« Raum geben, um Fragen zu stellen, »die persönlich bewegten und berührten«[230]. Die veröffentlichten Antworten wurden dennoch so ausgewählt, daß sie das Interesse vieler Abonnenten trafen. Die Möglichkeit der Leseranfragen besteht bis in das Jubiläumsjahr 2000. Im Frühjahr 1984 rückte *die katholische Frau* in das Blickfeld der Redaktion, und sie rief die Doppelseite »Frau und Familie« ins Leben. Hier sollten von »Ingrid und Hiltrud« wertvolle »Anregungen für Ihre Hausarbeit« gegeben werden[231]. Die beiden nicht näher vorgestellten Frauen begleiteten die in vierwöchentlichem Abstand erscheinenden Seiten und ihre Leserinnen bis 1987. Die Frau ist im Sonntagsblatt dieser Jahre grundsätzlich als Hausfrau und Mutter definiert. Die Themen drehten sich um Küche und Kochen[232], Nähen und Putzen[233], Erziehung[234], das schöne Heim und um die Urlaubsgestaltung[235]. Die religiöse Lebensgestaltung der Familie stand nicht im Vordergrund, die behandelten Fragen hätten mit wenigen Ausnahmen so in jeder beliebigen Frauenzeitschrift gelesen werden können. 1987 änderte sich die Aufmachung der Frauenseiten, es ging nicht mehr um den Haushalt, sondern eher um Berichte über Frauen in der Gesellschaft. Das Interesse an dieser Form der Darstellung nahm scheinbar ab, 1988 wurde die Rubrik ganz eingestellt.

5. Werbung und Annoncen im Sonntagsblatt

Das Sonntagsblatt nahm schon in seine ersten Ausgaben Annoncen auf und hielt an dieser Tradition bis in das Jubiläumsjahr 2000 fest. Ein katholisches Wochenblatt und Werbung, wie paßte das zusammen? Die Leserschaft bildete eine »große Familie«, die zu allen Zeiten des Lebens zusammenstand; davon zeugten die Todesanzeigen. Nicht immer konnte ein katholischer Mann eine katholische Frau (und umgekehrt) finden, vor allem bei einem Wohnort in der Diaspora, und das Sonntagsblatt half bei der Gründung der katholischen Ehe. Katholische Einrichtungen und Institutionen warben um Mitglieder und sammelten Spenden, die Leser konnten so ihrer caritativen Verpflichtung nachkommen. Diese Beispiele zeigen, daß in den Annoncen eine Fortsetzung der allgemeinen Bemühungen der Redaktion lag. Was nun die Argumente der Geschäftsleute anging, so mußten beide Seiten der Medaille betrachtet werden. Einerseits gab das Sonntagsblatt dem katholischen Unternehmer die Möglichkeit, Werbung in einem auflagenstarken konfessionellen Blatt unterzubringen, er war nicht auf Allerweltsblätter und zweifelhafte Illustrierte angewiesen. Andererseits konnten sich die kaufwilligen Katholiken in ihrem Familienblatt über die Dinge des täglichen Lebensbedarfs informieren und mußten sich ihrerseits keine schlechte Presse anschaffen. Ein weiteres schwerwiegendes Argument lag in der Tatsache, daß die Werbung und die Annoncen das Sonntagsblatt zu einem guten Teil finanzierten. Bei höheren Abonnementsgebühren erreichte das Blatt automatisch weniger Katholiken des Bistums. Alle diese Argumente sprachen für die Werbung im Sonntagsblatt[236].

Einige allgemeine Wahrnehmungen sollen hierbei am Anfang stehen. Um die Entwicklung in den letzten 150 Jahren darzustellen, wurden typische Hefte aus zehn Jahrgängen herausgegriffen[237]. Gewiß erübrigt sich damit keine statistische Erhebung, die Entwicklungslinien können an dieser selektiven Auswahl aber verdeutlicht werden.

Zunächst einige Beobachtungen zum *Inhalt der Anzeigen*: Über den gesamten Zeitraum betrachtet, nahm die Zahl der Arbeitsgesuche und Arbeitsgebote den größten Platz ein; von 1877 bis 1972 lag der Anteil zwischen einem Fünftel und fast der Hälfte der Anzeigen. Spitzenreiter war das Jahr 1923 mit 106 von 224 Anzeigen. Erst in den neunziger Jahren sank ihre Bedeutung, nur noch Stellen im engeren kirchlichen Rahmen kamen zum Angebot. Der Anteil belief sich 1997 nur noch auf elf Prozent. Die Fragen nach der Erhaltung der Gesundheit und der Heilung von Krankheit spielte 1877 mit fast einem Drittel der Anzeigen eine wichtige Rolle, in den folgenden Jahren hielt sich der Anteil im Mittel um zwölf Prozent. Die Seriosität der Angebote ließ aber vielfach zu wünschen übrig, Wunderpräparate waren an der Tagesordnung. Zwar gehörte die Werbung für Haushaltsartikel (Ernährung, Landwirtschaft, Nutztiere, Wohnungsausstattung, Fahrräder etc.), Bildung (Schulen, Pensionate, Missionsinstitute, Pflegestellen etc.) und äußere Verschönerungsmaßnahmen (Kleidung, Kosmetik, Schmuck etc.) immer zum Spektrum der Werbung im Sonntagsblatt. Eine bedeutendere Rolle spielte sie aber nicht, denn ihr Anteil lag immer zwischen fünf und zehn Prozent. Von untergeordneter Bedeutung blieben Finanzen (Banken, Bargeld, Versicherungen, Wertpapiergeschäfte) und Immobilien (Wohnungen, Häuser, Ausstattung derselben). Sie erreichten nie mehr als vier Prozent an der Gesamtzahl der Annoncen. Der Freizeitbereich nahm im letzten Viertel des zwanzigsten Jahrhunderts einen rapiden Aufschwung. Werbung für verschiedene Hobbies (Briefmarken, Kanarienvögel, Fotografie, Sammlerobjekte) und Luxusartikel (Spirituosen, Zigarren) bewarb das Sonntagsblatt neben vereinzelten Reiseangeboten von Anfang an mit einem Anteil von durchschnittlich zehn Prozent. Erst 1997 schnellte das Segment Reisen auf knapp fünfzig Prozent. Das Sonntagsblatt nahm auch an den Lebensschicksalen teil. 1880 suchten die ersten Heiratswilligen mit Hilfe des KS einen geeigneten Partner[238]. Zunächst nahmen die Heiratsannoncen nur geringen Raum ein. Sie kamen von 1920 bis 1940 mit gut einem Viertel der Anzeigen stärker in Mode – ein Trend, der bis in die sechziger Jahre anhielt. Heiratsgesuche gehören bis in das Jubiläumsjahr zum Anzeigenteil. Das Leid der Familien und die Bitte um das Gebet trugen die Todesanzeigen in den Leserkreis. Der Anteil der Todesanzeigen lag nie höher als zehn Prozent aller Anzeigen[239]. Hervorhebenswert sind noch die Eigenanzeigen des Sonntagsblattes, das durchgängig um neue Leser warb und zusätzlich den katholischen Hauskalender anpries[240]. Während der Zeit des Nationalsozialismus nahm das KS bzw. die KKW ab 1936 Kleinanzeigen auf, die für das Winterhilfswerk, die Kinderlandverschickung, das Hilfswerk »Mutter und Kind« und die Volkswohlfahrt warben[241].

Die Anzahl der Annoncen und ihr *Anteil am gesamten Sonntagsblatt* schwankten sehr stark. 1877 belief sich der Anteil der Werbeseiten am Gesamtumfang des Sonntagsblattes auf fast fünfzig Prozent. Ein Jahr später sah sich der Verlag gezwungen, nur noch kleinformatigere Anzeigen anzunehmen, da sonst zu viele Stellengesuche und Werbebegehren keine Aufnahme hätten finden können[242]. Im Jahr 1939 reduzierte sich der Anteil der Werbung, da die Papierknappheit zu größter Sparsamkeit zwang[243]. Nach Kriegsende füllten Todesanzeigen die Rubrik »Annoncen«. Einerseits war mit Werbung nicht viel Staat zu machen, andererseits unterbanden die Kontrollmächte den Abdruck. Im Sommer 1946 erhielt das Sonntagsblatt die Erlaubnis, zusätzlich Such- und Heiratsanzeigen aufzunehmen[244].

Bei der *Seitengestaltung* reservierte die Redaktion den Anzeigen grundsätzlich eigene Seiten bzw. Seitenabschnitte. Erst im Jahr 1915 erfolgte eine Änderung bei den Anzeigen mit Bitte um Zeichnung von Kriegsanleihen, diese wurden vom Text anderer Artikel umflossen. Nach Ende des Ersten Weltkriegs nahm die Redaktion davon wieder Abstand bis in das Jahr 1949, in dem die Zigarettenmarke »Collie« auf diese Weise beworben wurde[245].

Um einen Eindruck von der *Gestaltung und dem Inhalt der Werbeanzeigen* zu erhalten, folgt zum Abschluß eine Auswahl aus der Fülle interessanter, erheiternder und ernster Annoncen.

1877

Liebig's Kumys-Extract (keine Medizin)
ist nach den neuesten Forschungen und Gutachten med. Facultäten das einzige Radikal=Mittel bei Halsschwindsucht, Lungen=Tuberculose (Abzehrung, Brustkrankheit) Magen=, Darm= und Bronchial=Catarrh (Husten mit Auswurf) Rückenmarksschwindsucht, Asthma, Bleichsucht, alle Schwächezustände.
Kisten von 5 Flacon an à Fl. 1½ Mark excl. Verpackung, versendet mit Gebrauchsanweisung Hartung's Kumys=Anstalt, Berlin, verläng. Genthinerstr. 7. Aerztl. Brochuren über Kumys=Kur gratis.

KS 28 (1877) Nr. 11, 78.

Der von Aerzten und Laien rühmlichst anerkannte, in zahlreichen Erkrankungsfällen bewährte
Lebenswecker-Apparat
mit Zubehör und illustr. Gebrauchs=Anweisung, Preis 6 Mark, ist echt zu beziehen von
Albert Matz in Bonn a. Rh.

KS 28 (1877) Nr. 11, 79.

Paulcke's Gicht- und Heil-Papier
mit Salicylsäure — mit ausführlicher Gebrauchsanweisung. Von vortreffl. Wirkung geg. Rheumatismus, Gicht, Hexenschuss, Entzündungen, Verletzungen, Brandwunden u. Frostbeulen. — Nur ächt, wenn jede Rolle Fabrikmarke und Facsimile R. H. PAULCKE trägt. — Zu beziehen direct u. frco. gegen Mehreinsendung von 10 Pf. in Briefmarken, sowie durch jede Apotheke u. Drogenhandl. à Rolle 50 Pf. u 1 M.

KS 28 (1877) Nr. 11, 80.

1893

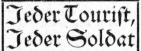

KS 44 (1893) Nr. 19, 161.

KS 44 (1893) Nr. 19, 161.

KS 44 (1893) Nr. 19, 162.

KS 44 (1893) Nr. 19, 163.

1911

Tüchtiges, zuverlässiges **Mädchen**, welches schon in besseren Häusern gedient hat, gut selbständig kochen kann und etwas leichte Hausarbeit verrichtet, wird auf 15. März oder 1. April gesucht. Offerten mit Zeugnissen sind zu richten an Frau Dr. Fleischhut, Sigmaringen.

Auf 1. April gesundes, **jüngeres Mädchen**, das nähen und bügeln kann, zu zwei großen Kindern und für Zimmerdienst gesucht. Angebote mit Zeugnissen und Lohnansprüchen zu richten an Frau Rechtsanwalt Hayer, Reutlingen, Schulstr. 28 I.

Ein ordentliches, fleißiges Mädchen mit guten Zeugnissen als **Stütze der Hausfrau** in ein Geschäft gesucht. Familiäre Behandlung. Eintritt bis 1. oder 15. April. Johann Winder, Bäckerei, Rankweil (Vorarlberg).

Auf 1. April kath. Mädchen in kl. Familie gesucht. Alter nicht unt. 17 Jahr. Gute Behandl. u. Lohn zuges. Frau Hed. Michel, Stuttgart, Katharinenstr. 17.

Mädchen gesucht, 16—19 Jahre alt, per 15. März oder 1. April für Küche und Haushalt. Gelegenheit, das Kochen zu erlernen. G. Welsch, Rest. z. Schönberg, Reutlingen, Tel. 487.

Braves, fleißiges Mädchen vom Lande, das gut bürgerlich kochen kann, wird auf 1. April für Küche und Haushalt gesucht. Ebenfalls auf 1. April wird ein **Mädchen** nur für die Haushaltung gesucht. Brauerei zum Engel, Buchau.

Gesucht ein tücht. Mädchen, das schon gedient hat, für Küche und Hausarbeit bei gutem Lohn. Frau Dr. Erlanger, Stockach.

Mädchen-Gesuch. Für meine Familie mit zwei Kindern auf 1. April tüchtiges Mädchen gesucht, welches in der bürgerlichen Küche selbständig und in den Hausarbeiten durchaus bewandert ist. Lohn 25 M. monatlich. Angebot mit Zeugnisabschrift an Frau Fabrikant C. A. Grieshaber, Triberg (Baden).

Jüngeres tüchtiges Mädchen (aber nicht unter 17 Jahren), das auch Liebe zu Kindern hat, in gutes Haus, in gesunder Lage, auf 1. April gesucht. Stuttgart, Helfferichstraße 2 I.

Ein in den 40er Jahren stehender tüchtiger, energischer, verheirateter **Wagner**, welcher auf Lebensstellung reflektiert, sucht auf großem Hofgut,

ihm Gelegenheit gegeben, sich gründlich und allseitig auszubilden. Pension mögl. im Hause erwünscht. Schreiben erbeten unter K. L. an Rudolf Mosse, Laupheim.

Suche bis 1. od. 15. April Stelle **für einen Jungen**, 17 Jahre alt, in Herrschafts- oder besserem Privathause, ev. als Beihilfe in Sanatorium oder Badeanstalt. Näheres durch die Exped. ds. Bl.

Stelle-Gesuch. Braver katholischer Jüngling, 24 Jahre alt, sucht Stelle in einem Kloster oder klösterlicher Anstalt als Diener oder dgl. Off. unter P. P. an die Exped. ds. Bl. erb.

Stelle-Gesuch. Ein Mädchen, 21 Jahre alt, sucht **Stelle als zweite Köchin** neben freundl. Chef oder Köchin über Saison in Hotel, Pensionat od. dergl. Offerten unter A. S. 30 an die Expedition dieses Blattes.

Ende März oder April wünscht ein kath. **Mädchen**, welches in Hand-, Maschinen-, Weiß- und besonders Kleidernähen selbständig ist, bei einer Damenkleidermacherin oder in einem Damenkonfektionsgeschäft Stellung. Zeugnisse über 1½ jähr. Besuch einer Frauenarbeitsschule können auf Wunsch vorgel. werd. Off. unt. Chiffre M. A. 100 bef. die Exp. d. Bl.

Haushälterin. Ein Fräulein gesetzten Alters, welches viele Jahre einem Geistlichen den Haushalt führte, sucht in gleicher Eigenschaft Stelle auf 1. oder 15. April. Offerten unter K. B. 493 an die Exped. ds. Bl.

Ein gebildetes, 24jähriges Fräulein, von guter Fam.lie, Konvertitin, dessen Beruf bisher Krankenschwester in Düsseldorf war, ist infolge ihrer Konversion genötigt, eine Stelle als **Gesellschafterin** bei einer fräulichen Dame oder Pflegerin eines Kindes anzunehmen. Angebote sind zu richten an Freiin Mathilde v. Deltingshausen, Stuttgart, Kronenstr. 37.

Für 19jährige Tochter wird **Stelle gesucht in einer kath. Privatfamilie**, wo sie sich im Kochen noch tüchtig ausbilden kann. Dieselbe besuchte eine Haushaltungsschule und erlernte das Bügeln gründlich. Offerten sind zu richten unter E. Sch. 33 an die Expedition dieses Blattes.

Einfaches Mädchen, 28 Jahre alt, in der bürgerlichen Küche erfahren, sucht Stelle, am liebsten in einem Pfarrhaus auf dem Land neben Mutter oder Schwester. Sieht mehr auf gute Behandlung als auf hohen Lohn. Eintritt 1. April.

KS 62 (1911) Nr. 11, 138.

Bei Nichterfolg Betrag zurück! Plumeyers **Bartwuchsbeförderer** (W.-Z. vom Kais. Patent-Amt ges. gesch., preisgekrönt u. Ehrendiplom „Berlin 1901") ist unvergleichl. z. Erlangung ein. schneidigen Schnurrbarts der **Manneszierde!!** Wirkt, wo die kleinsten Härchen vorhanden; durch Hunderte von glänzenden Original-Anerkennungen bewies. „Garant. unschädlich." Es schreiben L. in N.: Mein Freund hat in einigen Wochen durch Ihren Bartwuchsbeförderer einen flotten Bart erhalten. Send. Sie mir . . . — E. in Sch.: Herzl. Dank für Erfolg d. 1. Dose. — G. in W.: 2 Dos. verbraucht u. stattlich. Schnurrbart erhalten. — F. in O.: Bin erstaunt üb. Resultat, das Kamerad B. mit Ihrem scharmanten Bartwuchsbeförderer in 10 Tagen erzielt hat, bitte um . . . Dose 2, 3, 4 u. 5 M. **Otto Plumeyer, Berlin 20, Schöneberg.** Hauptstrasse 7.

KS 62 (1911) Nr. 11, 139.

Damenbart Arm- u. Körperhaare entfernt radikal u. schmerzlos in 3 Minuten nur das neue sensationelle französ. Präparat „Idéal". Garantiert unschädl.! Aerztl. empfohl. Sofortiger Erfolg für immer, sonst Geld zurück. Preis nur 3.50 M. Nachn. 3.95 M. Versand nur durch: **Depot „Parisiana", Strassburg 7, Elsass.**

KS 62 (1911) Nr. 11, 140.

KS 62 (1911) Nr. 11, 142.

KS 62 (1911) Nr. 50, 610.

KS 62 (1911) Nr. 11, 142.

KS 62 (1911) Nr. 50, 611.

KS 62 (1911) Nr. 50, 615.

KS 62 (1911) Nr. 50, 615.

1923

KS 74 (1923) Nr. 24, 234.

KS 74 (1923) Nr. 24, 235.

KS 74 (1923) Nr. 24, 234.

KS 74 (1923) Nr. 24, 236.

1952

KS 100 (1952) Nr. 11, 177.

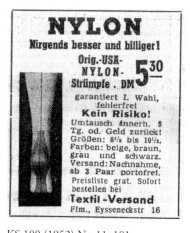

KS 100 (1952) Nr. 11, 179.

KS 100 (1952) Nr. 11, 181.

KS 100 (1952) Nr. 11, 183.

1972

1997

KS 120 (1972) Nr. 17, 25.

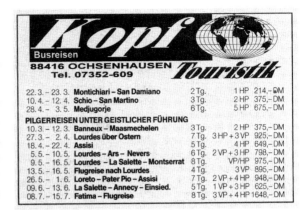

KS 135 (1997) Nr. 8, 26.

KS 135 (1997) Nr. 8, 26.

KS 120 (1972) Nr. 17, 27.

Literatur

ARBESMANN, Rudolph, Art. Fasttage, in: RAC 7, 500–524, besonders 519–524.
AUF DER MAUR, Hansjörg, Feste und Gedenktage der Heiligen, in: Philipp Harnoncourt/Hansjörg Auf der Maur, Feiern im Rhythmus der Zeit (Gottesdienst der Kirche 6.2), Regensburg 1994, 65–358.
BAUMEISTER, Walter, Art. Abstinenzbewegung, in: LThK² 1, 87–89.
BAUMEISTER, Walter, Art. Alkoholismus, in: LThK² 1, 339f (Lit.).
BRAUN, Heinrich, Geschichte der Lebensversicherung und der Lebensversicherungstechnik, Berlin ²1963.
COURTH, Franz, Marianische Gebetsformen, in: Wolfgang Beinert/Heinrich Petri (Hg.), Handbuch der Marienkunde, Bd. 1: Theologische Grundlegung, Geistliches Leben, Regensburg ²1996, 526–566.
DOPSCH, Alfons, Herrschaft und Bauer in der deutschen Kaiserzeit, Jena ²1964.
EIBACH, Ulrich, Art. Krankheit VII. Neuzeit, in: TRE 19, 697–701.
EIBACH, Ulrich, Art. Krankheit VIII. Ethisch, in: TRE 19, 701–703.
EMEIS, Dieter, Art. Erstkommunion. I. Pastoral, in: LThK³ 3, 834f.
ENDRES, Rudolf, Art. Bauerntum I. Historisch, in: TRE 5, 338–345.
FENNER, Eckhard, Art. Bauerntum II. Gegenwärtige Lage, in: TRE 5, 345–350.
FRANZ, Günther, Geschichte des deutschen Bauernstandes vom frühen Mittelalter bis zum 19. Jahrhundert, Stuttgart ²1979.
HAUSMANNINGER, Thomas, Art. Fernsehen. II. Theologisch-ethische Implikationen, in: LThK³ 3, 1240f (Lit.).
HEIM, Walter, Weihnachtsbrauchtum, Freiburg i.Ue. 1978.
HEINZ, Andreas, Art. Quatember, Quatembertage. I. Liturgiegeschichtlich, in: LThK³ 8, 764f.
HELLBERND, Paul, Die Erstkommunion der Kinder in der Geschichte und Gegenwart mit besonderer Berücksichtigung der Rechte und Pflichten der Eltern bei der Hinführung der Kinder zum Tische des Herrn, Vechta 1954.
HENNING, Rudolf, Art. Versicherungswesen, in: LThK² 10, 732–734.
KLEIN, Ernst, Geschichte der deutschen Landwirtschaft, Stuttgart 1969.
KÜPPERS, Kurt, Frömmigkeit in Wandel und Bestand – am Beispiel der Maiandacht, in: ThPQ 135 (1987), 155–165.
LANGGÄRTNER, Georg, Erneuerung der Quatember. Anliegen – Modelle – Aktionen, Würzburg 1976.
MEYER, Hans Bernhard, Eucharistie. Geschichte, Theologie, Pastoral (Gottesdienst der Kirche 4), Regensburg 1989.
RÄNK, Gustav, Die Hl. Hinterecke im Hauskult der Völker Nordost-Europas und Nord-Asiens, Helsinki 1949.
SCHAUERTE, Heinrich, Art. Krippe, in: LThK² 6, 644f.
SCHERSCHEL, Rainer, Der Rosenkranz – Jesusgebet des Westens, Freiburg i.Br. ²1982.
TEICHERT, Will, Art. Fernsehen. I. Allgemein, in: LThK³ 3, 1239f (Lit.).
WEBER-KELLERMANN, Ingeborg, Das Weihnachtsfest. Eine Kultur- und Sozialgeschichte der Weihnachtszeit, Luzern 1978.

Anmerkungen

1   Probenummer 1849, 16.
2   Konrad KÜMMEL, Einen Abschiedgruß, in: KS 78 (1927) Nr. 49, 793.
3   ENDRES, Bauerntum I, 338.
4   Ebd.
5   ENDRES, Bauerntum I, 344. – Zum Bauerntum vgl. auch DOPSCH, Herrschaft und Bauer, und KLEIN, Geschichte der deutschen Landwirtschaft.
6   FENNER, Bauerntum II, 348. – Zur Rolle der Kirche vgl. FRANZ, Geschichte des deutschen Bauernstandes, besonders 239ff.
7   Landwirtschaftliche Wandervorträge, in: SCV 15 (1864) Nr. 23, 182f, zit. 183.

8   Die neuen Maße und Gewichte in Versen, in: KS 22 (1871) Nr. 51, 427.
9   Über Düngerbehandlung, in: KS 26 (1875) Nr. 11, 88f.
10 Wann soll man Getreidearten ernten, in: KS 23 (1872) Nr. 29, 237f. – Eine gewisse Hilfe in der Wettervorhersage bot der richtige Gebrauch des Barometers, vgl. KS 29 (1878) Nr. 50, 406; Nr. 51, 414.
11 Ueber Salzfütterung, in: SCV 15 (1864) Nr. 34, 268f, zit. 269.
12 Zur Verminderung der Futternoth, in: SCV 16 (1865) Nr. 28, 295.
13 »Pflanzet Runkelrüben! Säet weiße Rüben in die Brache!«, in: KS 22 (1871) Nr. 24, 205.
14 Von Hühner-Nestern, in: KS 26 (1875) Nr. 17, 137.
15 Maul- und Klauenseuche unter dem Rindvieh, in: SCV 15 (1864) Nr. 41, 323–325.
16 Die Rinderpest, in: KS 21 (1870) Nr. 39, 330f, zit. 331.
17 N. F. P., Ein neuer Hufbeschlag, in: KS 27 (1876) Nr. 25, 206f, zit. 206.
18 Ueber Mähmaschinen, in: KS 26 (1875) Nr. 27, 212.
19 Als jeden Zweifel widerlegenden Garant dieser Aussage wurde ein Versuch von Professor Fleischer in Hohenheim herangezogen, der zur erstaunlichen Feststellung gelangte, daß »ein Maulwurfspaar im Freien jährlich 40.000 Stück genannten Gewürms verzehrt«; Der Maulwurf, in: SCV 13 (1862) Nr. 27, 225f, zit. 226.
20 Der Maikäfer und seine Feinde, in: SCV 15 (1864) Nr. 20, 157f, zit. 158.
21 Der Staar als Maikäfervertilger, in: KS 20 (1869) Nr. 8, 163.
22 Mäusevertilgung, in: SCV 17 (1866) Nr. 44, 353.
23 Die Mäuseplage und die Mittel dagegen, in: KS 23 (1872) Nr. 47, 385f, zit. 386.
24 Ein Schutzwort für die Vögel, in: SCV 17 (1866) Nr. 20, 162f, zit. 163.
25 Gegen das Nesterausnehmen, in: 27 (1876) Nr. 40, 327f, zit. 328.
26 ENDERS, Bauerntum, 344.
27 Die Prämien, die bei den Privathagelgesellschaften jährlich 1 fl 45 kr betrugen, sollten bei allgemeiner Versicherungspflicht auf 12 kr pro Morgen reduziert werden; Eine Landeshagelversicherungsanstalt die größte Wohlthat für die Landwirtschaft, in: SCV 18 (1867) Nr. 4, 29; Nr. 5, 36–38; Nr. 10, 76f; Nr. 13, 108–110, zit. 29. – Die Einrichtung der Versicherung ließ auch 1873 noch auf sich warten, wie man einem wiederholenden Beitrag »Zur Hagelversicherung« entnehmen muß; vgl. KS 24 (1873) Nr. 6, Beilage.
28 Was ist die Lebensversicherung? In: KS 21 (1870) Nr. 9, 72.
29 Im Erbfall war es die Regel, daß ein Kind die Landwirtschaft übernahm und die anderen Geschwister auszahlte. Das führte dazu, daß keiner damit eine neue Existenz gründen konnte, der Hoferbe aber oft lebenslang hohe Schulden hatte. Die Auszahlung der Lebensversicherung stellte hier eine bedeutende Verbesserung dar.
30 Ist die Lebensversicherung auch für den Bauern? In: KS 21 (1870) Nr. 11, 93.
31 Wo soll man sein Leben versichern? In: KS 21 (1870) Nr. 12, 101f, zit. 102. – Vgl. auch BRAUN, Geschichte der Lebensversicherung, und HENNING, Versicherungswesen.
32 Ueber Obstverwertung, in: SCV 11 (1860) Nr. 29, 232f, zit. 232.
33 Ueber Obstverwertung, in: SCV 11 (1860) Nr. 30, 239f, zit. 240.
34 Ueber Obstbaumzucht, in: KS 19 (1868) Nr. 38, 320–322, zit. 320.
35 Ebd. 322.
36 Als Apfelsorten zum Marktverkauf wurden Oberdicks Reinette, Sommerparmaine, Hawnthornden Apfel und Oberländer Himbeerapfel, von den Birnen Herzogin von Angoulême, Louisenbirne von Avranches und Bacheliers Butterbirne neben anderen Sorten empfohlen. Bei den Weinstöcken sollten in rauhen Gegenden fortan nur weißer früher Malingre, St. Laurent schwarz, Basilikumtraube, Diamantgutedel, weiße Augusttraube, roter italienischer Malvoisier, schwarzer Muskateller und blauer Frühklevner gepflanzt werden. Später reifend und in milderem Klima geeignet erschienen grauer Tokayer, golden Hambourg, Feigentraube, Muskateller von Saumur, Muskatgutedel und Vanilletraube; Die Wander-Versammlung süddeutscher Wein- und Obstproducenten in Heilbronn, in: KS 19 (1868) Nr. 40, 337f, zit. 338.
37 Die Anfertigung eines guten Sauerkrautes, in: KS 22 (1871) Nr. 44, 373.
38 Die Aufbewahrung der Eier, in: KS 27 (1876) Nr. 31, 253f, zit. 254.
39 Der Kaffee, in: SCV 12 (1861) Nr. 49, 387f, zit. 387.

40   Im Fünfjahresdurchschnitt (1855–1859) belief sich der Gesamtverbrauch des »zum nothwendigen Lebensbedürfnis aller Volksklassen gewordenen Nahrungsmittels« in den bekannten Ländern der Erde auf rund 6,5 Millionen Zentner, wovon dem deutschen Zollverein knapp 1,3 Millionen Zentner zukamen; Der Kaffee, in: SCV 12 (1861) Nr. 50, 394f, zit. 395.
41   Justus v. Liebig über den Kaffee, in: SCV 18 (1867) Nr. 19, 157f, zit. 157. – Ein letztes Mal nahm das Sonntagsblatt sich des Themas 1878 an; Kaffee und Thee, in: KS 29 (1878) Nr. 29, 239.
42   EIBACH, Krankheit VII, 698.
43   EIBACH, Krankheit VIII, 702.
44   Die Cholera, in: SCV 5 (1854) Nr. 39, 399–402, zit. 402.
45   EIBACH, Krankheit VIII, 702.
46   Belehrung gegen die Cholera, in: KS 24 (1873) Nr. 36, 294f, zit. 295.
47   Ebd. 294.
48   Mittel gegen die Epilepsie, in: SCV 7 (1856) Nr. 30, 280.
49   Der Soor der Kinder, in: SCV 17 (1866) Nr. 5, 41f, zit. 41.
50   Vorsichtsmaßregeln bei Gewittern, in: KS 26 (1875) Nr. 25, 197.
51   Die Aufstellung der Weihnachtskrippe in den Häusern, in: SCV 12 (1861) Nr. 51, 403f, alle Zitate 403.
52   Ebd. 404.
53   SCHAUERTE, Krippe, 644. – Zu den Volksbräuchen im Weihnachtsfestkreis vgl. WEBER-KELLERMANN, Das Weihnachtsfest; HEIM, Weihnachtsbrauchtum.
54   Volksgebräuche am hl. Dreikönigstag, in: SCV 12 (1861) Nr. 1, 6f, zit. 6.
55   Die Mai-Andachten, in: SCV 10 (1859) Nr. 18, 151. – Vgl. KÜPPERS, Frömmigkeit in Wandel und Bestand, 155–165.
56   Zum Rosenkranzgebet vgl. COURTH, Marianische Gebetsformen, 542–548; SCHERSCHEL, Der Rosenkranz.
57   Der Rosenkranz von der unbefleckten Empfängnis, in: SCV 8 (1857) Nr. 51, 427f.
58   Berichtigung, in: SCV 9 (1858) Nr. 5, 40.
59   Dank für die Ernte, in SCV 15 (1864) Nr. 37, 293–295, zit. 294.
60   Vor dem eigentlichen Segen wurde folgendes Gebet vorgesehen: »Allmächtiger, ewiger Gott, der Du alle Elemente zu Deinem Ruhme und zur Wohlfahrt der Menschen erschaffen hast, wir bitten Dich, verleihe gnädig dieser Straße von Eisen und ihren Maschinen Deinen Segen, stelle sie immer unter den Schutz Deiner allgütigen Vorsehung und verleihe, daß Deine Diener, während sie auf der Bahn im Fluge dahineilen, auch in Deinem Gesetze wandeln«; Kirchliche Gebete zur Einweihung von Eisenbahnen und Dampfwägen, in: SCV 8 (1857) Nr. 32, 275.
61   Zum Nachtwächterruf, in: SCV 3 (1852) Nr. 2, 14f, zit. 15.
62   Der Kirchenbann und seine Folgen, in: SCV 11 (1860) Nr. 29, 138f, zit. 138.
63   Ebd. 139.
64   Es fehlt am Besten! In: KS 27 (1876) Nr. 42, 345f, zit. 345.
65   Das Sonntagsblatt gab in annähernd jeder Nummer Buchempfehlungen an seine Leserschaft ab. Im Rahmen dieses Artikels ist es nicht möglich, die mehrere tausend Bücher umfassende Empfehlungsliste der 150jährigen Geschichte des Sonntagsblattes zu würdigen. Hierzu bietet sich eine eigene Untersuchung an.
66   Die Werbung für katholische Kalender gehörte im Sonntagsblatt zum traditionellen Programm des sich neigenden Jahres. Als belehrende und unterhaltende Familienlektüre wurden alljährlich die Kalender zum Kauf vorgestellt. Ein katholisches Haus und ein katholischer Kalender gehören untrennbar zusammen. Im folgenden wird darauf verzichtet, jeden der werbenden Artikel zu benennen.
67   Katholischer Volkskalender für 1858, in: SCV 8 (1857) Nr. 48, 402. – Die Leitung des Kalenders wechselte häufig. Auf Florian Rieß folgten Pfarrer Laib, Pfarrer Werfer, Reallehrer Pflanz, Redakteur Wanner und Konrad Kümmel. Der von seinem Charakter »volkstümliche, anfangs etwas dürftige« Kalender wurde im Laufe der Jahre anspruchsvoller. Er wurde in der Diözese Rottenburg gern gelesen, da er einen »stark schwäbischen Einschlag« hatte und wichtige Ereignisse des Bistums wiedergab. Vgl. HAGEN, Geschichte, Bd. 2, 217.
68   Der Kalender für Zeit und Ewigkeit für das Jahr 1858, in: SCV 9 (1858) Nr. 5, 38.

69 Der evangelische Theologe, Publizist und Schriftsteller aus Schwaben verfaßte zahlreiche belletristische und katholizismuskritische Schriften. Besonderen Anstoß erregten unter den Katholiken: Die Jesuiten, Stuttgart o.J.; Mysterien des Vaticans oder die geheimen und offenen Sünden des Pabstthums, Stuttgart 1869; Die Geheimnisse des Escurial. Nachtbilder und Blutscenen vom spanischen Königshofe, Stuttgart 1869; Das Damen-Regiment an den verschiedenen Höfen Europas in den zwei letztvergangenen Jahrhunderten, Stuttgart 1869–1870; The Jesuits. A complete history of their open and secret proceedings from the foundation of the order to the present time, London 1883. – Auch die in Stuttgart verlegten Bücher erschienen nicht alle bei Kröner.
70 Die Stadtglocke. Süddeutsches Unterhaltungs-Blatt für alle Stände 1 (1864) bis 4 (1867). – Die Zeitschrift des Kröner-Verlags erschien in Stuttgart und Leipzig.
71 Gegen die schlechte Presse, in: SCV 16 (1865) Nr. 11, 88f.
72 Konrad KÜMMEL, Einen Abschiedsgruß, in: KS 78 (1927) Nr. 49, 793.
73 Joannes Baptista SPROLL, Hochwürdigster Herr Prälat! In: KS 78 (1927) Nr. 49, 794.
74 Franz STÄRK, Konrad Kümmel und sein Lebenswerk. Zur 100. Wiederkehr seines Geburtstages, in: KS 96 (1948) Nr. 16, 66f, zit. 67.
75 Vom Wechsel-Unterschreiben, in: KS 29 (1878) Nr. 17, 142.
76 Was sagt die heilige Schrift über Bürgschaften? In: KS 38 (1887) Nr. 28, 221. – Herangezogen wurden die Stellen Sir 8,16, Sir 29,19–27 und Sprüche 22,26.
77 Pflanzet Obst, in: KS 32 (1881) Nr. 36, 286.
78 Pflanzet Obst, in: KS 33 (1882) Nr. 10, 76f, zit. 77.
79 Pflanzet Obst, in: KS 33 (1882) Nr. 11, 85.
80 Ueber Obst und Obstbau, in: KS 43 (1892) Nr. 41, 351.
81 Ueber Obst und Obstbau, in: KS 43 (1892) Nr. 42, 358f.
82 Das Aufbewahren des Kernobstes, in: KS 29 (1878) Nr. 39, 319.
83 Die Behandlung der Milch durch die Frauen, in: KS 29 (1878) Nr. 36, 295.
84 Die Behandlung der Milch durch die Frauen, in: KS 29 (1878) Nr. 37, 303f. »Sicher wäre es viel ehrender für unsere ländlichen Hausfrauen, wenn sie, anstatt sich Putzstuben einzurichten, mehr Staat mit ihren Milchkammern machen und ihre Gäste dahineinführten«; ebd. 303.
85 Die Behandlung der Milch durch die Frauen, in: KS 29 (1878) Nr. 40, 327.
86 Die Behandlung der Milch durch die Frauen, in: KS 29 (1878) Nr. 41, 335.
87 Vgl. dazu auch: Ueber den Einfluß des Futters auf die Güte des Schweinefleischs, in: KS 29 (1878) Nr. 52, 423, wo zu lesen war, daß das bestschmeckendste und zarteste Schweinefleisch durch die Mast mit Milch und Molkereiabfällen zu erhalten war.
88 Die Behandlung der Milch durch die Frauen, in: KS 29 (1878) Nr. 42, 343.
89 Wie hat sich eine christliche Familie während eines Gewitters zu verhalten? In: KS 40 (1889) Nr. 29, 231.
90 Der Mittwoch und Freitag im Advent, in: KS 28 (1877) Nr. 48, 382f, zit. 382.
91 Ebd. 383.
92 Das Quatemberfasten war durch Fasten am Mittwoch und am Freitag sowie durch eine samstägliche Vigil gekennzeichnet, ARBESMANN, Fasttage, 520; HEINZ, Quatember, 764. – Vgl. auch LANG-GÄRTNER, Erneuerung der Quatember-Tage.
93 Vorbereitung zum Christfest, in: KS 28 (1877) Nr. 50, 400.
94 Osterei, Osterhaas, in: KS 32 (1881) Nr. 18, 142.
95 EMEIS, Erstkommunion, 834; MEYER, Eucharistie. – Zur Geschichte der Vorbereitung der Erstkommunikanten vgl. HELLBERND, Die Erstkommunion der Kinder.
96 Der schönste Tag im Leben, in: KS 34 (1883) Nr. 11, 85.
97 Der schönste Tag im Leben, in: KS 34 (1883) Nr. 12, 92f, zit. 92.
98 Ebd. 93.
99 Der schönste Tag im Leben, in: KS 34 (1883) Nr. 13, 101. – In den folgenden Jahrzehnten mahnte das Sonntagsblatt fast in jedem Jahr die würdige Vorbereitung und Feier der Erstkommunion an; vgl. Der schönste Tag des Lebens naht, in: KS 36 (1885) Nr. 15, 115; Ein Wort an viele Väter und Mütter, in: KS 37 (1886) Nr. 23, 180.
100 Das Jubiläum der Maiandacht, in: KS 35 (1884) Nr. 19, 148f, zit. 148f.
101 Einige Gedanken zur Maiandacht, in: KS 35 (1884) Nr. 20, 156f, zit. 156.

102 Zum Herz-Jesu-Monat, in: KS 36 (1885) Nr. 26, 195. – Zur Herz-Jesu-Frömmigkeit vgl. Auf der MAUR, Feste und Gedenktage, 207–210.
103 Primizen und Ablässe, in: KS 37 (1886) Nr. 28, 221. – Vollkommenen Ablaß konnten nach vorausgehender Beichte und Kommunionempfang die folgenden Familienmitglieder des Neupriesters erlangen: die Eltern, Großeltern und Urgroßeltern, die Geschwister der Eltern, deren Kinder und Enkel (sogenannte Dritte Kinder zum Neupriester), die Geschwister der Großeltern und deren Kinder und Enkel sowie die Geschwister des Primizianten und deren Kinder und Enkel; ebd. – Zu Liturgie und Brauchtum der Primizfeier vgl. MEYER, Eucharistie, 565–573 (Lit.).
104 P. Alban VON EHINGEN, Die Kräuterweihe (Zum 15. August), in: KS 66 (1915) Nr. 33, 343f; Nr. 34, 353f; Nr. 35, 363f.
105 Zum Rosenkranzfeste, in: KS 34 (1883) Nr. 40, 316.
106 Zum Rosenkranze, in: KS 34 (1883) Nr. 41, 324.
107 Der lebendige Rosenkranz, in: KS 30 (1879) Nr. 40, 316.
108 Der Monat November, in: KS 28 (1877) Nr. 45, 358f; Nr. 46, 366. Der Verfasser gab zu allen Heiligengedenktagen und Festen des Monats November kurze Erklärungen.
109 Allerseelen, in: KS 33 (1882) Nr. 45, 355.
110 Max von AUER, An die Lebendigen, Katholiken und Protestanten, o.O. o.J. – Auer beklagte in seiner Schrift bitter, daß die Protestanten das Gebet am Grab aus grundsätzlichen Erwägungen unterließen, während die Katholiken aus Nachlässigkeit und Trägheit den Gang zum Gottesacker versäumten. Alle »bemitleidenswerten Seelen im Jenseits« jedoch benötigten unabhängig von ihrer Konfession dringend das christliche Gebet und die Fürbitte, damit sich ihr Schicksal zum Besseren wenden konnte. An seine »protestantischen Mitbrüder« richtete der katholische Priester die eindringliche Mahnung, die Existenz eines »Reinigungsortes« anzuerkennen, so wie dies zahlreiche evangelische Theologen (Rothe, Göschel, Anhaus, Rudloff, Stirm und Leibbrand) bereits getan hatten; Etwas zum Allerseelenmonat, in: KS 40 (1889) Nr. 44, 351.
111 Etwas zum Allerseelenmonat, in: KS 40 (1889) Nr. 45, 359.
112 Etwas zum Allerseelenmonat (Für Katholiken und Protestanten), in: KS 40 (1889) Nr. 46, 367.
113 Etwas zum Allerseelenmonat (Für Katholiken und Protestanten) in: KS 40 (1889) Nr. 47, 374f, zit. 348.
114 Die Seelen-Oktav, in: KS 28 (1877) Nr. 44, 351.
115 Der Samstag Abend. Ein ernstes Wort, in: KS 28 (1877) Nr. 41, 327.
116 Der Samstag Abend, in: KS 28 (1877) Nr. 43, 343.
117 Die Winter-Abende, in: KS 28 (1877) Nr. 47, 374.
118 Vom Wirthshausleben, in: KS 32 (1881) Nr. 34, 269. Mehr als fünfzig Jahre später hatte sich die Situation für die Familien der Alkoholiker nicht geändert, sogar die Entmündigung der Trinker wurde propagiert; vgl. Johannes STRAUBINGER, Wie ich helfen kann. Die Mütter ohne Ehering. – Im Dienste des Guten Hirten. – Die Opfer des Alkoholismus, in: KS 81 (1930) Nr. 36, 580; Franz STÄRK, Ein Tätigkeitsbericht. 200.000 Liter Süßmost, in: KS 83 (1932) Nr. 26, 408f.
119 Rundschau in der Alkoholfrage. Organ der Internationalen Vereinigung gegen Alkoholismus und des Priesterabstinentenbundes 1 (1904/05) bis 2 (1905/06).
120 Ein Wort an alle! In: KS 57 (1906) Nr. 17, 208f. – Vgl. BAUMEISTER, Alkoholismus, 339f; DERS., Abstinenzbewegung, 87–89.
121 Unsere lieben Kleinen, in: KS 29 (1878) Nr. 46, 374.
122 Die Haushaltungsschule in Erbach, in: KS 29 (1878) Nr. 35, 287f zit. 288. – Das Sonntagsblatt riet auch mehr als ein halbes Jahrhundert später den Bauern wiederholt die gute Ausbildung ihrer Kinder an, um sie mit den Erfordernissen der sich wandelnden Zeit vertraut zu machen; vgl. Bruno SEEGER OSB, Ein Tag in der Landwirtschaftsschule Neresheim, in: KS 83 (1932) Nr. 39, 613.
123 Was sollen wir mit unseren Töchtern anfangen? In: KS 40 (1889) Nr. 22, 174f, zit. 174. Der Verfasser gibt an, die Beantwortung der Frage einem »amerikanischen Blatt« entnommen zu haben.
124 Ebd. 175.
125 Waren in Deutschland 1780 zwei Drittel aller Beschäftigten im Agrarsektor tätig, sank der Anteil 1875 auf knapp die Hälfte und bis zum Beginn des Ersten Weltkriegs auf ein gutes Drittel. Im gleichen Zeitraum entwickelte sich der Industrie- und Dienstleistungsbereich von 19% auf 38% aller

Beschäftigten. Die Verstädterung war auch eine Folge der hohen Bevölkerungszunahme von 1815 (25 Millionen) bis 1895 (52 Millionen); ENDRES, Bauerntum I, 345.
126 Eltern, denkt an eure auswärts dienenden Kinder, in: KS 43 (1892) Nr. 30, 263f, zit. 264.
127 Winke für junge Mädchen, die in Frankreich gerne eine Stelle hätten, in: KS 41 (1890) Nr. 2, 14.
128 Weibliche Beteiligung im Handels- und Verkehrsberufe. Skizze von Dr. R., Ravensburg, in: KS 59 (1908) Nr. 49, 566f, zit. 566.
129 Welchen Nutzen die katholischen Vertrauensmänner für die Auswanderer und alle, welche nach überseeischen Ländern reisen, in den Hafenplätzen haben, in: KS 30 (1879) Nr. 4, 29.
130 Das KS empfahl Casey und Marschall in Clark County, Hume in Edgar County, Kinmundy in Marion County, Mount Vernon in Jefferson County; Piopolis in Hamilton County und Ridgway in Callatin County. Neben der Verkehrsanbindung und den landwirtschaftlichen Bedingungen wurde auch auf das Bestehen von katholischen Gemeinden und Schulen hingewiesen. Zur Auswanderung nach Amerika, in: KS 32 (1881) Nr. 35, 275f. Die Überfahrt wurde z. B. von zwei General-Agenten der Königlich-Niederländischen Schiffahrtsgesellschaft Prins & Zwanenburg in Stuttgart und einem weiteren Agenten in Heilbronn organisiert. Die Überfahrten führten von Amsterdam direkt nach New York; KS 33 (1882) Nr. 52, 408.
131 Die Mahnungen vor der »unkatholischen« Lektüre durchziehen die fünfzig Jahre des Kümmelschen Wirkens als Redakteur. In der langen Zeit ändern sich die Argumentationsmuster vom Inhalt her nicht; vgl. auch: Ernste Worte an alle Katholiken! In: KS 73 (1922) Nr. 5, 50.
132 Das Lesen, in: KS 33 (1882) Nr. 13, 101.
133 Die Presse, in: KS 33 (1882) Nr. 14, 109.
134 Die Presse, in: KS 33 (1882) Nr. 15, 117.
135 Die Presse, in: KS 33 (1882) Nr. 16, 125.
136 Eltern erziehet Eure Kinder in der Gottesfurcht! In: KS 29 (1878) Nr. 12, 98f.
137 Wie man die Leute aufklärt, in: KS 29 (1878) Nr. 20, 167.
138 »Was soll ich denn lesen?«, in: KS 39 (1888) Nr. 49, 389.
139 Eine Warnung an das katholische Publikum, in: KS 46 (1895) Nr. 31, 279.
140 Neue Heimat jenseits des Meeres I, in: KS 83 (1932) Nr. 13, 202.
141 Neue Heimat jenseits des Meeres II, in: KS 83 (1932) Nr. 14, 221.
142 Neue Heimat jenseits des Meeres III, in: KS 83 (1932) Nr. 15, 235f, zit. 235.
143 Neue Heimat jenseits des Meeres IV, in: KS 83 (1932) 16, 253. – Der Autor schilderte recht anschaulich den Aufbau eines Hofes im Urwald und die Lebensverhältnisse einer Kolonistenfamilie.
144 Neue Heimat jenseits des Meeres V, in: KS 83 (1932) Nr. 17, 269.
145 Neue Heimat jenseits des Meeres VI, in: KS 83 (1932) Nr. 19, 301.
146 Wie erhalte ich eine Rente aus der Invaliden- und Angestelltenversicherung? In: KS 83 (1932) Nr. 24, 377.
147 Das Reichserbhofgesetz. Was jeder Staatsbürger und besonders jeder Bauer davon wissen muß, in: KS 84 (1933) Nr. 53, 952f. – In einem weiteren Artikel wandte sich das KS den Gesetzesbestimmungen in bezug auf die Versorgung der Eltern des Erbhofbauern, der Abschaffung der Belastung des Hofes mit einer Hypothek und Fragen der Verschuldung zu; Das Reichserbhofgesetz. Was jeder Staatsbürger und besonders jeder Bauer davon wissen muß (Schluß), in: KS 85 (1934) Nr. 1, 9f.
148 Unter der Rubrik »Zum Vorlesen beim häuslichen Gottesdienst« erschienen in der KKW 89 (1938) folgende Beiträge: Das Vaterunser, Nr. 25, 444, Nr. 26, 462, Nr. 27, 480, Nr. 28, 498, Nr. 29, 516, Nr. 30, 534, Nr. 31, 552, Nr. 32, 570, Nr. 33, 588; Gegrüßt seist du, Maria, Nr. 34, 606, Nr. 35, 624, Nr. 36, 642; Die Geschichte einer frommen Magd, Nr. 37, 660; Die heilige Hildegard (17. September), Nr. 38, 678; Die hl. Lioba (28. September), Nr. 39, 696; St. Michael Erzengel (29. September), Nr. 40, 714; Jakob von Ulm (12. Oktober), Nr. 41, 732; Der heilige Wendelin (20. Oktober), Nr. 42, 748; St. Bernward der große Förderer christlicher Kultur (26. Oktober), Nr. 43, 768; St. Wolfgang (31. Oktober), Nr. 44, 786; Die Selige des ersten Novembersonntags 1938, Nr. 45, 803f; Die Selige des 2. November-Sonntags, Nr. 46, 822; Die Heilige des 3. Novembersonntags, Nr. 47; 840; Der hl. Konrad, Bischof von Konstanz (26. November), Nr. 48, 858; Adolf Kolping 1865 (8. Dezember), Nr. 49, 875f; Dietrich von Münster (11. Dezember), Nr. 50, 894; Vom hl. Wunibald und seinen Geschwistern (18. Dezember), Nr. 51, 912; Der hl. Thomas von Can-

terbury (29. Dezember), Nr. 52, 930 und in der KKW 90 (1939) Der Heilige Gerlach (5. Januar), Nr. 1, 10; Der hl. Valentin (7. Januar), Nr. 2, 26; Die hl. Agnes (21. Januar), Nr. 3, 44.
149 Gebet im Kämmerlein und das Familiengebet, in: KKW 89 (1938) Nr. 28, 487.
150 P. Hartmann Eberl, Missionar in Manschuko/Korea, berichtete in einer Zuschrift an die KKW vom gemeinsamen Morgen- und Abendgebet der koreanischen Katholiken. Sie fanden sich zweimal täglich für eine Viertelstunde im Gebetsraum am Ort ein und beteten die für das ganze Missionsgebiet einheitliche Andacht: Anrufung des Heiligen Geistes, Schuldbekenntnis, Vaterunser, Gegrüßet seiest du Maria, Glaubensbekenntnis, Schutzengelauftrag, Muttergotteslitanei, Bitten für die Familien und Freunde, Vaterunser, Totengedenken, Psalm 130 (Aus der Tiefe rufe ich), Danksagung für Konversionen und ein Vaterunser zum Abschluß; vgl. Und noch einmal: Das Familiengebet, in: KKW 89 (1938) Nr. 43, 765.
151 Nochmals: Wann beten wir daheim? In: KKW 89 (1938) Nr. 30, 523f.
152 Was beten wir daheim? In: KKW 89 (1938) Nr. 31, 543.
153 Der Wunsch, daß das katholische Haus Gotteshaus sein möge, in dem Lied, Gebet und Schriftlesung gepflegt werden, wiederholte sich; vgl. Josef BÄRTLE, Die Heilige Schrift in der Familie, KS 95 (1947) Nr. 1, 2.
154 Was beten wir daheim? In: KKW 89 (1938) Nr. 32, 559f. – Eine junge Mutter aus dem Leserkreis gab bekannt, daß sie selber ein Büchlein mit Fünf-Minuten-Abendandachten für jeden Tag der Woche zusammengestellt habe, die ihre Kinder nach und nach auswendig lernten; vgl. Das Familiengebet, KKW 89 (1938) Nr. 42, 747.
155 Wie beten wir daheim? In: KKW 89 (1938) Nr. 35, 615f, zit. 615.
156 Die Liturgie im Familiengebet, in: KKW 89 (1938) Nr. 36, 631. – »Das ganze Gemeinschaftsgebet müßte darunter leiden, wenn der Vater nicht ab und zu führen, sondern immer nur im ›Volk‹ mitmachen würde«; ebd.
157 Die Liturgie im Familiengebet, in: KKW 89 (1938) Nr. 37, 651f.
158 Der Herrgottswinkel, in: KKW 89 (1938) Nr. 39, 687f, zit. 687. – Zum Herrgottswinkel vgl. RÄNK, Die Hl. Hinterecke.
159 Franz STÄRK, Schöne und unschöne Grabdenkmäler, in: KKW 88 (1937) Nr. 26, 432f, zit. 432. – Stärk ließ die Leser auch an seinen Erlebnissen anläßlich einer Reise nach Tunis teilhaben: »Es ist sicher kein Zufall, daß die mohammedanischen Friedhöfe so armselig und nüchtern gehalten sind. Windschiefe Steine ohne Schmuck und Kunst regellos nebeneinander gestellt [...] Aber so ist der ganze Mohammedanismus, kulturarm, oft geradezu kulturfeindlich«; ebd. 433.
160 Franz STÄRK, Schöne und unschöne Grabdenkmäler, in: KKW 88 (1937) Nr. 27, 448f, zit. 449.
161 Franz STÄRK, Schöne und unschöne Grabdenkmäler, in: KKW 88 (1937) Nr. 28, 464f, zit. 464.
162 Ebd. 465.
163 Franz STÄRK, Schöne und unschöne Grabdenkmäler, in: KKW 88 (1937) Nr. 29, 481f, zit. 482.
164 Franz STÄRK, Schöne und unschöne Grabdenkmäler, in: KKW 88 (1937) Nr. 30, 496–498, zit. 497.
165 Ebd. 498.
166 M. SCHMIDT-THEILE, Winterlicher Grabschmuck, in: KKW 89 (1938) Nr. 46, 821.
167 Adventsgang Mariä, in: KS 85 (1934) Nr. 49, 884. – Das beigegebene Foto zeigte alle acht weiblichen Mitglieder einer Großfamilie um die reich mit Blumen geschmückte Statue, die Mädchen trotz der Winterzeit in ihren kurzen Kommunionkleidchen (Söckchen und Spangenschuhen) mit einer Lilie in der Hand, eine offenbar unverheiratete junge Frau kniend in weißem Kleid, alle anderen in dunklem Festgewand.
168 Lebensbaum – Weihnachtsbaum – Christbaum, in: KS 86 (1935) Nr. 51, 1066f.
169 Weihnacht. Wie das Fest in der Familie gefeiert werden kann, in: KKW 89 (1938) Nr. 52, 927.
170 Johannes STRAUBINGER, Wie ich helfen kann. Die erste Fürsorgeverordnung kam vom Himmel, nicht von Berlin. – Der Wohlfahrtsstaat. – Kälte braucht Wärme. – Zweierlei Arme, in: KS 81 (1930) Nr. 20, 341. – »Es gibt eben auch ein Scheinchristentum, das sich wie Eis auf die Caritasquellen legt und der echt christlichen Wärme den Zutritt zum Herzen verwehrt«; ebd.
171 DERS., Wie ich helfen kann. Die Not der Kinderreichen im Zeitalter des Kindes. – Caritashilfe, Mütterferien und Bettenhilfe. – Die Enterbten der Inflation, in: KS 81 (1930) Nr. 22, 373. – Im folgenden können nicht alle von Straubinger vorgestellten Einrichtungen und Hilfsvereine benannt

werden, sondern nur die Hilfestellungen, die er von der katholischen Familie erwartete. Selbstverständlich war ihm aber, daß die Leser des Sonntagsblattes betroffenen Familien, z. B. mit behinderten Angehörigen, ihr Wissen weitergaben und den entsprechenden Vereinen beitraten, z. B. Vinzenzverein, Elisabethenverein etc.

172 DERS., Wie ich helfen kann. Das stehende Heer der Arbeitslosen – Wo die Not ist, da ist ein Nothelfer – Von den Männern als Nothelfer, in: KS 81 (1930) Nr. 23, 388.
173 DERS., Wie ich helfen kann. St. Elisabeth als Helferin. – Was fangen wir mit den Alten an? Die Invaliden der Arbeit, in: KS 81 (1930) Nr. 24, 305.
174 DERS., Wie ich helfen kann. Vom Josephsverein zur Linderung der Not auf dem Lande – Wie hilft man sich bei Viehschaden? – Bei Hagelschlag? In: KS 81 (1930) Nr. 25, 421.
175 DERS., Wie ich helfen kann. Die keine Glocken läuten hören. – Denen die Sonne nicht scheint, in: KS 81 (1930) Nr. 27, 449.
176 DERS., Wie ich helfen kann. Krankenpflege in der Familie – Aufnahme in die Staatskliniken – Im Landesbad in Wildbad – Die barmherzige Schwester als Trost der Kranken, in: KS 81 (1930) Nr. 28, 472.
177 DERS., Wie ich helfen kann. Die halben und dreiviertels Menschen – Geistige Krüppel – Epilepsie und Irrsinn, in: KS 81 (1930) Nr. 30, 493. – Auch bei den geistesschwachen Kindern war die Ursache in Inzest und Alkoholismus zu suchen.
178 DERS., Wie ich helfen kann. Das Werk Vater Kolpings. – Bahnhofsmission und Bahnhofsdienst. – Das katholische Jugendsekretariat. – Schutz der Jugend vor Schmutz und Schund, in: KS 81 (1930) Nr. 35, 565.
179 DERS., Wie ich helfen kann. Vergeßt die Studenten nicht! – Paulusverein »Dem Tüchtigen freie Bahn«. – Die Heimsucher in der neuen Welt. – Die Heimsucher in der Heimat, in: KS 81 (1930) Nr. 38, 612.
180 DERS., Wie ich helfen kann. Die Mütter ohne Ehering. – Im Dienste des Guten Hirten. – Die Opfer des Alkoholismus, in: KS 81 (1930) Nr. 36, 580. – Straubingers Ausführungen blieben nicht ohne Kritik; vgl. DERS., Wie ich helfen kann. An meine Kritiker. – Ein besonderes Wort an die Kritiker im Vereinsboten, in: KS 81 (1930) Nr. 39, 629.
181 DERS., Wie ich helfen kann. Blumen ohne Sonnenschein. – Lasset die Kleinen zu mir kommen. – Das vielgewünschte Idealkind. – Kinderfreunde, die Kinderfeinde sind, in: KS 81 (1930) Nr. 32, 525.
182 DERS., Wie ich helfen kann. Die große Kunst der Kindererziehung. – Verwöhnung statt Bildung. – »Meine Kinder sollen es besser haben als ich.« – Abhilfe gegen Kinderverwahrlosung. – Die »Schrecken« der Fürsorgeerziehung, in: KS 81 (1930) Nr. 31, 509.
183 Spielzeug. Besinnlich-kritische Gedanken, in: KS 79 (1928) Nr. 47, 754.
184 POLLACH, Die neue Fibel für die katholischen Volksschulen Württembergs, in: KS 84 (1933) Nr. 5, 80–83, zit. 80.
185 Johannes STRAUBINGER, Wie ich helfen kann. Kindergarten. – Hort und Tagheim. – Wohin mit den Kindern in den Ferien? – Ein Schullandheim. – Die Jungscharen, in: KS 81 (1930) Nr. 33, 537f.
186 Mit wem hältst du es? In: KS 83 (1932) Nr. 39, 619.
187 Der Index der verbotenen Bücher, in: KS 86 (1935) Nr. 47, 962f, zit. 962.
188 Ebd. 963.
189 Heinrich GETZENY, Worte, die wieder verschwinden müssen. 1. »Organisieren«, in: KS 93 (1945) Nr. 5, 18.
190 Vgl. Du sollst nicht stehlen, in: KS 95 (1947) Nr. 37, 118.
191 Heinrich GETZENY, Worte, die wieder verschwinden müssen. 2. »Umlegen«, in: KS 94 (1946) Nr. 3, 14.
192 Ebd.
193 Heinrich GETZENY, Worte, die wieder verschwinden müssen. 3. »An die Wand stellen«, in: KS 94 (1946) Nr. 4, 26.
194 Ebd.
195 Heinrich GETZENY, Worte, die wieder verschwinden müssen. 4. Fanatisch, in: KS 94 (1946) Nr. 5, 27.

196 Heinrich GETZENY, Worte, die wieder verschwinden müssen. 5. Einmalig und einzigst, in: KS 94 (1946), Nr. 6, 34.
197 Heinrich GETZENY, Worte, die wieder verschwinden müssen. 6. Total und totalitär, in: KS 94 (1946) Nr. 7, 38.
198 Heinrich GETZENY, Worte, die wieder verschwinden müssen. 7. Hart und eiskalt, in: KS 94 (1946) Nr. 8, 46.
199 Heinrich GETZENY, Worte, die wieder verschwinden müssen. 8. »Mädel« und »Kleine Freundin«, in: KS 94 (1946) Nr. 9, 51.
200 Heinrich GETZENY, Worte, die wieder verschwinden müssen. Schluß, in: KS 94 (1946) Nr. 10, 57f.
201 Carl Joseph LEIPRECHT, Bischofswort zum Jubiläum des »Katholischen Sonntagsblattes«, in: KS 100 (1952) Nr. 39, 642.
202 Einem für das Bistum Rottenburg-Stuttgart einschneidenden Ereignis, dem Zuzug der Heimatvertriebenen, kann im engen Rahmen dieses Beitrags nicht nachgegangen werden. Dennoch möchte ich auf folgende Artikel verweisen: Rupert BENDL, An die Umgesiedelten (Flüchtlinge) aus Südmähren und dem übrigen Sudetenland, in: KS 94 (1946) Nr. 13, 75; Alfons HÄRTEL, Laienpriestertum heute, in: KS 94 (1946) Nr. 19, 110; R.B., »Wir haben nicht den Mut zu bitten«, in: KS 94 (1946) Nr. 19, 111; Alfons HÄRTEL, Angleichen und Entgegenkommen. Kleinigkeiten, die aber wichtig sind, in: KS 94 (1946) Nr. 23, 134; Norbert MÜHLECK, Heimat und Kirche, in: KS 94 (1946) Nr. 29, 170; Alfons HÄRTEL, Wohltäter und Danksagende, in: KS 94 (1946) Nr. 35, 206f; Erwin ROSNER, Familie am Straßenrand, in: KS 94 (1946) Nr. 47, 278; Alfons HÄRTEL, »Lasset heut bei Euch uns wohnen …«, in: KS 94 (1946) Nr. 51, 302; Der Bischof an die Heimatvertriebenen, in: KS 95 (1947) Nr. 22, 131; Um das Recht der Heimatvertriebenen, in: KS 95 (1947) Nr. 44, 263; Die Stimme der heimatvertriebenen Priester, in: KS 97 (1948) Nr. 46, 254.
203 Gertrud STEINHORST, Entzündet das Gotteslicht. Ein Wort an die Frauen der Heimkehrer, in: KS 94 (1946) Nr. 45, 265.
204 Emil KAIM, Das christliche Haus. Die Eltern, in: KS 95 (1947) Nr. 2, 9. Vgl. auch DERS., Das christliche Haus. Die Kinder, in: KS 95 (1947) Nr. 3, 13.
205 DERS., Das christliche Haus. Die Alten, in: KS 95 (1947) Nr. 4, 21.
206 Die Gestaltung übernehmen Stadtpfarrer Breucha aus Degerloch, KS 94 (1946) Nr. 12, 66; Nr. 40, 240; Nr. 46, 276; Domprediger Dr. Karl Dorr aus Wien, KS 94 (1946) Nr. 16, 91; Stadtpfarrer Anton Weber aus Stuttgart, KS 94 (1946) Nr. 18, 109 und Nr. 36, 216; Pfarrer Weiger aus Mooshausen, KS 94 (1946) Nr. 20, 120; Stadtpfarrer Härtel als Seelsorgebeauftragter für Heimatsuchende über »Die Heimat als Wert zur Vollendung des christlichen Menschenbildes«, KS 94 (1946) Nr. 22, 132; Nr. 51, 307; Domkapitular Hindenberger, KS 94 (1946) Nr. 25, 144; Studienrat Willy Müller aus Stuttgart, KS 94 (1946) Nr. 28, 168; Nr. 52, 312; Caritasdirektor Baumgärtner, KS 94 (1946) Nr. 30, 180; Stadtpfarrer Hanßler aus Schwäbisch-Hall, KS 94 (1946) Nr. 33, 192; Pfarrer Richard Müller aus Bettringen, KS 94 (1946) Nr. 38, 227; Stadtpfarrverweser Gantert aus Ulm, KS 94 (1946) Nr. 42, 252, und Dr. Arnold aus Tübingen, KS 94 (1946) Nr. 49, 288.
207 KS 94 (1946) Nr. 51, 307.
208 KS 96 (1948) Nr. 24, 100.
209 KS 96 (1948) Nr. 37, 179.
210 KS 96 (1948) Nr. 38, 195.
211 KS 96 (1948) Nr. 35, 163; Nr. 36, 171.
212 KS 96 (1948) Nr. 44, 237.
213 KS 97 (1949) Nr. 3, 15; Nr. 8, 63; Nr. 12, 101.
214 Zuhören und seine Meinung sagen! Religiöse Sendungen im Rundfunk. Eine Hörer-Umfrage, in: KS 97 (1949) Nr. 10, 82. – Aus rund 600 Zuschriften wählte der Sender 300 Personen aus und befragte sie. Von den 300 Befragten antworteten 181, davon 151 evangelische, 22 katholische und 8 konfessionslose Hörer; ebd.
215 Ebd.
216 Vgl. auch: Schutz gegen schlechte Filme, in: KS 96 (1948) Nr. 13, 54.
217 Zu neuen Filmen, in: KS 97 (1949), Nr. 38, 401.

218　Ebd. Nr. 39, 413.
219　Ebd. Nr. 48, 535.
220　Ebd. Nr. 52, 609.
221　Ebd. Nr. 52, 609.
222　Vgl. KS 109 (1961) Nr. 4, 22.
223　Zur Zeit im Kino, in: KS 144 (1996) Nr. 14, 29.
224　Es handelte sich um die Sendungen »Zwischen gestern und morgen« von Dr. Max Rößler, Würzburg; die Jugendstunde mit Prof. Auguste Piccard; die Elternschule, in der die Erwachsenen lernen sollen, wie ihre Kinder spielen; die Kinderstunde, in der die Engel-Kinder aus Reutte in Tirol singen, musizieren, spielen und tanzen; die Spielfilme »Rembrandt« und »Jeanne oder die Lerche« sowie die Bildungssendung »Vom Leben und Sterben der Sterne«; KS 106 (1958) Nr. 31, 20.
225　KS 109 (1961) Nr. 5, 22.
226　KS 144 (1996) Nr. 13, 2. – Zum Thema Fernsehen und der damit im Zusammenhang stehenden theologisch-ethischen Haltung vgl. TEICHERT, Fernsehen. I. Allgemein, 1239f und HAUSMANNINGER, Fernsehen. II. Theologisch-ethische Implikationen, 1240f.
227　Katholische Zeitschriften von heute, in: KS 94 (1946) Nr. 38, 226.
228　Gegen die Schmutzliteratur, in: KS 97 (1949) Nr. 7, 51.
229　Vgl. KS 118 (1970) Nr. 39ff.
230　»Leser fragen«, in: KS 127 (1979) Nr. 48ff, hier Nr. 48, 7.
231　»Frau und Familie«, in: KS 132 (1984) Nr. 14ff, zit. KS 132 (1984) Nr. 16, 16. – Zur Illustration sind in den folgenden Anmerkungen einige der »Anregungen« angeführt.
232　Vgl. z. B. KS 132 (1984): Bunte Osterhasen (Nr. 14, 16), Pikante Salate mit Jaffa-Früchten (Nr. 19, 20), Bohnenpfanne (Nr. 32, 12), Gewürze fördern die Verdauung (Nr. 36, 16), Sieben Todsünden in der Küche (Nr. 41, 16).
233　Vgl. z. B. KS 133 (1985): Drei Westen zum Selbermachen, und Tips zum Staubwischen (beides Nr. 10, 20).
234　Vgl. z. B. im Jahrgang KS 132 (1984): Wenn Kinder trotzig sind (Nr. 23, 17), Neuer Schulwegtest (Nr. 32, 12) und 133 (1985): Strafe für Kinder muß nicht sein (Nr. 19, 16), Was alles von Pflegeeltern erwartet wird (Nr. 32, 13).
235　Vgl. z. B. KS 132 (1984): Wandern – vernünftig und ungefährlich (Nr. 27, 17), Nach den Eisheiligen beginnt die Balkonblumenzeit (Nr. 19, 21).
236　Vgl. Franz KAISER, Die Freuden und Leiden des Redakteurs, in: KS 100 (1952) Nr. 39, 656.
237　Folgende Hefte wurden ausgewählt: KS 28 (1877) Nr. 11, 77–80; KS 44 (1893) Nr. 19, 161–164; KS 62 (1911) Nr. 24, 231–236; KS 74 (1923), Nr. 24, 231–236; KS 91 (1940) Nr. 37, 222; KS 93 (1945) Nr. 20, 74; KS 94 (1946) Nr. 36, 216; KS 100 (1952) Nr. 11, 175–184; KS 120 (1972) Nr. 17, 23, 25, 27–31; KS 135 (1997) Nr. 8, 7, 13, 15, 19, 25–27, 31. – Wenn nicht anders genannt, sind im folgenden immer diese Nummern ausgewertet.
238　Vgl. z. B. KS 31 (1880) Nr. 23, 184.
239　Bei den Heiratswünschen und Todesanzeigen blieben die Nachkriegsjahre wegen der Einschränkung der Annoncen außer Betracht.
240　Vgl. hierzu die Abbildung 5 im Beitrag von SEILER, Typisch katholisch.
241　Vgl. KS 87 (1936) Nr. 13, 245; Nr. 21, 405; Nr. 24, 486; Nr. 29, 586 u.v.m.
242　KS 29 (1878) Nr. 26, 211. – Das Verhältnis der Seitenzahlen zu der Anzahl der Annoncen gestaltete sich wie folgt: 1877 (3,5/57), 1893 (4/106), 1911 (7,5/292), 1923 (5,5/224), 1940 (0,5/31), 1945 (1/25), 1946 (0,5/24), 1952 (8,5/265), 1972 (5/76), 1997 (3,75/35), das Anzeigenformat änderte sich entsprechend.
243　KS 90 (1939) Nr. 40, 571.
244　KS 94 (1946) Nr. 36, 216.
245　KS 97 (1949) Nr. 31, 309.

Dominik Burkard

Volksmissionen und Jugendbünde
Eine kritische Analyse und die Diskussion um ein katholisches Milieu in der Diözese Rottenburg

»Es hat sich in unsern Zuständen manches gebessert. Missionen und Exerzitien werden mit großem Erfolge im Land gehalten; ein kirchlich-politisches Blatt, von jungen Kräften redigiert, vertritt mit Geist und Überlegenheit in den protestantischen Kapiteln des Ländchens die katholischen Interessen wider Revolution, Bürokratismus und Preußentum, das Volk ist durchgängig gut, nur sind seine besten Kräfte brach gelegt«[1].

Diese Feststellung des Ehinger Konviktsdirektors Felix Himpel (1821–1890)[2] im Oktober 1850 gegenüber Augustin Theiner (1804–1874)[3] war als Lob und Dank gedacht. Lob für den zweiten Rottenburger Bischof, Joseph Lipp (1795–1869)[4], der 1848 die Leitung der Diözese übernommen hatte, und Dank an Augustin Theiner, der dies als Agent der württembergischen Ultramontanen in Rom mit bewerkstelligt hatte[5]. Tatsächlich bahnte sich mit Lipps Amtsantritt in der Entwicklung der Diözese Rottenburg ein grundlegender Wandel an[6]. Bereits 1958 hatte August Hagen in seiner Geschichte der Diözese Rottenburg auf die Volksmissionen als ein »außerordentliches Mittel zur Erweckung und Vertiefung des religiösen Lebens« hingewiesen[7]. Otto Weiß konnte im Rahmen seiner Studien über den Ultramontanismus der Redemptoristen weitere wichtige Bausteine hinzufügen[8]. Stefan Dietrich erwähnte die Volksmissionen in seiner jüngst erschienenen Studie zu den Kirchen in Baden und Württemberg während der Revolution von 1848[9]. Daß bei dieser »Wende« in der Geschichte des württembergischen Katholizismus die Volksmissionen eine entscheidende Rolle spielten, bestätigt auch das Sonntagsblatt für das christliche Volk, das im August 1850, nach den ersten Missionen in Wurzach und Ellwangen, schrieb: »Es hat mit diesen beiden Missionen im religiösen kirchlichen Leben unseres Bisthums recht eigentlich ein neuer Zeitabschnitt begonnen, der eine schöne Zukunft begründen kann«[10].

1. Zur Fragestellung

Wurde das Auftreten von Volksmissionen, Exerzitien, Bruderschaften und katholischen Vereinen noch vor einigen Jahrzehnten unter den Chiffren »Wiedererwachen des Katholizismus« oder »katholische Bewegung«[11] gefaßt, so werden diese Phänomene seit einiger Zeit zu den typischen Merkmalen dessen gezählt, was die von der Sozialgeschichte inspirierte kirchenhistorische Forschung als »katholisches Milieu« bezeichnet[12]. Die Rottenburger Diözesangeschichtsschreibung ging bislang sehr zurückhaltend mit dem Schlagwort vom »katholischen Milieu« um. Dies hat verschiedene Gründe methodischer, sachlicher und mentalitätsmäßiger Art: In Württemberg stand eine eher historisch-politische Betrachtungsweise der Kirchengeschichte im Vordergrund, entsprechend den Gegebenheiten der im Zeichen des Staatskirchentums gegründeten Diözese[13]. Denn die Auseinandersetzungen zwischen Staat und Kirche

Mit Joseph Lipp, der 1847 den Rottenburger Bischofsstuhl bestieg, artikulierte sich eine tiefgreifende kirchenpolitische Wende in der Diözese Rottenburg.
Bildnachweis: Das katholische Württemberg, 84.

prägten weithin das Gesicht des sich hier entwickelnden Katholizismus. Ein straffes Staatskirchentum[14], die besondere Situation der im protestantischen Tübingen stattfindenden Priesterausbildung[15] und die weithin »liberale« Prägung des Landes, all dies verhinderte oder erschwerte es, daß sich das Bewußtsein einer katholischen »Gegengesellschaft«, eines »katholischen Milieus« entwickeln konnte. Obgleich die Bedingungen hierfür nicht ungünstig waren: Ressentiments der ehemals selbständigen und selbstbewußten Gebiete (Reichsstädte, Klosterlandschaften, Adelsherrschaften) gegen ein engherzig-polizeistaatliches Württemberg, Widerstände katholischer Mentalitäten gegen einen protestantisch geprägten Staat herrschten zunächst vor. Und dennoch: Diesem Staat, der sich – gerade im Hinblick auf die Priesterausbildung – keineswegs engherzig zeigte, gelang es offenbar weitgehend, die Katholiken zu integrieren. Positiv ausgewirkt haben dürfte sich, daß nach der Säkularisation verdiente und fähige Katholiken aus den neuwürttembergischen Gebieten in die Regierung nach Stuttgart berufen wurden[16]. Der Integration förderlich war zudem die Tatsache, daß der frühere – am josephinischen Österreich orientierte – Katholizismus dieser Region sich wesentlich von dem unterschied, der etwa in den Rheinlanden oder in Bayern vorherrschte[17]. Und so gab es hinsichtlich der Entwicklung der Kirche in Württemberg auf der einen und jener in den preußischen Rheinlanden auf der anderen Seite trotz mancher Parallelitäten im 19. Jahrhundert doch wesentliche Abweichungen[18]. Eine weitere Beobachtung: Zu verschieden waren in Württemberg die Verhältnisse von Region zu Region. Von einer Einheitlichkeit des Katholizismus, wie ihn der Milieubegriff insinuiert, konnte hier keine Rede sein. Auch von daher legt sich Zurückhaltung gegenüber einer allzu exzessiven Verwendung des Terminus »Milieu«[19] nahe. Und schließlich ist noch ein letztes bedeutsam: Die in historisch-kritischer Tradition stehende württembergische Kirchengeschichtsschreibung erkannte, daß die Milieutheorie zwar in ein kritisches Gewand gekleidet ist, letztlich aber eine eher konservativ-konservierende Funktion wahrnimmt, weil die Milieuhistoriker nur *einen* Strang innerhalb der katholischen Kirche, *einen Katholizismus* unter mehreren parallel existierenden Katholizismen untersuchen, und zwar den »strengkirchlich-ultramontanen«. Hierbei müssen jedoch jene Katholiken bzw. Gruppen von Katholiken durch das Raster eines definierten Milieus fallen, die sich in Ausübung ihrer Frömmigkeit und in ihrem Lebensstil eben nicht konformieren lassen wollten. Und diese Katholiken machten in Württemberg – so die hier vertretene Auffassung – eine keineswegs verschwindende Minderheit aus.

Von daher wundert es nicht, daß es im Kontakt zwischen süddeutschen und norddeutschen Kirchenhistorikern auf der 1998 veranstalteten Studientagung zum Thema »1848« in Weingarten zu Kontroversen kam. Während Wilhelm Damberg und Bernhard Schneider ganz selbstverständlich für 1848 von der Existenz eines katholischen Milieus in Württemberg ausgingen, äußerten sich Hubert Wolf und der Autor in der Diskussion skeptisch bis ablehnend[20].

Die Frage »Milieu – ja oder nein« konnte nicht zu Ende diskutiert werden. Das Problem auf breiter Quellengrundlage anzugehen, bleibt jedoch wünschenswert. Und es ist im Sinne wissenschaftlicher Integrität nur stringent, wenn hierbei die Perspektive vertauscht wird. Deshalb wird im folgenden von einem Milieu-Skeptiker neues Material zur Verifizierung oder Falsifizierung der These vom katholischen Milieu in Württemberg zur Verfügung gestellt. Hierzu bietet sich als wichtige Quelle das seit 1850 in Stuttgart erschienene »Sonntagsblatt für das christliche Volk« an. Denn ein erster Blick in die frühen Bände scheint die Milieutheorie zu bestätigen. Gehäuft treten dort die für das Milieu so typischen Themen wie Volksmissionen, Exerzitien, Vereine, Bruderschaften, aber auch christliches Familienleben, Lebensführung und Frömmigkeit auf.

2. Methodische Vorbemerkungen

1. Die vorliegende Untersuchung beschränkt sich weitgehend auf die Volksmissionen[21]. Ihnen wird eine bedeutende Rolle im Prozeß der Milieubildung zugeschrieben. Die Kirche hatte in der Revolution von 1848 die Mobilisierbarkeit der Masse aufs neue kennengelernt und machte sich diese zu eigen. Volksmissionen betrachtete man als eine von »vielen wohlthätigen Einrichtungen, welche die Kirche besitzt, um immer von Neuem wieder Freudigkeit im heiligen Glauben zu erwecken, den kirchlichen Sinn aufzufrischen, ein christlich-sittliches Leben immer wieder erstarken zu lassen«[22]. Volksmissionen schienen ein außerordentlich effektives (weil sowohl auf Masse als auch auf den einzelnen berechnetes) Instrument kirchlicher Norm- und Wissensvermittlung zu sein. Doch konnten sie über dieses Anliegen hinaus für weitergehende Anliegen funktionalisiert werden. Intendiert waren eine Wiederbelebung des von liberalen und staatskirchlichen Kreisen unterdrückten Wallfahrtswesens, die Neugründung von Klöstern[23] und dadurch die weltanschaulich-konfessionelle Stärkung des Katholizismus in einer mehr oder weniger protestantisch dominierten politischen Ordnung.

2. Das Katholische Sonntagsblatt ist für die skizzierte Fragestellung eine hervorragende Quelle, da in einer nahezu erdrückenden Dichte das Geschehen in der Diözese festgehalten, geschildert und kommentiert wurde. Dies hängt mit dem spezifischen Interesse des Blattes und

Die christliche Familie beim Gebet vor dem Missionskreuz. Titelkupfer des Sonntagsblattes in den Jahren 1852 und 1853.
Bildnachweis: SCV 1852, Nr. 11 (14. März), 81.

mit der Art seiner Redaktion zusammen. Es wollte berichten, belehren und zur Nachahmung anregen. Dem Herausgeber waren die Volksmissionen ein persönliches Anliegen. Deshalb wurden sie möglichst oft thematisiert. Volksmissionen wurden angekündigt, der Beginn angezeigt, ausführlich berichtet und abschließend bewertet. Die Zulassung von Volksmissionen im Ausland war ebenso Gegenstand des Blattes, wie Werbeanzeigen für Drucksachen (Missionspredigten u.a.). Wie sehr die Sache der Volksmissionen mit der des Sonntagsblattes verbunden war, zeigt dessen Aufmachung in den Jahren 1852 und 1853: Hatten die Jahrgänge zuvor auf ihrem Titelblatt ein häusliches Genre gezeigt, die katholische Familie beim Lesen des Sonntagsblattes, so war die Familie nun beim gemeinsamen Gebet vor dem Missionskreuz zu sehen. Die Mission war in den Mittelpunkt der Verkündigung getreten[24].

3. Diesen Umstand nützend, soll hier auch eine statistische Untersuchung der Volksmissionen vorgenommen werden[25]. Ich beschränke mich dabei auf die Jahre 1850 bis 1860. Danach läßt das Interesse des Sonntagsblattes an Volksmissionen spürbar nach. Dies dürfte daran gelegen haben, daß 1857 mit dem Eintritt von Florian Rieß (1823–1882)[26] in den Jesuitenorden die Herausgeberschaft des Sonntagsblattes auf Stephan Uhl (1824–1880)[27] überging. Dieser setzte andere Schwerpunkte[28].

4. Im Rahmen dieser Festschrift zum 150jährigen Bestehen des Katholischen Sonntagsblattes muß auf die Hinzuziehung weiterer Quellen verzichtet werden. Insbesondere die Wiedergabe der (kritisch-distanzierten) Sicht des Staates muß unterbleiben. Sie soll an anderer Stelle nachgetragen werden[29].

3. Die historischen und rechtlichen Koordinaten

Die Wurzeln der Volksmissionen liegen in nachtridentinischer Zeit[30]. Anknüpfend an die Exerzitien des hl. Ignatius von Loyola, waren die Volksmissionen der Versuch, die ursprünglich für den einzelnen gedachten Übungen einem größeren Personenkreis zugänglich zu machen. Die erste Volksmission hielt der hl. Vinzenz von Paul 1617 in Folleville. In Deutschland fanden die Missionen seit Beginn des 17. Jahrhunderts vor allem durch die Jesuiten Verbreitung. Gegen Ende des 17. Jahrhunderts gab es in Deutschland ein ganzes Netz von Missionszentren, von denen aus zahlreiche Jesuiten tätig waren. Der Erfolg der Volksmissionen beruhte vor allem auf der geschlossenen Darstellung der Glaubenswahrheiten und der aus ihnen abgeleiteten sittlichen Forderungen[31]. Mit der Aufhebung des Ordens 1773 brach weitgehend auch die außerordentliche Seelsorge durch Volksmissionen zusammen. Nach Wiederherstellung des Jesuitenordens 1814 wurden seit 1818 in der Schweiz wieder Volksmissionen gehalten. Die erste Mission in Deutschland fand auf Betreiben von Wilhelm Emmanuel von Ketteler (1811–1877)[32] statt, der damals noch Pfarrer von Hopsen war. Allerdings gelang es der preußischen und auch der badischen Regierung, Volksmissionen vorerst von ihren Ländern weitgehend fernzuhalten, während viele Kölner Diözesane etwa die Volksmissionen im benachbarten Belgien besuchten. Ähnliches ereignete sich im Elsaß, wo seit 1841 Volksmissionen für die Katholiken im benachbarten Baden abgehalten wurden. 1848 wollte die Frankfurter Nationalversammlung die Jesuiten und die Redemptoristen als Missionsorden vom deutschen Gebiet ausschließen, doch fanden diese nach 1849 wieder in den meisten deutschen Bundesstaaten Eingang. Schon die 1848 in Würzburg erstmals zusammentretende Bischofskonferenz hatte die Volksmissionen als »höchst nützlich und in unserer Zeit höchst wünschenswert« bezeichnet. Nach der Revolution erlebten sie in Deutschland eine wahre Renaissance: In Böhmen und Tirol, am Rhein, in Westfalen, in Bayern, Baden und Württemberg wurden zwischen 1849 und 1872 allein von Jesuiten etwa 1500 Volksmissionen gehalten.

Staatlicherseits stießen die Volksmissionen auf eine ambivalente Haltung. Einerseits herrschte eine weitverbreitete Skepsis gegenüber dem involvierten Ordensklerus. Man fürchtete insbesondere eine Verschärfung der konfessionellen Fronten und damit eine Störung des Friedens. Andererseits betrachtete man die Volksmissionen als Chance zur Beruhigung und Disziplinierung der Bevölkerung nach der gescheiterten Revolution[33]. So konnte selbst der Protestant Wolfgang Menzel (1798–1873)[34] über die Wirkung der nach 1848 gehaltenen Missionen schreiben: »Die katholischen Missionen hatten theils als Bilder des zurückgekehr-

Den k. Pfarrämtern wird nachstehender Erlaß zur Nachachtung hiemit bekannt gemacht.

Leutkirch den 4. Juli 1853.

K. G. Oberamt.

Lauth. Werner.

Der K. Katholische Kirchenrath
an das Königl. Oberamt Leutkirch.

Da es vorgekommen ist, daß die Staatsbehörde von bevorstehenden Missionen durch auswärtige Missionäre nicht, oder nicht rechtzeitig in Kenntniß gesetzt worden ist, so sieht man sich veranlaßt, hiemit anzuordnen, wie folgt:

Jeder Pfarrgeistliche, in dessen Pfarrei eine Mission abgehalten werden soll, hat spätestens vier Wochen vor Abhaltung derselben dem gemeinschaftlichen Oberamte von dem bezüglichen Vorhaben unter namentlicher Bezeichnung der Missionäre, welche berufen werden wollen, Anzeige zu erstatten, und sich zugleich darüber auszuweisen, daß von dem bischöflichen Ordinariate die Erlaubniß zu Abhaltung der Mission ertheilt worden sey.

Die einkommenden Anzeigen sind sodann von dem gem. Oberamte unverweilt berichtlich hieher vorzulegen.

Das gem. Oberamt hat Vorstehendes den Pfarrämtern seines Bezirks zur Nachachtung unter dem Anfügen zu eröffnen, daß die etwaige Nichtbeobachtung dieser Anordnung unnachsichtliche Ahndung zur Folge haben würde.

Stuttgart den 24. Juni 1853.

Für den Vorstand:

Schedler.

Erlaß des Kirchenrates über Volksmissionen. Bildnachweis: Leutkircher Wochenblatt, 6. Juli 1853.

ten Seelenfriedens einen hohen, unvergleichlichen Reiz, theils offenbart sich in ihnen so viel Kraft des Religiösen und Sittlichen mitten in der Corruption der Zeit, daß kein Anwesender, selbst der mit Vorurtheil dazugetreten, sich eines heiligen Schauers zu erwehren vermocht hat. Auch Zuhörer des evangelischen Bekenntnisses waren tief ergriffen und bekannten, daß hier nichts, was ihnen fremd und feindlich sein konnte, vorgekommen, sondern ein wahrhaft evangelischer Geist in apostolischer Einfachheit und Kraft sich offenbart hatte«[35].

In Württemberg befaßte sich der Kirchenrat als zuständige staatliche Behörde mit den Volksmissionen[36]. Das Ergebnis war ein Erlaß vom 24. Juni 1853[37]. Danach hatte bei einer Mission der Pfarrer zunächst die bischöfliche Genehmigung einzuholen. Sodann mußte mindestens vier Wochen vor Beginn das königliche Oberamt sowie das Dekanat vom Vorhaben einer Mission in Kenntnis gesetzt werden, unter Vorlage der bischöflichen Erlaubnis und unter namentlicher Bezeichnung der durchführenden Missionare. Das Oberamt leitete diese Mitteilung an den Katholischen Kirchenrat weiter, das gemeinschaftliche Oberamt (Oberamt und Dekanatamt) hatte dem Kirchenrat später über den Verlauf der Mission Bericht zu erstatten. Bei Nichtbeachtung dieser staatlichen Vorschrift wurde »unnachsichtige Ahndung« angedroht[38].

Das Sonntagsblatt selbst reflektierte nie offen über die Haltung der württembergischen Regierung zu den Volksmissionen, schließlich ließ die Stuttgarter Regierung die Missionare gewähren. Doch versteckt tauchen Bemerkungen auf, deren Stoßrichtung durchaus der Staat, bzw. seine Vertreter und Repräsentanten, hätten sein können. Kein Blatt vor den Mund nahm das Sonntagsblatt 1852, als die Ordensleute aus Preußen ausgewiesen wurden[39]. Hatte man dort zunächst großes Entgegenkommen für die Missionare gezeigt – ohne das wichtige Standbein der Jesuiten im Hohenzollerischen wäre der Siegeszug der Missionen im Württembergischen kaum möglich gewesen –, so bahnte sich in der zweiten Jahreshälfte 1852 eine Wende an. Ende August brachte das Sonntagsblatt eine erste diesbezügliche Nachricht: »Seit Kurzem zeigen verschiedene Maßregeln, daß die preußische Regierung wieder wie vor den vierziger Jahren die Freiheit der Kirche zu schmälern beabsichtigt. So hat sie die Missionen beschränkt und den Besuch der Anstalten, welche von Jesuiten geleitet sind, verboten, auch auswärtigen Jesuiten untersagt, sich in Preußen niederzulassen«[40]. Es folgten weitere Nachrichten, unter anderem eine lange Zuschrift aus Trier über die kirchlichen Zustände in Preußen[41]. Im Zuge dieser neuen Ordenspolitik wurden aus Hohenzollern die nichtpreußischen Jesuiten, unter ihnen der beliebte Missionar P. Roder, ausgewiesen. Das Sonntagsblatt klagte bitter: »Noch allen ist die Mission in Haigerloch im Gedächtnis und nicht minder weiß man, wie die Preußen seiner Zeit die Missionäre in Baden wie in ihrer Heimath als ihre besten Mitarbeiter für Zucht und Ordnung beschützten. Damals gestanden es die Protestanten, daß die katholischen Missionen das kräftigste Gegenmittel gegen Revolution, Sittenlosigkeit und Unglauben seien. Aber kaum ist einige äußere Ruhe eingetreten, so vergißt man aus confessioneller Eifersucht, was unserer Zeit so Noth thut, und verfolgt die besten Freunde des Volkes wie der Regierungen. Man weiß in der That nicht, ob man die Verblendung oder den Undank mehr beklagen soll«[42]. Am 28. November kam die erlösende Nachricht, daß die Bedrohung der Jesuiten mit Ausweisung nicht durchgeführt worden war[43]. Im Dezember 1852 konnte das Sonntagsblatt näheren Aufschluß über die Vorgänge geben: Vorausgegangen war ein »Feldzug gegen die katholische Kirche«, beginnend mit einem Schreiben des Evangelischen Oberkirchenrats gegen die katholischen Missionen. Kardinal Diepenbrock hatte darauf geantwortet: »Aber die sechs Millionen Katholiken in Preußen rührten sich auch, sie erhoben sich in zahllosen Adressen gegen das Attentat auf die Verfassung, und Hr. von Manteuffel erklärte einer katholischen Deputation, daß der Ministerialerlaß die Niederlassung der Jesuiten nicht verbieten, sondern blos die Entscheidung darüber der Regierung vorbehalten wolle«[44]. Das Sonntagsblatt nutzte den Vorfall zu einer Abrechnung mit dem angeblich katholikenfeindlichen Regierungskollegium in Sigmaringen[45]. Wenig später berichtete es von einer Petition katholischer Abgeordneter an den preußischen König mit der Bitte um Aufhebung der Erlasse[46]. In der Abstimmung über diese Eingabe unterlagen die Katholiken zwar mit 123 zu 175 Stimmen, doch glaubte das Sonntagsblatt mit diesem Ergebnis immerhin moralisch einen großen Sieg errungen zu haben[47].

4. Phasen der Entwicklung

a) Ein Bedürfnis wird geweckt

Zunächst mußte die Idee der Volksmission in Umlauf gebracht und verbreitet, also ein Bedürfnis geweckt werden. Ohne ein öffentliches katholisches Blatt wäre dies kaum möglich gewesen, wollte man nicht den Weg über die kirchliche Verwaltung, also den der bischöflichen Anordnung, gehen. Da die Initiative jedoch nach bisherigem Wissen nicht von der Diözesanleitung, sondern von einer bestimmten Gruppe im Klerus ausging, war nur der Weg über die Presse möglich. Die erste Nachricht zum Thema Missionen im Sonntagsblatt stammt vom 16. Juni 1850. Abgedruckt wurde ein Brief aus Ellwangen, in dem das Ausbleiben jeder Nachrichten über ein Voranschreiten von Volksmissionen in der Diözese beklagt wurde. Für Anfang Juli war nämlich eine Mission durch Redemptoristen auf dem Schönenberg angekündigt worden. Der Einsender wußte, daß die Redemptoristen bereits zugesagt hatten. Er schrieb: »Wo stockts denn wieder, daß immer noch keine bestimmten Nachrichten in Ihrem Blatte gegeben werden über die Mission [...]? Sollte etwa das Gerede von auswärtigen Missionären, die man bei uns nicht ins Land lassen wolle, bis nach Altötting gedrungen sein, und die ersehnten Missionäre [...] vom Eintritt in das Land der Aufklärung vordersamst abgeschreckt haben? Fast muß man Etwas der Art vermuthen. Aber da das Land, insbesondere der Theil unter der Alp, sehnsüchtig auf gedachte Mission harret, so möge doch von Ellwangen aus das Dunkel aufgeklärt werden, zumal nach den neuesten Nachrichten der Stadt Gmünd und Umgegend noch nicht sobald das Glück einer Mission zu Theil werden dürfte aus Mangel an verfügbaren Missionspriestern. Indes scheint die durch das lange Zuwarten gesteigerte Sehnsucht darnach die Gemüther um so empfänglicher zu machen, und das Volk noch eifriger Herz und Hände zum Himmel empor heben lehren zu sollen. Es ist gut, daß man recht fühlen lernt, wo der Schuh drückt; die Heilung kann dann nachhaltiger werden«[48].

Der Beitrag ist in seiner programmatischen Art symptomatisch für die Strategie, welche das Sonntagsblatt in den kommenden Jahren in Sachen Volksmission verfolgte[49]: 1. Man nahm zu dem Thema Stellung, obwohl es faktisch nichts zu berichten gab; das heißt, man stellte eine Frage und »machte« damit ein Diskussionsthema. 2. Man konstatierte eine große Nachfrage im Volk. 3. Man stilisierte das Ausbleiben von Missionen zur Folge eines »Kulturkampfs« zwischen Staat und Kirche[50]. 4. Man steigerte durch die hochgespielte Diskrepanz zwischen (angeblicher) Erwartung und Faktizität wiederum die Nachfrage bzw. erzeugte eine Erwartungshaltung.

Es folgte am 23. Juni ein Bericht über eine Eingabe des Landkapitels Rottweil[51], dessen Generalkonferenz beschlossen hatte, vom Bischof die Genehmigung von Missionen in Rottweil zu erbitten. Geplant war offenbar eine Art Zentralmission für die »Schwarzwald-Dekanate« Rottweil, Schömberg, Spaichingen und Oberndorf. Die Initiative gaben die Geistlichen, doch soll der Ruf nach Missionen vom Volk ausgegangen sein. Dabei wirkten offenbar Missionen im benachbarten »Ausland«, in Haigerloch (Hohenzollern), Löffingen und Triberg (Baden), als Katalysatoren. Vor allem die Mission in Haigerloch hinterließ einen prägenden Eindruck. Wie das Sonntagsblatt berichtete, wuchs die Begeisterung nach dem Schneeballprinzip: »Anfangs waren nur wenige [aus der Rottweiler Gegend] dort; diese machten bei ihrer Rückkehr begeisternde Schilderungen, daß mehr sich auf den Weg machten, die das von jenen Erzählte bestätigten, ja noch überboten. Nun entstand eine kleine Völkerwanderung. Von immer weiterer Entfernung her sah man Pilger herbei strömen. Aus einem Dorf war alles, was laufen konnte, bei der Mission, obwohl der Weg ziemlich weit war. Als die Frauen dort gewesen und die Männer zurückgekehrt waren, schickten sie auch ihre Knechte und Mägde dahin«. Was der Mund-zu-Mund-Propaganda nicht gelang, erreichte das Sonntagsblatt. Die Haigerlocher Mission war offenbar gut terminiert, weil sie an zahlreichen freien Tagen stattfand und so auch von Auswärtigen besucht werden konnte (über Pfingsten und das Dreifaltigkeitsfest). Von 10.000 Menschen war die Rede. Der Bericht im Sonntagsblatt versuchte die Stimmung, die dort herrschte, einzufangen: »Um eine Mission ist es etwas Eigenthümliches, Ergreifendes, Wunderbares. Wer noch nie einer solchen angewohnt hat, kann sich keine Vorstellung machen von dem tiefen Eindruck, den sie hervorbringt. Da sieht man Tausende und Tausende versammelt. Die verschiedensten Trachten fallen in das Auge; da steht ein kräftiger Schwarzwälderbursch mit Sammtkittel und rother Weste neben einem elegant gekleideten Herrn; dort erblickt man Pudelkappen neben den cylinderförmigen Strohhüten der badischen Schwarzwälderinnen; da steht ein Bauernmädchen mit rothen Strümpfen neben einer französisch gekleideten Bürgersfrau«.

b) Erste Erfolge

Eine Initialzündung sollte schließlich von Wurzach ausgehen. Dort fand von 29. Juni bis 14. Juli 1850 die erste Mission im Württembergischen statt[52]. Das Sonntagsblatt kommentierte: »Endlich kann der Leser des Sonntagsblatts auch aus unserm Vaterlande über Missionen, von denen er schon soviel gelesen, etwas erfahren«[53]. Nicht ohne Absicht dürfte die Mission auch in einer ausgesprochen aufwendigen Abbildung festgehalten worden sein. Es kam darauf an, den Erfolg der Missionen zu propagieren und den Missionsgedanken auch hierzulande zu verbreiten.

Es war kein Zufall, daß die erste Mission in Wurzach stattfand. Die Pfarrei gehörte zum Patronat des Fürsten von Waldburg-Zeil-Wurzach; hier stand das Schloß. Die Allianz zwischen dem württembergischen katholischen Adel und der jungkirchlich-ultramontanen Gruppe im Klerus gehört zu den wichtigsten Koordinaten der damaligen Zeit. Bis zur Installation von Bischof Lipp (1847) hatte der jungkirchliche, oppositionelle Klerus vornehmlich in Patronatspfarreien pastoriert, weil er nur dort gelitten war[55]. Ordinariat und Kirchenrat waren dem hitzköpfigen Jungklerus nicht wohl gewogen. So kam es, daß sich nur mit Hilfe des mediatisierten Adels in der Diözese Rottenburg eine kirchenpolitische Wende vollzog, die das Staatskirchentum zunehmend in die Defensive drängte und die kirchliche Erneuerung vorantrieb[56]. Nach wie vor bot der Adel der strengkirchlichen Richtung den stärksten Rückhalt. Ein Sohn des

Ansicht der Feierlichkeit bei der Einweihung des hl. Missionskreuzes auf dem Gottesberg bei Wurzach am 14. Juli 1850.

»Die letzte Predigt fand auf dem eine halbe Viertelstunde über dem Städtchen gelegenen Gottesberge Statt, wo eine schöne Kapelle steht und ein Missionskreuz errichtet worden war. Die rings am Bergabhange aufgestellte Volksmenge bot in ihren mannigfaltigen Trachten den herrlichsten Anblick dar; das war eine wahre Bergpredigt, bei der wohl mehr als 5.000 Männer anwesend waren, ohne die noch zahlreichern Weiber und die Jugend«; SCV 1850, Nr. 31 (21. Juli) 254.
Bildnachweis: Kreisarchiv Ravensburg.

Fürsten Franz von Waldburg-Zeil, Georg, war 1840 bei den Jesuiten eingetreten[57]. In Wurzach wurden die Predigten der vielen Zuhörer wegen in dem »sehr geräumigen Schloßhof« gehalten, die Patres predigten »von der Altane des Schlosses aus«[58]. Auch hier zeigt sich die enge Verbindung des mediatisierten Adels zur Kirche. P. Roder dankte am Schluß der Mission nicht nur der Geistlichkeit, sondern vor allem dem Fürsten, »der die Religion, die Perle des Adels ehre«, und den Stadtvorständen[59]. Ähnlich bei einer späteren Mission in Aulendorf: die Missionare wohnten während ihrer Anwesenheit als Gäste der gräflichen Familie im Schloß, die fürstliche Familie Wolfegg nahm sogar an der gesamten Mission teil[60]. Immer wieder wurde auch im Sonntagsblatt die Allianz von Kirche und katholischem Adel betont[61]. Sei es, daß die Übernahme von Ehrenämtern in Jugendbündnissen hervorgehoben wurde, sei es, daß die Barone von Ulm anläßlich der Missionserneuerung in Mittelbiberach alles aufboten, um dem Fest einen würdigen äußeren Rahmen zu verleihen[62].

Wichtig war gerade in der Anfangsphase, die Anziehungskraft der Missionen zu erhöhen. Dies wurde unter anderem dadurch erreicht, daß in der Berichterstattung nicht nur die volle Unterstützung der Bischöfe für die Sache der Missionen betont wurde, sondern diese selbst auch

Graf Ferdinand Georg von Waldburg-Zeil, Jesuit und Missionsprediger in seiner Heimat.
Bildnachweis: Stiftung Liebenau.

an den Missionen teilnahmen. So wurde die Walldürner Mission im Auftrag des gebrechlichen Freiburger Erzbischofs Hermann von Vicari (1773–1868)[63] von dessen Würzburger Kollegen Georg Anton von Stahl (1805–1870)[64] besucht, Bischof Lipp trat dagegen auf der Wurzacher Mission selbst in Erscheinung. An der Mission in Weingarten nahm der Bischof von St. Gallen acht Tage lang teil, »als Ersatz für die nicht in Erfüllung gegangene Hoffnung, auch den eigenen hochverehrten Landesbischof bei dieser Mission wieder sehen zu können, dessen Kränklichkeit, wie es heißt, leider diesen Wunsch des Clerus vereitelt hat«[65]. Der Bischof – so betonte das Sonntagsblatt – erteilte am letzten Tag »durch feierlichen Segen das Amen zu der heil. Mission in Weingarten«[66]. Auch später erhielten die Volksmissionen immer wieder durch bischöfliche Anwesenheit eine besondere Festlichkeit (so in Ehingen[67], Wangen[68], Wachendorf[69] oder Aulendorf[70]). Durch die Gutheißung, ja die persönliche Teilnahme von Bischöfen an den ersten Missionen wurde die übrige Geistlichkeit in gewissem Sinne unter Druck gesetzt. Wenn selbst der Bischof an den Missionen teilnahm, durfte sich ein Dekan nicht verweigern.

Doch auch nach der Wurzacher Mission gab es in Württemberg zunächst noch große Widerstände gegen die Volksmissionen. Das Sonntagsblatt sprach im Juli 1850 von »Hindernissen, welche der Abhaltung einer Mission durch Redemptoristen hier [in Ellwangen] und auf dem Schönenberge entgegengesetzt wurden« und bat um reichen Segen, »daß die Gegner und Spötter dieser Heilsanstalt zu einem besonneren und reiflichen Urtheil über dieselbe gelangen!«[71]. Dennoch fand vom 11. bis 21. Juli 1850 die zweite württembergische Mission in Ellwangen statt. Auch dieser Ort war gut gewählt. Ellwangen galt nach wie vor als das heimliche religiöse Zentrum der Katholiken Württembergs. Mit seiner reichen stiftischen Vergangenheit, geprägt vom Jesuitenorden, mußte es für Volksmission besonders empfänglich sein. Dazu kamen starke antiwürttembergische Ressentiments. Von 1812 bis 1817 hatte Ellwangen das württembergische Generalvikariat, Priesterseminar und Universität beherbergt, alle Institutionen jedoch 1817 an Rottenburg verloren. Seitdem gab es starke Bestrebungen, den Bischofssitz von Rottenburg wieder ins »katholische« Ellwangen zu verlegen[72]. Sollten Prunk und Feierlichkeit demonstriert, sollte ein Volksauflauf initiiert werden, so war dies wohl nirgends besser als in Ellwangen zu erreichen. Entsprechend pompös fiel die Berichterstattung aus. Stellvertretend sei nur der Abschied der Missionare von Ellwangen geschildert: Am Vorabend fand ein Festmahl mit 24 geladenen Gästen statt. Am darauffolgenden Tag waren die Missionare von Dekan Matthäus von Sengle (1783–1867)[73] zum Mittagsmahl geladen. Um 15 Uhr verließen sie die Stadt, »begleitet von 16 Chaisen und zwei Omnibus, welche Fuhrwerke an 100 Personen ohne die Kutscher in sich faßten. Fünf Chaisen, in denen je ein Pater mit noch drei Herren sich befand, waren auf das Geschmackvollste verziert. Langsam bewegte sich der herrliche Zug durch die von Menschen gefüllten Straßen der Stadt, von wo man unter den Leuten Thränen des Abschieds sah. Herzliches Lebewohl sagen, und öfters den Ruf vernehmen konnte: ›vergelte es Gott‹. Rührend und ergreifend war der Augenblick des Scheidens dieser hochwürdigen Herrn, welche nach dem fünf Stunden entfernten Pfarrorte Zipplingen, im Ries, sich begaben, bis dahin begleitet auf oben erwähnte Weise. […] Der Herr Decan sprach in Zipplingen noch Worte des Dankes und Abschieds und Kaufmann B. dankte mit gebrochener Stimme und unter Thränen im Namen der Bürger von Ellwangen und Schönenberg«[74].

Auch die ab Ende September 1850 in Gmünd stattfindende Mission war offenbar nicht unangefochten. Lange fürchtete man, »daß sie durch unvorhergesehene Hindernisse möchte weiter verschoben werden oder gar wenigstens für dieses Jahr unterbleiben« müsse. Doch die städtischen Kollegien und viele Privatpersonen zeigten große Bereitwilligkeit, die Mission zu ermöglichen und für »fürstlichen Glanz« zu sorgen[75]. Gmünd besaß für die Sache der Mission insofern eine große Bedeutung, als gerade hier und im benachbarten Dekanat Deggingen viele Geistliche pastorierten, die zur sogenannten »Donzdorfer Fakultät« gehörten[76]. Hier war eine der Hochburgen des ultramontanen Katholizismus in der Diözese Rottenburg. Daß die Mission gerade auf Betreiben dieser »Partei« zustande kam, zeigt die Tatsache, daß die Missionare auf ihrer Reise nach Gmünd für längere Zeit in Süßen Station machten. In Süßen saß ein Exponent der Donzdorfer Richtung, Karl Dolfinger (1819–1893)[77]. Hier holte der Gmünder Dekan die Missionare schließlich ab, um sie feierlich nach Gmünd zu geleiten[78]. Ende Oktober wurde dann auch in Donzdorf eine Mission gehalten. Erstaunlicherweise erschien im Sonntagsblatt kein Bericht hierüber. Erst im Januar 1851 erfuhren die Leser von der Donzdorfer Mission. Der Schreiber rechtfertigte das Ausbleiben eines Berichtes mit dem Hinweis, die Sache der Missionen sei »nun gewiß allbereits bekannt und anerkannt genug«[79]. Doch war dies alles andere als die Meinung von Rieß, vielleicht sogar nur ein vorgeschobener Grund. Jedenfalls berichtete das Sonntagsblatt noch jahrelang extensiv über die Volksmissionen. Über die Donzdorfer Mission sind wir allerdings aus der dortigen Pfarrchronik unterrichtet. Demnach war der Andrang so stark, daß mehrmals im Schloßhof gepredigt werden mußte. Hier fand auch der Abschluß statt, bei dem der päpstliche Segen gespendet wurde. Der Erfolg war angeblich so groß, daß der Donzdorfer Bürger Theodor Hummel sich folgendermaßen ausgedrückt habe: »Jetzt wissen wir wieder, daß wir katholisch sind; man hätte uns lutherisch machen können, ohne daß wir's gemerkt hätten«[80].

Im Oktober 1850 meldete das Sonntagsblatt, auch der Papst unterstütze die Sache der Volksmissionen. Gegenüber einigen Priestern aus Deutschland habe er in einer Audienz seine Freude darüber geäußert, daß in der Oberrheinischen Kirchenprovinz Missionen gehalten würden. In gleichem Sinne hatte sich Pius IX. in einem Breve an den Limburger Bischof geäußert, der ihm von Missionen in seinem Bistum berichtet hatte[81]. Im April 1851 gab das Sonntagsblatt seinen Lesern kund, Gregor XVI. und Pius IX. hätten in verschiedenen lateinischen Schreiben auch die Jugendbündnisse lobend anerkannt und empfohlen[82].

c) Rückschläge

Trotz intensiver Werbung und großer Erfolge wurden die Volksmissionen nicht überall in gleicher Weise freundlich aufgenommen. Wenn auch der Schreiber des Berichts über die im April 1851 in Rottweil gehaltene Mission versicherte, man dürfe doch mit dem hier erzielten Ergebnis zufrieden sein, so konnte er seine Enttäuschung nicht ganz unterdrücken[83]. Geschätzte Besucherzahlen – ansonsten üblich und geradezu überschwenglich dargeboten – wurden nicht genannt. Der Verfasser beteuerte lediglich, die Teilnahme sei innerhalb der 14 Tage immer besser geworden. Offenbar zeigten die Rottweiler selbst wenig Interesse an der Mission, während hingegen viel auswärtiges Volk in die Stadt strömte. »Hätten die Rottweiler nicht aus sich selbst einigen Eifer gehabt, so hätten sie sich von den Auswärtigen beschämt fühlen müssen«, räsonierte das Sonntagsblatt. Doch offenbar gab es im kirchlich »liberal« geprägten Rottweil nicht nur wenig Eifer für die Sache, sondern auch starke Widerstände, »Leute, die in ihrer tiefen Verkommenheit für die höheren geistigen Interessen der Menschheit keinen Sinn mehr haben«, wie der Verfasser bitter bemerkte. Die Schlußfeier – durch Regen und Gewitter beeinträchtigt – war alles andere als der sonst übliche Glanzpunkt der Mission. »Fragt man nach der Einwirkung, welche diese Mission auf die Einwohnerschaft Rottweils ausgeübt habe, so ist schwer zu urteilen. Indessen glaubt man doch wahrgenommen zu haben, daß der männliche Theil der Bevölkerung sich nicht in der Allgemeinheit und der ernsten Hingabe betheiligte, wie es zu wünschen gewesen wäre, während das von Natur aus fromme Frauengeschlecht einen fast durchgängig rühmlichen Eifer zeigt. Dabei ist nicht zu befürchten, daß die Mission für Rottweil ein vergebliches Unternehmen, und die Anstrengung der Missionare eine fruchtlose gewesen sei. Es sind viele gute Fruchtkörner auf empfängliche Herzen gefallen, sie werden gewiß ihre Frucht bringen zu ihrer Zeit«.

Widerstand gab es offenbar auch in Weil der Stadt. Das Sonntagsblatt berichtete im Vorfeld: »Die am nächsten Sonntage beginnende Mission hat manche Radicale aufgeregt, doch scheint es, daß sie sich zufrieden geben wollen«[84]. Der erste Bericht während der Mission konnte tatsächlich »Entwarnung« geben: »Je größer und vielfach die Vorurtheile waren, welche vor der Mission im Schwange giengen, desto wärmer ist nunmehr die Anerkennung, und man darf wohl sagen, gerade die Gegner der Mission sind ihre eifrigsten Vertheidiger geworden«[85].

d) Stabilisierung

Mitte 1851 dürfte im Missionswesen ein hoher Grad an Stabilisierung erreicht worden sein. Offenbar war die Nachfrage so groß, daß sie gar nicht befriedigt werden konnte. »Von allen Seiten fordert man Missionen, aber wenige denken daran, daß hiezu Arbeiter und viele Arbeiter nöthig sind. Das Sonntagsblatt will hierüber offen seine Meinung sagen. Wenn man einmal klar erkannt hat, daß Missionen und geistliche Übungen heilsam und nöthig sind, so muß man zu einer Missionsanstalt schreiten, oder vielleicht zu zweien, warum? wird sogleich gesagt werden. Unter unsern Geistlichen sind Manche, welche Beruf und Geschick zu Missionären in sich finden; aber sie können, wenn sie auch wollen, nur mit großer Mühe und großen Kosten auswärts in einen Missionsorden treten. Gründet man eine oder zwei Missionsanstalten in der Diözese unter der Leitung von einem oder zwei der bewährten Missionsorden, wo allein die betreffenden Geistlichen eine große Schule machen können, so sind die meisten Schwierigkeiten beseitigt und die Diöcese thut auch ihrerseits, was ihres Amtes und ihre Pflicht ist«[86].

Eine der »großartigsten« Missionen fand im Oktober 1852 in Gerlachsheim statt. Da Gerlachsheim im württembergisch-fränkischen Grenzgebiet lag, handelte es sich um eine diözesanübergreifende Mission. Ursprünglich war als Ort das württembergische Tauberbischofsheim ins Auge gefaßt, doch hatte es »Lokalhindernisse«[87] gegeben. Bis zu 22.000 Menschen aus Baden, Bayern und Württemberg sollen an der Schlußfeier in Gerlachsheim teilgenommen haben, mit mehr als 200 Fahnen, Standarten und kirchlichen Insignien[88].

Im Oktober 1852 konnten einige Missionen auf der – auch in kirchlicher Hinsicht gerne so genannten – »rauhen Alb« organisiert werden. Ein Brief vom Heuberg pries den Besuch der Nusplinger Mission durch 9.000 Gläubige, »was für unsere Gegend, wo nicht wenig vor-, mit- und nachmärzliche Aufklärung Platz gegriffen hatte, sehr viel sagen will«[89]. Im März 1853 jubelte das Sonntagsblatt: »In Bayern drüben regnet es so zu sagen Gesuche zu Jesuiten-Missionen«[90]. Dagegen fiel die Mission in der Bischofsstadt Rottenburg eher mäßig aus, die Kirchen reichten für die Gläubigen völlig aus, obwohl die Landbevölkerung in die Stadt strömte, »wenn auch nicht mit Kreuz und Fahnen«. Der Bericht, der im Sonntagsblatt erschien, war entsprechend nüchtern gehalten[91].

Von 1854 an läßt sich eine insgesamt starke inhaltliche Ausrichtung auf Maria und mariologische Themen beobachten. Waren früher noch andere Patrone für die Jugendbündnisse wichtig gewesen (etwa der hl. Aloysius), so wurde nun Maria zur Universalpatronin. Andachten wurden zu Marienandachten, Gebetsstunden zu Rosenkranzfeiern. Aus Saulgau wurde im März 1855 berichtet, daß sich die Bündnisse dort zum ersten Mal versammelten, »um gemeinschaftlich der Himmelskönigin vor ihrem Altare ihre Huldigung darzubringen«. Die Missionserneuerung stand ganz unter dem Oberthema Maria, in deren Schutz sich die Gemeinde befahl[92]. Die 1854 erfolgte dogmatische Definition der unbefleckten Empfängnis Mariens[93] wirkte für die (von Jesuiten und Redemptoristen kanalisierte) Frömmigkeit wie ein Katalysator, wenn auch oft mit gewissen Anfangsschwierigkeiten[94].

e) Transformation

Seit 1853 ging die Tendenz dahin, sogenannte »kleine« Missionen[95] vor allem auf dem Land abzuhalten. So meinte ein Leser des Sonntagsblattes: »Verfasser dieses hat schon drei Jesuiten-Missionen in Städten beigewohnt. Soll er seine Meinung offen aussprechen, so geht sie nach seinen Beobachtungen in Wachendorf dahin: wirken Missionen sehr viel Gutes in Städten, so dessen noch mehr auf dem Lande, und er kennt deßhalb keinen sehnlicheren Wunsch, als daß auch die so oft besprochene Redemptoristen-Niederlassung in Heggbach recht bald realisiert werde, so daß es nach und nach jedem Landpfarrer möglich wird, für seine Gemeinde eine Mission abzuhalten«[96]. Ein Einsender aus Gunzheim meinte, die kleinen Pfarrmissionen seien weit nachhaltiger als jene in den großen Oberamtsstädten. Sie nähmen stärker Rücksicht auf

Nachklänge
zur heiligen Mission auf dem Hohenrechberg.

Das Kirchlein, hoch auf Rechbergs Rücken,
Der Himmelskönigin geweiht,
Es winkt mir zu mit ernsten Blicken,
Winkt allen Christen nah und weit.
Es ruft mir zu mit hellem Läuten,
Da greif ich gern zum Wanderstab,
Und mit mir zieh'n — was soll's bedeuten? —
Viel hundert Pilger auf und ab.

Des Kirchleins Raum ist viel zu enge,
Sie steh'n um's Gotteshaus gereiht;
Und lautlos steht des Volkes Menge
Hier auf dem Berg der Seligkeit.
Was zieht hinauf die frommen Schaaren,
Des Berges Ruhm, der Fernsicht Pracht?
O nein! — glückselig, die 's erfahren —
Es ist des Glaubens hehre Macht.

Was gießt ins Herz so sanften Frieden,
Mild strahlend aus dem Angesicht,
Den reinen Seelen nur beschieden? —
Es ist des Glaubens himmlisch Licht.
Was schreckt ihn an des Abgrunds Rande,
Den Sünder, daß er auf sich rafft,
Daß er zerreißt des Lasters Bande? —
Es ist des Glaubens Wunder-Kraft.

Und Gläubige und Priester wallen
Zum Kreuz, darauf der Heiland stieg,
Und Fahnen wehen, Hymnen schallen —
Das ist des Glaubens froher Sieg.
Leb' wohl, auf Rechbergs hohem Rücken,
Du schönes Kirchlein, lebe wohl!
Du schaust ringsum mit treuen Blicken —
Der Kirche freundliches Symbol.

J. G. Wäscher.

Die Missionserlebnisse regten zur künstlerischen Verarbeitung an.
Bildnachweis: SCV 1852, Nr. 44 (31. Oktober), 349.

die Fassungskraft der Landbevölkerung, die großen Volksmissionen jedoch bezweckten eine geistige Erneuerung im großen. Als Vorteil wurden außerdem die günstigeren Kosten angeführt[97]. Ähnliches wurde aus Stetten bei Haigerloch berichtet[98]. Seit 1855 setzten sich solche kleine Missionen, die sich nur auf die Ortseinwohner beschränkten, immer stärker durch[99].

5. Geographische Entwicklung

Tabelle 1
Missionen in der Diözese Rottenburg (1850–1860): Aufschlüsselung nach Dekanaten[100]

Dekanat	Pfr.	Seelen	Missionen	Erneuerung		Jugendbünde
Amrichs-hausen	21	12.828	1851 Schönthal 1851 Mulfingen 1855 Jagstberg	1856 Mulfingen 1858 Bieringen Mulfingen Simprechtshs. Ailringen Nagelsberg Jagstberg [Bartenstein] [Zaisenhausen] 1859 Amrichs- hausen		Berlichingen Mulfingen w Amrichshausen w Jagstberg w Simprechtshausen w Sindeldorf w Obergünsbach w Meßbach w Marlach w Westernhausen w Bieringen w Schönthal w Nagelsberg w
Biberach	33	26.001	1851 Ochsenhausen 1853 Mittelbiberach 1857 Langenschem. 1858 Ummendorf 1858 Mittelbuch	54	Mittelbiberach	Ochsenhausen m/w Reinstetten Hürbel Rottum Ummendorf
Deggingen	20	18.874	1860 Salach	1852 Deggingen		Donzdorf m Böhmenkirch m Kleinsüßen m Großeislingen m/w Ottenbach Treffelhausen m/w Weißenstein m/w Salach w Wiesensteig w Ditzenbach (m)/w Eybach m/w Rechberghausen m/w
Ehingen	30	26.080	1851 Ehingen 1853 Munderkingen 1855 Kirchbierling. 1855 Granheim 1856 Oberstadion 1857 Grunzheim	—		Ehingen w Donaurieden Allemendingen m/w Kirchbierlingen m/w Berg m/w Rißtissen m/w

Dekanat	Pfr.	Seelen	Missionen	Erneuerung	Jugendbünde
Ellwangen	33	35.267	1850 Schönenberg 1850 Zipplingen	1855 Unterschneidh. Nordhausen	Schönenberg m Zipplingen m Ellwangen m Neuler Schneidheim Dalkingen m Bühlerthann w Großallmerspann w Hohenberg w Lauchheim w Nordhausen w Schwabsberg w Steinbach w Stödlen w Westhausen w
Gmünd	25	25.961	1850 Gmünd 1851 Hohenrechberg 1852 Hohenrechberg 1855 Wißgoldingen 1855 Herlikofen	1855 Winzingen 1855 Waldstetten	Gmünd m Waldstetten m/w Rechberg m/w Wäschenbeuren m/w Mutlangen w Winzingen m/w Baargau w Leinzell w Wißgoldingen m/w
Hofen	13	16.690	1854 Unterkochen 1855 Hohenstadt	—	Dewangen m Abtsgmünd w Hohenstadt w Heuchlingen w Schechingen w
Horb	27	23.259	1853 Wachendorf 1853 Horb	—	Altbierlingen m/w Wachendorf w Bieringen w Horb w Wiesenstetten w Grünmettstetten
Leutkirch	31	22.272	1850 Wurzach 1855 »Allgäu«	—	Engerazhofen Merazhofen w Waltershofen w Wuchzenhofen w
Mergent- heim	16	12.131	1853 Mergentheim 1859 Laudenbach	1859 Niederstetten	Igersheim w Mergentheim w Bernsfelden w Löffelstelzen w Stuppach w Wachbach w Bartenstein w Niederstetten w

Dekanat	Pfr.	Seelen	Missionen	Erneuerung	Jugendbünde
Neckarsulm	23	21.928	1859 Pfedelsheim	—	Wimmental w Neckarsulm m/w Binswangen w Duttenberg w Gundelsheim w Offenau w Sontheim w Stockheim w Oedheim Höchstberg Thalheim m/w Obergriesheim w Duttenberg w
Neresheim	26	19.046	1850 Neresheim	1855 Utzmemmingen 1855 Kerkingen 1856 Dunstelkingen Kösingen Trugenhofen Auernheim Ebnat Großkuchen Waldhausen Neresheim	Kerkingen Kirchheim Aufhausen w Ebnat w Elchingen w Waldhausen Auernheim w Dunstelkingen m/w Großkuchen w Kösing w Ohmenheim Trugenhofen Neresheim m/w
Oberndorf	15	18.917	1859 Oberndorf 1860 Schramberg	—	Schramberg w
Ravensburg	32	25.689	1851 Weingarten 1855 Hasenweiler 1856 Ravensburg	1857 Ravensburg	Weingarten m/w Thaldorf w Kappel w Ravensburg m/w Ringgenweiler m
Riedlingen	40	27.065	1853 Buchau 1853 Uttenweiler 1856 Riedlingen	—	Dieterskirch w
Rottenburg	22	15.338	1853 Kiebingen 1857 Ergenzingen	—	Obernau w
– Stadt	2	5.820	1853 Rottenburg		Rottenburg w
Rottweil	23	21.969	1851 Rottweil	1858 Rottweil	Dietingen w Villingendorf Rottweil Zimmern
Saulgau	29	23.807	1854 Mengen 1859 Scheer 1860 Friedberg	1855 Saulgau	Saulgau w

Dekanat	Pfr.	Seelen	Missionen	Erneuerung	Jugendbünde
Schömberg	13	11.292	—	—	Lautlingen w Unterdigisheim
Spaichingen	17	18.994	1857 Böttingen	—	Egesheim Reichenbach Bubsheim Nusplingen Obernheim Böttingen w
Stuttgart	13	17.761	1852 Weil der Stadt 1853 Neuhausen/F.	—	Weil der Stadt m/w
Tettnang	26	20.493	1854 Friedrichshafen	—	—
Ulm	18	14.707	1850 Stetten/Einsing	—	Einsingen w Stetten w Ulm w Dornstadt m/w Tomerdingen m/w Bollingen w
Waldsee	28	22.831	1855 Ingoldingen 1855 Aulendorf 1856 Waldsee 1860 Bergatreute	—	Aulendorf w
Wangen	21	16.315	1851 Isny 1852 Wangen 1856 Kißlegg 1858 Roggenzell 1858 Beuren	1858 Isny 1861 Roggenzell [Eßratsweiler]	Roggenzell w Wangen m/w Beuren Bolsternang Christazhofen w Deichelried Eglofs Eisenharz Enkenhofen Isny Leupolz Mennelzhofen Niederwangen Pfärrich Ratzenried w Rohrdorf Kißlegg w Amtzell w
Wiblingen	32	22.356	1851 Laupheim 1856 Baltringen 1857 Bußmannshs. 1858 Wiblingen	—	—
Wurmlingen	14	11.239	1852 Mühlheim 1852 Nusplingen	1858 Mühlheim Kolbingen	Mühlheim m/w Kolbingen Renquishausen
Zwiefalten	18	10.874	—	—	—

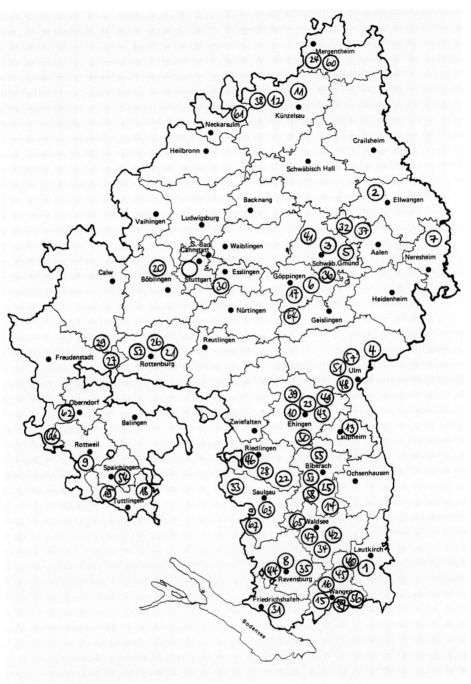

Geographische Verteilung der Volksmissionen. Die Karte zeigt die heutigen Dekanatsgrenzen.

Da den religiösen Orden – also auch den Missionaren – die Wirksamkeit in Württemberg verboten war, wurden die im nahen Ausland abgehaltenen Volksmissionen auch von Priestern und Gläubigen aus Württemberg besucht[101]. Von dort brachten die Gläubigen ihre Erfahrungen mit den Missionen nach Württemberg herein. Genannt werden früh (Juni 1850) Missionen in Haigerloch und Löffingen, die auf die angrenzenden Randzonen Württembergs ihre Wirkung ausübten. Das hohenzollerische Gebiet, das kirchlich zur Erzdiözese Freiburg gehörte, konnte besonders intensiv auf Württemberg wirken, weil es sich wie ein Keil zwischen die württembergischen Dekanate schob. Ein ähnliches Übergreifen der Missionsidee ist einige Jahre zuvor in Baden zu beobachten, wo die Bewegung im Elsaß bzw. in Frankreich stimulierend gewirkt hatte. Da der badische Staat Volksmissionen zunächst verboten hatte, waren für die badischen Katholiken sogar eigens Missionen im Elsaß organisiert worden[102]. Franz Joseph Ritter von Buß (1803–1878)[103], der für den ultramontanen Katholizismus in Baden eine außerordentliche Rolle spielte, war 1850 in einer eigenen Schrift für die Abhaltung von Volksmissionen eingetreten[104]. Das heißt: Die Randzonen des Landes waren für Missionen besonders »anfällig«. Dem entspricht die frühe Diskussion um Missionen in diesen Gebieten. Bewußt wurden solche in regionalen Zentren angestrebt. Im westlichen Schwarzwaldkreis (Rottweil, Oberndorf, Schömberg, Spaichingen) beschloß man angeblich bereits im Juni 1850 die Abhaltung einer Mission, auch wenn es erst ein Jahr später dazu kam. Im Osten saßen die Befürworter von Volksmissionen in Ellwangen, Gmünd und Deggingen (also weitgehend im Gebiet der »Donzdorfer Fakultät«). Es fällt auf, daß die ersten acht Volksmissionen in Württemberg ausschließlich in den östlichen Dekanaten der Diözese stattfanden – mit Ausnahme der ersten alle in den eng beieinander liegenden Dekanaten Schwäbisch Gmünd, Ellwangen, Neresheim, Ulm und Deggingen. Die Nähe zum bayerischen Raum könnte hierbei eine Rolle gespielt haben, mehr aber noch die eigene Prägung des hier ansässigen Klerus. 1851 wagte man sich an die kirchlichen Zentren in anderen Regionen Württembergs: Weingarten im Süden (stets »kirchlicher« als Ravensburg), Rottweil im Südwesten (mit mäßigem Erfolg), Ehingen (wieder im Osten) und Schönthal/Mulfingen im Norden. Es folgten Wieblingen, Wangen, wieder Donzdorf (Hohenrechberg) sowie zwei Missionen im südwestlichen Dekanat Wurmlingen, Weil der Stadt. Es dauerte erstaunlich lange, bis Missionen in den Dekanaten Rottenburg, Riedlingen, Saulgau, Waldsee, Biberach oder Mergentheim gehalten wurden. Der südliche Teil des Bistums wurde in der Folge jedoch eine der wichtigen Regionen. Zentren der Missionserneuerung waren die Dekanate Neresheim, Gmünd und Amrichshausen. In den eigentlichen »Missiongebieten«, das heißt in der katholischen Diaspora, unterblieben die Missionen fast völlig. Überhaupt keine Mission wurde im Dekanat Zwiefalten gehalten.

6. Binnenstruktur

a) Dauer, Wahl des Zeitpunkts

Der Zeitpunkt zur Abhaltung von Missionen war meist gut gewählt. Beginn und Ende fielen in der Regel auf einen Sonntag bzw. Feiertag. Dies verlieh dem Geschehen nicht nur ein besonderes Gepräge, sondern gestattete auch möglichst vielen Gläubigen die Teilnahme. Mit Vorliebe fanden Eröffnung und Schluß einer Mission an bestimmten kirchlichen Festtagen vor allem dort statt, wo dies im Sinne der Propaganda besonders wichtig war (das heißt, man erhoffte sich eine Initialzündung) oder wo Probleme befürchtet wurden. Friedrichshafen war beispielsweise als Ort in Grenznähe und als Verkehrsknotenpunkt von größerer Bedeutung. Die 1854 dort stattfindende Mission wurde am Fest Mariä Verkündigung eröffnet und endete am Palmsonntag. Die Ehinger Mission des Jahres 1851 begann sogar am Osterfest, der Weiße Sonntag wurde passend als Tag der Erneuerung des Taufgelübdes begangen[105]. Kirchliche Feste und selbst Hochfeste wurden also in der Planung nicht ausgespart, sondern vom Missionsgeschehen überlagert. Die Hauptintention hierbei war, der Mission Festlichkeit und Gepränge zu verleihen[106]. Doch gelang dies nicht überall, insbesondere nicht in kleinen Gemeinden[107].

b) Ablauf

Der Ablauf der Missionen war zwar stets auf die örtlichen Gegebenheiten und die Dauer abgestimmt, wies aber doch ein immer ähnliches Muster mit folgenden Elementen auf[108]:
1. Ankunft der Missionare, bereits einige Tage vor Beginn der Mission. Unterkunft im Pfarrhaus.
2. Eröffnungsfeier. Frühmorgens Abholung durch die Geistlichen im Pfarrhaus, Geleit unter feierlichem Gesang zur Kirche. »Veni Creator« am Hochaltar, angestimmt durch den Pfarrverwalter, Gebet, Begrüßung der Missionare im Namen von Klerus und Gemeinde. Beginn der Vorträge, jeweils abgeschlossen durch Volksgesang und Segen oder durch ein dreimaliges »Vaterunser«, »Ave Maria« und »Ehre sei Gott« (so in Wurzach).
3. Täglich morgens ab 5 Uhr Heilige Messen, 8.30 Uhr levitiertes Hochamt vor ausgesetztem Allerheiligsten.
4. Täglich drei thematische Predigten[109] mit einer Dauer von jeweils 1½ Stunden[110]. Die Vorträge fanden in der Kirche statt, bei zahlreichen Zuhörern im Freien. Manchmal mußte die Einfassungsmauer des Kirchhofes als Kanzel dienen[111], manchmal wurde eigens eine Kanzel für Vorträge im Freien gefertigt. Bevorzugte Orte waren nicht nur des Ambientes wegen Schloß- und Klosterhöfe; hier war die Akustik besser als auf freiem Felde[112].
5. Abends Feier eines Hochamts und Abschluß mit Volksgesang und sakramentalem Segen.
6. Seelsorge im Beichtstuhl durch die Missionare und die anwesenden Geistlichen[113]. Intensive Werbung für Generalbeichten und Generalkommunionen[114].
7. Täglich Einzug von Prozessionen, geleitet durch einen Geistlichen. Die Teilnahme von Gläubigen an den Missionen wurde, ähnlich einer Wallfahrt, vom Klerus organisiert und durchgeführt. Immer wieder berichtete das Sonntagsblatt, daß »Hunderte von Gläubigen, viele Gemeinden unter Begleitung ihrer Herren Pfarrer mit Kreuz und Fahne und unter Absingen geistlicher Lieder herbeiströmten«[115]. Von der Mission in Weingarten wurde berichtet, daß auf den meisten Höfen der Umgegend »vierzehn Tage lang alle Arbeit stille stand, und nur so viele Personen zu Hause blieben, als für die Haushaltung unumgänglich nöthig waren«[116].
8. Abschluß der Mission vor dem Missionskreuz. Abschiedsrede, »Te Deum laudamus«, feierlicher sakramentaler Segen, Dankesworte von Klerus und Gemeinderat, feierliches Geleit für die Missionare[117].

Die Eröffnungsfeier der Mission auf dem Schönenberg wurde in besonderer Weise gestaltet[118]:
1. Prozession der Pfarrgemeinde Ellwangen auf den Schönenberg.
2. Stilles Gebet der Geistlichkeit vor dem Hochaltar.
3. Abholung der Missionare durch die Geistlichkeit am Hauptportal der Kirche; kurze Begrüßung des Dekans.

4. Prozession zum Hochaltar, »Veni creator spiritus«, sakramentaler Segen.
5. Ansprache des Dekans an die Patres.
6. Erste Predigt über die drei Fragen: »Was ist eine heilige Mission, was tut Gott durch eine solche, und was sollen wir während derselben thun«.
7. Gebete und sakramentaler Segen.
8. Rückkehr der Gläubigen in Prozession zur Ellwanger Stiftskirche.

c) Inhalte: Predigtthemen

Bei den Missionen wurden in der Regel immer dieselben Themen behandelt[119]. In der ersten Woche arbeiteten die Missionare mit erschütternden Predigten auf Bekehrung hin. Die Themen waren:

> Über die Bosheit und Bitterkeit der Sünde; Über die Hölle; Über den Tod; Über das Gericht; Über das Ärgernis; Über die Unzucht; Über die böse Gelegenheit; Über die Standespflichten der Jünglinge, Jungfrauen, Eheleute, Eltern und Dienstboten; Über die Gewissenserforschung; Über die Reue; Über die Beichte; Über die Genugtuung.

In der zweiten Woche wurden die Hilfsmittel zu einem guten christlichen Leben behandelt:

> Über das Gebet; Über den Eifer; Über den Empfang des Altarsakraments; Über die Vorstellung der Gegenwart Gottes; Über das Andenken an die Verstorbenen und das Gebet für sie; Über die Anrufung und Verehrung der seligsten Jungfrau Maria; Über die Erneuerung des Taufgelübdes. Verbunden damit waren Abbitten: bei den Feinden; beim heiligsten Sakrament, »das exponiert und schön beleuchtet war«; Wiederholung des Taufgelübdes »mit aufgehobener Hand«; Seelengottesdienst und Gräberbesuch; vor dem Ecce homo; Empfehlung in den Schutz Mariens.

Die Schlußreden handelten:

> Von der Beharrlichkeit; Über das Missionskreuz »als Erinnerungszeichen an die abgehaltene Mission und die in ihr vorgetragenen Lehren und Ermahnungen«[120].

Über die Mission auf dem Schönenberg 1850 liegt ein nach Tagen aufgeteilter Plan vor.
Erster Tag:

> Über die drei Fragen: »Was ist eine heilige Mission, was tut Gott durch eine solche, und was sollen wir während derselben thun«.

Zweiter Tag:

> Die Bestimmung des Menschen; Die 5 Elemente einer guten Beichte (Gewissenserforschung, Reue und Leid, Entschluß zur Besserung, Sündenbekenntnis, Buße); Die Sünde überhaupt und die Todsünde im besonderen.

Dritter Tag:

> Über das Gnadenmaß, das die Barmherzigkeit Gottes den Menschen setzt; Die Generalbeichte; Der Tod.

Vierter Tag:

> Über die Gelegenheit zur Sünde und die Notwendigkeit, diese zu meiden; Standespredigt der Jungfrauen; Sonderpredigt: »Rette deine Seele, und wer eine andere Seele rettet, hat die seinige gewonnen«; Über das allgemeine Gericht.

Fünfter Tag:
> Über das unkeusche Leben; Standespredigt der Jünglinge; Über die Ewigkeit.

Sechster Tag:
> Über die Zungensünden; Standespredigt der Frauen; Über die Hölle («eine zündende, recht warm gebende Predigt«[121]).

Siebter Tag:
> Über die Barmherzigkeit Gottes; Standespredigt der Männer; »De sacrilegio«.

Achter Tag:
> Über das Ärgernisgeben; Einweihung des Missionskreuzes und Predigt über das Kreuz.

Neunter Tag:
> Über das Leiden Christi; Das Wesen und die Majestät der katholischen Kirche; Über die Verehrung Mariens.

Zehnter Tag:
> Über das Gebet; Wie der Sonntag gefeiert werden sollte und wie derselbe entheiligt wird; Der Himmel, dessen Schönheit und Herrlichkeit.

Letzter Tag:
> Über das Gott geweihte Leben; Über die Beharrlichkeit; Über das Wesen des Ablasses; Schlußpredigt (Generaltenor: »Rette deine Seele«).

In Ehingen wurden 1851 von P. Smeddink jeweils um 5.30 Uhr »Morgenbetrachtungen« gehalten, die biblische Gestalten (Petrus, Paulus, Maria Magdalena, die beiden Schächer) zum Gegenstand hatten[122]. Außerdem gab es einen Vortrag »über die Wichtigkeit der Einheit mit dem Oberhaupt der Kirche in Rom«, wobei Gegenargumente entkräftet wurden[123].

Eine Besonderheit wurde 1854 erstmals in Friedrichshafen erprobt: P. Schneider, der jüngste Missionar, hielt an den ersten vier Tagen »zur großen Freude der Eltern und Kinder« eine Kindermission. Hierzu sammelte er zweimal täglich die Kinder – und interessierte Erwachsene – in der Spitalkapelle um sich und hielt ihnen ansprechende und kindgerechte Vorträge[124].

d) Methoden

Die Wirkung der Missionen und insbesondere der Predigten war von verschiedenen Faktoren abhängig. Hier ist zunächst die sprachliche Befähigung zu nennen, über welche die Missionare verfügten. Die Vorträge waren »ernst, ergreifend, schneidend, erschütternd«, aber auch wieder »tröstend und erhebend«[125]. Die Missionare entwickelten in ihren Predigten »mit meisterhafter Klarheit und Bestimmtheit in würdevoller und reiner Sprache fast alle wichtigeren Punkte der christkatholischen Lehre«. Doch sie blieben hierbei nicht stehen, sondern zielten »auf eine entschiedene und durchgreifende Umwandelung im sittlichen Leben hin«[126]. Dabei wurde offenbar nach dem paulinischen Prinzip verfahren: »Die Vorträge der letzten Woche waren bestimmt, um das alte morsche Gebäude der menschlichen Gesellschaft abzudecken; die Sünde und deren Laster in ihrer ganzen Abscheulichkeit und deren Folgen darzustellen, und die Nothwendigkeit der Buße und Besserung mit aller Kraft herzustellen. Gestern fing Herr Pater Roder ein neues Gebäude an aufzuführen: die Veredelung des Menschengeschlechtes; in seinem ersten Vortrag sprach er von der rechten guten Kinderzucht«[127]. Ein Leser des Sonntagsblattes formulierte es so: »Der Missionär schlägt dem Herzen Wunden, wenn er dem Ackersmanne gleich mit dem Pfluge das geschlossene Erdreich aufreißt, und mit hartem Eisen in dessen Schooße wühlt. Aber wie wohl thut es diesem Herzen, wenn dann, da die Saat bereits aufsproßt, jene trostreichen Lehren, einem warmen, milden Mairegen gleich, das gelockerte Feld durchdringen«[128]. Immer wieder wurde den Predigten bescheinigt, daß sie »meister- und musterhaft, von reichlicher Erfahrung und tiefer Menschenkenntnis« zeugten[129]. »Sie führen Beispiele an: aus der heil. Schrift, den heil. Vätern, der Geschichte und aus dem praktischen Leben, um dem Volke sowohl die heil. Sache Gottes, als auch den Rand des Abgrundes des Verderbens recht anschaulich zu machen und dort Liebe, hier Abscheu zu erregen«. Dennoch »ohne Überspanntheit, dem Geist der Religion Christi, und der katholischen gemäß«, »fern von aller Polemik und Politik«[130]. Über die Rhetorik der Ordensleute gab es unterschiedliche Aussagen. Während die einen ihre Kunst betonten, glaubten andere eher deren Natürlichkeit loben zu müssen: »Je weniger es auf künstlich-rhetorischen Effect abgesehen war, desto nachdrücklicher drang die göttliche Wahrheit durch ihre eigene Kraft und Stärke in die Herzen der Gläubigen ein«[131].

Neben die wirkmächtige Sprachgewalt trat als deren Folge ein Moment, das gerade in der jesuitischen Spiritualität eine bedeutende Rolle spielt: die sinnliche Wahrnehmung. Welche Wirkkraft diese klassische jesuitische Methode zeigte, demonstriert eindrucksvoll das Selbstzeugnis eines Missionsteilnehmers, das im Sonntagsblatt abgedruckt wurde: »Ich schaute die Sünde in ihrer Gräßlichkeit, in ihrem Elend hier und dort; stieg in die Qualen der Verdammten hinab, besuchte meine Theuren im Fegfeuer und vernahm in den Höhen des Himmels das dreimal Heilig der Engel. Ich kehrte zurück, bereitete mich zur Buße, umfaßte die göttliche Barmherzigkeit und schloß meine Rechnung mit dem Himmel ab. Und plötzlich stund Jesus Christus als die Sonne der Sonnen vor meinem Innern; der Sohn Gottes blickte in mich hinein, um meine Vorsätze zu durchschauen; ich bot den Feinden die Hand der Versöhnung und prüfte mich strenge, ob ich nach keiner Seite hin Ersatz schuldig sei. Freudig begrüßte ich den Ablaß, weil ich fürchtete, für meine Sünden nicht genug Buße thun zu können; ich verfluchte die Menschenfurcht und suchte neue Kraft im heil. Altarsakramente und im Gebete. Zum Schlusse gelobte ich Gott, mein Taufgelübde treuer zu halten. Ich schaute zuerst die Schönheit und die Wohltaten meiner Mutter, der heil. katholischen Kirche, und tiefer Schmerz durchdrang mich bei dem Bewußtsein, sie mannigfach mißachtet zu haben«[132].

Derartige Wirkungen veranlaßten einen Leser aus Mittelbiberach zu eingehenden Reflexionen: »Mit Recht staunen die Gegner der Mission über solche Erscheinungen und suchen mit der banalen Phrase darüber wegzukommen, die Mission benütze eben die Mittel, welche die katholische Kirche habe, um die Sinnlichkeit anzuregen, auf ganz besondere Weise, die Stille des Abends, die beleuchtete Kirche, der begeisterte Vortrag des Redners, all das zusammen genommen wirke mächtig auf die Sinnlichkeit ein. Es ist wahr, so lange der Geist des Menschen in einem sinnlichen Körper wohnt, sind die Sinne die Aus- und Eingangs-Thore des Geistes und es ist daher ganz natürlich, daß der Geist zum Geiste nicht unmittelbar, sondern auf den Wegen der Sinne dringt. Aber seht einmal jene Volksversammlungen der Revolution an, war hier nicht auch Alles aufgeboten, was die Sinne reizen konnte, waren nicht gerade die Volksreden selbst ganz und gar auf die Sinnlichkeit berechnet und was haben sie für eine Wirkung hervorgebracht?«[133]

Mit den thematischen Predigten wurden immer auch zeichenhafte Handlungen zur Bekräftigung und Verstärkung verbunden. Der Bericht über die Mission in Walldürn steht für viele ähnliche: »Insbesondere besitzen diese Männer die Gewandtheit, die Anmuthungen und Willensakte, welche sie in ihren Zuhörern erzeugen, am Ende des Vortrags so zu steigern, daß der innerlich gefaßte Entschluß durch ein in der Kirche öffentlich abgegebenes Versprechen bekräftigt wird. Sie erwecken z. B. in den Herzen nicht blos die Bereitwilligkeit, allen Feindschaften zu entsagen und den Brüdern die Hand zur Versöhnung zu reichen – nicht blos dies – in der heiligen Stunde, da die Herzen erweicht und gerührt sind, wird die Versöhnung in dem Hause Gottes sogleich vollzogen und gefeiert. Ewig unvergeßlich wird uns die Stunde bleiben, da […] der Prediger am Ende seiner Rede die Versammelten aufforderte, jetzt sogleich im Hause Gottes, vor dem allerheiligsten Sakrament die Versöhnung zu geloben. Wer kann die Rührung beschreiben, welche in den Thränen der Tausende sich kund gab, als die Kinder, die Eltern, die Geschwister, die Gatten, die Nachbarn etc. gegenseitig sich verziehen. Von jenem Abende an, wie viele Feindschaften wurden aufgehoben, wie viele Unbilden verziehen, wie viele Bitterkeiten beseitigt! Ein anderer ergreifender Akt geschah […] nach der letzten Predigt, da der Prediger die Kinder, welche mit brennenden Kerzen um den Altar stunden und alle Erwachsenen, welche in der Kirche versammelt waren, dahin bewegte, daß sie alle mit ausgestreckter rechter Hand ihre Taufgelübde erneuerten. Eine Predigt, welche auf mich den tiefsten Eindruck machte, war jene, welche dem Andenken der hingeschiedenen Seelen gewidmet war, woran sich ein feierlicher Trauergottesdienst und der Gang auf den Friedhof anschloß. Am zweiten Samstag Abend war mit dem letzten Vortrag, welcher die Verehrung und Nachahmung der heil. Jungfrau zur Aufgabe hatte, eine besonders rührende Ceremonie verbunden, die Empfehlung in den Schutz Mariens«[134].

Bei aller Stereotypie, in der die Missionen weitgehend verliefen, bemühten sich die Missionare doch, auf die lokalen Besonderheiten Rücksicht zu nehmen. Dies zeigt etwa das Beispiel Schönenberg: »Vor der Predigt war das berühmte ›Gnadenbild der Mutter Gottes‹ aus der sogenannten Gnadenkapelle auf einem äußerst geschmackvoll verzierten Gestell in feierlicher Procession von den beiden Geistlichen im Chorrock und von vielen Jungfrauen in weißen Kleidern abgeholt und durch das große Portal in die Kirche hinein bis zum Hochaltar gebracht worden. Während der Predigt blieb es dort aufgestellt; nach der Predigt wurde es wieder in gleicher Weise in die Gnadenkapelle zurückgetragen, worauf die Geistlichen zum Schluß noch das Salve Regina sangen«[135].

Die »Erneuerung des Taufbundes« und die »Versöhnungsfeier« gehörten überall zu den Standards. Bei letzterer wurde das Volk »dreimal aufgefordert zu verzeihen, und hat dies öffentlich bejaht, wobei Pater Roder auf Christus im ›ausgesetzten Allerheiligsten‹ hingedeutet hat«[136]. Eine Festlichkeit ganz eigener Art war folgende: »Abends 4 Uhr fand auf dem Schönenberge unter Vorantragung von Kreuz und Fahnen eine Procession aus der Kirche zu dem in der Nähe errichteten und mit Blumen verzierten Altare mit dem Allerheiligsten, begleitet von 40 Geistlichen in Chorröcken und etwa 30 Jungfrauen in weißen Kleidern mit Kränzen geschmückt statt. Diesem hochfeierlichen Zuge schlossen sich, ebenfalls brennende Kerzen, wie die Vorigen tragend, noch 6 Geistliche und ein Laie in schwarzen Kleidern an. Bei dem Altare angekommen begann jetzt ein erschütternder Act. Das Hochwürdigste Gut wurde mit einem schwarzen Flor umhangen. Der Pater Gemminger hielt von der gegenüberstehenden Kanzel aus eine Predigt de sacrilegio«[137].

Ziel war stets, die theoretischen Inhalte der Predigten praktisch umzusetzen und sinnenhaft zu verstärken. Das liturgische Erfahren bei den Missionen wirkte offenbar nach, so daß sich in der Bevölkerung ein neues liturgisch-festliches Bewußtsein bildete. Der Kirchenschmuck hielt in stärkerem Maße Einzug, der Kirchengesang erfuhr einen neuen Aufschwung und eine andere Akzentuierung[138].

e) Typik der Wirkung

Einig sind sich die Berichte, daß bei den Missionen große seelische Wirkungen hervorgerufen wurden. »Thränen und Schluchzen«[139], Bekehrungen und gar »Wunder« gehörten unabdingbar zum Erfolg einer Mission. Aber selbst hier gab es noch immer Möglichkeiten der Steigerung, wie folgende Zitate aus unterschiedlichen Berichten zeigen: »Die ganze Versammlung war in Thränen gebadet«[140]. »Schon mehrmals hatten in den Predigten selbst die kräftigsten Männer der Thränen sich nicht erwehren können«[141]. »Wenn in früheren Predigten das Volk zu Thränen und Schluchzen hingerissen wurde, so war es diesmal anders, denn ein lautes, lautes Weinen entstand, so daß man den Prediger kaum mehr verstehen konnte«[142]. »Tausende lagen auf ihren Knien und heiße Thränen rannen über ihre Wangen, aus ihrer Brust rangen sich Seufzer und Schluchzen, und zuletzt war die ganze gläubige Versammlung in lautes, lange anhaltendes Weinen aufgelöst«[143].

Eine weitere Wirkung war die »Bekehrung« von Kritikern. Stereotyp wurden auch hier immer dieselben Formulierungen gebraucht: »Mancher war mit Vorurtheilen gekommen und ging mit anderer Gesinnung nach Hause«[144]. »Manche Vorurtheile sind getilgt, mancher Irrthum berichtigt, mancher Zweifel ist gelöst worden und die entschieden Gegner der Mission wurden und sind jetzt eben so entschiedene Bewunderer derselben«[145]. »O welch ein Glück, einer Mission, einem so nothwendigen Bekehrungswerke anwohnen zu können! O wie viele haben sich getäuscht in ihren Erwartungen, die sie zum Theil laut werden ließen, indem sie, weltlich gesinnt, nur Menschliches erwarteten, aber Übermenschliches, Göttliches hörten«[146]. »Selbst solche, die auf die heilige Mission gar nichts halten, oder die einer anderen Confession zugethan sind, führt die Neugierde dahin, und sie kehren ergriffen und befriedigt nach Hause«[147].

Die Versöhnungsfeiern führten – will man den Berichten Glauben schenken – immer zu einer Art »Generalabrechnung« im positiven Sinne. Formulierungen wie »manche eingerostete Feindschaft ist aufgehoben, viel ungerechtes Gut wurde an die rechtmäßigen Eigenthümer zurückgegeben«[148] gehörten in jeden ausführlicheren Missionsbericht. Betont wurde stets auch die Anziehungskraft der Missionen auf Leute unterschiedlichster Herkunft. Bauern und Adelige waren ebenso vertreten wie Bürger und Fabrikarbeiter. Man war »sehr verschieden an Tracht, Aussprache und Alter, aber gleich und einig im Glauben und Gebete«[149]. Ja selbst »viele Protestanten aus der Stadt« hörten »fleißig die Predigten«[150].

f) Politische Aspekte: Mission als Antirevolution

Wie gesagt, wurden die Missionen und die Ordensleute von der Staatsgewalt argwöhnisch beäugt. Spätestens seit der Revolution von 1848 fürchtete man Menschenansammlungen, mag man die mit den Missionen verbundenen Volksaufläufe vielleicht als staatsgefährdende Zusammenrottungen betrachtet haben. Die Sorge, das katholische Volk könne aufgewiegelt und gegen den Staat mobilisiert werden, war nicht ganz unbegründet. Das Sonntagsblatt griff diese Befürchtungen auf und bemühte sich, die Friedfertigkeit der Volksaufläufe zu demonstrieren:

»Gegenwärtig ist das oberländische Volk gegen politische Vorgänge jeder Art ganz gleichgültig, so daß selbst der kürzlich eingetretene Ministerwechsel und die in Folge desselben vorgekommene Kammerauflösung Vielen bisher ganz unbekannt blieb, Andere aber die Kunde hievon gerade mit so viel Interesse hinnahmen, wie wenn sich diese Dinge hinten in der Türkei oder im Lande, wo der Zopf in Ehren steht, ereignet hätten. Das Volk ist zufrieden, daß wir nun wieder eine Regierung haben, welche die Zügel in kräftiger Hand hält und den Frieden und die Ruhe im Lande handhabt. Während nun die Gleichgiltigkeit unläugbar ist und sich wahrscheinlich bei den Wahlen nicht sehr viele Wahlmänner betheiligen werden, treten die religiösen und kirchlichen Dinge lebhaft in Vordergrund und bilden den Gegenstand des alltäglichen Gesprächs. Insbesondere gibt es keinen beliebteren Stoff der Unterhaltung, als die […] zu Wurzach gehaltene Mission«[151].

Für manche Mission wurde das Polizeiaufgebot erhöht. Die Gendarmen sollten beobachten, berichten und notfalls eingreifen. Eingegriffen werden mußte offenbar nie, und nur selten sah man sich gezwungen, zu betonen, »daß bisher alle und jede Anspielung auf Politik und confessionelle Unterschiede fern blieben«[152]. Mit Genugtuung vermerkte ein Beobachter der Nusplinger Mission: »Was die Herren Landjäger betrifft, so haben die in loco stationirten und extra commandirten Herren Landjäger wirklich arge Noth gehabt, wie sie die Zeit todtschlagen sollten. Zum Glück kam ihnen der Gedanke, die Missionspredigten fleißig anzuhören. Es ist halt doch gut, wenn die Kirche unter den schützenden Fittichen der Polizei ruht!«[153]

Immer wieder wurde in den Berichten ein Zusammenhang zwischen den Volksmissionen und der Revolution von 1848 hergestellt, und zwar in einem antipodischen Sinne. An den Orten, wo vor wenigen Jahren die Volksaufwiegler den Unfrieden predigten, dort predigten nun die Missionare den Frieden. Hatten sich damals die Massen zur politischen Aktion zusammengerottet, so versammelten sie sich nun zur religiösen Selbstheiligung. War von den damaligen Versammlungen Unheil ausgegangen, so durfte man von den jetzigen Missionen »Heil«, ja »Heilung« für die vergiftete Gesellschaft erwarten. Einige Beispiele. Aus Ellwangen wurde 1851 berichtet: »Der ganze Marktplatz war Kopf an Kopf gefüllt, lautlos die Versammlung, nur die Herzen pochten, und brachen endlich in ein lautes Weinen aus […]. O! wie ganz anders war es, als vor zwei Jahren auf der nämlichen Stelle Volksreden gehalten wurden, wie kalt und herzlos, wie phrasenreich und inhaltsarm, wie auf das eigene Ich hinzielend und nichts erzielend und endlich mit einem Gebrüll von Hoch, Hoch endend, waren sie! Doch, was denken wir! jene angeblich fürs Volk wohl berechnete Reden hier in eine Parallele zu Predigten, die das Wort Gottes zum Gegenstand haben, zu stellen!«[154] Und aus Rottweil hieß es 1851: »Es war ein eigenthümliches Zusammentreffen, daß in Rottweil mit dem Schlusse des großen Rau'schen Prozesses[155], der während einer Reihe von Wochen wohl über Gebühr die Aufmerksamkeit der Rottweiler und Rottweilerinnen in Anspruch nahm, die Mission durch Patres des Ordens der Jesuiten ihren Anfang nahm. Der Zeitpunkt war für die Mission in Rottweil offenbar nicht günstig, und Mancher hätte dieselbe mit den Patres gerne verschoben gesehen, wenn es noch zu ändern gewesen wäre«[156].

Mit der Erinnerung an 1848 wurde bewußt eine Front aufgebaut, von der man sich absetzte. Daß die Missionare selbst explizit auf die Revolution eingingen, läßt sich anhand des Sonntagsblattes nicht belegen[157]. Doch hoffte man angeblich in Hasenweiler an der Aach, durch die Mission »den Geruch von 1848 und 49« austreiben zu können[158]. Daß diese Antithese jedoch nicht der Realität entsprach, wurde nicht wahrgenommen. Man vergaß, daß gerade Geistliche aus dem ultramontanen Lager 1848 Vorreiter in Sachen Revolution gewesen waren und auf Volksversammlungen Reden gehalten hatten[159].

g) Konfessionelle Aspekte

Konkurrenz erwuchs den Volksmissionen durch verstärkte Missionsarbeit der Baseler Christentums-Gesellschaft. So berichtete das Sonntagsblatt am 2. Februar 1851 von drei pietistischen Handwerkern, die sich in Pfingsweid bei Tettnang niedergelassen hatten und von dort aus missionarisch tätig wurden. Hierbei verkauften sie Lutherbibeln (mit »katholisch klingendem Titelblatt«) sowie »Traktätlein« gegen »katholische Lehre und Sitte, gegen katholische Einrichtungen usw.« Offenbar gerieten in ihren Schriften vor allem die katholischen Volksmissionen ins Schußfeld. Ein Traktat mit dem Titel »*Wenn man Euch Bibeln bringt, werft sie ins Feuer! Worte des katholischen Missionärs Haßlacher in der Predigt, gehalten am 29. September 1850 in der Dorfkirche zu Dumersheim bei Rastatt 1850*«[160] griff den Volksmissionar und Jesuiten Haßlacher scharf an. Ausführlich antwortete das Sonntagsblatt am 21. und 29. März 1852 mit einem von P. Haßlacher verfaßten Beitrag unter dem Titel »Predigen die katholischen Missionäre gegen die Bibel?«[161]. Immer wieder warnte das Sonntagsblatt auch vor Druckschriften, die als autorisierte Missionspredigten verbreitet wurden, von denen sich die Missionare jedoch distanzierten[162].

Während der Nusplinger Mission versuchten »ein paar erwachsene Buben« aus einem benachbarten Dorf, pietistische Schriftchen zu verbreiten. Die Hefte mit Titeln wie »Für alle, die

Warnung vor falschen Missionspredigern.
Bildnachweis: SCV 1851, Nr. 10 (9. März), 104 f.

> **Erklärung.**
>
> Wie verlautet, sollen die bei der Mission in Schw. Gmünd im vorigen Herbste gehaltenen Predigten im Drucke veröffentlicht werden. Der Unterzeichnete erklärt im Namen seiner damaligen Mitarbeiter Schlosser und Werdenberg, daß diese Veröffentlichung unbefugt und widerrechtlich ohne unser Wissen und Befragen, ja gegen unsern schon mehrmals erklärten Willen geschehe. Deshalb weisen wir auch bemeldte Predigten als Machwerk irgend eines Nachschreibers, als ungenau und mitunter unrichtig von uns, ohne die mindeste Verantwortung dafür übernehmen zu wollen; warnen vielmehr Jedermann, solchen Speculationen als Werkzeug zu dienen, und bitten namentlich die Hochw. Geistlichkeit, solchem Unterfangen ihren Einfluß entgegenzusetzen.
> P. Roder, S. J.

Erklärung zu unerlaubtem Druck von Missionspredigten.
Bildnachweis: SCV 1852, Nr. 4 (25. Januar), 25.

> **Zur Warnung.** Sicherem Vernehmen nach werden wirklich die sogenannten Missionspredigten, die voriges Jahr in Gmünd gedruckt worden, von einer andern Buchhandlung, so gleichsam wie ganz andere als die verpönten, ausgeboten. Es ist bekannt, wie seiner Zeit die Hochw. PP. Missionäre gegen diese Herausgabe protestirt, auch selbe Predigten durchaus nicht als mit den von ihnen gehaltenen gleichlautend, und dieß Unterfangen als ein Unrecht gegen sie, weil gegen ihren Willen, erklärt haben. Und in der That kann man sich auf diese Predigten gar nicht verlassen, um in ihnen die Lehren der Missionäre wieder zu finden, denn es sind nur, oft sehr abgekürzte, Auszüge, und zwar öfters so abgekürzt, daß der Zusammenhang vermißt wird, oder der Sinn entstellt ist. Niemand darf sich also diese Predigten anschaffen, um sich auf sie als Missionspredigten etwa berufen zu können, oder aus ihnen den Geist der Missionen oder Missionäre kennen zu lernen.

Warnung vor unerlaubt gedruckten Missionspredigten.
Bildnachweis: SCV 1852, Nr. 33 (15. August), 266.

Werbung für Missionskreuze.
Bildnachweis: Wochenblatt für den Oberamts-Bezirk Waldsee und Umgegend, 7. November 1856.

selig werden wollen«, »Jesus nimmt die Sünder an« oder »Anleitung zum Gebet des Herzens« konnten jedoch – obwohl sie den Leuten fast hinterher geworfen wurden – nicht an den Mann gebracht werden, weil einer der Missionare davor warnte[163].

7. Institutionalisierung

a) Missionskreuze

Die Mission sollte weiterwirken, und zwar – guter katholischer Tradition folgend – nicht papieren, sondern sinnenhaft durch Zeichen. Es geschah sehr bewußt, daß als ewiges Mahnmal der Erinnerung ein sogenanntes Missionskreuz gesegnet und aufgestellt wurde. Es hatte die Erinnerung an die Mission wachzuhalten, gleichsam »als ein bleibender Missionär«[164]. Das Sonntagsblatt berichtete 1854: »Gegen 60 Bürger erboten sich, das sehr schwere eichene Missionskreuz auf ihren Schultern die steile Anhöhe hinauf bis zu seinem Bestimmungsorte zu tragen und haben ihr Versprechen auch erfüllt. Mögen sie nun auch fortan mit gleicher Kraft und gleicher Ausdauer, in bestem katholischen Zusammenhalt und innigem Anschlusse an den Seelsorger, nicht achtend auf die dreiste Sprache der falschen Aufklärung, zu Hause und öffentlich, gleich den frommen Vorfahren wirken und arbeiten für die Ehre des Kreuzes«. Und 1850: »Diese Tage der heiligen Mission […] werden gesegnet sein von unseren späten Nachkommen und unsere Jünglinge und Jungfrauen, welche dieser Mission beigewohnt, werden einst im spätesten Alter noch, wenn sie am Missionskreuze vorübergehen, ihre Enkel auf das Denkmal dieser heiligen Tage hinweisen, und ihnen erzählen von den Stunden der Erneuerung christlichen Glaubens und Lebens der religiösen Freude und Ermuthigung«[165]. Solche Sätze lesen sich weniger als Tatsachenbeschreibung denn als »Gebrauchsanweisung«, als Aufforderung zum Tun. Die Appelle verfehlten ihre Wirkung nicht.

Die Errichtung des Missionskreuzes gehörte stets zu einem der Höhepunkte einer jeden Mission. Aus Gerlachsheim wurde berichtet: Alles war gerührt, »als die Stadtgemeinde Grünsfeld, mit einem wunderschönen, colossalen Holzkreuze, reich mit Blumen und Kränzen geziert, getragen von zwölf Jünglingen und begleitet von einer großen Schaar weißgekleideter Jungfrauen und Kinder, welch erstere Kränze, letztere brennende Kerzen in ihren Händen trugen – mit ihrem Seelsorger in die Kirche zog. Auch die übrigen Gemeinden hatten ihre Missionskreuze schon früher auf den Kirchhof getragen, wo die Weihe des Missionskreuzes für Gerlachsheim, so wie der übrigen stattfinden sollte«[166].

Selbst für Rottweil, wo die Mission keineswegs großen Anklang gefunden hatte, war die Errichtung des Missionskreuzes ein wichtiges Ereignis: »Es war ein erhebender und ergreifender Augenblick, als der Zug sich von der Kirche aus in Bewegung setzte, voraus eine große Zahl weißgekleideter Jungfrauen, sodann 20 Jünglinge das Missionskreuz tragend, und hinter diesen etwa 30 Priester in Chorröcken, begleitet und umgeben von einer zahllosen Menge Volkes […]. Diese Kreuztragung und Errichtung des Kreuzes mußte auf jedes Gemüth, dem Christus kein leeres Wort ist, am Eingange in die Leidenswoche (am Palmsonntage) einen tiefen Eindruck machen. Bei diesem Anlasse konnte man die tröstliche Wahrnehmung machen, daß das Kreuz noch seine Verehrer hat, und daß es trotz der verflachten Zeit noch einen bezaubernden Einfluß auszuüben vermag. Das Missionskreuz steht bei dem hohen Thurme in den neuerrichteten schönen Anlagen«[167].

Welche Rolle das Missionskreuz spielen konnte, war in Wurzach zu sehen: »Früh Morgens vor und nach dem Gottesdienste finden sich Andächtige bei dem Missionskreuze auf dem Gottesacker ein, in stillem, herzlichem Gebete neue Mission zu halten. Täglich pilgern zur Abendzeit, selbst bei schlechtem, dem schlechtesten Wetter – oft wie in Procession, Hunderte verschiedenen Standes, Alters und Geschlechts nach den Orten der Missionskreuze, laut und andächtig

> **Das Missionskreuz auf den Höhen bei Altdorf-Weingarten.**
>
> Was glänzt dort auf jenen Höhen
> In dem Abendsonnenschein!
> Was sieht dort der Wand'rer stehen,
> Steh'n so einsam und allein?
>
> Was blinkt dort so hold hernieder
> In das grüne Schussenthal?
> Wenn der Waldessänger Lieder
> Tönen bei Auroren's Strahl?
>
> Siehe hier das Gnadenzeichen!
> Ruft's von fern dem Wand'rer zu,
> Hier muß Sorg' und Kummer weichen,
> Hier kehrt wieder Herzensruh!
>
> Knie' drum hin getrost, im Stillen
> Und wenn Niemand höret dich,
> Bete: „deinem Vaterwillen
> Herr und Gott! ergeb' ich mich!"
>
> Sieh! dann wird dir Trost beschieden
> Und es fliehen Gram und Schmerz,
> Und des Himmels reiner Frieden
> Senkt sich in's beklomm'ne Herz!
>
> Sei gegrüßt! auf diesen Höhen
> Kreuz! im schönen Schussenthal!
> Sende uns, die zu dir flehen,
> Herr und Gott! der Gnade Strahl!
>
> K. K.

Andenken an die Mission: Das Missionskreuz.
Bildnachweis: SCV 1857, Nr. 23 (7. Juni), 197.

betend, um das Ende des Tages in heiligem Andenken an die heil. Mission zu feiern, um alle Mühen und Beschwerden bei den neugeweihten Missionskreuzen dem lieben Heilande gleichsam zu Füßen zu legen, ihm aufzuopfern, sich auf's Neue mit Ihm zu vereinigen, bei Ihm neue Stärke und neuen Trost für den folgenden Tag zu erflehen. Ja, unser Gottesberg ist alle Abende oft von Hunderten Andächtiger besucht. Besonders auch junge Leute, die früher um die Abendzeit ihre Erholungsspaziergänge machten, sieht man zu 3 und 4, 8 und 10 und mehrern in lautem, andächtigen Gebete nach den Orten der Missionskreuze pilgern. Selbst die Schuljugend und kleine Kinder eilen, an der Hand ihrer Eltern geführt, dahin, fromm die Hände gefaltet, kindlich-andächtig betend. [...] So an Werktagen. An Sonntagen aber ist der sog. Gottesberg vom Nachmittage bis zum Abende zu Hunderten von hiesigen und fremden Andächtigen besucht«[168].

Später ist eine fast inflationäre Entwicklung zu beobachten: Oft wurden gleich mehrere Missionskreuze geweiht, weil jede der teilnehmenden Gemeinden ihr eigenes Missionskreuz mit nach Hause nehmen wollte. So ist bei der Mission in Friedrichshafen von neun Missionskreuzen die Rede[169], in Hohenstadt sogar von 42[170].

b) Kreuzwege

In Reaktion auf den großen Anklang, den das Wurzacher Missionskreuz auf dem Gottesberg fand, entschloß man sich, denselben mit weiteren Möglichkeiten zum Gebet zu versehen: »Zur größeren Erbauung der Gläubigen und zur Zierde des Gottesberges, welcher das Städtchen und das weite Ried beherrscht und eine erhebende Aussicht in die Tyroler und Schweizerberge bietet, sollen Stationen errichtet werden, welche von dem wahrhaft edlen und großmütigen Herrn Fürsten von Waldburg-Wurzach der bekannten kunstfertigen Hand des Malers Schabet in Waldsee anvertraut sind. Sie werden, wie man hört, auf Kupfer gemalt und in Form von Bildstöckchen auf dem Wege unterhalb des Missionskreuzes aufgepflanzt werden. Zu gleicher Zeit wird Herr Schabet die Leidensstationen nach berühmten Originalen auf Leinwand darstellen, worauf etwaige Liebhaber schon jetzt aufmerksam gemacht werden«[171]. Doch es sollten sieben Jahre vergehen, bis der Kreuzweg tatsächlich aufgestellt wurde. Am Fest der Kreuzerhöhung 1857 weihte ein Ordensmann aus Augsburg die vom Fürsten gestifteten Kreuzwegstationen auf den Wurzacher Gottesberg ein[172]. Doch das Vorbild machte Schule. P. Anna SJ weihte am 27. Juli 1857 einen gestifteten Kreuzweg in Dietenheim, der in München gefertigt worden war. Voraus ging eine Predigt über die an den Kreuzweg geknüpften Ablässe. Nach der Benediktion wurde der Kreuzweg gebetet, danach ein Hochamt gefeiert[173]. Am 8. November desselben Jahres wurde ein Kreuzweg auf dem Weg zur Wurmlinger Kapelle errichtet und geweiht[174]. Und in Wiesensteig waren schon 1853 ein Kreuzweg sowie ein Muttergottesbild durch P. Vogl CSsR eingeweiht worden. Mehrere Einwohner hatten sich zum Ankauf des Muttergottesbildes aus München verständigt, um dem Jungfrauenbund ein bleibendes Andenken an sein Aufblühen zu stiften. Der Kreuzweg war mit Genehmigung der Ortsbehörden aus Stiftungsmitteln bezahlt worden. Die Einweihung erfolgte nach einem Hochamt, einer für die Gemeinde abgehaltenen Generalkommunion und einer Predigt über das heilige Kreuz, die Kreuzwegandachten und die damit verbundenen Ablässe[175].

c) Jugendbündnisse

Zentral war das Anliegen, die Missionen innerhalb der Gemeinden und im Bewußtsein der Öffentlichkeit wachzuhalten. So griff das Sonntagsblatt einen Monat nach Beendigung der Wurzacher Mission dieselbe wieder auf. Es war eine Reflexion, die die bange Frage stellte: »Wird es aber auch so bleiben?«[176] Das Sonntagsblatt beantwortete dies mit einem klaren Ja und verwies auf die Zunahme des öffentlichen Betens, auf die gestiegene Beichtbereitschaft, auf den häufigeren Kommunionempfang und das seit der Mission zu beobachtende friedliche Zusammenleben. In Wurzach war außerdem ein »Missionsverein« ins Leben gerufen worden, der noch keine zwei Monate nach seiner Gründung angeblich fast 1.500 Mitglieder zählte[177]. Der Verein stieß allerdings auch auf Unverständnis. Das Sonntagsblatt sah sich genötigt, eine Klarstellung abzudrucken, und verband dies zugleich mit einer Werbeaktion[178]: »1) Das Hochw. Bischöfl. Ordinariat hat der Gründung des Missionsvereins, welcher am Schlusse der Wurzacher Mission zur Pflege ihrer heilsamen Früchte verabredet worden ist, und den Statuten dieses Vereins seine Gutheißung und Genehmigung ertheilt. 2) Die Statuten des Missionsvereins – enthaltend die Pflichten, die geistlichen Vortheile und das Gebet des Missionsvereins – sind in sehr ansprechender Ausstattung mit Farbendruck, Goldeinfassung und bildlichen Verzierungen und zur Einlegung in das Gebetbuch geeignet, fertig geworden […]. 3) Der Missionsverein wird zu Wurzach am nächsten heiligen Kreuzerhöhungstag, den 14. Sept., mit Predigt, Meßamt und Procession zu dem Missionskreuz auf den Gottesberg eingesetzt und eröffnet. 4) Vom darauf folgenden Sonntag an wird der Missionsverein in jeder einzelnen Pfarrkirche, wo derselbe Eingang findet, durch Aufnahme der Mitglieder und Vertheilung der Statuten, ins Leben gerufen. 5) Das Nähere enthalten die Statuten[179]. Auch ist das Stadtpfarramt Wurzach zur Ertheilung von Auskunft erbötig«.

Schon bald nach den Missionen auf dem Schönenberg, in Zipplingen und Donzdorf bildeten sich in den Orten, die daran teilgenommen hatten, sogenannte »Bündnisse«. Zunächst dienten sie zur Sammlung der Jugend und waren selbstverständlich nach »Jungfrauen« und »Jünglingen« getrennt. Doch wurden sie auch unter Eheleuten gegründet[180]. Diese Bündnisse galten als eigentliche »Frucht« der Missionen, in der Propaganda als Beleg für deren Fortdauern[181]. Zum Teil wurden sie jedoch während der Missionen von den Missionaren initiiert[182] oder sogar bereits gebildet[183]. Andernorts entstanden Jugendbündnisse erst viel später, als sie bereits

Nachrichten.

Von der Jart. (Brief.) Die schönsten Früchte der auf dem Schönenberge und in Zipplingen abgehaltenen Missionen zeigen sich bei der Jugend. Es haben sich in den meisten Ortschaften für welche Mission gehalten worden ist, Bündnisse unter der Jugend beiderlei Geschlechts gebildet. Dieselben sind nach den in Altötting und der Umgegend schon längst bestehenden Statuten, welche auch die Genehmigung unseres hochw. Bischofs erhalten haben, eingerichtet. Es läßt sich erwarten, daß durch diese Bündnisse der gute Geist in den Herzen der in den Bund getretenen Jünglinge und Jungfrauen erhalten werde, daß durch das vereinte Zusammenwirken der Jünglinge im Jünglingsbund, und der Jungfrauen im Jungfrauenbund die Schwachen gestärkt, die Wankenden gestützt, die dem Falle Nahen vor demselben bewahrt, und viele Gefahren der Verführungen von der Jugend auf diese Weise abgehalten werden dürften. Nur wenn die Jugend erstarkt ist in christlichem Glauben und Leben läßt sich für die Zukunft ein christlicher Hausstand und die Wiederkehr der alten christlichen Zucht und Sitte hoffen. Beide Bündnisse haben außer den Statuten, die sie gedruckt in Händen haben, auch noch ihre besondere Bundeslieder, die zur Erheiterung und geselligen Fröhlichkeit bei den Versammlungen ungemein viel beitragen, jedes Mitglied der zwei Bündnisse trägt bei feierlichen Anlässen das Schibolet des Bundes, eine geweihte Muttergottes=Medaille an einem blauen Bande. —

Diese vom hochwürdigsten Bischof genehmigte Statuten des Bundes der Jünglinge lauten:

§. 1. Jeder Jüngling soll, um die Gnade der Beharrlichkeit zu erlangen, täglich nach dem Morgengebet ein „Pater noster und Ave Maria" beten, mit dem Beisatze: „O heilige Jungfrau Maria, ohne Sünde empfangen, bitte für uns, die wir unsere Zuflucht zu Dir nehmen, daß wir Gott mit reinem Herzen und keuschem Leibe dienen, und standhaft auf dem Wege seiner Gebote wandeln, durch Jesus Christus unsern Herrn. Amen."

Bei der Arbeit soll er öfters im Tage die gute Meinung machen, alles Gott zu lieb zu thun oder zu leiden, jeden Müßiggang meiden und vor dem Nachtgebet, wenn es die Zeit erlaubt, über die ewigen Wahrheiten nachdenken oder sie lesen und sein Gewissen erforschen.

§. 2. An Sonn= und Feiertagen soll er dem Gottesdienste andächtig beiwohnen, wo möglich auch im Nachmittag das heil. Sakrament besuchen, die Christenlehre hören, den heil. Rosenkranz beten und ein geistliches Buch lesen. Gut wäre es, wenn er am Samstage zu Ehren der Mutter Gottes sich beim Abendessen einen geringen Abbruch thäte.

§. 3. Alle vier oder wenigstens sechs Wochen soll er die heil. Sacramente der Buße und des Altars empfangen, an diesem Tage den heiligen

Das Sonntagsblatt sorgte auch für die Verbreitung von Statuten für die bündische Jugend.
Bildnachweis: SCV 1850, Nr. 43 (13. Oktober), 364 f.

Kreuzweg beten und wo möglich einem Kranken, Armen und Bedrängten aus dankbarer Liebe zu Jesu eine Wohlthat erweisen.

§. 4. Der Jüngling soll allen unnöthigen Umgang mit solchen Personen meiden, welche gern streiten und raufen, Raufwerkzeuge bei sich tragen, Wild schießen, Holz stehlen, betrügen, leidenschaftlich spielen, fluchen, in Bekanntschaft leben, nachtschwärmen, sich vollkrinken, über Religion spotten, unehrbare Reden, Lieder und Scherze führen und sich über den Stand kleiden. Um so sorgfältiger hüte sich der Jüngling selbst vor solchen Ausschweifungen, verdinge sich in keinen gefährlichen Dienst und suche sich, so weit es sein kann, in der Gesellschaft seiner Bundesbrüder zu erheitern.

§. 5. Der Jüngling lasse sich in keine sogenannte Bekanntschaft ein, meide vielmehr jeden vertrauten Umgang mit Personen des andern Geschlechts, alle verdächtigen Zusammenkünfte mit denselben bei Tag und bei Nacht, in und außer dem Hause, besonders das verderbliche Nachtschwärmen und Fenstergehen; er verhüte möglichst mit Weibspersonen allein zu sein und rede selbst dann, wenn er sich verheirathen soll, mit der Braut das Nöthige nicht allein, am wenigsten zur Nachtzeit.

§. 6. Der Jüngling meide alles Uebermaß im Trinken, trinke nie Branntwein, verlasse das Wirthshaus wenigstens eine Stunde vor der Polizeistunde, und entferne sich augenblicklich aus demselben, wenn eine Rauferei entsteht, die sich nicht mehr vermitteln läßt. Bisweilen können sich auch die Jünglinge des Bundes verabreden, in einem Wirthhaus zusammenzukommen, jedoch in keinem solchen, wo weder Ordnung, noch Polizeistunde gehalten wird, oder wenn dort die rauflustige und liederliche Jugend der Umgegend sich einfindet.

§. 7. Der Jüngling spiele nie theuer und mehrere Stunden lang. Da nach der Lehre des mildesten aller katholischen Bischöfe, des heil. Franz Salesius, die besten Tänze gleich den Erdschwämmen nicht viel taugen, so halte sich der Jüngling besonders von den ausgelassenen Stadt= und Landtänzen unserer Tage möglichst fern, und nehme selbst an den Hochzeiten seiner Anverwandten nur mit Zustimmung des Vorstehers seines Bundes Theil. Dieser soll aber die Bewilligung nicht geben, wenn die Hochzeit in einem Gasthause gehalten wird, wo häufig gerauft und die polizeilichen Verordnungen übertreten werden. Auch soll er wenigstens einmal einem Jünglinge die Erlaubniß versagen, der bei einer frühern Hochzeit wegen der Uebertretung der Polizeistunde, wegen Trunkenheit und Rauferei gemahnt werden mußte.

(Schluß folgt.)

Die priesterlichen Exercitien für die Ellwanger Gegend beginnen Montag den 7. Oct. und zwar nicht, wie vorigen Jahrs auf dem Schönenberg, sondern auf dem Schloß bei Ellwangen, wo ein besonderer Theil des Ge=

weit verbreitet waren, anläßlich von Missionserneuerungen[184]. P. Zeil ermahnte 1857 in Aulendorf besonders die Mädchen, nach der Schulentlassung in den Jungfrauenbund einzutreten[185]. Den Bündnissen wurden meist die in Altötting bestehenden Statuten zugrunde gelegt, welche Bischof Lipp für die Diözese Rottenburg bestätigte[186]. Das Sonntagsblatt veröffentlichte zwei päpstliche Breven, welche die Gründung derartiger »Missionsvereine« guthießen und den Mitgliedern vollkommene Ablässe gewährten[187]. Die Mitglieder hatten ihre besonderen Bundeslieder »zur Erheiterung und geselligen Fröhlichkeit bei den Versammlungen« und trugen bei feierlichen Anlässen eine geweihte Muttergottes-Medaille an blauem Bande als »Schibolet des Bundes«[188]. Vom Heuberg schrieb ein Leser des Sonntagsblattes begeistert: »Treten wir jetzt an Festtagen in unsere gefüllten Kirchen, so bemerken wir Jünglinge und Jungfrauen (in besonderen Stühlen) geschmückt und mit einer Medaille, die an einem himmelblauen, um den Hals geschlungenen Bande befestigt, auf der Brust schimmert. Es sind dieß die Bundesjünglinge und Bundesjungfrauen; ihre Medaillen erhielten sie an ihren ersten Bundesfesten, welche in den verschiedenen Gemeinden je an einem andern Tag gefeiert wurden, wodurch den benachbarten Bündnissen Gelegenheit geboten war, durch ihre Theilnahme das Fest zu verschönern«[189].

Von den Bündnissen erwartete man, daß »der gute Geist in den Herzen der in den Bund getretenen Jünglinge und Jungfrauen erhalten werde, [...] die Schwachen gestärkt, die Wankenden gestützt, die dem Falle Nahen vor demselben bewahrt, und viele Gefahren der Verführungen von der Jugend auf diese Weise abgehalten« würden. Die »Wiederkehr der alten christlichen Zucht« hatte man sich auf die Fahnen geschrieben. »Ihr Hauptzweck ist Vermeidung der nächsten Gelegenheit zur Sünde. Gefallene sind und werden ausgeschlossen. Die Mitglieder erlangen Ablässe«, schrieb das Sonntagsblatt 1850[190]. Doch bald gingen die idealtypischen Vorstellungen weiter: »Man darf nur die Veränderungen beobachten, die ein klug geleitetes Jünglings- und Jungfrauenbündnis in einer Gemeinde hervorbringt, und den Einfluß, den es auf alle Klassen der Bevölkerung ausübt, und man wird nicht mehr zweifeln, diese Bündnisse sind nothwendig, wenn das Angesicht der Erde erneuert werden soll und sie sind so lange nothwendig, bis der religiöse Geist alle Gemeindemitglieder belebt und alle Verhältnisse durchdringt [...] ›viribus unitis – mit vereinten Kräften‹ muß die Parole aller derjenigen sein, die nicht träg und verzweifelt genug sind, den Geburtswehen eines neuen Zeitalters, die Hände im Schooß, zuzuschauen«. Im Grunde wurde mit den Bündnissen ein Instrument der Werte- und Normenvermittlung geschaffen sowie gleichzeitig eine Institution strenger, religiös überformter Sozial- und Sittenkontrolle.

Das Sonntagsblatt druckte mehrfach Statuten der Jugendbündnisse ab[191], mit steigender Tendenz. Doch es gab auch Widerstand gegen eine allzu straffe Reglementierung und gegen überzogene Forderungen. Nach Meinung eines Sonntagsblatt-Lesers »sollten diese Bündnisse in ihrer äußern Form und in den Anforderungen überhaupt *nicht mehr* enthalten«. Je weniger Förmlichkeiten, desto größer der Erfolg. »Wozu soll es dienen, auf solche Weise die Ausbreitung des guten Werkes zu erschweren, und ohne Noth die Gewissen zu beunruhigen, wenn man auch (§ 17.) sagt, diese und jene bundesmäßige Verrichtung nicht unter einer Sünde; es ist nicht Sünde, wenn du dies oder jenes auch unterlassen solltest!« Die Jugend brauche lediglich das erneuerte Taufgelübde zu bewahren und die nächste Gelegenheit zur Sünde zu vermeiden. »Wozu aber« – so die kritische Anfrage – »soll es dienen, ausdrücklich und förmlich die besondere Bestimmung aufzunehmen: Besuch von Tänzen ist ohne Ausnahme und Unterscheidung unstatthaft«. Der publizierte Statutenentwurf sei mancherorts schlichtweg unausführbar[192]. Das Sonntagsblatt reagierte mit der Anmerkung, die publizierten Statuten sollten dort eingeführt werden, wo es möglich und zweckmäßig sei, andernorts könne man sich auch an jene einfacheren Regeln von Wurzach und Weingarten halten[193]. Doch erschien umgehend »vom Filsthale« eine scharfe Attacke gegen eine zu laxe Organisation der Jugendbündnisse[194]. Der Schreiber, mit Sicherheit ein »Donzdorfer«, sah die gute Sache bereits »in der zucht- und formlosen Mode oder Unsitte der Zeit verschwimmen und versinken« und zog in zelotischem Eifer die Grenzlinie: »Wer sich zu dieser Regel nicht bekennen will, dem fehlt die Stütze der Entschiedenheit, welche doch bei der jetzigen Zerflossenheit so nothwendig ist; er wird im Bunde auch nicht taugen, gehe also lieber nicht hinein!« Besonders heftig wurde der Vorschlag angegriffen, der Bündnisjugend nur »gefährliche Tänze« zu untersagen. Man müsse – so argumentierte der Schreiber – »ein sehr unschuldiger Theoretiker sein, um zu glauben, es gebe jetzt hie zu Lande ungefährliche, unschuldige Tänze«. Und er schloß seine Ausführungen mit dem Resümee: »Der mitgetheilte Entwurf einer Bundesregel ist […] netto für unsere jetzige Zeit berechnet, nicht für eine verbesserte Zukunft. – Das dürfte genügen zu allseitiger Verständigung der Sache«.

Wie stereotyp, aber auch wie ausschließlich die Jugendbündnisse von manchen Seiten als Hüter der Sexualmoral betrachtet wurden, belegen unzählige Beiträge im Sonntagsblatt. Im Hintergrund standen freilich Theologumena, wie folgende Sätze andeuten: »In die Jugendbündnisse ist frisches Leben und neue Begeisterung gekommen zum Troste aller guten Eltern und zur Verherrlichung der heil. Kirche, der jungfräulichen Braut Christi. Mit keuschen Jünglingen und Jungfrauen wird das Reich Gottes erobert und des Teufels Macht zerstört«[195]. Ein Prediger schlug den Bogen zur Jungfräulichkeit Mariens: »Ausgehend von dem Festevangelium und dem Opfer Mariens stellte er den Jungfrauen auf eine sehr sinnreiche und eindringliche Weise vor, wie auch sie zwei Tauben opfern müßten, nehmlich ihren Leib und ihre Seele. An den Eigenschaften der Tauben zeigte er sodann, welche Tugenden die Jungfrauen besitzen müssen und hob dann mit besonderem Nachdruck die Demuth und englische Reinheit hervor, denn kein Laster stelle solche Verwüstungen an und mache die Menschen so unglücklich, als wie Unkeuschheit«[196]. In einem badischen Ort glaubte man die Erfolge der Jugendbündnisse sogar zahlenmäßig belegen zu können: »Seitdem weist das Taufbuch eine um das Dreifache geminderte Zahl illegitimer Geburten vor, und selbst diese datieren fast nur aus der Fremde […]. Möge Obiges zur Ermuthigung noch Mancher aus dem wackern Klerus in Württemberg gesagt sein, wo geringere Hindernisse gegen und größere Kräfte für die Einführung solcher Vereine vorhanden sind«[197]. Der Ravensburger Jünglingsverein führte sogar explizit den Namen »Sittlichkeits-Verein«; die Zahl der Mitglieder soll jedoch klein gewesen sein[198]. Da es trotz Bündnissen offenbar nicht gelang, die Jugend vom Wirtshaus fernzuhalten, verfiel man in Mergentheim auf die Idee, statt Tanz »Bewegungsspiele« einzuführen[199].

Die Aufnahme neuer Bundesmitglieder geschah im Rahmen einer liturgischen Feier (Vesper), wodurch der Verpflichtungsgrad erhöht wurde. Über die Liturgie einer solchen Aufnahmefeier berichtete das Sonntagsblatt 1855: »Die beiden Jungfrauen knieten an den Stufen des Altares und ihnen zur Seite standen die beiden Assistentinnen des Bundes. Der Pfarrer sprach etwa nun Folgendes: ›Es haben zwei Jungfrauen um Aufnahme in den Jugendbund nachgesucht, sie knien hier vor mir. N.N., N.N., – nachdem ihr eure Probezeit bestanden, so nehme ich euch heute feierlich in den Bund auf. Nehmet hin diese Jungfernkränze – bei diesen Worten reichte ihnen der Pfarrer zwei Kränze dar – und traget sie zu Ehren der seligsten Jungfrau. Sie beschütze und behüte euch auf allen Wegen und Stegen, sie geleite euch hin zu ihrem göttlichen Sohne, damit ihr dereinst aus seiner Hand die Krone der ewigen Seligkeit erlangen möget!‹ Während diesen Worten nahmen die Assisteninnen die Kränze aus der Hand des Pfarrers und setzten sie den neuen Bundesjungfrauen auf. Diese feierliche Ceremonie verfehlte nicht ihren Eindruck auf die Jungfrauen und die ganze, zahlreich versammelte Gemeinde. Solche Feierlichkeiten sind nothwendig, theils um die schönste aller Tugenden wieder zu Ehren zu bringen, theils um den Bündnissen die Sanction der Kirche lebhaft auszudrücken. Den Schluß der Feierlichkeit bildete die lauretanische Litanei und der Segen mit dem hochw. Gut«[200]. In Saulgau wurde – ebenfalls im Rahmen einer Vesper – eine etwas abgewandelte Liturgie vollzogen: »Der Hochw. Herr Stadtpfarrverweser hielt auf dem schön gezierten Marien-Altare, an die Jünglinge eine Anrede, verlas hierauf die wichtigsten Punkte der Statuten und ließ nun die Jünglinge einen nach dem andern vor den Altar treten, um Maria der Himmelskönigin ihre Huldigung darzubringen und die Angelobungsformel laut und feierlich zu bekennen. Nach diesem sprach der Hochw. Herr Stadtpfarrverweser, zugleich Vorstand des Bundes, noch einige Worte der Ermunterung, nämlich […] damit wir brave Söhne Mariens und somit auch unserer leiblichen Eltern bleiben«[201].

In Winzingen trafen sich die Jünglinge wöchentlich zweimal, die Jungfrauen alle vierzehn Tage einmal. »Bei den Unterhaltungen der Jünglinge werden vierstimmige Gesänge eingeübt, die für jetzt zwar noch Manches zu wünschen übrig lassen, aber doch etwas Besseres versprechen. Auch unterhalten sich die Jünglinge durch Lesen des Sonntagsblattes und anderer guter Schriften; namentlich ist es der Wochenbericht des Sonntagsblattes, der ihnen gut zusagt«. Die Treffen der Jungfrauen standen unter der Leitung des Pfarrers[202]. Daß die Pflege der Kirchenmusik[203] zu einer der Hauptaufgaben der Bünde gehörte, hatte seine Ursache unter anderem darin, daß bei den Missionen offenbar die Kirchenmusiker und Lehrer besonders hervorgetreten waren. Das Engagement mancher Bündnisse in dieser Hinsicht war groß. So gaben einige Allgäuer Vereine sogar eigene Liedersammlungen für Jünglinge und Jungfrauen heraus[204]. Mitunter übernahmen die Jungfrauen-Vereine sehr konkrete Aufgaben. Aus Stetten wurde beispielsweise berichtet, daß die Mitglieder sich zur Reinigung der Kirche verpflichtet hätten[205]. Dem wollten die Bundesjungfrauen von Wimmenthal an der badischen Grenze nicht nachstehen und übernahmen die Besorgung des Altarschmucks in der Kirche[206]. In Sigmaringen sammelten die Jungfrauen Spenden, mit denen ein neues Altarbild (Darstellung der Himmelskönigin) angeschafft wurde. Andere Bünde engagierten sich in sozial-caritativer Weise, indem sie für das Mädchenwaisenhaus in Donzdorf spendeten oder an Weihnachten Geschenke an Arme und Kinder verteilten[207].

Nicht überall waren die Jugendbünde erfolgreich. In Gunzheim und in Oberstadion wurden bei den Missionen keine Bündnisse errichtet, sondern die Jugendlichen nur zu achtwöchentlichen Kommunionen angehalten[208]. In Bargau hatte ein Jungfrauenverein bestanden, der aber bald »durch Ungunst der Zeitverhältnisse« verschwunden war; 1856 wurde er wiedererrichtet[209]. Auch in Ditzenbach wurde der Jünglingsbund schon bald nach seiner Gründung wieder aufgelöst. Das Sonntagsblatt kommentierte: »Das Geschäft der Weißputzer hat das Eigene, daß während diese Sendboten ausgehen in alle Häuserwelt, um deren Erneuerung (Verputz) nach Außen und Innen vorzunehmen, sie selbst gar leichtlich von Staub, Gips und Mörtel beschmutzt werden – so daß sie nicht selten in den Fall kommen dürften, sothane Erneuerung an sich – (nach Außen und Innen) vornehmen zu müssen«. Der Ditzenbacher Jungfrauenbund wurde gewarnt: »An der Grenze der Montenegriner mag es häufig Überläufer geben, wenn die Militärgränze nicht scharf bewacht wird, darum aufgepaßt – damit die schon ›kleine Heerde‹ nicht ganz verschwinde – denn wo in einem Orte kein Jünglingsbund besteht – darf man schon mit Isai (C. 21 V. 11) zurufen: Custos, quid de nocte, quid de nocte!?!«[210]

Daß den Bündnissen mannigfache Widerstände begegneten, zeigen viele Äußerungen im Sonntagsblatt. Offenbar waren die Bündnisse nicht überall von langer Dauer, und vor allem die jungen Männer ließen sich schwer halten: »Es ist übrigens eine eigene Sache mit diesen Bündnissen, daß sie selbst unter den sogenannten ›Gutgesinnten‹ des Volkes wenn auch nicht gerade offene Feindschaft, so doch keine entschiedene Freundschaft finden. Man hält sie von mancher Seite her, wo man es am wenigsten denken sollte, für eine Modesache«[211]. An anderer Stelle wird von »üblen Nachreden« gesprochen[212]. Aus Neresheim wurde berichtet, daß von Jünglingsbünden, die sich drei Jahre zuvor gebildet hatten, »nur noch Reste« übrig waren. Der Verfasser gab seiner Überzeugung Ausdruck, daß derartige Standesvereine durch die alten ständeübergreifenden Sodalitäten wieder abgelöst werden mußten[213]. Ein Leser aus Dornstadt berichtete, der dortige Piusverein trage viel zum Bestehen des Jünglingsbundes bei[214]. Aus Winzingen ermutigte ein Schreiber: »Es hats bei uns im Anfange auch nicht recht thun wollen, namentlich zeigten sich die Jünglinge rechtschaffen zähe. Aber das Ding ließ sich doch machen. Es gibt freilich Jünglinge und Jungfrauen, die nun ein für allemal sich nicht in einen christlichen Bund aufnehmen lassen wollen. Sie haben dabei allerlei Ausreden, von denen aber keine stichhaltig ist«[215]. Und schließlich mußte einem in Duttenberg entstandenen Gerücht widersprochen werden, wonach man die Jungfrauenbünde zugunsten eines »großen, weiten Bundes, in welchem Jedermann Platz habe«, auflösen wollte. Das Sonntagsblatt spottete: »Ich möchte diesen Universalbund auch kennen. Es wird doch nicht die längst verschollene Bruderschaft der allgemeinen Nächstenliebe[216] sein sollen. Ob das keine Reliquie sei vom Josephinismus? Da sagt man immer, er sei überwunden, aber er geistert noch«[217].

Schon früh ging vom Heuberg die Anregung aus, im Sonntagsblatt eine Liste aller in der Diözese existierenden Jugendbündnisse zu veröffentlichen. Die »Schwaben, Donzdorfer Fakultät, Franken, Ellwangen usw.« wurden aufgefordert, daran mitzuwirken[218]. Die Donzdorfer reagierten mit einem eigenen Bericht. Aus ihm erfahren wir etwas mehr über die Organisation: Monatlich wurde eine Versammlung gehalten, wöchentlich zwei Treffen zu Gesang und Musikproben[219]. Auch das Oberland reagierte: »Nicht blos auf dem Heuberg und in der Donzdorfer Facultät, sondern auch im Oberland gedeihen die Jugendbündnisse«[220]. Im Juni berichtete ein Einsender aus dem Allgäu, die Furcht vor den Bündnissen verschwinde allmählich immer mehr, man lerne ihre segensreiche Kraft zu schätzen[221].

Während in Württemberg die Bündnisse offenbar einen lebhaften Aufschwung verzeichnen konnten, sah dies in Baden völlig anders aus. Dort waren zwar in einigen kleinen Gemeinden Jungfrauenvereine gegründet worden, die jedoch im »badischen Ländchen wie eine Oase in der Wüste« dastanden und vielen »Mißdeutungen und Entmuthigungen« ausgesetzt waren[222]. Der einzige Jungfrauenbund im badischen Seekreis hatte sich im Gefolge der Radolfzeller Mission in Bohlingen gebildet[223]. 1855 erließ der Erzbischof ein Zirkular an die Geistlichen des Erzbistums, in dem er sie aufforderte, die Gründung von Bündnissen in ihren Gemeinden voranzutreiben[224].

d) Bundesfeiern und Jahresversammlungen

Eng mit den Bündnissen verknüpft waren die Bundesfeiern, wozu sich meist die Bündnisse benachbarter Orte einfanden. So feierten beispielsweise alle Jünglingsbünde der Grafschaft Donzdorf im Januar 1851 ein gemeinsames Bundesfest in Süßen. Nach einer Andacht am

»Aloysius-Jünglingsbundaltar«, bei dem das Aloysiuslied und ein Muttergotteslied gesungen, die Litanei zum heiligen Aloysius gebetet und der Segen gespendet wurde, trafen sich die 100 Mitglieder sowie sieben Pfarrer zum geselligen Beisammensein in einem der Gasthäuser. Hier wurden unter anderem Lieder gesungen und Gedichte vorgetragen. Außerdem verlas man einen Brief des Jünglingsbundes von Altötting. Neben Nachrichten über andere Bündnisse, etwa im Nassauischen, wurde vor allem ein Jünglingsbundesfest in Altötting geschildert. Auch ermunterte der Brief die Donzdorfer Jünglinge »zum treuen Festhalten am Bunde«[225]. Mitte Juni 1851 fand bereits die nächste Bundesfeier in Donzdorf statt, bei der 150 Jünglinge aus der Umgegend zusammenkamen. Auch hier wurde die Aloysiusandacht gehalten. Nach den Regularien des Ortsbundes (unter anderem Wahl des Vorstandes) traf man sich zur Geselligkeit im Garten[226].

Später erhielten die Bundesfeste fast den liturgischen Charakter von Gelöbnissen. So berichtete das Sonntagsblatt 1854 aus Mutlangen: »Ergreifend war es, wie Hunderte auf den Knien aufs Neue wiedergelobten: 1) das heilige Altarsacrament zur Anbetung fleißig zu besuchen und so oft als möglich würdig zu empfangen; 2) Maria zu lieben und zu verehren; 3) allen Tanz und jegliche Bekanntschaft zu meiden und Leib und Seele unbefleckt zu bewahren, und zwar dieses im Angesicht Jesu, der Mutter Gottes und des heiligen Schutzengels«[227].

Von diesen Bundesfeiern sind die Jahresversammlungen aller Jugendbündnisse zu unterscheiden. Eine erste große Versammlung fand ebenfalls im Juni 1851 auf dem Hohenrechberg statt[228]. Anwesend waren Abgeordnete aus Ellwangen, Neuler, Schneidheim, Kerkingen, Kirchheim, Ehingen, Donaurieden, Weingarten, Berlichingen, Donzdorf, Süßen, Ottenbach, Großeislingen, Winzingen, Weißenstein, Böhmenkirch und Treffelhausen. Die auswärtigen Gäste trafen bereits am Vorabend in Donzdorf ein. Morgens zog man gemeinsam auf den Berg, wo um 9 Uhr eine Festpredigt vor der Kirche stattfand. Es folgte ein feierliches Hochamt, worauf man sich in das alte Schloß Hohenrechberg begab. Im dortigen Waffensaal wurde die eigentliche Versammlung abgehalten, an der rund 300 Bundesjünglinge teilnahmen[229]. Die Ellwanger Abordnung legte einen Plan vor, der ein engeres Zusammenrücken aller Bünde in der Diözese vorsah. Doch sah man davon ab, als sich die anwesenden Geistlichen gegen die »Einführung des Schreibereiwesens in das Bundesleben« aussprachen. Diese drängten ihrerseits auf einen möglichst häufigen Empfang der Sakramente (Beichte und Kommunion), etwa im vier- bis sechswöchigen Turnus[230]. Um 14 Uhr wurden von den 15 anwesenden Geistlichen zusammen mit den Jünglingen die Vesper und (!) Komplet gebetet. »Als sie eben redeten, da erschien eine den Bünden wohl bekannte Gestalt vor dem Altar – es war ein hochw. Pater aus Altötting, der kaum in Donzdorf angekommen […] an die versammelten Jünglinge eine kurze aber begeisternde Ansprache hielt«. Den Nachmittag verbrachte man im Wirtshaus »bei mäßiger Erquickung durch Bier und Brod« und in geselliger Unterhaltung, mit Gesang und Deklamation.

Die zweite Hauptversammlung der württembergischen Bündnisse fand Pfingsten 1852 auf dem Schönenberg statt[231]. Deutlich wurde hierbei, daß es lokale Zentren der bündisch organisierten Jugend in Ellwangen, Gmünd und Donzdorf gab. Die eigentliche Versammlung tagte im Bibliothekssaal des ehemaligen Seminargebäudes. Hatten bei der ersten Jahresversammlung noch das Spontane, Zufällige und die Eigeninitiative der Jugend dominiert, so war die Ellwanger Versammlung bereits vereinsmäßig durchorganisiert. Kaplan Ernst Stemmer (*1818)[232] hatte die Leitung inne, Vorstand und Vertreter des Ellwanger Piusvereins waren anwesend, es wurden Vorträge gehalten (über den Zweck der Bündnisse und über ein kirchengeschichtliches Thema). Stark waren hier die Tendenzen, die Bündnisse zu einem einzigen Verband zusammenzuschließen und zur Nachwuchsorganisation der Pius- und Gesellenvereine zu machen. Ein entsprechender Antrag («Die Jünglingsbündnisse sollen überall, wo sie Gelegenheit haben, sich kräftig an die Piusvereine anschließen«) wurde angenommen[233], ebenso die Anträge, sich öfters zu regionalen Versammlungen zu treffen, die nächste Jahreshauptversammlung in Gmünd zu veranstalten und öffentliche Blätter, welche die Bündnisse unterstützten, sowohl privat als auch für den jeweiligen Ortsverein zu abonnieren[234].

e) Missionserneuerungen

Um den Erfolg der Missionen zu vertiefen, fand einige Monate oder auch wenige Jahre später eine sogenannte Renovatio oder Missionserneuerung statt[235]. »Solche in einem Capitel gleichsam von Gemeinde zu Gemeinde gehenden Erneuerungen haben einen Werth, den selbst die hochw. HH. Missionäre nicht gering anzuschlagen scheinen, die aber die Seelsorger der Gemeinden selbst so zu sagen noch viel handgreiflicher fühlen. Jeder eifrige Priester findet, wenn auch eine Mission in seiner Pfarrei abgehalten worden ist, nach Jahr und Tag Manches zu bedauern, vielleicht ganz besonders, daß die erst der Schule neu entwachsene Jugend, welche zur Zeit der Mission noch in den Kindesjahren oder über dieselben kaum hinaus war, dem Leichtsinn oder gar der Frechheit in einer traurigen Weise zuneige. Namentlich für die Rettung dieser jungen Leute – sowie für die Wiederauffrischung der ganzen Gemeinde – sind dergleichen Renovationen gemacht«[236].

Und ein anderer Leser des Sonntagsblattes berichtete: »Die Erfahrung lehrt, daß diese kleineren Missionen für einzelne Pfarrgemeinden weit nachhaltiger sind, als die großartigen Volksmissionen. Es werden nämlich bei jenen die Grundwahrheiten des Christenthumes in 4–8 Tagen (nach der Seelenzahl der Gemeinde) mit besonderer Rücksicht auf die eigene Gemeinde ans Herz gelegt. Die Pfarrkinder können da gemächlich anwohnen; der Zudrang der Volksmasse unterbleibt, weil man gewöhnlich in den Nachbarorten dieselben Hl. Übungen auch zu erwarten hat, und den Anfang ganz in der Stille macht, nicht lange vorher die Posaune blaset, so daß man in der Gegend die Abhaltung einer Mission vernimmt, wenn sie bereits zu Ende geht. Auf diese Weise kann die eigene Gemeinde nach Bequemlichkeit dem hl. Werke anwohnen und zu den Sakramenten kommen. Auch die Unkosten stellen sich geringer heraus. Die Reisekosten der hochw. Patres sind nur einmal zu bestreiten, wenn sie auch in der ganzen Gegend sich dem Seelenheile widmen. Jeder Seelsorger wird die anspruchslose Verpflegung zweier Herrn für etliche Tage gerne übernehmen. […] Es ist mehr eine innere Bewegung des Seelenlebens, eine ruhige Ueberlegung der Wahrheiten, eine geistige Verdauung des göttlichen Wortes möglich, als bei den großen Volksmissionen. Diese waren im Anfange am Platze, um der verkommenen Welt wieder eine Anschauung zu geben von der Großartigkeit katholischen Lebens; aber jetzt muß man für die Erhaltung des begonnenen Werkes sorgen – und das geschieht durch diese Missionserneuerungen oder kleinere Missionen. Wollen also die hochw. Seelsorger eines Kapitels oder einer Gegend ihren Gemeinden ein kostbares Geschenk […] geben, so werden wohl solche Missionen die kostbarsten Gaben sein«[237].

Im Juni 1856 warnte ein Bericht, mit einer eindeutigen Kritik an den zurückhaltenden Geistlichen, die kein »Missions-Abo« bestellt hatten: »Man begnüge sich doch ja niemals mit einer einmaligen in der Bezirksstadt gehaltenen Mission; die einzelnen kleineren Missionen in jeder Pfarrei befestigen erst das gewonnene Ergebnis [...] Man darf sich nicht dem Wahne hingeben, als habe man die Schlüsselgewalt blos erhalten, um die Quellen des Heiles zu verschließen«[238]. Ab 1854/55 treten die Missionen in ihrer Häufigkeit hinter die Missionserneuerungen zurück. 1856 wurde im Fränkischen erstmals eine Erneuerung durch Weltpriester gehalten, wobei sich die jüngeren Geistlichen besonders hervortaten[239].

f) Weitere Milieumaßnahmen

Neben der Förderung einzelner Missionen versuchte man schon frühzeitig, die Errichtung eines Missionshauses in der Diözese zu erreichen. Unklar ist hierbei, was welchem Zweck dienen sollte. Wurde die Errichtung eines Missionshauses betrieben, um die Volksmissionen institutionell zu verankern und effizienter zu machen, oder waren die Missionen nur Vorwand und Vehikel, um unter diesem Deckmantel das alte Ziel zu erreichen, nämlich Männerorden in der Diözese zu installieren? Mit welcher Vehemenz agiert wurde, zeigt das Sonntagsblatt deutlich. Den Erwartungen und Forderungen an die Errichtung eines eigenen Missionshauses auf dem Schönenberg war bereits längere Zeit durch andere Berichte sekundiert worden[240]. In einer historisch orientierten Artikelserie wurde über »Die Wallfahrt zum Schönenberg bei Ellwangen« berichtet[241] – freilich in glorifizierender Weise, Wunder schildernd und gleichzeitig bedauernd, daß dem segensreichen Wirken der Orden Grenzen gesetzt worden waren. Hinzu kam später eine Artikelserie über den Ellwanger Jesuit und Volksmissionar Philipp Jeningen (1642–1704)[242]. Im Juni 1850 berichtete das Sonntagsblatt über Exerzitien, die 1849 für 40 Geistliche der Diözese auf dem Schönenberg gehalten worden waren. »Alle glaubten, daß der Schöneberg von der Vorsehung auserwählt sei, die Wiege der religiösen Auffrischung zu werden nicht nur für den Clerus, sondern auch fürs Volk. In der nächsten Zeit soll der Schöneberg die erste Mission in unserer Diöcese in seinem herrlichen Tempel erhalten, welche Priester der Redemptoristen-Congregation in Altötting abzuhalten gedenken – der Schöneberg selber soll von dieser Congregation des allerheiligsten Erlösers Wallfahrtspriester erhalten, die daselbst den Wallfahrtsgottesdienst besorgen, von dort aus Missionen in den verschiedenen Theilen unserer Diöcese abhalten sollen – so soll der Schöneberg der Heerd eines neuen religiösen Lebens für die Umgegend und die ganze Diöcese werden. Möge Gott diesem heil. Unternehmen einen segensreichen Erfolg verleihen!«[243] Immer wieder erschienen Artikel, die in der Frage eines Missionshauses, das heißt einer Ordensniederlassung in Württemberg, Druck machten[244].

Die publizistische Propaganda für ein Missionshaus in der Diözese wurde durch ganz handfeste Unternehmungen unterstützt. So warb man um Spenden zugunsten eines Missionshauses[245]. Auf einer »freien Konferenz«[246] des württembergischen Klerus in Neckarsulm wurde beschlossen, nach Kräften zur Gründung von Missionshäusern zusammenzuwirken[247]. Anfang 1851 erbat sich eine Ellwanger Deputation Audienz beim König, welche jedoch verweigert wurde; Bischof Lipp hatte die Errichtung eines Missionshauses gutgeheißen[248]. Im Herbst 1852 bildete sich nach Exerzitien in Heggbach ein Verein, der die Gründung eines Hauses in Heggbach vorantreiben wollte. Mitte März 1853 schien man dem Anliegen nähergerückt zu sein[249], doch mißlangen auch hier alle Versuche zur Gründung eines Missionshauses[250].

8. Die »Träger« der Missionen

a) Die Missionare

Träger der Volksmissionen waren zunächst Ordensleute. Die Geschichte der Volksmissionen – und das heißt: die Geschichte der religiösen Erneuerung, der katholischen Mobilisierung, der Milieubildung – hängt untrennbar mit der Geschichte der Orden zusammen. Diese Feststellung ist von Bedeutung, denn männliche Orden waren seit der Säkularisation zu Beginn des 19. Jahrhunderts in Württemberg verboten. Insbesondere die Jesuiten und jesuitenähnlichen Orden waren sowohl für liberale Katholiken als auch für den protestantisch dominierten Staat ein rotes Tuch. Auf den berühmten »Frankfurter Konferenzen«[251], welche in den Jahren nach 1818 die wesentlichen Grundzüge der staatlichen Kirchenpolitik Württembergs, Badens und anderer Mittelstaaten festgelegt hatten, war bestimmt worden: »Wo gegenwärtig noch Mönchs- oder Frauenklöster bestehen, kann der Staat, wie schon durch den Reichsdeputationsschluß verstattet worden, dieselben aufheben oder aussterben lassen; keine Regierung wird die Verbindlichkeit übernehmen, Klöster zu erhalten, wiederherzustellen, oder neu zu errichten. Auch werden die Regierungen die Aufnahme und Wiederherstellung keiner im vormaligen deutschen Reiche aufgehobenen Ordensgesellschaften zulassen«[252]. Dementsprechend waren Ordensleute in Württemberg nicht geduldet. Verschiedene Versuche von offizieller, das heißt bischöflicher Seite, eine Aufhebung des Verbots zu erreichen, scheiterten[253]. Erst 1919 wurde mit dem Ende der Monarchie auch das Verbot von Orden in Württemberg aufgehoben. Zunächst galt dieses Verbot prinzipiell. Tauchten irgendwo Ordensleute auf, so wurden sie umgehend ausgewiesen. Nach 1848 wurden die Zügel etwas gelockert, so daß sich Ordensleute wenigstens zeitweise in Württemberg aufhalten konnten[254].

Von Anfang an war die Sache der Missionen untrennbar mit dem Anliegen katholischer Kreise verbunden, Orden und Klöstern Eingang in Württemberg zu verschaffen. Durften sich Orden in Württemberg auch nicht auf Dauer niederlassen, so war mit dem zeitwesen Aufenthalt doch ein erster Schritt zur Anerkennung getan. Der Erfolg der Missionen in Wurzach und Ellwangen wurde propagandistisch entsprechend ausgeschlachtet und gleichzeitig für den Kampf gegen das Staatskirchentum instrumentalisiert: »Es ist höchst merkwürdig« – schrieb das Sonntagsblatt im August 1850 – »daß in Württemberg, dem Lande der Aufklärung, die zwei Orden zuerst und beinahe ganz gleichzeitig auftreten, welche bisher am meisten verschrieen und verfolgt waren; Oder wer sollte es nicht auffallend finden, daß gerade Jesuiten und Ligorianer sehnlichst erwartet und freudig aufgenommen werden als Missionäre von dem Volke, dessen Vertreter jene Männer auf ewige Zeiten aus Deutschland verbannen wollten? In dem erfolgreichen Wirken dieser hochwürdigen Väter und in der Liebe und Begeisterung des Volkes für sie muß wahrlich auch der Befangendste das Gericht erkennen, welches die Geschichte über die falschen Volksfreunde hält, in dieser außerordentlichen Erscheinung muß jeder Christ den Mahnruf Gottes vernehmen, den er schon im alten Bunde den Weltklugen verkünden ließ: ›Eure Wege sind nicht meine Wege‹. Diese Wahrheit hat bei beiden Missionen zu Wurzach und Ellwangen in tausend und tausend Herzen willige Anerkennung gefunden und eine heilsame Umwandlung hervorgebracht; die künstlich bewirkte Verblendung fiel wie Schuppen von den Augen Unzähliger – und was sie früher geringgeschätzt, oder gehaßt haben, das achten und lieben sie nun aus ganzem Herzen«[255]. Insbesondere die Jesuiten hätten – so beschwor das Sonntagsblatt seine Leser – »die gewaltigen Vorurtheile vernichtet und die schweren Fesseln der Sünde gebrochen«[256]. Und an anderer Stelle wurde betont: »Wie glücklich, dachte ich oft bei den ergreifenden Predigten dieser hochwürdigen Missionäre von denen es jeder in seiner eigenen Art versteht, die Herzen umzustimmen, Christo ähnlich zu machen, im Guten zu bestärken und in neue Menschen zu verwandeln; wie glücklich ist doch unser Volk, daß es solche Prediger der christlichen Wahrheit besitzt! welche Schätze werden hier aus dem Borne der über die Erde verbreiteten Kirche unserem Volke mitgetheilt; die gelehrtesten und angesehensten unter den Menschen würden sich glücklich schätzen, wenn sie erhielten und verstünden, was in so einer Mission dem einfachsten Bauernweibe mitgetheilt wird!«[257] Ein Protestant in Berlin soll dem Sonntagsblatt sogar mitgetheilt haben: »solange wir nicht förmliche Klöster bekommen, wird es mit unserer innern Mission (für welche der Genannte wirkt) nicht vorwärts gehen, das ist meine lebendigste Überzeugung!«[258]

Tabelle 2
Missionen in der Diözese Rottenburg (1850–1860): Ordenszugehörigkeit

Genannte Missionen	67
Gesicherte Missionen	59
SJ	35
CSsR	11
OSB	1
unbekannt	12

Die Missionen wurden – wie auch in anderen Diözesen – durch die typischen Seelsorgsorden durchgeführt. An erster Stelle standen in der Diözese Rottenburg die Jesuiten, die nachweislich mindestens 35 Missionen hielten. Die Redemptoristen rangierten mit nachweislich zwölf Missionen wesentlich dahinter. Eine Ausnahme bildete die Mission, welche 1858 der Benediktiner Pius Gams (1816–1892)[259] in seiner Heimat Mittelbuch hielt[260]. Zwar sprach das Sonntagsblatt in diesem Fall nicht ausdrücklich von einer Mission, doch waren fast alle Charakteristika einer Mission vertreten[261].

Für die außerordentlich starke Präsenz der Jesuiten dürften insbesondere zwei Faktoren ausschlaggebend gewesen sein: Zum einen hatten sie in unmittelbarer Nähe eine Niederlassung, und zwar im hohenzollerischen Gorheim[262], d.h. im preußischen Ausland, das sich keilförmig in die Diözese Rottenburg schob[263]. Die Redemptoristen hingegen besaßen ihre nächste Niederlassung im doch weiter entfernt liegenden Altötting. So wundert es nicht, daß zum Teil sogar Redemptoristen aus dem Elsaß in Württemberg tätig waren. Zum anderen waren in der Vergangenheit außerordentlich viele Rottenburger Diözesanpriester bei den Jesuiten eingetreten. Diese wurden vorzugsweise in Württemberg als Missionare eingesetzt[264]. Auch bei den Redemptoristen kamen geborene Württemberger zum Einsatz, offenbar jedoch nicht systematisch.

Die Missionen wurden immer von mehreren Missionaren gemeinsam gehalten. Während es bei den Jesuiten meist drei Missionare waren, traten die Redemptoristen in der Regel zu viert auf. Mitunter wurden aber auch Spitzenzahlen von bis zu acht Missionaren erreicht. Die Volksmissionen waren für viele Ordensleute über Jahre hinweg die Aufgabe schlechthin. Übung im Auftreten und Sicherheit in der Thematik, das heißt weitgehend gleichbleibende Predigten, verliehen eine gewisse Schlagkraft. Gegenüber dem Ortsklerus, der Woche für Woche mühsam eine neue Predigt zu fertigen hatte, übte die Brillanz ausgefeilter Predigten, vorgetragen von in

In Wangen wurde an der Außenseite der Kirche eine speziell für die Mission gefertigte Kanzel angebracht. Die Lithographie zeigt außerdem – im Lorbeerkranz – die Porträts der Missionare Roder und Zeil. Bildnachweis: Heimatmuseum Wangen.

Ordenskleider gehüllten Missionaren[265], einen imponierenden Eindruck auf die Bevölkerung aus, zumal sie »in heiliger Begeisterung« für das »Wohl des christlichen Volkes« waren[266].

Die Teilnehmer konnten »verschiedene rednerische Eigenthümlichkeiten« der Missionare feststellen: »Wenn Pater Riswick im feierlichen Tone die ernsten Wahrheiten der Ewigkeit verkündete und die Gemüther erschütterte, sodann Pater Laßmann mit Gewandtheit die Einwendungen des verbildeten Verstandes auf ihr Nichts zurückführte, erhob sich der ehrwürdige Greis, Pater Neltner, um auf dem Gerüste, das ihm seine jungen Mitarbeiter erbaut hatten, auf den Schwingen des gottinnigsten Glaubens und einer aus den Tiefen der Seele dringenden Beredtsamkeit die Herzen der Zuhörer mit sich zu Gott empor zu tragen. Besonders waren es die Standesreden, welche der alte Prediger mit unübertrefflicher Volksthümlichkeit hielt«[267]. P. Roh war als »Geisterbändiger« bekannt. Schon seine äußere Erscheinung war imposant, und seine Beredsamkeit übte auf die Zuhörer stets einen überwältigenden Eindruck aus[268]. Offenbar gab es jedoch auch Kritik an ihm, so daß sich das Sonntagsblatt 1855 genötigt sah, Roh zu verteidigen: »P. Roh's Meisterschaft ist hinlänglich bekannt und bedarf hier keines Lobes. Wenn aber die Leser des Sonntagsblattes der Meinung sein sollen, dieser hochgelehrte Herr passe nicht recht für das Volk, weil es ihn nicht recht verstehe, so ist daran nur so viel wahr, daß unter so großen Versammlungen immer solche sein mögen, die ihm nicht in alle Einzelheiten zu folgen wissen, die große Masse aber, und besonders die durch moderne Bildung der Zeit Irregeführten, welche er besonders im Auge hat, verstanden ihn gar gut, oft nur zu gut«[269]. Von P. Ottinger, aus Luzern gebürtig, hieß es, er sei »eine wahre Johannes-Seele« und verstehe es, »obwohl Anfänger, durch die höchste Einfachheit seiner Worte, ebenso wie durch den klangvollen Wohllaut seines Organs die Zuhörer zu fesseln«[270]. Einer der Missionare aus dem Redemptoristenorden wurde – anläßlich der Missionen in Nusplingen und Mühlheim – vom Volk nur »der heil. Johannes von Nepomuk« genannt, da er es prächtig verstand, »die Herzen gehörig zu erwärmen«. Einen anderen nannte man »den heiligen Aloysius«[271], Superior Miller hatte den »Feuereifer eines Elias«[272]. Über P. Tendler wußte das Sonntagsblatt zu berichten: »Dieser Pater, ein höchst freundlicher und liebevoller Mann, kennt auch die Verfolgungen und Mißhandlungen der Welt. Er ist einer der Redemptoristen, welche zu der Revolutionszeit, während welcher Wien einem Sodoma und Gomorrha glich, von Juden, nichtsnutzigen Studenten und dem Proletariat vertrieben worden waren. Tendler predigte mit Wärme und übte auf die vielen Tausende der Zuhörer einen solchen Eindruck, daß dieser nicht beschrieben, sondern nur empfunden werden konnte«[273]. P. Fruzzoni war »ein jugendlicher Walliser«, der in Wangen zum ersten Mal bei einer Mission mitmachte und dort die Frühandachten hielt[274]. Besonders beeindruckend wirkte offenbar P. Neltner. Ein Leser des Sonntagsblattes berichtete, er erwecke schon » beim ersten Anblick die Ueberzeugung, daß er der Vater der Missionäre sei«[275]. Die Reden des »weisen Greises« waren »von unnachahmlicher Einfachheit, Volkstümlichkeit, und jener Erfahrungsreife, die uns unwillkürlich an das Wort erinnert: in senibus sapientia. Man vergißt aber den Greis, wenn man die Kraft und Lebendigkeit sieht, womit der alte Missionär sein Predigtamt übt. […] Referent hatte schon mehrmals das Glück, den P. Neltner zu hören; und jedesmal drang sich ihm, wenn er den ehrwürdigen Mann, in Schweiß gebadet, die Kanzel verlassen und dann nach kurzer Zeit den Beichtstuhl einnehmen sah, der Gedanke auf: Siehe da einen Wucherer für den Himmel, einen Habsüchtigen, der seinem Heilande nicht Seelen genug gewinnen, einen Eigennützigen, der für seine eigene Seele nicht Verdienste Genug sammeln zu können glaubt«[276].

Auf den engen Zusammenhang der Ordensfrage mit den Missionen weisen auch die intensiven, zeitgleichen Bemühungen um die feste Installation von Orden im Württembergischen hin[277]. Die Gründung von keuschheitsbetonten Jugendbündnissen darf nicht zuletzt als Bemühen betrachtet werden, den in Württemberg verbotenen Orden den Boden zu bereiten, das Bedürfnis zu wecken und für klösterlichen Nachwuchs zu sorgen. Im April 1852 erschien im Sonntagsblatt ein langer »Wegweiser für Jungfrauen, die einen Beruf zu einem klösterlichen Leben zu haben glauben«[278]. Der Verfasser erinnerte an die nur kurz zurückliegende Zeit, als die Diözese Rottenburg »vielleicht die einzige in Deutschland« war, die auch nicht ein einziges Kloster aufzuweisen hatte: »alles war wie ausgefegt und so wurden denn dem Vaterlande nicht wenige geistige und materielle Gaben und Kräfte entzogen«. Inzwischen war es anders geworden, man konnte wenigstens auf die Armen Schulschwestern in Rottenburg, die »barmherzigen Schwestern vom heil. Kreuz« (Vinzentinerinnen) in Donzdorf sowie auf die Franziskanerinnen in Ehingen und Steinbach bei Hall hinweisen. Außerdem empfahl das Sonntagsblatt die Lehrschwestern in Zizers in der Schweiz, die sich offen-

Tabelle 3
Missionen in der Diözese Rottenburg (1850–1860): Die Missionare

Missionar	1850	1851	1852	1853	1854	1855	1856	1857	1858	1859	1860
Schlosser	2	3									
Roder	2	5	2	3			2				
Haßlacher	1										
Werdenberg	1										
Roh	1		1		1	1					
Smeddink		3			1	3	3	1	1		
Zeil			2	1		1	1	1		3	
Ottinger			2	5			1				1 ?
Fruzzoni			2	1							
Neltner				5	1	3					
Melhem				2							
Anna					1	3	2	2	1	1	1
Allet					1	1					
Piscalar							1				
Di Pozzo							1				
Ehrensberger							1	1			
Zeitlmaier							1			1	2
Pfluger							1				
Nachbaur								1			
Laßmann								1			
Dolfinger									1	1	
Leiprecht										1	
Ketterer										2	1
Miller	1										
Gemminger	2										
Kastl	2										
Stix	1		1								
Tendler	2		1								
Vogl	1		1								
Kirchebner			1								
Zirnig			1								
Zweissig				1							
Schneider				1	1						
Arnold						1					
Biedenbach						1					
Zech						1					
Benger								1			
Hahnengreef								1			
Mattes								1	1		
Vogt								1	1		

bar stark aus Württemberg rekrutierten. Im Mai 1852 folgte eine offizielle »Einladung an katholische Jungfrauen zum Eintritt in das Mutterhaus der Barmherzigen Schwestern zu Gmünd«[279]. 1855 erging ebenfalls ein öffentlicher Aufruf: »Einige Jungfrauen, welche den lebhaften Wunsch hegen, der Welt zu entsagen und Gott zu dienen, aber die Eigenschaften nicht besitzen, um den schweren Pflichten einer barmherzigen Schwester nachzukommen, haben sich entschlossen, an einem gelegenen Orte mit Genehmigung des hochwürdigsten Bischofs und der K. Staatsregierung in eine religiöse Genossenschaft, ähnlich dem Orden der barmherzigen Schwestern, nur ihren Kräften und Anlagen mehr angemessen, zusammenzutreten und laden hiemit, um ihren Plan ausführen zu können, andere Gleichgesinnte zum Anschlusse ein«[280].

Es ist bezeichnend, daß viele Rottenburger Diözesane, obwohl es in Württemberg keine Männerklöster gab, in religiöse Orden eintraten[281]. Gerade die Jesuiten und Redemptoristen übten hierbei eine besondere Anziehungskraft aus. Zu den Jesuiten gingen Georg von Waldburg-Zeil[282], 1854 der Ellwanger Professor Alois Urban Piscalar (1817–1892)[283], 1855 Karl Dolfinger sowie der Rektor des Schullehrerseminars in Gmünd, Augustin Link (1819–1890)[284], 1857 Florian Rieß und 1858 Karl Paul Nachbaur (1825–1886)[285]. In den Benediktinerorden wechselte 1855 Bonifatius Gams. Redemptoristen wurden Karl Erhard Schmöger (1819–1883)[286], Johann Wilhelm Vogt (1817–1866)[287], Paul Mattes (*1819)[288] und Anton Höfer (*1836)[289].

b) Klerus, Stadt- und Gemeinderat, Volk

Wer initiierte und koordinierte die Missionen? Wer lud ein, und wer mußte dazu seine Erlaubnis geben? Hierüber informiert das Sonntagsblatt nur sehr spärlich. Ganz allgemein kann festgestellt werden: Ohne Initiative und Zustimmung von Klerus und Stadt- bzw. Gemeinderat gab es keine Mission. So hatten sich beispielsweise die Seelsorger der Gemeinden Ellwangen und Schönenberg brieflich an die Redemptoristen in Altötting gewandt und um Abhaltung einer Mission gebeten[290]. Für die Mission im fränkischen Gerlachsheim war die Geistlichkeit der Landkapitel Lauda und Tauberbischofsheim jahrelang tätig gewesen[291]. Auch die Werbung für die Mission war mehr oder weniger Sache des betreffenden Klerus. In Roggenzell lud der Ortspfarrer öffentlich zur Teilnahme an der Mission ein, namentlich auch die Geistlichkeit[292]. In Weil der Stadt ging die Einladung sogar von Stadtpfarrer und Schultheiß gemeinsam aus[293]. Besonders engagiert scheinen die Mitglieder der sogenannten »Donzdorfer Fakultät« für die Missionen eingetreten zu sein. Für manch einen wurden Missionen zum unverzichtbaren Bestandteil der Seelsorge. So betrachtete es 1855 Friedrich Hurter (1787–1865) in seinem »Priesterspiegel« sogar als Pflicht eines jeden Pfarrers, für seine Gemeinde Missionen halten zu lassen.[294]

Es kam vor, daß die jeweiligen Pfarrer die Missionare aus ihrer Privatschatulle bezahlten. In aller Regel wurden sie jedenfalls im Pfarrhaus beherbergt. Von Pfarrer Johann Hänle (1803–1886)[295] in Kirchbierlingen wird berichtet, daß er die Mission fast völlig auf eigene Kosten veranstaltete[296]. Der Seelsorger von Herlikofen, Johann Baptist Schmid (1806–1887)[297], hatte nur durch seine Opferbereitschaft und Gastfreundschaft die Mission ermöglicht[298]. Eine andere Lösung hatte die Geistlichkeit in einem hohenzollerischen Landkapitel gefunden: Auf einer Kapitelskonferenz hatte man beschlossen, jeden Seelsorger, der eine Mission veranstaltete, mit einem nicht unbeträchtlichen Beitrag aus der Kapitelskasse bei der Deckung der Unkosten zu unterstützen[299].

Das gute Verhältnis der Missionare zum Pfarrklerus bzw. zur ordentlichen Seelsorge war wichtig. Eine gewisse Konkurrenzsituation – nicht zuletzt um Gunst und Ansehen bei den Gläubigen – war zweifelsohne vorhanden, zumal dann, wenn den Missionaren große Begeisterung entgegenschlug. Dies dürfte auch viele Pfarrer davon abgehalten haben, eine Mission in ihrer Gemeinde durchführen zu lassen[300]. In den Missionsberichten fällt auf, daß immer wieder mit Nachdruck darauf hingewiesen wird, das Verhältnis der Missionare zu den Pfarrern sei ausgesprochen gut gewesen.

In der Regel wurden die Missionare von den Ortsgeistlichen mit Kutschen abgeholt, zumindest aber am Ortseingang empfangen. Bei der Mission in Friedrichshafen empfingen die beiden Ortspfarrer die mit dem Zug ankommenden Patres auf dem Bahnhof[301]. Durch derlei Gesten wurde bereits nach außen Eintracht demonstriert. Mitunter wurde das einvernehmliche Verhältnis zwischen den Missionaren und dem Pfarrklerus aber auch ausdrucksstark »zelebriert«. So begrüßte etwa der Ellwanger Dekan die Missionare vor dem Portal der Kirche und führte sie in die Kirche. »Am Hochaltar angekommen, stimmte derselbe – zwischen den hochwürdigen mit ihrem Ordenskleide angethanen Missionären stehend, und von den anderen Geistlichen mit Chorrock im Halbkreis umgeben – das ›Veni sancte spiritus‹ an [...]. Aus seiner Hand empfing hierbei der hochw. Superior unter dem Sinnbilde eines Kruzifixes die geistliche Pfarrgewalt über beide Gemeinden auf die Dauer der heil. Mission«[302]. Damit waren die Missionare von der »ordentlichen« Hierarchie offiziell beauftragt und in den Kreis der Seelsorger aufgenommen[303].

Der Bericht über die Mission in Friedrichshafen beschwor die Eintracht folgendermaßen: »Aus 5 benachbarten Ländern hatten sich Besucher eingefunden und neben Weltpriestern sah man Ordensgeistliche in ihrer Ordenstracht, so einen Benedictiner aus Vorarlberg und 2 Kapuziner aus Appenzell, aber Alle, Laien und Priester, erkannten sich als Kinder einer Mutter, geschaart um den einen Altar, gleichen Glaubens, gleicher Liebe und Hoffnung, emporblickend zum Kreuze, an dem ihr Erlöser geblutet, der seine Kirche auf den Felsen gestellt, den die Pforten der Hölle nicht bewältigen werden«[304].

Aus der Sicht der Missionare gehörte es – abgesehen von der notwendigen Zustimmung bzw. Initiative des Ortspfarrers – nicht nur zum guten Ton, die Pfarrgeistlichkeit eng in die Missionsarbeit einzubeziehen. Die Mitarbeit des Klerus war unabdingbar notwendig – sowohl für die Zeit der Mission selbst, zum Beispiel als Beichtväter der vielen Tausend Beichtwilligen, wie auch für das spätere Wachhalten des einmal entflammten Eifers. Nicht ohne Grund erklärte P. Roder bei seinem ersten Vortrag in Gmünd, »wie diese Missionen nichts anderes seien, als eine Fortsetzung jener Mission, das heißt Sendung, welche die Apostel von dem Herrn für alle Zeiten – für alle Völker empfangen hätten, daß bei diesen Missionen die Gläubigen keine neuen Wahrheiten und nichts Ungewöhnliches erwarten dürften; daß sich diese außerordentliche Mission von der *ordentlichen*, welche die Seelsorger jeder Gemeinde hätten, nur dadurch unterscheide, daß mit Beihülfe fremder Priester den Gläubigen die großen Wahrheiten des Christenthums in fortgesetzten Vorträgen ans Herz gelegt werden, wodurch sie [...] angetrieben werden, nach demjenigen zu streben, was allein noththue, nämlich *ihre Seele zu retten*«[305].

Daß die Missionen mitunter einen Integrationseffekt für den Klerus selbst besaßen, läßt sich denken. So wurde aus Ellwangen berichtet, daß an einzelnen Tagen über 30 Priester teilnahmen, bei einer der Prozessionen sogar mehr als 50[306]. Über die Mission in Weingarten hieß es 1851: »Die Geistlichen von nah und ferne wetteifern, um durch das heil. Meßopfer von früh 5 bis Mittags 12 Uhr (versteht sich – nicht während einer Predigt) die Andacht der Gläu-

Ein Vikar als Makler: Zimmervermittlung während der Mission in Ehingen.
Bildnachweis: Volksfreund für Oberschwaben, 11. April 1851.

Die Missionen boten mannigfach Gelegenheit geschäftlichen Interessen nachzugehen, wie diese Annoncen für Devotionalien zeigen.
Bildnachweis: Verordnungs- und Anzeige-Blatt der Königlich Preußischen Regierung zu Sigmaringen, 28. Juli 1850.

bigen zu ernähren, und im Beichthören Aushülfe zu leisten. Fast an jedem Tage finden sich dort hiezu 40–50 Priester ein«[307].

Nicht zuletzt wirkten die Ordensleute auch als Seelsorger der Seelsorger. In ihrem kraftvollen Zeugnis waren sie Vorbild und Stütze auch für den Glauben der Pfarrer und demonstrierten einmal mehr, daß das katholische Volk fähig und bereit war, sich mobilisieren zu lassen. Der Enthusiasmus, der den Missionaren entgegenschlug, übte insbesondere auf junge Geistliche eine faszinierende Anziehungskraft aus, die zur Nachahmung einlud[308]. Dies funktionierte mitunter so gut, daß jüngere Diözesanpriester selbst kleinere »Missionen« durchführten[309]. Man könnte mit Recht von einer »jesuitischen Inspiration« der Pfarrseelsorge im 19. Jahrhundert sprechen[310].

Die Diözesanleitung unterstützte die Volksmissionen seit 1850. Bischof Lipp nahm sogar mehrfach persönlich an den Missionen teil. In seinem Hirtenbrief vom 3. September 1852 nannte er es eine freudige Wahrnehmung, »daß das kirchliche, religiöse Leben erwacht und in neuer Frische sich kund gibt«. Explizit nannte er den wachsenden »Verein der heiligen Kindheit«, die Verbreitung kirchlicher Bruderschaften, die zunehmende Heiligenverehrung, die Jugendbündnisse, »deren Glieder sich gegenseitig ermuthigen und stärken, zwar nicht um die

Die Diözesangeistlichkeit zeigte mitunter beachtliches Engagement, um die Missionen zu unterstützen.
Bildnachweis: Volksfreund für Oberschwaben, 11. April 1851.

In Ehingen achtete der Stadtrat auf die Geschäftsinteressen der einheimischen Händler.
Bildnachweis: Volksfreund für Oberschwaben, 4. April 1851.

Welt zu verlassen, wohl aber in der Welt vor der Ansteckung der lasterhaften Welt sich zu wahren, Unschuld und Tugend zu retten«, und die Volksmissionen. Ihr Erfolg gebe Zeugnis davon, daß im katholischen Volk noch Empfänglichkeit für Gottes Wort und Liebe zur Kirche vorhanden sei.

Eine Mission war nicht nur ein religiös-kirchliches Ereignis: Der ganze Ort, die Stadt, in der eine solche Mission stattfand, war involviert. Angesichts der Menschenmassen, die erwartet wurden bzw. zusammenströmten, war insbesondere die *Infrastruktur* gefordert und oft auch völlig überfordert. So in Ellwangen: Die Leute übernachteten im Freien unter den Bäumen, andere in der Kirche. Gegen die Befürchtung, es könnte bei den vielen Leuten tumultartig hergehen, wurde allerdings immer wieder betont, daß selbst in den Wirtshäusern »Ordnung und Nüchternheit« beobachtet wurden und nur Gespräche über die Mission zu hören waren[311]. In Weil der Stadt »buchten« die Leute offenbar sogar ihr Quartier im voraus: »So viel man vernimmt, sind schon sehr viele Wohnungen in Weil der Stadt für die Zeit der Mission vergeben«[312].

Freilich hatten die Missionen auch ihre *finanziell-wirtschaftliche* Seite: Anläßlich der bevorstehenden Mission veröffentlichten Stadtpfarrer und Stadtschultheiß von Weil der Stadt gemeinsam eine Erklärung, wonach allen Handelsleuten der Verkauf von Devotionalien und anderer Artikel verboten war; für dergleichen Dinge sei in der Stadt bereits gesorgt[313]. Damit sollte den einheimischen Händlern und Gewerbetreibenden das Geschäft nicht verdorben werden.

9. Die Berichterstattung

a) Propaganda

»Es ist schwer, von einer Mission dem draußen Stehenden so ein recht lebendiges Bild zu geben; wohl liest man allerwärts Berichte über die Reden die dabei gehalten wurden, über die Menschenmenge die sich dabei eingefunden und die Eindrücke, welche dieselbe in Weinen und Schluchzen oder durch Stille und Andacht kund gegeben; wer aber vermöchte das Wogen und Strömen der Gnade beschreiben, deren Nähe schon am Vorabend[314] bei dem festlichen Geläute jedes Herz mit Erwartung, wenn nicht mit inniger Freude erfüllt! Vom frühen Morgen an, noch bei Nacht, rufen die Glocken zur heil. Messe; an allen Altären der weiten, festlich geschmückten Kirche wird das heil. Opfer dargebracht, und dicht gedrängt kniet das Volk da und dort, um in Stille und Andacht das Herz auf die Worte vorzubereiten, die mit der Kraft des heil. Geistes das Evangelium den Gläubigen aufs Neue verkünden. Es ist nicht die Persönlichkeit der Prediger, nicht allein die überzeugende Klarheit, die niederschmetternde Gewalt ihrer Reden, was die Zuhörer fesselt; nein, eine höhere Kraft ist unverkennbar. […] Soviel für heute. Die Zeit drängt zur Kirche. Ich wollte so gut es eben ging, ein Bild dessen, was um mich vorgeht, entwerfen; aber es ist als ob man aus einem Meer ein Glas Wasser schöpfte. Komm und sieh, möchte ich dem Leser zurufen!«[315]. Dieser Bericht von der Gmünder Mission ist typisch. Das Sonntagsblatt war bestrebt, ein möglichst farbiges Bild von dem zu geben, was sich bei den Missionen abspielte. Nicht der Verstand der Leser sollte angesprochen werden, sondern ihr Herz. Vorbilder waren wichtig, die es nachzuahmen, denen es nachzueifern, die es zu übertreffen galt.

Die Berichte besaßen Zeugnischarakter. Die Fragen der Leute wurden aufgegriffen und beantwortet. Es wurde – anhand von Beispielen – erklärt, angeregt, ermutigt und begleitet. Gute Erfahrungen in einer Gemeinde wurden umgehend weitergegeben und zur Nachahmung empfohlen[316]. Bewußt wurde auch an frühere Zeiten angeknüpft: »Schon seit geraumer Zeit war in unserem Volke so Manches von den im Badischen gehaltenen Missionen zu Ohren gekommen, auch hatte der jetzt im Mannes- und Greisenalter stehende Theil unserer Generation von seinen Eltern noch erfahren, wie in alten Tagen (vor fast 100 Jahren) Missionen gehalten worden waren und sah als Zeuge hie und da noch ein Missionskreuz. Allein eine recht klare Vorstellung konnte sich von der Sache doch niemand machen«[317].

Begeisterung und Emphase sprechen aus den Berichten, wo nötig Mahnung und Warnung, oft auch Interpretation und Deutung aus dem Glauben bzw. unter Zuhilfenahme theologischer Terminologie. Immer wieder wurden auch sehr kämpferische Töne angeschlagen, unter Rückgriff auf militärische Terminologie: »Welch eine Predigt! Wie Gott einstens auf dem Sinai unter Donner und Blitz zu dem Volk Israels sprach, also redete er hier durch seinen Priester zu der versammelten unübersehbaren Menge Christen […]. Schade, ewig Schade! daß während der ersten Hälfte dieser Mark und Bein durch[zuc]kenden Rede, in Folge eines Gewitters ein starker Regen fiel, und so manches Wort nicht verstanden wurde. Wie eine starke Festung bei hartnäckigem Widerstande mit den schwersten Geschützen so lange beschossen wird, bis ihre Einwohner endlich unbedeckten Hauptes vor dem erzürnten Feldherrn um Gnade und Erbarmen reumüthig fehlend erscheinen, also war es hier, die Burgen, auch die hartnäckigsten der menschlichen Herzen, wurden erstürmt und gebrochen und zertrümmert lagen sie vor ihrem Gotte und flehten, unter Reuethränen um Erbarmen, um Gnade«[318].

> **Miſſion.** Eine ſo großartige Feier darf des Gesangs nicht entbehren, und zwar dürfte es ſelbſt den Miſſionären angenehm ſein, wenn die hervorragendern Akte mit Volksgesang begleitet werden könnten. Da aber in unſerer Diözeſe der geiſtliche Volksgesang — Dank den bisherigen Gesangbüchern — beinahe auf ein Nichts herabgeſunken iſt, und die Erfahrung gelehrt hat, wie ſchwer es hält, beim Mangel brauchbaren Stoffes einen gemeinſchaftlichen Volksgesang aufzuführen, ſo iſt eine kleine Sammlung von
>
> **Miſſionsliedern**
>
> erſchienen, welche, einen halben Bogen Text enthalten, etwa per Stück auf 1 fr. ſtehen wird.
>
> Einige Melodien dazu ſind in Ortliebs Sonntagsheft und deſſen Feſtgeſängen enthalten: eine in Schubigers Sammlung, andere allgemein bekannt. Zwei Melodien ſind, weil ſie gleiche rythmiſche Bewegung haben, in Ziffern beigegeben, und gewiß von jedem Singlehrer leicht, zu entziffern. Es iſt die/der herrſchenden Moll-Tonart verwandte Dur-Tonart zu Grund gelegt. Die übrigen Melodien kann der Liebhaber bei den Mitgliedern des Fils-Kirchengesangvereins erfragen. Die Texte ſind zur Begleitung der vornehmſten Miſſionsakte beſtimmt und auch ſonſt zu gebrauchen, wie der Inhalt ausweist:
> 1. Zum heil. Geiſt. Komm heil. Geiſt! o dritte Perſon. 2. Bußpſalm. Barmherziger Gott, erbarme dich. 3. Zum Taufgelübde. (Glaube, Hoffnung, Liebe, Reue ꝛc.) Ach Gott, mein letztes Ziel und End. 4. Zum heil. Sakrament. (Lob- und Prozeſſionslied.) Was hier auf Erden lebet. 5. und 6. Communionlieder. Mein Herz gedenk, was Jeſus thut. Aus Lieb verwundter Jeſu mein. 7. Zum heil. Kreuz. O du hochheiliges Kreuze. 8. Herz Mariä. Maria voll Gnaden. 9. Wunderbare Mutter. Wunderſchönprächtige. 10 Salve Regina. Sei Mutter der Barmherzigkeit. 11. Für die Abgeſtorbenen. Herr Jeſu Chriſt. 12. Gelobt ſei Jeſus Chriſtus.
>
> Verfaßt und verlegt von Dr. A. Rieß. — Druck und Expedition bei G. Rümelin.

Werbung für eine Ausgabe von Missionsliedern.
Bildnachweis: SCV 1850, Nr. 32 (28. Juli), 266.

Abgesehen von Leitartikeln war das Sonntagsblatt vor allem auf Zuschriften aus dem Leserkreis angewiesen. Diese wurden in aller Regel abgedruckt, selten kommentiert. Immer wieder gab es Klagen von Einsenderseite, daß Berichte noch nicht erschienen waren, Bitten von Herausgeberseite, sich zu gedulden. Manches Mal hat man den Eindruck, daß eingesandte Berichte »bestellt« waren, daß also Rieß die Leitlinien vorgab. Die Redaktion ergänzte die Zuschriften mitunter geschickt durch einige biographische Beiträge[319].

Das Sonntagsblatt gab auch praktische Hinweise und Hilfen an die Hand. Im Juli 1850 wurde für eine Sammlung von Missionsliedern geworben[320] und im Februar 1851 in einer separaten Beilage sogar eine Auswahl von »Liedern für Jugendbündnisse abgedruckt«, um »zunächst den ländlichen Bündnissen einen kleinen Beitrag dazu zu geben, und zugleich die Anschaffung und Verbreitung zu erleichtern«[321]. Von Rieß wurden diese Lieder zudem als Separatdrucke abgegeben.

Über die einzelnen Missionen wurde ausführlich und öfter berichtet. So erschienen beispielsweise zur Wurzacher Mission sechs Berichte von etwa neun Seiten, zur Ellwanger-Schönenberger Mission fünf Berichte von über 16 Seiten Länge. Dies war – gerade in der Anfangsphase, als die Missionen erst bekannt gemacht werden mußten – äußerst wichtig. 1851 gab es bereits summarische Kurzanzeigen, die den Eindruck erwecken sollten, die Missionen hätten den Durchbruch geschafft. So etwa die folgenden: »Hechingen. Die heil. Mission der

82

Die drei Fräulein.

1. Es wollt' ein Jäger jagen Dort wohl vor jenem Holz;

Was sah' er auf der Haide? Drei Fräulein hübsch und stolz.

2. Die erste hieß Frau Glaube,
Frau Liebe hieß die zweit,
Frau Hoffnung hieß die dritte,
Des Jägers wollt sie sein.

3. Er nahm sie in die Mitte,
Sprach: „Hoffnung nicht von mir laß!"
Schwangs hinter sich zurücke
Wohl auf sein hohes Roß.

4. Er fährt sie gar behende
Wohl durch das grüne Gras,
Behielts bis an sein Ende
Und nimmer reut ihn das.

5. Hoffnung macht nicht zu Schanden,
Im Glauben fest an Gott;
Dem Nächsten geht zu Handen
Die Liebe in der Noth.

6. Hoffnung, Liebe, Glaube,
Die schönen Schwestern drei;
Wenn ich die Lieb anschaue,
Ich sag, die größt sie sei.

Lied für gesellige Bündnisabende.
Bildnachweis: SCV 1851, Nr. 8 (23. Februar), 82.

Patres Jesuiten Schlosser, Roder und Smeddink ist hier am 23. geschlossen worden, und hat schon am 30. März in Rottweil begonnen. Wir hören von Hechingen, wie von den vorausgegangenen Missionen, daß der Erfolg ein außerordentlicher war. In Mannheim beginnt die Mission am 6. April, in Bonn ist sie mit großem Erfolge beendet; ebenso in Trier«[322]. »Unsere heil. Mission in Rottweil ist beendet. In Ehingen hat sie am 20. April unter guten Aussichten begonnen. Nach Ehingen wird sie in der schönen Kirche von Schönthal gehalten werden. Aus letztgenannter Gegend wird berichtet, daß in dem benachbarten Wildern zu gleicher Zeit eine protestantische Mission von vielen Pastoren auch aus andern Gegenden Deutschlands im Werke ist[323]. Die Mission in Mannheim ist gleichfalls mit großem Segen Anfangs der Osterwoche beendet und zuletzt noch durch die Anwesenheit des hochwürdigsten Bischofs von Speyer beehrt worden. In Mittel- und Norddeutschland breitet sich das Missionswesen immer weiter aus. In Bonn kam der erfreuliche Fall vor, daß der protestantische Seelsorger seine Gemeinde aufforderte, Gott für den Segen, welchen die Katholiken durch ihre Mission empfangen haben, zu danken«[324]. Immer wieder wurde so der Bogen vom konkreten Erfahren vor Ort hin zur katholischen Kirche außerhalb Württembergs geschlagen. Mitunter erschienen lange Berichte von Missionen im »Ausland«. Erzählt wurde aber auch von deren Scheitern, wenn zugleich ein Feindbild aufgebaut werden konnte. So hatten die Mannheimer Katholiken beim Freiburger Erzbischof eine Mission beantragt, die jedoch von der staatlichen Stelle, dem Karlsruher Oberkirchenrat, abgelehnt wurde[325].

Doch die Anfangsbegeisterung ließ mit der Zeit nach. 1855 hatte das Sonntagsblatt nicht mehr viel von Missionen zu berichten, desto mehr jedoch von Jugendbündnissen. Im Oktober kündigte die Redaktion eine Reduzierung der Berichte an. Der Raum sei beschränkt, Berichte könnten deshalb in Zukunft meist nur noch auszugsweise wiedergegeben werden[326].

Im Kontext der Bundesbewegung wurde mehrfach überlegt, ob ein eigenes Organ gegründet werden sollte oder ob das Sonntagsblatt ausreiche[327]. Vor allem die Ellwanger Bünde glaubten ihre eigenen Angelegenheiten nicht genügend berücksichtigt zu sehen. In einer Zuschrift hieß es 1853: »Übrigens scheint das Sbl. gerade nicht große Freude an der Bundessache zu haben. Weniger Mühe und mehr Vortheil wäre wohl daraus entstanden, wenn bei Gründung der Jugendbünde ein eigenes Blatt redigirt worden wäre«. Angesichts der Berichterstattung des Sonntagsblattes ein sicher ungerechtfertigter Vorwurf. Die Redaktion antwortete denn auch: »Was er zuletzt sagt, mag wahr sein, aber dessen dürfen die Jugendbündnisse gewiß sein, daß ihnen die Verlegenheiten nicht ausgehen werden, auch wenn sie ein eigenes Blatt haben, wogegen übrigens gar Nichts einzuwenden ist. Und diese Verlegenheiten sind oft größer, wenn die Briefe [...] ohne weiteres gedruckt werden. Warum? weil es für Jedermann, ich glaube aber für die Jugendbündnisse ganz besonders ein gefährliches Ding ist, das Gute ohne Weiteres zur Schau zu stellen. Denn der Teufel, sagt ein alter Kirchenvater, lauert an der Landstraße und beraubt diejenigen gerne, die den Schatz des Guten öffentlich tragen. [...] Aber nur nicht zu voreilig auf die Landstraße, an die große Oeffentlichkeit, damit die Eitelkeit keine Nahrung bekomme, und die Einbildung sich nicht verbreite, es müsse schon gut stehen, wenn in einem Blatte, das in der ganzen Diöcese gelesen wird, die Stiftung oder das Fest dieses und jenes Bundes geschildert und gelobt wird! [...] Das Sonntagsblatt will sich nicht weiß waschen, wenn und wo es Fehler gemacht hat, aber die Jugendbündnisse liegen ihm wirklich am Herzen, und es möchte dieselben vor Abwegen bewahren. – Vieles beginnt recht schön, hat aber keine Dauer, und wieder anderes währt an, es fehlt ihm aber der rechte, katholische Verstand«[328].

In der Tat das Sonntagsblatt fungierte als zentrales Organ der Bündnisse: Hier wurde öffentlich zu Besprechungen und Versammlungen eingeladen[329], hier erschienen sogar vereinzelt Nachrufe auf verstorbene Bundesmitglieder[330], hier berichteten nach Nordamerika ausgewanderte Bundesbrüder aus Dalkingen über ihre Erfahrungen in der Neuen Welt[331]. Erst unter der Herausgeberschaft von Stephan Uhl ist ein spürbares Nachlassen der Berichterstattung über Missionen und Bündnisse zu registrieren. Nun traten andere Dinge in den Vordergrund. Uhl wollte seinen Lesern mehr Information über das Tages- und Weltgeschehen bieten; »Frommes« verschwand ebenso wie die starke Fixierung auf Lokalnachrichten aus der Diözese[332].

b) Straftheologie und Gotteszeichen

Ganz selbstverständlich arbeitete das Sonntagsblatt mit frommer Metaphorik und bemühte auch die göttliche Vorsehung, wenn es darum ging, Ereignisse zu interpretieren. So wurde beispielsweise das unheilvolle Wetter, das den Beginn der Ellwanger Mission begleitete und für die Bauern wahrscheinlich wenig erfreulich war, von Gegnern der Mission vielleicht auch ungünstig hätte interpretiert werden können, kurzerhand positiv umgedeutet: »Auch der Himmel schien das Seinige beitragen zu wollen zum segensreichen Beginn der Mission, denn er hatte plötzlich seine Schleußen geöffnet und die gläubigen Schaaren auf ihrem Zuge nach dem Schönenberg reichlich begossen und aufgeweicht; ja es schien, als wollte Gott abermals unter Blitz und Donner sein Gesetz auf dem Berg verkünden lassen!«[333] Den Verfasser störte es nicht, daß er im selben Artikel wenig später die gleichen »Zeichen« im entgegengesetzten Sinne deutete. Während einer Bußpredigt über »die gottesräuberische Communion«, die vor einer mit schwarzem Trauerflor umhüllten Monstranz stattfand und mit einem Versöhnungsritus endete, kündigte sich abermals ein Unwetter an: »Der Himmel, der beim Beginne der Predigt in schwarze Wolken verhüllt war, in krachendem Donner grollte und durch einen reichlichen Regenguß das Werk der Versöhnung stören zu wollen schien, war bald wieder heller und freundlicher geworden, als die gläubigen Schaaren ruhig aushielten und sich nicht vertreiben ließen. Ja es glänzte die Sonne wieder lieblich über den Versöhnten und gab des Himmels Freude kund, als nach geschehener Abbitte mit dem Allerheiligsten der Segen des dreieinigen Gottes der lautlosen Menge ertheilt wurde«[334].

Immer wieder flocht das Sonntagsblatt Geschichten ein, die den Sieg des Guten und die Niederlage des Schlechten demonstrieren sollten. Dabei wurde an Zynismus nicht gespart. Ein Beispiel: »In dem Pfarrdorfe G. vereinigte sich eine Anzahl Jungfrauen, einen Jungfrauenbund zu errichten. Einem Vater aber lag das geistige Wohl seiner Kinder so am Herzen, daß er sagte: ›Er schlage seinen Töchtern die Füße ab, wenn sie sich unterstehen würden, sich diesem Bunde anzuschließen‹; und siehe! Kaum 14 Tage vergingen und ein Stein schlug diesem Vater den Fuß ab. – Ist dieses Zufall? Mag sein in der Anschauung eines kurzsichtigen Menschen, aber für die allgemeine Leitung Gottes gibt es keinen Zufall. So versucht der himmlische Arzt zuweilen homöopathische Heilmittel; gebe er zugleich, daß sie heilsam wirken!«[335] Im Oktober 1853 schrieb das Sonntagsblatt: »Ein Wink für die Bündnisse! Der Staats-Anzeiger brachte vorige Woche die Nachricht von Leutkirch, daß ein Mädchen nach einigen mitgemachten Tänzen auf dem Tanz plötzlich gestorben sei und daß in Folge dessen die Lustbarkeit in keinen rechten Schwung mehr zu bringen gewesen sei. – Früher wurden ähnliche Fälle bei Missionen erzählt und die Frage angeknüpft: wenn eure Tänze so unschuldig sind, woher der Schrecken selbst der Tanzlustigen wenn eins auf dem Tanzboden stirbt? Ist es nicht der christlichen Klugheit angemessen, sich nie dahin zu wagen, wo zu sterben man sich fürchten muß; – eben weil man in jedem Augenblick und an jedem Ort vom Tod überrascht werden kann!«[336]

Mit einer ähnlichen Geschichte sollte den lauten Kritikern an den Missionen das Wort abgeschnitten werden: »Also frei ist der Bürger, auch bei der Mission, und hat seinen souveränen (unumschränkten) Willen, und was er einmal recht ernstlich will, daran können ihn auch die Missionäre nicht hindern; ja der Allmächtige selbst, der verfassungsgetreueste Fürst muß ihm dazu verhelfen. Das hat Einer erfahren, Namens N., oder vielmehr, Andere haben es an ihm erfahren. ›Ich gehe nicht zur Mission, sowahr ich ein freier Mann bin. Ich gehe nicht in die Kirche, so lange die Mission dauert, man müßte mich denn hinein tragen‹. Siehe Leser! das ist die ganze Geschichte. Am vierten Tag trug man einen Sarg in die Kirche. An jenem Ort ist noch der alte Brauch die Leichen der Verstorbenen in die Kirche zu bringen. In dem Sarge lag – du kannst dir's aber schon einbilden – der freie Bürger, der, wie Pharao nach seinem Herrgott zu fragen hat. Wisse! Wenn du nicht zur Mission gehen willst, so behalt's fein für dich, schweig still und brauch keine ruchlosen Worte, es könnte sonst nach deinem Tode heißen: Lästere nicht! Sonst geht es dir wie dem N.«[337]

c) Umgang mit Kritik

Vorbehalte bestanden vielfach gegen die Missionen. Nachhaltiges Echo fand eine Kampfschrift, die der evangelische Pfarrer Karl Leibbrand von Ellwangen 1851 herausgegeben hatte[338]. Leibbrand hatte die Jesuiten und Redemptoristen als unversöhnliche Feinde des Protestantismus charakterisiert[339]. Pfarrer Franz Joseph Schwarz (1821–1885)[340] von Böhmenkirch, später selbst langjähriger katholischer Stadtpfarrer in Ellwangen, replizierte mit einer Schrift, in der er seinerseits die evangelische Innere Mission angriff[341]; sie habe die Grundübel der Zeit, Unglaube und Unzucht, nicht beseitigen können, während die katholischen Missionen in dieser Beziehung äußerst segensreich wirkten[342].

Auch das Sonntagsblatt wies das offenbar verbreitete Vorurteil zurück, daß von den hetzerischen Jesuiten gegen Staat und Protestantismus polemisiert werde. »Jene Vorurtheile, welche man gegen den Orden der Gesellschaft Jesu verbreitete, sind sogar unter den Protestanten unserer freilich ausschließlich katholischen Gegend [im Oberland] aufgehoben. Gönnen wir diesen würdigen Männern die Triumphe, die sie in Baden und bei uns seit einem halben Jahr feiern; sie verdienen dieselben, denn sie haben um der Gerechtigkeit willen Verfolgung gelitten. Vor 2 Jahren nahm man ihnen ihre Wohnungen und ihr Eigenthum, sie mußten verkleidet und auf Abwegen fliehen und fanden nur in 2 protestantischen Ländern, England und Nordamerika, eine Zuflucht. Baiern, das ein Canisius und ähnliche fromme und gelehrte Männer des Ordens im Glauben der Kirche erhalten hatte, nahm sie nicht auf, Oestreich, das ohne sie vielleicht kein einziges katholisches Gotteshaus mehr besäße, vertrieb sie. Rom, das einen hl. Ignatius in seinen Mauern eingeschlossen, das in ihnen eine starke Stütze des Stuhles Petri erkannt hatte, übte Rohheiten gegen sie und stieß sie zum zweiten Mal in die Welt hinaus […] und in der Schweiz hatte man gegen jene Männer, die wohl noch kein Schwert als das Wort Gottes gebrauchten, 100.000 Bewaffnete und zahlreiche Geschütze aufgeboten. Das geschah vor 2 und 3 Jahren, und nun werden sie überall zurückberufen, um die Wunden, welche ihre Feinde den Völkern schlugen, zu heilen! Doch vielleicht bricht in Bälde wieder ein neuer Sturm gegen sie los! Ihr Schicksal scheint seit 300 Jahren das der Apostel zu seyn. Man hat sie das stehende Heer der Kirche genannt; ihr Leben ist in der That ein Kriegsleben«[343].

Wiederholt ist im Sonntagsblatt von böswilligen Gerüchten die Rede, die den Missionen vorausgingen und oft »ihre geschäftigen Verbreiter« fanden[344]. Doch offenbar konnten die Bedenken zerstreut werden. Das Sonntagsblatt jedenfalls spottete: »Wohl mochten Einige anfänglich an dem Eifer ihrer Mitchristen sich nicht betheiligt haben aus Furcht vielleicht, ihr mühsam genährtes Lämpchen der Aufklärung möchte ihnen auslöschen und aus Besorgniß, belehrt werden zu können, daß eben Dunst keine Weisheit ist«[345].

> **Ehingen.**
> Das heilige Osterfest, welches alle Christen zur geistigen Auferstehung erwecken soll, war der Tag, an welchem die längst erwartete heilige Mission als Einladung, um eben diese geistige Auferstehung durch Christus recht anzubahnen, bei uns eröffnet worden ist. Schon gestern und mehr noch heute sind bereits sehr viele Auswärtige hiehergekommen, um an der Mission Antheil zu nehmen; die Vorträge der ehrwürdigen Missionäre sind von so hohem Interesse, daß man nur wünschen möchte, es sollte auch die Gegner der so grundlos gelästerten Sache den Muth haben, auch nur einigen dieser Vorträge anzuwohnen. Die guten Landleute, denen man (um sie vom Besuch der Mission abzuhalten) weis machte, jeder müße den Missionären 1 fl. Meßgeld entrichten und dergleichen Lügenwerk, haben sich schon heute von der Falschheit solcher lächerlichen und boshaften Ausstreuungen überzeugen können.
> Den 21. April 1851.

In Ehingen wurde im Vorfeld der Mission das Gerücht ausgestreut, Besucher müßten eine Teilnahmegebühr in Form von »Meßgeld« entrichten. Der Klerus sah sich zu einer Stellungnahme in der Lokalpresse gezwungen.
Bildnachweis: Volksfreund für Oberschwaben, 25. April 1851.

Mögliche oder tatsächliche Einwände wurden zurückgewiesen, etwa jener, daß die gebildeten Katholiken und die Protestanten den Missionen ablehnend gegenüberstünden: »Welchen Eindruck machten die Missionen auf das Volk? Es gab einige Wenige, welche die Missionäre als Vertriebene und Verbreiter des Aberglaubens lästerten [...] Diese ausgenommen herrschte ein allgemeiner Enthusiasmus für die PP. Jesuiten und die Missionen. Gebildete Katholiken waren sehr fleißig zugegen und bekannten, daß sie im Glauben befestigt und im geistigen Leben bekräftigt worden seien; Viele redeten voll Achtung insbesondere von P. Roder, wie sie sonst nur von den großen Geistern des Jahrhunderts zu reden gewohnt gewesen waren. Selbst Protestanten, die von Leutkirch sich fleißig bei den Missionen einstellten, fühlten sich erbaut und rühmten die gehörten Vorträge und die Toleranz, die in denselben sich kund gegeben habe, sowie das Vermeiden von politischen Anspielungen und Befehdungen. Das eigentliche Volk aus dem Stande der Gewerbetreibenden und Bauern war voll Freude, daß dieses katholische Institut bei uns wieder eingeführt werde. Vier Stunden um W[urzach] gab es außer den Kindern, Kranken und altersschwachen Personen, kaum ein Individuum, das nicht trotz der Heuerndte wenigstens einen Tag sich an den Missionen betheiligte. Viele Gemeinden zogen in Prozessionen herbei«[346].

Die Mission in Mergentheim hatte »von Außen manche Anfechtungen zu erleiden«[347]. In Gammertingen bestanden Vorurteile, doch waren dieselben offenbar bereits am ersten Abend der Mission überwunden, so daß die Leute nicht mehr nur aus Neugierde, sondern »aus Be-

> **Eingesendet.**
> **Deggingen.**
> **(Verspätet.)**
> Die unterzeichneten hiesigen Bürger gingen am 28. September d. J. nach Geislingen, um sich wegen des Bezirks=Landesschießens, welches 8 Tage darauf abgehalten wurde, zu besprechen. In Folge dessen wurde durch einen gewissen hiesigen — — dem hiesigen Herrn Dekan die gemeine Lüge hinterbracht: „wir seyen deßhalb nach Geislingen gegangen, um einer deutschkatholischen Versammlung anzuwohnen und zugleich gegen die Mission zu wirken," wodurch der Hr. Dekan ohne Weiteres Veranlassung nahm, am andern Tage unsere hochbetagten Eltern zu sich rufen zu lassen und ihnen Ermahnungen und Belehrungen zu geben, uns von solchen — — — Schritten abzuhalten. Auf dieses hin begab sich Einer der Unterzeichneten zum Hrn. Dekan, um den Namen des gemeinen Lügners und falschen Denuncianten zu erfahren, und wirklich bezeichnete auch der Hr. Dekan den Polizeidiener Grimm und Augustin Schweizer als solche; Ersterer erklärte jedoch auf Befragen bei seinem Ehrenwort, daß er mit dem Hrn. Dekan keine Silbe in einer solchen Beziehung gesprochen habe. — Es erscheint uns aber eine solche Auskunft von Seiten des Hrn. Dekans, einen Unschuldigen zu nennen und den Namen des gemeinen Lügners zu verhehlen, unbegreiflich; auch können wir nicht umhin den Wunsch auszudrücken, daß bei künftigen dergleichen Fällen der Hr. Dekan uns selbst rufen lassen und nicht durch derartige unwahre Vorhalte unsere alten Eltern betrüben möchte; wir wünschen und verlangen dieß um so mehr, als wir wenigstens so viel Selbstständigkeit besitzen, um keinen Einfluß, komme er von welcher Seite er wolle, auf unser Thun und Lassen zu dulden; auch können wir es für keinen Fehler halten, eine deutschkatholische Versammlung zu besuchen, da es unser Grundsatz ist, einen jeden Menschen ohne Unterschied des Glaubens zu achten, wenn er nur Recht und Wahrheit liebt und lehrt, und wir dem Sprüchwort huldigen: „Prüfet Alles und das Gute behaltet!" — Was die **Mission** betrifft, so glauben wir mit noch vielen Andern, daß — wenn eine Gemeinde von 1800 Seelen mit **vier** Geistlichen bedacht ist, die das Christenthum lehren sollen — alle und jede weitere Mission überflüssig seyn dürfte.
>
> X. St.
> K. Sch.
> G. V.
> G. A. V.

Die Missionen stießen mitunter bei den Gläubigen auf Unverständnis: Die vier Ortsgeistlichen erachtete man als ausreichend, die Seelsorge an 1800 Katholiken wahrzunehmen.
Bildnachweis: Alp- und Filsthal-Bote, 1. November 1851.

dürfnis« kamen[348]. Immer wieder wurde betont, daß auch viele Protestanten an den Missionen teilnehmen würden. In Buchau besuchten sogar Juden die Mission[349].

Kritik gab es aus den Reihen des Klerus, vor allem waren viele Pfarrer der Ansicht, man brauche keine Missionen, um eine ordentliche Seelsorge zu leisten. Das Sonntagsblatt konterte, Missionen seien auch dort notwendig, wo sich »eifrige Seelsorger« fänden: »Denn die nur alle 8 Tage und immer vom nämlichen Geistlichen gehaltenen Vorträge machen nicht den Eindruck, wie die von so eifrigen Ordensmännern, in so großer Zahl, und Tag auf Tag statt finden und den Nagel, wenn mir dieser Ausdruck erlaubt ist, auf den Kopf treffen. Bei diesen Anlässen werden auch viel bessere Beichten abgelegt, als sonst, denn das Gemüth ist ergriffener als gewöhnlich, und gegen fremde Beichtväter spricht sich der Sünder offener aus«[350]. Offen zeigte Rieß seine Vorliebe für den Ordensklerus, dem gegenüber er die Weltgeistlichen geringachtete: »Dann glaube ich hauptsächlich auch noch darauf aufmerksam machen zu dürfen, daß der Weltpriester immer unter seinen Pfarrangehörigen lebt, vom Weltstaube verunreinigt wird, daher in seinem Amt leicht zu nachsichtig ist, oder als gebrechlicher Mensch bekannt, hören muß, heile dich selbst zuerst. Diese Ordensleute sind zwar Fremdlinge, aber auch Boten Gottes in den Augen des Volks und es hat Vertrauen zu ihnen, auch tragen sie die Wahrheiten der Religion in ihrer ganzen Strenge vor und das wirkt«[351]. Angesichts dessen wundert es nicht, daß Rieß wenige Jahre später in den Jesuitenorden eintrat[352].

Bei anderen Geistlichen waren die Vorbehalte gegen Missionen offenbar nur vorgeschoben, »weil sie überhaupt mit den gegenwärtigen Bewegungen in der Kirche unzufrieden« waren – wie das Sonntagsblatt mutmaßte. Gemeint waren jene spätaufgeklärten, staatskirchlich orientierten Geistlichen, die inzwischen in die Defensive geraten waren. »Jenen, welche das aus dem ewig fruchtbaren Schooß der Kirche durch Gottes Gnade neuerdings wieder heller hervorbrechende Licht für einen Nebel halten, der vor der Nacht der Weisheitsstrahlen, die von ihnen selbst, nämlich vom Menschengeiste ausgehen, wohl nicht lange sich werde halten können, mögen wir nichts Anderes erwidern, als was in den Worten des römischen Dichters liegt: Rusticus exspectat dum defluat amnis; at ille labitur et labetur in omne volubilis aevum. Thorheit ist's am Strom zu warten, bis die letzte Fluth verfließt, die aus unerschöpftem Born sich ewig fort und fort ergießt«[353]. Die Missionen richteten sich explizit gegen jene anderen Mobilisierungsversuche, die vor allem von »liberalen« Geistlichen bevorzugt wurden: Vereine und Synoden[354].

Ein weiterer Vorwurf gegen die Missionen lautete, daß bei derartigen Massendemonstrationen mehr Unruhe und Störung als Andacht und Gebet herrschten. Bei der Ellwanger Mission gab es »einzelne junge Leute, worunter solche, die dem Schulstande schon angehören oder demselben sich widmen, am Rande der Versammlung herumspazierten und mittelst eines Theaterperspektivs die Umgegend betrachteten«. Doch sei dies die Ausnahme gewesen und die jungen Leute könnten nur mitleidig belächelt werden. Andere Jugendliche hatten sich während der Standespredigt der Jungfrauen »auf dem Musikchor lachend und schwätzend« unterhalten[355].

10. Die Volksmissionen – Beleg für ein katholisches Milieu in Württemberg?

Was bedeutet das bisher Gesagte hinsichtlich der eingangs gestellten Frage nach der Existenz oder Nichtexistenz eines katholischen Milieus in Württemberg?

Vieles spricht für die Annahme eines Milieus. Im Untersuchungszeitraum, zwischen 1850 und 1860, fanden in der Diözese Rottenburg mindestens 67 Volksmissionen statt. Wo Teilnehmerzahlen genannt sind, belaufen sich diese auf 8.000 bis 30.000 pro Mission (Missions-Abschluß). Bei sechzehn Missionen, deren (geschätzte) Teilnehmerzahlen bekannt sind, wurden ca. 230.000 Menschen mobilisiert, es dürfte sich im ganzen Untersuchungszeitraum um über 800.000 Menschen gehandelt haben[356]. Nicht nur die Zahl der Missionen und der Teilnehmer ist beeindruckend, sondern auch die offenbar enorme Zustimmung, welche die Missionen nach Auskunft des Sonntagsblattes bei den Gläubigen fanden. Dazu kommen mindestens 19 Missionserneuerungen oder sogenannte »kleine Missionen«. Außerdem gelang eine breite Aktivierung der Jugend in Bündnissen. Diese förderten vor allem den Sakramentenempfang. Der regelmäßigen Beichte (etwa alle sechs Wochen) dürfte im Rahmen der Milieubildung eine besondere Rolle zugemessen werden. Doch auch regelmäßige Treffen, gemeinsame Freizeitgestaltung und religiöse Fortbildung wirkten formend auf die Jugend. Insgesamt wird man also Volksmissionen, Missionserneuerungen und Jugendorganisationen eine normierende und stabilisierende Funktion für ein »katholisches Milieu« in Württemberg zusprechen können. Trotz dieses Befundes ist jedoch Skepsis angezeigt:

1. Die Zahl der jährlichen Volksmissionen ist – angesichts der Größe der Diözese und in Anbetracht der staatlichen Freizügigkeit – nicht hoch, wie der Vergleich mit anderen Bistümern zeigt. Für die Jahre zwischen 1852 und 1856 liefert Otto Weiß interessantes Zahlenmaterial. Demnach fanden in der (kleineren) Diözese Passau 95 Missionen statt, in Regensburg 55, in München allerdings nur 29, in Eichstätt 24, in Würzburg drei und in Augsburg drei[357]. Im Vergleich dazu kam es in Rottenburg zwischen 1852 und 1856 zu 50 Missionen. Dabei gilt es zu beachten, daß Weiß nur die Missionen der Redemptoristen erfaßte.

2. Die Volksmissionen fanden – wie gezeigt – bei weitem nicht flächendeckend in ganz Württemberg bzw. dem ganzen Bistum Rottenburg statt. Es gab zahlreiche weiße Flecken, und es gab Mißerfolge.

3. Auch die Teilnehmerzahlen lassen nach anfänglich extrem hohen Angaben nach und pendeln sich auf einem niederen Niveau ein. Während es um die eigentlichen Missionen bald auffallend still wird, rücken die »Missionserneuerungen« ins Blickfeld des Interesses. Das allmähliche Ende der Volksmissionen im eigentlichen Sinn wird auch durch die »kleinen Missionen« nicht aufgewogen. Es bleibt der Eindruck eines Strohfeuers, das entzündet wurde, aber nicht genug Nahrung hatte, um dauerhaft brennen zu können[358]. Bereits 1854 treten in der Berichterstattung zunehmend die bischöflichen Firmreisen in den Vordergrund; mit ihnen sollte ebenfalls die Mobilisierungsfähigkeit der Katholiken demonstriert werden. Doch ist die Sympathie, die dem Bischof auf diesen Reisen entgegengebracht wurde, weniger ein Argument für die Existenz eines Milieus, denn Ausdruck von Respekt und Pietät der kirchlichen Obrigkeit gegenüber.

4. Die Teilnehmerangaben selbst müssen kritisch gewertet werden, da es sich im Sonntagsblatt um »Erfolgsmeldungen« handelte. So ist Vorsicht angebracht. Zum Teil finden sich widersprüchliche Zahlenangaben[359]; außerdem bedeutet ein starker Besuch von Volksmissionen nicht unbedingt, daß in den teilnehmenden Pfarreien das kirchlich-religiöse Leben neu aufgeblüht wäre[360], zumal oft auch von Neugierigen die Rede ist. Die Missionen waren unterhaltend, waren eine weitere Möglichkeit, dem Alltag zu entkommen, Leute zu treffen, Fremdes zu erleben, Neues zu erfahren.

5. Vorsicht ist auch bei der Beurteilung der Jugendbündnisse geboten. Zwar wurden außerordentlich viele Gruppierungen gegründet, über deren Lebensdauer wir aber nur in den seltensten Fällen Bescheid wissen. Einige der Bündnisse entfalteten ein reges Eigenleben und berichteten immer wieder darüber. Von anderen Orten ist lediglich deren Existenz bekannt. Zahlenangaben finden sich nicht immer, manchmal scheinen sie allzu hoch angesetzt. Trotz zum Teil guter Erfolge wird über den zu geringen Mobilisierungseffekt der Bündnisse geklagt[361]. Immerhin konnte über das Bündniswesen eine relativ starke religiöse Sozialisierung erreicht werden, die sich positiv auf den Sakramentenempfang auswirkte[362]. Die Jugendbündnisse selbst sind Ausdruck einer zunehmenden Ausdifferenzierung der katholischen Gesellschaft. Während in Württemberg die Piusvereine keine ernstzunehmende Rolle spielten[363], übernahmen vielleicht die Jugendbündnisse deren Funktion, allerdings mit einer explizit religiöseren Ausrichtung. Sie stehen im Grunde in der Tradition der im 19. Jahrhundert wiederbelebten Bruderschaften. Vielleicht läßt sich hier ein zentrales Unterscheidungsmerkmal zum rheinischen Katholizismus konstatieren.

Hinzu kommen grundsätzliche methodische Bedenken:

6. Das Sonntagsblatt ist eine parteiliche Quelle, wir haben es eindeutig mit einem »Parteiblatt« zu tun. Hier wurde nicht »neutral« berichtet, sondern werbend, propagierend. Das Sonntagsblatt hatte sich von Beginn an ganz den Ideen einer bestimmten Richtung im Katholizismus verschrieben. Der Herausgeber, Florian Rieß, gehörte zur »ultramontanen« Partei im württembergischen Klerus, hatte enge Tuchfühlung zur radikalen »Donzdorfer Fakultät«, die einen anderen Kurs in der württembergischen Kirchenpolitik einschlug und – wenn man so will – die Schaffung eines katholischen Milieus im Auge hatte[364]. Rieß dürfte mit seinen redaktionellen Unternehmen insgesamt die Ziele der »Donzdorfer« verfolgt haben[365]. Während die liberalen Katholiken eher elitär wirkten, auf den einzelnen zielten und sich in der Regel einer »Organisation« versagten[366], drängte der ultramontane Katholizismus im Sinne eines Demonstrationskatholizismus auf Massenmobilisierung und Organisierung. Es liegt auf der Hand, daß sich der liberale Katholizismus damit schlechter nachweisen läßt, als der numerisch aufrechenbare ultramontane. Die Volksmissionen müßten deshalb anhand anderer Quellen weiter untersucht werden, etwa mit Hilfe der Pfarreiakten, der Akten des Bischöflichen Ordinariats, des Katholischen Kirchenrats und – flächendeckend – mit Hilfe der örtlichen Überlieferungen, um die eventuell hinter den Kulissen ausgetragenen Kontroversen fassen zu können.

7. Was im Sonntagsblatt gedruckt wurde, war oft mehr Schein als Sein. Bewußt wurde der Eindruck vermittelt, es gehe nur noch um die Themen Mission und Jugendbündnisse, die ganze Diözese taumle im Missionsfieber. Der Eindruck entstand dadurch, daß andere Nachrichten ausgesprochen untergewichtig behandelt wurden. Das Sonntagsblatt selbst verstand sich mehr oder weniger als *Organ* der Missionen und Jugendbündnisse[367]. Bei der Informationsdichte des Sonntagsblattes muß beachtet werden, daß ein und dieselben Missionen oft mehrfach behandelt wurden (Bekanntgabe, Beginn, Bericht). Außerdem ist zu berücksichtigen, daß die ausführlichen Berichte in der Anfangszeit erschienen, das heißt auch mit einem gewissen Anfangselan verbunden waren. Dieser ließ jedoch rasch nach.

8. Das Sonntagsblatt arbeitete größtenteils mit Einsendungen von privater Seite an den Herausgeber. Die Leser wurden mehrfach aufgefordert, das Sonntagsblatt durch Mitteilungen zu unterstützen[368]. Alle Einsendungen wurden – jedenfalls zunächst – *ungeprüft* übernommen. Man kann davon ausgehen, daß durch die massive Werbung eine Sogwirkung entstand, ein »Milieudruck«[369]: auch dazuzugehören, es gleich gut oder womöglich besser zu machen als die anderen. Immer wieder sind Spuren solcher »Konkurrenz« zu erkennen. Vor allem »auf dem Heuberg« versuchte man zum Teil penetrant den Eindruck zu verwischen, anderswo – vor allem bei der »Donzdorfer Fakultät« – sei man »katholischer«, »frömmer« und umtriebiger[370]. Auch die Bevölkerung »auf dem rauhen und kalten Schwarzwalde« wollte nicht zurückstehen; aus Horb und Schramberg liefen entsprechende Nachrichten ein[371]. Von der Mission in Gammertingen wurde berichtet, daß der »geistige Frühling« auch »in unserem sonst etwas rauhen Klima« angebrochen sei[372]. Ein Artikel aus Wangen machte auf seine Weise Druck; nach der Aufzählung aller bestehenden Bündnisse schloß er mit dem Satz: »Keine Bündnisse bestehen nur in drei Pfarreien hiesigen Decanats, darunter namentlich nicht in dem großen Orte Kißlegg, und dem kleinen Siggen«[373]. Das Sonntagsblatt sah sich bei so viel konkurrierendem Überschwang sogar genötigt, bremsend einzugreifen[374]. Bleibt freilich zu fragen, ob dieser »Milieudruck« als Zeichen eines bereits existierenden Milieus oder lediglich als Ausdruck einer nur von einer bestimmten Gruppe definierten Norm zu interpretieren ist. Letzterer Interpretation würde der Verfasser den Vorzug geben.

9. Vorliegende Studie unterliegt einigen Einschränkungen. Es wurden nur die Volksmissionen und die Jugendbündnisse untersucht, zudem fast ausschließlich auf der Basis des Sonntagsblattes. Andere Milieu-Faktoren müssen berücksichtigt werden. Insgesamt läßt sich – soweit ich sehe – kein durchgreifender Erfolg der Milieubemühungen feststellen. Zum Beispiel beim Thema Männerorden: Diese waren in Württemberg seit den »Frankfurter Konferenzen« und der »Landesherrlichen Verordnung« generell verboten[375]. Daran änderten auch zahlreiche katholische Eingaben und Proteste nichts; Klöster und Niederlassungen durften nicht errichtet werden. Hier boten die Volksmissionen nun die Möglichkeit, Ordensleute zumindest zeitweise im Land wirken zu lassen, bei der Bevölkerung ein entsprechendes Bedürfnis zu wecken, dem ebenfalls zurückhaltenden Bischof deren Nutzen vor Augen zu stellen und dem Staat (den Gegnern) die vermeintlich geschlossene Rückendeckung des katholischen Volkes zu demonstrieren. Die Volksmissionen waren – wenn man so will – eines jener Vehikel, mit dem die »Donzdorfer« und andere Gruppierungen im Rottenburger Klerus versuchten, eines ihrer zentralen Ziele zu erreichen: die Zulassung von Männerorden in Württemberg (und mit ihnen eine schlagkräftige Truppe gegen das Staatskirchensystem zum Aufbau eines katholischen Milieus)[376]. Nur in diesem Kontext sind auch die Bemühungen um ein von Ordensleuten geleitetes Exerzitienhaus auf dem Ellwanger Schönenberg und in Heggbach zu sehen. Weder das eine noch das andere Ziel wurde erreicht. Ein anderes Beispiel: In der Kulturkampfzeit zeigte sich Württemberg im großen und ganzen als »Oase des Friedens«. Zwar läßt sich auf seiten einzelner Gruppierungen eine zum Teil extreme Kulturkampfstimmung feststellen, doch waren die Initiatoren in der Minderheit. Ein Kulturkampf badischen oder preußischen Stils blieb nicht zuletzt deshalb aus, weil das dafür notwendige katholische Milieu fehlte[377].

Bei aller Skepsis gegen die Konstatierung eines »katholischen Milieus« in Württemberg bleibt nach dieser vorläufigen Studie eines festzuhalten: Wir haben es mit massiven *Versuchen* zu tun, ein katholisches Milieu aufzubauen. Inwieweit diesen Versuchen dauerhafter Erfolg beschieden war, muß freilich näher untersucht werden. Trotz segmenthafter Erfolge sind jedenfalls Hindernisse und Probleme zu erkennen. In diesem Sinne wäre bei einer weitergehenden Analyse nicht nur das zu berücksichtigen, was (in der »parteilichen« Quelle Sonntagsblatt) berichtet, sondern auch das, was hier verschwiegen wurde[378].

Literatur

ALTERMATT, Urs, Katholizismus und Moderne. Zur Sozial- und Mentalitätsgeschichte der Schweizer Katholiken im 19. und 20. Jahrhundert, Zürich ²1991.

Arbeitskreis für kirchliche Zeitgeschichte Münster, Katholiken zwischen Tradition und Moderne. Das katholische Milieu als Forschungsaufgabe, in: Westfälische Forschungen 43 (1993), 588–654.

BRAUN, Karl-Heinz, Hermann von Vicari und die Erzbischofswahlen in Baden. Ein Beitrag zu seiner Biographie (Forschungen zur Oberrheinischen Landesgeschichte 35), Freiburg-München 1990.

[BUOHLER, Johann Baptist], Conturen aus Schwaben 1861, Schaffhausen 1861.

BURGER, Wilhelm, Das Erzbistum Freiburg in Vergangenheit und Gegenwart. Ein kirchliches Heimatbuch, Freiburg i.Br. 1927.

BURKARD, Dominik, 1848 als Geburtsstunde des deutschen Katholizismus? Unzeitgemäße Bemerkungen zur Erforschung des »katholischen Vereinswesens«, in: Saeculum. Jahrbuch für Universalgeschichte 49 (1998), 61–106.

BURKARD, Dominik, Art. Himpel, in: BBKL 16 (1999), 718–726.

BURKARD, Dominik, Augustin Theiner – ein deutscher Doppelagent in Rom? Oder: Über den Umgang mit Quellen am Beispiel der Rottenburger Bischofswahlen von 1846/47, in: RJKG 19 (2000), 191–251.

BURKARD, Dominik, Die Prophetin von Weißenau und die »andere Revolution«. Milieus, Mentalitäten und Religiosität in Oberschwaben um 1848, in: RJKG 20 (2001) (im Erscheinen).
BURKARD, Dominik, Kein Kulturkampf in Württemberg? Zur Problematik eines Klischees, in: RJKG 15 (1996), 81–98.
BURKARD, Dominik, Neues Jahrhundert – neuer Klerus? Priesterbildung und -erziehung in der Diözese Rottenburg an der Wende zum 20. Jahrhundert (im Erscheinen).
BURKARD, Dominik, Staatskirche – Papstkirche – Bischofskirche. Die »Frankfurter Konferenzen« und die Neuordnung der Kirche in Deutschland nach der Säkularisation (RQ Suppl. 53), Rom-Freiburg-Wien 2000.
BURKARD, Dominik, Wie Feuer und Wasser? Die Kirche und die Revolution von 1848/49, in: Bauern und Adel in Oberschwaben 1848/49. Begleitbuch zur Ausstellung in Wolfegg, Ravensburg, Friedrichshafen und Schloß Maurach im Sommer 1999, hg. vom Haus der Geschichte Baden-Württemberg, Stuttgart 1999, 144–167.
BURKARD, Dominik, Zeichen frommen Lebens oder Instrument der Politik? Bruderschaften, »Donzdorfer Fakultät« und Versuche katholischer Milieubildung, in: Hohenstaufen-Helfenstein. Historisches Jahrbuch für den Kreis Göppingen 8 (1998), 151–186.
BUSS, Franz Joseph von, Die Volksmission, ein Bedürfniß unserer Zeit, Schaffhausen 1850.
CATALOG DER KATHOLISCHEN KIRCHENSTELLEN und der sämtlichen Geistlichkeit des Bisthums Rottenburg im Jahr 1864, Tübingen 1864.
DIETRICH, Stefan J., Christentum und Revolution. Die christlichen Kirchen in Württemberg 1848–1852 (VKZG.B 71), Paderborn 1996.
DUHR, Bernhard, Aktenstücke zur Geschichte der Jesuitenmission in Deutschland 1848–1872, Freiburg i.Br. 1903.
GATZ, Erwin (Hg.), Die Bischöfe der deutschsprachigen Länder 1785/1803 bis 1945. Ein biographisches Lexikon, Berlin 1983.
GATZ, Erwin, Die Pfarrei von der Säkularisation bis zum Beginn der großen Binnenwanderungen, in: Ders. (Hg.), Geschichte des Kirchlichen Lebens in den deutschsprachigen Ländern seit dem Ende des 18. Jahrhunderts. Die Katholische Kirche, Bd. 1: Die Bistümer und ihre Pfarreien, Freiburg u.a. 1991, 73–88.
GATZ, Erwin, Art. Ketteler, in: LThK³ 5 (1996), 1413 f.
GATZ, Erwin, Rheinische Volksmission im 19. Jahrhundert. Dargestellt am Beispiel des Erzbistums Köln. Ein Beitrag zur Geschichte der Volksmission im Zeitalter der katholischen Bewegung, Düsseldorf 1963.
HAGEN, August, Beiträge zum Leben und Wirken des Prälaten Dr. Franz Joseph Schwarz, Ellwangen, in: Viktor Burr (Hg.), Ellwangen 764–1964. Beiträge und Untersuchungen zur Zwölfhundertjahrfeier, Bd. 1, Ellwangen 1964, 503–533.
HAGEN, August, Geschichte der Diözese Rottenburg, Bd. 1–2, Stuttgart 1956–1958.
HAGEN, August, Gestalten aus dem Schwäbischen Katholizismus, Bd. 1, Stuttgart 1948.
HALDER, Winfried, Katholische Vereine in Baden und Württemberg 1848–1914. Ein Beitrag zur Organisationsgeschichte des südwestdeutschen Katholizismus im Rahmen der Entstehung der modernen Industriegesellschaft (VKZG.B 64), Paderborn 1995.
HINSCHIUS, Paul, System des katholischen Kirchenrechts. Mit besonderer Berücksichtigung Deutschlands, Bd. 4, Berlin 1888.
HÖSS, Anton, P. Philipp Jeningen S.J. Ein Volksmissionär und Mystiker des 17. Jahrhunderts, Stuttgart ²1939.
HUBER, Ernst Rudolf/HUBER, Wolfgang (Hg.), Staat und Kirche im 19. und 20. Jahrhundert. Dokumente zur Geschichte des deutschen Staatskirchenrechts, Bd.1: Staat und Kirche vom Ausgang des alten Reichs bis zum Vorabend der bürgerlichen Revolution, Berlin 1973.
HÜRTEN, Heinz, Art. Buß, in: LThK 2 (³1994), 820.
HURTER, Friedrich, Pflichten der Priester. Nach dem Französischen bearbeitet, Schaffhausen ²1855.
HUG, Wolfgang, Katholiken und ihre Kirche in der Badischen Revolution von 1848/49, in: FDA 118 (1998), 283–311.
JATSCH, J., Art. Volksmission, in: Michael Buchberger (Hg.), Kirchliches Handlexikon. Ein Nachschlagebuch über das Gesamtgebiet der Theologie und ihrer Hilfswissenschaften, Bd. 2, München 1912, 2630.

Jockwig, Klemens, Die Volksmission der Redemptoristen in Bayern von 1843–1873. Dargestellt am Erzbistum München-Freising und an den Bistümern Passau und Regensburg, in: Beiträge zur Geschichte des Bistums Regensburg 1 (1967), 41–396.

Kassiepe, Max, Art. Volksmission, in: LThK 10 (^{2}1938), 679–681.

Kassiepe, Max, Die Volksmission. Wesen und Ziele, Methode der Missionare, Anteil des Seelsorgers an ihrem Gelingen (Seelsorgerpraxis 19), Paderborn 1909.

Kircher, Walter-Siegfried, Adel, Kirche und Politik in Württemberg 1830–1851. Kirchliche Bewegung, katholische Standesherren und Demokratie (Göppinger Akademische Beiträge 79), 1973.

Klöcker, Michael, Katholisch – von der Wiege bis zur Bahre. Eine Lebensmacht im Zerfall?, München 1991.

Kotzur, Renate, Missionsbildchen. Graphische Andenken an Volksmissionen im deutschsprachigen Raum zwischen 1850 und 1920, in: Jahrbuch für Volkskunde 8 (1985), 143–202.

Leibbrand, Karl A., Die Missionen der Jesuiten und Redemptoristen in Deutschland und die evangelische Wahrheit und Kirche, Stuttgart 1851.

Link, Hermann, Die Stiftung Liebenau und ihr Gründer Adolf Aich, [Liebenau] 1983.

Neher, Art. Mission. B. Innere Mission, in: WWKL 8 (^{2}1893), 1636–1645.

Neher, Stefan Jakob, Personal-Katalog der seit 1813 ordinirten und in der Seelsorge verwendeten Geistlichen des Bisthums Rottenburg, Schwäbisch-Gmünd 1894.

Olenhusen, Irmtraud Götz von (Hg.), Wunderbare Erscheinungen. Frauen und katholische Frömmigkeit im 19. und 20. Jahrhundert, Paderborn 1994.

Pfaff, Paul, Gesetzeskunde. Zusammenstellung kirchlicher und staatlicher Verordnungen für die Geistlichkeit des Bistums Rottenburg, Bd. 1, Rottenburg ^{2}1908.

Pflanz, Benedikt Alois, Freimüthige Blätter über Theologie und Christenthum, Bd. 9, Stuttgart 1835.

Reinhardt, Rudolf (Hg.), Franz Xaver Linsenmann. Sein Leben, Bd 1: Lebenserinnerungen. Mit einer Einführung in die Theologie Linsenmanns von Alfons Auer, Sigmaringen 1987.

Reinhardt, Rudolf, Art. Lipp, in: Gatz (Hg.), Bischöfe 453–455.

Reinhardt, Rudolf, Die katholisch-theologische Fakultät Tübingen im ersten Jahrhundert ihres Bestehens. Faktoren und Phasen der Entwicklung, in: Rudolf Reinhardt (Hg.), Tübinger Theologen und ihre Theologie. Quellen und Forschungen zur Geschichte der Katholisch-Theologischen Fakultät Tübingen (Contubernium 16), Tübingen 1977, 1–42.

Reinhardt, Rudolf, Restauration, Visitation, Inspiration. Die Reformbestrebungen in der Benediktinerabtei Weingarten von 1567 bis 1627 (VKGLBW B 11), Stuttgart 1960.

Richtstätter, Art. Volksmissionen, in: Ludwig Koch (Hg.), Jesuitenlexikon. Die Gesellschaft Jesu einst und jetzt, Paderborn 1934.

Rummel, Peter, Art. Richarz, in: Gatz (Hg.), Bischöfe 614–615.

Rösch, Adolf, Das religiöse Leben in Hohenzollern unter dem Einflusse des Wessenbergianismus 1800–1850. Ein Beitrag zur Geschichte der religiösen Aufklärung in Deutschland, Köln 1908.

Scharfenecker, Uwe, Stationen einer Freundschaft. Hefele und die Grafen von Rechberg-Rothenlöwen, in: Hubert Wolf (Hg.), Zwischen Wahrheit und Gehorsam. Carl Joseph von Hefele (1809–1893), Ostfildern 1994, 18–51.

Schmidlin, Josef, Papstgeschichte der neuesten Zeit, Bd. 2: Papsttum und Päpste gegenüber den modernen Strömungen. Pius IX. und Leo XIII. (1846–1903), München 1934.

[Schmitt, Johann Baptist], Landesrechtliche Stellung der katholischen Kirche in Württemberg, Bd. 2–3, Radolfzell [1919].

Schnütgen, Alexander, Das Elsaß und die Erneuerung des katholischen Lebens in Deutschland von 1814 bis 1848, Straßburg 1913.

Schurr, Viktor, Art. Volksmission, in: LThK 10 (^{2}1965), 858–860.

Schwarz, Franz J., Die katholische Kirche und der Protestantismus auf dem Gebiet der inländischen Mission, Tübingen 1851.

Schwedt, Herman H., Augustin Theiner und Pius IX., in: Erwin Gatz (Hg.), Römische Kurie. Kirchliche Finanzen. Vatikanisches Archiv. Studien zu Ehren von Hermann Hoberg, Bd. 2 (Miscellanea Historiae Pontificiae 46), Rom 1979, 825–868.

Vies, G., Die heilige Volksmission in Augsburg, gehalten durch die hochwürdigen Herren Patres Roder, Roh, Pottgeister, Alet, Zeil aus der Gesellschaft Jesu. Tagebuch, geführt und zur Erinnerung und Erbauung dem katholischen Volke mitgetheilt, Augsburg ^{2}1854.

WEISS, Otto, Religiöse Geschichte oder Kirchengeschichte? Zu neuen Ansätzen in der deutschen Kirchengeschichtsschreibung und Katholizismusforschung. Ein Forschungsbericht, in: RJKG 17 (1998), 289–312.
WEISS, Otto, Die Redemptoristen in Bayern (1790–1909). Ein Beitrag zur Geschichte des Ultramontanismus (Münchener Theologische Studien. I. Historische Abteilung 22), St. Ottilien 1983.
WESSELING, Klaus-Gunther, Art. Theiner, in: BBKL 11 (1996), 791–795.
WITTSTADT, Klaus, Art. Stahl, in: Gatz (Hg.), Bischöfe 728 f.
WOLF, Hubert, (Hg.), Zwischen Wahrheit und Gehorsam. Carl Joseph von Hefele (1809–1893), Ostfildern 1994.
WOLF, Hubert, Art. Lipp, in BBKL 5 (1993), 103–107.
WOLF, Hubert, Censuratus et Censor. Augustin Theiner und die römische Indexkongregation«, in: Peter Walter/Hermann-Josef Reudenbach (Hg.), Bücherzensur – Kurie – Katholizismus und Moderne. Festschrift für Herman H. Schwedt, Frankfurt a.M. 2000, 27–59.
WOLF, Hubert, Im Zeichen der »Donzdorfer Fakultät«. Staatskirchenregiment – »Liberale« Theologie – Katholische Opposition, in: Hohenstaufen-Helfenstein. Historisches Jahrbuch für den Kreis Göppingen 3 (1993), 96–116.
WOLF, Hubert, Württemberg als Modell für die Beilegung des Kulturkampfs?, in: RJKG 15 (1996), 65–79.
WRBA, Johannes, Art. Jeningen, in: LThK 5 (^{3}1996), 768.
ZAHN, Adolf, Die ultramontane Presse in Schwaben. Erweiterter Separat-Abdruck aus der »Allgemeinen konservativen Monatsschrift«, Leipzig 1885.
ZEISSIG, Gisela, Zurück nach Ellwangen. Die Bemühungen um eine Rückverlegung von Bischofsitz, Katholisch-Theologischer Fakultät und Priesterseminar in der ersten Hälfte des 19. Jahrhunderts, in: RJKG 3 (1984), 235–257.
ZOLL, Wolfgang, Die Rottenburger Bischofswahlen 1845 bis 1847. Zur Kirchenpolitik Metternichs (Studien zur Theologie und Geschichte 12), St. Ottilien 1994.

Für die Überlassung von Fotokopien und Bildmaterial sei folgenden Archiven sehr herzlich gedankt:

Stadtarchiv Ehingen; Stadtarchiv Ellwangen; Kreisarchiv Göppingen; Stadtarchiv Hechingen; Stadtarchiv Leutkirch; Kultur- und Archivamt Ravensburg; Stadtarchiv Ravensburg; Stadtarchiv Rottenburg; Stadtarchiv Schwäbisch-Gmünd; Amt für Kultur und Archivwesen Sigmaringen; Fürstlich Hohenzollerische Sammlungen und Hofbibliothek Sigmaringen; Kreisarchiv Ulm; Stadtarchiv Bad Waldsee; Stadtarchiv Wangen; Stadtarchiv Weingarten; Stadtarchiv Wertheim.

Anmerkungen

1   22. Oktober 1850 Felix Himpel, Ehingen, an Augustin Theiner. ASV Carte Theiner Nr. 2, fol. 317. Abgedruckt bei BURKARD, Theiner 250f.
2   1845 Priesterweihe, Studienreise nach Italien und Frankreich, 1847 Präzeptoratsverweser in Rottenburg, 1849 Gymnasialprofessor und Konviktsdirektor in Ehingen. Zu ihm: BURKARD, Himpel 718–726.
3   Zu ihm: SCHWEDT, Theiner 825–868; WESSELING, Theiner 791–795; WOLF, Censuratus 27–59.
4   1819 Priesterweihe, 1825 Professor am Gymnasium in Ehingen, 1833 Rektor, seit 1847 Bischof von Rottenburg. Zu ihm: REINHARDT, Lipp 453–455; WOLF, Lipp 103–107.
5   Zur Rolle Theiners bei der Bischofswahl von 1846/47 vgl. BURKARD, Theiner; zur Bischofswahl ZOLL, Bischofswahlen.
6   Vgl. DIETRICH, Christentum 166–170.
7   HAGEN, Geschichte Bd. 2, 196–198.
8   WEISS, Redemptoristen, insbesondere 220–233, 987–1006.
9   DIETRICH, Christentum 336–378.
10 Beilage zum »Sonntagsblatt für das christliche Volk« (künftig: SCV) 1850, Nr. 36 (25. August) 299.

11 So der Titel der grundlegenden Untersuchung von Erwin GATZ: »Rheinische Volksmissionen im 19. Jahrhundert dargestellt am Beispiel des Erzbistums Köln. Ein Beitrag zur Geschichte der Seelsorge im Zeitalter der katholischen Bewegung«.
12 ARBEITSKREIS FÜR KIRCHLICHE ZEITGESCHICHTE MÜNSTER 588–654. Auch die Ergebnisse anderer Studien decken sich weitgehend mit dem in Münster Vorgetragenen. Vgl. ALTERMATT, Katholizismus; KLÖCKER, Katholisch, insbesondere 28–30; WEISS, Religiöse Geschichte 299–304.
13 Vgl. dazu den Beitrag »Staat-Kirche« in diesem Band.
14 Die Grundlagen waren 1818 auf den sogenannten »Frankfurter Konferenzen« gelegt worden. Dazu BURKARD, Staatskirche.
15 Vgl. REINHARDT, Fakultät 1–42.
16 Etwa Johann Baptist Camerer, Philipp Moritz von Schmitz-Grollenburg, Benedikt Maria Werkmeister. Zur Bedeutung der Priesterausbildung für die Integration der neuwürttembergischen Gebiete vgl. demnächst BURKARD, Klerus.
17 Zurecht hat Otto Weiß festgestellt, daß die süddeutschen Kirchenhistoriker mehr »großdeutsch«, d.h. mentalitätsmäßig nach Österreich und nicht nach Preußen ausgerichtet seien. WEISS, Religiöse Geschichte 301.
18 So fand auch hier ein Mischehenstreit statt, aber mit zeitlicher Verzögerung, nur partiell und mit anderem Verlauf. Der naheliegenden Frage, ob gleiches nicht auch für die Milieubildung gilt (verzögert, partiell, anders) kann hier nicht näher nachgegangen werden. Zum Milieu in Württemberg demnächst auch den Beitrag von Claus ARNOLD, Katholische Milieus in Stadt und Land Oberschwabens, in: RJKG 21 (2002).
19 Ich plädiere statt dessen für einen Paradigmenwechsel. Es sollte besser von verschiedenen Katholizismen gesprochen werden. Vgl. auch meine Darlegungen in: BURKARD, Geburtsstunde 106.
20 Die Diskussion ist nicht dokumentiert. Vgl. jedoch BURKARD, Prophetin. Der Beitrag soll – um bedeutendes Archivmaterial erweitert – als eigenständige Veröffentlichung erscheinen.
21 Abgesehen davon ließen sich aus dem Sonntagsblatt weitere wesentliche Erkenntnisse über die »Organisierung« und Mobilisierung eines Milieus gewinnen sowie differenziertere Aussagen darüber machen, welche Rolle in diesem Prozeß der (Kirchenblatt-) Presse zukam und welche Rolle die – im Lande verbotenen – Orden spielten. Bei einer weiteren Auswertung – die hier jedoch nicht geleistet werden kann – ließe sich ein ganzes Geflecht unterschiedlicher Richtungen im württembergischen Klerus entdecken, ein Ineinandergreifen verschiedener Mobilisierungsaktionen und deren Fortwirken im Alltag. Außerdem müßte in einer ausgeweiteten Analyse die Eigendynamik von Milieuansätzen erforscht werden, die sich nach einem mühsam erfolgten Anschub entwickelte. Die Rolle von Feindbildern in diesem Prozeß, von rhetorischen Mitteln und ins Spiel gebrachten Topoi wäre zu untersuchen, womit freilich ein dynamisches Moment in die von Natur aus eher statische Milieuvorstellung kommt.
22 SCV 1850, Nr. 29 (7. Juli) 235. Dazu auch ein Leitartikel in der Beilage Nr. 7 zum Sonntagsblatt 1851, 61–65.
23 Alte Wallfahrtsorte gaben die am leichtesten reaktivierbaren Bühnen für Volksmissionen her, auf Ordensleute bei der Durchführung von Missionen konnte – und wollte – nicht verzichtet werden.
24 Bei diesem Interesse des Herausgebers an den Volksmissionen können wir davon ausgehen, daß das Sonntagsblatt eine (fast) lückenlose Nennung aller in der Diözese Rottenburg stattgefundenen Volksmissionen bietet.
25 Für die statistische Auswertung wurden verschiedene Kategorien berücksichtigt. Im idealtypischen Fall sind dies: Datum (für die Häufigkeit), Ort (für die regionale Auswertung), Träger der Volksmissionen (Orden, Namen), Dauer im einzelnen, Teilnehmerzahl/Erfolg und Sonstiges.
26 1845 Priesterweihe, 1846 Repetent in Tübingen, philosophische Vorlesungen, Dr. phil., seit April 1848 erster Redakteur des Deutschen Volksblattes in Stuttgart, Gründer des Katholischen Sonntagsblattes und des Katholischen Hauskalenders, 1857 Eintritt in den Jesuitenorden, lebte meist in Gorheim, Maria-Laach, Ditton-Hall und Feldkirch und war vorwiegend literarisch tätig. Zu ihm: NEHER, Personal-Katalog 100 f.
27 1849 Priesterweihe, Vikar in Böhmenkirch und Pfarrverweser in Gosbach, Dezember 1856 zweiter Redakteur des Deutschen Volksblattes, von Juli 1857 bis Januar 1875 Besitzer, Verleger und Redakteur des Deutschen Volksblattes, des Katholischen Sonntagsblattes und des Kirchenblattes

für die Diözese Rottenburg, seit 1876 Seelsorger in Kirchheim, später in Böblingen, November 1879 Stadtpfarrverweser in Ludwigsburg und Schulinspektor für Stuttgart. Zu ihm: NEHER, Personal-Katalog 118 f.
28 Vgl. dazu den Beitrag von Jörg SEILER, Typisch katholisch in diesem Band.
29 In der Überlieferung des Stuttgarter Katholischen Kirchenrats (Staatsarchiv Ludwigsburg) hat sich umfängliches Aktenmaterial erhalten. Außerdem ist die bischöfliche Überlieferung hinzuzuziehen.
30 Zum folgenden insbesondere GATZ, Rheinische Volksmission 15–70; GATZ, Pfarrei 85 f.; aber auch die z.T. älteren Beiträge von HINSCHIUS, System 486–490; RICHTSTÄTTER, NEHER, JATSCH und KASSIEPE.
31 Vgl. KASSIEPE, Volksmissionen 679.
32 Zunächst Jurist, verließ nach der Verhaftung des Kölner Erzbischofs Droste-Vischering 1838 den Staatsdienst und studierte Theologie, 1844 Priesterweihe, 1846 Pfarrer in Hopsen, 1848 Abgeordneter der Frankfurter Nationalversammlung, 1850 anstelle des gewählten Prof. Leopold Schmidt vom Papst zum Bischof von Mainz bestellt, wurde bekannt durch seine Stellungnahmen zur Arbeiterfrage. Zu ihm: GATZ, Ketteler 1413 f.
33 Allzu glättend stellte Wilhelm Burger 1927 für Baden fest: »Aber gerade die Notwendigkeit, Volk und Militär nach der Revolution wieder zu beruhigen, ermöglichte dem Erzbischof, mit voller Zustimmung der Regierung, zum ersten Mal wieder das große religiöse Volkserneuerungsmittel der Missionen, und zwar Jesuitenmissionen, einzusetzen. Diese Missionen begannen Ende 1849. Die Jesuiten richteten sich 1850 bei Freiburg ein Haus ein«. BURGER, Erzbistum 39 f.
34 Schriftsteller und Literaturhistoriker in Stuttgart, 1831 und 1848 württembergischer Landtagsabgeordneter, vollzog in seiner Einstellung den Wandel von einer gemäßigt liberalen zu einer stark reaktionären Position. Zu ihm: DBE 7 (1998), 67.
35 Zit. nach NEHER, Mission 1640. Vgl. auch [SCHMITT], Landesrechtliche Stellung III, 60.
36 Es kann an dieser Stelle nicht im einzelnen darauf eingegangen werden. Vorläufig DIETRICH, Christentum 368–378.
37 Vgl. VOGT, Sammlung 374 f. Zu den späteren Missionen vgl. PFAFF, Gesetzeskunde 283 f.
38 Diese Vorschrift galt, ergänzt durch weitere, bis ins 20. Jahrhundert. Vgl. PFAFF, Gesetzeskunde 283 f.
39 Das Sonntagsblatt hatte vor allem wegen der nahen hohenzollerischen Gebiete großes Interesse an den Vorgängen in Preußen. Hier hatte das Blatt nicht nur einen breiten Leserkreis. In Gorheim saßen die Jesuiten, von denen die Missionen im Württembergischen lebten.
40 SCV 1852, Nr. 35 (29. August) 281.
41 SCV 1852, Nr. 36 (5. September) 290–292.
42 SCV 1852, Nr. 47 (21. November) 391 f.
43 SCV 1852, Nr. 48 (28. November) 399.
44 Vgl. auch [SCHMITT], Landesrechtliche Stellung III, 80.
45 SCV 1852, Nr. 49 (5. Dezember) 409 f.
46 SCV 1852, Nr. 52 (26. Dezember) 436.
47 SCV 1853, Nr. 9 (27. Februar) 78. Vgl. auch SCHMIDLIN, Papstgeschichte 164 f.
48 SCV 1850, Nr. 26 (16. Juni) 217.
49 Es darf deshalb vermutet werden, daß der angebliche Brief aus der Redaktion selbst stammte.
50 Zur Frage nach der Existenz eines Kulturkampfs in Württemberg vgl. die Untersuchungen von WOLF, Württemberg 65–79 und BURKARD, Kulturkampf 81–98.
51 SCV 1850, Nr. 27 (23. Juni) 224–225.
52 [SCHMITT], Landesrechtliche Stellung II, 20 macht zu Unrecht die Ellwanger Mission zur ersten in Württemberg. Zur Wurzacher Mission vgl. auch den Bericht der Pfarrchronik in KS 1947, Nr. 45 (9. November) 269.
53 SCV 1850, Nr. 30 (14. Juli) 249–50.
54 SCV 1850, Nr. 31 (21. Juli) 254.
55 Dazu KIRCHER, Adel 68–72, 145–149. Ein Beispiel dafür, wie wenig Unterstützung sich oppositionelle Geistliche um 1840 vom Bischöflichen Ordinariat erwarten konnten ebd. 65.
56 Vgl. Ebd.; BURKARD, Zeichen 151–186.
57 Zu ihm vgl. KS 1948, Nr. 32 (8. August) 135.

58 SCV 1850, Nr. 31 (21. Juli) 254.
59 SCV 1850, Nr. 32 (28. Juli) 263.
60 SCV 1855, Nr. 40 (7. Oktober) 376; SCV 1855, Nr. 41 (14. Oktober) 384.
61 Bei der Mission in Wangen habe – so das Sonntagsblatt – »die tägliche Anwesenheit des oberschwäbischen Adels« guten Eindruck gemacht. SCV 1852, Nr. 20 (16. Mai) 159.
62 SCV 1854, Nr. 28 (7. Juli) 309. Die fürstlich Salmsche Familie auf Schloß Herrschberg ließ Erzbischof Vicari zu Ehren »unter Böllerschüssen ein Feuerwerk« abbrennen. SCV 1855, Nr. 37 (16. September) 350 f.
63 1789 Kanoniker des Stiftskapitels St. Johann in Konstanz, 1790 Philosophiestudium in Augsburg (zusammen mit Wessenberg), 1791 Jurastudium in Wien, 1797 Dr. utr. iur. und Priesterweihe, 1802 Apostolischer Protonotar, 1816 Offizial Dalbergs in Konstanz, 1827 Domkapitular und Generalvikar in Freiburg, 1830 Domdekan, 1832 Weihbischof, 1842/43 Erzbischof. Zunächst von der Aufklärung geprägt, machte Vicari in Freiburg eine Wende durch. Seit 1844 unter dem Einfluß von Hofkaplan Adolf Strehle, seit 1854 maßgeblich von Heinrich Maas geführt. Vicari konnte bereits vor 1848 die Zulassung von Ordensschwestern in Baden durchsetzen und Priesterexerzitien abhalten. Volksmissionen waren staatlicherseits in Baden erst ab 1848 erlaubt, wurden aber von der jeweiligen Genehmigung der Regierung abhängig gemacht. Zwischen 1848 und 1854 sowie gegen Ende seines Lebens ging Vicari in die kirchenpolitische Offensive. Vgl. dazu den Beitrag »Staat-Kirche« in diesem Band. Zu Vicari: BRAUN, Vicari.
64 Studium in Aschaffenburg und nach der Diakonatsweihe am Collegium Germanicum (Rom), wo ihm Georg Benkert einen Platz vermittelt hatte. 1830 Priesterweihe, danach Kaplan in Aschaffenburg, 1834 Prof. für Dogmatik an der Universität Würzburg, 1838 Subregens am Klerikalseminar, 1839 Domkapitular, 1840 mit Fürsprache Kardinal Reisachs Bischof von Würzburg. Stahl war von »einer übertriebenen Sorge für die Orthodoxie« bestimmt und setzte sich nachdrücklich für traditionelle Frömmigkeitsformen ein. Zu ihm: WITTSTADT, Stahl 728 f. Wegen der Berufung von Jesuiten für Volksmissionen von der bayerischen Regierung zur Rechenschaft gezogen. Vgl. WEISS, Redemptoristen 292.
65 SCV 1851, Nr. 9 (2. März) 91.
66 Ebd.
67 SCV 1851, Nr. 19 (11. Mai) 178 f.
68 SCV 1852, Nr. 20 (16. Mai) 159.
69 SCV 1853, Nr. 29 (17. Juni) 243.
70 SCV 1855, Nr. 35 (2. September) 334; Nr. 36 (9. September 1855) 342–344. Vicari stammte gebürtig aus Aulendorf. Zu ihm: BRAUN, Vicari.
71 SCV 1850, Nr. 30 (14. Juli) 250.
72 ZEISSIG, Ellwangen 235–257.
73 1805 Priesterweihe, 1806 Kaplan in Meersburg, 1810 Präzeptoratskaplan in Biberach, 1815 Pfarrer in Nendingen, 1827 in Thannhausen, 1833 Dekan und Stadtpfarrer in Ellwangen. Zu ihm: NEHER, Personal-Katalog 1878, 436.
74 SCV 1850, Nr. 33 (4. August) 273 f.
75 SCV 1850, Nr. 42 (6. Oktober) 355.
76 Dazu WOLF, Im Zeichen der »Donzdorfer Fakultät« 96–116; SCHARFENECKER, Stationen 34–37; BURKARD, Zeichen 151–186.
77 1842 Priesterweihe, 1849 Pfarrer in Kleinsüßen, 1854 Eintritt in den Jesuitenorden. In Kleinsüßen einer der Initiatoren des Bruderschaftswesens. Zu ihm: NEHER, Personal-Katalog 86; BURKARD, Zeichen 159–162.
78 SCV 1850, Nr. 42 (6. Oktober) 355.
79 SCV 1851, Nr. 4 (26. Januar) 31.
80 Chronik der Pfarrei Donzdorf I, 51 f.
81 SCV 1850, Nr. 44 (20. Oktober) 369 f. Diese Information dürfte Rieß von Andreas Mauch (1817–1886), dem früheren Pfarrer von Süßen, erhalten haben. Dieser stand seit seiner Priesterweihe in Konflikt mit der Staatsbehörde, dem Königlich Katholischen Kirchenrat. Immer wieder wurde Mauch verklagt: er störe den konfessionellen Frieden, halte sich nicht an die Gottesdienstordnung, kämpfe gegen die Muttersprache in der Liturgie, verbiete den deutschen Kirchengesang,

kurzum: »ein Eiferer für das, was er katholisch heiße«. Inzwischen war Mauch Regens des Limburger Priesterseminars geworden. Zu ihm: NEHER, Personal-Katalog 75 f.; August HAGEN, Andreas Mauch (1817–1886), in: DERS., Gestalten 150–188; BURKARD, Zeichen 158 f. u.ö.

82 SCV 1851, Nr. 14 (6. April) 139. Beide Schreiben, ein Breve vom 30. Mai 1843 und ein Breve vom 1. März 1850, wurden deutsch abgedruckt in SCV 1851, Nr. 17 (27. April) 160–162.
83 SCV 1851, Nr. 17 (27. April) 163 f. Danach das folgende.
84 SCV 1852, Nr. 51 (19. Dezember) 428.
85 SCV 1853, Nr. 2 (9. Januar) 13.
86 SCV 1851, Nr. 27 (6. Juli) 244.
87 SCV 1852, Nr. 44 (31. Oktober) 354.
88 SCV 1852, Nr. 43 (24. Oktober) 347.
89 SCV 1852, Nr. 46 (14. November) 380–382. Ein weiterer Brief vom Heuberg aus dem Jahr 1852 bat das Sonntagsblatt um Ideen bei der Organisation von Jugendbünden: »Uns Neulingen in derlei Sachen wäre es erwünscht, wenn wir aus der Mitte länger bestehender Jugendbündnisse briefliche Mittheilungen nicht blos zur Unterhaltung, sondern zur Belehrung erhalten könnten. Zur Förderung gegenseitiger brieflicher Mitteilungen wäre es gewiß zweckmäßig, wenn Ihr geschätztes Blatt die Ortsnamen, wo solche Bündnisse bestehen, veröffentlichen würde. Sie sind ein schlauer Vogel, Herr Redakteur! der da schon weiß, wie man so etwas erfahren kann; Sie könnten etwas gewiß in dieser Sache thun! Wären die Orte der Bündnisse bekannt, fürs Weitere würden die Bündnisse schon sorgen, vielleicht Ihnen bisweilen was zum Abdrucken schicken, wenn Sie es wünschen«. SCV 1852, Nr. 46 (14. November) 381. Rieß antwortete: »Zu viel der Ehre! Aber in Ellwangen sitzen Leute, denen man nur winken darf. Hoffentlich wird das Verzeichnis bald bei Handen sein«.
90 SCV 1853, Nr. 12 (20. März) 109.
91 SCV 1853, Nr. 16 (17. April) 133.
92 SCV 1855, Nr. 10 (11. März) 104.
93 Bulle *Ineffabilis Deus* (8. Dezember 1854). DH 2800–2804.
94 So wurde aus dem badischen Sipplingen bei Überlingen berichtet: »Übrigens ist die Mission, die durch 3 Wochen hier abgehalten wurde, keineswegs erfolglos gewesen. Die Beichtstühle sind jetzt doch kein völlig unnützes Mobiliar der Kirchen mehr, und das Gebetbuch der Ahnen wurde auch wieder vom Staube befreit; aber der Rosenkranz konnte sich die gebührende Geltung noch nicht verschaffen«. SCV 1855, Nr. 49 (9. Dezember) 455.
95 Auch die Missionserneuerungen waren »kleine Missionen«. Die Terminologie verschwimmt in der Berichterstattung.
96 SCV 1853, Nr. 29 (17. Juni) 243.
97 SCV 1857, Nr. 15 (12. April) 134 f.
98 SCV 1854, Nr. 44 (22. Oktober) 444.
99 So in etwa im hohenzollerischen Inneringen. SCV 1855, Nr. 52 (30. Dezember) 483.
100 Die Basisdaten beziehen sich auf das Jahr 1864 und sind entnommen: CATALOG 1864. Die Siglen m/w stehen für männlich/weiblich. Nicht aufgenommen wurden Orte, die damals keinen Pfarrsitz hatten.
101 Über die Mission in Walldürn hieß es: »Geistliche aus unserer Diöcese, aus den Diöcesen Würzburg und Rottenburg hatten sich sehr zahlreich eingefunden und waren nicht nur in ihren Erwartungen befriedigt, sondern sprachen das rühmlichste Urtheil über das Wirken dieser edlen Männer aus«. SCV 1850, Nr. 29 (7. Juli) 236. Daß bei der Wahl der grenznahen Missionsorte strategische Überlegungen eine Rolle spielten, darf angenommen werden. Das Sonntagsblatt berichtete jedenfalls ausführlichst über die Missionen im badischen Walldürn und hohenzollerischen Haigerloch. Anfang Juli 1850 bezeichnete ein vier Seiten langer Bericht die Walldürner Volksmission als »eine der wichtigsten und bedeutungsvollsten«. SCV 1850, Nr. 29 (7. Juli) 235–238.
102 Vgl. SCHNÜTGEN, Elsaß 131–155; OLENHUSEN, Erscheinungen 134–138.
103 1836 Prof. für Staatsrecht, 1844 für Kirchenrecht, Mitglied des Badischen Landtags, 1848/49 in der Frankfurter Nationalversammlung, 1848 populärster Repräsentant der Generalversammlung der Piusvereine, Publizist. Zu ihm: HÜRTEN, Buß 820.
104 Franz Joseph von BUSS, Die Volksmission, ein Bedürfniß unserer Zeit, Schaffhausen 1850.
105 SCV 1851, Nr. 21 (25. Mai) 194 f.

106 So berichtete das Sonntagsblatt beispielsweise: »Allem war, insbesondere auch von den HH. Baronen von Ulm, aufgeboten, um dem großen Feste seinen würdigen äußeren Ausdruck zu verschaffen«. SCV 1854, Nr. 28 (7. Juli) 309.
107 So in Stetten bei Haigerloch. Die Berichterstattung fand jedoch auch in diesem Fall eine gute Interpretation: »Diese Mission bot insofern ein eigentümliches Interesse dar, als sie das getreue Bild der geistigen Erneuerung einer armen, kleinen, nur mit einem nothdürftigen Kirchlein versehenen, aber arbeitsamen und von einem eifrigen Seelsorger geleiteten Gemeinde darstellte. Es fehlte daher das Geräusch und Gewühl von oft mehr neugierigen als andächtigen Zuhörern, welches bei den großen Missionen nur störend zu wirken pflegt«. Derartig kritischen Worten über große Volksaufläufe steht jedoch das Bedauern gegenüber, ähnliches nicht zustande gebracht zu haben: »Das Vorhaben der Jungfrauenbündnisse aller Orte aus der Umgebung von Haigerloch, am Kirchweihmontage der Mission durch eine Wallfahrt nach der schön gelegenen Kapelle Loretto bei Binsdorf eine würdige Nachfeier zu geben, wurde durch die eintretende ungünstige Witterung vereitelt«. SCV 1854, Nr. 44 (22. Oktober) 444 f.
108 Zugrunde gelegt wird hier im wesentlichen der Bericht aus dem fränkischen Walldürn. SCV 1850, Nr. 29 (7. Juli) 235–238.
109 Walldürn: 8 Uhr, 14 Uhr, 18.30 Uhr; Wurzach: 8 Uhr, 14 Uhr, 19 Uhr bzw. 18.30 Uhr.
110 Variation in Ellwangen: 5 Uhr Hl. Messe, anschließend erste Predigt, dann feierliches Hochamt und Nebenmessen durch die fremden Geistlichen, 13 Uhr zweite Predigt, Erklärung und Beten des freudenreichen Rosenkranzes, 16 Uhr dritte Predigt, Anbetung des Allerheiligsten und sakramentaler Segen.
111 So etwa in Gammertingen, vgl. SCV 1854, Nr. 16 (16. April) 168.
112 Die Arbeit der Missionare war mitunter anstrengend und wurde in den Berichten des Sonntagsblattes als »Opfer« angesehen. Tatsächlich zeigten sich hin und wieder »Ausfallserscheinungen«: So mußte in Weingarten Smedding aus Überanstrengung das Predigen aufgeben und konnte nur noch die katechetischen Frühbetrachtungen halten. Um so größere Bewunderung schlug seinen Mitbrüdern entgegen, die »der fast übermenschlichen Anstrengung in dieser sehr großen Kirche, in welcher jeder Ton fast wie durch Wirbelwind sich durch die zweite Kuppel hinauf verflüchtiget«, nicht unterlagen. SCV 1851, Nr. 9 (2. März) 91.
113 »Doch konnte wohl kein Zehntel Derjenigen beichten, die ein Verlangen trugen, dieses hl. Sakrament zu empfangen, da die meisten Beichtenden Generalbeichten ablegten, welche immer eine geraume Zeit in Anspruch nahmen. Übrigens konnten sich die zum Beichten nicht Ankommenden damit trösten, daß der Missionsablaß, der jenen zu Theil wird, welche 4 Predigten angehört, 5 V[aterunser] nebst Glauben gebetet und gebeichtet und communicirt haben, auch gewonnen werden kann, wenn man zu Hause oder an einem beliebigen andern Ort beichtet und communicirt, falls dies nur innerhalb vier Wochen nach der Missionszeit geschieht«. SCV 1850, Nr. 31 (21. Juli) 255.
114 »Jedem Einzelnen wird eine Zeit von 1–2 Stunden gewidmet, um mit ihm das Gewissen zu erforschen, ihm die Schändlichkeit, Schädlichkeit der Sünde vorzustellen, ihn über seine Standespflichten zu belehren, und ihm die Mittel zur Beharrlichkeit im Guten an die Hand zu geben. Vor diesem Gerichte gilt kein Ansehen der Person, dem geringen Bäuerlein mit abgetragenem Kittel wird dieselbe Aufmerksamkeit geschenkt, wie dem Herrn im feinen Tuchrock. Keines nimmt auch für sich einen Vorzug in Anspruch. Ob Hoch oder Nieder, wenn man beichten will, muß man morgens früh 5 Uhr in die Kirche gehen und warten, bis man an die Reihe kommt. Da kniet dann auf dem schmalen Fußschemel die Frau mit dem Schleier nieder neben dem alten zerlumpten Mütterchen; und man muß sich wundern, wie zart aussehende Personen 1–2 Stunden in der unbequemsten Stellung in dem Noth-Beichtstuhl knieend aushalten können«. SCV, Nr. 28 (30. Juni) 233 f.
115 SCV 1850, Nr. 42 (6. Oktober) 355.
116 SCV 1851, Nr. 9 (2. März) 91.
117 SCV 1850, Nr. 29 (7. Juli) 237.
118 Vgl. den Bericht Beilage zum SCV 1850, Nr. 36 (25. August) 300 ff.
119 »All jene Vorträge, die in Haigerloch gehalten wurden, kamen auch in W[urzach] vor; doch noch einige weitere schlossen sich an sie an, da die Mission in W. um einen Tag länger dauerte und auch in der zweiten Woche jeden Tag drei Vorträge gehalten wurden«. Neu waren hier jedoch folgende Themen: Über die Vermeidung der bösen Gelegenheit. Über die Genugtuung. Über das Vaterun-

ser. Über die Feier des Sonntags. Über die Gegenwart Gottes. Über die Nachfolge Christi. Über das Herz Jesu. Einige Vorträge von Haigerloch wurden in zwei Predigten abgehandelt: Die Gewissenserforschung. Der Glaube. Die katholische Kirche. Der Ablaß. Neben den Predigten über die Standespflichten eine weitere Predigt über: Die gegenseitigen Pflichten der Dienstherrschaft und Dienstboten. SCV 1850, Nr. 31 (21. Juli) 255 f.
120 Hier wurden nochmals die schon früher (beim Taufgelübde und anderen Gelegenheiten) erwähnten Bündnisse empfohlen. SCV 1850, Nr. 32 (28. Juli) 262 f.
121 SCV 1850, Nr. 31 (21. Juli) 264.
122 SCV 1851, Nr. 21 (25. Mai) 195.
123 SCV 1851, Nr. 21 (25. Mai) 195.
124 SCV 1854, Nr. 14 (2. April) 146.
125 SCV 1850, Nr. 29 (7. Juli) 236.
126 SCV 1850, Nr. 29 (7. Juli) 236.
127 SCV 1850, Nr. 30 (14. Juli) 249.
128 SCV 1854, Nr. 26 (25. Juni) 275.
129 SCV 1850, Nr. 31 (21. Juli) 264. Rieß ging in einem eigenen Beitrag (»Wiederum die Missionen«) ausführlich auf die Predigttätigkeit der Missionare ein: »Was predigen denn diese Missionäre? Wie sind denn ihre Vorträge beschaffen, daß sie solch erschütternde Eindrücke hervorrufen? Sie predigen nichts anders, als was man alle Sonn- und Feiertage auf den katholischen Kanzeln hört. Sie sprechen über Tod, Gericht, Himmel, Hölle, Buße und legen die Pflichten der Kinder, der Eltern, der Dienstboten, der Jünglinge und Jungfrauen aus. [...] Alles ist auf das Gefühl und den gesunden Menschenverstand berechnet; man kann alles ohne anstrengendes Nachdenken, woran das Volk nicht gewöhnt ist, erfassen. Alles kann man gleichsam mit Augen sehen und mit Händen greifen. Die Menschen, die niedern und auch die höhern Stände werden nach der guten und bösen Seite bis ins Kleinste nach der Wirklichkeit geschildert. Diese Schilderungen gewähren ein eigenthümliches Vergnügen, wie der Anblick eines lebhaften Gemäldes. Einen besonderen Reiz erhalten die Predigten auch noch durch eingestreute passende Gleichnisse und Erzählungen. Diese Predigtweise sagt namentlich dem Volke sehr zu, aber auch die Gebildeten fühlen sich angesprochen«. SCV, Nr. 28 (30. Juni) 233.
130 SCV 1850, Nr. 30 (14. Juli) 249.
131 SCV 1854, Nr. 49 (26. November) 490.
132 SCV 1851, Nr. 9 (2. März) 91.
133 SCV 1853, Nr. 28 (10. Juli) 233.
134 SCV 1850, Nr. 29 (7. Juli) 236–237.
135 Beilage zum SCV 1850, Nr. 36 (25. August) 304.
136 SCV 1850, Nr. 30 (14. Juli) 250.
137 SCV 1850, Nr. 31 (21. Juli) 265.
138 »Dazu machen die Vokal-Hochämter nach dem neuen veredelten Choral, wobei bald ein- bald vierstimmige Parthien vorgetragen werden, einen tiefen und ernsten Eindruck und werden hoffentlich in unserer Gegend, wo noch kurz vorher die theatralischen Bühlermessen den Kirchengeschmack verdarben und meistens geschmacklose musikalische Tändeleien einführten, bleibend auftreten«. SCV 1853, Nr. 18 (1. Mai) 148.
139 Vgl. etwa SCV 1850, Nr. 31 (21. Juli) 263.
140 SCV 1850, Nr. 31 (21. Juli) 265.
141 Beilage zum SCV 1850, Nr. 36 (25. August) 303.
142 SCV 1850, Nr. 31 (21. Juli) 266.
143 SCV 1853, Nr. 28 (10. Juli) 233.
144 SCV 1850, Nr. 29 (7. Juli) 236.
145 SCV 1854, Nr. 17 (23. April) 174.
146 SCV 1850, Nr. 31 (21. Juli) 263.
147 SCV 1850, Nr. 30 (14. Juli) 249.
148 SCV 1855, Nr. 23 (10. Juni) 217.
149 SCV 1850, Nr. 31 (21. Juli) 264
150 SCV 1850, Nr. 31 (21. Juli) 264
151 SCV 1850, Nr. 31 (21. Juli) 253.

152 SCV 1850, Nr. 31 (21. Juli) 264
153 SCV 1852, Nr. 46 (14. November) 381.
154 SCV 1850, Nr. 33 (4. August) 272 f.
155 Der Gaildorfer Fabrikant Gottlieb Rau hatte im September 1848 einen Aufstand organisiert. Die Idee war, die Bevölkerung des Landes, von Tuttlingen und Schramberg angefangen, zusammenzutrommeln und nach Stuttgart marschieren zu lassen, um dem König und der Regierung den Volkswillen kundzugeben. Rottweil war als Sammelplatz der Bewegung ausersehen. Der Zug (als »Zwetschgenfeldzug« verspottet) endete bereits bei Balingen und löste sich von selbst auf. Rau wurde später gefaßt und 1851 in Rottweil vor ein Schwurgericht gestellt. Vgl. die Schilderungen des späteren Rottenburger Bischofs Franz Xaver Linsenmann: REINHARDT, Linsenmann 59–61; Dietrich, CHRISTENTUM 61–86.
156 SCV 1851, Nr. 17 (27. April) 163.
157 Laut HUG, Katholiken 307 »wetterten« die Volksmissionare gegen »Wühler« und »Empörer«.
158 SCV 1855, Nr. 13 (1. April) 127.
159 Vgl. Dazu BURKARD, Wie Feuer und Wasser? 144–167. Dazu paßt die Beobachtung Eduard Kaisers aus der Umgebung von Lörrach (Baden), »daß diejenigen katholischen Gemeinden, die besonders zu der zweiten Struveschen Revolution im September 1848 das größte und rabiateste Kontingent lieferten, zwei Jahre später sich am auffallendsten der Jesuitenmission zuwandten«. Zit. nach HUG, Katholiken 307.
160 Von Dr. Marriott, Basel im Oktober 1850.
161 SCV 1852, Nr. 12 (21. März) 93–94; Nr. 13 (29. März) 101–104.
162 SCV 1851, Nr. 10 (9. März) 104.
163 SCV 1852, Nr. 46 (14. November) 381.
164 SCV 1855, Nr. 52 (30. Dezember) 483. Vgl. auch JATSCH, Volksmission 2630. Das Kreuz war auch das wichtigste Bildmotiv auf Missionsbildern, die zum Andenken gedruckt wurden. Vgl. KOTZUR, Missionsbildchen.
165 SCV 1850, Nr. 29 (7. Juli) 238.
166 SCV 1852, Nr. 44 (31. Oktober) 355.
167 SCV 1851, Nr. 17 (27. April) 164.
168 SCV 1850, Nr. 37 (1. September) 312. Ähnliches wurde aus Mengen berichtet, vgl. SCV 1854, Nr. 49 (26. November) 490. Auch hatte man hier bereits Zeichnungen für einen anzuschaffenden Kreuzweg entworfen.
169 SCV 1854, Nr. 17 (23. April) 175.
170 SCV 1855, Nr. 24 (17. Juni) 224.
171 SCV 1850, Nr. 38 (8. September) 325.
172 SCV 1857, Nr. 40 (4. Oktober) 339–340.
173 SCV 1857, Nr. 32 (9. August) 275–276.
174 Der Regens des Rottenburger Priesterseminars, Joseph Mast, hielt die Festpredigt. Die Stationenbilder hatte Kaltenmark in Rottenburg nach Kompositionen von Führich gefertigt. SCV 1857, Nr. 45 (18. November) 387 f.
175 SCV 1854, Nr. 22 (28. Mai) 229 f.
176 SCV 1850, Nr. 34 (11. August) 277–279.
177 SCV 1850, Nr. 37 (1. September) 312 f.
178 SCV 1850, Nr. 38 (8. September) 326.
179 Diese wurden bei Benziger in Einsiedeln gedruckt und von Buchbinder Simon in Wurzach vertrieben. Vgl. SCV 1850, Nr. 38 (8. September) 325.
180 SCV 1850, Nr. 32 (28. Juli) 263.
181 Vgl. etwa SCV 1851, Nr. 4 (26. Januar) 31.
182 Dies legt ein Bericht nahe, der davon spricht, P. Gemminger, einer der Missionare in Donzdorf, sei »Stifter« dieser Bündnisse gewesen. Vgl. SCV 1851, Nr. 4 (26. Januar) 31. An anderer Stelle wurde einer der Missionare auf dem Heuberg mit den Worten zitiert: »Jünglinge, Jungfrauen, tretet in den Bund! Thut ihr dieses, dann können wir froh von euch scheiden, denn wir wissen, daß wir nicht umsonst geprägt haben«. SCV 1853, Nr. 3 (16. Januar) 24.
183 So in Gammertingen, vgl. SCV 1854, Nr. 16 (16. April) 168.

184 So zum Beispiel in Winzingen, initiiert von P. Anna und P. Smeddink im Januar 1855. Vgl. SCV 1855, Nr. 9 (4. März) 93.
185 SCV 1857, Nr. 39 (27. September) 331.
186 SCV 1850, Nr. 43 (13. Oktober) 364–365.
187 Breve Gregors XVI. vom 30. Mai 1843 für die Schweiz, Breve Pius' IX. vom 1. März 1850 für Deutschland, Italien und Frankreich. Abgedruckt in SCV 1851, Nr. 17 (27. April) 160–162.
188 Ebd.
189 SCV 1853, Nr. 3 (16. Januar) 25. Damit begann wieder die Auflösung des Pfarrprinzips in der Seelsorge. Die katholische Aufklärung war heftig gegen das Übel des »Auslaufens« vorgegangen, um die Seelsorge wieder auf die Pfarrei und den Pfarrer als ordentlichen Hirten seiner Gemeinde auszurichten. Missionen, Wallfahrten, Bruderschaften und an unterschiedlichen Tagen gefeierte Lokalfeste galten deshalb als ungeordnete Formen von Frömmigkeit. Vgl. dazu auch GATZ, Pfarrei 85.
190 SCV 1850, Nr. 32 (28. Juli) 263.
191 SCV 1850, Nr. 43 (13. Oktober) 364 f.; SCV 1851, Nr. 20 (18. Mai) 183–186.
192 SCV 1851, Nr. 21 (25. Mai) 193 f.
193 Ebd. 194.
194 SCV 1851, Nr. 23 (8. Juni) 210 f. Danach das folgende.
195 SCV 1852, Nr. 41 (10. Oktober) 330.
196 SCV 1855, Nr. 9 (4. März) 95.
197 SCV 1853, Nr. 35 (28. August) 289.
198 SCV 1853, Nr. 40 (2. Oktober) 328.
199 »Etwas Neues war hiebei ein anfänglicher Versuch mit Bewegungsspielen, welche den Tanz zu ersetzen vollkommen geeignet sind; sie erregten Freude und Heiterkeit«. SCV 1855, Nr. 41 (14. Oktober) 383.
200 SCV 1855, Nr. 9 (4. März) 95 f.
201 SCV 1855, Nr. 15 (15. April) 147.
202 SCV 1855, Nr. 9 (4. März) 94.
203 Vgl. auch SCV 1852, Nr. 9 (29. Februar) 70; 1855, Nr. 41 (14. Oktober) 383 f.
204 SCV 1855, Nr. 38 (23. September) 359. Initiator war Pfarrer Johannes Jäggle in Beuren (Dekanat Wangen) gewesen, besorgt hatte die Liedsammlung Pfarrverweser Thorwart von Ebersbach. Über 1000 Exemplare wurden verkauft, so daß Jäggle 1857 für eine neue Auflage Werbung machen konnte. SCV 1857, Nr. 4 (15. Januar) 31. Eine weitere Werbung für »Liedersammlungen für Jünglinge und Jungfrauen«, herausgegeben von Pustet in Regensburg, in SCV 1860, Nr. 43 (21. Oktober) 347.
205 »Der Geistliche verkündet nämlich von Zeit zu Zeit des Sonntags, daß in der künftigen Woche die Kirche wieder gereinigt werden sollte, und auf diese einfache Aufforderung hin eilt Jung und Alt (denn die Frauen wollen die Ehre den Mädchen nicht allein lassen) mit den nöthigen Geräthen, nämlich Kübel, Besen etc. und in wenigen Stunden steht das Kirchlein blank gescheuert da. […] Wäre dasselbe nicht auch in anderen Dorfkirchen nachzuahmen? und würden dadurch nicht manche Kirchen und Kapellen ein anderes Aussehen erhalten, die jetzt, trauriger Weise eher an einen Stall, als an ihre eigentliche Bestimmung erinnern? Soll denn Christus auch noch im Stalle beherbergt werden, nachdem Ihn die Menschen als Sohn Gottes und Heiland erkannt haben?« SCV 1852, Nr. 49 (5. Dezember) 409.
206 »Die Kränze und andere Schmucksachen werden an Sonntagen Abends meist unter Absingen von Marienliedern gefertigt, gewiß ein nachahmungswerthes Mittel, den Tag des Herrn gut zu beschließen«. SCV 1852, Nr. 51 (19. Dezember) 428.
207 Vgl. SCV 1854, Nr. 54 (31. Dezember) 540.
208 SCV 1857, Nr. 15 (12. April) 134 f.
209 SCV 1856, Nr. 38 (21. September) 348.
210 SCV 1853, Nr. 8 (20. Februar) 70.
211 SCV 1853, Nr. 8 (20. Februar) 70.
212 SCV 1853, Nr. 9 (27. Februar) 77.
213 SCV 1853, Nr. 9 (27. Februar) 77.
214 SCV 1853, Nr. 10 (6. März) 86.
215 SCV 1855, Nr. 19 (13. Mai 1855) 186.

216 Der Konstanzer Generalvikar Ignaz Heinrich von Wessenberg (1774–1860) hatte das Bruderschaftswesen zwar nicht völlig abgelehnt, dasselbe jedoch in eine kontrollierte, überschaubare und sinnvolle Form zu überführen versucht. Er faßte alle Bruderschaften in einer »Bruderschaft von der Liebe Gottes und des Nächsten« zusammen, die er von Schlacken geläutert wissen wollte. Möglichst alle Angehörigen der Pfarrei sollten Mitglieder der Bruderschaft sein und anläßlich ihrer Erstkommunion aufgenommen werden. Das Bruderschaftsopfer wurde für »die gründliche Ausbildung und die bessere Besoldung der Lehrer und Hebammen, für die Unterstützung armer Kinder, Kranker und Fremder ohne Unterschied der Religion« bestimmt. Die Prozessionen an den Bruderschaftsfesten wurden abgeschafft, die Teilnahme an fremden Bruderschaftsfesten verboten. Erlaß vom 10. Januar 1809. Vgl. HAGEN, Geschichte I, 23 f.
217 SCV 1855, Nr. 41 (14. Oktober) 383.
218 SCV 1853, Nr. 5 (30. Januar) 39–41.
219 SCV 1853, Nr. 9 (27. Februar) 78.
220 SCV 1853, Nr. 14 (3. April) 120.
221 SCV 1853, Nr. 29 (17. Juni) 243.
222 SCV 1853, Nr. 35 (28. August) 289.
223 SCV 1854, Nr. 40 (24. September) 410.
224 SCV 1855, Nr. 9 (4. März) 96.
225 SCV 1851, Nr. 4 (26. Januar) 31 f.
226 SCV 1851, Nr. 25 (22. Juni) 228.
227 SCV 1854, Nr. 28 (7. Juli) 309. »Bekanntschaften« wurden als *die* »Pest der Zeit« empfunden. Vgl. SCV 1855, Nr. 40 (7. Oktober) 375.
228 SCV 1851, Nr. 25 (22. Juni) 226–228.
229 Diese wetterbedingte »Notlösung« beeindruckte die Jungen offenbar so stark, daß im folgenden Jahr auch die Bündnisse aus der Ellwanger Gegend den Anschluß an Rechberg, Stuifen und Hohenstaufen suchten und die Redner von den »Soldaten Christi und der Kirche« sowie von deren Waffen und Schilde (Religion, Tugend, Arbeitsamkeit, Fleiß, Liebe, Eintracht, Geselligkeit und Scherz) sprachen. Vgl. SCV 1852, Nr. 18 (2. Mai) 142.
230 Als Reaktion auf den häufigeren Kommunionempfang erschien 1856 ein größerer Artikel über die Strafe der unwürdig empfangenen Kommunion. Vgl. SCV 1856, Nr. 36 (7. September) 331.
231 SCV 1852, Nr. 24 (13. Juni) 193 f., hier 194. Zu einer vorbereitenden Sitzung hatten sich die Bünde aus der Nähe von Ellwangen am 2. Mai 1852 in Neuler getroffen, vgl. SCV 1852, Nr. 18 (2. Mai) 142.
232 1844 Priesterweihe, 1845 Repetent in Tübingen, Vorlesungen über Pädagogik, seit September 1851 Kaplan in Ellwangen, 1854 Schulinspektor für Lauchheim, seit 1862 für Ellwangen, 1867 Stadtpfarrer in Wangen, Schulinspektor, 1883 Dekan. Zu ihm: NEHER, Personal-Katalog 96.
233 Am selben Tag traf sich der Piusverein auf dem Schönenberg und besprach die engere Verschmelzung von Jugendbündnissen, Gesellenverein und Piusverein. Die Beratungen sollten fortgesetzt werden.
234 Hier gingen die Ansichten auseinander: »Einige Stimmen aus der Versammlung empfahlen das katholische Sonntagsblatt von Herrn Kaplan Knorr in München, welches sich seit dem neuen Jahr in anerkennenswerther Weise um Jugendbündnisse und Gesellenvereine annimmt und deßwegen auch von einigen Bünden gehalten wird. Andere bemerkten, man müsse dem inländischen Sonntagsblatt von Dr. Rieß, welches mit Berichten zu unterstützen sei, und so die bisherige Korrespondenz der württembergischen Bündnisse vertreten könne, den Vorzug geben«.
235 Vgl. JATSCH, Volksmission 2630.
236 SCV 1859, Nr. 9 (27. Februar) 75.
237 SCV 1856, Nr. 3 (20. Januar) 28.
238 SCV 1856, Nr. 26 (29. Juni) 245.
239 SCV 1856, Nr. 39 (28. September) 354 f.
240 So wurde der fromme Wunsch geäußert, Gott möge den Redemptoristen, die während der Mission im ehemaligen Priesterseminar auf dem Schönenberg wohnten, das Gebäude »recht bald zum bleibenden Wohnsitz anweisen«. Beilage zum SCV 1850, Nr. 36 (25. August) 300.
241 Nr. 26 (16. Juni) 211–213; Nr. 27 (23. Juni) 220–222.

242 SCV 1850, Nr. 32 (28. Juli) 261–262; Nr. 34 (11. August) 275–277; Nr. 36 (25. August) 291–293. Jeningen war ab 1680 von Ellwangen aus als Volksmissionar in den Diözesen Eichstätt, Augsburg und Würzburg tätig und war ein gesuchter Seelenführer. Zu ihm: Höss, Jeningen; Wrba, Jeningen 768.
243 Den Zusammenhang zwischen Wallfahrt und Mission verdeutlichte auch ein Beitrag über jene Volksmission, die vom 9. bis 23. Juni im fränkischen Walldürn stattfand. SCV 1850, Nr. 29 (7. Juli) 235–238.
244 SCV 1851, Nr. 27 (6. Juli) 244; 1852, Nr. 39 (26. September) 315.
245 »Die Beiträge und Gaben für Gründung eines Missionshauses auf dem Schönenberg scheinen immer reichlicher zu fallen. So erhielt ich letzthin von einer armen Person 9 fl. zu diesem Zwecke; sicherm Vernehmen nach haben bereits in mehreren Landkapiteln die Geistlichen ansehnliche Summen hiefür unterzeichnet; oft kamen von Seiten, da mans gar nicht gedacht, Gaben an: gewiß sehr edle und zur Nachahmung ermunternd ist die dießfällige Gabe Ihrer Kaiserl. Hoheit der Frau Kronprinzessin mit 200 fl.« SCV 1850, Nr. 29 (7. Juli) 240. Vgl. auch SCV 1852, Nr. 10 (6. März) 80.
246 Diese sogenannten »freien Konferenzen« waren weder von seiten des Staates noch des Ordinariates organisiert. Sie verstanden sich im Gegenteil als Konkurrenzunternehmung der »ultramontanen« Gruppierung im württembergischen Klerus.
247 SCV 1852, Nr. 42 (17. Oktober) 338.
248 SCV 1851, Nr. 7 (16. Februar) 123.
249 SCV 1853, Nr. 12 (20. März) 109; 1853, Nr. 17 (24. April) 142 f.
250 Der Ellwanger Piusverein, der die Spenden für das Schönenberger Haus verwaltete, übergab 1854 die Gelder einstweilen einem neu gebildeten Verwaltungsrat. SCV 1854, Nr. 51 (10. Dezember) 510. Dazu auch [Schmitt], Landesrechtliche Stellung II, 20.
251 Dazu Burkard, Staatskirche.
252 Grundzüge zu einer Vereinbarung über die Verhältnisse der katholischen Kirche in deutschen Bundesstaaten (§ 88), abgedruckt bei Burkard, Staatskirche 745–770, hier 766.
253 Vgl. Burkard, Kulturkampf 96 f.
254 Lipp hatte der Regierung vor Annahme seiner Wahl zum Bischof von Rottenburg einige Zugeständnisse abgerungen. Vgl. Huber/Huber, Staat I, 562f.
255 Beilage zum SCV 1850, Nr. 36 (25. August) 299.
256 Ebd.
257 SCV 1851, Nr. 19 (11. Mai) 179.
258 SCV 1851, Nr. 26 (29. Juni) 235.
259 Mit Taufnamen Bonifaz, 1839 Priesterweihe, 1841 Präzeptoratsverweser in Horb, Dr. theol. und Dr. phil., 1842–1843 auf Bildungsreise, 1844 Pfarrverweser in Wurmlingen, dann Professoratsverweser in Rottweil, 1845 Oberpräzeptor in Gmünd, 1847 Theologieprofessor in Hildesheim, ab 1853 Herausgeber des »Katholischen Sonntagsblattes für die Diözese Hildesheim«, 1855 Novize, 1856 Profeß in St. Bonifaz (München). Zu ihm: Neher, Personal-Katalog 74.
260 Johann Baptist Buohler warb in seinen »Conturen aus Schwaben« 1861 für einen weiteren Missionsorden, die Kapuziner. Vgl. Buohler, Conturen 79.
261 SCV 1858, Nr. 36 (5. September) 290. – Offenbar versuchten auch die Kapuziner, in Württemberg wieder Fuß zu fassen. Am 3. Mai 1858 weihte der Guardian des Bregenzer Kapuzinerklosters in Neukirch bei Tettnang unter »Betheiligung der benachbarten Geistlichen und einer großen Volksmenge« mit bischöflicher Genehmigung einen neuen Kreuzweg ein. Dazu SCV 1858, Nr. 20 (16. Mai) 163.
262 Die Jesuiten konnten 1851 in die Räume des ehemaligen Franziskanerinnenklosters einziehen, das von 1807 bis 1851 als Kaserne des Sigmaringischen Kontingents gedient hatte. Rösch, Leben 137 f.
263 So verwundert es auch nicht, daß fast alle Missionen im Hohenzollerischen von den Jesuiten gehalten wurden.
264 Eine Tatsache, die bislang vernachlässigt wurde. Zum württembergischen Nachwuchs der Redemptoristen vgl. Weiss, Redemptoristen 684–709.
265 Über die Redemptoristenmissionare wurde berichtet, sie glichen »ihrem äußern Erscheinen nach schon Aposteln«. SCV 1850, Nr. 33 (4. August) 273. Von den Jesuiten hingegen hieß es nur: »Ihr äußeres Erscheinen […] hatte nichts Auffallendes und war von jenem der Weltpriester nur dadurch unterschieden, daß sie ein Crucifix auf ihrer Brust trugen«. SCV 1850, Nr. 29 (7. Juli) 235.

266 SCV 1850, Nr. 29 (7. Juli) 236.
267 SCV 1854, Nr. 16 (16. April) 168.
268 So vgl. SCV 1852, Nr. 37 (12. September) 299.
269 SCV 1855, Nr. 40 (7. Oktober) 375.
270 SCV 1852, Nr. 44 (31. Oktober) 354.
271 SCV 1852, Nr. 46 (14. November) 381.
272 SCV 1850, Nr. 31 (21. Juli) 257.
273 SCV 1850, Nr. 33 (4. August) 271.
274 SCV 1852, Nr. 20 (16. Mai) 159.
275 1854 oder 1855.
276 SCV 1855, Nr. 52 (30. Dezember) 483.
277 Hierzu vgl. oben.
278 SCV 1852, Nr. 14 (4. April) 109 f.
279 SCV 1852, Nr. 19 (9. Mai) 149 f.
280 Es folgte ein ausführliches Programm der geplanten Gründung. SCV 1855, Nr. 49 (9. Dezember) 456.
281 Im folgenden nur eine unvollständige Aufzählung.
282 Erziehung bei den Jesuiten in Freiburg i.Ü., 1830 Entschluß, bei den Jesuiten einzutreten, nach dem Noviziat von seinem Ordensoberen nach Rom geschickt, Studium, 1848 Priesterweihe, Flucht vor der Revolution von Rom nach Deutschland, Primiz in Zeil, seit 1850 als Volksmissionar tätig. Innerhalb von 10 Jahren hielt er insgesamt über 120 Missionen und Missionserneuerungen. Zu ihm: KS 1948, Nr. 32 (8. August) 135.
283 1840 Priesterweihe, 1841 Präzeptoratsverweser in Horb, 1844 Präzeptoratskaplan in Riedlingen, 1846–1854 Professor am Ellwanger Gymnasium, 6. Dezember 1854 Eintritt in die Gesellschaft Jesu, lange Jahre Professor, Studienpräfekt und Rektor des Kollegiums Stella Matutina in Feldkirch. Piscalar gab 1859 eine Biographie des Volksmissionars Philipp Jeningen heraus: Aus dem Leben des ehrwürdigen Philipp Jeningen, Priester der Gesellschaft Jesu, Paderborn 1859. Zu ihm: NEHER, Personal-Katalog 78; HÖSS, Jeningen. – In Ellwangen war Piscalar lange Jahre Vorstand des Piusvereins gewesen; am 26. November wurde er feierlich verabschiedet. Hierüber SCV 1854, Nr. 51 (10. Dezember) 510.
284 1845 Priesterweihe, 1853 Rektor in Gmünd, 1855 Ordenseintritt in Gorheim. Zu ihm: NEHER, Personal-Katalog 99; SCV 1855, Nr. 42 (21. Oktober) 390.
285 1851 Priesterweihe, 1858 in Paderborn Eintritt in den Jesuitenorden. Zu ihm: NEHER, Personal-Katalog 124.
286 1842 Priesterweihe, Vikar in Mergentheim, Hofmeister in Donzdorf, 1846 Stadtpfarrer in Weißenstein, 1851 Eintritt in die Redemptoristenkongregation. Zu ihm: NEHER, Personal-Katalog 88; WEISS, Redemptoristen (Reg.).
287 1841 Priesterweihe, 1846 Stadtpfarrer in Reutlingen, 1855 Resignation und Eintritt in die Redemptoristenkongregation. Zu ihm: NEHER, Personal-Katalog 84.
288 1845 Priesterweihe, 1850 Pfarrer in Straßdorf, 1851 Eintritt in die Redemptoristenkongregation. Zu ihm: NEHER, Personal-Katalog 100.
289 1859 Priesterweihe, Vikar in Stuttgart, Pfarrverweser in Schnürpflingen, 1867 Subregens am Priesterseminar in Rottenburg, 1868 im Zusammenhang mit den »Rottenburger Wirren« entlassen, 1869 in Altötting Eintritt in die Redemptoristenkongregation. Zu ihm: NEHER, Personal-Katalog 149.
290 Beilage zum SCV 1850, Nr. 36 (25. August) 299.
291 Vom Sonntagsblatt wurde vor allem Dekan Pfeiffer von Gerlachsheim hervorgehoben. Vgl. SCV 1852, Nr. 44 (31. Oktober) 354.
292 SCV 1858, Nr. 23 (6. Juni) 187.
293 SCV 1852, Nr. 48 (28. November) 397.
294 HURTER, Pflichten 267–279. In der ersten Ausgabe von 1844 hatten die Misssionen noch gefehlt.
295 1828 Priesterweihe, 1833 Pfarrer in Untergriesingen, 1845 in Kirchbierlingen, 1859 in Oepfingen. Zu ihm: NEHER, Personal-Katalog 27 f.
296 SCV 1855, Nr. 23 (10. Juni) 217.

297 Schmid stammte aus Donzdorf, 1832 Priesterweihe, seit 1840 Pfarrer in Herlikofen, 1858–1882 Kammerer für das Landkapitel Gmünd. Zu ihm: NEHER, Personal-Katalog 47.
298 SCV 1855, Nr. 28 (15. Juli) 271.
299 SCV 1855, Nr. 52 (30. Dezember) 484.
300 Der Kölner Erzbischof Johannes von Geissel (1796–1864) stieß beispielsweise 1850 auf energischen Widerstand mehrerer Pfarrer, als er in seiner Bischofsstadt eine Mission abhalten lassen wollte. Die Pfarrer sahen in der Berufung fremder Missionare eine Geringschätzung ihrer eigenen Tätigkeit. GATZ, Pfarrei 86. In Württemberg suchte Johann Baptist Buohler noch 1861 alle Bedenken zu zerstreuen: Der Rottenburger Klerus habe »besonders durch Veranstaltung so zahlreicher Volksmissionen, Exerzitien etc. längst das Zeugnis gegeben, […] wie viel ihm an der christlichen Regeneration der Gläubigen liegt, in welcher Zeugniß-Ablage gerade aber der Klerus kundgetan hat, in welch' vollkommenem Maße er seine Stellung erkennt, und zu welch‹ hoher Anschauung vom seelsorgerlichen Hirtenamte er gelangt ist. Da würde von Eifersucht zwischen Regular- und Säkular-Klerus keine Rede sein, vielmehr würden sie mit vereinten Kräften die himmlischen Interessen fördern«. BUOHLER, Conturen 79.
301 SCV 1854, Nr. 14 (2. April) 145.
302 Beilage zum SCV 1850, Nr. 36 (25. August) 300.
303 Ähnlich der Bericht aus Gmünd, wo es hieß: »Nach Anrufung des heil. Geistes bestieg zuerst der Herr Dekan und Stadtpfarrer die Kanzel und gab nach einigen einleitenden Worten den Missionären die Vollmacht zu ihrem geistlichen Amte«. SCV 1850, Nr. 42 (6. Oktober) 355.
304 SCV 1854, Nr. 17 (23. April) 174.
305 SCV 1850, Nr. 42 (6. Oktober) 355.
306 Beilage zum SCV 1850, Nr. 36 (25. August) 306.
307 SCV 1851, Nr. 9 (2. März) 90.
308 Alfons Aich, der Gründer der Anstalt in Liebenau, umgab sich ebenfalls mit einem monastischen Habitus. Vgl. LINK, Liebenau 17; Rez. dazu: BURKARD, in: RJKG 18 (1999), 349 f.
309 SCV 1856, Nr. 39 (28. September) 354 f. Auch NEHER, Mission 1639 spricht davon, daß in Württemberg Weltpriester als Missionsprediger und Exerzitienmeister auftraten.
310 So im Anschluß an die Untersuchung Rudolf Reinhardts über den Einfluß der Jesuiten auf die benediktische Klosterreform im 16. und 17. Jahrhundert. Vgl. REINHARDT, Restauration.
311 SCV 1850, Nr. 31 (21. Juli) 2634
312 SCV 1852, Nr. 51 (19. Dezember) 428.
313 SCV 1852, Nr. 48 (28. November) 397.
314 Gemeint ist die Gmünder Mission.
315 SCV 1850, Nr. 42 (6. Oktober) 356. Ähnlich Mitte Juli 1850: »Am liebsten ist es dem Sonntagsblatt, wenn er [der Leser] mit eigenen Augen sieht und eigenen Ohren hört und was die Hauptsache ist, es mit dem inneren Sinne ergreift und für sein ganzes Leben im Herzen festhält. Das Sonntagsblatt kann nur ein Schattenbild geben von dem, was bei den Missionen Außen und Innen vor sich geht. Komm und sieh und dann urteile«. SCV 1850, Nr. 30 (14. Juli) 249.
316 Vgl. etwa »Nachklänge zur heiligen Mission«. SCV 1850, Nr. 37 (1. September) 312 f.
317 SCV 1850, Nr. 31 (21. Juli) 253.
318 SCV 1850, Nr. 31 (21. Juli) 265.
319 So erschien eine längere Artikelserie über Philipp Jeningen, der lange als Missionar in Schwaben gewirkt hatte, und über den Jesuitengeneral Philipp Roothan. SCV 1853, Nr. 23 (5. Juni) 189–191.
320 SCV 1850, Nr. 32 (28. Juli) 266; eine musikalische Erläuterung folgte in SCV 1850, Nr. 34 (11. August) 282.
321 Beilage zum SCV 1851, Nr. 8 (23. Februar) 77–84, hier 79.
322 SCV 1851, Nr. 14 (6. April) 139.
323 1851 war auf dem protestantischen Kirchentag in Stuttgart das Thema Mission ein Hauptgegenstand der Verhandlungen gewesen. Ein Leser des Sonntagsblattes sah es damals noch als Spezifikum der protestantischen »inneren« Mission an, mehr auf Bildung von Jungfrauen- und Jünglingsvereinen, Armen- und Krankenvereinen sowie Lesekreise für Gesellen und Lehrlinge hinzuarbeiten. Vgl. Beilage Nr. 7 zum Sonntagsblatt 1851, 61.

324 SCV 1851, Nr. 17 (27. April) 163.
324 SCV 1851, Nr. 20 (18. Mai) 187.
326 SCV 1855, Nr. 41 (14. Oktober) 383.
327 SCV 1852, Nr. 24 (13. Juni) 194.
328 SCV 1853, Nr. 7 (13. Februar) 61 f.
329 SCV 1853, Nr. 18 (1. Mai) 148.
330 SCV 1855, Nr. 36 (9. September) 344.
331 SCV 1855, Nr. 1 (7. Januar) 5–7.
332 Für letzteres gründete Uhl das »Kirchenblatt für die Diözese Rottenburg«.
333 Beilage zum SCV 1850, Nr. 36 (25. August) 300 f.
334 Ebd. 303 f.
335 SCV 1853, Nr. 31 (31. Juli) 256.
336 SCV 1853, Nr. 44 (30. Oktober) 366.
337 SCV 1850, Nr. 43 (13. Oktober) 361 f.
338 Karl A. LEIBBRAND, Die Missionen der Jesuiten und Redemptoristen in Deutschland und die evangelische Wahrheit und Kirche, Stuttgart 1851. Zu Volksmission und Protestantismus vgl. DIETRICH, Christentum 358–368.
339 Der Pfarrbericht der Ellwanger evangelischen Gemeinde illustrierte dies folgendermaßen: »Durch den Aufschwung, welchen der Romanismus seit dieser Zeit (nämlich seit der Volksmission) im großen ganzen genommen hat, ist die Toleranz auf Seiten vieler Katholiken, namentlich in unteren Schichten, merklich herabgesetzt, und die Lust zum Proselytenmachen, namentlich bei den Priestern und diensteifrigen Mitgliedern des Piusvereins bedeutend gesteigert«. Zit. und ergänzt nach WEISS, Redemptoristen 297.
340 1845 Priesterweihe, 1846 Präzeptoratsverweser in Buchau, 1847 in Rottenburg, 1848 Pfarrer in Böhmenkirch und 1859 Dekan des Landkapitels Deggingen, 1868 Stadtpfarrer in Ellwangen. Zu ihm: NEHER, Personal-Katalog 101 f.; [SCHMITT], Landesrechtliche Stellung; HAGEN, Beiträge 503–533.
341 Franz J. SCHWARZ, Die katholische Kirche und der Protestantismus auf dem Gebiet der inländischen Mission, Tübingen 1851. Zur Inneren Mission: DIETRICH, Christentum 379–405.
342 Vgl. WEISS, Redemptoristen 296 f.; ausführlich [SCHMITT], Landesrechtliche Stellung III, 61–65.
343 SCV 1850, Nr. 34 (11. August) 278.
344 SCV 1853, Nr. 12 (20. März) 101.
345 Ebd.
346 SCV 1850, Nr. 34 (11. August) 277.
347 SCV 1853, Nr. 23 (5. Juni) 192.
348 SCV 1854, Nr. 16 (16. April) 167.
349 SCV 1853, Nr. 18 (1. Mai) 148.
350 SCV 1850, Nr. 34 (11. August) 279.
351 Ebd.
352 Rieß trat am 21. Juli 1857 in Gorheim ein, lebte später jedoch in Maria Laach. Vgl. NEHER, Personal-Katalog 535.
353 SCV 1855, Nr. 52 (30. Dezember) 484.
354 Dies zeigt ein Artikel, der ausgerechnet den von der ultramontanen Partei scharf kritisierten Johann Baptist Hirscher und dessen indizierte Schrift »Die kirchlichen Zustände der Gegenwart« zitierte: »Hirscher sagt in seinem Schriftchen, es thue ein allgemeiner religiöser Aufschwung noth. Sehr wahr! Wenn aber ein solcher zu Stand kommen soll, so geschieht es durch Missionen, bei denen alles Volk unmittelbar und lebendig ergriffen wird, eher als durch Synoden, wo die heil. Flamme erst in dem Einzelnen erweckt und von diesem dann die große Masse entzündet werden soll«. SCV 1850, Nr. 27 (23. Juni) 225. Bereits in den 1830er Jahren hatten die von Benedikt Alois Pflanz herausgegebenen *Freimüthigen Blätter über Theologie und Christenthum* Volksmissionen (neben Bruderschaften und Jesuiten) als untaugliches Mittel zur Beförderung von Religion und Moral bezeichnet. Statt dessen wurde auf eine gediegene christliche Erziehung und Volksaufklärung gesetzt (1835, Bd. 9, 211).
355 SCV 1850, Nr. 31 (21. Juli) 2634.

356 Dies gilt bei einer durchschnittlichen Besucherzahl von 15.000 pro Mission.
357 Vgl. WEISS, Redemptoristen 293. Die Mehrzahl der Volksmissionen im Bistum Augsburg wurde von Jesuiten aus der Schweiz gehalten, vgl. RUMMEL, Richarz 614 f. Zur Mission in der Stadt Augsburg erschien ein fast vierhundert Seiten starkes Bändchen: VIES, Volksmission.
358 Freilich muß das Spärlicherwerden der für ein »Milieu« interessanten Berichterstattung nicht unbedingt ein Beleg für den Niedergang des Missionswesens sein, zumal hinsichtlich der Umgestaltung des Sonntagsblattes durch Stephan Uhl.
359 So hieß es über die Wurzacher Mission zunächst, am Abschlußtag hätten über 18.000 Besucher teilgenommen. Später wurde die Zahl nach oben korrigiert: Nachdem von der Ellwanger Mission 25.000 bis 30.000 Teilnehmer gemeldet worden waren, hieß es plötzlich auch aus Wurzach, dort hätten 30.000 Gläubige teilgenommen.
360 Zumindest schlug sich dies nicht unbedingt in der Zahl der Osterkommunionen wieder. Vgl. RÖSCH, Leben 121.
361 Vgl. etwa SCV 1852, Nr. 17 (25. April) 133 f.
362 Vgl. RÖSCH, Leben 121.
363 Während in anderen Landstrichen Deutschlands, vor allem im Rheinland und in Baden, massenhaft Vereine entstanden, war der Erfolg des Piusvereins in Württemberg keineswegs überwältigend. Ob das insgesamt magere Ergebnis nur an der angeblich mangelnden Ausstrahlung von Regens Joseph Mast (1818–1893) in Rottenburg lag oder an der insgesamt anderen Prägung des württembergischen Klerus, bliebe zu untersuchen. Auffallenderweise hielt sich gerade der katholische Adel, sonst ein massiver Protektor des Ultramontanismus, merklich zurück. Die Scheu vor der schwer zu kontrollierenden Massenorganisation »Verein« scheint zu groß gewesen zu sein. Auch im katholischen Oberschwaben wurden die Piusvereine sehr unterschiedlich aufgenommen. Hier kam es zu weitaus weniger Gründungen als in anderen Landstrichen Württembergs (etwa in den Dekanaten Deggingen und Schwäbisch Gmünd), was darauf schließen läßt, daß der Klerus im ganzen alles andere als geschlossen ultramontan war. Verteilt auf die »oberschwäbischen« Dekanate gab es in Ulm drei Piusvereine, in Ravensburg, Ehingen und Riedlingen je zwei, in Wangen, Waldsee, Biberach, Saulgau je einen. Der wahrscheinlich erste Piusverein des Oberlandes entstand im April 1848 in Baindt. Spontan traten ihm 200 Personen bei, von einem wie auch immer gearteten öffentlichen Engagement ist jedoch nichts bekannt. Anders der Riedlinger Piusverein. Am 10. Januar 1849 (von Dekan Braun, Kaplan Piscalar, Kaplan Winghofer, Vikar Straub) gegründet, zählte er vier Monate später über 100 Mitglieder. Der Verein unterstellte sich von Anfang an dem Katholischen Zentralverein Deutschlands in Mainz, der in der Diözese durch Regens Mast vertreten wurde. Im Juni 1849 fand die offenbar letzte Versammlung des Riedlinger Piusvereins statt. Die Kurzlebigkeit mag unter anderem daran gelegen haben, daß die meisten Mitglieder mehr oder weniger mühsam »zusammengesucht« worden waren. So berichtete ein »Demokrat«, der Piusverein habe »außer den Vordern meistens alte oder geistesschwache Leute« gesammelt, während sich der Demokratische Verein auf »junge, entschiedene, geistig und körperlich kräftige Leute« stütze. Große Aktivität entfaltete der Piusverein in Ehingen, der alle zwei Wochen größerer Versammlungen mit Vorträgen zu politischen, kirchlichen oder gewerblichen Fragen organisierte. Was in Riedlingen und Ehingen – zumindest in den Jahren 1848/49 – gelang, wurde in Ravensburg etwa erst gar nicht versucht. Der dortige Dekan Johann Erath (1809–1882), ein »Staatskirchler«, lehnte die Piusvereine rundum ab. Vgl. BURKARD, Wie Feuer und Wasser? 162–164.
364 Dazu ausführlich WOLF, Im Zeichen der »Donzdorfer Fakultät«. Rieß läßt sich seit 1851 auch im Bruderschaftsbüchlein der Pfarrei Kleinsüßen als Mitglied der »Erzbruderschaft des heiligsten und unbefleckten Herzens Mariä zur Bekehrung der Sünder« nachweisen, vgl. BURKARD, Zeichen 162.
365 War doch schon früher gerade die Anregung zu einer eigenen katholischen Presse in Württemberg vom katholischen Adel und der »Donzdorfer Fakultät« ausgegangen. Vgl. KIRCHER, Adel 129 f, 157–159.
366 Die wenigen Versuche des »liberalen« Katholizismus, sich zu organisieren, wurden von bischöflicher Seite behindert. Dazu BURKARD, Geburtsstunde 61–106.
367 So nutzte man beispielsweise die Hohenrechberger Versammlung der bündischen Jugend, um ihr ausdrücklich die Verbreitung des Sonntagsblattes ans Herz zu legen, denn dann »könne es auch das Bundesleben mehr berücksichtigen«. SCV 1851, Nr. 25 (22. Juni) 227.

368 So etwa 1852: »Wünschenswerth wäre auch, daß die Versammlungen und Feste, welche unter den einzelnen Bündnissen stattfinden, durch Mittheilungen in öffentlichen Blättern zum Gemeingut gemacht würden!« SCV 1852, Nr. 29 (18. Juli) 233. Ähnlich SCV 1852, Nr. 24 (13. Juni) 194.
369 Vgl. die in dieser Hinsicht aufschlußreichen Hinweise, z. B. SCV 1851, Nr. 5 (2. Februar) 39.
370 »Ohne den Ruhm einer z. B. Donzdorfer Fakultät verkümmern zu wollen, wagen die Heuberger schüchtern und bescheiden folgende Preisfrage zu stellen« (SCV 1853, Nr. 5 [30. Januar] 41). In Donzdorf nahm man den Ball auf: »Die Bündnisse unserer Gegend haben bis jetzt geschwiegen; leicht könnte die Vermuthung entstehen, als wären dieselben aufgelöst. Anfangs glaubten wir allerdings uns ganz stillschweigend zu verhalten und mehr Hörer oder Leser als Redner oder Schreiber sein zu sollen […]; weil aber der Heuberger Bundesfreund eine Rubrik angefangen, […] so dachten auch wir ein Lebenszeichen von uns geben und der Aufforderung Genüge leisten zu müssen« (SCV 1853, Nr. 9 [27. Februar] 77 f.). Ähnlich auch die Ellwanger: »Damit nun hieraus keine Verlegenheit entstehe…« (SCV 1853, Nr. 20 [15. Mai] 166).
371 In Schramberg hatte zwar keine Mission stattgefunden, man hatte solche aber im Badischen besucht und ein Jungfrauenbündnis ins Leben gerufen, das bald 60 Mitglieder zählte. »Die Hoffnung dürfte nicht unbegründet sein, daß die Pflanzung unter dem Schutze Mariens gedeihen werde; was umso mehr zu wünschen ist, als die Verhältnisse eines Fabrikortes gewiß mehr als andere zur Anwendung auch der außergewöhnlichen Tugendmittel auffordern […]. Jünglinge zu einem Bund zu vereinigen, ist bis jetzt nicht gelungen; dagegen kann ich noch bemerken, daß vom hochw. Pf. S. bereits darauf hingewirkt wird, die Erzbruderschaft des heiligen und unbefleckten Herzens Mariä hier zu errichten«. SCV 1854, Nr. 26 (25. Juni) 274.
372 SCV 1854, Nr. 26 (25. Juni) 275.
373 SCV 1853, Nr. 20 (15. Mai) 166.
374 SCV 1853, Nr. 7 (13. Februar) 61 f.
375 Vgl. Burkard, Staatskirche 766; Burkard, Kulturkampf 96 f. (Lit.).
376 Ein anderes Vehikel waren Bruderschaften, die einer von Orden geleiteten Erzbruderschaft angehörten. Damit wurde neben der ordentlichen, vom Staat genehmigten, finanzierten und kontrollierten Seelsorge eine – außer Landes organisierte und deshalb schwer kontrollierbare – »zweite Schiene« aufgebaut. Dazu Burkard, Zeichen.
377 Vgl. Wolf, Württemberg 65–79; Burkard, Kulturkampf 81–98.
378 So fehlt etwa ausgerechnet ein ausführlicher Bericht über die Mission am Hohenrechberg, wo die Führer der ultramontanen Partei saßen. Die Frage ist: weshalb? Auch wurde über die angeblichen Erfolge in Rottweil nur ganz allgemein berichtet, ohne nähere Zahlen, jedoch mit versteckten Hinweisen darauf, daß der Erfolg alles andere als überwältigend war. Nichts erfuhr der Leser des Sonntagsblattes auch darüber, daß in der Nacht vom 29. auf den 30. Dezember 1853 das Missionskreuz in Weil der Stadt umgestürzt wurde. Auf dem Strunk fand sich ein Zettel aufgeleimt, mit den blasphemischen Versen (vgl. [Schmitt], Landesrechtliche Stellung III, 61):
»Wie dem Kreuz wird's allen geh'n
Die zu einem Jesuiten steh'n.
Deutsche Eiche darf nicht schänden
Teufels Trug aus Pfaffenhänden;
Selbst die Eicheln – Schweinefutter
Sind zu gut für die Ludder«.

Dominik Burkard

Kirche und Staat
Das Katholische Sonntagsblatt im Dienst der »libertas ecclesiae« (1850–1862)

Die Geschichte der Kirche im 19. Jahrhundert ist wesentlich eine Geschichte des Kampfes zwischen Staat und Kirche. Nach der einschneidenden Zäsur, welche die Säkularisation in den Jahren nach 1802 für die Kirche gebracht hatte, ging es um eine Neudefinition der Grenzen beider Gewalten, um ein Abstecken beider Einflußbereiche und um die Regelung der Kompetenzen im »forum mixtum«, dem von Kirche und Staat gleichermaßen beanspruchten Rechtsbereich[1].

In langwierigen Verhandlungen hatten sich Baden, Württemberg, Hessen-Darmstadt, Kurhessen, Nassau und die Stadt Frankfurt zwar mit Rom 1821 auf die Errichtung bzw. Neuumschreibung von Bistümern (Freiburg, Rottenburg, Mainz, Fulda und Limburg) verständigt, 1827 einen Minimalkonsens ausgehandelt und kirchliche Landeshierarchien mit Bischöfen und Ordinariaten errichtet; der Rahmen war also gesteckt. Wie dieser jedoch im einzelnen auszufüllen war, darüber gingen die Meinungen weit auseinander. Dies zeigte sich bereits 1830, als die Staaten eine »Landesherrliche Verordnung«[2] publizierten, in der sie die weitere Gestaltung der kirchlichen Verhältnisse, von der Priesterausbildung bis zur Pfarreibesetzung, von der staatlichen Genehmigungspflicht kirchlicher Erlasse bis zum Korrespondenzverbot mit Rom minutiös regelten. Nicht nur einzelne Bischöfe reagierten mit Protest, sondern auch Rom sah sich hintergangen. Denn schon 1823 hatte man die von den Staaten entwickelte »Frankfurter Kirchenpragmatik« – die nun in die Landesherrliche Verordnung eingegangen war – empört zurückgewiesen und die Verhandlungen mit den Staaten damit in eine tiefe Krise gestürzt[3]. Alle Proteste nützten indes nichts. Der Staat saß am längeren Hebel, gerade in Württemberg, und das bereits lange praktizierte Staatskirchentum ließ sich selbst durch zeitweilige Krisen (Mischehenstreit[4], Motion Keller[5]) nicht erschüttern. Bis zur Revolution von 1848 blieben die Fronten im deutschen Südwesten verhärtet, die Eckdaten des Verhältnisses von Staat und Kirche unangetastet.

Das Jahr 1848 schien dann alles zu verändern. Mit den bürgerlichen Freiheiten hoffte die Kirche endlich auch die ihr zustehenden Freiheiten zu erlangen: Meinungsfreiheit, Versammlungsfreiheit, Pressefreiheit. Befreiung vom Staatskirchentum, Verwirklichung der »libertas ecclesiae«, das war die Parole. Ein Grund dafür, daß sich selbst viele »Konservative«, ja »Ultramontane«, an der Revolution beteiligten[6]. Und tatsächlich kam Bewegung in das Verhältnis von Staat und Kirche. Allerdings nicht im Zuge einer verfassungsmäßigen Lösung und rechtlicher Festlegungen. Hier sperrte sich der Staat – vor allem nach der Restauration von 1849 – entschieden gegen jedes rechtlich fixierte Zugeständnis an die Kirche. Die Veränderungen wurden vielmehr »auf kaltem Wege« herbeigeführt[7]. Die Kirche handelte und der Staat ließ sich dies (notgedrungen) gefallen. Im Zuge dieser kirchlichen »Emanzipationsbewegung« gründete Florian Rieß (1823–1882)[8] das »Deutsche Volksblatt« und das »Sonntagsblatt für das christliche Volk«. Letzteres sollte – obwohl Privatunternehmen – *das* zentrale Publikationsorgan für die Diözese Rottenburg sein, in kirchlichem Sinne informieren, das katholische Volk sammeln – und freilich auch lenken[9].

Erfüllte das 1850 gegründete Sonntagsblatt diese Erwartungen? Inwieweit registrierte es die Tagespolitik? Griff es selbst ein in den mal schwelenden, mal lodernden Streit zwischen Staat und Kirche? War es ein kirchliches »Kampfblatt« gegen das verhaßte Staatskirchentum? Der vorliegende Beitrag fragt im Folgenden nach der Wahrnehmung der Konflikte zwischen Staat und Kirche im kirchlichen Binnenraum und nach ihrer »Veröffentlichung«. Er fragt, inwieweit sich das Sonntagsblatt selbst in die Auseinandersetzungen involvieren ließ, inwieweit mit Hilfe der Presse Politik gemacht wurde[10].

1. Berührungsängste (1850)

Der erste Jahrgang des Sonntagsblattes enttäuscht im Hinblick auf diese Fragestellung, denn das Blatt gab sich zunächst einen völlig unpolitischen Anstrich. Der Grund für diese erstaunliche Zurückhaltung liegt auf der Hand: Das Sonntagsblatt war noch keineswegs etabliert, im Gegenteil stets von der Gefahr der Zensur, ja der völligen Unterdrückung bedroht. Dazu kam ein Zweites. Rieß wollte durch das Sonntagsblatt zuerst und vor allem religiöse Aufbauarbeit leisten: Stärkung der christlichen Familie, Initiierung einer christlichen Alltags- und Sonntagskultur, Aufbau eines katholischen Milieus. Die unpolitische Seite des Katholizismus wurde bei allen Gelegenheiten herausgestrichen und auch bei der Berichterstattung über die zahlreich abgehaltenen Volksmissionen immer wieder betont[11]. Den politischen Themen wandte sich Rieß nicht im Sonntagsblatt, sondern im »Deutschen Volksblatt« zu.

Doch kam es bereits in der 27. Nummer des Blattes zu einer ersten Annäherung an das Thema »Staat – Kirche«, verpackt in eine geschichtliche Erzählung, gespickt mit eindeutigen Sticheleien[12]. Unter dem Titel »Wie man in den Wald hineinschreit, so hallt es wieder heraus« wurde Napoleons Vorgehen gegen Pius VII. geschildert, die Bedrängung der Kirche durch den Staat, aber auch das Ende Napoleons in der Verbannung und der Sieg des Papstes. Der Bogen zur kirchlichen Gegenwart wurde am Ende der Erzählung geschlagen, wo der Leser aufgefordert wurde: »Merk auch: der Priester, so schwer er oft leiden muß, rächt sich nicht, aber Gott rächt ihn!«[13] Im März 1851 brachte das Sonntagsblatt einen Beitrag in zwei Teilen (»Eine Begebenheit aus der ersten französischen Revolution«), der sich – wieder als Erzählung getarnt – mit den Ansprüchen des Staates und der »libertas ecclesiae« auseinandersetzte[14]. Das Besondere daran war der beträchtliche Umfang dieser Geschichte und der hohe Stellenwert als Leitartikel.

Im Februar 1851 wurde erstmals unter der Rubrik »Nachrichten« berichtet, in Baden und Bayern stünden Urteile der Volksvertretungen über die Freiheit der Kirche bevor. Am Ende der kurzen Meldung erlaubte sich Rieß den Kommentar: »Die Feinde der Kirche in Bayern und außer Bayern schüren, daß man den Bischöfen ihr Recht vorenthalte. Wollen auch sehen, wie es bei uns gehen wird«[15]. Am 18. Mai wurde aus Baden berichtet, der dortige Kirchenrat habe die Abhaltung von Missionen wider den Willen der Katholiken verboten[16].

2. Streit um die Denkschriften der oberrheinischen Bischöfe (1851–1853)[17]

Bereits die Würzburger Bischofskonferenz hatte 1848 – wesentlich inspiriert von der Freiburger Kurie – die »Selbständigkeit der Kirchengesellschaften« gefordert. Damit bekräftigte sie den jahrzehntelangen Ruf nach Freiheit der Kirche von staatlicher Bevormundung, insbesondere jedoch die Abschaffung der »Frankfurter Kirchenpragmatik«. Die bürgerliche Revolution sollte endlich den Durchbruch bringen. In Rottenburg ging man nun daran, die bisherigen Grundlagen der kirchlichen Ordnung (päpstliche Bullen, Fundationsinstrument und Landesherrliche Verordnung) an der Würzburger Denkschrift und der Reichsverfassung zu messen. In einer »Feststellung der Rechtsverhältnisse in der Diözese Rottenburg« legte das Ordinariat der württembergischen Regierung am 22. Januar 1849 einen Katalog von Anträgen vor[18]. Über die Konsequenzen der »Feststellung der Rechtsverhältnisse in der Diözese Rottenburg« war man sich lange Zeit nicht im Klaren. Als die politischen Umwälzungen die Ablösung des Ministeriums Römer und die Rückkehr eines gemäßigten Liberalismus brachten, wurde zwar am christlichen Charakter des Staates festgehalten, doch trat in den kirchlichen Artikeln der Verfassungsentwürfe neben der Anerkennung der Grundrechte deutlich das alte Staatskirchentum zutage. 1852 wurde die Verfassung von 1819 mitsamt der Landesherrlichen Verordnung von 1830 erneut in Kraft gesetzt und so das »Frankfurter System« wiederaufgerichtet.

Im März 1851 trafen sich die oberrheinischen Bischöfe in Freiburg, um ihre gemeinsamen Forderungen in einer neuen, straff formulierten, fünfzehnseitigen Denkschrift an die Regierungen zu fixieren und diese zu einer Reaktion zu zwingen[19]. Verlangt wurde die Abschaffung der Landesherrlichen Verordnung von 1830, u.a. die freie Besetzung der kirchlichen Stellen, das Recht der Bischöfe, ihre Untergebenen frei zu prüfen und kanonisch zu bestrafen, die Errichtung tridentinischer Seminare, die freie Korrespondenz mit dem Heiligen Stuhl, die freie Bischofswahl, die Schulhoheit, die Abschaffung des landesherrlichen Tischtitels und des Plazets, die Freiheit in Kultus und Seelsorge sowie die Genehmigung von Volksmissionen, Exerzitien und Vereinen. Der Ton der Denkschrift war außergewöhnlich scharf, die Forderungen so, daß sie kaum von allen Bistümern und Bischöfen mitgetragen worden sein dürften.

Das Sonntagsblatt berichtete lange Zeit nichts über die Freiburger Denkschrift und das Treffen der Bischöfe. Nur einer Notiz vom 1. Juni 1851 über eine freie Konferenz von Geistlichen in Warthausen, bei der sich die 78 teilnehmenden Geistlichen aus dem Oberland ausdrücklich hinter die Denkschrift der Bischöfe stellten, konnte der Leser des Sonntagsblattes einige Bemerkungen entnehmen. Thema war in Warthausen u.a. die Klerusbildung in der Diözese Rottenburg gewesen, die auch in der Denkschrift der Bischöfe behandelt worden war. Vielleicht sollte die Konferenz ein erstes Meinungsbild im Klerus erstellen. Doch der Antrag des früheren Regens Friedrich Supp (1802–1883)[20], auf die Errichtung eines bischöflichen Knabenseminars zu drängen, wurde mit einem Hinweis auf die bestehenden Knabenkonvikte abgewiesen. Man wolle vorerst abwarten, ob die Regierung die staatlichen Konvikte in die freie Verfügung des Bischofs entlassen werde[21].

Am 15. Juni folgte im Sonntagsblatt »Ein Vorschlag«, der auf die Denkschrift der Bischöfe Bezug nahm. Auch hierbei handelte es sich nicht um einen Artikel der Redaktion des Sonntagsblattes, sondern um einen »vom Mittellande« eingesandten Brief. Der Verfasser wünschte die Denkschrift nicht nur in die Hände des Klerus – der sie in Separatdrucken erhalten hatte – sondern in alle katholischen Häuser, denn sie sei »ja eigentlich die kirchliche Verfassungsurkunde für uns Katholiken«. Die Leser des Sonntagsblatts wurden aufgefordert, sich zu lösen »von der bisherigen Bevormundung durch Schreiber und Lügenblätter«, die Denkschrift der Bischöfe anzuschaffen und selbst »zu denken«[22]. Doch dies war alles. Weder publizierte das Sonntagsblatt die Denkschrift, noch gab es seinen Lesern Aufschluß über den Zusammenhang ihres Entstehens.

Die Regierungen erkannten die Herausforderung, welche die gemeinsame Denkschrift der Bischöfe an sie stellte. Doch dauerte es fast ein ganzes Jahr, bis die Staaten ihre Verhandlungs-

Denkschrift

der vereinigten

Erzbischof und Bischöfe der oberrheinischen Kirchenprovinz

an die

allerhöchsten und höchsten Regierungen

der

zur Errichtung der oberrheinischen Kirchenprovinz vereinigten Staaten.

Freiburg im Breisgau.
Buchdruckerei der Herder'schen Verlagshandlung.
1851.

Die Freiburger Denkschrift.

bereitschaft beschlossen und einen Tagungsort festgelegt hatten. Im Januar 1852 dementierte das Sonntagsblatt ein Gerücht, wonach der badische Großherzog den päpstlichen Nuntius Viale Prela (1798–1860)[23] nicht empfangen habe und – um diesem auszuweichen – nach Baden-Baden gereist sei. Der Großherzog sei – so wurde erklärt – aus gesundheitlichen Gründen ins Bad gefahren und habe den Nuntius dort empfangen[24]. Den wohlwollenden Gesinnungen des badischen Großherzogspaares wurde zugute gehalten, daß Verhandlungen der oberrheinischen Regierungen über die Forderungen der Bischöfe in Aussicht gestellt wurden. Rieß erwartete eine grundlegende Revision des 1818 in Frankfurt proklamierten Kirchensystems und war vom positiven Ausgang dieser Verhandlungen überzeugt: »Gewiß fallen sie besser aus als was zu Frankfurt vor 30 Jahren beschlossen worden ist!«[25].

Am 8. Februar konnte das Sonntagsblatt vom bevorstehenden Beginn der Karlsruher Verhandlungen berichten. Als Teilnehmer wurden genannt: Für Württemberg Oberkirchenrat Moritz von Schmidt, für Kurhessen Obergerichtsdirektor Abe, ein strenggläubiger Protestant, für Baden Staatsrat Franz von Stengel, zugleich Vorsitzender der Kommission. Ungenannt blieben die Vertreter Hessen-Darmstadts und Nassaus[26]. Dafür wußte das Sonntagsblatt von einem zu gleicher Zeit in Freiburg stattfindenden Treffen der Bischöfe zu berichten[27]. Dieses dauerte nur zwei Tage (10.–11. Februar), was das Sonntagsblatt als Zeichen der Einigkeit interpretierte. Man habe nur über ein Monitum an die Regierungen beraten[28], das die Denkschrift in Erinnerung bringen solle, sowie über die zu ergreifenden Maßregeln, falls die Regierungen nicht auf die Forderungen eingehen sollten[29].

Von den Karlsruher Verhandlungen wußte das Sonntagsblatt zunächst nichts zu berichten, außer einem Dementi der Nachricht, daß der preußische Gesandte sich für die Freiheit der Kirche ausgesprochen, die Regierung jedoch dagegen gestimmt habe[30]. Indes richtete sich das Augenmerk auf Freiburg. Am 6. März gab das Sonntagsblatt die »hochwichtige« Nachricht bekannt, daß Erzbischof Hermann von Vicari (1773–1868)[31] sich von Rom einen Koadjutor in der Person des Mainzer Bischofs Wilhelm Emanuel von Ketteler (1811–1877)[32] auserbeten habe; nachdem das Domkapitel zugestimmt und der Papst seinen Segen dazu gegeben habe, sei Ketteler nun Koadjutor Vicaris mit dem Recht der Nachfolge[33]. Obwohl weder die eine noch die andere Nachricht zutraf, erschien keine Richtigstellung[34]; erst ein Jahr später hieß es im Sonntagsblatt lapidar: »Es steht nunmehr fest, daß der hochwürdigste Bischof von Mainz seiner Diözese unter allen Fällen verbleiben wird«[35]. Überhaupt erfuhr Ketteler von seiten des Sonntagsblattes große Verehrung[36]. Eine Reise des Kardinals Karl August Graf von Reisach (1800–1869)[37] von Rom nach München wurde mit der badischen Koadutorangelegenheit nicht in Verbindung gebracht[38].

Im Mai 1852 erschien die knappe Notiz, die staatlichen Bevollmächtigten seien abermals in Karlsruhe zusammengekommen, um ihre Beratungen fortzusetzen. Bayern habe sie jedoch »aufgemuntert«, der Kirche nicht zu viele Zugeständnisse zu machen[39]. Erst im März 1853 konnte das Sonntagsblatt das »sehr magere« Ergebnis der Beratungen bekannt geben, wobei es die Befürchtung äußerte, die wenigen Zugeständnisse der Regierungen an die Bischöfe könnten in der Realität »noch viel mehr zusammenschrumpfen als auf dem Papier«[40]. Einen Protest Erzbischof Vicaris gegen die Karlsruher Beschlüsse brachte das Sonntagsblatt im Wortlaut[41].

Weil mit dem Ergebnis von Karlsruhe alle Hoffnungen der Bischöfe zerschlagen waren, kamen sie vom 6. bis 12. April 1853 noch einmal in Freiburg zusammen – gemeinsam mit den inzwischen frisch ernannten Generalvikaren[42]. Das Sonntagsblatt berichtete im Vorfeld mehrfach, in den Diözesen seien Gebete für das Werk der Bischöfe veranstaltet worden[43]. Diese verfaßten in Freiburg eine geharnischte Erklärung an die Regierungen. Man kündigte nicht nur eine weitere Denkschrift an, die den bischöflichen Standpunkt noch einmal ausführlich begründen sollte. Die Bischöfe erklärten vielmehr, in Zukunft allein der kirchlichen Verfassung gemäß handeln, das heißt den Anordnungen der Regierungen keine Folge mehr leisten zu wollen. Das Sonntagsblatt brachte diese Erklärung im Wortlaut unter der Überschrift »Wie steht es in unserer Kirchenprovinz?«[44]. Für Rieß war damit der Startschuß zu einem offenen Kirchenkonflikt gegeben. Als Indiz dafür galt ihm insbesondere die Gegenerklärung der württembergischen Regierung, man werde weitere Kollektiveingaben der Bischöfe nicht mehr entgegennehmen und im Notfall Gewalt gebrauchen, »wenn der Bischof gegen ihren Willen handle oder das, was sie in den Landesgesetzen über die Kirche (einseitig) angeordnet hat, nicht einhalte«[45]. Umgehend zog Rieß einen Vergleich zum Kölner Mischehenstreit: »Das hieße also, sie werde unseren Bischof nöthigenfalls auf den Asperg schicken; bekanntlich hat die preußische Regierung im Jahre 1837 dasselbe mit dem Erzbischof Clemens August von Köln gethan, hat es aber später bitter bereut«. Rieß rief die Leser des Sonntagsblattes zum Gebet um Frieden zwischen Kirche und Staat auf.

In der Folge wirkte das Sonntagsblatt als Organ der Solidarisierung mit den Bischöfen. Im Mai erschien die Nachricht von Ergebenheitsadressen mehrerer Geistlicher des Bistums Limburg[46]. Mitte Juni wurde die Einigkeit der oberrheinischen Bischöfe, die sich inzwischen wieder in Freiburg versammelt hatten, beschworen. Aus einem Bericht über eine freie Konferenz württembergischer Geistlicher in Gmünd erfuhren die Leser des Sonntagsblattes, man wolle von den einzelnen Landkapiteln Zustimmungsadressen an Bischof Lipp gelangen lassen. So sollte auf das Gerücht reagiert werden, die Geistlichkeit sei mit den Schritten des Bischofs gegen die Regierung nicht einverstanden[47]. Ein weiterer Bericht schilderte erste Erfolge: »Indessen gehen von allen Seiten Adressen der Geistlichkeit an ihre Bischöfe, worin dieselbe gelobt, ihrem Oberhirten getreulich zur Seite zu stehen und alle Folgen zu theilen, welche sich etwa für die Bischöfe noch ergeben könnten. So namentlich auch in unserer Diöcese, wo die Kapitel Biberach, Deggingen, Ehingen, Gmünd, Neckarsulm, Schömberg, Wangen und Wiblingen sich bis jetzt ausgesprochen haben«[48].

Am 18. Juni 1853 erließen die Bischöfe eine zweite Denkschrift. Sie umfaßte nicht mehr nur 15 sondern 122 Seiten und war in Mainz von Johann Baptist Heinrich (1816–1891)[49] ausgearbeitet worden[50]. In einem Begleitschreiben rechtfertigte Bischof Lipp gegenüber der württembergischen Regierung das Vorgehen des Episkopats und räumte an einigen Punkten sogar gewisse Zugeständnisse ein. Doch ging er – ohne eine Antwort aus Stuttgart abzuwarten – an die faktische Ausübung der beanspruchten Rechte. Er ordnete einen rein kirchlichen Pfarrkonkurs (Pfarrexamen) an und verbot den Geistlichen unter Androhung kirchlicher Zensuren, an einer staatlichen Prüfung teilzunehmen. Die Regierung antwortete mit der Ausschreibung eines eigenen Pfarrkonkurses und der Erklärung, keinen Geistlichen ohne staatliches Examen auf eine Pfarrstelle vorzuschlagen oder zu bestätigen. Doch niemand meldete sich für die staatliche Prüfung, um nicht zwischen den Auseinandersetzungen der beiden Gewalten zerrieben zu werden. Lipp war der Notwendigkeit enthoben, seine Drohung wahr zu machen, der Staat schreckte vor Konsequenzen zurück. Das Deutsche Volksblatt (!) drängte Lipp zu einer schärferen Gangart, indem es am 19. Juli 1853 die Nachricht brachte, der Bischof habe die Mitglieder des Katholischen Kirchenrats exkommuniziert. Eine Falschmeldung, hinter der jene »Kräfte in der Diözese« standen, »welche bewußt auf einen Konflikt hinarbeiteten«[51]. Noch 1853 entbrannte ein heftiger publizistischer Kampf um die Denkschrift der Bischöfe, die in einer Massenauflage in den Buchhandel gelangte[52].

Auch jetzt verhielt sich das Sonntagsblatt noch weitgehend passiv abwartend. Über die Denkschrift wurde vorerst nicht berichtet. Ende August sah sich Rieß jedoch gezwungen, in einem längeren Artikel mit der Überschrift »Was will unser Bischof von der Regierung?«[53] auf den Kirchenkonflikt einzugehen: »Wenn man gegenwärtig die Zeitungen in die Hand nimmt, oder einer Abendunterhaltung beim Schoppen anwohnt, so liest und hört man Allerlei von einem Conflict zwischen dem Bischof und der Regierung, das heißt von einem Streite zwischen der geistlichen und der weltlichen Obrigkeit, und wie die Einen, die Gutgesinnten nehmlich, der Regierung rathen, daß sie nachgebe, die Andern aber, welche es entweder mit der Regierung oder mit der katholischen Kirche, oder mit beiden zusammen nicht gut meinen, daß die erstere es auf's Äußerste ankommen lassen und, wie sie sagen, die unerhörten Anmaßungen der katholischen Bischöfe nicht aufkommen lassen solle«. Damit hatte das Sonntagsblatt unmißverständlich Position bezogen. Es mahnte zum Frieden, sah diesen aber nicht in einem Kompromiß, sondern nur in einem Nachgeben des Staates verwirklicht. Eine Haltung, die fortan beibehalten wurde. Rieß machte den aktuellen Streit in der weiteren Erörterung zu einer Überlebensfrage der Kirche, verglich ihn mit dem Investiturstreit, resümierte über die jüngste Geschichte der Kirche in Württemberg und schloß: »Bis es aber zur wirklichen Aufrichtung des Bisthums Rottenburg kam, währte es nicht weniger als ein Vierteljahrhundert (1803–1828) und während dieser herrenlosen Zeit wurden natürlich ganz andere Grundsätze gehandhabt, als sonst in der katholischen Kirche gelten. Da wurden die Geistlichen statt vom Bischof durch eine Staatsbehörde erzogen, geprüft, ins Amt eingesetzt und fortan überwacht und geleitet; die weltliche Behörde verwaltete die Stiftungen und das Kirchenvermögen; sie schrieb vor, wie es in der Schule, beim Gottesdienste zu halten sei, bestätigte oder verwarf den Katechismus, das Gesang- und Ritualbuch, kurz ordnete alles, geistliches und nicht geistliches, als ob sie bischöfliche Gewalt besessen hätte. So maßte sich der Staat an, was die weltliche Gewalt beim Investiturstreite, im Mittelalter sich im Großen widerrechtlich beigelegt hatte. Als nun aber endlich der Bischof eingesetzt war, hätte man glauben sollen, jene Behörde, früher geistlicher Rath, später Kirchenrath genannt, werde alles an ihn übergeben, was nicht ihres Amtes war. […] Allein hier fehlt es, der Kirchenrath will nicht hergeben, was er in jener Zeit an sich gezogen hat, und darin liegt, wie der Leser in den weitern Artikeln sehen wird, der Hauptgrund des gegenwärtigen Conflictes«.

3. Badischer Kirchenstreit (1854–1855)

a) Das Vorhutgefecht: Ein Seelenamt für den verstorbenen Großherzog (1852)[54]

Der Konflikt zwischen Staat und Kirche, der die ganze Oberrheinische Kirchenprovinz betraf, eskalierte in besonderem Maße im Erzbistum Freiburg[55]. Der berühmte Tropfen, der das Faß zum Überlaufen bringen sollte, war im April 1852 gegeben, als Großherzog Leopold von Baden starb. Während das Staatsministerium für alle Pfarreien am 10. Mai feierliche Exequien für den Verstorbenen anordnete, erlaubte das Ordinariat lediglich, die Trauerfeierlichkeiten durch festliches Geläut, Trauerrede und Absingen der Oratio pro defunctis an der Tumba zu begehen. Das Gebet sollte außerdem nicht – wie angewiesen – am 10. Mai, sondern am Vorabend stattfinden. Auf diese eigenmächtigen Veränderungen des staatlichen Erlasses reagierte das Ministerium sehr heftig. Insbesondere verlangte man durch einen eigenen Gesandten und unter Berufung auf die Tradition in Baden die Abhaltung eines richtigen Totenamtes. Erzbischof Vicari widersetzte sich dieser Aufforderung mit dem Hinweis auf die Kirchengesetze. Demnach dürfe für Protestanten kein Seelenamt gehalten werden. Selbst der frühere Ausweg, das Seelenamt pro omnibus defunctis zu halten, könne seit einem jüngst ergangenen päpstlichen Verbot nicht mehr beschritten werden.

Das Ministerium reagierte prompt: Vicari wurde öffentlich getadelt, dem erzbischöflichen Erlaß aber jede Berechtigung abgesprochen. In einem eigenen Hirtenbrief vom 9. Mai 1852 reklamierte Vicari daraufhin für sich das Recht, »Bestimmungen über gottesdienstliche Handlungen zu treffen und zu entscheiden, für wen das hl. Meßopfer dargebracht werden dürfe«[56]. Die Verweigerung eines Seelenamtes für Protestanten sei nur die konsequente Befolgung kirchlicher Grundsätze. Die Protestanten könnten ein Seelenamt ohnehin nicht fordern, da nach ihrer Lehre das Meßopfer keinerlei Bedeutung habe. Die öffentliche Aufregung legte sich daraufhin allmählich. Dies bestätigte auch das Sonntagsblatt[57], das den Hirtenbrief in voller Länge abdruckte[58].

Doch hatte die Angelegenheit für all jene Pfarrer ein Nachspiel, die entweder der vom Erzbischof angeordneten Zeremonie nicht nachgekommen waren oder ein Seelenamt gefeiert hatten. Vicari zog aus allen Dekanaten Berichte über die Praxis in den Pfarreien ein. Dabei zeigte sich, daß von den insgesamt etwa 800 Pfarrern 60 gegen die Anweisung des Erzbischofs gehandelt hatten. Die renitenten Kleriker wurden zu fünftägigen Sonderexerzitien ins Priesterseminar von St. Peter einbestellt. Diese Strafmaßnahme gegen staatshörige Geistliche goß aufs Neue Öl ins Feuer. Das Ministerium ließ die betroffenen Geistlichen wissen, das Dekret des Erzbischofs sei – weil ohne staatliches Plazet erschienen – völlig unwirksam; man werde die Geistlichen gegenüber jedem unrechtmäßigen Vorgehen des Erzbischofs in Schutz nehmen. Weil sich jedoch alle betroffenen Pfarrer in die Exerzitien fügten, kam es nicht zu einer neuen Eskalation des Streites.

Das Sonntagsblatt berichtete mehrfach. Danach fügte sich die Mehrzahl der Geistlichen dem Erzbischof, mehrere Pfarrer hielten gar keinen Gottesdienst ab, einige wenige eine richtige Seelenmesse, manche zwei Gottesdienste, einen nach Anweisung des Erzbischofs und einen nach Anweisung des Ministeriums. Das Sonntagsblatt zögerte nicht, die Kritiker des Erzbischofs ins unkatholische Abseits zu stellen: »Die Beamten, auch manche Bürgermeister und namentlich Bürger in den Städten sind gegen die erzbischöfliche Verordnung ungehalten und es hat da und dort unruhige Auftritte gegeben; doch kehrt die Besonnenheit allmählich wieder zurück und diejenigen, welche überhaupt noch etwas von der Religion wissen wollen und keine vergessene Rongische[59] sind, sehen wohl ein, daß sie ihrer geistlichen Obrigkeit Unrecht gethan haben, oder daß sie von böswilligen Menschen, die der Kirche feindlich gesinnt sind, sich haben verhetzen lassen«[60]. Am 29. August erschien die wohlgefällig aufgenommene Nachricht, bis auf zwei Ausnahmen hätten sich alle Pfarrer, die sich der Weisung des Erzbischofs widersetzt hatten, in St. Peter zu Exerzitien unter der Leitung von P. Roh SJ eingefunden[61].

b) Die Zuspitzung: Entweder »Staat« oder »Kirche«

Trotz anderslautender Berichte im Sonntagsblatt besserte sich das angespannte kirchliche Klima in Baden nicht. Im Juni hatten die Regierungen ihre Konferenzen in Karlsruhe beendet. In einem Schreiben an den Erzbischof bedauerte der badische Prinzregent zwar den Konflikt und erklärte, mit der Kirche Hand in Hand gehen zu wollen. Doch wurde zur selben Zeit das Konvikt in Freiburg geschlossen, weil man den Forderungen des Erzbischofs hinsichtlich der alleinigen Leitung der Priesterausbildung nicht entsprechen zu können glaubte[62]. Bereits im März 1853 hatte die Regierung auch die Vorlesungen des Geistlichen Rats Peter Anton Schleyer einstellen lassen. Als einziges Vergehen Schleyers gab das Sonntagsblatt an, er habe sich dem Plan der Regierung »sehr heftig widersetzt«, wonach die Universität Freiburg nicht mehr als katholische Universität zu betrachten sei[63]. Schleyer wurde an ein Lyzeum strafversetzt[64]. Indes war auch Vicari provokativ vorgegangen, hatte die Theologen einer rein kirchlichen Prüfung ohne Hinzuziehung eines staatlichen Kommissars unterworfen, die Spitalpfarrei in Konstanz ohne staatliche Zustimmung besetzt, ohne Genehmigung ein Mitglied des Ordinariats ernannt und den katholischen Mitgliedern des Oberkirchenrats die Exkommunikation angedroht.

Im November eskalierte der schwelende Konflikt, nachdem Staatsrat Stengel den Erzbischof und sein Domkapitel am 31. Oktober schriftlich und mündlich zurechtgewiesen hatte. Berichtete das Sonntagsblatt hierüber auch nichts, so druckte es in seiner Ausgabe vom 20. November das Antwortschreiben des Erzbischofs vom 4. November ab[65]. Vicari verteidigte darin sein Vorgehen gegen ungehorsame Geistlichen seiner Diözese: »Das faktische Vorschreiten des gehorsamst Unterzeichneten in Erfüllung seiner heiligen Pflichten konnte nach den feierlichen Aussprüchen und Gelöbnissen, wie sie in den verschiedenen Eingaben des oberrheinischen Episkopats an die betreffenden Allerhöchsten und Höchsten Regierungen niedergelegt sind, nicht überraschen. Die Bischöfe haben kein leeres Wort gesprochen, sondern im Hinblick auf die furchtbare Verantwortung vor dem Richterstuhle Gottes ihre Handlungsweise bezeichnet, von der sie keine menschliche Macht abzubringen im Stande ist«. Insbesondere warnte Vicari die Regierung, seine kirchliche Autorität weiter zu untergraben: »Jeder Gebrauch der Gewalt wider die Kirche wendet sich zum Nachtheil derer, die sie ausüben«.

Nun überschlugen sich die Ereignisse. Die Regierung erließ am 7. November eine Verfügung, »wornach es dem hochw. Erzbischof von Freiburg nicht gestattet ist, irgend eine Verordnung zu erlassen oder Amtshandlung vorzunehmen, wenn nicht der Stadtdirektor Burger seine Zustimmung dazu gegeben hat. Zugleich hat die badische Regierung erklärt, daß jeder Geistliche, der eine bischöfliche Verordnung, die nicht von dem Specialcommissär Burger unterzeichnet ist, verkündigt, mit Gefängniß von zwei Monaten bestraft werden solle«[66]. Außerdem wurden die Geistlichen aufgerufen, zur Regierung zu halten und »dem Erzbischof untreu« zu werden. Sie stünden unter dem Schutz des Staates, Strafsanktionen des Bischofs müsse keine Folge geleistet werden, im Notfall werde man die »Strafanstalt in St. Peter«[67] schließen. Im Weigerungsfall würden die Betroffenen jedoch mit Temporaliensperre (Einziehung der Besoldung) bedroht. Eine sinnlose Maßnahme, wie das Sonntagsblatt bitter vermerkte, denn »keiner von den pflichtgetreuen Geistlichen wird des Hungers sterben – das dürfen die Herren, welche mit Temporaliensperre drohen, sich zum Voraus merken!«[68] Vicari selbst zeigte sich von den Drohungen unbeeindruckt. Erneut ernannte er Pfarrer, schloß die katholischen Mitglieder des Oberkirchenrates sowie Stadtdirektor Burger sogar aus der Kirche aus. Die feierlichen Exkommunikationsdekrete wurden in Karlsruhe, Freiburg und an anderen Orten während der Gottesdienste verlesen. Die Regierung geriet in Zugzwang. Die ausführenden Pfarrer wurden gefangengenommen, den badischen Druckereien wurde verboten, erzbischöfliche Erlasse zu drucken, die Presse durfte nicht über den Konflikt berichten, auswärtige Blätter wurden konfisziert. Außerdem wurden die Freiburger Jesuiten ausgewiesen und der Freiburger Gesellenverein mit Auflösung bedroht.

Das Sonntagsblatt suchte trotz dieser Hiobsbotschaften Zuversicht zu verbreiten: »Was soll aus all dem werden? Der Herr hat seine Kirche auf einen Felsen gebaut, an dem schon tausend und abertausend Wellen nutzlos sich zerschlagen haben. So wird und muß es auch in Baden gehen: wer wird mit excommunicirten Beamten verkehren wollen? wie kann ein Solcher in die Länge ein Amt mit Segen bekleiden, oder gar noch Oberkirchenrath sein? Die Theilnahme an den Leiden des greisen Erzbischofs ist eine allgemeine, von allen Seiten her treffen Zuschriften ein, die ihm die kindlichste Verehrung aussprechen und worin von den Zusendern gebeten wird, wenn er es bedürfe, über ihr ganzes Vermögen verfügen zu wollen. Nach den neuesten Nachrichten wäre die Regierung in Karlsruhe bereits selbst über die Maßregeln erschrocken, welche sie in Anwendung gebracht«[69]. Letzteres war wohl mehr Wunsch als Wirklichkeit. Denn bereits in seiner nächsten Nummer mußte das Sonntagsblatt feststellen: »Die badische Regierung beharrt immer noch auf ihren Maßregeln […]. Doch ist im Allgemeinen die Aenderung eingetreten, daß die dem Erzbischofe gehorsamen Geistlichen nunmehr eher mit Geld, als mit Gefängniß bestraft werden«[70].

Im Wortlaut publizierte das Sonntagsblatt die beiden feierlichen Exkommunikationsdekrete gegen Mitglieder des Oberkirchenrats und Stadtdirektor Burger[71], außerdem den Hirtenbrief Vicaris vom 11. November, der eine Art Generalabrechnung mit dem Staat darstellte[72]. In der folgenden Nummer berichtete das Sonntagsblatt über die Verfolgungen, welche Generalvikar Buchegger, Kooperator Kästle und Kaplan Hell infolge der Bekanntmachung der erzbischöflichen Exkommunikationen zu erleiden hatten. »Von da ab gewannen die Verhaftungen und Bestrafungen der eidesgetreuen Geistlichen immer größere Umrisse. Dies war besonders der Fall, als der Hirtenbrief des hochw. Erzbischofs erschien. Obwohl derselbe in einer ausländischen Druckerei gesetzt werden mußte, so gibt's doch nur wenige Geistliche, die denselben nicht zu verlesen wagten. Bei dem Volke fand derselbe überall eine begeisterte Aufnahme und dasselbe drohte mehr als an einem Orte, die wegen Verlesung desselben bestraften Geistlichen mit Gewalt zu schützen, so daß, wie schon berichtet, die großherzogl. badische Regierung davon Abstand genommen, gegen alle Priester Gefängniß zu beschließen«[73].

Die Standhaftigkeit des Freiburger Erzbischofs machte diesen nicht nur in den Augen der Bevölkerung zur Symbolfigur des Widerstands gegen die Staatsgewalt und zum Märtyrer der Kirche. Vicari wurde plötzlich weit über alle Landesgrenzen hinaus bekannt. Eine Welle der Verehrung schlug ihm entgegen, wurde – mit Hilfe der katholischen Presse – intensiviert und entsprechend in Szene gesetzt. Das Sonntagsblatt brachte in seiner 50. Ausgabe des Jahres 1853 eine Biographie des Metropoliten[74]. In der folgenden Nummer berichtete es über die Anteilnahme, die Vicari in der ganzen Welt erfuhr: »Der ruhmvolle Kampf unseres innigst geliebten Metropoliten, des hochwürdigsten Erzbischofs Hermann von Freiburg, erregt nicht blos in der ganzen Provinz, nicht blos in Deutschland, sondern bald in der ganzen katholischen Welt die regste Theilnahme und mit der größten Spannung sieht man einer Allocution (Ansprache an das h. Collegium) entgegen, welche der h. Vater, das Oberhaupt der Christenheit, halten werde. Insbesondere sind es die Amtsbrüder, die hochwürdigsten Erzbischöfe und Bischöfe der katholischen Christenheit, welche durch Hirtenbriefe, durch Schreiben an den glorreichen Vorkämpfer der kirchlichen Freiheit und durch Anordnung von Gebeten im h. Opfer und Seitens der Gläubigen die Stimme des Beifalls und der Bewunderung erheben; ihnen schließen sich die Domcapitel und die niedere Klerisei, sowie angesehene Stimmführer der katholischen Sache aus dem Laienstande und alles, was im Volke zum guten alten Glauben und Rechte der

> In der Unterzeichneten ist erschienen und durch alle Buchhandlungen zu beziehen:
> Das sehr wohlgetroffene Bildniß des Hochwürdigsten Herrn
> **Hermann von Vicari,**
> Erzbischof von Freiburg.
> Preis auf chinesisches Papier 48 kr.
> Freiburg, 1853. Herder'sche Verlagshandlung.
>
> Verlegt und gedruckt unter Verantwortlichkeit von G. Rümelin, Wilhelmstr. Nr. 5.

Auch den Herder-Verlag traf das staatliche Verbot, über den badischen Kirchenkonflikt zu berichten oder erzbischöfliche Schreiben zu drucken. Er ließ stattdessen Vicaris Bild drucken und verbreiten. Damit reagierte der Verlag einerseits auf die Welle der Verehrung, die dem Erzbischof entgegenschlug, andererseits förderte er auf diese Weise die Stilisierung Vicaris zum Märtyrer und »Heiligen«.
Bildnachweis: SCV 1853, Nr. 48 (27. November) 412.

Kirche hält, an«. Die Bischöfe von Mainz und Limburg wurden an erster Stelle genannt, sogar ein Hirtenbrief Kettelers abgedruckt. Neben dem Fuldaer Bischof – und »in neuerster Zeit« (d.h. für das Sonntagsblatt zu spät) dem Rottenburger Bischof – wurden die Domkapitel von Limburg, Fulda und Mainz erwähnt. Das Rottenburger Domkapitel fehlte bezeichnenderweise. Statt dessen wies das Sonntagsblatt auf entsprechende Adressen der Dekanate Deggingen, Ehingen, Gmünd und Neresheim hin. Abgedruckt wurde außerdem ein Solidaritätsschreiben der bayerischen Bischöfe. Auch der Kölner Erzbischof, die Bischöfe von Münster und Paderborn, der Fürstbischof von Breslau, der österreichische Episkopat, die Bischöfe von Montpellier, Soissons, Orleans, Beauvais, Saint-Cloud, Amiens, Viviers, Chalons, Arras, Limoges sowie die Erzbischöfe von Paris, Straßburg, Dublin und Tuam bezeugten ihre Anteilnahme. Publiziert wurde auch die Anordnung eines allgemeinen Gebetes für den Schutz der Kirche durch den Rottenburger Bischof[75]. Das Sonntagsblatt jubelte: »Es ist fürwahr ein erhebendes Gefühl, einer Kirche, die also ihre Einheit bewährt, anzugehören. Wer wollte der Macht dieser Gebete, die aus Millionen Herzen aufsteigen, wer der überredenden Sprache der katholischen Liebe widerstehen? Noch ist zwar das Eis in Baden nicht gebrochen, noch schmachten Bekenner im Gefängnisse, noch werden eidestreue Priester bestraft um Geld und Freiheit, noch werden falsche Propheten gedungen, um die Stimme der Wahrheit zu übertönen; aber je länger der liebe Gott den vollen Sieg vertagt, je größer die Verblendung der Feinde ist, desto großartiger wird der Triumph ausfallen!«[76]

Der badische Kirchenstreit war inzwischen zum Hauptthema des Sonntagsblattes geworden. Fast jede der folgenden Ausgaben begann mit einem umfänglichen Titelbeitrag »Aus der oberrheinischen Kirchenprovinz«. Neben Berichten sowie der Dokumentation wichtiger Schriftstücke brachte Rieß auch belehrende Erzählungen, wie etwa »Die Unterredung mit einem Bischofe«, ein Gespräch zwischen Basilius dem Großen und Modestus, dem Hofmeister Kaiser Valens', der dem Bischof Landesverweisung, Marter und Tod angedroht hatte. Die Erzählung endete – situationsgerecht – im Sinne der Kirche: Als Modestus die Verbannung unterzeichnen wollte, »zitterte ihm die Hand, und von Furcht ergriffen, zerriß er das Papier, widerrief den Befehl, und ließ den Bischof Basilius in Ruhe«[77].

Der Titelbeitrag der Weihnachtsausgabe vom 25. Dezember 1853 verglich die Vorgänge in Baden schließlich mit dem »Kölner Ereignis« von 1837[78]. Rieß verbreitete Zuversicht, nicht ohne die badische Regierung zu warnen: »Eine Verfolgung der Kirche hat aber nach den bisherigen Erfahrungen immer große Vortheile gebracht; neben dem daß das faule Fleisch ausgeschnitten wird, werden die Gleichgiltigen aufgeweckt, die Schwankenden befestigt und auch den Ungläubigen wird durch die That bewiesen, daß die Verfassung unserer heiligen Kirche göttlicher Einsetzung ist. Das hat man seiner Zeit in den Rheinlanden erlebt, als der große Bekenner, Erzbischof Clemens August von Köln, in die preußische Festung Minden gefangen abgeführt wurde. Damals giengen die Leute wieder zu den heiligen Sakramenten, welche zum Theil Jahrzehnte lang ihre Pflichten gegen die Kirche versäumt hatten. Etwas Aehnliches konnte man in Baden wahrnehmen«[79].

Die Regierung erkannte die Notwendigkeit einer Lösung und wandte sich mit der Bitte um Vermittlung an den Wiener Nuntius. Diese bestand aber lediglich darin, ähnlich wie der Erzbischof die Zurücknahme der Verordnungen von 1830 und vom 7. November 1853 zu fordern. Daß die Regierung darauf nicht eingehen konnte, war vorauszusehen; dazu bedurfte es nicht – wie das Sonntagsblatt behauptete – der Intrigen einer gewissen »Partei«[80]. Wieder wurden Übergriffe des Staates geschildert, Hausdurchsuchungen und Verhaftungen, selbst eine Durchsuchung der bischöflichen Kanzlei und Registratur. Von eminentem Interesse war für Rieß der Umgang des Staates mit der Presse, denn er selbst war betroffen: »Die Beschlagnahmen und Verbote von katholischen Blättern, die auf Seiten des Erzbischofs stehen, dauern fort, zugleich klagt man die Redacteure derselben als Unruhestifter, Hochverräther, Majestätsbeleidiger an; so sind nur allein gegen das Deutsche Volksblatt 9 Processe anhängig gemacht und in einem derselben der Redacteur wie ein Verbrecher in ungewohnter Hast zu 1 Jahr Arbeitshaus verurtheilt worden, und andere Verurtheilungen werden folgen. Eine Vertheidigung wird von der anderen Partei nicht berücksichtigt, und geschieht sie in einem Blatte, einfach beschlagnahmt«[81]. In böser Vorahnung auf das neue Jahr schrieb Rieß: »So kann denn der geneigte Leser des Sonntagsblattes am Schlusse des denkwürdigen Jahres 1853 dem Beginne eines gewiß noch viel denkwürdigeren Jahres entgegensehen. Sollte auch der Streit zwischen dem Christ, der uns heute geboren worden, und seinen Feinden noch länger andauern und über Baden hinausgreifen: der das Schwert in die Welt gebracht hat, ist auch der wahre Friedensfürst, und bei seiner Geburt verheißt die Engelschaar Frieden ›Allen, die eines guten Willens sind‹«[82].

c) Die Eskalation: Gefangennahme des Erzbischofs

Das neue Jahr begann hoffnungsvoll: Der Prinzregent gab Erzbischof Vicari gegenüber seinem Wunsch Ausdruck, gemeinsam eine friedliche Einigung herbeizuführen. Es kam zu Verhandlungen. Außerdem schickte die Regierung Graf von Leiningen nach Rom und wies die exkommunizierten Oberkirchenräte an, um Wiederaufnahme in die Kirche zu bitten. Doch blieben diese Schritte der Versöhnung auf halbem Wege stecken. Der Erzbischof brach die Verhandlungen mit der Regierung ab, weil diese mit der Bestrafung von Priestern und Laien fortfuhr. Leiningen wurde, noch bevor er Rom erreichte, nach Baden zurückbeordert und die Oberkirchenräte weigerten sich, Vicari um Zurücknahme der Exkommunikation zu bitten. Immerhin nahm die Regierung am 25. März 1854 ihre Verordnung vom 7. November 1853 offiziell zurück und kündigte ernsthafte Verhandlungen mit der römischen Kurie an. Doch das

Sonntagsblatt blieb skeptisch: »Ob die Rücksicht auf den bevorstehenden Krieg an dieser Wendung schuldig ist? Ob man nur dem Erzbischof zuvorkommen und das, was er weiter thut, abschwächen will? Wir wissen das noch nicht. Wir wollen das Beste hoffen, denn fürwahr das sollte man endlich einsehen, der Weg der Gewalt, welcher bisher gegen das gute Recht des Erzbischofs eingeschlagen worden ist, er führt nicht zum Ziel, verbittert die besten Gemüther und bringt Unheil und Verderben«[83].

Die Skepsis war, wie sich zeigen sollte, begründet, denn beide Seiten kündigten kurze Zeit darauf die Fortsetzung ihres bisherigen Kurses an. Der Erzbischof wollte nach Ostern erneut selbständig Pfarreien besetzen und das aufgelöste Konvikt in Freiburg wiedereröffnen. Die Regierung ihrerseits erließ eine Anordnung an alle Ämter, welche zwar die Zurücknahme der Verordnung vom 7. November 1853 bestätigte, de facto jedoch weiterhin an den bestehenden Gesetzen und Verordnungen (also auch jener von 1830) festhielt. Für den Fall, daß der Erzbischof weiterhin eigenmächtig handelte, wurden nähere Instruktionen erlassen. Das Sonntagsblatt publizierte den Erlaß im Wortlaut. Gleichzeitig äußerte es die Befürchtung, »daß die Regierung von Baden nun selbst gegen die Person des hochw. Erzbischofs einschreiten und Hand an sein gesalbtes, graues Haar legen wolle«[84]. Tatsächlich deutete alles darauf hin. Rieß berichtete eine Woche später, die badische Polizei habe den Auftrag, die Wiedereröffnung des Freiburger Konvikts mit Gewalt zu verhindern. »Es sollen Polizeidiener vor die Türe gestellt und die Schlüssel zu der Anstalt auch dem Erzbischofe abverlangt worden sein«[85]. Andere Maßnahmen wurden ebenso fortgesetzt: »Die kirchlichen Blätter und Vertheidigungsschriften werden fort und fort eingezogen, schuldlose Leute auf öffentlicher Straße festgehalten und ihnen die Taschen untersucht, ob nichts darin steckt, was nach dem Rechte der katholischen Kirche riecht […][86]. Die Lügenblätter hingegen dürfen fort und fort ihren elenden Haß gegen die katholische Kirche ausspritzen und sind so schamlos, zu verlangen, daß man den muthigen, geistesstarken Erzbischof für mundtodt erkläre und ihm einen Coadjutor setze«[87]. Mit Freude druckte das Sonntagsblatt deshalb ein belobigendes und ermutigendes Schreiben Pius' IX. an Vicari und das Freiburger Domkapitel ab[88].

Am 12. April drohte Vicari der Regierung wiederholt, »von seiner kirchlichen Vollmacht einen vollen Gebrauch zu machen«, und kündigte folgende Sanktionen an[89]:
1. Abbruch jedes dienstlichen Verkehrs mit dem Oberkirchenrat und dessen Mitgliedern, die sich bischöfliche Rechte anmaßen.
2. Besoldung der Pfarrverweser aus dem Kirchengut ohne vorherige Genehmigung des Oberkirchenrats.
3. Abberufung der Pfarrverweser und Sperrung der Pfarreien, falls die Besoldung vorenthalten wird.
4. Verbot für die betroffenen Geistlichen, Bürgerlisten, Standesbücher u.ä. weiterzuführen.
5. Rechtliche Schritte, um in den Besitz der Kirchengüter zu gelangen.
6. Verbot für alle Geistlichen, ihre bürgerlichen Geschäfte fortzuführen, falls das Unrecht weiter um sich greift.

Rieß kommentierte: »Das heißt mit anderen Worten: *der Kirchenstreit wird jetzt erst recht beginnen* und der Erzbischof wird fortan ohne Rücksicht vorgehen, wie es sein heiliges Amt erfordert«[90].

Am 21. Mai berichtete das Sonntagsblatt von der Absetzung der geistlichen Stiftungsräte durch die Regierung. Kommissare waren angewiesen worden, sich der »Stiftungskisten« und Bücher zu bemächtigen. Dagegen hatte der Erzbischof den Stiftungsbeamten bei Androhung

Hermann von Vicari, Erzbischof von Freiburg.
Bildnachweis: Erzbischöfliches Archiv Freiburg.

des Kirchenbannes befohlen, sich »jeder Mithilfe zur Beraubung der Kirche zu enthalten«[91]. Damit griff der Kirchenkampf über den engeren Kreis des Klerus hinaus auch auf Laien über. Jene Katholiken, die zugleich ein Staats- und ein Kirchenamt bekleideten, mußten nun zwischen den Mühlsteinen zerrieben werden. Es gab nur eine Wahl: entweder die kirchliche Exkommunikation oder der wirtschaftliche Ruin. Dies wurde nicht nur von der Regierung, sondern auch von kirchlicher Seite bewußt in Kauf genommen. Unbarmherzig fällte Rieß im Sonntagsblatt sein Urteil über jene, die mit Rücksicht auf den Lebensunterhalt ihrer Familien der staatlichen Gewalt nachgaben, schimpfte sie »Namenkatholiken« und stellte ihnen die »wahren Katholiken« als Märtyrer gegenüber[92]. Auch glaubte Rieß, bezüglich der Haltung der Katholiken einen geographischen Unterschied feststellen zu können. Während durch den Kirchenstreit die Anhänglichkeit an den Erzbischof in Franken neu entfacht wurde, war im katholischen Oberland und im badischen Seekreis das Gegenteil zu beobachten[93].

Am Sonntag, den 20. Mai, sollte von allen Kanzeln des Erzbistums ein Hirtenbrief Vicaris verlesen werden. Die Regierung betrachtete dies als weitere Provokation, weil sie nicht um das Plazet gebeten worden war, und ließ den Hirtenbrief konfiszieren. Gendarmen wurden angewiesen, Hausdurchsuchungen und leibliche Untersuchungen der Pfarrer („in ihren Stiefeln und Kleidern") vorzunehmen[94]. Außerdem sollte in allen katholischen Kirchen kontrolliert werden, »was nebenbei noch von den einzelnen Geistlichen gesagt werde« und »welchen Eindruck das Gehörte auf die Leute gemacht habe, welche Aeußerungen außerhalb der Kirche fallen«[95]. Das Sonntagsblatt berichtete detailliert über diese »Verfolgungen«[96] und sorgte seinerseits für eine Verbreitung des Hirtenbriefs. In einer Beilage zu Nr. 26 des Sonntagsblattes wurde er wortwörtlich abgedruckt[97].

Vicaris Hirtenbrief, der zum Widerstand gegen die Staatsgewalt aufrief, trieb die Auseinandersetzungen auf die Spitze. Am 28. Mai 1854 mußte das Sonntagsblatt berichten: »Doch das Aergste kommt nach. Die badische Regierung hat nunmehr den letzten Trumpf ausgespielt: *sie hat den hochwürdigsten Erzbischof dafür, daß er, der Kirchenfürst, das Vermögen seiner Kirche selbst verwalten und verwenden lassen will, in Criminaluntersuchung gezogen*«[98].

Verstimmung gab es noch einmal im Juli 1854, als Vicari ohne staatliche Genehmigung seine Suffragane um Spendung des Firmsakraments in Baden bat und Bischof Ketteler von Mainz in den Dekanaten Weinheim und Heidelberg sowie in Mannheim den Anfang machte. Wieder war es ein Affront, der ganz auf der kirchenpolitischen Linie Vicaris lag und gegen geltendes Recht verstieß. Das Sonntagsblatt freilich tat so, als sei das Verhalten des Erzbischof die normalste Sache der Welt und beantwortete die staatliche Kritik mit der ironischen Bemerkung: »Der Schw. Merkur und andere neuheidnische Blätter thun etwas ungehalten darüber, daß der Regierung hievon nicht einmal eine Anzeige gemacht, viel weniger Genehmigung eingeholt worden sei. Hat vielleicht Stadtdirektor Wilhelmi dabei den Chrisam tragen wollen?«[99]

d) Entspannung?

In der zweiten Aprilhälfte des Jahres 1854 war Graf Leiningen in neuerlicher Mission nach Rom geschickt worden. Rieß sprach von »Gut-Wetter-Machen« und »Schönfärberei« und wollte der Mission selbst keine größere Bedeutung beimessen: »Was wird er dort ausrichten? Es sind bereits Nachrichten aus Rom eingetroffen. Sie lauten nicht günstig für die badische Regierung: Graf Leiningen habe keine guten Aussichten. Er hat gleich wie er ankam, im Vertrauen dem österreichischen Gesandten mitgetheilt, was er verlangen werde vom heil. Stuhle. Darauf hat ihm dieser ohne Umschweife gesagt, es sei ganz überflüssig, *solches* vorzubringen; *auf dem* Weg werde man nichts erlangen«. Und beruhigend fügte Rieß hinzu: »Natürlich wird der heil. Vater auch vom hochwürdigsten Erzbischofe und Denen, die er beauftragt, jederzeit genau unterrichtet, und so weiß man im Mittelpunkte der Christenheit wohl, wie es in Baden aussieht«[100].

Am 23. Juli meldete das Sonntagsblatt die Rückkehr von Graf Leiningen, ohne jedoch ein Ergebnis der Mission mitteilen zu können. »Soviel aber ist bereits gewiß, daß der hochw. Erzbischof wegen seines Verfahrens vom hl. Vater belobt worden ist«. In Rom geblieben war Staatsrat Carl Brunner, »um einen Frieden mit dem h. Stuhle zuweg zu bringen«[101]. Wenig später konnte das Sonntagsblatt berichten, der Papst habe sich voll hinter den Erzbischof gestellt. Auch die Anträge, die Brunner und Assessor Turban in Rom machten, würden »als zu leicht befunden«[102]. Süffisant kommentierte Rieß: »Es ist also alles wie Spreu im Winde zerstoben, was man aussprengte, als ob der heil. Vater selber der Ansicht sei, der Erzbischof gehe zu weit; zerstoben und zerschellt an dem Felsenwort: der Erzbischof hat nur seine Pflicht gethan, wie er gehandelt hat, so mußte er handeln als treuer Diener der Kirche. Was soll nun aber werden aus Baden? Wenn der Ministerialrath und Conflictscommissär Fieser seiner Zeit die Wahrheit geredet hat, da er die braven katholischen Odenwälder versicherte, die Regierung habe die Sache dem heiligen Vater vorgelegt und werde sich nach seinem Urtheile richten, so wird jetzt ein ehrlicher Friede zu Stande kommen. Wir wollen sehen, ob diese Erwartung eintrifft, die Zeichen sind noch keineswegs günstig«[103].

Bischofsstab. Geschenk französischer und amerikanischer Katholiken an Hermann von Vicari.
Bildnachweis: Verlag Herder, Freiburg.

Mitte August endlich kam die befreiende Nachricht, der Prinzregent von Baden habe die von Graf Leiningen aus Rom mitgebrachten Friedensvorschläge des Papstes angenommen. Obwohl aus Karlsruhe nicht bestätigt, begrüßte Rieß die Meldung: »Verbrieft und vollständig ist also der Abschluß noch nicht, doch wollen wir's den badischen Katholiken recht von Herzen gönnen, wenn sie einen ehrlichen Kirchenfrieden bekommen. Denn selbst der Krieg und die Revolution sind nur ein Kinderspiel gegen einen Kirchenconflict. Man höre nur die Leute, vollends die aus paritätischen Gegenden kommen, welche tiefe Kluft die Gemüther auseinanderreißt, welches Mißtrauen eintritt, wie unheimlich die Stimmung wird. Lange kann ein solcher Zustand ohne den größten Schaden nicht andauern. Das ist, wie wenn die edelsten Glieder am Leibe krank sind, da entleidet das Leben. Geistliche und weltliche Obrigkeit sollen in rechter Eintracht leben, beide einander achten, keine das Recht der andern angreifen, oder sie gar unterdrücken und zur Magd herabwürdigen wollen«[104].

Dies war für einige Zeit die letzte wesentliche Äußerung des Sonntagsblattes zum badischen Kirchenstreit. Nur vereinzelt erschienen noch Meldungen zu diesem Thema. So zum Beispiel von Pfarrer Standara in Sintenhort-Rast bei Meßkirch, der wegen einer »Kirchenconflictspredigt« die richterliche Anweisung erhalten hatte, »auf acht Wochen ein warmes Zimmerchen mit einem Kreuzstock auf der hohen Festung während bevorstehender Winterszeit gefälligst zu beziehen«. Die neuerliche Zurückhaltung von Rieß erklärt sich wohl am besten damit, daß ihm dasselbe Schicksal drohte. Jedenfalls konnte er die Bemerkung nicht unterlassen: »Auch sonst wäre noch Vieles zu berichten, aber man darf nicht Alles sagen und braucht die Welt auch nicht alles zu wissen«[105]. 1855 druckte Rieß die Allokution ab, die Pius IX. am 9. Dezember 1854 im Konsistorium gehalten hatte und die auf den Konflikt zwischen Staat und Kirche einging[106]. Ende Januar 1855 wurde angezeigt, Erzbischof Vicari habe in ganz Baden öffentliche Gebete für die Freiheit der Kirche angeordnet[107]. Die Solidarität der Weltkirche mit dem Freiburger Erzbischof brachte im März 1856 ein Artikel zum Ausdruck, der über eine Gabe der französischen und amerikanischen Bischöfe berichtete: »In voriger Woche erhielt der greise Kirchenfürst Besuch von dem Hochwürdigsten Hrn. Bischof von Straßburg und einer Deputation, bestehend aus dem Maire v. Lavall und den beiden Redakteuren des Univers, Gebrüdern Veuillot aus Paris. Diese Herren überbrachten im Auftrage von 40 Bischöfen Amerika's und Frankreichs und der Katholiken ihrer Diöcesen dem Hrn. Erzbischof einen prachtvollen Bischofsstab von gediegenem Silber, vergoldet, reich ciselirt und mit kostbaren Edelsteinen besetzt. Oben in der Krümmung des Stabes ist der Erzengel Michael zu Pferde – von Silber massiv gearbeitet, wie er den Tempelschänder und Tempelräuber Heliodorus zu Boden schmettert«[108].

Im Juni 1857 endlich brachte das Sonntagsblatt die erlösende Meldung, die badische Regierung habe das Freiburger Theologische Konvikt wieder freigegeben und die versiegelten Zimmer zum Gebrauch geöffnet[109].

e) Nachhutgefecht: Die Rolle des Sonntagsblattes und der Prozeß gegen Florian Rieß (1855)

Es fällt auf, daß Rieß im Sonntagsblatt ausgiebig über die Vorgänge in Baden berichtete. Dies sicher deshalb, weil der dortige Konflikt von 1853 und 1854 die Interessen der Kirche am stärksten berührte und weil der Ausgang dieses Kampfes Signalwirkung für die übrigen Staaten der Oberrheinischen Kirchenprovinz – und insbesondere für Württemberg – haben mußte. Vielleicht wollte Rieß mit seinem Verhalten auch die Stuttgarter Regierung warnen. Die breite Berichterstattung über die badischen Vorgänge hatte aber auch noch einen anderen Grund: Das Stuttgarter Sonntagsblatt war gerade in Baden weit verbreitet, wie etwa ein Brief »Aus dem Högau im Badischen« belegt. Dort hieß es 1853: »Dank dem großen Glaubens- und Seeleneifer, der aus dem benachbarten Württemberger-Land auch auf diesseits wohltätigen Einfluß hat; dazu wirkt nicht wenig das gute Stuttgarter Sonntagsblatt, welches gerne gelesen wird und von Haus zu Hause zu wandern pflegt«[110]. Tatsächlich gab es in Baden seit dem Eingehen des »Süddeutschen Katholischen Wochenblatts« (1848) keine kirchliche Wochenzeitschrift[111].

Wie läßt sich die Berichterstattung zum Thema »Staat – Kirche« im Sonntagsblatt charakterisieren? Auf dem Höhepunkt des badischen Kirchenstreites streifte die Zeitung alle Mäßigung ab; Erzbischof Vicari wurde angestachelt, von seinen Rechten Gebrauch zu machen; Vermittlungsversuche wurden als taktische, unlautere Manöver bezeichnet; dem Erzbischof wurde die breite Zustimmung des Volkes suggeriert. Letztlich trieb man Vicari damit immer tiefer in den Kampf. Welche innere Logik hinter dieser extremen Konfliktbereitschaft stand, verdeutlicht eine kurze, en passant hingeworfene Bemerkung über die im Oktober 1854 veranstaltete Wallfahrt auf dem schwäbischen Michaelsberg: »Noch verdient erwähnt zu werden, daß unter den Wallfahrern viele Badenser und namentlich Männer sich befanden. Wir sehen hierin

Den Feinden der katholischen Kirche.

O freut euch nur, daß jetzt die Jesuiten,
   Die finstern Volksverdummer sind verbannt,
Daß Geist und Licht, die lang mit ihnen stritten,
   Durchströmen unser aufgeklärtes Land!
Frohlockt, daß die hierarchischen Gelüste
   Des Herrschers Festigkeit darniederhält,
Und endlich so das morsche Baugerüste
   Des Mönch- und Pfaffenthums zusammenfällt;
Blickt höhnisch lächelnd uns in's Angesicht:
Der Herr läßt dennoch seine Kirche nicht.

Erklärt als pflichtvergessene Rebellen
   Den Erzbischof und seiner Priester Schaar,
Solch' Urtheil hört man jetzt von Manchem fällen,
   Der Struve's Fahne treu ergeben war.

Der Robert Blum einst hielt die Todtenfeier,
   Ist beim gepries'nen Oberkirchenrath;
Jetzt deckt man freilich des Vergessens Schleier
   Auf die gewiß nicht priesterliche That.
Ob Mancher heil'gen Priestereid auch bricht —
Der Herr verläßt doch seine Kirche nicht.

Klatscht Beifall, wenn man alle guten Blätter,
   Die wahrheitstreu berichten, confiscirt,
Als Ordnungsstörer und als Hochverräther
   Die Redacteure massenweis citirt.
Ob Sausen, Zander, Geiger, Schönchen, Jäger
   Und Rieß verurtheilt werden fort und fort,
Beim Volk wird das Verlangen desto reger
   Nach ihrem streng verpönten, wahren Wort.
Der Wahrheit Strahl durch Trug und Lüge bricht,
Der Herr verläßt doch seine Kirche nicht.

So glaubt ihr, daß von jetzt in Sclavenbanden
   Zu schmachten sei der heil'gen Kirche Loos?
Achtzehn Jahrhunderte hat sie bestanden
   Im Streit und Siegen, wie ihr Stifter groß.
Das Senfkorn konnte keine Macht ersticken,
   Wie wollt vertilgen ihr den mächt'gen Baum,
Der all' die Millionen Katholiken
   Versammelt unter seines Schattens Raum,
Den keine Art fällt und kein Wetter bricht?
Der Herr verlässet seine Kirche nicht.

Wißt ihr denn nicht, daß wie der Herr gelitten
   Auch seine Braut zu leiden ist erwählt?
Seit ihrer Stiftung hat sie stets gestritten,
   Und stets hat sie der Herr zum Kampf gestählt.
So wird sie auch bald siegreich sich erheben
   Aus diesem Druck, der ihr zur Läut'rung dient,
Und wie das unfruchtbare Schoß der Reben,
   So löst sie ab das Glied, das nicht verdient
Zu wandeln fernerhin in ihrem Licht:
Der Herr verläßt doch seine Kirche nicht.

Wenn wir nur treu und fest am Felsen halten,
   Den nie bewältiget der Hölle Macht,
Dann trotzen wir den stärksten Erdgewalten,
   Das Glaubenslicht erhellt die tiefste Nacht.
Und was nach eurer Meinung sollte geben
   Dem „Jesuitenthum" den Todesstoß,
Dient nur dazu, die Glieder zu beleben,
   Die träg geschlummert in der Mutter Schoos,
Sie sind erwacht und kennen ihre Pflicht,
Weil Gott verlässet seine Kirche nicht.

So danken wir denn auch der Kirche Feinden,
   Die wider Willen unsre Helfer sind,
Daß nicht der Glaube sinkt, wie sie's vermeinten,
   Nein! daß er neu empor zu blüh'n beginnt.
Tief innig fühlen erst wir, was es heiße
   Das hohe Glück, ein Kind der Kirche sein.
In That und Wahrheit wollen wir beweisen,
   Daß wir uns dankbar dieser Gnade freu'n.
Der unser Hort ist, unsre Zuversicht,
Der Herr verlässet seine Kirche nicht.

B., an Maria Verkündigung 1854.

                                               Eine badische Katholikin.

In Form eines Gedichtes wurde mit dem Staat – und auch mit dem Zensurwesen – abgerechnet.
Bildnachweis: SCV 1854, Nr. 23 (4. Juni) 231 f.

u. a. auch eine Wirkung des Kirchenstreits; dieser ist zwar an sich beklagenswerth, muß aber doch mit dazu beitragen, dem religiösen Leben unter den Katholiken der Erzdiöcese und weit über die Grenzen derselben hinaus einen höheren Aufschwung zu geben«[112].

Das Sonntagsblatt berichtete detailliert über die näheren Umstände der Untersuchungshaft gegen Erzbischof Vicari, indem Briefe und Nachrichten veröffentlicht wurden, die Rieß »auf außerordentlichem Wege« erhalten hatte. Mehrfach wurden deshalb Ausgaben des Sonntagsblattes (Nr. 22, Nr. 24 und Nr. 25) von der Zensur mit Beschlag belegt. Rieß brachte aus diesem Grunde in Nr. 23 nochmals einen ausführlichen Bericht über die Gefangensetzung des Freiburger Erzbischofs[113]. Seine Klagen vor Gericht hatten zudem den Erfolg, daß die zweite Ausgabe der Nr. 22 sowie die Nr. 24 wieder freigegeben wurde[114]. Dennoch fürchtete Rieß, die Beschlagnahmungen könnten Abonnenten und Leser des Sonntagsblattes abschrecken, und warb immer wieder damit, auch weiterhin »offen, ohne Ansehen der Person, die Wahrheit zu berichten, und dabei keine Gefahr zu scheuen«[115]. Eine spätere Klage, die Rieß gegen die abermalige Unterdrückung des Sonntagsblattes erhob, wurde vom Gericht zurückgewiesen. Dort war man der Ansicht, die badische Regierung sei tatsächlich über Gebühr angegriffen worden[116].

Rieß scheute sich nicht, im Sonntagsblatt zu polarisieren. Für den Leser war stets erkennbar, wer im Recht war und wer falsch handelte. Offenbar mit Genugtuung publizierte Rieß immer wieder im Wortlaut Exkommunikationsdekrete gegen Beamte und widerspenstige Katholiken, freilich um im selben Atemzug die Reue der Betroffenen zu erwähnen. Eindeutig verfolgte das Sonntagsblatt einen Abschreckungskurs: Den Lesern wurde nicht nur eine – trotz aller Behinderung und Verfolgung – wehrhafte und wehrfähige Kirche, sondern auch die volle Härte kirchlicher Maßnahmen gegen Ungehorsam vor Augen gestellt. Im Streit zwischen Staat und Kirche avancierte das Sonntagsblatt zur quasi-amtlichen Kirchenpresse; zunehmend wurden kirchliche Erlasse, Hirtenbriefe und andere Verlautbarungen publiziert und kommentiert. Dies war im badischen Kirchenstreit von großer Bedeutung, weil allen badischen Druckereien die Publikation solcher Erlasse verboten worden war. Rieß versuchte also, die badische Zensurpolitik auszutricksen, indem er vom Ausland her für die Verbreitung der verbotenen Dokumente sorgte. Wer der Redaktion dieselben zukommen ließ, ob das erzbischöfliche Ordinariat in Freiburg selbst, ob ein Mitglied des Domkapitels, ob ein Pfarrer und auf welchem Wege, machte Rieß freilich nicht publik.

Dies alles schürte jedoch den Haß gegen Rieß auf staatlicher Seite. Es kam, wie es kommen mußte: Der Herausgeber des Sonntagsblattes (und des politischer ausgerichteten Deutschen Volksblattes) wurde von der badischen Regierung bei württembergischen Gerichten verklagt. Eine Voruntersuchung fand noch im Juli oder August in Stuttgart statt, die Hauptverhandlung sollte vor dem Kriminalsenat in Esslingen ausgetragen werden. Folgende Aussagen wurden Rieß – nach eigenem Bekunden – zur Last gelegt:

1. Die Untersuchung gegen den Erzbischof ist eine nicht zu rechtfertigende, unverantwortliche Gewaltmaßnahme, die Verhaftung des Erzbischofs ein Staatsstreich unter Mißbrauch der Gerichte. Der Erzbischof wurde beim Verhör durch Amtmann v. Senger mißhandelt.
2. Um die Bevölkerung vom Erzbischof abtrünnig zu machen, wurde Militär in den Odenwald geschickt.
3. Die Beamten drohen den Katholiken, schüchtern ein und behandeln sie, als ob sie keine Rechte hätten.
4. Das katholische Kirchenvermögen wurde zweckentfremdet und für protestantische bzw. staatliche Bedürfnisse verbraucht.

Im Juli 1854 wurde das Stuttgarter Sonntagsblatt in Baden völlig verboten und Rieß eine Haftstrafe angedroht. Dieser wartete auf eine Änderung der kirchenpolitischen Wetterlage und bemerkte launig: »Bisher wurde es in Baden regelmäßig confiscirt, es mochte über Baden schreiben was es wollte. Nunmehr ist ihm die Luft ganz abgesperrt. Der nächste Grund für das Verbot ist, daß sein Redacteur sich nicht dazu entschlossen hat, die ihm zugedachte Strafe von vier Monaten Kreisgefängniß (wozu eine größere vom Volksblatt her käme), abzusitzen. Im Winter war es ihm zu kühl und jetzt ist's ihm – Gottlob! daß es so ist – zu schwül dazu. So muß er eben vorläufig immer noch auf ein anderes Wetter passen, und das wird wohl kommen, wenn ein Lichtstrahl von oben nach Baden dringt und man die Wahrheit in diesem schönen Lande wieder hören mag«[117].

Ende Januar ließ Rieß die Leser des Sonntagsblattes näheres über den bevorstehenden Prozeß wissen. Wegen einiger Artikel im Deutschen Volksblatt hatte der Staatsanwalt auf 15 Monate und 3 Wochen Festungshaft plädiert, in zwei Monaten sollte der erste von insgesamt sechs Prozessen in Esslingen stattfinden. Als Verteidiger hatte sich Rieß Dr. Probst von Stuttgart genommen, den Ankläger für die badische Regierung machte Obertribunalprokurator Seeger[118]. Zur Last gelegt wurde Rieß insbesondere der Abdruck eines Artikels, der nach eigenen Angaben von einem Odenwälder Bauern geschrieben und eingesandt worden war, nach Meinung der Regierung jedoch vom Herausgeber selbst stammte. Da die Frage nicht geklärt werden konnte, sollte in einer zweiten Sitzung untersucht werden, ob das Blatt trotz Beschlagnahme verbreitet worden war. Rieß referiert im Sonntagsblatt den Gang der ersten Verhandlung vom 2. März, indem er die verschiedenen Positionen deutlich machte und dabei geschickt die Aussagen jenes inkriminierten Artikels wiederholte, das heißt diese unter dem Etikett der Berichterstattung aufs Neue unters Volk brachte[119].

In der zweiten Verhandlung wurde Rieß am 3. April zu drei Monaten Festungsarrest und einer Geldbuße von 75 fl. verurteilt[120]. Das Gericht sah es als erwiesen an, daß einige strafbare Nummern des Blattes vor der Beschlagnahmung verbreitet worden waren[121]. Eine Appellation an das Obertribunal blieb ergebnislos, die Entscheidung des Esslinger Gerichtshofes wurde nicht mehr revidiert[122]. Dies hinderte Rieß freilich nicht daran, im Sonntagsblatt weiter für die Kirchenfreiheit zu streiten. Ende Mai 1855 schrieb er anläßlich einer Verhandlung in der württembergischen Ständeversammlung, bei der ein Antrag von Generalvikar Anton Oehler (1810–1879)[123] verworfen wurde[124]: »Nun, die Katholiken in Württemberg sind so gewohnt, seit einem halben Jahrhundert ihre billigsten Wünsche nach Kirchenfreiheit und Gleichheit mit den Protestanten nicht in Erfüllung gehen zu sehen, daß sie überhaupt nichts mehr wundert«[125].

Selbst im Gefängnis auf der Festung Hohenasperg bei Ludwigsburg arbeitete Rieß weiter. Anfang Juni erschien im Sonntagsblatt ein Brief von ihm. Seinen Gegnern tat er mitnichten den Gefallen, zähneknirschend über sein Schicksal zu murren, im Gegenteil: »Es sind hier drei Classen von Gefangenen. Solche, welche auf ihr Zimmer, Andere, welche auf eine Abtheilung des Hauses und wieder Andere, welche auf den inneren Festungsraum beschränkt sind. Zu der letztern Classe mit sogenannter Festungsfreiheit gehört unser Gefangener! Er hat deßhalb von früh 5 Uhr bis Abends 9 Uhr ungehinderten Ausgang, kann arbeiten auf seiner Zelle, der freilich alle Bequemlichkeiten versagt sind, Besuche annehmen, und uncontrollirt Briefe absenden und empfangen«. Selbst zu augenzwinkernden Bemerkungen war Rieß aufgelegt: »Was aber in der gegenwärtigen Jahreszeit den Mangel an Freiheiten völlig ersetzt, ist die wahrhaft balsamische, reine Luft, welche selbst zur heißen Mittagszeit durch kühlen Luftzug gemäßigt ist. Wer diese einmal eingeathmet hat, verzichtet mit Vergnügen auf die dicke, qualmige, dunstige Stickluft am Nesenbach?«[126]. Launig war auch ein weiterer Bericht: »Am nächsten Donnerstag in der Frühe darf der Herausgeber des Sonntagsblatts, Dr. Fl. Rieß, wieder den Asperg verlassen, weil seine Strafzeit vorüber ist. […] Wenn auf einem der Gitterstäbe vor dem Fenster, worin der Gefangene in der letzten Zeit war, der schöne Vers eingekritzelt steht: Ich lebe und weiß nicht wie lang, Ich sterbe und weiß nicht wann; Ich fahre und weiß nicht wohin, Mich wundert's, daß ich so lustig bin – so paßt dieser Vers nicht so ganz auf den nächstens Befreiten; denn derselbe weiß wohl, wohin er fährt, wenn es von hier abgeht, nehmlich nach Wimpfen in's Bad, wo einige gute Freunde mit ihm die Freiheit wollen hoch leben lassen. Daher es auch keineswegs zu verwundern ist, wenn es ihm gegenwärtig recht vergnüglich um's Herz ist«[127]. Inzwischen hatte der Esslinger Gerichtshof Rieß in fünf anderen Klagen der badischen Regierung freigesprochen, eine sechste wurde eingestellt, weil die Regierung selbst darauf verzichtete[128].

4. Eine neue Zeit? Bereitschaft zur Versöhnung (1857–1861)

Die Verhandlungen zwischen den Regierungen und der römischen Kurie über eine Neuordnung des gegenseitigen Verhältnisses in Form von Konkordaten oder Konventionen läuteten eine neue Zeit der friedlicheren Koexistenz und Kooperation zwischen Staat und Kirche ein, auch wenn diese schon in den 1870er Jahren durch den Ausbruch von Kulturkämpfen in verschiedenen deutschen Staaten und namentlich in Baden[129] jäh unterbrochen werden sollte.

Den Anfang machte das Österreichische Konkordat. Im Oktober 1855 brachte das Sonntagsblatt eine erste Meldung über den erfolgreichen Abschluß und kündigte eine Publikation der Vereinbarung – die als Vorbild auch für die Staaten der Oberrheinischen Kirchenprovinz gesehen wurde – an, die allerdings zunächst nicht erschien[130]. Rieß stichelte: »Das österreichische Konkordat wird bereits in allen Blättern besprochen. Auch die Feinde gestehen durch ihren Schrecken, was es Wichtiges damit ist«[131].

Ende März 1856 verlautete, die württembergische und die badische Regierung hätten sich in kirchlichen Fragen besprochen und abgestimmt[132]. Schon früher hatte das Sonntagsblatt gemeldet, die Regierungen von Baden und Württemberg strengten eine neue Vereinbarung mit dem Heiligen Stuhl an. Mit keinem Wort jedoch wurden die Verhandlungen zwischen Bischof Lipp und der Stuttgarter Regierung erwähnt, bei denen 1854 eine Einigung erzielt wurde. Und dies, obwohl es über diese Einigung zu einer heftigen Kontroverse zwischen Lipp und den »Radikal-Ultramontanen« der Diözese kam[133]. Offenbar wollte Rieß den Lesern des Sonntagsblattes unter allen Umständen den Eindruck von tiefgreifenden innerkirchlichen Lagerkämpfen vorenthalten[134].

Einer der wichtigsten Punkte in der Auseinandersetzung zwischen kirchlicher und staatlicher Gewalt war die Besetzung der Kirchenpfründen. 1856 beschäftigte sich in Stuttgart eine eigene Kommission mit der Frage, welche Kirchenstellen der bischöflichen Kollatur und welche einem Patronat zu unterstellen seien. Das Ergebnis der Beratungen – so wußte das Sonntagsblatt – sollte durch Freiherrn Adolf von Ow, einen Katholiken, in Rom zur Bestätigung vorgelegt werden[135]. Im Februar 1857 wurde ähnliches auch aus Freiburg berichtet. Dort hatte Vicari die Pfarrer aufgefordert, genaue Berichte über das Besetzungsrecht bei geistlichen Stel-

Katholischer Volkskalender für 1858.

Weiß der Leser des Sonntagsblattes schon, daß der kathol. Volkskalender auch für's nächste Jahr von seinem alten Verfasser, dem Dr. Florian Rieß, wieder gestellt worden ist, so hat er gewiß schon einen gekauft; weiß er es aber noch nicht, so soll es hiemit gesagt sein. Und damit er die Katz nicht im Sack kauft, so wollen wir hieher setzen, was der Käufer für seinen Sechser erhält. Da ist erstlich einmal der kirchliche, bürgerliche und astronomische Kalender mit seinen Festen, Heiligen, Planetenlauf und Märkten, ganz genau nach dem amtlichen Verzeichniß. Zum Andern findet aber der Leser im Beiwagen etwas besonders Wichtiges: den Kirchenfrieden, wie er zu Stand gekommen und wer ihn zu Stand gebracht. Es ist ganz schön, daß der Kalendermacher die Bildnisse des heil. Vaters, unseres gerechten Königs und des hochw. Bischofs dazugesetzt hat. Ehre dem Ehre gebührt, unsere Kinder und Kindskinder werden den König Wilhelm den Gerechten nennen, der seinen katholischen Unterthanen ihr heiligstes Recht, freie Uebung ihrer Religion, großmüthig und freiwillig zurückgegeben hat. — Dann kommt eine pfiffige Geschichte von einer Weidenpfeife. Hat der Leser einen guten Merks, so tanzt er danach und freut sich über die zwei Bilder, welche dabei sind. — Nun kommt ein Brief aus Amerika. Daraus kann der Leser etwas Kurioses lernen, nämlich, wie es mit dem Bisthum Rottenburg bestellt ist. Wie man das aus einem amerikanischen Brief finden kann, muß man selber lesen. Darauf folgt eine gar rührende Erzählung, „die Sühne" betitelt, du wirst sie nicht ohne Nutzen lesen, und das Hausmittel gegen die Cholera wird dir auch in andern Fällen gut thun. Ein Stücklein vom Kometen und Weltuntergang wird dir nicht übel gefallen. Aber einen ganz guten Einfall hat der Kalendermacher gehabt, daß er eine Erklärung der Namenstage angefangen hat, zuerst der Heiligen vom Januar, und so soll's alle Jahr einen Monat treffen. Da erhält dann der Leser nach und nach eine Heiligen-Legende, kurz und gut, mit schönen Abbildungen. Da sehen wir z. B. St. Antonius, St. Peter, St. Sebastian, St. Agnes in recht erbaulichen Bildern. Schließlich kommen noch probate Hausmittel, aber kein dummes, abergläubisches Zeug, das man anderwärts den Katholiken aufschwatzen möchte, und wie solches in dem katholisch sich nennenden Kalender mit dem grausigen Titel: Brennnesseln und Todtenblumen leider zu lesen ist; auch Anekdötlein in Scherz und Ernst, zuletzt noch der hundertjährige Kalender.

So, lieber Leser! jetzt weißt du, was in deinem katholischen Kalender steht. Es ist dein Kalender, denn er ist für dich gemacht. Es ist auch ein Recht des Katholiken, daß er einen eigenen katholischen Kalender hat. Ehre dein Recht, indem du Gebrauch davon machst!

»... im Beiwagen etwas ganz Wichtiges: den Kirchenfrieden ...«
Bildnachweis: SCV 1857, Nr. 48 (29. November) 402.

len einzusenden. Rieß schloß daraus, »daß der immer noch nicht beendigte Kirchenstreit einen wesentlichen Schritt vorwärts seiner Lösung entgegen thue«[136]. Ansonsten hielt sich das Sonntagsblatt während den ganzen Verhandlungen um eine Konvention mit Themen und Stellungnahmen zur Staat-Kirche-Problematik stark zurück. Offenbar wollten weder Rieß noch Stephan Uhl, der inzwischen in die Redaktion eingetreten war[137], die Sache durch einen unnötigen Konfrontationskurs gefährden. Im Mai 1857 wurde lediglich angezeigt, Kronprinz und Erzbischof näherten sich einander an[138]. Anfang Juli 1857 erhielten die Leser des Sonntagsblattes im »Wochenbericht« folgende kurze Nachricht: »Der Abschluß der Vereinbarung mit dem hl. Stuhl erfüllt alle katholischen Herzen mit den Gesinnungen des wärmsten Dankes gegen Se. Maj. unsern König. Diese Gesinnungen haben in der letzten Woche die hochw. Geistlichen des Landcapitels Ravensburg in einer Adresse an Se. Maj. den König ausgesprochen und es werden, wie man hört, auch andernorts Dankadressen vorbereitet. Vor einigen Tagen begaben sich katholische Standesherren in eigener Deputation zu Sr. Maj. dem König, um Ihm für das Zustandekommen der Vereinbarung ihren Ehrfurchtsvollsten Dank auszusprechen. – Herr Stadtpfarrer v. Dannecker in Stuttgart hat zur Anerkennung seiner Verdienste um das Zustandekommen der Convention auch von Seiten des Papstes eine hohe Auszeichnung erhalten; Se. Heiligkeit hat ihn unter seine Hausprälaten – praelati domestici – gnädigst aufzunehmen geruht«[139]. Vollständig abgedruckt wurde im Oktober 1857 ein Hirtenbrief von Bischof Lipp zum Anlaß der Konvention. Lipp gab darin seiner Freude Ausdruck über das »Friedenswerk« und ermahnte alle Gläubigen, einen »doppelten Gehorsam« zu üben, »den Gehorsam gegen die geistliche und die weltliche Obrigkeit«[140]. In der folgenden Nummer zitierte Uhl einige allgemeine Passagen aus dem päpstlichen Schreiben. Uhl betrachtete die Konvention vor allem als Mittel, »die Reinheit der katholischen Lehre«, den »Glanz des Gottesdienstes«, »die Schönheit der kirchlichen Disziplin«, »Gehorsam gegen die Gesetze der Kirche«, »Gottes Ehre und des christlichen Namens Ruhm«, »Zucht und Sitte«, »christliche Frömmigkeit und Tugend« zu fördern[141].

Der einzige ausführlichere Bericht zum Thema war eine Schilderung des Dankfestes, das in Rottenburg am 11. Oktober 1857 begangen wurde: »Schon in der Frühe wurden die Einwohner der Bischofsstadt durch Kanonendonner auf die erhöhte Bedeutung des Tages laut genug aufmerksam gemacht. Se. bischöfliche Gnaden hielten sodann unter hochfeierlicher Assistenz und unter Aussetzung des Allerheiligsten das Hochamt und nach dessen Beendigung ein feierliches ›Te Deum‹, in welches Clerus und Volk mit dankbarer Freude einstimmten, während außerhalb die Kanonen weithin den Augenblick verkündeten, in welchem der Oberhirt mit seiner Heerde an den Stufen des Altares für das neue Friedensgeschenk Gott Lob und Dank darbrachte. Spät am Abend um die siebente Stunde erneute sich der Festtag. Die Bürgerschaft der Stadt hatte schon lange her darauf Bedacht genommen, ihrem vielgeliebten Bischof nach überstandenem Streite um seine heiligen Rechte ein Zeichen ihrer besonderen Teilnahme an seiner hohen Freude zu geben. Nun der Tag gekommen war, an welchem nach des hochw. Bischofs Anordnung die ganze Diözese sich dankbar freuen sollte über die segenversprechende Vereinbarung zwischen geistlichem und weltlichem Regiment, da suchten sie ihrer Stimmung einen klaren und unverkennbaren Ausdruck zu geben und veranstalteten einen herrlichen großen Fackelzug, der sich in schönster Ordnung von der Höhe des ›Schafhauses‹ außerhalb der Stadt bis zum bischöflichen Palais bewegte, hell beleuchtend die dunkle Nacht. Bürgermilitär, Musik und Gesang waren die schöne Zugabe […]. Indessen hatte sich eine Deputation, Herr Stadtschultheiß Schnitzler (der neugewählte Abgeordnete) mit zwei Gemeinderäthen, zum Bischof begeben, um dem Zeichen der Freude das rechte Wort zu leihen und die Segenswünsche der getreuen Bischofsstadt Seiner Person auszusprechen. Kaum war diese Deputation in die harrende Menschenmenge zurückgekehrt, als ein dreimaliges ›Hoch‹ auf den gefeierten Oberhirten aus aller Munde sich erhob«[142].

Infolge der Konvention rückten Staat und Kirche in Württemberg tatsächlich enger zusammen. Als im Januar 1858 der König von einer in Stuttgart grassierenden Grippe befallen wurde und schwer erkrankte, ordnete Bischof Lipp umgehend an, daß die Katholiken »durch gemeinsames andächtiges Abbeten von drei Vaterunser Gottes Barmherzigkeit auf unseren König herabflehen, auf daß Er die Schmerzen seiner Krankheit lindere, ihn mit neuer Kraft und Gesundheit ausstatte und uns sein theures Leben noch viele Jahre erhalte«[143].

Dennoch fehlte es nicht an Stimmen, die mit dem entspannten Verhältnis zwischen Staat und Kirche nicht einverstanden waren. Dies zeigte sich etwa bei Verhandlungen der Stuttgarter Abgeordnetenkammer, über welche das Sonntagsblatt regelmäßig – wenn auch nur knapp – berichtete. Anläßlich der Beratungen über die Änderung des Schulgesetzes traten einige oppositionelle Abgeordnete (Mohl, Schnitzer, Hopf) dafür ein, mit der anstehenden Reform eine Trennung von Schule und Kirche durchzusetzen; man lehre in der Schule zu viel von der Religion und wolle »die Leute dumm und thierisch« machen. Sowohl Kultusminister Gustav Rümelin (1815–1888)[144] als auch Domkapitular Thaddäus Ritz (1805–1866)[145] verwahrten sich entschieden gegen diese Anschuldigung[146]. In einer anderen Versammlung sprach sich Johannes Schlayer (1792–1860)[147], der von 1832 bis 1848 als Innenminister auch das Kultus-Ressort verwaltet hatte, heftig gegen die Vereinbarung mit Rom aus[148]. Es war dies der Auftakt zu jener konventionsfeindlichen Stimmung, die schließlich zum Scheitern der Vereinbarung führte. Uhl berichtete im Sonntagsblatt über den Vorfall. Bei anderen Gelegenheiten (z.B. Antrag Ritz gegen paritätische Waisenhäuser) wurde ebenfalls Unmut gegen die Konvention laut: »Während der ganzen Verhandlung über die Kirchen- und Schulausgaben fielen die Herren v. Schlayer, Mohl, Hölder, Hopf u. A. arg gegen den Herrn Cultminister aus«[149]. Genüßlich ließ Uhl die Leser des Sonntagsblattes in einem weiteren Artikel wissen, die früheren Vertreter des Staatskirchentums seien inzwischen zur oppositionellen Minderheit geworden. Anläßlich der Beratung des Pressegesetzes »gab sich der Abg. Schlayer viele Mühe, zu beweisen, daß er früher als Minister die Presse nicht beschränkt habe, daß er kein Freund der Censur, sondern der Preßfreiheit gewesen sei, wie heute auch. Man bewies ihm aber aus seinen früheren Handlungen, daß er die Presse oft ganz gewaltthätig behandelte. Darüber kam Schlayer in große Aufregung, besonders gegen den Minister v. Linden, der ihm bittere Dinge vorhielt«. Uhl kommentierte: »Man hätte Schlayer nur an das Eine erinnern sollen, daß er im J. 1842 den Druck der Motion des Bischofs v. Keller bei Strafe verbot und die katholischen Zeitungen einer doppelten Censur unterwarf«[150].

Tatsächlich konnten solche »Erfolge« nicht darüber hinwegtäuschen, daß sich langsam aber sicher eine Partei formierte, deren einziges Ziel es war, die Konvention mit Rom zu unterdrücken[151]. Als Versuch, dieses Ziel zu erreichen, betrachtete Uhl das im September umgehende Gerücht, der württembergische König sei zum katholischen Glauben übergetreten[152]: »Der letzte Zweck von all diesem schändlichen Treiben geht nur dahin, die k. Regierung einzuschüchtern, daß sie das Conkordat nicht halte, den Katholiken die zugesagten Rechte nicht gebe. Lüge und Einschüchterung – so schlechte und unedle Waffen – gebrauchen die Feinde der kath. Kirche. Es ist zu hoffen, daß S. M. der König um so muthiger das halten wird, was er in seiner Gerechtigkeit seinen katholischen Unterthanen zugesagt hat«[153]. Trotz Dementi und Untersuchung über die Urheber des Gerüchts ließen sich die erregten Gemüter nur mühsam beruhigen. Allzusehr wirkte die Angst vor dem »Katholischwerdenmüssen«[154]. Bei aller Entrüstung über das Gerücht: Das Sonntagsblatt dürfte an dessen Wirkkraft nicht ganz unschuldig gewesen sein, brachte es doch seit Jahren mit Vorliebe Nachrichten über Konversionen vom Protestantismus zum katholischen Glauben. Der Jurist August Ludwig Reyscher (1802–1880) wurde als besonderer Feind der Konvention charakterisiert und gleichzeitig insinuiert, die gegnerische Partei arbeite grundsätzlich mit verwerflichen Mitteln[155]. Dabei dürfte Uhl an Reyscher vor allem dessen Ausgabe staatlicher Verordnungen in Kirchensachen gestört haben, die – ganz im Dienste des Staatskirchentums – den staatlichen Verordnungen und Erlassen Publizität verschaffte[156].

Für Uhl waren dies alles Zeichen eines neu hereinbrechenden Kirchenkampfes. Er reagierte im Sonntagsblatt in gewohnter Manier. Zunächst mit neuen Erzählungen über »Pius VII. und Napoleon I.«, die den Lesern das rechte Verständnis vom Verhältnis zwischen staatlicher und kirchlicher Gewalt vermitteln sollten[157]. Die Reihe endete mit einem langen Zitat aus Psalm 2: »Warum ergrimmen die Heiden: o der eitlen Anschläge, die die Völker erdacht! Die Könige der Erde haben sich erhoben, und die Fürsten sich vereinet wider den Herrn und wider seinen Gesalbten […]. Und nun ihr Könige lernet verstehen: Lasset euch weisen, die ihr richtet die Erde. Dienet dem Herrn in Furcht, und freuet euch seiner mit Zittern. Nehmet Zucht an, daß der Herr nicht zürne und ihr ab vom rechten Wege nicht zu Grunde gehet. Denn sein Zorn wird bald entbrennen; selig dann alle, die auf ihn trauen«.

Ende des Jahres 1859 berichtete das Sonntagsblatt auch über Widerstände gegen die badische Konvention[158], bekräftigte aber, die Kirche werde sich nicht einschüchtern lassen und auf ihren Rechten beharren[159]. Während das Sonntagsblatt die badische Konvention noch im November nicht gefährdet sah, weil in der Kammer nur wenige Regierungsgegner saßen[160], klangen die Nachrichten im Dezember bedrohlicher: »In Baden geht das Hetzen gegen die Convention gerade so fort, wie in Württemberg. Dem Katholiken, der treu an den Rechten seiner Kirche hält, ist sie natürlich eine Beruhigung seines schon so lange gequälten Gewissens, aber den Protestanten und Namen-Katholiken, Rongeanern, Freimaurern und Freigemeindlern ist sie ein Dorn im Auge. Was geht aber all' diese Leute unser katholisches Recht an? so fragt jeder redliche Katholik. Man sollte es kaum glauben, aber es ist wahr, in Durlach haben Heidelberger protestantische Professoren eine große Versammlung gehalten und darin geradezu erklärt, die Rechte der katholischen Kirche seien unverträglich mit der jetzigen Regierungsweise, welche rein auf den Protestantismus gegründet sei. Das ist ehrlich gesprochen. Also wenn die Katholiken ihre Kirche so geordnet haben wollen, wie es die bald zweitausendjährigen Rechte derselben verlangen, so erklären die Protestanten: Euer Glauben verträgt sich nicht mit dem Staat, ihr stiftet Zwist und Unfrieden, wollt ihr nicht wie wir wollen, so könnt ihr auswandern, oder legen wir euch Soldaten ins Quartier, bis ihr nach unserer Pfeife tanzt. Niemand hat ein Recht, als der Staat, das sind wir Protestanten, und selbst die Fürsten haben kein Recht, den Katholiken Gerechtigkeit zu gewähren, sie müssen die mit dem heiligen Stuhle abgeschlossene Uebereinkunft brechen, ihre fürstliche Ehre, ihr fürstlicher Name gilt nichts, ihre Unterschrift ist vergeblich, wir verlangen von den Kammern, daß sie die abgeschlossenen Verträge als null und nichtig erklären«[161]. Der Widerstand war offenbar breit, denn selbst aus katholischen Gemeinden wurden Petitionen gegen die Konvention eingesandt. Uhl fürchtete sogar, die Protestanten und Deutschkatholiken könnten aus diesem Anlaß »einen Zuwachs« erhalten«[162].

Kirchlicherseits suchte man der bedrohlichen Stimmung gegenzusteuern. Vicari erließ einen Hirtenbrief, in dem er den badischen Katholiken den Abschluß der Konvention kundgab und zu »freudigem Danke« aufforderte; endlich sei die Eintracht zwischen geistlicher und weltlicher Gewalt wieder hergestellt. Ausdrücklich ging Vicari auch auf die verbreiteten Vorbehalte gegen die Konvention ein und suchte diese auszuräumen. Das Sonntagsblatt brachte den Hirtenbrief in Auszügen[163] und meldete das Eintreffen zahlreicher Dankadressen an den Großherzog als Beweis für die breite Zustimmung der katholischen Bevölkerung zur Konvention[164]. Wenig später mußte allerdings eingeräumt werden, daß es auch Petitionen gegen die Konvention gab[165]. Im Mai 1860 versicherte Vicari seinen Geistlichen, ungeachtet der Tatsache, daß die badische Regierung die Vereinbarung mit Rom fallen lassen wollte, sich künftig streng an die Konvention zu halten, da diese vom Papst als Kirchengesetz bekannt gegeben worden sei. Dies veranlaßte Uhl im Sonntagsblatt, seiner Hoffnung Ausdruck zu geben, daß Baden nicht von neuem einen Kirchenstreit beginne[166]. Doch diese Hoffnung schien wenig Berechtigung zu haben. Die Konvention – in der badischen Kammer zur Disposition gestellt – wurde verworfen und statt dessen ein staatliches Gesetz in Aussicht genommen. Gegen die Gesetzesvorlage verwahrte sich der Erzbischof. Uhl kommentierte: »Nur mit Gewalt wird die Regierung ihre harten Gesetze durchführen können. Aber wie weit sie mit Gewalt kommen wird, das ist leicht vorauszusehen«[167]. Auch in Rom wurden die badischen Vorgänge heftig kritisiert. In einer Allokution vor den Kardinälen, die das Sonntagsblatt Mitte Januar 1861 in deutscher Übersetzung publizierte, griff Pius IX. die Verwerfung der Konvention und deren Ersetzung durch staatliches Gesetz heftig an. Ein solcher Vorgang sei »die Folge der falschen Lehre der Protestanten, welche meinen, die Kirche sei eine Art Genossenschaft, welche in der bürgerlichen Gesellschaft existire und keine anderen Rechte habe, als diejenigen, welche die bürgerliche Gewalt ihr beilegt. Wer sieht nicht ein, wie sehr eine solche Vorstellung der Wahrheit widerspricht? In der That ist die Kirche von ihrem göttlichen Stifter als eine wahre und vollkommene Gesellschaft gegründet worden, welche von den Grenzen keines Staates beschränkt, keiner bürgerlichen Gewalt unterworfen ist und ihre Gewalt und ihre Rechte in allen Theilen der Welt frei und zum Heile der Menschen ausübt«[168].

Auch in Württemberg gingen die Wogen im April 1860 noch einmal hoch. Waren bereits früher viele Schriften und Zeitungsartikel gegen die Konvention erschienen, so wurden nun auch einzelne Abgeordnete, die sich konventionsfreundlich zeigten, an den Pranger gestellt[169]. Andererseits gab es versöhnliche Gesten: Als am 22. September Kardinal Reisach in Stuttgart Station machte[170], wurde er nicht nur vom König empfangen und zur Tafel geladen, sondern es stand ihm während des gesamten Aufenthalts ein königlicher Wagen zur Verfügung. Um den Lesern des Sonntagsblattes zu demonstrieren, wie wenig ernst die Ansichten der Protestanten über die Inhalte der Konvention zu nehmen waren, kehrte Uhl bei diesem Anlaß deren Unwissenheit selbst in äußerlichsten Dingen hervor: »Die Erscheinung eines Cardinals mit dem Purpurmantel und dem rothen Hut machte hier viel Aufsehen. Meinten doch einige gute Stuttgarter, der Papst selbst sei gekommen«[171].

Insgesamt wirkte das Vorbild von Baden auf Württemberg, wo ebenfalls starke Vorbehalte gegen die Konvention bestanden. Der eigentliche Kampf zwischen Konventionsgegnern und Befürwortern sollte in der Abgeordnetenkammer stattfinden[172]. In seinem »Wochenbericht« registrierte das Sonntagsblatt die Vorgänge aufmerksam. Schon Wochen vor dem Zusammentritt der Kammer wurde das Vorgehen der Gegner beleuchtet: »In Schriften und Reden, in Wirthshäusern und auf der Kanzel wird gegen das Concordat gekämpft; leider aber vielfach nicht mit den Waffen der Wahrheit, sondern der Entstellung und Lüge, wodurch man das protestantische Volk in Aufregung gegen das Concordat versetzen will. Diesem wird vorgelogen in folgendem Tone: ›Wenn das Concordat eingeführt wird, so hat der Bischof von Rottenburg die Gewalt, alle Evangelischen im Lande katholisch zu machen, und wenn sie nicht freiwillig es thun, dazu zu zwingen. Und die Regierung muß dazu helfen. Der Bischof kann alle Orden, namentlich die Jesuiten, die Todfeinde der Protestanten, in Württemberg einführen, in protestantische Gemeinden Missionäre schicken, um sie katholisch zu machen – er kann in evangelischen Städten Fronleichnamsprozessionen halten, den Katholiken allen Umgang mit den Protestanten verbieten u.s.w.‹ Das Concordat soll also diese Gewalt dem Bischof zuschreiben? Jeder, der das Concordat gelesen, weiß, daß kein Wort derart darin steht, vielmehr bestimmt es ausdrücklich, daß der Bischof nur im Einvernehmen mit der Regierung Orden einführen könne. Um so schändlicher ist es, wenn gerade diejenigen, die sich des ›reinen Worts‹ rühmen, so unsaubere Mittel, nämlich die Lüge und Entstellung gebrauchen, um das protestantische Volk aufzuhetzen«[173].

Bereits am 28. Februar, als die Abgeordneten der Kammer zu ihrer ersten Sitzung zusammenkamen, wurde die Konvention Gegenstand der Debatte. Detailliert berichtete das Sonntagsblatt über diese und alle folgenden Sitzungen, zeichnete protokollartig die Verhandlungen nach, nannte die Redner und skizzierte den Inhalt der Stellungnahmen. Ende März wurde die Konvention von der Mehrheit der Abgeordneten verworfen, Kultusminister Rümelin, der das Abkommen mitverantwortet hatte, trat von seinem Posten zurück. Uhl konstatierte eine tiefe Verletzung der Katholiken des Landes und rief zum Widerstand auf: »In der That ist es jetzt Zeit, daß die Katholiken ihr Stillschweigen aufgeben; sonst wird es so ausgelegt, als seien sie mit der Verwerfung des Konkordats ganz zufrieden. Sie müssen jetzt sich offen aussprechen«[174]. Die Leser des Sonntagsblattes wurden aufgefordert, in Adressen an den König für die Konvention einzutreten[175]. Mit einigem Erfolg, wie wenig später berichtet werden konnte: »Die Concordatsadressen sind aus der großen Mehrzahl der kath. Stadt- und Landgemeinden bereits mit zahlreichen Unterschriften an S.M. den König, an die Minister v. Linden und Rümelin, sowie an die 27 Abgeordneten abgegangen. Welchen Werth und welches Gewicht diese Adressen haben, kann man leicht aus dem Zorn abnehmen, der sich in kirchenfeindlichen Zeitungen und in öffentlichen Reden dagegen ausspricht«[176]. Alle Proteste und Adressen der Katholiken nützten indes nichts. Am 13. Juni 1861 erklärte der König die Konvention für gescheitert und beauftragte die Regierung, einen neuen Entwurf zu einem eigenständigen Kirchengesetz vorzulegen. Uhl und das Sonntagsblatt reagierten enttäuscht[177].

In einem mehrteiligen historischen Rückblick auf das Verhältnis von Staat und Kirche in Württemberg seit der Säkularisation (»Das Concordat und seine Gegner«[178]) wies das Sonntagsblatt nach, daß sich die Regierung von Anfang an für verpflichtet hielt, eine Vereinbarung (Konkordat) mit dem Heiligen Stuhl zu schließen. Anschließend wurde die Konvention im Wortlaut abgedruckt und kommentiert. Am Schluß rief Uhl die Katholiken noch einmal zur Standhaftigkeit auf: »Die Convention ist der einzige rechtliche Boden, auf welchem die Rechte der Katholiken in Württemberg anerkannt sind; auf diesem Grund müssen wir weiter bauen, und uns Schritt für Schritt die ganze Freiheit der Kirche erobern. Der geistige Tod müßte über uns hereinbrechen, ließen wir uns die alten Fesseln wieder anlegen. […] Halten wir fest an der Convention, an den Rechten unserer Kirche; verlassen wir unsere Kirche nicht jetzt zur Zeit des Kampfes, damit sie uns nicht verlasse!«[179].

1862 wurde die Kirchenfrage auch in Württemberg einseitig durch staatliches Gesetz geregelt. Über dessen Interpretation gab es allerdings heftige Auseinandersetzungen. So vertrat der neue Kultusminister Karl Ludwig Golther (1823–1876)[180] die Auffassung, das Gesetz sei absolut notwendig gewesen, um die Konvention von 1857 als Ausdruck einer Beugung der Staatsgewalt unter die Kirche und das kanonische Recht zu beseitigen[181]. Gegen diese »Geschichtsconstruction« nahm Ex-Kultusminister Rümelin scharf Stellung. Das Gesetz von 1862 sei lediglich als »Commentar« zur vorangegangenen Konvention zu sehen: »mit dem Gesetz von 1862 ist nicht ein neues System und Princip aufgestellt worden; dasselbe ist nur die Fortsezung und der Abschluß der vorausgegangenen, auf einen für beide Theile annehmbaren Ausgleich gerichteten Bemühungen der Staatsregierung gewesen. Dieß Gesetz ist ohne jene vorangehende Convention ganz unverständlich; es war ohne sie ganz unmöglich; es wäre ohne sie heute noch unausführbar; denn es ist im Wesentlichen nichts anderes gewesen als diese Convention selbst aus dem Kurialstyl in die staatliche Gesetzessprache transponirt«[182].

5. Resümee

Die Auseinandersetzungen zwischen Staat und Kirche von 1848 bis 1862 waren eine Fortsetzung jenes Streites, der nach 1830 infolge der »Landesherrlichen Verordnung« entbrannt war und in einem tiefen Antagonismus unterschiedlicher Kirchensysteme wurzelte, der sich schon während der »Frankfurter Konferenzen« 1819 offenbart hatte. Wurde dieser Streit in den 1830er und 1840er Jahren vor allem in den Kammern und Parlamenten sowie in der Publizistik ausgetragen (Eingabenpolitik, Motionen, Petitionen), so eskalierte er in den 1850er Jahren dadurch, daß die Bischöfe via facti vorgingen, das heißt die Landesherrliche Verordnung einfach nicht mehr beachteten. Das Jahr 1848 hatte die Kräfte entfesselt. Dem wachsenden Selbstbewußtsein auf kirchlicher Seite – freilich auch den de facto größeren Möglichkeiten – stand ein durch die Revolution noch ängstlicher (und defensiver) gewordener Staat gegenüber. Die Machtverhältnisse hatten sich dabei keineswegs so gewandelt, daß der Staat die Kirche in stärkerem Maße als früher bedrängt und in ihrer Freiheit eingeschränkt hätte. Im Gegenteil: Staatlicherseits hielt man zwar auf der rechtlichen Ebene im wesentlichen am status quo fest, zeigte sich in der Praxis jedoch entgegenkommend[183]. Dagegen waren auf kirchlicher Seite die Ansprüche gewachsen. Im Laufe weniger Jahrzehnte war eine neue Generation herangewachsen, die keineswegs mehr die alte (reichskirchliche) Prägung hatte – und somit wenig Verständnis für das sensible, durchaus mit Kompromissen lebende »gewachsene« Verhältnis von Staat und Kirche aufbrachte. Die Männer der neuen Richtung waren beeinflußt von Johann Adam Möhler (1796–1838)[184] und der Romantik, vom Ideal mittelalterlicher – freilich stilisierter – kirchlicher Machtfülle, vom Ideal einer kirchlichen Freiheit und Autonomie, die es so nie gegeben hatte. Die kirchliche »Meßlatte« wurde höher gelegt, während die staatlichen Forderungen dieselben blieben. So ging die »Schere« zwischen Anspruch und Wirklichkeit weiter auf als zuvor und ließ den bitteren Eindruck neuer, eklatanter Ungerechtigkeit entstehen. So kehrte auch nach dem »Frieden« von 1862 keine Ruhe ein. Die kirchlichen Forderungen hatten eine Eigendynamik entfaltet, die sich kaum mehr aufhalten ließ und in den Kulturkämpfen der 1870er Jahre mündeten. Daß hier von manchen der Bogen überspannt wurde, zeigt die Tatsache, daß sich die »Ultramontanen« in den 1860er Jahren spalteten und mancher sich plötzlich »rechts überholt« im Lager der Neoliberalen wiederfand[185].

Die Rolle des Sonntagsblattes wandelte sich im Laufe der wenigen Jahre, die den Untersuchungszeitraum des vorliegenden Beitrags bilden (1850–1862). Zu Beginn war die Zeitung alles andere als ein kirchenpolitisches Kampfblatt. Der Herausgeber, Florian Rieß, hielt sich bei kirchenpolitischen Themen eher zurück. Insbesondere die Problematik Staat – Kirche wurde, wo immer möglich, umgangen. Diese Beobachtung dürfte dem Programm entsprechen, das dem Sonntagsblatt zugrunde lag; »Politica« waren dem ebenfalls von Rieß herausgegebenen »Deutschen Volksblatt« vorbehalten. Das »Sonntagsblatt für das christliche

Volk« war für die katholische Familie bestimmt. Hier ging es um die Dinge des religiösen Lebens.

Doch Rieß konnte auf Dauer auch sein Sonntagsblatt nicht aus den kirchenpolitisch bewegten Jahren nach 1850 heraushalten. Daß er die Denkschrift der Bischöfe von 1851 nicht abdruckte, dürfte für viele Ultramontane einem Sakrileg gleichgekommen sein; die Mobilisierung der Katholiken lebte eben relativ stark vom Antagonismus zum Staat. Rieß ließ sich also – auch im Sonntagsblatt – zunehmend in die Auseinandersetzungen hineinziehen, zunächst nicht viel mehr als die Ereignisse knapp referierend. Hier wurden Nachrichten geliefert, wurde informiert, vielleicht in einer kurzen Phrase die eigene Stellung angedeutet – mehr nicht. Doch allmählich wagte sich Rieß an Kommentare und Interpretationen und wurde so auch mit dem Sonntagsblatt zum kirchenpolitischen Meinungsmacher[186]. Schließlich engagierte sich der Herausgeber so stark, daß das Blatt selbst gefährdet war und Rieß zu Festungshaft verurteilt wurde. Hier dürfte sich bei Rieß eine Wende angebahnt haben. Überzeugt davon, unbehelligt durch staatliche Gewalt und konzentriert auf religiöse Arbeit mehr tun zu können, gab er die Redaktion von Sonntagsblatt und Deutschem Volksblatt ab und trat dem Jesuitenorden bei[187].

Stephan Uhl, der das Sonntagsblatt als Herausgeber übernahm, prägte diesem in der Folge seinen eigenen Stempel auf. Die Nachrichtensparte nahm an Umfang bedeutend zu, die Leser sollten über die Ereignisse in Kirche und Welt informiert werden. Nachrichten aus der Diözese, vor allem aber Berichte über lokale Feierlichkeiten, Missionen, Bünde, Wallfahrten u.ä. lagen weitgehend außerhalb des Interesses von Uhl. Er nutzte vor allem den »Wochenbericht« zur Auseinandersetzung mit dem Thema Staat und Kirche. Ähnlich wie Rieß, nur bei weitem nicht in diesem Umfang, wurden auch Erzählungen eingesetzt, um die eigene Position deutlich zu machen.

Das Sonntagsblatt schlug sich im Streit zwischen Kirche und Staat selbstverständlich auf die Seite der Kirche. Die Entwicklung, die hierbei zu beobachten ist, läßt sich als schleichendes, aber dennoch merkliches Crescendo beschreiben. Die eigene Position war klar und wurde nicht hinterfragt: Danach wurden die Bischöfe seit 1830 an der Ausübung ihrer verfassungsmäßigen Rechte gehindert. Schuld daran war das damals errichtete Staatskirchentum, die unkirchliche, ja kirchenfeindliche Frankfurter Verordnung. Das Sonntagsblatt konnte und wollte keinen differenzierten Standpunkt einnehmen. Es war Kind einer neuen Zeit, das die historisch gewachsenen Beziehungen zwischen Staat und Kirche nicht kennen und schon gar nicht anerkennen wollte. Es drängte nach Freiheit, nach dem Ideal einer ungehindert sich entfaltenden (und doch hierarchisch geformten) Kirche, und nach einer Verkirchlichung der immer säkularer werdenden Gesellschaft. Das Weltbild war einfach und klar, und nicht zuletzt deshalb vermittelbar und effektiv: Die Kirche hat in allem, was sie und ihre Lebensvollzüge angeht, ein unumschränktes Selbstbestimmungsrecht. Als Societas perfecta steht sie dem Staat autonom gegenüber, weshalb diesem kein Eingriffsrecht zuerkannt werden kann. Die staatliche Sicht, wonach die Kirche immer ein Teil der Gesellschaft war und somit eben auch in die Kompetenz des Staates fiel, wurde nicht akzeptiert. Frieden zwischen Staat und Kirche konnte es folglich nur geben, wenn der Staat bereit war, sich vollständig aus dem kirchlichen Bereich zurückzuziehen. Kompromisse lagen außerhalb des Vorstellungsvermögens. Daß bereits die Frankfurter Ergebnisse ein Kompromiß gewesen waren, blieb dieser Sicht fremd.

Insgesamt zog die staatliche Seite trotz aller Etappensiege den Kürzeren im Streit mit der Kirche, denn der Katholizismus ging gestärkt aus dem Kampf hervor. Dort, wo der Staat sich zu drastischen Maßnahmen gegen die Kirche hinreißen ließ, vergrößerten die später notwendigen Zugeständnisse die staatliche Niederlage. Kein Wunder, daß es hier auch später zu revanchistischen Attacken kam. So hatte etwa Preußen in den 1830er Jahren seine »Ereignisse« (Verhaftung des Kölner und Gnesen-Posener Oberhirten im Gefolge des Mischehenstreits), Baden in den 1850er Jahren (Verhaftung des Freiburger Erzbischofs). In beiden Ländern kam es in der Folge um 1870 zu heftig geführten Kulturkämpfen. Es drängt sich der Eindruck auf, die staatliche Seite habe sich jetzt für die Niederlage revanchiert, die sie infolge der »Ereignisse« hatte einstecken müssen. Offenbar war also in diesen Ländern die Bereitschaft zum Konflikt größer als anderswo. In Württemberg ließ man es bei allen Auseinandersetzungen, die es vor allem in den 1830er Jahren gab, nie so weit kommen, daß eine Partei völlig ihr Gesicht verlor. Auch legte sich der Staat hier nie direkt mit der kirchlichen Landeshierarchie (Bischof und Domkapitel) an. Die Kampflinie ging vielmehr mitten durch den Klerus (und das Ordinariat) hindurch[188].

Literatur

AMANN, Arnold, Katholische Tages- und Zeitschriftenpresse, in: Das Erzbistum Freiburg 1827–1977, hg. vom Erzbischöflichen Ordinariat Freiburg 1977, 248–250.
BECKER, Josef, Staat und Kirche in Baden in der zweiten Hälfte des 19. Jahrhunderts, in: ZGO 111 (1963), 579–587.
BRAUN, Karl-Heinz, Hermann von Vicari und die Erzbischofswahlen in Baden. Ein Beitrag zu seiner Biographie (Forschungen zur Oberrheinischen Landesgeschichte 35), Freiburg/München 1990.
BRÜCK, Heinrich, Die oberrheinische Kirchenprovinz von ihrer Gründung bis zur Gegenwart, mit besonderer Berücksichtigung des Verhältnisses der Kirche zur Staatsgewalt, Mainz 1868.
BURGER, Wilhelm, Das Erzbistum Freiburg in Vergangenheit und Gegenwart. Ein kirchliches Heimatbuch, Freiburg i.Br. 1927, 42–46.
BURKARD, Dominik, Augustin Theiner – Ein deutscher Doppelagent in Rom? Oder: Vom Umgang mit Quellen am Beispiel der Rottenburger Bischofswahlen von 1846/47, in: RJKG 19 (2000), 191–251.
BURKARD, Dominik, Kein Kulturkampf in Württemberg? Zur Problematik eines Klischees, in: RJKG 15 (1996), 81–98.
BURKARD, Dominik, Korrektionshäuser für »fehlerhafte Geistliche«. Eine »vergessene« Institution und ihr Beitrag zur »Geschichte des kirchlichen Lebens«, in: RQ 92 (1997), 103–135.
BURKARD, Dominik, Staatskirche – Papstkirche – Bischofskirche. Die »Frankfurter Konferenzen« und die Neuordnung der Kirche in Deutschland nach der Säkularisation (RQ, Suppl. 53), Rom/Freiburg/Wien 2000.
BURKARD, Dominik, Wie Feuer und Wasser? Die katholische Kirche und die Revolution von 1848/49, in: Ohne Gerechtigkeit keine Freiheit. Bauern und Adel in Oberschwaben. Begleitbuch zur Ausstellung in Wolfegg, Ravensburg, Friedrichshafen und Schloß Maurach im Sommer 1999, hg. vom Haus der Geschichte Baden-Württemberg, Stuttgart 1999, 144–167.
Denkschrift der vereinigten Erzbischof und Bischöfe der oberrheinischen Kirchenprovinz an die allerhöchsten und höchsten Regierungen der zur Errichtung der oberrheinischen Kirchenprovinz vereinigten Staaten, Freiburg i. Br. 1851.
Denkschrift des Episcopates der oberrheinischen Kirchenprovinz in Bezug auf die Königlich Württembergische, Großherzoglich Badische, Großherzoglich Hessische und Herzoglich Nassauische allerhöchste Entschließung vom 5. März 1853 in Betreff der Denkschrift des Episcopates vom März 1851, Freiburg i.Br. 1853.
DIETRICH, Stefan J., Christentum und Revolution. Die christlichen Kirchen in Württemberg 1848–1852 (VKZG.B 71), Paderborn 1996.
DORNEICH, Julius, Der Kirchenkampf in Baden (1860–1876) und die katholische Gegenbewegung, in: FDA 94 (1974), 547–588.
DORNEICH, Julius, Franz Josef Buß und die Katholische Bewegung in Baden (Abhandlungen zur Oberrheinischen Kirchengeschichte 7), Freiburg i. Br. 1979.

Gatz, Erwin (Hg.), Die Bischöfe der deutschsprachigen Länder 1785/1803 bis 1945. Ein biographisches Lexikon, Berlin 1983.

Gatz, Erwin, Art. Ketteler, in: LThK³ 5 (1996), 1413 f.

Golther, Ludwig, Darstellung der geschichtlichen Entwicklung des Verhältnisses zwischen beiden und des geltenden Rechts aufgrund der Gesetzgebung von 1862 mit besonderer Beziehung auf die preußischen Kirchengesetze von 1873, Stuttgart 1874.

Hagen, August, Der Mischehenstreit in Württemberg (1837–1855) (Görres-Gesellschaft zur Pflege der Wissenschaft im katholischen Deutschland. Veröffentlichungen der Sektion für Rechts- und Staatswissenschaft 58), Paderborn 1931.

Hagen, August, Geschichte der Diözese Rottenburg, Bd. 1 und 2, Stuttgart 1956–1958.

Hagen, August, Staat und katholische Kirche in den Jahren 1848 bis 1862 (Kirchenrechtliche Abhandlungen 105/106), 2 Bde., Stuttgart 1928.

Holzem, Andreas, Kirchenreform und Sektenstiftung. Deutschkatholiken, Reformkatholiken und Ultramontane am Oberrhein 1844–1866 (VKZG.B 65), Paderborn 1994.

Huber Ernst Rudolf/Huber, Wolfgang (Hg.), Staat und Kirche im 19. und 20. Jahrhundert. Dokumente zur Geschichte des deutschen Staatskirchenrechts, Bd. 1 und 2, Berlin 1973–1976.

Keinemann, Friedrich, Art. Kölner Wirren, in: LThK³ 6 (1987), 197 f.

Köhler, Joachim, Ernst Zander und die ultramontane Bewegung in Württemberg. Briefe an Jakob Röser in Mergentheim 1841–1848. Aus dem Nachlaß von Stephan Lösch (+1966), in: RJKG 1 (1982), 207–142.

Maas, Heinrich, Geschichte der katholischen Kirche im Großherzogtum Baden. Mit besonderer Berücksichtigung der Regierungszeit des Erzbischofs Hermann von Vicari, Freiburg i.Br. 1891.

Mann, Bernhard, Departementschefs des Königsreichs Württemberg 1816–1918, in: Klaus Schwabe (Hg.), Die Regierungen der deutschen Mittel- und Kleinstaaten 1815–1933 (Deutsche Führungsschichten der Neuzeit 14), Boppard 1983, 230–294.

Mejer, Otto, Die Concordatsverhandlungen Württembergs vom Jahre 1807. Mit bisher ungedruckten Actenstücken, Stuttgart 1859.

Neher, Stefan Jakob (Hg.), Personal-Katalog der seit 1813 ordinirten und in der Seelsorge verwendeten Geistlichen des Bisthums Rottenburg, Schwäbisch-Gmünd 1894.

Nipperdey, Thomas, Deutsche Geschichte1800–1866. Bürgerwelt und starker Staat, München 1998.

Olenhusen, Irmtraud Götz von, Klerus und abweichendes Verhalten. Zur Sozialgeschichte katholischer Priester im 19. Jahrhundert: Die Erzdiözese Freiburg (Kritische Studien zur Geschichtswissenschaft 106), Göttingen 1994.

Ott, Hugo, Das Erzbistum Freiburg im Ringen mit Staatskirchentum und Kirchenhoheit, in: Das Erzbistum Freiburg 1827–1977, hg. vom Erzbischöflichen Ordinariat Freiburg 1977, 75–92.

Real, Willy, Der badische Kirchenstreit im Spiegel der preußischen Diplomatie, in: ZGO 138 (1990), 365–390.

Reinhardt, Rudolf, Art. Ritz, in: Gatz, Bischöfe, 623 f.

Renner, Frumentius, Die Freiburger Koadjutorfrage der Jahre 1851–1865, in: FDA 97 (1977), 208–236.

Riess, Florian, Die württembergische Konvention. Eine Studie, Freiburg i.Br. 1858.

Rivinius, Karl Josef, Das Ringen der katholischen Kirche um ihre Freiheit von staatlicher Bevormundung in der Mitte des 19. Jahrhunderts. Aufgezeigt an den beiden Denkschriften des oberrheinischen Episkopats von 1851 und 1853, in: Jahrbuch für christliche Sozialwissenschaften 19 (1978), 197–238.

Rümelin, Gustav, Zur katholischen Kirchenfrage [1880], in: Ders., Reden und Aufsätze. NF Freiburg/Tübingen 1881, 205–277.

Schatz, Klaus, Kirchengeschichte der Neuzeit II (Leitfaden Theologie 20), Düsseldorf 1989.

Schmider, Christoph, Beamtenpflicht oder Kirchentreue. Bernhard August Prestinari (1811–1893) und der »Badische Kirchenstreit«, in: Hans Ammerich/Johannes Gut (Hg.), Zwischen »Staatsanstalt« und Selbstbestimmung (Oberrheinische Studien 17), Stuttgart 2000, 141–164.

Schmoller, Gustav, Art. Rümelin, in: ADB 53 (1907), 597–635.

Schneider, Eugen, Art. Schlayer, in: ADB 31 (1890), 348 ff.

Storz, H., Staat und katholische Kirche in Deutschland im Lichte der Würzburger Bischofsdenkschrift von 1848, Bonn 1934.

WALTER, Peter, Art. Heinrich, in: LThK³ 4 (1995), 1400.
WARNKÖNIG, Leopold August, Ueber den Conflict des Episcopats der oberrheinischen Kirchenprovinz mit den Landesregierungen in derselben, Erlangen 1853.
WEBER, Christoph, Kardinäle und Prälaten in den letzten Jahrzehnten des Kirchenstaates. Elite-Rekrutierung, Karriere-Muster und soziale Zusammensetzung der kurialen Führungsschicht zur Zeit Pius' IX. (1846–1878) (Päpste und Papsttum 13/II), Bd. 2, Stuttgart 1978.
WILL, Erich, Entstehung und Schicksal der Konvention zwischen dem Heiligen Apostolischen Stuhl und der Krone Badens vom 28. Juni 1859, Freiburg 1951 (Diss. Phil. ms).
WOLF, Hubert, Deutsche Altultramontane als Liberale? Neun Briefe Johannes von Kuhns an Ignaz von Döllinger aus den 1860er Jahren, in: ZNThG 6 (1999), 264–286.
WOLF, Hubert, Das Domkapitel als Bischöfliches Ordinariat? Monarchische (Generalvikar) oder kollegiale (Domdekan) Diözesanleitung im Bistum Rottenburg, in: RJKG 15 (1996), 173–197.
WOLF, Hubert, Ketzer oder Kirchenlehrer? Der Tübinger Theologe Johannes von Kuhn (1806–1887) in den kirchenpolitischen Auseinandersetzungen seiner Zeit (VKZG.B 58), Mainz 1992.
WOLF, Hubert, Art. Möhler, in: BBKL 5 (1993), 1584–1593.
ZEIS, Anton, Art. Reisach, in: Gatz, Bischöfe 603–606.

Anmerkungen

1 Hier sei nur auf folgende Überblicksdarstellungen hingewiesen: NIPPERDEY, Deutsche Geschichte 415–423; SCHATZ, Kirchengeschichte 36–44; HÜRTEN, Geschichte 33–159;
2 Abgedruckt bei HUBER/HUBER, Staat I, 280–284.
3 Vgl. die umfassende Darstellung der Verhandlungen bei BURKARD, Staatskirche.
4 Dazu HAGEN, Mischehenstreit.
5 Dazu HAGEN, Geschichte I, 513–534; KÖHLER, Zander 211–215; WOLF, Ketzer 76–79.
6 BURKARD, Wie Feuer und Wasser?, insbes. 147, 158–161, 166 f.
7 Dazu DIETRICH, Christentum 166–172.
8 1845 Priesterweihe, 1846 Repetent in Tübingen, philosophische Vorlesungen, Dr. phil., seit April 1848 erster Redakteur des Deutschen Volksblattes in Stuttgart, Gründer des Katholischen Sonntagsblattes und des Katholischen Hauskalenders, 1857 Eintritt in den Jesuitenorden, lebte meist in Gorheim, Maria-Laach, Ditton-Hall und Feldkirch und war vorwiegend literarisch tätig. Zu ihm: NEHER, Personal-Katalog 100 f.
9 Schon früher war die Gründung kirchlicher Zeitschriften in Württemberg ins Auge gefaßt worden. In den 1840er Jahren hatte man einem solchen Organ explizit eine wesentliche Funktion im Kampf gegen das Staatskirchentum zugewiesen. Eine »amtliche« Tendenz erhielt das »Sonntagsblatt« erst Jahre später (etwa ab 1857). Nun wurden regelmäßig bischöfliche Hirtenschreiben abgedruckt und etwa Pfarreiausschreibungen durch den Kirchenrat bekanntgegeben.
10 Die Frage nach den Vorgängen selbst, nach der Geheimdiplomatie von Staat und Kirche, von Regierung und Bischöflichem Ordinariat, ist nicht Thema der vorliegenden Studie. Hierfür wertete bereits August HAGEN einen Großteil der einschlägigen staatlichen und kirchlichen Akten, freilich ohne die römische Überlieferung, aus.
11 Vgl. BURKARD, Volksmissionen in diesem Band.
12 Zum Beispiel: »Napoleon wollte den Papst Pius VII. überreden, Rom zu verlassen und seinen Sitz in Frankreich aufzuschlagen. Es gibt keine Schmeichelei und keine Drohung, die der schlaue Mann nicht aufwandte um den Kirchenfürsten für seinen Plan zu stimmen. Er hoffte dadurch den Papst in der Regierung der Kirche Gottes von seinem Willen abhängig zu machen. Der allgemeine Vater der Christenheit sollte kaiserlich Napoleonischer Hof- und Kanzlei-Bischof werden. (Wer weiß, ob nicht der Papst, wenn er willfahrte, auch einen »Kirchenrath« an die Seite bekommen hätte.)«. SCV 1850, Nr. 27 (23. Juni) 222 f.
13 Eine Geschichte mit ähnlicher Intention und unter gleichem Titel in SCV 1850, Nr. 34 (11. August) 279 f. Immer wieder brachte das Sonntagsblatt historische Kurzerzählungen mit einem belehrenden Wink in die Richtung des Staates. Vgl. etwa »Zwei Priester vor den Richtern«: SCV 1852, Nr. 34 (22. August) 274.

14 SCV 1851, Nr. 10 (9. März) 101–104; der angekündigte zweite Teil erschien nie.
15 SCV 1851, Nr. 5 (2. Februar) 40.
16 SCV 1851, Nr. 20 (18. Mai) 187.
17 Zum folgenden HAGEN, Geschichte II, 26–49; HAGEN, Staat I, 73–108; HUBER/HUBER, Staat II, 158–180.
18 Bereits am 27. Januar kam die Kirchenfrage in der Stuttgarter Abgeordnetenkammer zur Debatte. Die meisten Redner (Schmidlin, Kuhn, Mack!) lehnten eine Trennung von Staat und Kirche ab, vor allem wegen der Auswirkungen auf die Schule. Konträr wurde jedoch die Frage diskutiert, ob der Katholische Kirchenrat (als staatliche Aufsichtsbehörde über die Kirche) weiterbestehen könne oder müsse. Während die »Ultramontanen« dem Stuttgarter Katholischen Kirchenrat seine Existenzberechtigung im neuen politischen System energisch absprachen (Kuhn, Hornstein, Wiest-Ulm), war die staatliche Seite nach wie vor von dessen Notwendigkeit überzeugt. Vgl. HAGEN, Geschichte II, 20–25.
19 Denkschrift der vereinigten Erzbischof und Bischöfe der oberrheinischen Kirchenprovinz an die allerhöchsten Regierungen der zur Errichtung der oberrheinischen Kirchenprovinz vereinigten Staaten, Freiburg i. Br. 1851.
20 1828 Priesterweihe, 1832 Pfarrer in Rottweil-Altstadt, 1838 Regens des Rottenburger Priesterseminars, 1847 Pfarrer in Kappel. Zu ihm: NEHER, Personal-Katalog 30.
21 SCV 1851, Nr. 22 (1. Juni) 200–203.
22 SCV 1851, Nr. 24 (15. Juni) 217 f.
23 Theologie und Jurastudium, 1824–1830 Mitarbeiter im Staatssekretariat, 1828–1836 Nuntiaturauditor in Luzern, 1836–1838 Minutant im Staatssekretariat, 1838–1841 Internuntius in München, 1841–1845 Nuntius in München, 1845–1854 Nuntius in Wien, 1853 Kardinal. Zu ihm: WEBER, Kardinäle 527 f.
24 Vom eigentlichen Grund des Besuchs war dem Sonntagsblatt nichts bekannt. Es ging darum, Erzbischof Vicari einen Koadjutor zu Seite zu stellen. Über die Verhandlungen in dieser Sache und die Koppelung mit der badischen Konvention vgl. RENNER, Koadjutorfrage 208–236.
25 SCV 1852, Nr. 1 (4. Januar) 6.
26 Am 15. Februar wurden deren Namen nachgetragen: Ministerialrat von Riffel für Darmstadt und Ministerialrat Händel für Nassau. Vgl. SCV 1852, Nr. 7 (15. Februar) 56. Später wurde bekannt, daß auch der preußische Gesandte von Sydow für die hohenzollerischen Fürstentümer teilgenommen hatte. SCV 1852, Nr. 10 (6. März) 79.
27 SCV 1852, Nr. 6 (8. Februar) 47.
28 In diesem wurde betont, daß es nicht um die Behebung einzelner Streitigkeiten ging, sondern um die Abschaffung »eines ganzen, prinzipienhaft aufgestellten Systems«. HAGEN, Geschichte II, 28.
29 SCV 1852, Nr. 8 (22. Februar) 62.
30 SCV 1852, Nr. 13 (29. März) 104. Die Vertreter Württembergs, Badens, Darmstadts und Kurhessens trafen sich erstmals am 2. Februar in Karlsruhe. Es herrschten große Differenzen in der Frage, wie weit den Forderungen der Bischöfe entgegenzukommen war. In vierzehntägigen Verhandlungen erreichte man zwischen 7. und 24. Februar eine vorläufige Einigung, die einen Kompromiß zwischen den Ansprüchen von Staat und Kirche darstellte. Doch die Ratifikation der Verabredung, die am 1. August stattfinden sollte, mußte verschoben werden, weil allein Württemberg hinter ihr stand. Erst im März 1853 konnte die »Verordnung betr. die Ausübung des verfassungsmäßigen Schutz- und Aufsichtsrechts über die katholische Landeskirche« (Abänderung der Verordnung von 1830) nebst einer Erläuterung der Öffentlichkeit übergeben werden. Dazu HAGEN, Geschichte II, 30–33.
31 1789 Kanoniker des Stiftskapitels St. Johann in Konstanz, 1790 Philosophiestudium in Augsburg (zusammen mit Wessenberg), 1791 Jurastudium in Wien, 1797 Dr. utr. iur. und Priesterweihe, 1802 Apostolischer Protonotar, 1816 Offizial Dalbergs in Konstanz, 1827 Domkapitular und Generalvikar in Freiburg, 1830 Domdekan, 1832 Weihbischof, 1842/43 Erzbischof. Zu ihm: BRAUN, Vicari.
32 Zunächst Jurist, verließ nach der Verhaftung des Kölner Erzbischofs Droste-Vischering 1838 den Staatsdienst und studierte Theologie, 1844 Priesterweihe, 1846 Pfarrer in Hopsen, 1848 Abgeordneter der Frankfurter Nationalversammlung, 1850 anstelle des gewählten Prof. Leopold Schmidt vom Papst zum Bischof von Mainz bestellt, wurde bekannt durch seine Stellungnahmen zur Arbeiterfrage. Zu ihm: GATZ, Ketteler 1413 f.

33 SCV 1852, Nr. 10 (6. März) 79.
34 In Wirklichkeit hatte sich Vicari – und ebenso das Domkapitel – nur zähneknirschend dem massiven Druck des Nuntius gebeugt. Explizit wurde vom Domkapitel jedoch Ketteler als Koadjutor ausgeschlossen. Auch die Regierung lehnte Ketteler ab. Die Koadjutorfrage scheiterte also, so daß es sich hier um eine Falschmeldung des Sonntagsblattes handelt. Vgl. auch RENNER, Koadjutorfrage 209–214.
35 SCV 1853, Nr. 12 (20. März) 109.
36 Der Mainzer Bischof wurde als das eigentliche Haupt der oberrheinischen Kirchenprovinz betrachtet. Vgl. den Bericht über Kettelers Besuch in der Diözese Rottenburg: SCV 1852, Nr. 24 (13. Juni) 195.
37 Reisach wollte zunächst die juristische Laufbahn einschlagen und kam erst nach einem gescheiterten Heiratsplan (1822) zur Theologie. Seit Herbst 1824 im Collegium Germanicum in Rom, 1828 in Rom Priesterweihe, 1830 unter Präfekt Cappellari – dem späteren Papst Gregor XVI. – Professor für Kirchenrecht am Propagandakolleg. Reisach avancierte zum kurialen Deutschlandspezialisten, war seit 1831 als Konsultor in der AES tätig und an der Verurteilung verschiedener Reformschriften aus Süddeutschland und der Schweiz beteiligt. Reisach vertrat einen dezidierten »Antirationalismus«. Zu ihm: ZEIS, Reisach 603–606.
38 Vgl. SCV 1852, Nr. 34 (22. August) 275 f.
39 SCV 1852, Nr. 20 (16. Mai) 159.
40 SCV 1853, Nr. 11 (13. März) 95.
41 SCV 1853, Nr. 12 (20. März) 100 f.
42 Zur Stellung, welche die Generalvikare bei der Demontage des Staatskirchentums einnahmen, vgl. WOLF, Domkapitel, insbes. 183–187.
43 SCV 1853, Nr. 16 (17. April) 134.
44 SCV 1853, Nr. 17 (24. April) 141 f.
45 Ebd. Die Regierungen von Baden und Nassau reagierten ähnlich, wenngleich in verbindlicherer Form. SCV 1853, Nr. 19 (8. Mai) 158.
46 SCV 1853, Nr. 19 (8. Mai) 158.
47 SCV 1853, Nr. 25 (19. Juni) 212.
48 SCV 1853, Nr. 26 (26. Juni) 217.
49 1837 Dr. utr. iur., 1840 Privatdozent, 1842–1844 Theologiestudium in Tübingen und Freiburg, 1845 Privatdozent, seit 1850 in der Mainzer Bistumsverwaltung tätig, 1855 Domkapitular, 1867 Domdekan, 1869 Generalvikar, seit 1850 Mitherausgeber des »Katholik«. Zu ihm: WALTER, Heinrich 1400.
50 Denkschrift des Episcopates der oberrheinischen Kirchenprovinz in Bezug auf die Königlich Württembergische, Großherzoglich Badische, Großherzoglich Hessische und Herzoglich Nassauische allerhöchste Entschließung vom 5. März 1853 in Betreff der Denkschrift des Episcopates vom März 1851, Freiburg i.Br. 1853.
51 HAGEN, Geschichte II, 41 f.
52 Dazu summarisch HAGEN, Geschichte II, 42–44.
53 SCV 1853, Nr. 35 (28. August) 295–297.
54 Dazu BRÜCK, Kirchenprovinz 306–308.
55 Vgl. MAAS, Geschichte; REAL, Kirchenstreit 265–290 (hier weitere Lit.); BRAUN, Vicari 163–167, 176–182, 188–193; OLENHUSEN, Klerus 309–314; SCHMIDER, Beamtenpflicht. Zu den veränderten kirchenpolitischen Bedingungen unter Vicari auch OTT, Erzbistum 78–80.
56 Der Hirtenbrief wurde im Sonntagsblatt abgedruckt: SCV 1852, Nr. 21 (23. Mai) 164–168.
57 »Die Sache wendet sich zum Guten, es greift immer mehr die kirchenfreundlichere Stimmung um sich und Sr. K. H. der Regent selbst soll die Sache als beigelegt ansehen. Der Hirtenbrief des hochw. Erzbischofs hat vollends versöhnend gewirkt«. SCV 1852, Nr. 21 (23. Mai) 171. Ähnlich SCV 1852, Nr. 23 (6. Juni) 187.
58 SCV 1852, Nr. 21 (23. Mai) 164–168.
59 Gemeint sind die »Deutschkatholiken«. Dazu die monographische Studie von HOLZEM, Kirchenreform.
60 SCV 1852, Nr. 20 (16. Mai) 159.

61 »Die Gegner des Erzbischofs hofften auf eine Spaltung, sie sind aber in ihren Erwartungen zu Schanden geworden«. SCV 1852, Nr. 35 (29. August) 281.
62 SCV 1852, Nr. 24 (13. Juni) 195.
63 SCV 1853, Nr. 11 (13. März) 95. Zum Fall Schleyer und dem langen Streit um den Katholischen Charakter der Universität Freiburg vgl. DORNEICH, Buß 295–322.
64 SCV 1853, Nr. 12 (20. März) 109.
65 Dieses war dem Deutschen Volksblatt mitgeteilt worden. SCV 1853, Nr. 47 (20. November) 393–395.
66 SCV 1853, Nr. 48 (27. November) 405.
67 Zu den kirchlichen Strafanstalten allgemein BURKARD, Korrektionshäuser 103–135.
68 SCV 1853, Nr. 47 (20. November) 395.
69 SCV 1853, Nr. 48 (27. November) 405 f.
70 SCV 1853, Nr. 49 (4. Dezember) 413.
71 SCV 1853, Nr. 49 (4. Dezember) 413–415. Beide datieren vom 14. November 1853, in beiden wird vor allem die Landesherrliche Verordnung von 1830 sowie die vom 1. März 1853 an den Pranger gestellt und als »unrechtmäßig und kirchenfeindlich« bezeichnet. Der Wortlaut der entscheidenden Passage: »… scheiden Wir, den canonischen Satzungen und dem Beispiele der heiligen Väter folgend, nachstehende Verletzer der Kirche Gottes und zwar: Leonhard August Prestinari, – Augustin Kinberger – Anton Küßwieder, Philipp Forsch, – Karl Schmitt – Wilhelm Karl Müller, – Leonhard Laubis, – Johann Bapt. Meier, sämmtlich Pfarrgenossen in Karlsruhe, beide letztere Geistliche, die Wir zudem mit der suspensio ab ordine belegen: durch die Autorität Gottes und das Gericht des heiligen Geistes von dem Schooß der heiligen Mutter-Kirche und von der Genossenschaft der ganzen Christenheit insolange aus, bis sie in sich gehen und der Kirche Gottes genug thuen. Wir verpflichten Unseren Klerus in seinem Gewissen und bei dem canonischen Gehorsam, diese Unsere Verfügung nach Kräften zu promulgiren und dafür zu sorgen, daß dieß überall geschehe«. Über die Reaktionen eines Betroffenen vgl. SCHMIDER, Beamtenpflicht 141–164.
72 SCV 1853, Nr. 49 (4. Dezember) 415–421.
73 SCV 1853, Nr. 50 (11. Dezember) 425 f.
74 SCV 1853, Nr. 50 (11. Dezember) 430 f.
75 »1. Täglich soll in allen Pfarrkirchen nach der Pfarrmesse und an Sonn- und Festtagen nach der Predigt die Fürbitte der seligsten Jungfrau Maria, des heiligen Bonifacius, des Apostels der Deutschen, und des heiligen Martinus, unseres Bisthumspatrons, in einem Gebete von drei »Vater unser und Ave Maria« erfleht, und 2) von allen Priestern der Diöcese in der heiligen Messe die »Oratio contra persecutores Ecclesiae« nach der Vorschrift der Rubriken gebetet werden«. SCV 1853, Nr. 51 (18. Dezember) 438 f.
76 Zum ganzen SCV 1853, Nr. 51 (18. Dezember) 433–437.
77 SCV 1853, Nr. 51 (18. Dezember) 437 f.
78 Dazu KEINEMANN, Kölner Wirren 197 f.
79 SCV 1853, Nr. 52 (25. Dezember) 441.
80 »Allein eine solche Umkehr zum Guten gefiel jener Partei nicht, welche im Trüben fischen möchte und allen Ernstes in ihrer Bethörung meint, es sei die Zeit gekommen, der katholischen Kirche in Baden ein Rechtes zu versetzen, daß sie nicht mehr aufkomme. Diese Partei setzte es durch, daß, als die Forderung des Nuntius, damit er Frieden machen könne, eintraf, die Verwerfung derselben beschlossen wurde«. SCV 1853, Nr. 52 (25. Dezember) 442.
81 SCV 1853, Nr. 52 (25. Dezember) 443.
82 SCV 1853, Nr. 52 (25. Dezember) 444.
83 SCV 1854, Nr. 14 (2. April) 140 f.
84 SCV 1854, Nr. 16 (16. April) 163–165.
85 Später berichtete das Sonntagsblatt: »Wie angekündigt, ist die Wiedereröffnung des Freiburger Convicts gewaltsam verhindert worden. Dem hochw. Erzbischofe hat man die Schlüssel zu der Anstalt abverlangt und als er sie nicht herausgab, hat man Schlosser kommen und die Thüren fest verschließen lassen. Vor die Eingänge stellte man Polizeidiener und diese wiesen die Zöglinge, die an dem bestimmten Tage sich einfanden, zurück«. SCV 1854, Nr. 18 (30. April) 181.
86 Es handelte sich hierbei um einen Einzelfall aus der Nähe von Baden.

87 Rieß verschwieg, daß es 1851 Rom gewesen war, das Vicari einen Koadjutor geben wollte. Dazu RENNER, Koadjutorfrage 208 f.
88 Lob erhielt insbesondere Hirscher: »Da wir nun aber von glaubwürdigen Zeugen vernommen haben, daß Unser geliebter Sohn, der Priester Johann Baptist Hirscher, Domherr und Dechant Deiner Metropolitankirche, eine ganz im katholischen Geiste verfaßte Schrift herausgegeben habe, worin er die Rechte der Kirche gegen das feindliche Beginnen und die Bedrückungen der weltlichen Gewalt vertheidigt und in Schutz nimmt, so wünschen wir, daß Du dem Domcapitular Hirscher in Unserem Namen Glück wünschest, und ihm die schuldige Anerkennung überbringest, obgleich Wir das Werk nicht kennen, weil Wir es noch nicht erhalten haben«. SCV 1854, Nr. 17 (23. April) 172. Dies war insofern besonders bedeutsam, als Hirscher sich stets mäßigend aussprach und noch 1852 gegen Vicari und dessen Koadjutorkandidaten Ketteler Stellung bezogen hatte. Vgl. RENNER, Koadjutorfrage 210 f.
89 SCV 1854, Nr. 18 (30. April) 179–181.
90 Ebd. 180.
91 SCV 1854, Nr. 21 (21. Mai) 218; ausführlicher in SCV 1854, Nr. 22 (28. Mai) 223 f.
92 »Der wackere Bürgermeister von Walldürn, Kieser, der auch bei andern Gelegenheiten gezeigt hat, daß er nicht ein Namenkatholik, und daß ihm wirklich seine Kirche am Herzen gelegen sei, hat lieber sein Amt niedergelegt, als daß er gegen den Erzbischof Partei ergriffen hätte. Wie seine Eltern in der katholischen Kirche gelebt haben und gestorben seien, so wolle er es auch halten. Hätte der katholische Bürgermeister Steinam von Tauberbischofsheim ebenso gedacht und gehandelt, statt daß er mit seinem gleichfalls katholischen Oberamtmann Ruth durch Dick und Dünn gieng, so wäre er nun nicht mit diesem Beamten excommunicirt«. SCV 1854, Nr. 27 (2. Juli) 289.
93 Rieß kommentierte: »Merkwürdig, in den Jahren 1848 und 1849 war es gerade so mit der Treue gegen den weltlichen Fürsten. Was daran die Schuld trägt, wissen wir nicht; Thatsache ist, daß die Bürgermeister, Gemeinde- und Stiftungsräthe [im Oberland und im Seekreis] sich viel leichter bereden ließen, der Erzbischof habe Unrecht«. SCV 1854, Nr. 27 (2. Juli) 291.
94 »Ja in einem Orte (Urnau) geschah es, daß der Geistliche im Kirchenornate und auf dem Wege zur Kirche sich befand, als die Gendarmen kamen, ihm den Chorrock und die Soutane aufknöpften, um zu sehen, ob er den Hirtenbrief bei sich trage!« SCV 1854, Nr. 22 (28. Mai) 224 f.
95 So in Sindelsheim und Adelsheim. »Aus dem badischen Bauland«. SCV 1854, Nr. 26 (25. Juni) 175 f.
96 So z.B. SCV 1854, Nr. 27 (2. Juli) 288 f.
97 Beilage zu Nr. 26, 279–286.
98 SCV 1854, Nr. 22 (28. Mai) 225.
99 SCV 1854, Nr. 31 (23. Juli) 326. Sekundiert wurde der Bericht durch eine ausführliche Schilderung der Firmung in Mannheim und der Begeisterung und Zustimmung, die Ketteler dort entgegenschlug. Ebd. 326 f.
100 SCV 1854, Nr. 18 (30. April) 179 f.
101 SCV 1854, Nr. 31 (23. Juli) 320 f. – Brunner starb in Rom und wurde auf dem Campo Santo Teutonico beigesetzt.
102 In Anlehnung an Dan 5, 27.
103 SCV 1854, Nr. 33 (6. August) 339 f.
104 SCV Nr. 34 (13. August) 360 f.
105 SCV 1854, Nr. 45 (29. Oktober) 453.
106 SCV 1855, Nr. 2 (14. Januar) 17–23, insbes. 18.
107 SCV 1855, Nr. 4 (28. Januar) 40.
108 SCV 1856, Nr. 10 (9. März) 101.
109 SCV 1857, Nr. 24 (14. Juni) 210.
110 SCV 1853, Nr. 40 (2. Oktober) 329.
111 Erst 1859 wurde mit dem »Karlsruher Anzeiger« ein neuer Versuch unternommen. Vgl. dazu AMANN, Katholische Tages- und Zeitschriftenpresse 248 f.
112 SCV 1854, Nr. 43 (15. Oktober) 435.
113 SCV 1854, Nr. 23 (4. Juni) 233–237.

114 Da Rieß die Nr. 24 inzwischen unter Auslassung des betreffenden Artikels »Aus der oberrheinischen Kirchenprovinz« gedruckt und verschickt hatte, wurde der Artikel in Nr. 26 nachgeliefert. Vgl. dazu SCV 1854, Nr. 23 (4. Juni) 231; Nr. 26 (25. Juni) 264–268.
115 SCV 1854, Nr. 26 (25. Juni) 263 f.; Nr. 27 (2. Juli) 287 f.
116 SCV 1854, Nr. 33 (6. August) 339.
117 SCV 1854, Nr. 31 (23. Juli) 321.
118 SCV 1855, Nr. 4 (28. Januar) 39. Ein weiterer Artikel hierzu SCV 1855, Nr. 9 (4. März) 96.
119 SCV 1855, Nr. 10 (11. März) 102–104.
120 Der Staatsanwalt hatte das Doppelte gefordert.
121 Rieß rächte sich an dem Zeugen, aufgrund dessen Aussage die Schuld festgestellt wurde, dadurch, daß er den Namen im Sonntagsblatt öffentlich nannte: Es war der Stuttgarter »Museumsdiener« Koch. SCV 1855, Nr. 14 (8. April) 138.
122 SCV 1855, Nr. 20 (20. Mai) 191.
123 1836 Priesterweihe, 1838 Repetent am Wilhelmsstift in Tübingen, im selben Jahr Professor am Lyzeum in Ravensburg, 1842 Professor am Gymnasium in Rottweil, 1845 Oberkirchen- und Studienrat, 1848 Domkapitular, von 1851 bis 1855 vom Domkapitel gewähltes Mitglied der Abgeordnetenkammer, seit Dezember 1852 Generalvikar von Bischof Lipp. Zu ihm: NEHER, Personal-Katalog 66.
124 Oehler hatte die Umwandlung des Waisenhauses in Weingarten in ein katholisches Waisenhaus verlangt. Den Protestanten sollte im Gegenzug ein weiteres Waisenhaus zugestanden werden. Damit verfolgte man stringent den seit Jahren eingeschlagenen Konfessionalisierungskurs weiter, wonach alle konfessionell gemischten Anstalten (Simultaneen) in getrennte umgewandelt werden sollten.
125 SCV 1855, Nr. 21 (27. Mai) 202 f.
126 SCV 1855, Nr. 22 (3. Juni) 209.
127 Beilage zum Sonntagsblatt 1834, Nr. 34, 326.
128 Ebd.
129 Vgl. dazu – anstelle weiterführender Literatur – die thematischen Beiträge in RJKG 15 (1996).
130 SCV 1855, Nr. 40 (7. Oktober) 376. Dafür brachte das Sonntagsblatt einen Abdruck der Allokution Pius' IX vor dem Heiligen Konsistorium. SCV 1855, Nr. 47 (25. November) 431 f.; Beilage zum Sonntagsblatt 1855, Nr. 48 (2. Dezember) 448; Beilage zum Sonntagsblatt 1855, Nr. 49 (9. Dezember) 457–460; eine weitere Allokution zum österreichischen Konkordat vom 17. Dezember in: Beilage zum Sonntagsblatt 1856, Nr. 2, 17–20.
131 SCV 1855, Nr. 48 (2. Dezember) 439.
132 Der Direktor des Stuttgarter Kirchenrats, Moritz von Schmid, war hierzu nach Karlsruhe gereist. SCV 1856, Nr. 13 (30. März) 128.
133 Auch Pius IX. und die Kurie reagierten entrüstet auf das von Lipp vorgelegte Konventionspapier. Dieses wurde offiziell verworfen, weil Lipp keine päpstliche Vollmacht dafür gehabt hatte. Hagen vermutete jedoch auch inhaltliche Gründe. So sollte das weitergehende österreichische Konkordat Richtschnur für eine generelle Lösung für die gesamte Oberrheinische Kirchenprovinz werden. Dazu HAGEN, Staat I, 148, 155–158.
134 Statt dessen engagierte sich Rieß 1854 außergewöhnlich stark im badischen Kirchenstreit.
135 SCV 1856, Nr. 17 (27. April) 169. Vgl. auch HAGEN, Staat I, 179.
136 SCV 1857, Nr. 10 (8. März) 70.
137 Dazu vgl. den Beitrag von Jörg SEILER, Typisch katholisch, in diesem Band.
138 SCV 1857, Nr. 18 (3. Mai) 153 f.
139 SCV 1857, Nr. 27 (5. Juli) 229. Die Konvention samt Beilagen abgedruckt bei HAGEN, Staat II, 266–285. Vgl. auch RIESS, Konvention; MEJER, Concordatsverhandlungen 79–100.
140 Beilage zum Sonntagsblatt 1857, Nr. 40 341–344.
141 SCV 1857, Nr. 41 (11. Oktober) 341–342.
142 SCV 1857, Nr. 42 (18. Oktober) 355 f.
143 SCV 1857, Nr. 3 (17. Januar) 17.
144 Zunächst Kanzler der Universität Tübingen, dann württembergischer Innenminister und Vertreter eines gemäßigten Kurses gegenüber der katholischen Kirche. Zu ihm: SCHMOLLER, Rümelin 597–635; MANN, Departementschefs 237.

145 1831 Priesterweihe, 1834 Stadtpfarrer in Reutlingen, 1836 in Weißenstein, seit 1841 Stadtpfarrer und Dekan in Stuttgart, 1848 Domkapitular, 1862 Domdekan. Zu ihm: NEHER, Personal-Katalog 42; REINHARDT, Ritz 623 f.
146 SCV 1858, Nr. 19 (9. Mai) 149 f.
147 Zu ihm: SCHNEIDER, Schlayer 348 ff.; MANN, Departementschefs 238.
148 SCV 1858, Nr. 31 (1. August) 245.
149 SCV 1858, Nr. 32 (8. August) 253.
150 SCV 1858, Nr. 33 (15. August) 261. Als Schlayer 1860 starb, bescheinigte ihm das Sonntagsblatt zwar besondere »Geschäftstüchtigkeit« und Rednertalent, warf ihm jedoch abermals gerade in der Pressefrage Inkonsequenz und Wankelmütigkeit vor. »Nur in einem Punkte blieb er sich gleich: in der feindseligen Gesinnung gegen die katholische Kirche«. SCV 1860, Nr. 3 (15. Januar) 17. - Dies Urteil entspricht kaum den Tatsachen. Schlayer war kein Feind der Kirche, wohl aber ein exponierter Vertreter des Staatskirchentums. Zusammen mit Ignaz Jaumann, dem Rottenburger Domdekan, lenkte er lange Jahre maßgeblich die Geschicke der Kirche, wurde aber von der jüngeren Generation nicht mehr verstanden. Über die Zusammenarbeit mit dem Domdekan und das Funktionieren des »Systems Jaumann« vgl. BURKARD, Theiner, insbes. 196–200.
151 Zum Kampf um die Konvention, der auf literarischer, politischer und parlamentarischer Ebene geführt wurde, vgl. HAGEN, Staat II, 92–172.
152 Dazu vgl. HAGEN, Staat II, 226 f.
153 SCV 1858, Nr. 38 (19. September) 302. Später wußte das Sonntagsblatt näheres zu berichten: »Man hört von Einzelheiten, wie schlau das Gerücht glaublich gemacht wurde, und wie einfältig es in der That Glauben fand. Am 31. August wurde in der hiesigen kath. Kirche in feierlicher Weise die ewige Anbetung gehalten, wie diese in jeder katholischen Kirche des Jahres einmal stattfindet; am Vorabend war Se. Maj. der König von seiner Badecur zurückgekehrt. Alsbald wurde nun das Gerücht verbreitet und fand merkwürdiger Weise Glauben, in der kath. Kirche sei ein feierlicher Dankgottesdienst wegen des Religionswechsels abgehalten worden. So ließen sich die Stuttgarter zum Besten haben und in Angst jagen!«. SCV 1858, Nr. 39 (26. September) 309.
154 SCV 1858, Nr. 38 (19. September) 302.
155 SCV 1858, Nr. 39 (26. September) 309.
156 A[ugust] L[udwig] REYSCHER (Hg.), Vollständige, historisch und kritisch bearbeitete Sammlung der württembergischen Gesetze, Bd. 10, Tübingen 1836.
157 SCV 1859, Nr. 10 (6. März) 80–82; Nr. 11 (13. März) 87–89; Nr. 12 (20. März) 100 f.; Nr. 13 (27. März) 107–109; Nr. 14 (3. April) 115–118; Nr. 15 (10. April) 124–126; Nr. 16 (17. April) 132–135.
158 Diese stammte vom 19. Oktober 1859. Sie wurde von beiden Kammern verworfen und am 9. Oktober 1860 durch Kirchengesetze ersetzt, welche für die kirchenpolitischen Verhältnisse bis 1918 die Grundlage bildeten. Der Staat hatte hierbei das alte staatskirchliche System weitgehend aufgegeben: Die Erziehung und Prüfung des Klerus wurde allein dem Bischof überlassen, das Plazet durch eine Anzeigepflicht ersetzt, eine Vereinbarung zur Pfründenbesetzung getroffen und (1862) der Oberkirchenrat aufgehoben. Festgeschrieben wurde allerdings die gemeinsame Verwaltung des Kirchenvermögens und die Genehmigungspflicht des Staates für Orden. Vgl. BURGER, Erzbistum 42–46; zur weiteren Entwicklung im 19. Jahrhundert: OTT, Erzbistum 80–88.
159 SCV 1859, Nr. 51 (18. Dezember) 379.
160 SCV 1859, Nr. 45 (6. November) 364.
161 SCV 1859, Nr. 52 (25. Dezember) 388 f. Zum Kampf gegen die badische Konvention (Durlacher Versammlung etc.) HAGEN, Staat II, 122 f.
162 SCV 1860, Nr. 3 (15. Januar) 18.
163 SCV 1860, Nr. 2 (8. Januar) 14 f.
164 SCV 1860, Nr. 4 (22. Januar) 25.
165 SCV 1860, Nr. 5 (29. Januar) 34. Eine Genugtuung war es, als im Februar Hofrat Dr. Buß, ein Anhänger der Konvention, zum Abgeordneten von Freiburg gewählt wurde, obwohl der Freiburger Gemeinderat und Bürgerausschuß der Vereinbarung abgeneigt war. SCV 1860, Nr. 9 (26. Februar) 66.
166 SCV 1860, Nr. 19 (6. Mai) 151.

167 SCV 1860, Nr. 30 (22. Juli) 237.
168 SCV 1861, Nr. 2 (13. Januar) 11–13, hier 12; Nr. 3 (20. Januar) 20–22.
169 Der protestantische Abgeordnete Stadtschultheiß Schuster hatte für die Konvention gestimmt und wurde deshalb von Ulm aus aufgefordert, sein Mandat umgehend niederzulegen. SCV 1860, Nr. 18 (29. April) 141.
170 Dazu bietet auch HAGEN, Staat II, 125 keine weiteren Informationen.
171 SCV 1860, Nr. 40 (30. September) 317.
172 Dazu vgl. HAGEN, Staat II, 133–172.
173 SCV 1861, Nr. 5 (3. Februar) 33. Anfang März 1861 konnte das Sonntagsblatt näheres melden: »Die Agitation der Protestanten gegen das Concordat ist im Zunehmen. In Stadt und Land werden Versammlungen gehalten und Adressen an die Abgeordneten und die Regierung unterschrieben, daß das Concordat nicht eingeführt, sondern die Kirchenangelegenheiten auf dem Wege der Gesetzgebung geordnet werden. Um Unterschriften zu bekommen, scheut man sich nicht einmal, sogar Lügen anzuwenden. So die, der Papst habe in seiner neuesten Allocution (Ansprache an die Cardinäle) die Protestanten ›verderbliche Ketzer‹ geheißen. Das steht *nicht* in der Allocution. Es ist ein schlechtes Mittel, durch eine solche Fälschung das protestantische Volk gegen den Papst zu erbittern. Eine andere Lüge ist diese, das Concordat wolle die Protestanten wieder katholisch machen. Diese Lüge ist ebenso schmählich als jene, das Concordat werde den Zehenten wieder einführen. Und doch gibt es Leute, welche solche Lügen glauben. Da und dort kämpft man gegen das Concordat mit dem Stichwort: nur die ›Ultramontanen‹ wollen es, die aufgeklärten Katholiken wollen nichts davon wissen. Also der Papst, der König, der Bischof und Alle, die für den Abschluß des Concordats gedankt haben, sind ultramontan, die wenigen Katholiken aber, welche zwar noch im Taufbuch als solche stehen, im Leben aber außer der Kirche sich halten, das sollen die ächten, die aufgeklärten sein. Die Katholiken können solches Treiben nur bedauern. Sie können sich die Hände in Unschuld waschen, wenn der confessionelle Hader immer mehr entbrennt. Wenn auch das Concordat von den Ständen verworfen wird, so verlassen sie sich ruhig und getrost auf den festen Gerechtigkeitssinn des Königs, der nicht dulden wird, daß eine Kammer, worin die Mehrzahl Protestanten sind, über die Kirchensachen den Katholiken Gesetze mache. Ohne Prophet zu sein, kann man voraussagen, daß der Weg, den jetzt die Concordatsgegner einschlagen, nicht zum Frieden führen wird«. SCV 1861, Nr. 9 (3. März) 70. Über den konfessionellen Aspekt des Kampfes auch HAGEN, Staat II, 98–101, 123 f.
174 SCV 1861, Nr. 13 (31. März) 106.
175 SCV 1861, Nr. 14 (7. April) 109.
176 SCV 1861, Nr. 16 (21. April) 125.
177 SCV 1861, Nr. 25 (23. Juni) 197 f.
178 SCV 1861, Nr. 8 (24. Februar) 66 f.; Nr. 9 (3. März) 73 f.; Nr. 17 (28. April) 137–139; Nr. 18 (5. Mai) 144–146; Nr. 19 (12. Mai) 152–155.
179 SCV 1861, Nr. 19 (12. Mai) 155.
180 Seit 1858 im Innenministerium. Nach dem Scheitern der Konvention Nachfolger von Gustav Rümelin als Chef des Departements des Kirchen- und Schulwesens. Zu ihm: MANN, Departementschefs 231.
181 Ludwig GOLTHER, Darstellung der geschichtlichen Entwicklung des Verhältnisses zwischen beiden und des geltenden Rechts aufgrund der Gesetzgebung von 1862 mit besonderer Beziehung auf die preußischen Kirchengesetze von 1873, Stuttgart 1874.
182 Gustav RÜMELIN, Zur katholischen Kirchenfrage [1880], in: DERS., Reden und Aufsätze. NF Freiburg/Tübingen 1881, 205–277; 207.
183 So wurden den Katholiken etwa Volksmissionen und Exerzitien gestattet, die Gottesdienstordnung hatte ihre Geltung verloren, die Klerusbildung lag schon längst nur noch formal in den Händen des Staates.
184 Zu ihm: WOLF, Möhler 1584–1593.
185 Vgl. dazu WOLF, Altultramontane, 264–286.
186 Speziell für den Kirchenstreit gründete Rieß im Juli 1853 die »Kirchlich-politischen Blätter aus der Oberrheinischen Kirchenprovinz« als Beilage zum Deutschen Volksblatt, die aber auch separat vertrieben wurden. Rieß publizierte darin alle wichtigen kirchenpolitischen Aktenstücke. Die Beilage

ging mit dem 13. November desselben Jahres wieder ein. Vgl. WARNKÖNIG, Conflikt 3; HAGEN, Staat I, 119.
187 Es war dies letztlich eine Konsequenz aus seiner großen Begeisterung für die Orden und deren Arbeit, gerade auf dem Gebiet der Volksmissionen. Vgl. dazu BURKARD, Volksmissionen in diesem Band.
188 Doch drohte auch in Württemberg eine Eskalation der Auseinandersetzungen, als »Märtyrer« produziert wurden: 1839 Mack; 1855 Rieß; 1877 Hescheler. Zum letzteren vgl. BURKARD, Kulturkampf 86–89.

BARBARA WIELAND

Die Jahresbilder des Katholischen Sonntagsblattes
Ein Spiegel schwäbischer Frömmigkeit

Mit Beginn des Jahres 1887 setzte das Sonntagsblatt einen besonderen Akzent auf die erste Ausgabe eines jeden Jahres. Im Jahresbild veranschaulichte es politische und kirchliche Ereignisse, aber auch Empfindungen und Strömungen im Volk. Vor allem die Bilder von R. E. Kepler strahlen nach heutigem Empfinden eine Atmosphäre naiver Frömmigkeit ohne Glaubenszweifel aus. Je bedrängter sich die gesellschaftliche und politische Lage für die Katholiken gestaltete, desto trauter und gefühlvoller wurden die Bilder. In Zeiten besonderer Verzweiflung trat der schon bekannte Eremit ins Bild[1]. Im Sinne des Ultramontanismus suchten das Sonntagsblatt und seine Leser die Lösung der Probleme der katholischen Kirche Deutschlands über viele Jahre hinweg in Rom und beim Papst.

Der vorliegende Beitrag stellt die Bilder mit ihren im Sonntagsblatt selbst gegebenen zeitgenössischen Kommentaren vor. In diesen versuchte die Redaktion, die politischen und gesellschaftlichen Herausforderungen und Einschätzungen des neuen Jahres den Lesern zu vermitteln. Auf eine eingehende Betrachtung einzelner Bildelemente mußte verzichtet werden. Die Vertiefung in Details jedoch lohnt!

1. Industrielle Revolution und Kulturkampf

In der Gründerzeit nach 1870 kam es zu einem großen Aufschwung von Industrie und Technik. Gewerbefreiheit und Freizügigkeit hielten Einzug, und die alten Zunftzwänge fielen zugunsten der Handwerksinnungen. Die Industrialisierung führte ab 1890 zu Umschichtungen in der Bevölkerung. Viele Arbeitskräfte wanderten vom Land und aus kleineren Landstädten in die Industriezentren und damit häufig in die Diaspora. Die Stadt Stuttgart übte nicht nur auf die Handwerker besondere Anziehungskraft aus, sondern auch auf »viele gescheiterte Existenzen«[2]. Württemberg erlebte in der drei Jahrzehnte dauernden Ära des Ministerpräsidenten Hermann von Mittnacht (1825–1909) einen gemäßigt konservativen und föderalistischen Kurs. Große gesellschaftspolitische Reformen blieben aus. Die Situation der Katholiken in der Diaspora gestaltete sich schwierig: Sie fanden an ihren neuen Wohnorten keine religiöse Heimat mehr, wurden der Kirche entfremdet und wandten sich von ihr – oft nach Schließung einer konfessionsverschiedenen Ehe – ganz ab. Die Seelsorge mußte sich auf diese neue Zeit einstellen und »zielbewußte nachgehende Hirtenarbeit« aufnehmen[3]. Diese Aufgabe übernahm auch das Sonntagsblatt.

Das Titelbild des Jahres 1887 gestaltete R. Huthsteiner (Abb. 1)[4]. Es zeigte das Schwabenland am Sonntag beim Kirchgang und am Werktag bei der Arbeit auf dem Feld und in der Werkstatt. In einem ausgeglichenen Verhältnis wurden der Dienst an Gott und der Dienst gegenüber dem Staate dargestellt. Der Beitext jedoch mahnte: »Sieh dich vor, katholisches Volk, mache dich auf Prüfungen gefaßt, umklammere das Kreuz, das auf dem Felsen Petri steht, rei-

Abb. 1:
Jahresbild 1887.
Bildnachweis: KS 28 (1887).

Abb. 2:
Jahresbild 1888.
Bildnachweis: KS 29 (1888).

Abb. 3:
Jahresbild 1889.
Bildnachweis: KS 30 (1889).

Abb. 4:
Jahresbild 1890.
Bildnachweis: KS 31 (1890).

nige dich vor Gott von deinen Sünden, wende dich zur Demut, zur Nüchternheit, Keuschheit und Wachsamkeit und lerne wieder, soweit es noch nicht geschehen ist, beten aus Herzensgrund, groß und klein, in Hütte und Palast«[5]. Im darauf folgenden Jahr, 1888, wurde ein in der katholischen Kirche äußerst seltenes Ereignis gefeiert, das den Künstler mit großer Freude erfüllte (Abb. 2). Aus Anlaß des 25jährigen Papstjubiläums Leos XIII. sollten ein halbes Jahr lang Pilgerzüge, Audienzen und Ausstellungen stattfinden, die dem ganzen Jahr Glanz zu verleihen versprachen. 1889 prägte R. E. Kepler zum ersten Male die graphische Gestaltung des Jahresanfangs. Der Zeichner, der auch zu manchen Fest- und Gedenktagen Illustrationen beisteuerte, blieb dem Sonntagsblatt bis 1927 treu. Mit der gekrönten Muttergottes, auf der Mondsichel stehend, stellte er allen Menschen, den Neugeborenen wie den Sterbenden, ihren Sohn Jesus vor, um sie zum Glauben zu führen und darin zu bestärken (Abb. 3). Die katholischen Gläubigen durchlebten im letzten Jahrzehnt des 19. Jahrhunderts schwere Zeiten: Neben der Diasporasituation bestand die größte Gefahr für den Glauben in der erstarkenden Sozialdemokratie. Deren führende Presseorgane, die ihren Sitz in Stuttgart hatten[6], suchten und fanden viele Ansatzpunkte für ihre zersetzende Kritik. Religiöse Unwissenheit in Verbindung mit mangelnder geistiger Flexibilität unter dem Eindruck der um sich greifenden wirtschaftlichen Not ließ angebliche und tatsächliche Mißstände im Klerus und in der Kirche zu günstigen Angriffszielen werden. In geschlossenen katholischen Gegenden »schwieg man sich über diese antichristliche und antireligiöse Gedankenwelt«[7] aus. Das Jahresbild 1890 (Abb. 4) wollte das Ringen um den rechten Weg trotz aller Kreuze im Leben darstellen und die Gläubigen auf ihrem Weg stärken: »›Mit Gott‹ heißt unsere erste Devise, und die trügt nicht: mit Gottes Hilfe und Gnade und mit Gottes Schutz geht alles recht, auch sogar Krankheit, Not, Prüfungen, Schmerzen und das Sterben. Und ›Mit Maria‹: das ist das zweite Wort; unter Marias Fürbitte und mütterlicher Fürsorge, da sie ja die Helferin der Christen, die Zuflucht der Sünder und die Trösterin der Betrübten ist, sind wir sicher, daß auch Gott uns Gnade und Barmherzigkeit schenkt. Gegen unsere Feinde auf und unter der Erde aber ist die Losung ›Mit Gott und Maria‹ und ›Gelobt sei Jesus Christus‹ eine Losung des Schreckens für sie und der Ruhe und Sicherheit für uns«[8]. Der Blick in das Jahr 1891 war unverwandt auf den segnenden Jesusknaben, der über dem Petersdom schwebte, gerichtet (Abb. 5). Hier lag das Heil, von hier war Segen zu erwarten in der bedrängenden Zeit des Kulturkampfes. »Wir werden von allen Seiten angegriffen und es kommt immer noch mehr nach. Da muß man einig sein und sein Ziel fest im Auge behalten. Und vor allem ist da lebendiges Gottvertrauen und Glauben nötig, innerer Anschluß an die Kirche, an Papst, Bischof und Priestertum«[9]. Die Eintracht zwischen weltlicher und geistlicher Gewalt (Papst und Kaiser) diente hierbei als Gegensatz zu den Bedrängnissen der gegenwärtigen Zeit. An der Situation änderte sich indessen nichts. Auch die Jahreslosung 1892 rief den Gekreuzigten als alleinigen Herrn in Erinnerung (Abb. 6). »Ja, den Glauben zu bewahren, das gilt vor allem in diesen Tagen der schweren Anfechtungen und Verfolgungen desselben und seiner Priester, durch die Feinde. Daß das katholische Volk jetzt erwache zum vollen Bewußtsein seines kostbaren teuren Glaubens, daß es erwache zur einmütigen Verteidigung desselben gegen den in unserm Lande geplanten und bereits begonnenen Angriff der Gegner, ihrer Reden, Versammlungen und Blätter; daß das katholische Volk sich standhaft und felsenfest treu bewähre in dieser Verfolgung, für das Höchste und Theuerste: das wünschen wir vor allem«[10]. Die Heilige Dreifaltigkeit schenkte zum Jahresbeginn 1893 Kraft und Segen (Abb. 7). Ihr Abglanz fiel auf das Land, auf Mächtige und Geringe – auf alle, die sich ihr zuwandten. Und wieder erschien das Ideal von der Eintracht

Abb. 5:
Jahresbild 1891.
Bildnachweis: KS 32 (1891).

Abb. 6:
Jahresbild 1892.
Bildnachweis: KS 33 (1892).

Abb. 7:
Jahresbild 1893.
Bildnachweis: KS 34 (1893).

Abb. 8:
Jahresbild 1894.
Bildnachweis: KS 35 (1894).

zwischen weltlicher und geistlicher Gewalt. Die politische Situation in Württemberg blieb schwierig. Die Bitte der Katholiken um Zulassung von Männerorden wurde im Frühjahr 1892 einstimmig vom Staatsministerium abgelehnt. Graf Rechberg erließ als Vorsitzender des Ulmer Katholikentag-Ausschusses einen Aufruf an alle katholischen Württemberger, in dem er dazu aufforderte, auf »die guten Rechte zu beharren und dasselbe bei jeder Gelegenheit mit allen gesetzlichen Mitteln zu verteidigen«[11]. Demonstrationen des katholischen Lebens waren die in Ravensburg, Gmünd, Horb, Neckarsulm und in vielen weiteren Orten erfolgreich abgehaltenen Katholikentage. In dieser Situation wirkte das Bild für 1894 geradezu lieblich. Das Jahr stand ganz unter dem Schutze der Gottesmutter (Abb. 8): »Maria mit dem Sohne Gottes; und unter ihnen, und ihrer Hut und ihrem Schirm, lebt und webt der Mensch, ist die Familie beisammen, arbeitet der Handwerker, wohnt der Bauersmann sicher in Hof und Haus, fährt der Wanderer dahin durch die Welt, hält der Krieger Wacht fürs Vaterland und ladet das Kirchlein alle zum Beten ein; unter ihnen grünt die Palme des Friedens, des Leidens und des Opfers, sowie der Lorbeer des Sieges und Kampfes für Wahrheit, Freiheit und Recht, unter ihnen liegt das ganze Jahr 1894 mit Leben und Sterben mit Anfang und Ende. Was aber bedeutet die Spindel und der Rocken in der Hand des seligsten Jungfrau und ihres Sohnes? Nicht etwa bloß die Vereinigung von ›bete und arbeite‹, sondern noch etwas mehr. Wie vor 2000 Jahren so hält auch heute und immerdar das Jesuskind mit seiner gewaltigen Gotteshand den Rocken, von welchem sich das Gewebe und die Fäden und die Garne des gesamten Welt- und Menschenschicksals, der Gang der ganzen Erde, Glück und Unglück für jedes Menschenkind abspinnen. Die Hand des Gottessohnes hält die Welt und ihre Leitung noch fest und keine Hölle und keine glaubenslose Frechheit wird dieser göttlichen Hand die Vorsehung und die Regierung der Welt entwinden. Und durch Marias milde Mutterhand geht so mancher Faden unseres Loses, denn sie wende fürbittend Böses ab und Gnade zu – allen, welche zu ihr flüchten, so jetzt und immer bis ans Welten-Ende«[12].

Der Weg eines jeden Menschen, das Leben und Sterben im Schatten des Kreuzes, führte in das Jahr 1896 (Abb. 9). »Der Mittelpunkt, die Hauptfigur des Bildes, ist der Gekreuzigte, welcher am Neujahrsfeste Seinen Namen erhalten hat, der Mittelpunkt der Menschheit und der ganzen Welt, unser einziger und alleiniger Heiland, außer dem es keinen anderen Erlöser je gab noch geben wird. Zu ihm, dem Sohne Gottes, der alles an sich zieht, da Er erhöht worden ist, wendet sich und kommt alles: die Jugend mit den Blumen der Kindheit und dem Kranz der Unschuld, der gereifte Mann, der auf der Höhe seines Lebens steht und den Ernst des Lebens kennt; zum Kreuze getragen wird auch der Mensch, wenn er den Pilgerlauf hinieden vollendet hat und seinen letzten Gang zum Grabe macht«[13]. Im Jahr 1897 schaute der Leser zusammen mit dem Erdenpilger auf den Vatikan mit dem Petersdom »ultra montes«, wo sie gemeinsam das Heil der Katholiken suchten (Abb. 10). »Die lichte Engelsgestalt oben bedeutet all' denen Segen für Leib und Seele, der allein von oben kommt. Der Erdenpilger aber, welchem der Segen zugewendet ist, zieht denselben herab durch Gebet und Arbeit – auf letzteres deuten die Werkzeuge zu seiner Seite –; und er bewahrt und erhält sich den Segen durch die felsenfeste Treue gegen die Mutter, die heilige Kirche und ihr gottgesetztes Hirtenamt, sowie durch dauernde, gewissenhafte Wachsamkeit und Abwehr alles Schädlichen und Bösen; das Sinnbild dieser Wachsamkeit ist der treue Hund, der keine unberufene Hand sich ausstrecken läßt nach dem, was seines Herrn ist«[14]. Zu Beginn des Jahres 1898 schweiften Blick und Gedanken nicht in die Ferne, sondern blieben im Schatten des Kirchturms: Kirche und Wirtshaus, flehendes Gebet und ausgelassene weinselige Atmosphäre Wand an Wand. »Hier

Abb. 9:
Jahresbild 1896.
Bildnachweis: KS 37 (1896).

Abb. 10:
Jahresbild 1897.
Bildnachweis: KS 38 (1897).

Abb. 11:
Jahresbild 1898.
Bildnachweis: KS 39 (1898).

Abb. 12:
Jahresbild 1899.
Bildnachweis: KS 40 (1899).

der Übergang vom alten ins neue Jahr mit Gebet, mit Gott – daneben in Saus und Braus, darunter der drohende Tod und das Ende«[15]. Das Jahr stand für die Katholiken unter dem Lobpreis Gottes und der Fürbitte der Gottesmutter, an die sich jeder Christ wenden konnte (Abb. 11). Das Bild des letzten Jahres des sich neigenden 19. Jahrhunderts (Abb. 12) prägte noch einmal die Grundsätze des christlichen Lebens ein: »Es sind zwei Hauptwahrheiten, welche dies Bild uns nahelegt, eine ernste und eine trostvolle. Die eine Wahrheit ist die, welche der Tod predigt mit Glockenschlag und der, welcher den Reigen des menschlichen Geschlechts abschließt: an jedem vollzieht er als Scharfrichter Gottes die Strafe für die Sünde, der wir alle unterthan waren von Anfang an; jeden holt er vor Gottes unfehlbares und unabänderliches Gericht, und wer vernünftig ist, der richtet sein Leben nach diesem Ziele ein. Den anderen Gedanken predigen die Engel, welche frohlockend und jubelnd der Welt das Christkind zeigen: den Sohn Gottes, der in seiner Erlösung, in seiner heiligen Kirche und seinen Gnaden und seinem Glauben allen, die Guten Willens sind, helfen will, durch diese Welt gehen im Frieden mit Gott, den Nebenmenschen und dem eigenen Gewissen, und im Sterben erst das wahre Ziel, das ewige Leben zu erringen«[16]. Obwohl um 1900 der größte Teil der Katholiken treu zur Kirche stand und den Glauben zumindest äußerlich vollzog, so hatten dennoch die religiöse Gleichgültigkeit und die Entfremdung von der Kirche in der zweiten Hälfte des 19. Jahrhunderts zugenommen.

2. Von der Jahrhundertwende bis zum Ende des Ersten Weltkriegs

Die Jahre von 1900 bis 1918 fielen noch in die Wilhelminische Ära. Vor allem der Eintritt Deutschlands in Weltwirtschaft und Weltpolitik, ein »hohles Machtbewußtsein, eine Kulturseligkeit und geistige Oberflächlichkeit, ein grundsatzloser Opportunismus und eine zunehmende Säkularisierung« prägten diese Zeit. Im Vordergrund standen Werte wie »Staat, staatliche Macht, nationaler Glanz, völkische Größe, Reichtum, Wirtschaft, Technik, Wissenschaft und Kultur«. Gleichzeitig versickerte die Glaubenssubstanz. Das Reich Gottes stand auch für die Katholiken nicht mehr an erster Stelle ihres Denkens und Handelns – eine Veräußerlichung des Lebens ging damit einher. Die Sozialdemokratie erstarkte weiter, ebenso wie die Freidenkerbewegung, die beide die Grundsätze des Christentums angriffen[17].

Das 19. Jahrhundert verließ – bildlich dargestellt durch einen alten gebeugten Mann – die Weltenbühne, und das 20. Jahrhundert zog herauf, begrüßt von einem jungen Mann. Das Leben der Menschen kommt und geht zu allen Zeiten, Jesus Christus überdauert unverändert die Zeiten (Abb. 13). Mancher Leser mochte beim Blick auf die erste Nummer des Jahres 1901 (Abb. 14) seine eigene Heimat wiedererkennen: »Im schwäbischen Oberlande droben, im Ehinger Oberamte, liegt in romantischer Umgebung von Fels und Wald ein kleiner Flecken – der Name thut hier nichts zur Sache – und mitten in demselben ragt ein mächtiger Felsblock himmelan, höher als alle Häuser des Ortes. Vor Zeiten mag ihn ein Naturereignis gewaltiger Art von stolzer Berghöhe abgesprengt und hieher geworfen haben. Der Felsen ist auf seiner Oberfläche kahl geblieben und höchstens kletterte dann und wann einer hinauf, um von da aus sich sein trautes Heimatnestchen ›aus der Vogelschau‹ zu betrachten. Das große Jubiläumsjahr 1900 hat aber eine Änderung gebracht. Wenn du jetzt in das Örtchen gehst, so siehst du schon von weitem eine große weiße Gestalt den Felsblock krönen, und stehst du in der Nähe, so hängt dein Aug' und Herz ergriffen an dem Anblick, der sich zeigt. Droben auf

Abb. 13:
Jahresbild 1900.
Bildnachweis: KS 41 (1900).

Abb. 14:
Jahresbild 1901.
Bildnachweis: KS 42 (1901).

JAHRESBILDER

Abb. 15:
Jahresbild 1902.
Bildnachweis: KS 43 (1902).

Abb. 16:
Jahresbild 1903.
Bildnachweis: KS 44 (1903).

Abb. 17:
Jahresbild 1904.
Bildnachweis: KS 45 (1904).

Abb. 18:
Jahresbild 1905.
Bildnachweis: KS 46 (1905).

dem moos- und flechtenbewachsenen dunklen Felsblock steht, weit über Lebensgröße, die Gestalt des Guten Hirten, des Heilands, in schimmerndem Kalkmarmor ausgehauen. Der Herr trägt das gefundene Schaf auf der Schulter und während ihm in dem einen Arm der Hirtenstab lehnt, so erhebt er den anderen hoch zum Segen mit der heiligen Hand, zum Segen über das Örtchen, die Häuser und deren Insassen, die ringsum zu seinen Füßen ansässig sind. Wie eine traute Herde, so liegen ringsum die Häuschen und Häuser um den Hirten geschart, und dieser steht machtvoll und segenspendend, schützend und führend in ihrer Mitte«[18]. Eine Bestärkung in bedrängter Zeit sollte das Jahresbild 1902 sein (Abb. 15). »Zu keiner Zeit aber ist die Lehre des Antichristentums so unverhüllt und anmaßend öffentlich verkündigt worden, wie in der Gegenwart, wo die sogenannten christlichen Staatswesen nur noch den Namen ›christlich‹ tragen, innerlich aber bis auf wenige Reste entchristlicht sind – dank dem sogenannten ›Liberalismus‹ und dem Zusammengehen von modernen Heiden, Juden, Freimaurern, Radikalen, Revolutionären und aller Gegner der Kirche Gottes auf Erden, und wo die weitesten Kreise vergessen haben und leugnen, daß auch für die Nationen, Völker und Staatswesen kein Heil ist, außer in Christus, dem Sohne Gottes [...]. Der Kulturkampf der siebziger und achtziger Jahre galt vor allem den Bischöfen und Priestern, welche man von Rom losreißen wollte. Es gelang nicht. Nun gilt der Kampf dem katholischen Volke, das man von seinen Priestern und Bischöfen, von seiner Kirche wegbringen will. Jetzt muß das katholische Volk zeigen, daß es an Treue seinen Priestern und Bischöfen nicht nachsteht«[19]. Das Sonntagsblatt (Abb. 16) sprach für das Jahr 1903 einen Wunsch aus: »Gott, der allmächtige Vater der Christenheit, möge gnädig vollenden, was am 20. Januar 1902, bezw. am 20. Februar 1878 begonnen hat, nämlich daß unser glorreich regierender hl. Vater Leo XIII. den Schluß seines 25. Jubiläumsjahres erlebe und noch lange überlebe!«[20] Die Herausgeber erinnerten zu Jahresbeginn daran, daß das Sonntagsblatt seit mehr als fünfzig Jahren dem katholischen Württemberg eng verbunden war. Es richtete sich seit einem halben Jahrhundert an die Menschen im Schwabenland und nahm die Verhältnisse des Schwabenlandes auf. Darüber hinaus stellte es für Auswanderer und Missionare die Verbindung zur alten Heimat her – bis nach Afrika, Amerika, Brasilien, Rußland, Palästina, Indien, China und Japan wurden die Hefte versandt. Die Titelbilder vermittelten den weit entfernt lebenden Diözesanen auch eine Vorstellung davon, wie der Glaube in ihrer Heimat gelebt wurde, selbst wenn sie schon lange Jahre der Heimat entfremdet waren. Die schwäbische Tracht und der Blick auf das Portal des Gotteshauses ließen ein Gefühl von Geborgenheit aufkommen. Der Künstler reiste mit den Lesern 1904 über das »Lebensmeer« in den Orient (Abb. 17). »Nichts ist ja treffender, als wenn man das irdische Leben in dieser Welt mit einer Meerfahrt vergleicht [...]. Und der ist verloren, rettungslos verloren, welcher allein, nur auf seine eigene Kraft gestellt, durch dieses Wasser schwimmen soll, und wäre er auch der stärkste und gescheiteste Mensch auf Erden. Da handelt es sich darum: ein solides Schiff und einen erfahrenen Steuermann zu gewinnen. Und wenn du danach fragst, so gibt dir Glaube, Vernunft und Erfahrung die Antwort: Es gibt nur Ein Schiff und nur Einen Steuermann, welche weise und mächtig genug sind, um den rechten Kurs durchs Weltenmeer einzuhalten und vor Sturm und Orkan und Wogenaufruhr nichts zu fürchten: das ist Jesus Christus, der Sohn Gottes und der Sohn der Jungfrau Maria, und das ist Seine heilige katholische Kirche, gestiftet von Ihm für alle Zeiten, für alle Menschen, für alle Nationen auf der Welt. Das ist die Arche des Neuen Bundes«[21].

Eine Idylle, wie sie nur in einem frommen Traum erlebt werden konnte (Abb. 18), eröffnete den Jahrgang 1905. Das Bild führte in das Leben des Einsiedlers: »Blühende Blumen und

Zweige, grüne Eichen und Farnkräuter, goldene Äpfel, fröhliche Vögelein, und im Hintergrunde ein stiller, träumerischer See mit Berg und Wolken, die sich darin spiegeln: das ist eine Sommeridylle, und fast möchte man sagen: ein Stückchen Paradies, wenn nicht der Totenkopf links auf dem Bänklein an Sterben und Gerichtetwerden mahnte«. Das Bild ist das »gemalte Programm« des Sonntagsblattes, eine Illustration des christlichen Gebotes der Sonntagsheiligung, der Sonntagsruhe und des Sonntagsfriedens, in dessen Mitte Gott als der Gekreuzigte steht. Die Sonntagsruhe bildete mit ihren paradiesischen Anklängen für den Gläubigen »die Erhebung und Erholung der unsterblichen Seele aus dem Getriebe und Geräusche des staubigen, qualmenden, prosaischen Werktags«[22] ab. Das Jahresbild 1906 kehrte wieder zur Klause des Eremiten zurück (Abb. 19). Ganz im Gegensatz zu dem gemütvollen Bild stand der Leitartikel mit den Gedanken zum neuen Jahr: »Christus lebt trotz der Staats->Allmacht<, welche im 19. Jahrhundert verkündet wurde und trotz der >freien Wissenschaft< und >freien Forschung<, welche da mit großem Maule volltönig der Welt weis zu machen suchen, daß Christus längst ein toter Mann und schon abgetan sei mit all Seinen Lehren und Seiner heiligen Kirche; Christus lebt, obgleich sich in der Gegenwart, verführt von den zahllosen Irrlehren auf allen Gebieten, Millionen Christen eigentlich von Ihm lossagen und drohend gegen Ihn und seine heilige Kirche die Fäuste ausstrecken; Christus lebt trotz moderner Wissenschaft und modernem Unglauben und der Anarchie auf allen Seiten; er lebt und Ihm werden alle Staatskünste und Polizeiheere und Gefängnisgitter, alle Bücher und Phrasen moderner >Gelehrsamkeit<, aller Federn und Griffel spottender Literaten, Dichter und Künstler, dazu genommen alle Geriebenheit und Gewissenlosigkeit moderner Parteihelden und Agitatoren, alle Lügen und alle Wut von Millionen verführter Menschen nicht Eine Stunde, nicht Eine Minute Seines Lebens verkürzen«. Christus, der Herr und Heiland, lebte nicht bloß, er regierte auch die Welt: »Millionenfach größer aber ist die Torheit dessen, der das Leben, das Licht, die Herrschaft Christi leugnen und bestreiten will. Es gibt Wölfe im Schafskleide und Esel in der Löwenhaut, und es gibt Gottesfeinde und Seelenmörder im Gelehrtentalar, wie es zu allen Zeiten egoistische, freche Buben in der Toga der >Volksmänner< gegeben hat, die das Volk blenden und zu ihren Sklaven machen, anstatt es wirklich aufzuklären und zu befreien. Über alle hat der Mund Gottes schon das Urteil gesprochen. >Toren< sind sie, das sagt die heilige Schrift. Wer aber sich nicht blenden läßt von ihrer Afterweisheit, und sich nicht imponieren und aufregen läßt von ihrem bierbanksatten Hohn und Spott, sondern treu auf dem schmalen Weg bleibt und sich ans Kreuz und an die Krippe hält in Glauben und Leben, wer das Credo der Apostel im Herzen trägt als sein kostbarstes Erbe und in Gottes Gnade und Liebe zu wandeln bestrebt ist: das ist der wahrhaft gescheite und aufgeklärte und freie Mann«[23]. Zu diesen Menschen gehörten der Eremit, der mit der Glocke zum Gebet rief, und das junge Paar mit seinen Kindern, das den schmalen Weg des Lebens und des Glaubens zu der kleinen Waldkapelle gefunden hatte und nun in stillem Gebet vor Gott verharrte.

Mit einem spätsommerlichen und friedlichen Erntebild eröffnete das Sonntagsblatt das Jahr 1907 (Abb. 20). Die Ernte war im Jahreslauf die wichtigste Zeit. Im übertragenen Sinne ging es um den »Gewinn der unsterblichen Seele an Segen und Tugenden und an Verdiensten für die Ewigkeit«. Das für alle Menschen geltende göttliche Gebot »Bete und arbeite« stand über allem Mühen: die Arbeit symbolisierte den Leib, das Beten die Seele. »Und der Staat und die Kirche, sie entsprechen den zwei Teilen dieses göttlichen Weltgesetzes. Der Staat ist da für die Interessen der Menschheit, die Kirche für die übernatürlichen; beide bilden wieder zusammen ein großes Ganzes zu Gottes Ehre und zum Wohle der Menschheit. Und nie ist ein

Abb. 19:
Jahresbild 1906.
Bildnachweis: KS 47 (1906).

Abb. 20:
Jahresbild 1907.
Bildnachweis: KS 48 (1907).

Abb. 21:
Jahresbild 1908.
Bildnachweis: KS 49 (1908).

Abb. 22:
Jahresbild 1909.
Bildnachweis: KS 50 (1909).

Volk, eine Nation glücklicher und besser bestellt gewesen in ihrem Leben, als wenn Kirche und Staat Hand in Hand das gottgegeben Scepter führen und einig zusammengingen in ihrer gemeinsamen, von Gott gegebenene Aufgabe«. In den ersten Jahren des neuen Jahrhunderts kämpften gesellschaftliche Gruppierungen gegen das »Bete« und wollten sich nur das »Arbeite« auf die Fahnen schreiben. »Die Arbeit ist die wahre, die einzige Erlösung, so schreiben und schreien sie – und wissen nicht, daß sie damit der Menschheit die traurigste Sklaverei predigen, die Welt zu einem Arbeitshaus, zu einem Zuchthaus machen wollen«. Die Kirche sollte gänzlich »ausgetilgt und vernichtet« werden. Diese Forderungen sprachen nicht einige »Wahnsinnige« aus, sondern »Leute in angesehenen Stellungen, vom Staate teuer bezahlt, von Tausenden gefolgt und bejubelt«, und an die Stelle des Christentums soll »nur Ein Wort kommen, das entsetzliche: ›Nichts!‹, das ihr eigenes Seelenleben ist«[24].

Das Jahr 1908 begann, auf Deutschland hin betrachtet, mit vielen Fragen, u.a. mit dem staatlichen Millionendefizit, den neuen Steuern und der Flottenvereinskrise. »Man hat ein ganzes Rattennest von Fragen, welche weder sehr ehrenvoll sind für einen Deutschen, noch viel Gutes hoffen lassen«. Aber »Eines ist sicher: unser Herrgott lebt noch und regiert die Welt immer noch«[25]. Vor diesem Gott, dargestellt in einem vom Beuroner Stil beeinflußten Mosaik, knieten Weltpriester, Ordensleute und Familien (Abb. 21). Ein Engel stieß die Tore in das Jahr 1909 weit auf (Abb. 22). Die Leser des Sonntagsblatts wußten sich getröstet und gestärkt, denn »Das göttliche Jesuskind, mit und in dessen heiligstem Namen die Kirche Gottes das neue Jahr beginnt, ist der ewige und gütige Regent auch dieses Jahres«. Im gemeinsamen Gebet drückte sich die Hoffnung für die zwölf kommenden Monate aus: »Gib deiner Kirche reiche Frucht in reiner Lehr' und heil'ger Zucht; steh allen Obrigkeiten bei, daß Recht und Ruh im Volke sei«[26]. Auf Jahre hoffnungsfroher und aufmunternder Bilder folgte 1910 (Abb. 23) die Darstellung des ermatteten, niedergeschlagenen und gealterten Pilgers, der sich, mit Gott im Gebet ringend, vor dem Kruzifix niederwarf. In den dunklen Kirchenraum – nur erhellt durch das Fenster mit dem Auferstandenen – zwischen Taufstein und Grabplatte war er gekommen, »um hier Abrechnung zu halten mit Gott und seinem Gewissen«. Die Lebensspanne gehörte dem Menschen, und »weil der Mensch Mensch ist und nicht Tier, ist er nicht der blinde Sklave von blinden Trieben und Instinkten«[27], hatte ihm Gott den freien Willen und die Verantwortung für sein Tun gegeben. Ob er dem Willen Gottes und der damit verbundenen Verantwortung mit seinem Leben entsprochen hatte?

Frei der Zweifel läutete der Eremit das Jahr 1911 ein (Abb. 24). Zum Angelusgebet verharrten Mensch und Tier vor dem Wegkreuz. Das segnende Jesuskind, Josef der Nährvater und die Muttergottes wandten ihren milden Blick den Frommen zu. Auf dem beschwerlichen und steinigen Weg zum Kreuz befanden sich auch die Menschen, die Jesus Christus zum Jahresbeginn 1912 huldigten: Kinder, Jugendliche, ein junges Paar, Alte und Gebeugte, auch die Soldaten und Handwerker (Abb. 25). Sie befanden sich dabei unter dem Schutz des guten Hirten. Politisch gesehen, standen diese Menschen in einer Situation der Entscheidung: »Es bereitet sich alles zur großen letzten Entscheidung vor – für und wider Christus; für Christus oder Belial. Und der gegenwärtige unerhörte Wahlkampf ist bereits auch ein Stück von dieser Entwicklung. Die gläubigen Christen aber sind genötigt zur Abwehr, zum Kampf um das, was ihnen heilig und teuer ist, und was ihre eigensten Interessen angeht«[28]. Hilfe in den Wirrnissen der Zeit suchte das Sonntagsblatt auch zu Beginn des Jahres 1913 in Rom (Abb. 26). »Über dem wunderbaren Dom St. Peter im ewigen Rom, dem Sitz und Mittelpunkt der Kirche Gottes auf Erden, strahlt heute der Stern von Betlehem und das Kreuz des Gottessohnes: ›un-

Abb. 23:
Jahresbild 1910.
Bildnachweis: KS 51 (1910).

Abb. 24:
Jahresbild 1911.
Bildnachweis: KS 52 (1911).

Abb. 25:
Jahresbild 1912.
Bildnachweis: KS 53 (1912).

Abb. 26:
Jahresbild 1913.
Bildnachweis: KS 54 (1913).

Abb. 27:
Jahresbild 1914.
Bildnachweis: KS 55 (1914).

Abb. 28:
Jahresbild 1915.
Bildnachweis: KS 56 (1915).

Abb. 29:
Jahresbild 1916.
Bildnachweis: KS 57 (1916).

Abb. 30:
Jahresbild 1917.
Bildnachweis: KS 58 (1917).

sere Hilfe ist im Namen des Herrn!‹ predigt die Kirchen den Völkern allen in der frohen Botschaft vom menschgewordenen Sohne Gottes und seiner Weisheit und Gnade«[29]. Der Blick in das Firmament einte Bauern und Ordensleute, Handwerker und Soldaten am Wendepunkt zum Jahr 1914 (Abb. 27). »So ist es vom Herrn der Welt, vom allmächtigen und dreieinigen Gott, der über den Sternen und Sonnen und Himmeln thront, von Anfang an der Erde geordnet worden, und diese ungeheure Kreisbahn durchläuft sie in unfehlbarer Sicherheit und unermüdlicher Riesenkraft seit Jahrtausenden, vielleicht seit Hunderttausenden, und wird sie einhalten bis zu dem Tage, da Gott befiehlt, daß die Kräfte des Himmels erschüttert werden und die Erde ihren Lauf beschließen soll«[30].

Wenige Monate später brach der Erste Weltkrieg aus. Mit dem Jahresbeginn 1915 war das erste Kriegsjahr noch nicht vorübergezogen. In den Ruinen einer zerstörten Kirche sammelten sich Soldaten vor ihrem schweren Gang an die Front, Frauen, Kinder und alte Menschen standen ihnen im Gebet zur Seite. Hoffnung gab in dieser Zeit nur die aus den Ruinen unversehrt aufragende Madonna mit dem Jesuskind (Abb. 28). Zu Jahresbeginn 1916 flehte der Eremit zusammen mit den Kriegsversehrten: »Daß Deine Macht uns wende das große Herzeleid« (Abb. 29). Die Redaktion des Sonntagsblattes rechtfertigte den Krieg: »Wir können Gott zum Zeugen dafür anrufen, daß wir in diesen Krieg gezogen sind, um uns zu verteidigen, um für unsere künftige Existenz zu kämpfen auf Leben und Tod. Und endlich hat das deutsche Volk – gottlob immer noch in seiner Mehrheit – Gott die Ehre gegeben in diesem Kriege«, doch »es gibt leider Tausende und Hunderttausende im ganzen Reiche, welche gegen die große Bußpredigt Gottes an die Menschheit durch den Weltkrieg taub sind und die Ohren verstopfen«[31]. Zwei Bereiche erregten das besondere Ärgernis des Sonntagsblattes, die Literatur und Schriftstellerei sowie die moderne Kunst. 1917 gab der Redakteur keinen Kommentar zum Weltgeschehen. Der neugeborene Gottessohn, der Friedensfürst, sollte das Grauen des Krieges beenden: »Aus mächt'ger Hand spend‹ Frieden uns für Volk und Land« (Abb. 30). Zum Jahresanfang 1918 konnte der Friedensschluß noch nicht gefeiert werden, doch das Bild stellte St. Michael, »den Drachenbesieger, den Seelengeleiter, den uralten Schutzengel des heiligen Deutschen Reiches« als Sieger dar (Abb. 31). Der Erste Weltkrieg neigte sich dem Ende zu, der Geisteskampf begann aber erst: »Und da gilt es, wollen wir dem Weltfrieden freie Bahn schaffen, neben dem ehrlichen Kampf mit den Waffen des Kriegs ganz besonders den Kampf gegen die finsteren Mächte der Hölle, gegen die Feinde des Kreuzes, gegen die tausendköpfige Hydra der Leidenschaften und Sünden, die das Menschengeschlecht bis unter das Tier erniedrigt haben. Scham- und ehrloser Wuchergeist, unersättliche Gier und Sucht nach schmutzigem Gewinn, Mammonismus, der dem der Amerikaner und Engländer gleichkommt, Verkommenheit in sittlicher Fäulnis, in Schlemmerei und Unzucht und satanischer Hochmut […]: Das sind die Köpfe der antichristlichen Drachen im eigenen Volke, die sich aufbäumen gegen den Geist Sankt Michaels und gegen die alte, christliche Art und Weltauffassung Deutschlands. Ihnen muß der Kampf im Inneren gelten«[32].

3. In der Weimarer Republik

Der verlorene Erste Weltkrieg zerstörte die Lebensentwürfe vieler Menschen und ihre Vorstellungen von Kultur, Fortschritt und Machtstaat. Sie blieben mit ihrer Verbitterung relativ allein. Die Kirche stieg im Ansehen des Volkes, ihre Werte Gott, Seele und Ewigkeit hatten

Abb. 31:
Jahresbild 1918.
Bildnachweis: KS 59 (1918).

Abb. 32:
Jahresbild 1919.
Bildnachweis: KS 60 (1919).

Abb. 33:
Jahresbild 1920.
Bildnachweis: KS 61 (1920).

Abb. 34:
Jahresbild 1921.
Bildnachweis: KS 62 (1921).

keinen Schaden gelitten. Die katholische Kirche bot nun Halt in einer Welt, deren Grundfeste erschüttert war. Trotzdem nahm aber auch der religiöse Indifferentismus immer mehr zu[33]; das katholische Volk ließ sich zunehmend von den neuen Sittenanschauungen anstecken. Die deutschen Bischöfe versuchten dem mit einem Hirtenwort gegen die öffentliche Unsittlichkeit entgegenzuwirken. 1925 erließen sie »Leitsätze und Weisungen zu verschiedenen modernen Sittlichkeitsfragen«, die sich dem Turnen, Baden, modernen Tänzen, Kino, Theater und Mode zuwandten. Die Fuldaer Bischofskonferenz verabschiedete weiterhin 1927 eine Anweisung an die Diözesen über den Kampf gegen »Schmutz und Schund«. Bischof Paul Wilhelm von Keppler von Rottenburg wetterte 1924 in einem Hirtenwort gegen das gemeinsame Baden beider Geschlechter. Zwei Jahre später wurde in Stuttgart eine Arbeitsgemeinschaft katholischer Vereine zur Pflege der christlichen Sittlichkeit gegründet, die jedoch nur eine einzige Kundgebung veranstaltete, obwohl es an Arbeitsfeldern, z. B. die Zunahme der Prostitution, nicht mangelte[34].

Mit Energie und Schaffenskraft gingen die Menschen an den Wiederaufbau, der Acker wurde bestellt, neue Häuser gebaut. Das Kreuz und der von ihm ausgehende Segen begleiteten die Arbeiter 1919 (Abb. 32). Die zuversichtliche Stimmung und die Hoffnungen auf ein besseres Leben erfüllten sich jedoch nicht. Christophorus, »der riesengroße und starke Heilige, und noch mehr das Christkindlein auf seinen Schultern, bilden den Mittelpunkt des Festbildes zum diesmaligen Jahreswechsel« 1920 (Abb. 33). Das Festbild »redet gleichnisweise. Die tiefe Schlucht mit dem Bergstrom ist der Jahreswechsel. Hier treffen die beiden Ufer des abgelaufenen und des neu begonnenen Jahres zusammen. Und die Hand des Künstlers hat sie wohl gekennzeichnet. Das verhängnisvolle 1919 mit seiner Not und Unfruchtbarkeit, mit seinen Wirrnissen und Unruhen, mit seinen inneren Kämpfen und Schrecknissen und mit all dem, was an furchtbarer, schier endloser Kriegsnot und Verwüstung, an Brand- und Blutopfern, an Jammer, Elend und Not des Weltkrieges hinter ihm liegt – und anderseits das Jahr 1920, was in all der riesenhaften Last und Bedrängnis, die es bringen wird, furchtbar wie eine steil aufragende, kaum ersteigbare Bergwand und in seiner Unsicherheit der Verhältnisse schwarz und dunkel, und unheimlich uns entgegenstarrt, so daß kaum ein Raum vorhanden zu sein scheint, wo der Fuß Platz finden könnte. Die Gestalt aber in der Mitte, welche sich abmüht, von einem Ufer ans andere zu gelangen, das mögen wir alle selbst sein, wir Zeitgenossen zur Jahreswende 1919/1920. Darin kann jeder einzelne sich selbst erblicken. Wer weiter und höher schaut, der mag darunter das deutsche Volk, die ganze deutsche Nation verstehen, die solchen Gang in schweren Tagen tut«[35]. Das Ringen um den gottgefälligen Weg blieb das beherrschende Thema auch im Jahr 1921 (Abb. 34): »Es ist das Wort unseres Heilands vom schmalen Weg, welcher steil hinan über Dornen und scharfe Steine hinweg führt zum Himmel, zur ewigen Seligkeit – und von der breiten Straße, welche mühelos, von selbst bergab geht in den Abgrund des ewigen Verderbens. [...] Wohl noch nie, seitdem Christus seine Kirche gestiftet hat, ist die breite Heerstraße zur Hölle so bedeckt gewesen mit Hunderttausenden, ja mit Millionen von gottentfremdeten Unglücklichen, welche im Dienste des Hasses, des Geizes, des Wuchers und der Geldgier, des Betrugs, des Raubs und des Diebstahls, der Lüge und der Verleumdung, der niedrigsten Genußsucht, der tierischen Lüste, der brutalsten Ungerechtigkeit und Unbarmherzigkeit, der versteinerten Selbstsucht und des an Wahnsinn grenzenden Eigendünkels und Hochmutes sich gegenseitig überbieten, wie in dieser traurigen Gegenwart. Und wohl zu keiner Zeit ist den gläubigen Gottsuchern und treuen Bekennern Christi der Weg so steil und so dornig gemacht worden wie heute«[36]. Das Sonntagsblatt ging

1922 in ein Jahr größter Bedrängnis. Nur Gott vermochte »die Kräfte der Natur, welche seit beinahe neun Monaten dem Erdreich die Wohltat des Regens fast ganz versagten, Bäche und Flüsse austrocknen ließen und den Feldern die Fruchtbarkeit zu nehmen drohen, anzuweisen, daß sie uns wieder den so sehnlich erwarteten Regen vom Himmel in ausgiebiger Fülle spenden«[37] (Abb. 35). Das Bild des Jahres 1923 mußte dem langjährigen Leser des Sonntagsblattes bekannt vorkommen, denn es war identisch mit der Darstellung von 1914. In den Worten zum neuen Jahr brach die ganze Verzweiflung über die gesellschaftliche Situation hervor: »Nicht bloß einzelne Menschen, eine ganze Generation hat alle guten Eigenschaften, die ihr früher eigen waren, vergessen und ist verwandelt in eine Masse, deren einzige Triebfeder der schranken- und gewissenlose Egoismus, die Selbstsucht mit ihren Begleiterscheinungen, vor allem einer grenzenlosen Genußsucht bildet. […] Wenn auch die Zukunft vor uns liegt wie ein dunkles Tor und wie ein schwarzer Abgrund, wenn mancher schon glaubt, die Wasser der neuen Sündflut branden und rauschen zu hören, und zu spüren, wie unter dem heranschreitenden Untergang die Festen der Erde erzittern: wir wollen den Mut nicht verlieren, noch den Glauben und die Hoffnung. ›In Gottes Namen‹ wollen wir hineintreten ins neue Jahr, an Gott wollen wir uns halten inmitten des Sturmes der Heimsuchungen, der Leiden und des Unglücks«[38]. Die Haltung der Zuversicht und die Hoffnung, in der Nachfolge Christi den richtigen Weg gefunden zu haben, erfüllten die betende Familie auf dem Schmuckblatt von 1925 (Abb. 36). Zusammen mit den Lesern weihten sie ihr Leben dem Jesuskind.

Die Wirtschaftskrise Ende der zwanziger Jahre steigerte die Unzufriedenheit auf das höchste. Bei vielen aktiven Katholiken fielen die katholische Lehre und ihr eigenes Leben immer mehr auseinander. Die Caritas konnte den Hunger und das Elend nicht mehr bewältigen. Am Ende des Ersten Weltkriegs waren viele sittliche Werte in den Hintergrund getreten. Körperlich und geistig ausgelaugt, kam es vermehrt zu Schwarzhandel, Wucher, Verwahrlosung, Leichtfertigkeit von Frauen und Mädchen und zu Übertretungen der undurchführbaren Kriegsverordnungen[39]. Diese verzweifelte Situation nahm der Künstler zum Anlaß für seine Zeichnung des Jahres 1926 (Abb. 37). Jesus war der oberste Bankier: »Jesus ist ein Siegel, das alles beglaubigt, was in diesem Namen lehrt und befohlen wird. Was sind die Großsiegel und Unterschriften der Mächtigen der Welt dagegen?! Was ist aus unseren verbrieften, verbürgten, mit Dutzenden von Unterschriften versehenen Geldarten und Pfandscheinen geworden? Wertloses Altpapier! Was aus Gutachten ganzer Gelehrten-Kollegien? Makulatur! Wo mit [Jesu] Namen gezeichnet ist, da sind die größten Anweisungen gegeben und sicher garantiert. Erhörung unserer Bitten ist garantiert durch den Namen Jesus. Das schwierigste Problem der Schuldentilgung wird durch diesen Namen glatt und sicher gelöst. Und das wertvollste und höchste Gut ist durch ihn verbrieft: unsere Auserwählung. Kurz: Der Name Jesus hat die höchste und dauernde Valuta«[40]. Trost und Heimat in der Not bot immer der Eremit. Er läutete auch das Jahr 1927 ein (Abb. 38). Den Lesern sprach das Sonntagsblatt Mut zu: »Darum die Uhr auf ihn eingestellt, dessen Name am Tor des neuen Jahres, zuoberst an dessen Zifferblatt steht. Er, Jesus Christus, ist die allzeit richtig gehende Sonnenuhr. Wer nach dieser Zentraluhr seine Lebensuhr richtet, dem geht sie immer richtig«[41]. 1929 ist nach vierzig Jahren ein anderer Künstler gebeten worden, das Titelbild zu gestalten (Abb. 39). Die Wahl fiel auf Josef Braunmiller. »Christus sei unser König! Sein Bild bringen wir deshalb auf der ersten Seite des neuen Jahres. Für ihn sei jeder Federstrich getan. Er sei auch Dein König, welchem Stand Du nun angehören magst. Wenn Du Beamter bist, so betrachte ihn als Deinen höchsten Vorgesetzten; wenn Du Landmann bist, dann vergiß nicht, daß er für die Ernte des neuen Jahres sei-

Abb. 35:
Jahresbild 1922.
Bildnachweis: KS 63 (1922).

Abb. 36:
Jahresbild 1925.
Bildnachweis: KS 66 (1925).

Abb. 37:
Jahresbild 1926.
Bildnachweis: KS 67 (1926).

Abb. 38:
Jahresbild 1927.
Bildnachweis: KS 68 (1927).

Abb. 39:
Jahresbild 1929.
Bildnachweis: KS 70 (1929).

Abb. 40:
Jahresbild 1930.
Bildnachweis: KS 71 (1930).

nen Segen geben muß; wenn Du Kaufmann bist, dann wisse, daß er einmal Deine Geschäftsbücher revidieren wird, wenn Du Arbeiter bist, dann weihe Deine Arbeit jeden Morgen durch die gute Meinung seinem Dienst! Du siehst, daß auch die Gestalt eines Papstes vor dem ewigen König kniet und ihm seine Tiara zu Füßen gelegt hat. Das hat der Künstler wohl so gemacht, um uns zu erinnern, daß der gegenwärtige Papst in diesem Jahr das 50jährige Jubiläum seiner Primiz feiern kann«[42].

In eine neue Zeit führt das von P. Bernhard OSB angefertigte Jahresbild 1930 (Abb. 40): »Wir sehen die mächtige Gestalt des Gottvater, die ihre linke Hand auf der Weltkugel hält und die rechte wie befehlend in die Höhe hebt. Alles andere ist demgegenüber klein und fast unbedeutend. […] Wir entziffern das Bild […]. Und da sehen wir den Ackersmann, der sein Feld bearbeitet, und die Frau, die mühsam ihr Reisig nach Hause schleppt und so recht ihr tägliches Brot im Schweiße ihres Angesichtes verdienen muß. Wir […] sehen die Gruppe links, die liest und spielt und Blumen pflückt und sich erholt von der Arbeit; aus dem Hintergrund des Bildes aber ragen mächtige Gebäude auf, die Sinnbilder der Industrie und der Technik, und gar ein Flugzeug wiegt sich stolz und kühn in den Lüften. Schließlich lesen wir noch den Spruch, der das Ganze wie mit einem Band zusammenhält: Alles, was atmet, lobe den Herrn!«[43] 1931 beging die Kirche das 700. Totengedächtnis der heiligen Elisabeth und des heiligen Antonius. Diese beiden Heiligen feierte auch das Sonntagsblatt, besonders aber Elisabeth als größte »deutsche« Heilige[44]. 1932 griff die Redaktion offenkundig noch einmal auf ein Bild von R. E. Kepler zurück. Die Gottesmutter zeigte den ärmlich gekleideten Betern im Schwabenland ihren göttlichen Sohn. »Noch muß der Bresthafte seinen kranken Körper an den Krücken weiterschleppen, noch hat die kinderreiche Familie die Sorge um die hungrigen Mäuler um sich herum, noch weiß der Bauer mit dem Kummergesicht nicht, ob er seine Steuern bezahlen, ob er seinen Schuldverpflichtungen ordnungsgemäß nachkommen kann. Aber nun kommt doch ein neues Jahr, ein Jahr neuer Hoffnungen, ein Jahr neuer Arbeit, neuen Wagens und Planens. Die Sonne steigt jetzt langsam jeden Tag höher und erfüllt die Seele mit neuem Mut […]. Wenn wir's nicht mehr erleben sollten, daß wir aus der Not unserer Zeit, aus der Arbeitslosigkeit, aus dem Nationalitätenhaß, aus der Völkerarmut herauskommen, wenn erst unsere Kinder und Kindeskinder eine bessere Zeit erleben sollten, was verschlägt's? Nach diesem Elend werden wir Jesus sehen, dann ist alles gut«[45].

4. Während des Nationalsozialismus

Mit Beginn der dreißiger Jahre spezialisierte sich die Seelsorge; neben der Stadtseelsorge wurde nun auch intensiv Dorfseelsorge betrieben. Nach der Auflösung der katholischen Vereine 1933 trat die Pfarrgemeinde wieder in den Vordergrund im Glaubensleben. Die Familie wurde zum primären Ort der Weitergabe des Glaubens und der Pflege des religiösen Lebens[46]. Nach der Unterzeichnung des Reichskonkordates am 20. Juli 1933 und dessen Ratifikation am 12. September 1933 verschärfte sich die Situation für die Kirche: Der katholischen Presse wurden parteipolitische Äußerungen untersagt, das Verbot wurde mit Schutzhaft und anderen Maßnahmen durchgesetzt. Im selben Jahr wurde das Schriftleitergesetz erlassen, das heißt, jeder Schriftleiter mußte sich um die Aufnahme in die Berufsliste der staatlich anerkannten Schriftleiter bemühen. Die kirchliche Presse wurde 1933 in der »Fachschaft der katholischen kirchlichen Presse« zusammengefaßt und damit unter staatliche Kontrolle gestellt. Nach einer Bestandsaufnahme aller katholischen Presseorgane wurden deren Vertriebsmöglichkeiten eingeschränkt, das Anzeigenwesen abgebaut und der Umfang der Veröffentlichungen auf etwa die Hälfte gekürzt. Bis 1937 mußten aufgrund verschiedener staatlicher Vorgaben alle katholischen Tageszeitungen ihr Erscheinen einstellen. Als Wochenblatt blieb ausschließlich das »Katholische Sonntagsblatt« übrig, das ab 1938 »Katholische Kirchenwoche« heißen mußte[47]. Nicht nur die Presse erfuhr deutliche Einschränkungen und Verbote. Das württembergische Innenministerium untersagte am 21. Juli 1935 sämtliche öffentlichen kirchlichen Veranstaltungen und Kundgebungen, z. B. Theaterabende, Passionsspiele, Lichtbildvorträge, Weihnachtsfeiern etc. Erlaubt blieben nur Wallfahrten, die vor 1931 eingeführt waren, und geschlossene Veranstaltungen mit beschränkter Teilnehmerzahl. 1935 kam es auch erstmals zu Kreuzesfrevel; Feld- und Friedhofskreuze, Kreuzwegstatuen, Heiligenstatuen und Bildstöcke wurden zerstört[48]. Der Kampf gegen die Kirche spielte sich im Bistum Rottenburg in Etappen ab: Auf die Entkonfessionalisierung des öffentlichen Lebens 1935 folgten der Schulkampf und 1937 die Sittlichkeitsprozesse gegen die katholische Kirche und ihre Kleriker. Schwer getroffen wurde das Bistum Rottenburg durch die Ausweisung seines Bischofs Joannes Baptista Sproll 1938. Nach Kriegsbeginn, 1940, beschlagnahmte die Volksdeutsche Mittelstelle Klöster und klösterliche Anstalten[49].

Das Jahresbild 1933 wurde in dunkler Vorahnung gewählt[50]. Die Arbeitslosenziffer betrug im Deutschen Reich über sechs Millionen, die Nationalsozialisten hatten bei den Reichstagswahlen im Juli 1933 fast 38%, bei der Wahl im November 33,5% der Stimmen auf sich vereinigen können. »Nicht blinkende Gläser und tanzende Liebespaare, nicht Flittergold und loses Gelächter gibt da den Ton an. Eine ernste Volksmenge steht und kniet um den Heiland, und jeder Gestalt sieht man es an, daß sie ihr Kreuz zu tragen, ihre harte Pflicht zu erfüllen, ihre ernste Kümmernis zu erdulden hat. Und Kreuzfahrt steht darunter. Eine Kreuzfahrt also wird fürs Jahr 1933 vorausgesagt«[51]. In eine vermeintlich heile Welt führte das Sonntagsblatt mit dem Titelbild vom Januar 1934. Es stand in groteskem Gegensatz zu den Vorgängen des Jahres 1933: Reichstagsbrand, Einrichtung der ersten Konzentrationslager, Ermächtigungsgesetz, Boykott der jüdischen Geschäfte, Aufhebung der Gewerkschaften, Selbstauflösung aller noch bestehenden bürgerlichen Parteien und Verbot von KPD und der SPD, Beginn des Kirchenkampfes der evangelischen Kirchen usw. Eine heimelige Szene vom Dreikönigsfest im Kreise der Familie bot sich dem Betrachter dar: Eine Mutter, die ihr Kleinkind fütterte, Kinder, die beim Weihnachtsbaum mit den Geschenken spielten, eine alte Frau, die unter dem Herrgottswinkel saß und las, und der Hausvater, der den Segen für das neue Jahr über den Türsturz schrieb[52]. Im Vertrauen auf Gott widmete das Sonntagsblatt das Jahr 1935 der Fürbitte der Heiligen für Bistum und Volk. Über dem Schönenberg, der Ruine von Schloß Rechberg und der Bussenkirche versammelten sich die Patrone des Schwabenlandes: die »gute Beth«, die selige Kreszentia von Kaufbeuren, der selige Jakob Griesinger und die beiden heiliggesprochenen Bischöfe St. Wolfgang und St. Gebhard. Nicht fehlen durfte P. Philipp Jeningen, denn »wie er sich um sein Schwabenvolk und dessen Nöte kümmert, davon erzählt uns fast jede Nummer des Sonntagsblattes in zahllosen Gebetserhörungen«[53]. Das Bild im Januar 1936 fiel wesentlich kleiner als alle seine Vorgänger aus. Ein Holzschnitt mit dem Jesuskind, das aus der Wurzel Jesse hervorging, blieb der einzige Schmuck.

»Es ist ein todernstes Bild, mit dem wir diesmal das neue Jahr eröffnen: Ein Kreuz mit weit aufgespannten Balken, und am Kreuz der Leidenskönig mit stacheliger Dornenkrone, und unter dem Kreuz ein Stück Hölle, dargestellt durch die Kirchenfeinde und Kreuzschänder unse-

Abb. 41:
Jahresbild 1937.
Bildnachweis: KS 78 (1937).

rer Tage« 1937 (Abb. 41). In Spanien tobte unter General Franco der Bürgerkrieg, und »Wenn die Kreuzesstürmer auf unserem Bild fast mehr als Tiere denn als Menschen dargestellt sind, dann ist das mit Absicht so gemacht. Sind sie nicht wirklich so, die in Spanien nach Priester- und Nonnenblut gierten wie der Trinker nach dem Schnaps? Vom menschlichen Standpunkt ist so etwas überhaupt nicht mehr verständlich. Das kann man sich nur noch erklären, wenn man nicht nur sinnbildlich, sondern in aller Wahrheit und Wirklichkeit glaubt, daß diese Menschen vom Teufel besessen sind, denen alles Gute von vornherein widerwärtig ist […] Aber Christus? Siehst du das betende Kind auf dem Bild? Siehst du die Frau in ihrem rührenden Vertrauen, siehst du die Männer in ihrer rückhaltlosen Hingabe an den Gekreuzigten? Sieh, so sind es Tausende, Millionen bei allen Völkern und in allen Zonen! Über allen steht das Kreuz. Bei ihm ist Zuflucht, bei ihm ihr Vertrauen, ihn ihm ihre ganze große Liebe […] Fest steht das Kreuz, solange der Erdball rollt«[54].

Das Bild des Jahres 1938 stellte einen starken Kontrast zum Vorjahr dar. Gegen die politischen Anspielungen wurde 1938 eine zweifarbige Darstellung von L. Barth mit Symbolen des Kirchenjahres, der Jahreszeiten und des astronomischen Kalenders gestellt. Die agrarisch bestimmte und geordnete Welt mit ihrem unverrückbaren Lauf stand gegen das Chaos in Politik und Gesellschaft[55]. Mit einem stilisierten Bild des Weltenrichters und dem Bekenntnis zu Jesus Christus »gestern heute und in Ewigkeit« führte die Katholische Kirchenwoche in das Jahr 1939. Keine euphorische Siegeserwartung prägt das Bild des ersten Kriegsjahres: Ein in Flammen stehendes Dorf im Hintergrund, ein Soldat, der vor einem Wegkreuz kniet im Vordergrund, so begann das Jahr 1940. Beigegeben wurde dem Holzschnitt von Luise Hoff ein Gebet von Th. K. Franke: »In Jesu Namen laßt uns heut' beginnen ein neues Jahr des Kampfes und Gebets, daß wir des Himmels Kraft und Gnad' gewinnen und auf des Heilands Wegen schreiten stets; so schwer der Kampf, woll'n wir doch nicht erliegen; das Herz zu Gott! Dann werden wir auch siegen!«[56] Ein strahlender Stern stand über dem Jahr 1941. Das Leben, sei es nur noch kurz oder währe es noch über das angebrochene Jahr hinaus, sollten alle Katholiken »Im Namen Jesu« gestalten. Das Wort, das als Begleitung durch das neue Jahr empfohlen wurde, lautete: »Unsere Religion heißt Christus, unsere Politik heißt Deutschland«[57]. In der zuversichtlichen Hoffnung auf den Endsieg 1941 und den Segen Gottes für ein friedvolles Deutschland, in dem Glück und Wohlfahrt herrsche, beendete der Redakteur seinen Neujahrswunsch. Da keine Papierzuteilung mehr erfolgte, mußte die »Katholische Kirchenwoche« im Jahr 1941 eingestellt werden.

5. Von der Zeit des Wiederaufbaus bis ins Jahr 2000

Nach dem Zweiten Weltkrieg trug die erste Nummer eines neuen Jahres kein eigens auf das kommende Jahr hin gestaltetes Titelbild mehr. Das mit Abstand beliebteste Motiv zum Jahresanfang war die *Verehrung des Gottessohnes*. Nicht weniger als neunzehn Jahrgänge begannen mit der Anbetung des Jesuskindes durch die Heiligen Drei Könige: Fünfzehn künstlerische Darstellungen[58] wurden ergänzt durch vier Bilder der Tradition des Sternsingens[59] von Kindern zum Jahresbeginn. Drei Jahrgänge zeigten noch einmal ein Weihnachtsbild, das Bild der Heiligen Familie[60]. *Gedanken zu Zeit und Ewigkeit* prägten neun Jahrgänge: 1955 trug ein Engel die Sonnenuhr[61], und 1961 zeigt die Kirchturmuhr von St. Antonius in Düsseldorf die neue Zeit an[62]. Die astronomische Uhr von Oslo weist in das Jahr 1966[63]. Viele Jahre vor der Jahreswende 1974 hatte auch die Uhr am Bläserturm des Deutschordensschlosses in Bad Mergentheim schon gesehen, wie der Jahresspruch ausweist: »Die Zeit zerrinnt zur Ewigkeit«[64]. Über dem Jahr 1979 steht das Motto »Das neue Jahr in der Waage der Zeit«[65]. Das mit einer Sonnenuhr begonnene Jahr 1987 ist mit Gedanken von P. Rupert Mayer überschrieben: »Wir legen alles in Gottes Hand. Des Menschen Gedanken sind nicht Gottes Gedanken. Es wird der Augenblick kommen, wo alle Rätsel des Lebens sich für uns lösen«[66]. Auch im Jahr 1989 weist die Uhr des Bebenhauser Schlosses auf den Lauf der Geschichte hin – verbunden mit der tröstenden Botschaft »Gott begleitet uns an jedem Tag«[67]. Das Bekenntnis »Christus A und Ω« steht über den Jahren 1965 und 1978[68].
Gesellschaftskritische Gedanken sprachen mehrere Ausgaben der siebziger Jahre an. 1971 streckte sich dem Leser eine geöffnete Hand mit einer (Rauschgift-) Kapsel entgegen. Der Kommentar dazu lautete: »Es wird gut sein, wenn wir auch in diesem Jahr unsere Hand nicht nach den von Menschen hergestellten Rauschmitteln ausstrecken, sondern nach dem Gott, der verheißen hat, bei uns zu sein alle Tage«[69]. Der Ermutigung der jungen Generation wurden zwei Bilder gewidmet. 1983 begann mit einem Foto fröhlicher junger Erwachsener, die über eine Mauer schauen, und der Bitte »Ihre Zukunft darf nicht ohne Hoffnung bleiben«[70]. Zwei Jahre später wurde an das »Jahr für die Jugend der Welt« gedacht[71]. Drei Jahrgänge widmeten den Jahresbeginn dem *Wunsch nach Frieden*. Die erste Nummer im Jahr 1970 zeigte einen Soldaten, ein Schriftstück lesend »In einer Welt voll Haß Friede durch Versöhnung«[72]. 1977 stellte das Sonntagsblatt den Pax-Christi-Aufkleber zum Weltfriedenstag vor: Eine Friedenstaube schwebt neben einem Atomkraftwerk, versehen mit dem Spruch »Friede – unsere Pflicht«[73]. Das »Jahr des Friedens« 1986 begrüßte die Friedenstaube, einen Ölzweig im Schnabel tra-

gend[74]. Gar keinen Zusammenhang mehr mit dem Lauf der Zeit und dem Beginn eines neuen Kalenderjahres weisen die Jahre ab 1995 auf. Die Titelbilder könnten auch jedes beliebige andere Themenheft einleiten: Esoterik und Endzeitpropheten 1995, Griechische Götter 1996 und ein in seinem Sicherheitsdenken gefangener Mensch 1997[75].

Anmerkungen

1 Vgl. den Beitrag von Jörg SEILER, Typisch katholisch, im vorliegenden Band.
2 August HAGEN, Geschichte der Diözese Rottenburg, Bd. 2, Stuttgart 1958, 203f, hier 204; zukünftig: HAGEN, Geschichte, Bd. 2.
3 HAGEN, Geschichte, Bd. 2, 204f, hier 205.
4 Die Abbildungen finden sich immer auf der ersten Seite der ersten Nummer des jeweiligen Jahrgangs. Sie sind am Ende des vorliegenden Beitrags abgedruckt.
5 KS 28 (1887) Nr. 1, 2.
6 Der sozialdemokratische Parteiverlag (Dietz) hatte neben mehreren gewerkschaftlichen Zentralverbänden seinen Sitz in Stuttgart. Hier wohnten auch zeitweilig Karl Kautzsky (Herausgeber der »Neuen Zeit«) und Klara Zetkin (Herausgeberin der Frauenzeitschrift »Die Gleichheit«), vgl. HAGEN, Geschichte, Bd. 2, 209 Anm.
7 HAGEN, Geschichte, Bd. 2, 208.
8 KS 41 (1890) Nr. 1, 2.
9 KS 42 (1891) Nr. 1, 2.
10 KS 43 (1892) Nr. 1, 2.
11 KS 44 (1893) Nr. 1, 2.
12 KS 45 (1894) Nr. 1, 2.
13 KS 47 (1896) Nr. 1, 2.
14 KS 48 (1897) Nr. 1, 2.
15 KS 49 (1898) Nr. 1, 2.
16 KS 50 (1899) Nr. 1, 2.
17 HAGEN, Geschichte, Bd. 2, 192f.
18 KS 52 (1901) Nr. 1, 2.
19 KS 53 (1902) Nr. 1, 2.
20 KS 54 (1903) Nr. 1, 2.
21 KS 55 (1904) Nr. 1, 2.
22 KS 56 (1905) Nr. 1, 2.
23 KS 57 (1906) Nr. 1, 2.
24 KS 58 (1907) Nr. 1, 2.
25 KS 59 (1908) Nr. 1, 2.
26 KS 60 (1909) Nr. 1, 2.
27 KS 61 (1910) Nr. 1, 2.
28 KS 63 (1912) Nr. 1, 2.
29 KS 64 (1913) Nr. 1, 2.
30 KS 65 (1914) Nr. 1, 2.
31 KS 67 (1916) Nr. 1, 2.
32 KS 69 (1918) Nr. 1, 2.
33 August HAGEN, Geschichte der Diözese Rottenburg, Bd. 3, Stuttgart 1960, 193; zukünftig HAGEN, Geschichte, Bd. 3.
34 HAGEN, Geschichte, Bd. 3, 195f.
35 KS 71 (1920) Nr. 1, 2.
36 KS 72 (1921) Nr. 1, 2.
37 KS 73 (1922) Nr. 1, 2.
38 KS 74 (1923) Nr. 1, 2.
39 HAGEN, Geschichte, Bd. 3, 194.

40 KS 77 (1926) Nr. 1, 2.
41 KS 78 (1927) Nr. 1, 2. Dem Jahr 1928 wurde kein Jahresbild vorangestellt.
42 KS 80 (1929) Nr. 1, 2.
43 KS 81 (1930) Nr. 1, 2.
44 KS 82 (1931) Nr. 1, 2.
45 KS 83 (1932) Nr. 1, 2.
46 HAGEN, Geschichte, Bd. 3, 197f.
47 HAGEN, Geschichte, Bd. 3, 493–499.
48 HAGEN, Geschichte, Bd. 3, 503–505.
49 HAGEN, Geschichte, Bd. 3, 518.
50 Abbildung vgl. M.-L. ENGELHARDT, Kreuzfahrt 1933, in diesem Band 275.
51 KS 84 (1933) Nr. 1, 2.
52 Bezeichnenderweise schrieb er »K+M+B«.
53 KS 86 (1935) Nr. 1, 2.
54 KS 88 (1937) Nr. 1, 2.
55 KS 89 (1938) Nr. 1, 2.
56 KS 91 (1940) Nr. 1, 1.
57 KS 92 (1941) Nr. 1, 2.
58 Heilige Drei Könige: 96 (1948), 100 (1952), 105 (1957) bis 108 (1960), 110 (1962) bis 112 (1964), 117 (1969), 120 (1972), 128 (1980), 140 (1992) bis 142 (1994).
59 Sternsinger: 95 (1947), 136 (1988), 138 (1990) und 139 (1991).
60 Weihnachtsbilder: 102 (1954), 115 (1967), 116 (1968).
61 KS 103 (1955) Nr. 1, 2.
62 KS 109 (1961) Nr. 1, 2.
63 KS 114 (1966) Nr. 1, 2.
64 KS 122 (1974) Nr. 1, 2.
65 KS 127 (1979) Nr. 1, 2.
66 KS 135 (1987) Nr. 1, 2.
67 KS 137 (1989) Nr. 1, 2.
68 KS 113 (1965) Nr. 1, 2 und KS 126 (1978) Nr. 1, 2.
69 KS 119 (1971) Nr. 1, 1.
70 KS 131 (1983) Nr. 1, 1.
71 KS 133 (1985) Nr. 1, 1.
72 KS 118 (1970) Nr. 1, 1.
73 KS 125 (1977) Nr. 1, 1.
74 KS 134 (1986) Nr. 1, 1.
75 KS 143 (1995) Nr. 1, 2; KS 144 (1996) Nr. 1, 2; KS 145 (1997) Nr. 1, 2.

Claus Arnold

»Sie vergehen und Du bleibst …«
Das Katholische Sonntagsblatt und der württembergische Katholizismus an der Jahrhundertwende 1900

Der Anbruch des neuen Jahrhunderts war dem »Oberschwäbischen Anzeiger« in Ravensburg nur acht Zeilen im Kleindruck wert. Es sei zwar mehr geschossen worden als in früheren Neujahrsnächten, und auch auf den Straßen soll es zur Mitternachtsstunde sehr lebhaft gewesen sein, aber sonst sei nichts besonderes zu bemerken gewesen, außer daß um 12 Uhr von der evangelischen Kirche die Glocken läuteten und vom Blaserturm Choräle geblasen wurden[1]. Die vom bischöflichen Ordinariat gegebene Sondererlaubnis zu einem Mitternachtsgottesdienst hatte dagegen kein katholischer Geistlicher der Stadt genutzt[2]. Das katholische Ravensburg und sein in den Händen der katholischen Familie Kah befindliches Presseorgan[3] gaben sich völlig unbeeindruckt vom Anbruch des Jahres 1900. Mochten die Protestanten auch läuten und die Stadtkapelle blasen, ein guter Katholik hatte sich von solchen allzu weltlichen Daten nicht aus der Ruhe bringen zu lassen, für ihn waren andere, ewige Maßstäbe entscheidend.

Dies war nur auf den ersten Blick auch die Devise des Katholischen Sonntagsblattes unter seinem Chefredakteur Konrad Kümmel (1848–1936)[4]: »Sie vergehen und Du bleibst, sie altern und gehen dahin: Du bleibst derselbe und die Jahrtausende gehen an Dir vorüber!« So belehrte die Schrifttafel unter dem Crucifixus, der das erste Titelblatt des neuen Jahrhunderts schmückte, die Leser des Blattes[5]. Doch schon die triumphale Gestaltung des Ganzen machte deutlich, daß Kümmel den Anbruch des Jahres 1900 zu einer machtvollen Demonstration des schwäbischen Katholizismus nutzen wollte. Hierin kam er sicher mit dem Rottenburger Diözesanbischof Paul Wilhelm Keppler (1852–1926)[6] überein, dessen starker Formwille sich nicht nur in der Erlaubnis für den Mitternachtsgottesdienst zur Jahrhundertwende, sondern auch in programmatischen Ansprachen und Predigten ausdrückte. In Kepplers eigentümlicher Persönlichkeit paarten sich Zeitgeistnähe und Ultramontanismus in einer bezeichnend antimodern-modernen Weise. Ähnliche Züge finden sich auch in den Nummern des Katholischen Sonntagsblattes, welche die Jahrhundertwende einrahmen. Wie in einem Brennspiegel sammeln sich hier die Wesenslinien des von Keppler und Kümmel repräsentierten (neo-)ultramontanen »katholischen Milieus«[7], das nun eindeutig zur Hauptrichtung im württembergischen Katholizismus wurde und die gesellschaftlich liberal-konservative Richtung des Alt-Ultramontanen Carl Joseph von Hefele (1809–1893)[8] endgültig transformierte[9]. Mit ihrem modernitätskritischen und dennoch in religiöser Hinsicht euphorisch zukunftsfrohen Programm glich sie ähnlichen Bewegungen im Protestantismus und im Judentum um 1900[10]. Was Ute Frevert den europäischen Gesellschaften der Jahrhundertwende und den Weltausstellungen bescheinigt – »ein großes Fest des Bilanzierens, des selbstzufriedenen Schulterklopfens und der hochfliegenden nationalen Zukunftsentwürfe«[11] –, das findet sich mutatis mutandis auch im Mikrokosmos des Katholischen Sonntagsblattes.

1. Religiöse Zeitanalyse, Geschichtstheologie, Kirche und Staat

»Soviel ist sicher: wenn man das Ende des 19. Jahrhunderts mit dem Anfange desselben vergleicht, so finden wir einen großartigen Aufschwung der religiösen Ideen, den die göttliche Vorsehung langsam angebahnt hat: trotz drohender Gefahr des Massenunglaubens, der Glaubensgleichgültigkeit, der Entfremdung von der Kirche ist doch sicher, daß sich langsam aber sicher eine Bewegung geltend macht *zurück* zu Gott, zurück zu Christus, zurück zur Kirche, zurück zum Felsen Petri«[12]. Konrad Kümmel war überzeugt, das 20. Jahrhundert werde das »Jahrhundert religiöser Fragen« sein, und die vagierende Religiosität seiner Umwelt, die er genau wahrnahm, werde letztlich zur Catholica führen müssen: »man sucht das alte Christentum umzumodeln, man sucht Religionen ohne ›Dogmen‹ (Glaubenswahrheiten) und ohne Sakramente zu gründen; das sind arge Irrtümer; aber es ist doch ein Zeichen, daß man *sucht* und *sucht*. Wenn nur alle guten Willen hätten, dann wird die Gnade Gottes sie führen, bis sie die Wahrheit finden«. Diesen religiösen Optimismus entwickelte Kümmel aber aus einer Sicht des vergangenen 19. Jahrhunderts, die sich ganz im Rahmen eines klassischen ultramontanen Geschichtsbildes bewegte[13]: Zuerst 1789 die gottlose Revolution in Frankreich, in ihrer Folge Säkularisation und Marginalisierung der katholischen Kirche in Deutschland, die unter das Joch des Staatskirchentums geriet, zugleich der zersetzende Einfluß der Aufklärung auch in der Kirche, der Kulturkampf gegen die Catholica, den Protestantismus und Liberalismus gemeinsam führten, schließlich die weitere Front gegen den materialistischen Sozialismus. Zugleich wuchs aber Hilfe: Gott gab dem deutschen Katholizismus Männer wie Droste-Vischering und Görres, ab 1848 entwickelte sich mächtig der Vereinskatholizismus, die katholische Presse und nicht zuletzt die Zentrumspartei, an deren späten Gründung in Württemberg 1894 – erst nach dem Tod Bischof Hefeles – Kümmel selbst beteiligt war[14]. Diese geschichtstheologische Sichtweise hatte freilich aktuelle politische Aspekte: Konrad Kümmel arbeitete mit der göttlichen Vorsehung Hand in Hand, wenn er in seinem Blatt volkstümliche Zentrumspropaganda machte, sich in konfessioneller Polemik übte[15] oder die Sache des Volksvereins für das Katholische Deutschland beförderte[16]. Nach den Kulturkampferfahrungen des 19. Jahrhunderts, die er selbst in Württemberg – wenn auch in gemäßigter Weise – hatte machen können[17], galt auch um 1900 sein unvermindert kritisches Interesse dem württembergischen Staat und dessen Eingreifen in kirchliche Belange. Das verwundert insofern nicht, als die Politik von Kultminister Otto von Sarwey durchaus noch kulturkämpferische Züge trug und die württembergischen Katholiken im staatlichen Bereich, nicht zuletzt an der Universität Tübingen, in vielfacher Hinsicht zurückgesetzt wurden[18]. Kümmel konnte seine Sicht der Dinge dabei auch geschickt in volkstümlich-historische Erzählungen projizieren. In der Erzählung über Propst Parhamer, der die aufklärerische Anordnung Kaiser Josephs II., jeweils nur sechs Altarkerzen zu brennen, unterlief, hatte Kümmel deutlich die eigene Gegenwart im Auge, in der es offensichtlich noch einige weniger ultramontane Katholiken gab: »Einige ›nationale‹ und ›staatstreue‹ Angst- und Devotionsmaier waren da, die wollten auch christlich und katholisch sein, aber ja nicht mehr, als das Kaiserliche Ministerium erlaubte. Denen ward's schwül und bang im Herzen, wie sie die Kerzen allmählich aufflammen sahen und sie protestierten heimlich gegen jede Anteilnahme an dieser Versündigung gegen den kaiserlichen Kerzenerlaß«[19]. Im Hinblick auf die württembergische Gegenwart trennte Kümmel aber deutlich zwischen »Staat« und »Monarchie«: Letzterer, insbesondere der katholischen Linie des Hauses Württemberg, war er persönlich verbunden. Über seine im ganzen dennoch nationale Haltung wird noch zu reden sein.

2. Ecclesia triumphans: Das große Jubiläum 1900

»Und mehr als je steht die Kirche am Ende des Jahrhunderts da als die Lehrerin der Menschheit, die einzige Inhaberin der vollen, ganzen, christlichen Wahrheit, als die erste und höchste Autorität der Welt, als die übermenschlich große, geistige Macht, die über den Erdkreis dahin gebietet und Hunderte von Millionen hören auf sie. Das sei neben dem Dank an Gott für alles Gute, was er uns in dem abgelaufenen Jahrhundert an Seele und Leib gegeben hat: unser heißester Dank, unsere größte Freude, daß wir Kinder sind der heiligen Mutter, der wahren Kirche Christi. Und mit dem Schwur auf den Lippen und im Herzen, ihr treu zu bleiben bis an den letzten Hauch unseres Lebens, wollen wir die Schwelle zum neuen, zwanzigsten Jahrhundert überschreiten«[20]. Wer wollte Konrad Kümmel da widersprechen? Diese Ecclesia triumphans war für Kümmel vor allem von ihrem zeitlichen Haupt, dem Papst, her bestimmt und hatte als solche auch schon traditionell das Thema Jahrhundertwende besetzt: Mit dem Jubiläumsjahr 1900, dessen Eröffnung durch Leo XIII. das Titelblatt des 31. Dezember 1899 schmückte, war der Jahrhundertwechsel geheiligt, und die Beschreibung der römischen Feierlichkeiten füllte das Sonntagsblatt: »In seiner ganzen Autorität, in der Fülle seines Amtes tritt der oberste Hirt der Kirche vor die Christenheit und ruft sie zur Buße, zur Rückkehr auf den Weg des Herrn, zur Aussöhnung mit Gott und ihrem Gewissen auf. […] *Das ist die Feier der katholischen Kirche zur Jahrhundertwende. Und das ist bloß ihr möglich*«[21]. Wiederum: Wer wollte da widersprechen?

Auch der Blick auf die katholischen Verhältnisse in Württemberg gab Anlaß zum Jubel; der Ausbau des Vereins-, des Sozial- und Frömmigkeitswesens machte gerade um 1900 große Fortschritte und äußerte sich landauf, landab etwa durch die Errichtung katholischer Krankenhäuser und Gesellenhäuser[22]. Mit Wohlgefallen konnte Kümmel etwa vermelden, daß sich wiederum 150 Männer und Jünglinge von der Leutkircher Heide zu den Januarexerzitien in Tisis bei Feldkirch (Österreich) angemeldet hatten: »Das Schwabenland geht hier voran. Ja, wie im Mittelalter die Schwaben des Reiches Sturmfahne vorangetragen haben, so sind sie heutzutage nicht bloß im Almosengeben nicht die mindesten, sie marschieren auch in diesen geistlichen Tournieren in den ersten Reihen. Nicht allein das fromme Geschlecht, auch Jünglinge und Männer ziehen jährlich in großer Zahl zu diesen Geistesübungen, um sich zu stärken und zu stählen zum Streite wider Satan, Welt und Fleisch«. Kümmel brauchte nicht eigens zu erwähnen, daß das Haus in Tisis von dem im Deutschen Reich verbotenen Jesuitenorden betrieben wurde. Die jesuitische Inspiration (Rudolf Reinhardt) des schwäbischen, zumal des oberschwäbischen Katholizismus funktionierte trotz dieses Verbots, und nicht wenige Schwaben, etwa der spätere Kardinal Franz Ehrle, fanden ihren Weg ins Noviziat nach Feldkirch[23]. Unter die positiven Eigenschaften des Hauses zählte Kümmel, dem misogyne Züge nicht ganz abzusprechen sind, unter anderem die Tatsache, »daß jeder Teilnehmer sein eigenes Zimmer erhält und ausschließlich männliche Bedienung um sich hat«[24].

Daß Gott und seine Heiligen mit dem schwäbischen Katholizismus sind, dessen konnten sich die Leser des Sonntagsblattes in der (frömmigkeitsgeschichtlich äußerst interessanten) ständigen Rubrik »Gebetserhörungen« versichern, die sich aus anonym veröffentlichten Zuschriften speiste und weit bis ins 20. Jahrhundert fortgeführt wurde. Am 7. Januar 1900 wurde etwa vermerkt: »Durch Fürbitte unserer lieben Frau von Lourdes und des heiligen Josef eine Stelle gefunden, wo es möglich ist, den religiösen Pflichten zu genügen. M. K. in P. – Durch Fürbitte des heiligen Josef Hilfe gefunden. W. St. in U. – Durch 9tägige Andacht zum heili-

Das große Jubiläum – Titelblatt der Silvesterausgabe 1899.
Bildnachweis: KS 50 (1899) Nr. 1, 1.

gen Antonius und heiligen Josef, sowie Antoniusbrot und mehrere heilige Messen für die armen Seelen in großen zeitlichen Anliegen Hilfe erlangt. J. Sch. in M. – Dank dem lieben Gott, dem heiligen Antonius, dem Prager Jesuskind und der schmerzhaften Mutter Gottes in zeitlichen Anliegen Hilfe gefunden. Th. B. in A. – Dank dem heiligen Herzen Jesu und Mariä, dem heiligen Josef, dem heiligen Antonius und den armen Seelen für Hilfe in verschiedenen Anliegen. K. J. St. in H.«[25]. Die konkreten Nöte und der Glaube, die hinter diesen Zuschriften standen, verdienen Respekt. Dennoch erfüllten diese veröffentlichten Gebetserhörungen auch einen Zweck: So viel übernatürlicher Beistand mußte zuversichtlich für das neue Jahrhundert machen. Protestantische Leser des Sonntagsblattes mögen sich an dieser Stelle besonders ihrer konfessionellen Differenz bewußt geworden sein. Daß sich der Katholizismus aber auch unter schwierigen Umständen sieghaft behaupten kann, vermittelte Kümmel seinen Lesern in einer historisierenden Weihnachtserzählung über pfälzische Siedler in Pommern, die sich über Jahrzehnte ohne Priester nur durch gemeinsame Meßandachten bei ihrem Glauben gehalten hatten[26].

3. Kirche, Gesellschaft, Zeitgeist

Bei aller kritischen Einstellung zum Zeitgeist erweisen sich auch das Sonntagsblatt und sein Chefredakteur als Kinder der Jahrhundertwende. Hier ist zunächst das starke deutsche Nationalgefühl zu nennen, das Kümmel trotz aller anti-altwürttembergischen Tendenzen mit dem Rest des wilhelminischen Reiches verband. Kritische Blicke auf das gottlose Frankreich, dessen Sittenlosigkeit und Dekadenz sich in der negativen Bevölkerungsbilanz ausdrückten, oder auf die »Krämerseelen« in England, deren Mißerfolge im Burenkrieg mit Schadenfreude verzeichnet wurden, lassen das Bewußtsein erkennen, daß man trotz aller konfessionellen Kämpfe doch im besten aller möglichen Reiche lebte. Wenn Kümmel über das 19. Jahrhundert sprach, »dessen zweite Hälfte den Ruhm Deutschlands in höchstem Glanze erstrahlen sah«[27], dann war das eine rückhaltlose Identifikation mit dem kleindeutschen Reich, die frühere schwäbische großdeutsche Affinitäten in den Hintergrund treten ließ. Auch Kümmel erweist sich als »National-Ultramontaner« – eine nur vermeintlich paradoxe Charakterisierung, denn ultramontane Gesinnung und nationale Begeisterung konnten durchaus Hand in Hand gehen[28]. Der übernationale Charakter des ultramontan geprägten Katholizismus erwies sich vor allem in der besonderen Beziehung zum Papst und nicht unbedingt in einer besonderen Verbundenheit mit den Katholiken anderer Länder – wenn es diese auch durchaus gab, zumal auf dem Gebiet der Orden und Kongregationen. Mit den anderen stand man dennoch oft – ganz ähnlich wie im säkularen Bereich im Flottenbau usw. – in einem Konkurrenzverhältnis um die Gunst von Papst und Kurie, indem man eifersüchtig auf etwaige Bevorzugungen, zumal Frankreichs, »der ältesten Tochter der Kirche«, blickte. Entsprechend verhielten sich die deutschen und französischen Katholiken dann bei Kriegsausbruch 1914[29].

Auch die »soziale Frage« bewegte das Sonntagsblatt. Die materielle Not weiter Kreise machte Kümmel etwa in einer Weihnachtsgeschichte aus Paris deutlich: Eine Mutter verläßt am Weihnachtsabend ihr hungriges Kind in der Dachwohnung, um für es in höchster Not betteln zu gehen. Sie wird von der Polizei aufgegriffen und kann erst am nächsten Morgen zurückkehren. In der Wohnung findet sie reiche Gaben vor, die das Kind dem Christkind anrechnet. In Wirklichkeit stammen sie von den Gästen einer bürgerlichen Weihnachtsfeier im gleichen Haus, die zur Verhinderung eines Kaminbrandes in die Wohnung eingedrungen waren und durch den Anblick des Kindes gerührt wurden[30]. Wenn die Not hier auch als ein Phänomen ausländischer Großstädte präsentiert wird, so war das Mittel zu ihrer Linderung – nicht Revolution, sondern tätige Hilfe und Geldspenden – dasselbe, das Kümmel auch in Württemberg angewendet sehen wollte: Voller Stolz blickt er auf die caritative Tätigkeit der Schwesternkongregationen der Diözese Rottenburg, vor allem auch auf deren konfessionell umstrittenes Marienstift in Stuttgart, und auf die zahlreichen privaten katholischen Stiftungen und Spenden[31]. Dieses sozial-konservative Anliegen transportierte Kümmel wiederum in den Erzählungen des Blattes, etwa in dem Dienstbotenidyll »Kathi«, wo eine Magd ihr Selbstbewußtsein und ihr Lebensglück durch die Identifizierung mit und die Hingabe an die Familie der Dienstherrschaft gewinnt[32]. Als Gegenspieler bei der Lösung der »Sozialen Frage« machte

Kümmel dabei nicht nur die gottlose und autoritätsfeindliche Sozialdemokratie, sondern vor allem den kapitalistischen Liberalismus aus. Dessen vornehmste Repräsentanten waren für ihn die »Warenhausjuden«[33], die er in einem für diese Zeit typisch katholisch-antikapitalistischen Antisemitismus des öfteren aufs Korn nahm[34].

Leise Töne des Zeitgeistes lassen sich auch in der Gestaltung des bereits zu Beginn genannten Titelblattes der ersten Nummer des Jahres 1900 vernehmen. Wenn die Titelvignette noch weit ins 19. Jahrhundert zurückverweist, so machen sich in der Darstellung darunter deutlich renaissancistische Gestaltungslinien bemerkbar, die dem Zeitgeschmack entgegenkamen. Sie zeigen sich nicht nur in der naturalistisch-athletischen Ausführung des Crucifixus, sondern vor allem in der Gestalt des an Dürer anmutenden Jünglings, der das anbrechende Jahrhundert personifizierte[35].

Eine besonders pikante Mischung von ultramontaner Gesinnung und Rezeption moderner Naturwissenschaft, also von »halbierter Modernität«, gelang Kümmel mit dem Schlußartikel der Serie »Etwas vom Weltuntergang«, die etwaigen fin-de-siècle Stimmungen eine drastisch-christliche Richtung gab. Hier wurde im Anschluß an die biblische Apokalypse nicht nur der Endkampf zwischen der siegreichen katholischen Kirche, die sich als einzig wirkliche Gnadenmittlerin erweisen würde, und den Mächten der Hölle geschildert, sondern auch mit (damaliger) physikalischer Exaktheit, die noch heute eines Hollywood-Filmes würdig wäre, der Untergang der Erde beschrieben: »Und nun kommt der letzte, der Schlußakt des schauerlichen Weltunterganges: Erde und Kometenball nähern sich so weit, daß bereits die sie umgebenden Lufthüllen zusammentreffen. Die Atmosphäre des Kometen, die aber nicht Luft gleich der unserigen ist, sondern giftig und gashaltig, dringt in die unsere ein: ein Heulen und Brüllen entsteht in der Luft und ein Orkan rast über die Erde dahin, dem nichts mehr gleicht an Furchtbarkeit. Menschen und Tiere ersticken in der Finsternis, in der Sticklust, in dem Sturme, während das Brüllen der Atmosphären, die miteinander kämpfen, wie wilde Heere in der Luft, und das Krachen der Meteore immer fürchterlicher wütet. – Die Atmosphäre der Erde wird von der des Kometen mit wütender Kraft auf die Erde selbst gepreßt; sie drückt auf die Meeresflächen mit einer Wucht von Milliarden Tonnen, das Meer weicht und steigt über den Strand und die Küsten. […] Jetzt leuchtet plötzlich in die Finsternis ein flammender Schein herein: die brennbaren Gase der Lufthülle des Kometen haben sich infolge der Reibung mit der Lufthülle der Erde entzündet – ein riesiges, ungeheures Feuermeer umlodert die Erde und alles, was auf ihr ist – und nun stürzt unter dem Brüllen, Heulen und Dröhnen der flammenden Lüfte der Komet selbst auf die ihm entgegenfliegende Erde, die Berge schmelzen wie Wachs und wie brennendes Pech, und eingehüllt in Feuer endet die Erde ihr Dasein«. Trotz dieser physikalischen Exaktheit wollte das Sonntagsblatt dann doch einen religiösen Vorbehalt zum Weltende machen: »Wann aber Er selbst kommen wird in Majestät und furchtbarer Macht: ob vorher, ob nachher, ob während des Untergangs: das weiß niemand als der Vater«[36].

Wie vielen Lesern des Sonntagsblattes Konrad Kümmel damit unbehagliche Gefühle zum Jahrhundertwechsel und die Angst vor einem baldigen Ende eingeflößt hat, wissen wir nicht. Das von ihm redigierte Blatt gibt jedenfalls noch heute lebendige Auskunft über den mainstream des württembergischen Katholizismus um die Jahrhundertwende. Und auch Kümmel selbst war optimistisch, daß sich die Zeit bis zur Wiederkunft noch ein Weilchen dehnen würde. Sonst hätte er seinen freien Mitarbeitern im Briefkasten des 24. Dezember 1899[37] nicht dieses signalisiert: »An Verschiedene: Ums Himmels willen keine Gedichte; wir haben Vorrat bis 31. Dezember 1999!«

Literatur

Arnold, Claus, Antisemitismus – Ultramontanismus – Kulturkatholizismus. Aus Anlaß einer Studie von Olaf Blaschke, in: RJKG 18 (1999), 243–251.

Arnold, Claus, Katholizismus als Kulturmacht. Der Freiburger Theologe Joseph Sauer (1872–1949) und das Erbe des Franz Xaver Kraus (VKZG.B 86), Paderborn 1999.

Blackbourn, David, Class, Religion and Local Politics in Wilhelmine Germany. The Centre Party in Württemberg before 1914, New Haven, London 1980.

Blaschke, Olaf, Katholizismus und Antisemitismus im Deutschen Kaiserreich (Kritische Studien zur Geschichtswissenschaft 122), Göttingen 1997.

Blaschke, Olaf/Frank-Michael Kuhlemann, Religion in Geschichte und Gesellschaft. Sozialhistorische Perspektiven für die vergleichende Erforschung religiöser Mentalitäten und Milieus, in: Dies. (Hg.), Religion im Kaiserreich. Milieus – Mentalitäten – Krisen (Religiöse Kulturen der Moderne 2), Gütersloh 1996, 7–56.

Borst, Otto (Hg.), Ein Jahrhundert beginnt. Baden und Württemberg 1900 bis 1914 (Stuttgarter Symposien 4), Tübingen 1996.

Burkard, Dominik, Kein Kulturkampf in Württemberg? Zur Problematik eines Klischees, in: RJKG 15 (1996), 81–98.

Frevert, Ute (Hg.), Das Neue Jahrhundert. Europäische Zeitdiagnosen und Zukunftsentwürfe um 1900 (Geschichte und Gesellschaft, Sonderheft 18), Göttingen 2000.

Frevert, Ute, Jahrhundertwenden und ihre Versuchungen, in: Dies. (Hg.), Das Neue Jahrhundert, 7–14.

Graf, Friedrich Wilhelm, Alter Geist und neuer Mensch. Religiöse Zukunftserwartungen um 1900, in: Frevert, Das Neue Jahrhundert, 185–228.

Hagen, August, Geschichte der Diözese Rottenburg Bd. 2, Stuttgart 1958.

Hagen, August, Gestalten aus dem Schwäbischen Katholizismus Bd. 2, Stuttgart 1950.

Hausberger, Karl, »Reformistae quoad intellectum confusi sunt, quoad mores mendaces«. Zur antimodernistischen Protagonistenrolle des Rottenburger Bischofs Paul Wilhelm von Keppler (1898–1926), in: Hubert Wolf (Hg.), Antimodernismus und Modernismus in der katholischen Kirche. Beiträge zum theologiegeschichtlichen Vorfeld des II. Vatikanums (Programm und Wirkungsgeschichte des II. Vatikanums 2), Paderborn 1998, 217–239.

Krimmer, Ansgar, Der Katholische Gesellenverein in der Diözese Rottenburg von 1852 bis 1945. Ein Beitrag zur Geschichte des Katholizismus in Württemberg (VKZG.B 66), Paderborn 1994.

Lönne, Karl-Egon, Katholizismus-Forschung, in: Geschichte und Gesellschaft 26 (2000), 128–170.

May, Georg, Mit Katholiken zu besetzende Professuren an der Universität Tübingen von 1817 bis 1945. Ein Beitrag zur Ausbildung der Studierenden katholischer Theologie, zur Verwirklichung der Parität an der württembergischen Landesuniversität und zur katholischen Bewegung (Kanonistische Studien und Texte 28), Amsterdam 1975.

Stambolis, Barbara, Nationalisierung trotz Ultramontanisierung oder: »Alles für Deutschland. Deutschland aber für Christus«. Mentalitätsleitende Wertorientierung deutscher Katholiken im 19. und 20. Jahrhundert, in: HZ 269 (1999), 57–98.

Weiss, Otto, Religiöse Geschichte oder Kirchengeschichte? Zu neuen Ansätzen in der deutschen Kirchengeschichtsschreibung und Katholizismusforschung. Ein Forschungsbericht, in: RJKG 17 (1998), 289–312.

Wolf, Hubert (Hg.), Zwischen Wahrheit und Gehorsam. Carl Joseph von Hefele (1809–1893), Ostfildern 1994.

Wolf, Hubert, »Damals noch jung, frei und lebensfroh, jetzt viel geplagt und voller Sorgen«. Die Korrespondenz Carl Joseph von Hefeles mit Albert Graf von Rechberg, in: RJKG 12 (1993), 175–245.

Wolf, Hubert, Staatsbeamter und katholischer Bischof – Joseph Vitus Burg (1768–1833) aus Offenburg zwischen Historiographie und Ideologie, in: FDA 116 (1996), 41–59.

Wolf, Hubert, Württemberg als Modell für die Beilegung des Kulturkampfs in Preußen? in: RJKG 15 (1996), 65–79.

Anmerkungen

1. Oberschwäbischer Anzeiger Nr. 1, 2. Januar 1900;. vgl. zur Thematik BORST, Jahrhundert.
2. Vgl. Oberschwäbischer Anzeiger Nr. 349, 31. Dezember 1899.
3. Zum Ausbau der katholischen Presse ab 1900 vgl. HAGEN, Geschichte Bd. 3, 87f.
4. Über ihn HAGEN, Gestalten Bd. 2, 412–472. Danach auch im folgenden, wenn nicht anders vermerkt, die Mitteilungen zu Kümmel.
5. Das Titelblatt ist abgedruckt im Beitrag von Wieland, Jahresbilder.
6. Über ihn zuletzt HAUSBERGER, Keppler; vgl. auch ARNOLD, Kulturmacht, passim (Reg.).
7. Literatur zur Milieudiskussion bei WEISS, Religiöse Geschichte; LÖNNE, Katholizismus-Forschung.
8. Über ihn WOLF, Hefele.
9. Diese Transformation vollzog sich auch in der Vita Kümmels, der sich zunächst von den radikal-ultramontanen Gegnern Hefeles Josef Mast und Franz Joseph Schwarz und ihrem Mystizismus fernhielt, obwohl er bei deren Weingartner Gesinnungsgenossen Wenzeslaus Mattes Vikar war. (Freilich machte auch Hefele in den späteren Jahren seines Episkopates eine Wende zum Konfessionalismus durch, verhinderte aber weiterhin mit Rücksicht auf die Regierung eine Zentrumsgründung in Württemberg; vgl. WOLF, Korrespondenz.) Um 1910 wandte sich Kümmel sogar wieder gegen die Integralisten und ihren radikalen Antimodernismus; vgl. HAGEN, Gestalten Bd. 2, 430.
10. Hierzu umfassend GRAF, Alter Geist.
11. FREVERT, Jahrhundertwenden, 9.
12. KS 51 (1900) Nr. 1, 2.
13. Vgl. zu diesem Problemkreis exemplarisch WOLF, Burg.
14. Vgl. zum Ganzen HAGEN, Geschichte Bd. 2, passim; BLACKBOURN, Centre Party.
15. Vgl. z. B. seinen Kommentar zum Konkurs des Bundes-Diakonissenhauses in Schwäbisch Hall; KS 51 (1900) Nr. 2, 12. Oder auch ebd.: »Ein gar trauriges Geständnis machte ein protestantischer Dekan. Bei einer amtlichen Anwesenheit in Buch am Ahorn, wo der bekannte Streit mit dem protestantischen Pfarrer und dem Lehrer vorgekommen ist, rief nämlich der protestantische Dekan Wolff der Gemeinde zu: ,Danket Gott, daß ihr noch einen Pfarrer habt, der selber glaubt, was er euch predigt'. Demnach scheinen in Baden die protestantischen Geistlichen nicht so häufig zu sein, welche noch selber glauben, was sie predigen. Ist auch gar kein Wunder!«
16. KS 51 (1900) Nr. 1, 2.
17. Vgl. WOLF, Kulturkampf; BURKARD, Kulturkampf.
18. Vgl. HAGEN, Geschichte Bd. 2, 359–365; vgl. speziell zum Fall Mandry MAY, Katholiken, 561–575.
19. KS 50 (1899) Nr. 52, 532.
20. KS 50 (1899) Nr. 53, 542.
21. KS 51 (1900) Nr. 1, 4.
22. HAGEN, Geschichte Bd. 2, 272–274; 320–332; KRIMMER, Gesellenverein.
23. HAGEN, Geschichte Bd. 2, 252.
24. KS 50 (1899) Nr. 53, 547.
25. KS 51 (1900) Nr. 1, 6. Die Abkürzungen im Original (z. B. »f. d. a. S.«) wurden aufgelöst.
26. »Frühling im Winter«; KS 50 (1899) Nr. 53, 543.
27. KS 50 (1899) Nr. 53, 542.
28. Gegen BLASCHKE/KUHLEMANN, Religion, 21. Vgl. ARNOLD, Kulturmacht, 35 und passim; STAMBOLIS, Nationalisierung.
29. Vgl. ARNOLD, Kulturmacht, 310–317 (Lit.).
30. »Das Christkind hat's gebracht«; KS 51 (1900) Nr. 1, 5.
31. Vgl. etwa den Bericht über die Weihnachtsbescherung für 106 arme Stuttgarter Kinder durch die von Rom'sche Stiftung im Stuttgarter Gesellenhaus; KS 51 (1900) Nr. 2, 12.
32. KS 51 (1900) Nr. 1, 5.
33. Der Begriff taucht allein in KS 51 (1900) Nr. 53, 542, zweimal auf.
34. Dazu BLASCHKE, Antisemitismus; vgl. ARNOLD, Antisemitismus.
35. Ähnliches läßt sich auch für das Titelblatt des KS vom 31. Dezember 1899, vor allem für die Gestaltung Leos XIII. feststellen, die ausgesprochen hieratisch und doch »modern« geraten ist.
36. KS 50 (1899) Nr. 53, 544f.
37. KS 50 (1899) Nr. 52, 534.

Marie-Luise Engelhardt

»Kreuzfahrt 1933«
Das Katholische Sonntagsblatt, der Nationalsozialismus und das Ende der Weimarer Republik

»Eine Kreuzfahrt also wird für das Jahr 1933 vorausgesagt. […] Wo 5 Millionen Arbeitslose jeden Tag nicht wissen, wozu ihnen die Sonne aufgeht, wo Handel und Wandel stillstehen und die Frage dringender als je ist: was werden wir essen, was werden wir trinken, womit werden wir uns bekleiden«[1]. Mit diesen Worten kommentierte die Redaktion des Katholischen Sonntagsblattes (KS) das Festbild der ersten Ausgabe des Jahres 1933. Die Menschen auf diesem Neujahrsbild, so fährt der Artikel fort, setzten »ihr ganzes Vertrauen auf ihren Führer [!] Jesus Christus«[2]. Der Heiland und das Kreuz sollten als Trost- und Kraftquelle die Leserschaft des KS auch im neuerlichen »Krisenjahr« 1933 begleiten.

Doch der Jahresbeginn 1933 sollte in ganz anderer Hinsicht zu einem markanten Wendepunkt für Deutschland und den Katholizismus werden. Die Machtübernahme der Nationalsozialisten zwang auch die Kirchenzeitung der Diözese Rottenburg letztendlich in ein publizistisches Korsett, das politische Zensur und schließlich wirtschaftliche Existenzgefährdung nach sich zog. Ab März 1933 verringerte sich kontinuierlich die zuvor so breite politische Berichterstattung in Artikeln und Glossen. Am KS spiegelte sich der im deutschen Katholizismus insgesamt festzustellende Wandel von einer scharfen antithetischen Haltung gegenüber Hitler und dem nationalsozialistischen Programm hin zu politisch geratenem Einlenken im Zuge der allgemeinen nationalen Euphorie 1933/34. Das Ende des KS als meinungsbildende Zeitung des schwäbischen Katholizismus wurde im März 1933 durch das »Ermächtigungsgesetz« eingeleitet. Als Organ des Zentrums und als Künder bischöflicher Nachrichten und Verlautbarungen vermittelte das KS vor dem Frühjahr 1933 die Verurteilung der nationalsozialistischen Weltanschauung durch die Oberhirten. Der Abwehrkampf gegen den Nationalsozialismus wie auch traditionell gegen Sozialismus und Liberalismus wurde mit schärfster Polemik geführt. Nach der Machtergreifung konnte es klüger erscheinen, den »Führer« Adolf Hitler bei Bedarf auch zu feiern[3].

Mit Blick auf das KS ist deshalb zu fragen, wo – neben den presserechtlichen Einschränkungen – der Wendepunkt in der Beurteilung Hitlers als »Katastrophenmann« beziehungsweise als »Staatsmann« zu verorten ist. Wie wird das KS von der nationalen Aufbruchsstimmung des Frühjahrs 1933 erfaßt? Kann nach dem »Ermächtigungsgesetz« überhaupt noch Kritik an der neuen Regierung bestehen? Falls ja, auf welcher Ebene kann sich diese im KS noch artikulieren? Des weiteren ist nach der Beurteilung des Reichskonkordates, das im Sommer 1933 zwischen der deutschen Regierung und dem Hl. Stuhl abgeschlossen wurde, zu fragen. Wird die Entpolitisierung der Geistlichen und die Ausschaltung des politischen Katholizismus erkannt oder das Konkordat allein als endgültige Anerkennung der katholischen Kirche im »neuen Reich« verstanden?

Titelbild zum Jahresbeginn 1933.
Bildnachweis: KS 84 (1933) Nr. 1, 1.

1. Katholizismus und Nationalsozialismus 1932/33

Die sogenannte »Machtergreifung«[4] des 30. Januar 1933 – die Bildung des Kabinetts Hitler – steht als Epochenscheide nicht nur für den Beginn der nationalsozialistischen Herrschaft, sondern auch für das Ende der ersten deutschen Republik von Weimar. Seit dem Jahr 1929/1930 begann sich der politische Erosionsprozeß des Weimarer Systems bemerkbar zu machen. Diese voranschreitende Desintegration wurde bereits vor dem Scheitern der Großen Koalition (27. 3. 1930) unter Reichskanzler Hermann Müller (SPD) und der einsetzenden Weltwirtschaftskrise in Gang gesetzt mit der Absicht, die Weimarer Republik »in einen von den politischen Rechtskräften beherrschten autoritären Staat zu transformieren«[5]. Zu den Ermöglichungsfaktoren gehörte auch eine fehlende politische Mehrheitsbildung im Reichstag. Da sich die Parlamentsfraktionen gegenseitig lähmten, vermochte Reichspräsident Paul von Hindenburg seine weitreichenden verfassungsrechtlichen Vollmachten ausgiebig zu nutzen[6]. Die Staatsgewalt konzentrierte sich daher fast ausschließlich beim Staatsoberhaupt und dem von ihm seit März 1930 errichteten Präsidialsystem der Kabinette Brüning, von Papen und von Schleicher.

Als das Kabinett der Großen Koalition (SPD, DDP, Zentrum, DVP, BVP) an der Frage der Beitragserhöhung zur Arbeitslosenversicherung scheiterte und am 27. März 1930 seine Demission beschloß, beauftragte Reichspräsident Hindenburg am folgenden Tag den Vorsitzenden der Zentrumsfraktion im Reichstag, Heinrich Brüning[7], mit der Regierungsbildung und zog damit die Zentrumspartei in eine noch größere Verantwortung für die Republik[8]. Die Schnelligkeit, mit der die Regierung Brüning gebildet wurde, scheint zu beweisen, daß dieses »Hindenburg-Kabinett« als Ausbruch aus den parlamentarischen Zwängen von langer Hand aus dem Umkreis des Reichspräsidenten vorbereitet worden war. Der »Staat über den Parteien« zog am Horizont herauf, um das parlamentarische System abzulösen, dem die Bewältigung der seit 1929 andauernden Krise nun nicht mehr zugetraut wurde[9].

Zu einer entscheidenden politischen Größe war seit der Reichstagswahl 1930 die NSDAP aufgestiegen. Seit 1925 – der Einbruch nach dem gescheiterten Putsch 1923 und der Festungshaft Hitlers war überwunden worden – konnte sie als aufstrebende Partei gelten, die bald erste beachtliche Erfolge erzielte[10]. Obwohl die NSDAP bei den Reichstagswahlen 1928 noch als Splitterpartei anzusehen war, errang sie doch seit 1929 erste größere Erfolge bei den Landtagswahlen in Baden und Thüringen. Der Aufwärtstrend setzte sich in der ersten Jahreshälfte 1930 fort. Vor allem die allgemeine Katastrophenstimmung seit 1929 – verursacht durch die Weltwirtschaftskrise und die daraus resultierenden steigenden Arbeitslosenzahlen – ermöglichte der NSDAP, deren Wahlkampf auf eine ungehemmte Agitation gegen Republik und Demokratie gerichtet war, einen hohen Stimmen- und Mitgliederzuwachs. Bei den Reichstagswahlen im September 1930 erreichte die Partei Hitlers einen Erdrutschsieg; die NSDAP steigerte die Zahl ihrer Mandate von 12 auf 107[11]. Zu den Reichspräsidentenwahlen 1932 hatte sich Adolf Hitler als Gegenkandidat Hindenburgs aufstellen lassen. Der Führer der NSDAP machte sich Hoffnungen auf das höchste Staatsamt, nachdem er im ersten Wahlgang 11,34 Millionen Stimmen hinter sich bringen konnte und Hindenburg mit 18,65 Millionen Stimmen knapp die erforderliche absolute Mehrheit verfehlt hatte. Ein zweiter Wahlgang war daraufhin für den 10. April 1932 angesetzt worden. 13,42 Millionen, gut ein Drittel der wahlberechtigten Bevölkerung, stimmten für Hitler, der greise Reichspräsident Hindenburg erhielt 19,36 Millionen (53%) der Stimmen und war somit für sieben Jahre wiedergewählt. In den folgenden Wochen sollten sich weitere Wahlerfolge für die NSDAP bei den Landtagswahlen anschließen.

Schon seit Mitte der zwanziger Jahren war auf seiten der katholischen Kirche eine kritische Distanz gegenüber dem Nationalsozialismus vorherrschend. Die nationalsozialistische Bewegung, von Anfang an antisemitisch und antikirchlich eingestellt, hatte bereits nach dem mißlungenen Hitlerputsch 1923 Juden und Jesuiten die Schuld am Scheitern des Umbruchversuchs gegeben. Das NSDAP-Parteiprogramm von 1920 forderte ein »positives Christentum«, das jedoch keine konfessionelle Bindung eingehen sollte. Im Mittelpunkt stand die Absicherung »des Sittlichkeits- und Moralgefühls der germanischen Rasse«, durch welche die Partei »den jüdisch-materialistischen Geist« zu bekämpfen suchte[12]. Die antikirchliche Gesinnung erwies sich gleichermaßen am Weltanschauungsprogramm des Nationalsozialismus, das vor allem eine enge Verkettung von Judentum, Christentum und Bolschewismus zu erkennen glaubte[13]. So hatte etwa der im Jahr 1930 erstmals erschienene »Mythus des 20. Jahrhunderts« von Alfred Rosenberg nur zu deutlich der katholischen Kirche den Kampf angesagt[14].

Nach den erdrutschartigen Erfolgen der NSDAP in den Jahren 1929/30 auf Landes- und Reichsebene kam es zu Anfragen katholischer Gläubiger an die Bischöflichen Ordinariate, wie man sich nun zu verhalten habe[15]. Die kirchlichen Leitungsstellen sahen sich zu einer Stellungnahme veranlaßt. Die Bischöfe der oberrheinischen Kirchenprovinz veröffentlichten am 19. März 1931 einen Hirtenbrief, der den Nationalsozialismus strikt verurteilte: »Wir Bischöfe [müssen] als die Hirten und Verkündiger der katholischen Glaubens- und Sittenlehre vor dem Nationalsozialismus warnen, weil und solange er Anschauungen verfolgt und verbreitet, die mit der katholischen Lehre unvereinbar sind. Es kann deshalb dem Katholiken nicht erlaubt sein, diese Anschauungen als wahr anzunehmen und sie in Wort und Tat zu bekennen«[16]. In dieser Stellungnahme wurde jedoch die Aufgabe des bischöflichen Amtes auf die Funktion des Wachens in einem seelsorglichen Sinn reduziert. Der Akzent der Verlautbarung lag nicht auf politischer Ebene, sondern bezog sich vielmehr auf die weltanschauliche Gesinnung des Nationalsozialismus. Zugleich warnten die Bischöfe in ihrer Stellungnahme vor weiteren gefährlichen Zeitströmungen wie Liberalismus, Sozialismus und Kommunismus[17]. Die Mitgliedschaft in der NSDAP war den Katholiken nun verboten, katholischen Parteimitgliedern war die Teilnahme an den Sakramenten bei Exkommunikation untersagt.

Der politische Arm des deutschen Katholizismus – die Zentrumspartei – berief sich in den Wahlen des Jahres 1932 auf die Verlautbarungen der Bischöfe[18]. Sie mußte sich im Wahlkampf schwerer Angriffe erwehren und führte deshalb auch den eigenen mit rigoroser Polemik. Als Hauptträger der Regierung Brüning wurde das Zentrum für die katastrophale Lage verantwortlich gemacht. Dennoch konnte sich die Partei – besonders in Württemberg – behaupten. Dies lag unter anderem an den relativ stabilen politischen und wirtschaftlichen Verhältnissen im Land. Aufgrund der ausgewogenen Industrie-, Sozial- und Siedlungsstruktur gelangte Württemberg im Vergleich zu anderen Ländern am besten durch die Weltwirtschaftskrise[19]. Das Zentrum konnte hier bei den Juli-Wahlen 1932 nach der Demission Brünings seinen Stimmenanteil von ca. 20,5% halten. Der Anstieg der NSDAP in Württemberg von 9,4% im Jahr 1930 auf 30,5% ging fast ausschließlich auf Kosten der liberalen Mittelparteien und des Bauernbunds. Orte mit NSDAP-Mehrheit waren nahezu ohne Ausnahme protestantisch. Nach der Reichstagswahl vom 31. Juli 1932, die erneut keine regierungsfähige Mehrheit erbrachte, entschloß sich das Zentrum dennoch zu Koalitionsgesprächen mit der NSDAP, deren Stimmenanteil jetzt bei 37,4% lag. Aufgrund der Ereignisse in Preußen (»Papenstreich«) wurde die »Notgemeinschaft« der Parteien proklamiert. Die Krise des Staates sah man nicht allein im Erstarken der Nationalsozialisten begründet, vielmehr wurde zunächst Papen, der Nachfolger Brünings im Amt des Reichskanzlers, als Gegner ausgemacht, der ein autoritatives Staatssystem errichten und den Reichstag und die Parteien ausschalten wolle. Die Erhaltung der verfassungsmäßigen Zustände sah die Mehrheit im Zentrum – so etwa auch der württembergische Staatspräsident Eugen Bolz – trotz aller weltanschaulichen Verurteilung des Nationalsozialismus durch eine Regierungsbeteiligung der NSDAP gewährleistet. Am Vorabend des 30. Januar 1933 schien vielen ein Reichskanzler Hitler, der zu diesem Zeitpunkt als »verfassungsloyal« eingeschätzt wurde, weitaus annehmbarer als etwa von Schleicher[20]. Die Erinnerung an die Gründungsphase der Republik, als mit den Sozialdemokraten, die lange mit dem Fluidum der Revolution umgeben waren, eine bürgerlich-parlamentarische Ordnung geschaffen wurde, weckte nun die Illusion, die Nationalsozialisten an den Staat heranführen und durch eine politische Kooperation »zähmen« zu können. So plante etwa das Zentrum durch Koalitionsgespräche mit der NSDAP eine »Erziehungsquarantäne«, welche die Hitlerpartei verfassungsloyal an den Staat von Weimar binden sollte[21]. Die Versuche zur Abwendung der Staatskrise blieben erfolglos, da auch die Novemberwahl 1932, bei der die NSDAP Verluste hinnehmen mußte, keine regierungsfähige Mehrheit zustande brachte. Sowohl von Papens »Kabinett der Barone« als auch General von Schleichers Kanzlerschaft scheiterten schnell. Erst die Ernennung Hitlers zum Regierungschef erweckte den Anschein neu gewonnener Stabilität. Bei den Neuwahlen zum Reichstag am 5. März 1933 gelang nun der NSDAP eine ungewöhnliche Mobilisierung der Wählerschaft; sie erhielt in Württemberg 42% der Stimmen, auch aus katholischen Kreisen. Zwar war es ihr nicht möglich, die alten Zentrumsstammwähler für sich zu gewinnen, jedoch konnten vor allem katholische Nichtwähler von der NSDAP zum Urnengang veranlaßt werden. Das Zentrum hatte insgesamt seinen Wählerstamm mit leichten Verlusten halten können [22].

2. »Unkatholisches aus der Hitlerbewegung« – Die nationalsozialistische Bewegung im Fokus des Katholischen Sonntagsblattes

Besonders im Wahlkampf zur Reichspräsidentenwahl im Frühjahr 1932 wird ein klares Stimmungsbild des KS gegenüber Adolf Hitler[23] deutlich. Hitler war neben Paul von Hindenburg und Ernst Thälmann zum Kandidaten für das Reichspräsidentenamt nominiert worden[24]. In den Artikeln vom 13. und 20. März 1932 (»Der Reichspräsident wird gewählt« und »Das deutsche Volk will Hindenburg«), die Hindenburg hymnisch feierten[25] und die Leser dazu aufforderten, ihre Stimme allein für diesen abzugeben, wird Hitler als negativer Gegenpol des greisen Reichspräsidenten gezeichnet. Hindenburg, seine militärische Laufbahn und seine Verdienste um das Deutsche Reich, die ca. zwei Drittel des Artikels einnehmen, wird Hitler als Kandidat der Nationalsozialisten gegenübergestellt. Besondere Betonung findet die Tatsache, daß Hitler der Führer einer Bewegung sei, die von den Bischöfen »als Irrlehre« verurteilt wurde. Kritik erfährt Hitler, da er es als »treuer Katholik« – wie er sich selbst nennt – nicht für notwendig erachtet, die programmatischen Grundsätze der NSDAP zu ändern[26]. Hitler könne daher kein »guter« Katholik sein. Er wolle – so die Schlußfolgerung des KS – die deutschen Katholiken nur als Werkzeug gebrauchen, um in Deutschland an die Macht zu gelangen.

Der Führer der NSDAP und seine Bewegung sind der Argumentation des KS zufolge gleichzusetzen mit den »Schrecken der Revolution«. Dies wird etwa deutlich im Artikel »Das deutsche Volk will Hindenburg« vom 20. März 1932, der kurz nach dem ersten Wahlgang, der für Hindenburg nicht die erforderliche absolute Mehrheit erbracht hatte, veröffentlicht wurde[27]. Das KS erläutert jetzt die starken Mehrheiten für Hindenburg im Süden und im Südwesten des Reiches – besonders in Württemberg –, die durch die im Land vorherrschende »ruhige Überlegung im Sturme politischer, wirtschaftlicher und konfessioneller Leidenschaften« zu erklären seien[28]. Des weiteren betont das KS den Ausgang der Wahl in Schleswig-Holstein: »Das rein protestantische Schleswig-Holstein, von dem bekanntlich 1918 die Revolution ihren Ausgang nahm, stellte in seiner bezeichnenden Haltlosigkeit fast eine Mehrheit für Hitler«[29]. Eine triviale Analogie zwischen den Anfängen der Revolutionsbewegung, die 1918 von Wilhelmshaven und Kiel ausging, und dem Nationalsozialismus und seinem Führer Adolf Hitler wird somit hergestellt. Dem gleichem Ziel dient der Versuch, eine Verbindungslinie zwischen

Protestantismus und Nationalsozialismus zu ziehen. Die Abgrenzung zu einem derartigen geistigen System sei daher unumgänglich. An dieser Stelle wird die nun noch immer bestehende »Frontstellung« zum Protestantismus, deren Gegensätzlichkeiten etwa durch die Kanzlerschaft Brünings neu akzentuiert wurden, deutlich[30]. Die revolutionäre Tendenz, die Hitler nicht zu Unrecht zugesprochen wird, mußte für den Katholiken eine Abschreckungsfunktion erfüllen, dem als staatstreuen Bürger jedwede Unterstützung revolutionärer Umsturzversuche verboten war[31]. Schließlich hebt das KS Hitlers heftige Polemik in seiner Wahlagitation hervor. Es weist diese (»Wer Hindenburg wählt, wählt Brüning«) aufs schärfste zurück[32].

Am 3. April 1932 betont das KS im Artikel »Der Endkampf um den Reichspräsidentenstuhl« die »Vaterlandslosigkeit« Adolf Hitlers. Hitler habe im Gegensatz zu Reichspräsident Hindenburg, der als Feldmarschall und Sieger der Schlacht von Tannenberg pathetisch als der »greise deutsche Recke« dargestellt wird, in seinem Heimatland Österreich zu Beginn des Ersten Weltkriegs den Dienst an der Waffe verweigert und Österreich verlassen. Da Hitler so als vaterlandsloser Mensch charakterisiert wird, steht auch die Schlußfolgerung des KS fest: Hitler könne demnach nicht der Retter Deutschlands sein, als den er sich selbst zu stilisieren suchte. Die latent durchscheinende Dubiosität von Hitlers Wesen soll ihn als Kandidaten für das Reichspräsidentenamt für den katholischen Leser inakzeptabel machen. Er könne folglich der Würde des Amtes im Gegensatz zu Hindenburg keinesfalls gerecht werden. Außerdem fehle Hitler jedes Ehrgefühl. Dies macht das KS am Bruch seines Ehrenworts gegenüber der bayerischen Regierung fest, als er im Jahr 1923 gelobte, keinen Putschversuch zu unternehmen, dann aber doch in der Allianz mit Ernst von Ludendorff am 9. November 1923 auf die Feldherrnhalle marschierte[33]. Dieser Ehrbruch stehe im harten Gegensatz zur »ehrwürdigen Person des greisen Heerführers, [...] dem sein Eid und sein Wort allzeit heilig gewesen« sei[34]. Hitler wird schließlich als der »nationalsozialistische Katastrophenmann« bezeichnet. Das Fazit lautet daher auch in Hinblick auf die »nationalsozialistischen Irrlehren, von denen nichts anderes als ein Kulturkampf [erwartet werden kann]: [...] Die deutschen Katholiken können Hitler nicht wählen«[35].

Bis zu den Wahlen am 5. März 1933 herrschen diese Sichtweise und Beurteilung Adolf Hitlers im KS vor. Hitler wird als »Taufscheinkatholik« charakterisiert, der die katholische Bevölkerung mit vordergründigen Aussagen über die Kirche zur Wahl seiner Partei verleiten möchte, jedoch letztlich dem Katholizismus gegenüber feindlich eingestellt ist. Diese Haltung gegenüber Christentum und katholischer Kirche habe sich bereits hintergründig in ›Mein Kampf‹ erwiesen. Hitler sieht durch das Erscheinen des Christentums respektive der katholischen Kirche einen »erste[n] geistigen Terror« in der Weltgeschichte entstehen. Dieser nunmehr seit fast zweitausend Jahren anhaltende »Zwang« könne nur durch den »Terror« einer Herrschaft der NSDAP gebrochen werden[36]. Das Ziel Hitlers und seiner Bewegung enttarnt das KS daher als »Stimmenfang« bei der katholischen Bevölkerung mit der Absicht, die politische Macht zu erlangen.

Im Zusammenhang mit dem zweiten Wahlgang zur Reichspräsidentenwahl erscheinen im KS mehrere Artikel, welche die Weltanschauung des Nationalsozialismus kritisch beleuchten wollen. Hitler wird als die alles bewegende Kraft in der NSDAP dargestellt[37]. Die Konzeption der Weltanschauung Hitlers findet sich in dem während der Festungshaft in Landsberg entstandenen Buch ›Mein Kampf‹. Geprägt sind die Anschauungen der NS-Bewegung sicherlich von Impulsen intellektueller Modeströmungen der Wiener Jahre Hitlers vor dem Ersten Weltkrieg[38]. Im Zentrum dieser Weltanschauung steht die Rassenlehre, die das dort skizzierte Bild vom Menschen bestimmte. Dabei entscheidend ist der universelle Gegensatz zwischen dem »kulturschaffenden« Arier und dem »kulturzerstörenden« Judentum. Die Weltgeschichte sei daher vom

Kampf dieser beiden Mächte dominiert. Im 20. Jahrhundert organisiere sich das Judentum in den Erscheinungsformen Bolschewismus und Kapitalismus. Alfred Rosenberg sah in seinem Buch ›Mythus des 20. Jahrhunderts‹ noch eine weitere Erscheinungsform – das Christentum, vor allem die katholische Kirche – hinzutreten. Der Staat, dessen demokratisch-parlamentarische Verfahrensweise abgelehnt wurde, sollte der Durchsetzung des Rassegedankens dienen. »Rassenschande« – also Ehen zwischen »Ariern« und »Nicht-Ariern« – sollte in diesem nicht mehr möglich sein. Der Zweck des Staates lag demnach in der Sorge um die Reinheit der Rasse[39].

Der KS-Artikel »Der Nationalsozialismus ist unkatholisch« vom 10. April 1932, der die Verurteilung des Nationalsozialismus durch die Bischöfe im Vorjahr nun im Hinblick auf die Reichspräsidentenwahl untermauern möchte, sieht Verstöße gegen die katholische Moral- und Sittenlehre besonders durch die Übersteigerung des Nationalgefühls verursacht. In Phasen der »nationalen Leidenschaften« seien die sogenannten »Übel der Weltgeschichte«, also eine Dominanz der Irrlehren wie etwa des Arianismus im 4./5. Jahrhundert n. Chr. oder der Reformationszeit, zu verorten. Ähnlich wie Gallikanismus und Josephinismus im 17. und 18. Jahrhundert wird nun der Nationalsozialismus als neue Häresie eingeordnet: »Genau wie die zahlreichen christlichen Irrlehren seit den Tagen eines Arius, vertritt doch diese Partei eine unchristliche, durchaus unkatholische Rassenlehre«[40]. Die Position Hitlers, der kulturelle Fortschritt könne nur von der arischen Rasse ausgehen, wird mit dem Hinweis auf die Hochkulturen Babylons und Ägyptens verworfen. Die Weltanschauung des Nationalsozialismus ist in den Augen des KS ein Rückfall in das »altgermanische Heidentum«. Die Botschaft Hitlers von der Minderwertigkeit anderer Rassen ist nach Auffassung des KS nicht mit der Sittenlehre der katholischen Kirche vereinbar[41]. Der Artikel appelliert schließlich an das Durchhaltevermögen der »guten Katholiken«, die um »des deutschen Volkes willen« den Kampf gegen die letztlich kirchenfeindlichen nationalsozialistischen Irrlehren (»Rassenselbstsucht und Staatsüberheblichkeit«) aufnehmen sollen.

Der Stellungnahme vom 10. April 1932 folgten am 17. und am 24. April zwei Artikel mit dem Titel »Unkatholisches aus der Hitlerbewegung«. Das KS geht davon aus, daß Vertreter des Nationalsozialismus bei Reden vor katholischem Publikum die »wahren Ziele« der Partei verschwiegen, um die katholische Zuhörerschaft zur Wahl der NSDAP zu verleiten[42]. Diesem Vorgehen möchte das KS entgegenwirken, indem es »das unchristliche und sittenwidrige Programm« der nationalsozialistischen Bewegung darlegt[43]. Fett gedruckte Programmpunkte des Nationalsozialismus werden daraufhin mit Blick auf Publikationen wie den ›Mythus‹ Rosenbergs in ihrer Bedeutung erklärt, wobei die Gegnerschaft zur katholischen Kirche besondere Erwähnung findet. Des weiteren knüpft der Artikel eine Verbindung zwischen Nationalsozialismus und Protestantismus[44]. Die katholische Sozialmoral soll durch die Negativfolie der Weltanschauung des Nationalsozialismus neu akzentuiert werden[45]. Der »Mythus« steht also der Argumentation des KS zufolge für all das, was der »gläubige Katholik« verwerfen müsse, da er den Grundsätzen der katholischen Moral- und Sittenlehre entgegenstehe, so etwa in der Nichtanerkennung der christlichen Ehe, in der Befürwortung der Mensur und in der positiven Einstellung zur Staatsumwälzung[46]. Als Höhepunkt spricht nun die Autorität der Bischöfe zum Leser: »Die falschen Propheten, die derzeit auftreten, schmeicheln den Leidenschaften, erwecken übertriebene Hoffnungen […] üben an allem Bisherigem gehässige Kritik. […] An Stelle der Religion tritt aber bei ihnen das Programm. Die Klasse oder die Nation wird zum Götzen. Ein maßloser Gesinnungsterrorismus wird geübt. […] Wenn solchen Bestrebungen nicht Einhalt getan wird, führen sie zum Bürgerkrieg«[47]. Diese Stellungnahme der Bischöfe soll beim Leser die sittlich-moralische Dringlichkeit, die Weltanschauung des Nationalsozialismus zu verwerfen, verstärken. Auch in politischer Hinsicht scheint der Nationalsozialismus in der Berichterstattung des KS unannehmbar zu sein. Der württembergische Zentrumsparteitag in Ulm, über den am 3. April 1932 berichtet wird, sieht neben dem Bolschewismus vor allem in der revolutionären Gesinnung des Nationalsozialismus Gefahren für das Staatswesen. Staatspräsident Bolz prangerte in seiner Rede die Gefahren einer nationalsozialistischen Diktatur an[48]. Im August 1932 ging hingegen die Zentrumspartei im Reich auf Koalitionsgespräche ein, um die »Zähmung« der NSDAP einzuleiten und deren Kräfte im Kampf gegen die Pläne von Papens umzulenken. Auch Bolz trat für Verhandlungen ein, um die Lähmung des Reichstags, die sich durch die politischen Konstellationen nach der Reichstagswahl nun erneut ergeben hatte, aufheben zu können.

Das KS hingegen bleibt letztlich auf der Linie der harten Konfrontation, mit allen verbalen Mitteln gegen die nationalsozialistische Bewegung vorzugehen, und beurteilt die Koalitionsgespräche folgendermaßen: »Das Zentrum verlangte dabei, daß die Nationalsozialisten in die Regierung einbezogen werden, damit das deutsche Volk endlich einmal sehe, was diese Partei nach den jahrelangen Nörgeleien, Schimpfereien und Versprechungen in Wirklichkeit zu leisten vermöge«[49]. Für das KS war es das Ziel des Zentrums während der Verhandlungen, die Unmöglichkeit einer potentiellen Herrschaft Hitlers und seiner Partei darzulegen, die außer Hetzparolen dem Volk nichts bieten könne. Hitler hingegen lehnte eine Koalition ab; er forderte vielmehr von Hindenburg die Übergabe der Staatsgewalt an seine Partei. Dies wurde vom KS als Wortbruch gewertet. Nun stand der »wortbrüchige« Hitler erneut im schroffen Gegensatz zum »Ehrenmann« Hindenburg, der Hitlers Ansinnen brüsk mit dem Verweis auf den Eid auf Verfassung und Vaterland zurückgewiesen hatte. In den Augen des Sonntagsblattes war Hitler für Hindenburg ein Emporkömmling, dessen rohes Sinnen nach Macht von der moralischen Integrität des Reichspräsidenten (Ehre, Treue zum Vaterland) überflügelt werde. Hitler habe deshalb in der Unterredung eine demütigende Niederlage hinnehmen müssen[50].

Die von Mitgliedern der nationalsozialistischen Verbände begangenen Gewalttaten – so z. B. gegen Priester – riefen im Verlauf des Jahres die besondere Empörung des KS hervor. Von einem neuen, noch schärferen Kulturkampf als zur Bismarckzeit ist nun die Rede[51]. In einer vierteiligen Reihe »Soll sich der Geistliche um Politik kümmern«, unter dem Pseudonym »Politikus Popularis« zwischen dem 10. und 31. Juli 1932 erschienen, erfolgte eine Erwiderung auf die nationalsozialistischen Angriffe gegen die politischen Aktivitäten der Priester. Vor allem Berichte über Priesterhetze und Terrorakte von nationalsozialistischen Verbänden[52] mag den Verfasser zu dieser Artikelserie veranlaßt haben, die in drei Abschnitte unterteilt ist:

1.) Der Nachweis der Legitimität des Priesters als Hirt für seine Herde. Deshalb muß der Geistliche auch politisch aktiv werden, um die Gläubigen und die Rechte seiner Kirche zu schützen[53];

2.) die Durchleuchtung der nationalsozialistischen Agitation und

3.) die Darlegung der feindlichen Einstellung zur Kirche und der Versuch der Manipulation der Gläubigen. Mit diesem Artikel soll vor allem die Strategie des Nationalsozialismus beleuchtet und vor den Konsequenzen der nationalsozialistischen Agitation gewarnt werden: »Hitler hat erklärt: ›Den Priester am Altare und in seiner Seelsorge werden wir schützen, aber den Priester in der Politik, den werden wir entfernen‹. […] Wie es aber mit diesem Schutz sich verhält, das würden wir schnell erleben, wenn einmal der NS in seiner schärfsten Ausprägung zu Herrschaft gelangen würde«[54]. Hitler sei demnach als Kirchenfeind zu betrachten, der in seiner Bewegung Schriften verbreiten lasse, »die das Heidentum befürworten«. Hitler mißbrauche die Kirche als Mittel zum Zweck. Eine ständige Mahnung durch die Priester, um diejenigen Gläubigen, die sich von den Hitlerreden täuschen ließen, wieder auf den Weg zum Katholizismus zu führen, müsse daher erste und »heilige Pflicht« sein[55]. Im Schlußteil des Artikels betont der Autor durch den Verweis auf die Autorität der Bischöfe erneut die Legitimität des politischen Katholizismus.

Das KS ist in dieser Phase als Ausführungsorgan der bischöflichen Anweisungen vom 19. März 1931 zu verstehen. Demnach sind die NSDAP und ihr Führer Adolf Hitler als »Verkünder einer Irrlehre« zu verurteilen. Mit den Mitteln der Presse sollte diese Ächtung an die katholische Leserschaft vermittelt werden. Es galt, die katholische Leserschaft vor den Gefahren der nationalsozialistischen Ideologie zu warnen, an katholische Moralvorstellungen zu erinnern und die katholische Lebenswelt auf diese Weise zu festigen. Im Rahmen der christlichen Wertvorstellung war ein Bewußtsein für die Gefahren des Nationalsozialismus zu wecken, um auf diese Weise Abwehrmechanismen bilden zu können. Das wiederkehrende Stichwort »Kulturkampf« und Berichte über Gewalt gegen Katholiken sollten eine moralische Front gegen das nationalsozialistische System bilden. Auch der wahrscheinlich von einem Priester verfaßte Artikel »Soll sich der Geistliche um Politik kümmern« mahnt vor allem die Kleriker zum Engagement gegen den »Einfall« des Nationalsozialismus in die Herde der Gläubigen. Letztendlich sollte die Strategie des KS – die Agitation gegen die Hitlerbewegung mit Verweis auf deren antichristliche Weltanschauung, die Beweisführung, der Nationalsozialismus sei eine moderne mitunter massiv gewalttätige Häresie – nicht aufgehen. Bei der Reichstagswahl im November 1932 konnte zwar ein Rückgang der Wählerstimmen[56] für die NSDAP festgestellt werden, doch mobilisierte diese am 5. März 1933 alle Kräfte.

3. »Im Kampf um die Freiheit« – Das Katholische Sonntagsblatt vor den Märzwahlen 1933

Als Hitler am 30. Januar 1933 von Hindenburg zum Reichskanzler ernannt wurde, trat er an die Spitze einer Koalitionsregierung der sogenannten »nationalen Konzentration«. In ihr besaßen die konservativen Vertreter scheinbar das Übergewicht. Vorerst bekleideten neben Hitler nur zwei weitere Nationalsozialisten, Frick und Göring, Regierungsämter. Das Zähmungskonzept von Papens, der Hitler durch Mitglieder des »Kabinetts der Barone« in der Regierung einzurahmen und so zu kontrollieren suchte, schien aufzugehen. So charakterisiert auch das KS in einer eher nüchtern gehaltenen Meldung über die Bildung des Kabinetts Hitler-Hugenberg am 5. Februar 1933 die Position Hitlers »als nicht übermäßig stark. […] Viele seiner Forderungen hat Hitler zurückstecken müssen«[57]. Besonderes Interesse fand nun vor allem die Stellung des Zentrums, da die neue Regierung noch keine Fühlung mit der Partei aufgenommen hatte. Das KS schien der neuen Lage nach dem plötzlichen Rücktritt General von Schleichers nicht zu trauen. Die Art und Weise, wie das Kabinett gebildet wurde, mutete dem Verfasser des Artikels »seltsam« an. Man verblieb in abwartender Haltung: »Da werden die nächsten Tage eine Entscheidung bringen«[58]. Diese Entscheidung wurde in einer Meldung am 12. Februar »als Kampf gegen sämtliche ›Mittelparteien‹, der nun eröffnet werden sollte«, bezeichnet. Den Gegner der Mittelparteien – besonders des Zentrums und der BVP – glaubte das KS vor allem auf der Seite der DNVP und hier speziell auf seiten der preußischen Großgrundbesitzer zu erkennen. Die von der Regierung forcierte Auflösung des Reichstags und die ausgeschriebenen Neuwahlen zum 5. März 1933 – so die weitere Argumentation des KS –, sollten nun in erster Linie der Ausschaltung und Vernichtung des Zentrums dienen[59].

Der folgende Wahlkampf wurde vom KS als eine Zeit »stürmischer Wochen« verstanden. Als kirchliches Blatt, das sich nach der Weisung des Bischofs richtet: »wer es mit der Religion ernst nimmt, der muß sich auch um die Politik kümmern«, versuchte das KS in den folgenden Wochen alle verfügbaren Kräfte für das Zentrum zu mobilisieren[60]. Die »Wahlpropaganda« stand nun im Vordergrund der großen Artikel und Berichte[61]. Der Kampf schien für das württembergische Zentrum noch nicht verloren. Es wurde versucht – wie in den Wahlkämpfen der Jahre zuvor –, eine geschlossene katholische Phalanx gegen die neu erstandene Linie der politischen Reaktion zu etablieren. Als deren Exponenten galten nicht nur Hitler, sondern auch die Vertreter der Großindustrie und des preußischen Junkertums, der Vorsitzende der DNVP, Alfred Hugenberg, und der Zentrumsdissident Franz von Papen[62].

Die Berichterstattung über den württembergischen Zentrumsparteitag in Ulm im Februar 1933 sollte diese Sammlung der katholischen Leserschaft vorbereiten. In dualistischer Darlegung der Schwäche der Regierungskoalition einerseits und der charaktervollen Stärke des Zentrums andererseits, die sich an der Person des Staatspräsidenten Eugen Bolz nachweisen ließ, galt es, ein eindeutiges politisches Meinungsbild zu schaffen. Die Pläne der Reichsregierung erschienen daher trotz des »einseitigen Mißbrauchs des Rundfunks« gehaltlos. Der Hauptredner der Tagung, Staatspräsident Bolz, konnte sich als herausragender Politiker erweisen, der den Zuhörern die innere Uneinigkeit und somit Unfähigkeit des Kabinetts darlegte. Die autoritäre Regierungsform – Bolz bezog sich vor allem auf die Reihe von Notverordnungen seit der Einsetzung des Kabinetts Hitler-Hugenberg – könne nur als größtes Übel in den Bolschewismus münden. Auch eine Verbindung zwischen preußisch-protestantischer Gegnerschaft zur Zentrumspartei und der neuen Regierung als deren Vertreter wird nun gezogen. Die Rede des Vorsitzenden des württembergischen Zentrums sei »überzeugend, prachtvoll und zündend« gewesen: »Ja, wahrlich diese Rede hätte es besser verdient als das im Grunde recht gehaltlose Hitlergerede im Sportpalast in jedem Hause mittels Rundfunk mitgehört zu werden«[63]. Die von Pathos getragene Sprache des Berichts will eine Sammlung und Unterstützung hervorrufen. Der Vergleich, den das KS zwischen Eugen Bolz und Adolf Gröber, dem Gründer der württembergischen Zentrums, zieht, verweist auf die Geschichte der Partei, in der »die Zentrumsfahne von Sieg zu Sieg geführt wurde«. Der Bericht ist insgesamt von einer martialischen Sprache geprägt. Der Sieg über die Feinde des Zentrums, so der Tenor des Berichts, müsse nun errungen werden.

In den darauf folgenden Wochen bis zum 5. März 1933 erschienen drei »Wahlbriefe« für die Wählerschaft, die vor allem über die Erfolge der Regierung Brüning und über deren innen- wie außenpolitischen Ziele im Jahr 1932 aufklären sollten. »100 Meter vor dem Ziel« – wie es Brüning später selbst formulieren sollte[64] – sei der Kanzler durch die Entlassung, die Hindenburg »eingeflüstert« worden sei, aufgehalten worden. Die Gegner des Staates sind für das KS, wie die Entlassung Brünings bewiesen habe, vor allem im preußischen Junkertum und der Großindustrie zu suchen. Vor allem der »Presse- und Medienzar« Hugenberg, der exponierte Vertreter der deutschen Finanzwirtschaft in der neuen Regierung, bekämpfe das Zentrum und dessen Politik. Das KS verkennt an dieser Stelle allerdings, daß Brüning als Kanzler eines Präsidialkabinetts nicht in erster Linie die Politik der Zentrumspartei vertrat[65]. Die Wahlagitation des Zentrums bezieht sich immer wieder auf die Gegner der Rechtskoalition –

die »geschworenen Feinde« sind von Papen und Hugenberg. Hitler erscheint nur am Rande in Verbindung mit Hugenberg. Der »Wahlbrief« schließt mit einem Appell, den »Zentrumsturm«, der den Krisen der Vergangenheit standgehalten hat, nun in neuen »Stürmen« unerschrocken zu verteidigen: »Auch das Jahr 1933 soll kein armseliges Geschlecht finden«[66].

Am Wahltag des 5. März 1933 verweist das KS auf das moralische Vorbild des Rottenburger Bischofs Joannes Baptista Sproll, der die Wählerschaft in einem Aufruf zum Wahltag an die »vaterländische Pflicht« erinnerte: »Von dem Wahlrecht ist so Gebrauch zu machen, wie es der Verantwortung des treuen Staatsbürgers und treuen katholischen Christen entspricht«[67]. Im »Wahlbrief« vom 5. März 1933 scheint es von besonderer Wichtigkeit zu sein, den Leser zu motivieren, überhaupt an der Wahl teilzunehmen, um dadurch jede nur mögliche Stimme für das Zentrum zu erlangen: »Als Sonntagsblattleser müßtest Du dich ja schämen, wenn Du so eine wichtige Pflicht versäumtest und wenn Du die klare Weisung Deines Bischofs mißachtetest«. Das KS verweist auf die Bedeutsamkeit dieses Wahltages, da diesem – wie dies die Regierung vermeldete – auf Jahre kein zweiter folgen solle. Die Pflicht und Bedeutsamkeit, seine Stimme abzugeben, wird des weiteren durch den Verweis auf einen »Wahlkatechismus«, den »kein geringer als ein Kardinal herausgegeben [hat], also ein richtungsgebendes Wort von hoher Stelle«, untermauert. Dieser Katechismus betont die besonders schwere Schuld, die der einzelne Katholik auf sich lade, falls er an der Wahl nicht teilnehme. Dadurch werde das Wohl von Staat und Kirche auf besondere Art und Weise bedroht. Das KS unterstreicht hier vor allem die Gefährdung des persönlichen Seelenheils, falls die Wahlpflicht nicht erfüllt wird, und appelliert an den Gläubigen in einer seelsorglichen Weise[68].

Zwar hatte es in Württemberg am 5. März 1933 die höchste Wahlbeteiligung mit 85,7% (im Reich 88,8%) aller bisherigen Reichstagswahlen gegeben, doch war der Plan, vor allem katholische Nicht-Wähler zur Stimmabgabe für das Zentrum zu motivieren, nicht aufgegangen. Obwohl das Zentrum seinen Stimmenanteil hatte halten können, wählte ein Großteil der katholischen Nichtwähler von ehedem nun die NSDAP[69]. Die Nationalsozialisten konnten 43,9% der Stimmen auf sich vereinen und erzielten zusammen mit der DNVP die absolute Mehrheit der Mandate im Reichstag. Die katholischen Abgeordneten des Zentrums wurden somit für eine Mehrheitsregierung nicht mehr benötigt[70].

4. Drachensaat? – Wendemarken im Verhältnis zum Nationalsozialismus

Am 7. März 1933 fand die erste Kabinettsitzung nach dem Wahlsieg Hitlers statt. Der Reichskanzler verfolgte zunächst zwei Ziele: die Gleichschaltung der Länder und ein »Ermächtigungsgesetz«, welches vorsah, der Regierung vier Jahre lang das Recht einzuräumen, ohne die Mitwirkung des Reichstags und des Reichsrats Gesetze zu erlassen. Letztendlich zielten beide Gesetzesvorlagen auf die Ausschaltung der Parteien, der Landesparlamente und des Reichstags. Die Gleichschaltung in Württemberg erfolgte am 11. bzw. 16. März 1933; Staatspräsident Bolz wurde durch Gauleiter Wilhelm Murr ersetzt. Das KS berichtet hierüber sehr nüchtern. Kommentarlos erwähnt es die Daten und Fakten des Amtswechsels, ohne jede Kritik, die in Verbindung mit dem Ende der Regierung des bis zum 5. März 1933 im KS gefeierten Staatspräsidenten und Zentrumsmannes Bolz stehen könnte[71].

Die Verhandlungen über das »Ermächtigungsgesetz« standen gemeinsam mit dem sogenannten »Tag von Potsdam« im Mittelpunkt der Berichte vom 2. April 1933. Am 21. März

1933 – zwei Tage vor der Abstimmung über das »Ermächtigungsgesetz« – hatte Reichskanzler Adolf Hitler während eines feierlich inszenierten Festaktes zur Eröffnung des Reichstages dem greisen Reichspräsidenten von Hindenburg die Reverenz erwiesen. Diese Demonstration Hitlers sollte die Einheit des »neuen Deutschlands« im Zeichen der nationalsozialistischen Erneuerung und der althergebrachten Traditionen Preußens verdeutlichen[72]. Auch das KS schien der von den Nationalsozialisten bewußt inszenierten Stimmung der nationalen Einheit und des neuen Aufbruchs zu erliegen: »Man kann nicht sagen, daß die Republik der Weimarer Verfassung verstanden hätte, dem Staatsgedanken auch nach außen das richtige Gepräge zu geben. Da hat die neue Regierung einen besseren Blick für das Fühlen und Denken des Volkes. Sie verstand es denn auch, die Eröffnung des neuen Reichstags mit allem Glanz zu umgeben und so das vaterländische Empfinden weiter Volkskreise mächtig aufwallen zu lassen«[73]. Hitler kann nun auch im KS einen Zugewinn an staatsmännischer Seriosität für sich verbuchen.

Die katholischen Mitglieder der nationalsozialistischen Reichstagsfraktion nahmen an einem der Eröffnungsfeier vorangehenden katholischen Gottesdienst nicht teil. Sie blieben fern – so ließ der neue Minister für Volksaufklärung und Propaganda, Goebbels, mitteilen –, »da die katholischen Bischöfe in jüngster Vergangenheit in einer Reihe von Erklärungen […] Führer und Mitglieder der Partei als Abtrünnige bezeichnet hätten«[74]. Mit dieser Äußerung suchte Goebbels den deutschen Bischöfen die Schuld für das Fernbleiben Hitlers und seines Ministers zuzuweisen. Die Bischöfe hatten es – wie es hieß – so weit kommen lassen, daß einem Reichskanzler verwehrt war, seine Christenpflicht zu erfüllen[75]. Das KS versuchte jetzt den Vorwurf, Anhänger der nationalsozialistischen Bewegung seien »Abtrünnige«, abzumildern: »Als Abtrünnige hätten nun die Bischöfe die Nationalsozialisten nicht bezeichnet. Abtrünnig ist, wer den ganzen katholischen Glauben wegwirft. Wer sich nur gegen einzelne Bestimmungen erhebt, verdient diese Bezeichnung nicht. […] Wenn die deutschen Bischöfe ihre Stimme erhoben haben, so war das wegen der bekannten Rasseparagraphen im nationalsozialistischen Programm und wegen einiger sonstiger Erklärungen der Führer«[76]. Der Versuch, einerseits das Verhalten der Bischöfe zu rechtfertigen und andererseits die bischöflichen Kundgebungen von 1931 abzumildern, zeigt deutlich, in welchem Zwiespalt man sich befand. Der Wille zur Annäherung an den »neuen« Staat scheint – folgt man den von nationaler Begeisterung getragenen Aussagen des Berichts – vorhanden gewesen zu sein. Der Verfasser des Artikels hofft daher auf eine baldige »Bereinigung der Angelegenheit« zwischen den Bischöfen und der nationalsozialistischen Bewegung, um nun als Katholik an der Gestaltung dieses Staates, der die Stärkung des »nationalen Empfindens« vorantreibe, im Rahmen des politisch Möglichen mitarbeiten zu können.

Dem Artikel über die Feierlichkeiten in Potsdam folgt im Anschluß ein Bericht über die Verabschiedung des »Ermächtigungsgesetzes«. Die Notwendigkeit dieses Gesetzes wird, entsprechend der offiziellen Rechtfertigung, von seiten des KS mit der schwierigen Situation der deutschen Wirtschafts- und Finanzkraft begründet. Um den Aufschwung der gesamten Volkswirtschaft zu sichern, »verlangte die Reichsregierung […], um diese[n] nun nicht durch langwierige Parteiverhandlungen zu verzögern oder durch öffentliche Erörterung in den Parlamenten zu gefährden […] ein weitgehendes Ermächtigungsgesetz«[77]. Die Aufklärung, die Hitler Prälat Kaas, dem Zentrumsvorsitzenden, gab, hatten dessen Bedenken gegen das Gesetz zerstreuen können: »Selbstverständlich waren sich die Parteien klar, daß sie im Interesse der Allgemeinheit ganz außerordentliche Opfer bringen müßten, wenn sie diesem ungemein weitgehenden ›Ermächtigungsgesetz‹ zustimmten«[78]. In bezug auf das Zentrum und dessen

Zustimmung zum »Ermächtigungsgesetz« gab das KS ohne weiteren Kommentar die Ausführungen von Kaas' im Reichstag wieder.

Vor allem die positive Beurteilung der Regierungserklärung Hitlers vom 23. März 1933 fällt deutlich ins Auge. So bezeichnet das KS den »Beifall, den der Staatsmann Hitler [für seine Regierungserklärung] fand«, als verdient, »Beachtung und Anerkennung« seien der Rede des Kanzlers zu zollen. Dieses Wohlwollen scheint auf Hitlers Stellungnahme zum Verhältnis Staat–Kirche, die Achtung der staatskirchenrechtlichen Verträge und die »freundschaftliche Pflege der Beziehungen zum Hl. Stuhl« zurückzuführen zu sein. Hitlers versierte Programmrede schuf im Katholizismus ein Gefühl relativer Sicherheit, was die zukünftige Rolle und Stellung der Kirche im Reich anging. Der Reichskanzler, der durch das frühere Verhalten der Bischöfe brüskiert schien, betonte nun noch einmal seinen guten Willen und seine Bereitschaft zur Zusammenarbeit. So gibt denn auch das KS seiner Hoffnung Ausdruck, daß das Verhältnis zwischen Nationalsozialismus und katholischer Kirche bald bereinigt werde[79]. Der »Katastrophenmann« vergangener Tage, als der Hitler noch überdeutlich etwa bei seinem Besuch in Stuttgart im Februar 1933 charakterisiert worden war[80], erscheint mittlerweile zum »Staatsmann« gewandelt. Das Konzept, das der Inszenierung des »Tags von Potsdam« zugrunde lag, ist also aufgegangen und in breite Kreise auch der stark konfessionell geprägten Bevölkerung gelangt. Die katholische Partei – das Zentrum – hat sich der Not der Zeit gebeugt und unterstützte nun, so mußte es scheinen, die neue, staatstragend gewordene nationalsozialistische Bewegung.

Wenn schon ein Diözesanblatt wie das KS seiner Hoffnung auf eine baldige Bereinigung des Verhältnisses zwischen Kirche und »neuem Staat« Ausdruck gab, so wird der allgemeine Druck deutlich, der nun auf den Bischöfen lastete. Am 28. März 1933 gaben die Oberhirten in einer allgemeinen Verlautbarung die Aufhebung der Verbote und Warnungen gegen die nationalsozialistische Bewegung bekannt. Am 9. April 1933 veröffentlichte das KS diese Stellungnahme, die sich vor allem auf das Regierungsprogramm Hitlers, das in Grundzügen auch im Bericht des KS vom 2. April anklang, orientierte[81]. Es schien, daß Hitler zu einem Neuanfang im Verhältnis zwischen Kirche und nationalsozialistischer Bewegung gewillt war. Diesem Programm eines Neuanfangs Glauben zu schenken, war nun auch das KS bereit. Seit März 1931, so die Ausführungen, sei die Redaktion den Anweisungen der Bischöfe gefolgt und habe mit den Mitteln der Pressearbeit das weltanschauliche Programm des Nationalsozialismus zu bekämpfen gesucht. Mit dem Hinweis auf die Regierungserklärung Hitlers und die Kundgebung der Bischöfe nur wenige Tage später zeigt sie sich nun auch bereit, an »der Gestaltung der deutschen Zukunft mitzuschaffen. An uns soll es nicht fehlen, wenn, wie kürzlich im Rundfunk gesagt wurde, eine Volksgemeinschaft angestrebt wird, die Deutschland stark und gesund macht«[82].

Diese Aussagen sollten die Wegmarken für die künftige Berichterstattung des KS festlegen. Die Aufhebung aller Maßnahmen gegen den Nationalsozialismus durch die deutschen Bischöfe und Hitlers »beachtenswerte« Regierungserklärung bestimmten nun den Rückzug des KS ins »Unpolitische«. Das KS hörte nun auf als »Kampfblatt« des politischen Katholizismus zu existieren. Die harten Töne der vergangenen Jahre, als der Nationalsozialismus noch als gemeingefährliche »Drachensaat«[83] gebrandmarkt wurde, verstummten. Die katholische Presse sollte von nun an, so ein Aufruf Bischof Sprolls an die Presse, »wahrhaft nationale Gesinnung und katholischen Geist« miteinander verbinden und an der »Neugestaltung [des] Volkstums« mitarbeiten[84].

Politische Zurückhaltung zeigte sich unter anderem auch in der Berichterstattung des KS zum Reichskonkordat im Juli 1933. Das Konkordat, welches das Verhältnis zwischen Staat und

Kirche neu und dauerhaft festschreiben sollte, verfestigte in kirchlichen Kreisen die Illusion, die bisher herrschenden Spannungen zum nationalsozialistischen System endgültig überwinden zu können. Die »beachtlichen Erklärungen« des »Führers« über das positive Verhältnis von Kirche und Staat, zwischen der deutschen Regierung und dem Hl. Stuhl vom März 1933, schienen sich nun durch den Abschluß des Reichskonkordats am 20. Juli 1933[85] zu bestätigen.

Schon am 16. Juli 1933 charakterisiert das KS das Konkordat, das am 8. Juli von den Verhandlungspartnern Vizekanzler von Papen und Kardinalstaatssekretär Pacelli paraphiert worden war, »als großes, bedeutsames Werk«[86]. Allgemein werde der Abschluß des Konkordats von der Mehrheit der katholischen Bevölkerung begrüßt und als Entlastung empfunden. Das KS ist der Überzeugung, daß sich im Konkordat der Sinneswandel Hitlers bestätigt: »Der neue Staat hat allen Zweiflern durch die Tat gezeigt, daß es ihm ernst ist, wenn er seinen großen Neubau auf eine christliche Grundlage stellen will. Die Kirche aber hat durch dieses Abkommen vor aller Welt kundgetan, daß sie gerne bereit ist, mit einem Deutschland zusammenzuarbeiten, das seinen Staat auf ständischer Grundlage neu einrichten und den [...] Liberalismus samt dem russischen Bolschewismus mit Stumpf und Stiel ausrotten will«[87]. Die naturrechtlich begründete Abwehrstellung der Kirche gegen Liberalismus und Bolschewismus – die traditionellen Gegner im Weltanschauungskampf des KS und der Kirche – erweist, wie sehr das KS der Vorgabe der Bischöfe folgte und nun die Illusion eines Miteinanders von Kirche und Nationalsozialismus übernahm. Sie deutet ebenfalls an, wie man dem Regime im Kampf gegen Bolschewismus und Kommunismus verbunden war und man sich der Illusion hingab, Hitler werde einen an katholischen Naturrechtsvorstellungen ausgerichteten Ständestaat autoritärer Prägung schaffen. Die Problematik des Konkordats, das nach Artikel 32 allen Geistlichen die politische Betätigung in einer Partei zukünftig untersagte, bleibt außen vor. Am 30. Juli 1933 bezeichnet das KS im Artikel »Das Reichskonkordat ist unterzeichnet« den Artikel 32 des Konkordats vielmehr als Gewähr für die »freie Seelsorge« der Priester[88]. Durch den in Artikel 31 festgelegten Schutz derjenigen katholischen Verbände und Vereine, die ausschließlich »religiösen, rein kulturellen und karitativen Zwecken« und »sozialen und berufsständischen« Aufgaben dienen, »sofern sie Gewähr dafür bieten, ihre Tätigkeit außerhalb jeder politischer Partei zu entfalten«[89], erachtet das KS nun als Garantie einer gedeihlichen Wirksamkeit der Vereine auch in Zukunft[90]. Nicht zu vernachlässigen ist in diesem Zusammenhang die Einschränkung der presserechtlichen Freiheiten etwa schon durch die nach dem Reichstagsbrand erlassene »Verordnung zum Schutz von Volk und Staat« vom 28. Februar 1933[91]. Das Fehlen jeglicher kritischen Äußerung – auch zu den einsetzenden Verfolgungen der katholischen Vereine und der Hetze gegen Priester seit März 1933 – und der eher »nachschreibende« Charakter der Berichte lassen die Anpassung an den »neuen« Staat deutlich zutage treten. Das KS geriet von nun an, wie sich anschaulich an den Berichten erweist, in das staatliche Zwangskorsett der Pressezensur[92].

5. Epilog: Das Katholische Sonntagsblatt unter den Bedingungen des Führerstaates (1933–1941)

Am 19. Mai 1933 verlangte der neu eingesetzte württembergische Ministerpräsident Christian Mergenthaler (NSDAP), daß Journalisten und Verleger auf dem Boden des neuen Staates stehen und die nationalsozialistische Revolution bejahen müßten. Ein klar umrissenes Bild der zukünftigen Zeitungslandschaft, die den Vorstellungen des Nationalsozialismus zu entsprechen hatte, wurde nun entworfen[93]. Im Reichsschriftleitergesetz vom 4. Oktober 1933 verengte sich das Korsett der presserechtlichen Einschränkungen. Der Schriftleiter war verpflichtet, all das aus den Zeitungen fernzuhalten, »was geeignet ist, die Kraft des Deutschen Reiches zu schwächen«, und »was gegen die Ehre und Würde eines Deutschen verstößt«[94].

Trotz (oder angesichts) dieser publizistischen Einschränkungen war das KS bereit, eine weitgehend versöhnliche Haltung gegenüber den neuen Verhältnissen einzunehmen. Die Berichterstattung billigte die positiv erscheinenden Ansätze zu nationaler, sozialer und kulturell-sittlicher Regeneration. Erst mit der fortschreitenden Verhärtung der Fronten in weltanschaulicher Hinsicht seit 1934 legte man wieder eine weitaus kritischere Haltung an den Tag. Im Vordergrund stand nun die Verteidigung der katholischen Weltanschauung gegen die Angriffe der christentumsfeindlichen nationalsozialistischen Ideologie. Dies erweist sich z. B. an der mehr kulturpolitisch-akademisch ausgerichteten Auseinandersetzung zwischen dem sogenannten »Neuheidentum«, das für ein Wiederaufleben etwa der Verehrung altgermanischer Gottheiten stand, und »gut« katholischer Weltanschauung. 1934 standen vor allem die historischen Diskussionen um Karl den Großen und dem Sachsenfürsten Widukind sowie Berichte zur Indizierung des ›Mythus‹ Rosenbergs im Vordergrund[95]. Doch kann bei diesen Artikeln nicht mehr die massive Antithetik der Zeit vor dem März 1933 festgestellt werden. Vielmehr legte das KS in apologetischem Bemühen die Verdienste des Katholizismus um das deutsche Volk und die Vereinbarkeit von Christentum, Katholizismus und Deutschtum dar[96]. Ob diese eher akademischen Fragen die vor allem agrarisch geprägte Leserschaft nach einer harten Arbeitswoche am Sonntag erreichten, scheint eher fragwürdig. Doch war diese Phase der kulturpolitischen Kontroverse bereits 1935 beendet. Das KS spiegelte von nun an fast ausschließlich das kirchliche Leben in Württemberg. Seelsorge und geistliche Erbauung der Leserschaft wurden jetzt verstärkt betont. Seit 1935 waren von seiten der nationalsozialistischen Behörden weitere Forderungen nach einer »Entkonfessionalisierung«[97] der Presse laut geworden. Schlagworte von einer ausschließlich »deutschen Presse« ohne konfessionelle Vorzeichen kursierten in der Zeitungslandschaft[98]. Durch diese erneute Festigung des nationalsozialistischen Systems ergaben sich weitere Versuche, die Tagespresse zu liquidieren. Falls eine Zeitung konfessionellen Charakter besaß, drohte dem Verleger der Ausschluß aus der Reichspressekammer und somit Berufsverbot[99].

Nachdem bereits im Jahr 1935 große Teile der kirchlichen Presse Württembergs ihr Erscheinen einstellen mußten – das Deutsche Volksblatt war seit dem 1. November 1935 nicht mehr erhältlich – verblieb nur noch das KS. Obwohl sich dieses bereits seit 1933/34 weitgehend auf religiöse und kulturelle Themen beschränkt hatte, war es in seinem Weiterbestand nach wie vor durch Repressionen der Nationalsozialisten gefährdet. Vermahnungen der Reichspressekammer gegen Artikel, die sich nicht, wie seit Februar 1936 vorgesehen, auf rein religiöse Inhalte beschränkten, erfolgten beispielsweise in den Jahren 1936–1938. Der Schriftverkehr des KS, das die beanstandeten Artikel und Glossen zu rechtfertigen suchte, mit der Reichspressekammer zeigt die Gratwanderung zwischen Berufsverbot und Weiterbestand[100]. Da die »amtlichen Diözesanblätter« konkordatsrechtlich abgesichert waren[101], zielten die Bemühungen nun auf eine Umwandlung in ein kirchenamtliches Blatt des Bistums Rottenburg. Damit verschwanden jedoch der umfangreiche Inseraten- wie auch der Unterhaltungsteil. Das KS büßte so an Attraktivität ein. Dies war mit ein Grund, weshalb die Auflagenhöhe kontinuierlich abnahm. Im Jahre 1938 erschien die »Katholische Kirchenwoche« – wie das Blatt nun hieß – nur noch im Umfang von sechs Seiten[102]. Die politische Bedeutungslosigkeit der katholische Presse zeigt sich am Beispiel des KS im Fehlen jedweder Nachrichten über die Ausweisung des Rottenburger Bischofs Sproll aus seinem Bistum im Jahr 1938[103]. Im Jahre 1941 war für das KS, wie für zahlreiche andere nicht-genehme Zeitschriften, das Ende gekommen: Da von nun an kein Papier mehr zugeteilt wurde, mußte die Herausgabe des Traditionsblattes eingestellt werden.

6. Wertung

Das KS war als Organ breiter Kreise der katholischen Bevölkerung Württembergs in erster Linie als seelsorglich-erbauliches Blatt zu verstehen. Dennoch darf die Bedeutung des Nachrichten- und Mitteilungsteils der Zeitung, der vor 1933 vier bis sechs Seiten einnahm, nicht unterschätzt werden. Berichte und Artikelserien zu politischen Ereignissen und deren Beurteilung durch den jeweiligen Redakteur gelangten durch einen »katholischen Filter« zu den Lesern. Angesprochen wurde durch das KS vor allem die katholische Landbevölkerung, die aus traditioneller Kirchenverbundenheit und Anerkennung der geistlichen Autoritäten als besonders aufnahmebereit galt[104]. Neben Mahnung und Belehrung von der Kanzel durch den Ortsgeistlichen nahm so das KS eine verstärkende Funktion ein. Seine von Priestern geprägte Redaktion in Stuttgart ging davon aus, daß der Leser politischer, weltanschaulicher und geistiger Anleitung bedurfte. Katholische Weltanschauung wurde den Gläubigen in der Diözese in mahnendem Grundton und Warnung vor den Gefahren der Zeit, also gewissermaßen mit dem erhobenen Zeigefinger, vermittelt.

Bereits in den Jahren vor der Machtergreifung – nachdem die Weltanschauung der nationalsozialistischen Bewegung durch die Bischöfe im Jahr 1931 verurteilt worden war – wandte sich das KS gegen das Programm der Partei Hitlers. Die Richtung, in die sich der Nationalsozialismus in den folgenden Jahren bewegen sollte, wurde durch kommentierende Berichte des KS den Lesern verdeutlicht. Besonders Hitlers Ideologie, die unter anderem die Dominanz der arischen Rasse propagierte, wurde spätestens ab 1932 verurteilt. Die Wahlkämpfe des Jahres 1932/33 boten dem KS die Gelegenheit zu scharfer Frontstellung. »Heros« des KS blieb der ehemalige Reichskanzler Heinrich Brüning, dessen »vornehme Art« bei der Stuttgarter Rede Hitlers im Februar 1933 bereits »schmerzlich vermißt« wurde[105].

Doch unterlag das KS letztendlich als Organ des Zentrums auch dem politischen Irrtum der Partei, den eigentlichen Gegner einerseits auf der Seite der sogenannten »Barone« und der Großindustrie um Papen und Hugenberg, andererseits auf seiten der Sozialisten zu suchen. Die Beeinflussung des Reichspräsidenten durch seinen Beraterstab wurde auch vom KS registriert, doch kam keineswegs Kritik an der Person Hindenburgs auf. Vielmehr erschien das beliebte Staatsoberhaupt in der wirtschaftlichen Krise Deutschlands als Garant eines gewissen Maßes an Stabilität. Die Verehrung seiner Person bezog sich auf ihn als letzten Vertreter einer bereits verklärten »guten, alten Zeit«.

Die Phase der Mahnung und scharfen polemischen Antithetik sollte bis zu den Märzwahlen 1933 anhalten. Nach dem 30. Januar 1933 mischte sich abwartende Zurückhaltung mit kritischen Vorbehalten, der Tenor von grundsätzlicher nationaler Solidarität drang jedoch vor, so etwa in jenem Artikel, der den »Tag von Potsdam« und den durch diesen ausgelösten nationalen Aufbruch beschwor. Nach dem »Ermächtigungsgesetz« und der Kundgebung der Bischöfe vom 28. März 1933 war die Berichterstattung, durchaus typisch für die kirchliche

Grundstimmung jener Monate, geprägt von einem Umschwenken auf Zusammenarbeit mit den neuen Machthabern. Man wollte nach Kräften, und auch um größeres Übel zu verhindern, an der Gestaltung der »neuen« Zeit mitwirken. Mit dem Abschluß des Reichskonkordates war jegliche Kritik – auch aus Gründen der kurz darauf einsetzenden politisch-publizistischen Lenkung der kirchlichen Presse – verstummt. Nicht zuletzt aus Gründen der Selbsterhaltung wurde ein gewisses Arrangement mit dem neuen Staat für das KS zum unvermeidlichen Zwang.

Quellen

Diözesanarchiv Rottenburg
   Generalakten des Bischöflichen Ordinariats (BO): Akten über das Katholische Sonntagsblatt (1924–1958).
   Personalakte Franz Stärk.

Gedruckte Quellen

Akten deutscher Bischöfe über die Lage der Kirche Bd. 1: 1933–1934 (VKZG.A 5), bearb. von Bernhard Stasiewski, Mainz 1968.
Denzinger, Heinrich, Kompendium der Glaubensbekenntnisse und kirchlichen Lehrentscheidungen, hg. von Peter Hünermann (DH), Freiburg i.Br. u.a. 37/1991.
Deutsche Geschichte 1933–1945. Dokumente zur Innen- und Außenpolitik, hg. von Wolfgang Michalka, Frankfurt a.M. 1993.
Deutsche Parteiprogramme Bd. 5: Die gegenwärtigen Parteiprogramme 1918–1930, hg. von Wilhelm Mommsen und Günther Franz, Leipzig u.a. 1931.
Hitler, Adolf, Mein Kampf. Zwei Bände in einem Band, München 1940.
Katholische Kirchenwoche. Bistumsblatt der Diözese Rottenburg 90 (1939).
Katholisches Sonntagsblatt. Familienblatt für die schwäbischen Katholiken 83–85 (1932–1934).
Rosenberg, Alfred, Der Mythus des 20. Jahrhunderts. Die Wertung der seelisch-geistigen Gestaltenkämpfe unserer Zeit, München 1937.
Die Vertreibung von Bischof Joannes Baptista Sproll von Rottenburg 1938–1945. Dokumente zur Geschichte des kirchlichen Widerstands, hg. von Paul Kopf und Max Miller (VKZG.A 13), Mainz 1971.

Literatur

Altmeyer, Karl Aloys, Katholische Presse unter NS-Diktatur. Die katholischen Zeitungen und Zeitschriften Deutschlands in den Jahren 1933 bis 1945, Berlin 1962.
Aretin, Karl Otmar von, Einleitende Vorbemerkungen zur Kontoverse Scholder – Repgen, in: Klaus Scholder, Die Kirchen zwischen Republik und Gewaltherrschaft. Gesammelte Aufsätze, hg. von Karl Otmar von Aretin und Gerhard Besier, Berlin 1988, 171–173.
Arnold, Claus, Antisemitismus – Ultramontanismus – Kulturkatholizismus. Aus Anlaß einer Studie von Olaf Blaschke, in: RJKG 18 (1999), 243–251.
Baumgärtner, Raimund, Die Weltanschauung des Nationalsozialismus, in: Kirche im Nationalsozialismus, hg. vom Geschichtsverein der Diözese Rottenburg-Stuttgart, Sigmaringen 1984, 45–58.
Bracher, Karl Dietrich, Die Auflösung der Weimarer Republik. Eine Studie zum Machtverfall in der Weimarer Republik, Villingen 5/1971.
Doetsch, Wilhelm Josef, Württembergs Katholiken unterm Hakenkreuz, Stuttgart 1969.
Heiber, Helmut, Die Republik von Weimar, München 1966.
Hepach, Wolf-Dieter, Das wahre Wort. Die Ware Wort, o.O. o.J. (Ulm 1998).

HILDEBRAND, Klaus, Das Dritte Reich (OGG 17), München ⁵1995.
HÜRTEN, Heinz, Deutsche Katholiken 1918–1945, Paderborn u.a. 1992.
JASPER, Gotthard, Die gescheiterte Zähmung. Wege zur Machtergreifung Hitlers 1930–1934, Frankfurt a.M. 1986.
KECK, Alois, Anpassung und Widerstand in der kirchlichen Presse, in: RJKG 2 (1983), 87–94.
KERSHAW, Ian, Hitler, Bd. 1: 1889–1936, Stuttgart 1998.
KESSEMEIER, Siegfried, Katholische Publizistik im NS-Staat 1933–1938. Grundzüge und Entwicklung, Münster 1973.
KÖHLER, Joachim, Zwischen Kultur- und Kirchenkampf. Neue Aspekte zur Geschichte der Diözese Rottenburg in den Jahren 1930 bis 1934, in: ThQ 159 (1979), 125–139.
KOHLMANN, Carsten, Das Schwarzwälder Tagblatt im Dritten Reich, in: ZWLG 59 (2000), 247–272.
KOLB, Eberhard, Die Weimarer Republik (OGG 16), München ³1993.
MÖRSDORF, Klaus, Art. Zweikampf, in: LThK² Bd. 10, 1426–1428.
MORSEY, Rudolf, Art. Heinrich Brüning, in: LThK³ Bd. 2, 726f.
REPGEN, Konrad, Hitlers Machtergreifung und der deutsche Katholizismus. Versuch einer Bilanz (Saarbrücker Universitätsreden 6), Saarbrücken 1967.
RITTER, Emil, Art. Nationalsozialismus, in: StL⁵ Bd. 5, 1750–1762.
SACHER, Hermann, Art. Nationalsozialismus, in: StL⁵ Bd. 3, 1503–1505.
SÄGMÜLLER, Johann Baptist, Lehrbuch des Kirchenrechts, Stuttgart 1903.
SAILER, Joachim, Eugen Bolz und die Krise des politischen Katholizismus in der Weimarer Republik, Tübingen 1994.
SAUER, Paul, Württemberg in der Zeit des Nationalsozialismus, Ulm 1975.
SCHNABEL, Thomas, Das Wahlverhalten der Katholiken in Württemberg 1928–1933, in: Kirche im Nationalsozialismus, hg. vom Geschichtsverein der Diözese Rottenburg, Sigmaringen 1984, 103–114.
SCHNABEL, Thomas, Württemberg zwischen Weimar und Bonn 1928–1945/46 (Schriften zur politischen Landeskunde Baden-Württemberg 13), Stuttgart u.a. 1986.
SCHOLDER, Klaus, Die Kirchen und das Dritte Reich, Bd. 1: Vorgeschichte und Zeit der Illusionen 1918–1934, Frankfurt a. M. 1986.
VOLK, Ludwig, Das Reichskonkordat vom 20. Juli 1933. Von den Ansätzen in der Weimarer Republik bis zur Ratifizierung am 10. September 1933 (VKZG.B 5), Mainz 1972.
VOLK, Ludwig, Zur Kundgebung des deutschen Episkopats vom 28. März 1933, in: StZ 173 (1963/64), 431–456.

Anmerkungen

Der vorliegende Beitrag ist ein geringfügig überarbeitetes Kapitel meiner Zulassungsarbeit für das 1. Staatsexamen an der Johann Wolfgang Goethe-Universität Frankfurt/Main (WS 2000/01).

1   KS 84 (1933) Nr. 1, 2. Zuvor heißt es: »Nicht blinkende Gläser oder tanzende Liebespaare, nicht Flittergold und loses Gelächter gibt da den Ton an. Eine ernste Volksmenge steht und kniet um den Heiland und jeder Gestalt sieht man es an, daß sie ihr Kreuz zu tragen hat« (ebd.).
2   Ebd.
3   So etwa der Bericht der »Katholischen Kirchenwoche« (KKW) zu Hitlers 50. Geburtstag. KKW 90 (1939) Nr. 16, 267–269. Vgl. hierzu die Ausführungen von SEILER, Typisch Katholisch, in diesem Band.
4   Jasper etwa plädiert für den Begriff »Machtzulassung«. Dieser läßt mehr Spielraum für das Rollenspiel anderer Akteure in den Jahren 1932/33, die letztendlich erst ein Kabinett Hitler ermöglichten. Vgl. JASPER, Die gescheiterte Zähmung, 14.
5   KOLB, Die Weimarer Republik, 124. Diese Entwicklung wurde eingeleitet durch die alten Eliten in der Reichswehrführung, in den Verbänden der Großindustrie und der Agrarwirtschaft. Vgl. ebd., 125.
6   Vgl. ebd., 124f; BRACHER, Die Auflösung, 43.
7   Zu Brüning vgl. MORSEY, Brüning.

8   Als Katholik an der Spitze der Reichsregierung löste Heinrich Brüning irrationale, konfessionell bestimmte Abwehrreaktionen aus. Der alte, konfessionelle Gegensatz zwischen Katholizismus und Protestantismus wurde neu akzentuiert. Vgl. HÜRTEN, Deutsche Katholiken, 161.
9   Bei Jasper erscheint bereits der 27. März 1930 – Rücktritt der Regierung Müller – als der »Todestag« der ersten deutschen Demokratie. Die Preisgabe der Regierungsverantwortung durch die SPD, die den Platz für die Präsidialkabinette freigemacht hatte, gilt manchen Historikern als entscheidendes Versagen der Sozialdemokratie. Vgl. JASPER, Die gescheiterte Zähmung, 20.
10 Zum Anstieg der Mitgliederzahlen der NSDAP und dem Aufbau der nationalsozialistischen Organisationen vgl. BRACHER, Die Auflösung, 96–100.
11 Die statistischen Angaben zur Wahl vgl. etwa bei JASPER, Die gescheiterte Zähmung, 42.
12 Das Parteiprogramm ist abgedruckt bei MOMMSEN/FRANZ, Deutsche Parteiprogramme, 23.
13 Zur zeitgenössischen Beurteilung des Nationalsozialismus im deutschen Katholizismus vgl. etwa die Artikel von RITTER, Nationalsozialismus, und SACHER, Nationalsozialismus.
14 Rosenberg deutet besonders »eine Zersetzungsarbeit« am Aufbau eines deutschen Nationalgefühls durch die katholische Kirche und ihr politisches Organ, das Zentrum, an. Vgl. ROSENBERG, Der Mythus, 472. Im weiteren vgl. BAUMGÄRTNER, Die Weltanschauung, 47.
15 Vgl. KÖHLER, Kultur- und Kirchenkampf, 129f.
16 Abgedruckt bei STASIEWSKI, Akten, 827.
17 Vgl. HÜRTEN, Deutsche Katholiken, 164; SAILER, Eugen Bolz, 195f.
18 So etwa die württembergische Zentrumspartei, die im Wahlkampf die Verlautbarungen auf Flugblättern verbreitete. Vgl. SAILER, Eugen Bolz, 196.
19 In Württemberg waren von ca. 3 Millionen Arbeitslosen im Reich im Sommer 1930 lediglich etwa 60.000 registriert. Vgl. SCHNABEL, Das Wahlverhalten, 105.
20 Vgl. HÜRTEN, Deutsche Katholiken, 161; SAILER, Eugen Bolz, 182f.
21 Vgl. HÜRTEN, Deutsche Katholiken, 161; SAILER, Eugen Bolz, 197.
22 Vgl. ebd., 110–112.
23 Zu Hitler neuerdings KERSHAW, Hitler.
24 Den Kandidaten der KPD, Ernst Thälmann, bezeichnet das KS – ganz seiner antikommunistischen Linie treu – als »den Mann der Moskauer Christenverfolger«. KS 82 (1932) Nr. 11, 165.
25 Der Reichspräsident scheint fast schon verklärt vom Nimbus seiner langen militärisch erfolgreichen Laufbahn als »Held von Tannenberg«, durch die er zum »größten Deutschen erklärt« wird. Besondere Betonung findet in dem Beitrag »Hindenburg in Dietramszell« dessen besondere geistige Agilität, die ihn trotz seines hohen Alters sein Amt ausüben läßt. Doch scheint der Verfasser in seinem Urteil der allgemeinen Verehrung Hindenburgs zu erliegen. Heute ist erwiesen, daß Hindenburg von seinem engsten Beraterkreises gelenkt wurde. KS 83 (1932) Nr. 11, 165; vgl. KOLB, Die Weimarer Republik, 124.
26 KS 83 (1932) Nr. 11, 165.
27 Hindenburg erhielt im 1. Wahlgang 49,6% der Stimmen und verfehlte somit knapp die absolute Mehrheit, Hitler folgte mit 30,1%. Vgl. KOLB, Die Weimarer Republik, 285.
28 Der Wahlausgang in Württemberg und besonders in Stuttgart wird als »geradezu vorbildlich« bezeichnet: Hindenburg erhielt 47% der Stimmen bei 90% Wahlbeteiligung; für Hitler stimmten ca. 21%. Der Stimmenanteil für den Parteiführer der NSDAP lag somit weit unter dem Reichsdurchschnitt. KS 83 (1932) Nr. 12, 184.
29 KS 83 (1932) Nr. 12, 184.
30 Vgl. HÜRTEN, Deutsche Katholiken, 161.
31 Die katholische Staatslehre Leos XIII. – etwa die Enzyklika *Immortale Dei* (1885) – verbietet es dem katholischen Gläubigen, sich gegen die öffentliche Gewalt zu erheben. DH 3165–3179; vgl. SAILER, Eugen Bolz, 151, 153.
32 Doch sieht z. B. Jasper im hohen Wahlerfolg Hindenburgs bei den deutschen Katholiken eine Unterstützung des Zentrumsvertreters Brüning. Vgl. JASPER, Die gescheiterte Zähmung, 81f.
33 Zum sogenannten »Hitlerputsch« vgl. überblickartig KOLB, Die Weimarer Republik, 53. 108; HEIBER, Die Republik, 128–140.
34 KS 83 (1932) Nr. 14, 218.
35 Ebd.

36 Zwar läßt Hitler Christus als »Arier« gelten, doch habe der »Jude« Paulus den Untergang der »freien Antike« und somit den »geistigen Terror« des Christentums in die Wege geleitet. HITLER, Mein Kampf, 507; vgl. BAUMGÄRTNER, Die Weltanschauung, 54f.
37 Neben Hitler ist nur der Name Alfred Rosenbergs und am Rande der Heinrich Himmlers mit der Weltanschauung des Nationalsozialismus zu verbinden. Vgl. BAUMGÄRTNER, Weltanschauung, 47f.
38 Dieser Bewegung zuzurechnen ist etwa der ehemalige Zisterziensermönch und Gründer eines freireligiösen Ordens, Adolf Lanz (1874–1954), der Ende des 19. bzw. zu Beginn des 20. Jahrhunderts Überlegungen zu Körperformen »höherer« und »niederer« Rassen anstellte. So gehörte auch das Hakenkreuz zu den Symbolen von Lanz. Vgl. ebd., 50.
39 Vgl. ebd., 56.
40 KS 83 (1932) Nr. 15, 237.
41 Auch im KS herrschten antijüdische Ressentiments vor. Doch lag dem KS daran, sich von dem rassischen Antisemitismus der nationalsozialistischen Bewegung abzugrenzen und etwa auf katholische Naturrechtsvorstellungen zu verweisen. KS 84 (1933) Nr. 2, 23; vgl. ARNOLD, Antisemitismus, 243.
42 Es geht dem KS vor allem darum, die katholische Leserschaft daran zu hindern, NSDAP zu wählen. Doch letztendlich konnte das Konzept nicht aufgehen, da die Steigerung der Stimmenzahl der NSDAP in Württemberg unter anderem auf die Mobilisierung katholischer Nichtwähler zurückzuführen war. Vgl. SCHNABEL, Das Wahlverhalten, 111f.
43 KS 83 (1932) Nr. 16, 252f.
44 Vgl. den Artikel »Ein protestantischer Pfarrer als Sendling des Hasses«. Der Vortrag des Pfarrers, der sich gegen den Katholizismus in polemischer Art und Weise wandte, wurde vor allem von der NSDAP empfohlen. KS 83 (1932) Nr. 27, 416f.
45 KS 83 (1932) Nr. 17, 268f.
46 Zum kirchlichen Zweikampfverbot resp. dem Mensurverbot etwa durch die Bulle *Pastoralis Officii* (1891) vgl. MÖRSDORF, Zweikampf, 1426–1428; DH 3272–3273.
47 KS 83 (1932) Nr. 17, 269.
48 Bolz erkannte bereits sehr hellsichtig die Merkmale einer möglichen nationalsozialistischen Herrschaft, etwa eine Einschränkung der Presse-, Versammlungs- und Meinungsfreiheit sowie das Ende der Parlamente und der Parteien. KS 83 (1932) Nr. 14, 221.
49 KS 83 (1932) Nr. 34, 530.
50 Das Gespräch zwischen Hindenburg und Hitler am 13.8.1932 erbrachte die Ablehnung einer Regierungsbildung, was von einem offiziellen Regierungskommuniqué zur demütigenden Niederlage Hitlers stilisiert wurde. Vgl. KOLB, Die Weimarer Republik, 138.
51 KS 83 (1932) Nr. 31, 483.
52 So berichtet das KS etwa von einem NSDAP-Überfall auf eine Prozession. KS 83 (1932) Nr. 25, 386.
53 Zur kirchenrechtliche Untermauerung vgl. etwa SÄGMÜLLER, Lehrbuch, 201.
54 KS 83 (1932) Nr. 29, 455.
55 Mit Blick auf den Sommer 1933 scheint der Hinweis des Verfassers auf einen möglichen politischen Rückzug der Priester interessant, falls »in Hitler wirklich ein Staatsmann erstehen würde, wenn er in der Leitung des Staates in allem wirklich die Religion und die Kirche vollkommen schützen und ihren Forderungen zum Recht verhelfen würde. Aber darauf ist leider nicht zu hoffen«. Ebd.
56 Die NSDAP verlor im November 1932 im Reich und in Württemberg etwa 4% (im Reich ein Rückgang von 37,4 auf 33,1%), doch gelang am 5. März 1933 der endgültige Durchbruch. Der Stimmenanteil lag bei ca. 44%. Vgl. SCHNABEL, Das Wahlverhalten, 109f.
57 KS 84 (1933) Nr. 6, 90.
58 Ebd.
59 KS 84 (1933) Nr. 7, 106.
60 Die sehr konstruiert wirkende Argumentationsfolge des KS, warum ein Sonntagsblatt sich mit politischen Angelegenheiten auseinandersetzen müsse, mag ein erster Hinweis auf die beginnenden Einschränkungen der Presse sein. So erhielt das KS etwa für »einen Ausdruck über den Reichs-

kanzler« in der Ausgabe vom 12. Februar 1933 eine Verwarnung. Hierbei handelte es sich wahrscheinlich um die Beschreibung Hitlers als »skrupellosen Agitator«. KS 84 (1933) Nr. 7, 107; KS 84 (1933) Nr. 10, 161.

61 So bleibt denn auch die Situation in Württemberg selbst im Hintergrund. Die »politische Hochspannung« im Reich – so das KS am 12. Februar 1933 – hatte ebenfalls Auswirkungen auf den Landtag, so daß dieser bis zur Wahl nicht mehr zusammentrat. KS 84 (1933) Nr. 7, 106.
62 Vgl. HÜRTEN, Deutsche Katholiken, 179.
63 KS 84 (1933) Nr. 8, 125.
64 Zitiert bei KOLB, Die Weimarer Republik, 135.
65 Zur Abhängigkeit Brünings von den Vollmachten Hindenburgs vgl. ebd.; JASPER, Die gescheiterte Zähmung, 86.
66 KS 84 (1933) Nr. 8, 133f.
67 KS 84 (1933) Nr. 10, 171.
68 Ebd.
69 Vgl. SCHNABEL, Das Wahlverhalten, 113.
70 Vgl. DOETSCH, Württembergs Katholiken, 76f.
71 Da das KS bereits im Februar 1933 verwarnt wurde, scheint die nun einsetzende relativ kritiklose Haltung in politischen Angelegenheiten erklärbar. Berichte in KS 84 (1933) Nr. 12, 195, und KS 84 (1933) Nr. 13, 213f.
72 Der »Tag von Potsdam« gilt als eine von Joseph Goebbels bewußt geplante »Rührkomödie«, welche die Seriosität Hitlers unterstreichen und die konservativen Partner Hitlers in Sicherheit wiegen sollte. Vgl. HILDEBRAND, Das Dritte Reich, 4.
73 KS 84 (1933) Nr. 14, 244.
74 Zitiert bei DOETSCH, Württembergs Katholiken, 81.
75 Vgl. VOLK, Die Kundgebung, 432.
76 KS 84 (1933) Nr. 14, 244. An dieser Stelle findet sich einer der wenigen kritischen Äußerungen des KS über die nicht akzeptable Rassenideologie der Nationalsozialisten.
77 KS 84 (1933) Nr. 14, 245. Am 20. März 1933 hatte Hitler den Zentrumsvorsitzenden über den Gesetzesentwurf informiert. Kaas gewann den Eindruck, daß der Reichskanzler entschlossen war, die erstrebten Vollmachten notfalls mit Gewalt durchzusetzen. Des weiteren vgl. HÜRTEN, Deutsche Katholiken, 185.
78 KS 84 (1933) Nr. 14, 245.
79 Ebd.
80 Der Tenor des Berichts sprach von der Peinlichkeit mancher Aussagen Hitlers über die jüngste Geschichte Deutschlands und dessen demagogische Tendenz, welche »die vornehme Art Brünings schmerzlich vermissen ließ«. KS 84 (1933) Nr. 9, 141.
81 KS 84 (1933) Nr. 15, 265. Die Verlautbarung der Bischöfe bei STAWIESKI, Akten, 30–32.
82 KS 84 (1933) Nr. 15, 265.
83 KS 83 (1932) Nr. 33, 514.
84 Aufruf Bischof Sprolls vom 4. Juli 1933. KS 84 (1933) Nr. 29, 497f.
85 Zu den Vorverhandlungen über das Reichskonkordat vgl. etwa HÜRTEN, Deutsche Katholiken, 231–249; SCHOLDER, Die Kirchen, 482–524; REPGEN, Die Machtergreifung; VOLK, Das Reichskonkordat.
86 KS 84 (1933) Nr. 29, 500. Die Verbindung zwischen der Zustimmung des Zentrums zum »Ermächtigungsgesetz« und den daraufhin einsetzenden Verhandlungen zwischen Reichsregierung und Vatikan zum Abschluß eines Konkordats sieht Scholder als »Kuhhandel«, den die römische Kurie mit der Regierung Hitler einging, um die Kirche vor staatlichen Eingriffen zu schützen. Der organisierte politische Katholizismus – das Zentrum – wurde demnach hierfür von Rom »geopfert«. Repgen hingegen sieht keine direkte Verbindung zwischen Ermächtigungsgesetz und Konkordat. Für ihn setzt eine Verbindung zwischen Berlin und Rom erst im April durch die Reise Papens in die italienische Hauptstadt ein. Zur Forschungskontroverse Scholder-Repgen vgl. ARETIN, Vorbemerkung, 171.
87 KS 84 (1933) Nr. 29, 500.

88 Vergleicht man den noch im Sommer 1932 veröffentlichten anonymen Artikel »Soll sich der Geistliche um Politik kümmern«, der sich gegen die Pläne Hitlers zur Abdrängung der Priester aus dem politischen Leben zur Wehr setzte und die Hitlerbewegung als »Scheinchristentum« verurteilte, mit den Aussagen des KS zu Artikel 32 des Reichskonkordats, wird die einsetzende ideologische Gleichschaltung der Presse resp. des KS deutlich.
89 Der Konkordatstext bei VOLK, Das Reichskonkordat, Nr. 9, 234–242.
90 Die Diskussionen um den Artikel 31 bildeten während der Verhandlungen einen Kernpunkt. Die Kompromißformel sollte sich als durchaus problematisch erweisen, da der Staat mitbestimmen konnte, welcher Verband in den Schutz des Artikels 31 einbezogen werden sollte. Weiterhin ist als schweres Defizit in der Phase nach Abschluß des Konkordats das Nichtzustandekommen der vereinbarten Liste der geschützten Verbände zu betrachten. Die damit vom KS noch freudig begrüßte Gewährleistung des Bestands der katholischen Verbände sollte deshalb schon bald im Zuge der »Entkonfessionalisierung« des öffentlichen Lebens an ihr Ende kommen. Vgl. ebd., 158–163.
91 Neben Eingriffen in das Vereins- und Versammlungsrechts wurde auch die Pressefreiheit beschnitten. Vgl. ALTMEYER, Katholische Presse, 18.
92 Vgl. SCHNABEL, Württemberg, 355.
93 Vgl. ebd.
94 ALTMEYER, Katholische Presse, Nr. 26, 31.
95 KS 85 (1934) Nr. 43, 765f.; KS 85 (1934) Nr. 45, 799; vgl. BAUMGÄRTNER, Die Weltanschauung, 48f.; HÜRTEN, Deutsche Katholiken, 299–314.
96 So hob das KS etwa in der Artikelserie »Von christlicher Arbeit am deutschen Volke«, die von dem Redaktionsmitarbeiter und Historiker Max Thelemann verfaßt worden war, die Bedeutsamkeit des Christentums für das deutsche Volk seit der Zeit der Christianisierung hervor. KS 85 (1934) Nr. 12, 194f. bis KS 85 (1934) Nr. 34, 600f.
97 Reichsinnenminister Frick forderte am 7. Juli 1935 die »Entkonfessionalisierung des gesamten öffentlichen Lebens«, da konfessionelle Verbände und Vereine dazu geeignet schienen, »die deutsche Volksgemeinschaft zu stören«. Der Erlaß Fricks bei MICHALKA, Deutsche Geschichte, Nr. 70, 89.
98 Vgl. ALTMEYER, Katholische Presse, 47f.
99 Die Reglementierung der katholischen Zeitschriftenpresse begann mit der sogenannten »Verlegeranordnung« der Reichspressekammer aus dem Jahre 1936. Es wurde eine Beschränkung auf »rein religiöse Aufgaben« und somit eine Abdrosselung des aktuellen Teils mit der Behandlung politischer Fragen gefordert. Es war jedoch völlig offen, was konkret unter »politisch« zu verstehen sei. Vgl. ALTMEYER, Katholische Presse, 27–30; 46–51; Schwabenverlag AG an das BO Rottenburg vom 8.8.1936, DAR G.1.1, D 2.2l, fol. 27. Vgl. auch KOHLMANN, Schwarzwälder Tagblatt.
100 Reichsministerium für Volksaufklärung und Propaganda an die Schriftwaltung des KS vom 16.2.1938 (Abschrift); DAR Abt. G 1.1, Nr. D 2.2 l, fol. 45.
101 Nach Artikel 4, Abs. 2 des Reichskonkordats. VOLK, Das Reichskonkordat, Nr. 9, 235.
102 Vgl. HEPACH, Das wahre Wort, 54f.
103 Zur Ausweisung Sprolls aus dem Bistum Rottenburg vgl. KOPF/MILLER, Die Vertreibung.
104 Vgl. KESSEMEIER, Publizistik, 308–310.
105 KS 84 (1933) Nr. 9, 141.

Jörg Seiler

Der Kampf um die Bekenntnisschule im »Südweststaat« (1946–1953)
Was ein Sonntagsblattleser wissen sollte und konnte

1. Einleitung

Ein Feuerwerk ganz eigener Art sollte die Jahreswende 1948/49 begleiten – zu feiern gab es, glaubt man den Einlassungen Wilhelm Böhlers (1891–1958), des Kölner Domkapitulars und Vertreters des westdeutschen Episkopats beim Parlamentarischen Rat, allerdings nichts. Im Gegenteil: Es galt vielmehr, bösen Geistern zu wehren. Diese erschienen schwarz auf weiß in Gestalt jener Artikel des Grundgesetzes, die über die Gestalt der Volksschule entscheiden sollten. Seit einem Vierteljahr diskutierte man hierüber; bald sollte es verkündet werden. Als Diskussionsbeiträge geisterten sie im Äther der Verhandlungsräume. Zur Debatte stand die konfessionell geprägte Bekenntnisschule einerseits, deren Wiedereinrichtung die Kirchen mit Nachdruck forderten, andererseits die Gemeinschafts- oder Simultanschule (mit oder ohne Betonung ihres christlichen Charakters), die mehrheitlich von den nicht kirchlich oder religiös »gebundenen« Parteien (SPD, DVP/FDP, KPD) unterstützt wurde. In die Auseinandersetzung verwoben waren darüber hinaus die Frage nach der Gültigkeit des zwischen dem Deutschen Reich und dem Vatikan 1933 geschlossenen Reichskonkordats und das Problem eines Selbstbestimmungs- und Wahlrechts der Schulform seitens der Eltern (Elternrecht), das die Kirchen vehement einklagten, wohingegen die nicht kirchlich gebundenen Parteien die Vorstellung staatlicher Autonomie in Schulfragen verfochten. Und damit nicht genug: Im Hintergrund der Debatten standen die Bestimmungen durch Länderverfassungen, Vorstellungen der katholischen Gesellschaftslehre, die Erfahrungen nationalsozialistischer Herrschaft und die Rahmenbedingungen, wie sie von den alliierten Mächten vorgegeben waren. Ein heikles Gemisch, vielschichtig und explosiv. Wie es das politische Bewußtsein der Katholiken im Südwesten Deutschlands prägte, soll am Beispiel des Katholischen Sonntagsblattes der Jahrgänge 1946–1953 dargestellt werden. Ich reflektiere implizit damit zugleich die Funktion, die das Bistumsblatt der Diözese Rottenburg in der politischen Auseinandersetzung und den gesellschaftlichen Entwicklungen der Nachkriegszeit für die Katholiken Württembergs, für Amtsträger und katholisches Volk ohne Weihe, besitzen konnte[1].

Erste Gruppe, genauer die Bischöfe, wurde am 17. Dezember 1948 von Böhler folgendermaßen angeschrieben und zu öffentlichen Aktionen aufgefordert: »Wir müssen uns auf die Frage des Elternrechtes konzentrieren. Das katholische Volk muß aufgeklärt werden, daß die Aufnahme des Elternrechtes bezüglich der Schule zu den unabdingbaren Forderungen an die neue Verfassung gehört. Es muß wissen, welche Gefahr droht. Die Forderung muß mit aller Klarheit und Schärfe erhoben werden«[2]. Zehn Tage später folgte Joseph Kardinal Frings (1887–1978) mit seiner Bitte an die bischöflichen Amtsbrüder, vor allem in den Silvesteransprachen öffentlich Druck zu machen. Dem schloß sich Böhler an. Die katholischen Massen sollten über die jeweiligen Diözesan-Kirchenzeitungen erreicht und informiert werden: »Das katholische Volk muß aufgeklärt werden. Es muß wissen, wie die Situation steht«[3]. Weithin nach außen sichtbar sollten dann konzertierte Aktionen der katholischen Bevölkerung die Parteien dazu bewegen, die Bekenntnisschule verfassungsrechtlich zu ermöglichen. Die auf diesem Gebiet geleistete Aufklärungsarbeit hatte bezüglich der Mobilisierung katholischer Bevölkerungskreise Erfolg. Denn es kam tatsächlich zu Kundgebungen und Eingaben an den Parlamentarischen Rat, die in ihrer Vehemenz für die Nachkriegszeit bislang ohne Beispiel waren. Um das anfangs bemühte Bild noch biblisch zu überhöhen: Nicht nur sollte das kirchliche Anliegen, wie eine Stadt auf dem Berge unbeirrt den Stürmen der Zeit zu trotzen, verwirklicht werden, sondern diese Stadt auf dem Berge sollte von sich aus eine weithin sichtbare Ausstrahlungs- und Wirkkraft entwickeln. Mit lautem Protestknall begann also das Jahr 1949 für die Parteien; besonders die sich christlich bekennenden konnten dadurch in Erklärungsnot geraten.

Die seitens der Bischöfe geforderte, noch entschiedener als bisher durchzuführende Aufklärungkampagne ging auch das Katholische Sonntagsblatt sofort an. Bereits in der letzten Ausgabe 1948 informierte die Redaktion ihre Leser von dem im Ergebnis unbefriedigenden Gespräch kirchlicher Vertreter (Bischof Keller, Münster; Prälat Böhler; Präses Koch, Bielefeld; Oberkirchenrat Mense, Düsseldorf) mit wichtigen Fraktionsmitgliedern der im Parlamentarischen Rat vertretenen Parteien (außer KPD). Die dortige Mehrheit (FDP, SPD und KPD) lehne die kirchliche Forderung nach Anerkennung des Elternrechts und die Ermöglichung der Konfessionsschule ebenso ab, wie sie die Gültigkeit des Reichskonkordats, in dem dieses Recht bestätigt wurde, verneinte. Die Kirche, so im Artikel, werde jedoch diesen Kampf »mit allen zu Gebote stehenden Mittel führen«. Und schließlich erinnerte der Verfasser an die Botschaft des Papstes an den Deutschen Katholikentag am 5. September: »In bestimmten Landesteilen mag es sogar ein Kampf auf Leben und Tod werden. Die Vorzeichen und Formen der Gegner gegen die Kirche wechseln: die Ziele der Gegner bleiben im Grunde genommen immer dieselben« (KS 96 [1948] Nr. 52, 302). Und wer die alten Nummern des Sonntagsblattes aufgehoben hatte, konnte zurückblättern: Die Nr. 37 berichtete ausführlich darüber, wie »bei der Schlußkundgebung des Katholikentages in Mainz zum ersten Mal die Stimme des Heiligen Vaters in unserer Muttersprache an das Ohr der Katholiken drang« (173). Ergriffen von der »weltumspannende[n] Einheit«, durften die Katholiken Deutschlands ihre Sorgen von jenem Papst verstanden fühlen, der zwölf Jahre lang als Nuntius in Deutschland wirkte und »in dessen Brust wir ein Herz voll Liebe für Deutschland schlagen wissen« (174). Zwar sprach Pius XII. (1939–1958) verschiedenste Themen an, hervorgehoben – optisch durch den sonst selten vorkommenden Fettdruck und Sperrung – war jedoch jener bereits zitierte Passus, der den Einsatz »für die Freiheit der Kirche, für ihre und der Eltern Rechte auf das Kind« einklagte (174). Die Forderungen des Katholikentages (KS 96 [1948] Nr. 38, 182) nahmen denn auch dieses Anliegen auf, wenn sie die Notwendigkeit katholischer Schulen betonten. Dem Sonntagsblattleser war dadurch buchstäblich vor Augen geführt worden, daß ein gesellschaftspolitischer Kampf in Gange war, in dem er sich einerseits eng mit dem sichtbaren Oberhaupt der Kirche, dem Papst, verbunden wußte, und in dem er andererseits als Sauerteig in einer Welt zu wirken hatte, die als zunehmend unchristlich empfunden und so auch interpretiert wurde[4]. Bischof Albert Stohr (1890–1961) von Mainz betonte in seiner Abschlußpredigt den Aspekt der Freiheit der Kirche, des Gewissens und einer »bewußt christlichen Erziehung«: »Wir sehen Kreise, die sich freiheitlich nennen, die aber nicht die Freiheit des Elternwillens anerkennen, die ihn unter die Tyrannei eines Mehrheitswillens stellen, mit der wir nie einverstanden sind« (KS 96 [1948] Nr. 37, 175).

Kaum eine Nummer der Sonntagsblatt-Jahrgänge ab 1948 schweigt zu diesen bildungspolitischen Auseinandersetzungen und ihren verfassungsrechtlichen Implikationen, die bereits seit März 1947 verstärkt und teilweise sehr polemisch im »Bistumsblatt der Diözese Rottenburg« zur Sprache kamen – parallel zu den Vorbereitungen der Volksabstimmungen über die Verfassungen von Württemberg-Hohenzollern und Südbaden, die Ende April 1947 in den jeweiligen Verfassungsgebenden Versammlungen eine Mehrheit gefunden hatten. War in Württemberg also doch ein verspäteter Kulturkampf ausgebrochen?[5]

2. Situation bis 1948: Die Front formiert sich

Erinnern wir uns zunächst: Die Nationalsozialisten hoben am 15. Juli 1936 in Württemberg die damals übliche Form der Volksschule, die Bekenntnisschule, auf. Bis dahin galt also die Regelung, daß katholische Kinder von katholischen Lehrern in Einklang mit den kirchlichen Normen und Lehren zu unterrichten waren[6] – gleiches galt natürlich auch für andere Konfessionen. Die Schulartikel der Weimarer Reichsverfassung, die diese Regelung zugunsten einer größeren Einheitlichkeit zu überwinden suchten, blieben letztlich Theorie, da ein Schulgesetz des Reiches, welches das in den Ländern gültige Recht ersetzen konnte, nicht zustande kam. Im Grunde entsprach die Bekenntnisschule jener Norm, die das Kirchenrecht forderte (c. 1374 CIC 1917) und die von den Päpsten wiederholt lehramtlich eingeschärft worden war (zuletzt durch Pius XI. in seiner Enzyklika *Divini illius Magistri* vom 31. 12. 1929[7]).

In Baden wiederum sah die Situation anders aus: Im Zuge der Kulturkampfmaßnahmen wurde hier bereits 1876 die Bekenntnisschule zugunsten einer Simultanschule mit christlichem Charakter abgeschafft; liberale Tendenzen und die Bildung konfessioneller Mischbevölkerung hatten hierfür in der ersten Jahrhunderthälfte den Boden bereitet. Den Unterricht, abgesehen vom Religionsunterricht, erhielten die Schüler und Schülerinnen nun gemeinsam und nicht mehr nach Konfessionen getrennt. Doch auch diese badische Simultanschule wurde am 29. Januar 1934 aufgehoben; die sogenannte »Deutsche Schule« war nunmehr die einzige Form der Volksschule. Kirchlicherseits sah man in der Aufhebung der Bekenntnisschule einen eindeutigen Verstoß gegen das Reichskonkordat, das die Beibehaltung und Neuerrichtung katholischer Bekenntnisschulen gewährleistet hatte (Art. 23 und 24) – von daher erklärt sich vor allem die Vehemenz, mit der auch nach 1945 noch auf die bleibende Gültigkeit des Konkordats gepocht wurde.

Nach dem Zweiten Weltkrieg sollte ursprünglich das württembergische Schulwesen in der französischen und amerikanischen Besatzungszone allenfalls als eine »christliche Gemeinschaftsschule« organisiert werden, also nicht als Konfessionsschule – eine solche war nur als Privatschule nach dem Stand von 1932 im Gespräch –, wobei die Lehrerstellen nach dem Bekenntnis der Schüler zu besetzen gewesen wären. Die französische Militärregierung (in Südwürttemberg) gestattete jedoch völlig überraschend bereits im September 1945 die Wiedereröffnung von Konfessionsschulen, wenn die Eltern solches wünschten. Diese Gelegenheit ließ Bischof Joannes Baptista Sproll (1870–1949) nicht ungenutzt. Er veranlaßte über die Pfarrämter im März 1946 eine Befragung aller katholischen Eltern dieses Diözesanteils. Das Ergebnis fiel überwältigend zugunsten der Errichtung von Konfessionsschulen aus – es sollte bis in die fünfziger Jahre hinein immer wieder als Beweis für den klaren Willen der Eltern zugunsten einer Bekenntnisschule angeführt werden, den man nur unter Mißachtung demokratischer

Grundregeln übergehen könne. Parallel hierzu ermunterte Sproll die Dekanate Oberschwabens zu Eingaben an die Militärverwaltung, welche die Wiederherstellung von Konfessionsschulen genehmigen sollte. Es bedurfte allerdings noch einiger Anstrengung, bis ab September/Oktober 1946 in 40 Gemeinden des Landes, an denen wenigstens 60 Schüler jeder Konfession die Schule besuchten, die Bekenntnisschule wiedereingeführt werden konnte[8].

Verglichen mit der Berichterstattung ab 1947 nimmt sich die Bezugnahme des Katholischen Sonntagsblattes zu schulpolitischen Themen in den beiden voranliegenden Jahren eher bescheiden aus. Ab Nr. 7 des 93. Jahrgangs (1945) durfte nur noch über kircheninterne Themen geschrieben werden, so daß die Redaktion hauptsächlich liturgische Fragen behandelte. Von daher bietet dieser Jahrgang zur Schul- und Verfassungsfrage kein Material[9]. 1946 (94. Jahrgang) erfährt der Leser zunächst von der »rasch[en] und günstig[en]« Regelung in Bayern, wo das Elternrecht selbstverständlich durchzusetzen war (KS 94 [1946] Nr. 7, 42), und von den anstehenden Schulabstimmungen in Westfalen und im Rheinland (KS 94 [1946] Nr. 10, 59; Nr. 17, 103; Nr. 19, 127). Mit dem Bericht über die Gründung der »Erziehergemeinschaft katholischer Lehrer und Lehrerinnen« im Mai 1946 (KS 94 [1946] Nr. 21, 127) beginnen die teilweise recht ausführlichen Artikel über deren Tagungen und Resolutionen.

In der Ausgabe vom 25. August 1946 ist die Schulfrage indirekt Thema. Unter der Überschrift »Der Verteidiger der christlichen Schule« gedenkt Berthold Lang des kürzlich verstorbenen ehemaligen Reichskanzlers Wilhelm Marx (1863–1946). Mit dessen markantem Zitat auf dem Mainzer Katholikentag 1911 (»Der Kampf um die christliche Schule ist ein Kampf um die Rechte Gottes auf die Menschenseele«) beschreibt der Verfasser die Wachsamkeit und den Weitblick Marxens angesichts des »Umsturz[es] im November 1918«. Zwar charakterisiert der Schlußsatz vordergründig die Lage nach dem Ersten Weltkrieg, doch bereitet er gleichzeitig die Zeitgenossen von 1946 auf die bevorstehenden Auseinandersetzungen der eigenen Zeit vor: »Deutschlands Katholiken waren gerüstet zum Kampf für Recht und Freiheit der Eltern und der Kirche in der Schulfrage« (KS 94 [1946] Nr. 34, 202). Ebenso sollten auch die Katholiken der Nachkriegszeit für die anstehenden Auseinandersetzungen gewappnet sein[10]. Die Priester hatten die Gläubigen zu entsprechendem Engagement anzuhalten. Dies war auch die Linie Roms: »Die Priester haben das Recht und die heilige Pflicht, sagte der Papst [...], die Gläubigen auf die schwere Gewissensverantwortung hinzuweisen, die mit dem Wahlrecht verbunden ist, zumal wenn es sich dabei um Fragen handelt wie Schulwesen, Ehe, Familie und eine gerechte Regelung der vielgestaltigen sozialen Verhältnisse« (KS 94 [1946] Nr. 35, 215)[11]. Auch hier: Gesprochen zu italienischen Priestern, hatte das Papstwort Bedeutung für die Situation in Deutschland. Nicht ohne Grund und Absicht wird hierüber berichtet. Schließlich standen am 15. September und am 13. Oktober Wahlen der Gemeinde- und Kreisräte in der französischen Besatzungszone an, zu denen der Bischof, ein Vorbild seiner Herde, »trotz seines körperlich erschwerten Zustandes, als einer der ersten an der Wahlurne« erschien, wie der Sonntagsblattleser am 28. September erfuhr (KS 94 [1946] Nr. 39, 234)[12]. Und eben dieser Leser konnte sich somit vor seiner Wahlentscheidung nochmals darüber informieren, welche Themen für seine Stimmabgabe entscheidend sein sollten. In diese Wahlzeit fällt auch die Berichterstattung über die Beschlüsse der Fuldaer Bischofskonferenz, die nahezu dieselben Themen (Familie, Schule, Ehe), wie die vom Papst angesprochenen, beraten hatte. Und wie bereits früher, so sind auch hier lediglich die Ausführungen über die Bekenntnisschule in längeren Zitaten wiedergegeben und optisch durch Fettdruck hervorgehoben: »Der Staat muß die Schule namentlich nach der religiösen Seite hin *dem Willen der Eltern gemäß* einrichten.

Überall da, wo, sei es früher, sei es in diesem Jahre, Elternabstimmungen stattgefunden haben, haben die katholischen Eltern mit überwältigender Mehrheit die katholische Volksschule gefordert«. Der »bekenntnismäßig klar umrissene Glaube [müsse] die Grundlage der gesamten Erziehung und des Unterrichts bilde[n] [...]. Die katholischen Eltern sind nicht gewillt, ihre *Erziehungsrechte, die sie von Natur aus haben*, durch den Staat sich noch einmal nehmen und durch Parlamentsmehrheiten ihren eigenen Erziehungswillen vergewaltigen zu lassen« (KS 94 [1946] Nr. 38, 225)[13]. Intention und Begründung der Forderungen sind klar. Dies sollte vermittelt werden: Die Eltern haben das Recht, frei über die Art der Schule bestimmen zu können; dieses Recht artikuliert sich in den laufenden Elternabstimmungen; Erziehungsrecht ist Naturrecht, das nicht zur Disposition von Regierung und Parlament steht; alles andere ist Rückfall in die Methoden der nationalsozialistischen Machthaber. Die Verfassung von Württemberg-Hohenzollern (20. Mai 1947) bestätigte denn auch das Elternrecht (Art. 114), wenn sie auch nur von »christlichen Schulen« und nicht von Bekenntnisschulen spricht. Dennoch verzögerte sich die dadurch notwendig gewordene Elternbefragung (»Schulwahl«) bis zum 12. Dezember 1948, da hierfür ein eigenes Schulgesetz nötig war, das erst unter dem Druck der begonnenen Verhandlungen über die Zusammenlegung der drei südwestdeutschen Länder (August 1948) zustande kam (13. August 1948; gegen die Stimmen von DVP, KPD und SPD). Da die Wahlen eine breite Mehrheit für die Errichtung konfessioneller Schulen erwarten ließen, schuf sich die Tübinger Regierung günstige Voraussetzungen, die eigene Schulform auch in einem einzigen Südweststaat verwirklicht zu finden – dauerhaft war die christliche Grundschule auch im Hohenzollern'schen Teil des Südweststaates nicht zu halten, wie sich 1967 im Zuge der mit der Schulreform nötigen Verfassungsänderung herausstellen sollte[14]. Doch kehren wir wieder zur Diskussion in Württemberg-Baden und in das Jahr 1946 zurück.

Den »Michaeli-Männertag« 1946 auf dem Schönenberg bei Ellwangen nutzte Bischof Sproll, um »das katholische Volk zur Wachsamkeit aufzurufen«. Die neue Verfassung (für Württemberg-Baden) müsse auf Gottes Gebot aufgebaut werden, dann könnten auch in christlichen Schulen die Kinder zu glaubens- und sittenstarken Menschen erzogen werden. Und wieder sind die Äußerungen zur Schulfrage in Fettdruck hervorgehoben: »Von den 822 Schulorten der Diözese haben 556 Gemeinden 100prozentig für die *Konfessionsschule* gestimmt, weitere 187 Gemeinden mit 95 und mehr Prozent. Der niedrigste Prozentsatz war 63 Prozent, der nur in zwei Orten erreicht wurde. Groß-Stuttgart stimmte mit 95 Prozent, Ulm mit 96 Prozent und Heilbronn mit 92 Prozent für die Konfessionsschule«. Dennoch »müsse man leider feststellen, daß uns (nach dem Entwurf der Landesversammlung in Stuttgart) unsere Konfessionsschule nicht wieder zurückgegeben werden soll« (KS 94 [1946] Nr. 41, 245)[15]. In der Tat verschärfte sich in jenen Tagen nach den ersten Beratungen der Verfassung für Württemberg-Baden der Ton. Die CDU trat zwar für das Elternrecht ein, nicht jedoch explizit für eine Bekenntnisschule; taktische Gründe, unter anderem die Rücksichtnahme auf die Abgeordneten aus Nordbaden, wo man seit Jahrzehnten gute Erfahrungen mit der spezifisch geprägten badischen Gemeinschaftsschule gemacht hatte, spielten hierbei eine Rolle. Gegen den Vorschlag von SPD und DP, der Unterricht solle auf der Grundlage der abendländischen Kulturgemeinschaft (Christentum, Humanität, Sozialismus) geschehen, drohte die CDU aber damit, bei der Volksabstimmung die Verfassung im Falle der Übernahme einer solchermaßen gearteten Formulierung abzulehnen. Kultminister Theodor Heuss (1884–1963) wandte sich für die DVP gegen die Gefahr konfessioneller Zwergschulen, ein Argument, das immer wieder vorgetragen wurde. Die im Ausschuß mehrheitlich beschlossene Formulierung: »Die öffentlichen Schulen sind Gemeinschaftsschulen auf christlicher Grundlage«, gegen die Sproll in seiner Rede Stellung bezog, fand zwar im Ausschuß selbst nicht die Zustimmung der CDU; im Plenum hingegen signalisierte man Zustimmungsbereitschaft, wenn »christliche Schule« sich auch auf den Inhalt dessen, was gelehrt wird, beziehe. Auf eine Verankerung der Bekenntnisschule in der Verfassung (28. November 1946) wolle man verzichten, um einen Schul- und Kulturkampf zu vermeiden[16]. Ihr Schularartikel (Art. 37) lautete schließlich: »Die öffentlichen Grundschulen sind christliche Gemeinschaftsschulen. In ihnen sollen in Erziehung und Unterricht auch die geistigen und sittlichen Werte der Humanität und des Sozialismus zur Geltung kommen«.

Angesichts dieser uneindeutigen und für die Kirche unbefriedigenden Situation (lediglich in Württemberg-Hohenzollern konnte sich faktisch die Bekenntnisschule durchsetzen) mußten die Worte des Papstes an die deutschen Bischöfe, die im März 1947 von den Kanzeln verlesen wurden und in denen er sich besonders zur Schulfrage äußerte, als Ermutigung wirken. Das Sonntagsblatt faßt die entsprechenden Passagen des Papstbriefes folgendermaßen zusammen: »Wo das gläubige Volk noch so viel Sinn für religiöse Werte bewahrt habe, wie es sich z. B. bei den Abstimmungen für die Bekenntnisschule gezeigt habe, da sei noch nichts endgültig verloren und noch vieles zu gewinnen« (KS 95 [1947] Nr. 13, 74). Wieder konnten sich die Katholiken in ihren Forderungen mit ihrem Oberhaupt verbunden wissen, das im »Wirrwarr und Widerstreit der Meinungen« »Orientierungssinn« geben konnte, gerade angesichts so »vielschichtige[r] Themen und Gegenstände [...] wie Bekenntnisschule, § 218, Sozialisierung, Eheordnung, Leistung der Kirche, Sinn der Konfessionen« – Formulierungen, die dem etwas späteren programmatischen Leitartikel des von den Nationalsozialisten verfolgten Stuttgarter Pfarrers Ernst Hofmann vom 20. April 1947 entnommen sind (KS 95 [1947] Nr. 16, 93). Zu denselben Themen äußert sich Hofmann kurz darauf ein zweites Mal (Leitartikel: »Gehen wir am Gängelband?«): »Der Christ lebt und wertet im Grunde vom Standort des Reiches Gottes aus«, von wo aus er alles »erst einmal in die rechte Ordnung der natürlichen Welt und Werte einzureihen« und damit das »Durcheinander der Gesichtspunkte zu durchleuchten und zu entwirren« vermag. Die Entscheidung über die Erziehungsform der Kinder sei beispielsweise nicht davon abhängig, »wie es die Politiker und Verfassungsjuristen und Staatsrechtler einmal am bequemsten haben werden, wenn die Zonen zusammengelegt werden«. Die Frage nach der Konfessionsschule sei also kein »verfassungstechnisches Auswechselstück«, sondern eine »tiefverpflichtende religiös-weltanschauliche Gewissensfrage und will entscheidend nur auf dieser Ebene und aus dieser Sicht in Angriff genommen werden!« (KS 95 [1947] Nr. 18, 105). Wie bereits ausgeführt, erhalten solche Äußerungen ihre besondere Bedeutung aus der Tatsache, daß sie zur Zeit der Volksabstimmung über die Verfassung von Württemberg-Hohenzollern und der ersten Landtagswahlen gemacht wurden (Mai 1947)[17]. Gerade dieser Anspruch der Kirche auf die persönliche Gewissensentscheidung des einzelnen, der sich hierbei jedoch nach der naturrechtlich gegebenen Ordnung zu richten hatte, war Stein des Anstoßes. So fragte die »Volkszeitung für Baden und Württemberg« (»Unser Tag«) am 20. Juni 1947 in einem Artikel im Zusammenhang mit der kirchlichen Stellung in der Schulfrage: »Wo kommen wir hin, wenn hinter jedem Schritt der Menschen drohend die kirchliche Autorität sich erhebt? Eine derartige Einengung der Persönlichkeit bedeutet nichts anderes als die Fortführung des braunen Zwanges unter anderer Farbe«. Der Redakteur der Bistumszeitung weist im Gegenzug darauf hin, daß Religion »nicht Privatsache, sondern die Sache Gottes« sei. »Es gibt kein Niemandsland zwischen Glaube und Unglaube, zwischen Gott und Teufel, weder im

Völkerleben noch in dem des einzelnen Menschen. Die ganze Welt und unser ganzes Leben sind das Schlachtfeld zwischen diesen beiden Mächten, und niemand von uns kann sich der Entscheidung entziehen« (KS 95 [1947] Nr. 33, 195). Auf diesen allumfassenden Anspruch verweist ebenfalls der Artikel »Schule und Demokratie« vom 31. August 1947 (KS 95 [1947] Nr. 35, 206): »Wer vom christlichen Glauben ganz erfüllt ist, weiß, daß jede Schulstunde Gelegenheit bietet, die Kinderseele entsprechend dem religiösen Bekenntnis weiterzubilden und ihr Welt und Leben in jener christlichen Ganzheit zu zeigen, an der es bei so vielen Christen heute fehlt. Sogar im Rechnen (Zahlenmystik) ist dies möglich«. Ein neutraler Unterricht erziehe zu gleichgültiger und oberflächlicher Haltung gegenüber religiösen Dingen, so die Befürchtung. Der Staat müsse in der Schulfrage »als der Beauftragte der Eltern handeln; er hat kein Erziehungsrecht, sondern eine Erziehungspflicht«. So gesehen sei das elterliche Erziehungsrecht, das mit dem Recht auf freie Schultypwahl gleichgesetzt wird, ein unverletzliches Grundrecht, das unabhängig von Parlamentsmehrheiten bestünde[18]. Die Spitze gegen die Verfassung von Württemberg-Baden war unüberhörbar, wo der Staat als Träger der Erziehung noch vor den Religionsgemeinschaften genannt wird und lediglich christliche Gemeinschaftsschulen eingeführt wurden. Der auffallend oft begegnende Rekurs auf die Demokratie dient gerade in diesem Jahrgang nahezu einzig der Forderung, Bekenntnisschulen zu ermöglichen[19].

Wiederholt widmen sich auch Leserbriefe, die in Artikelform zusammenfassend dargestellt wurden, der Schulfrage. Zur Sprache kam die Aufgabe des katholischen Lehrers, der – in einer zumindest heute seltsam anmutenden Parallelsetzung zum Priester[20] – gleichsam »Rufer« sei zur Durchsetzung der Bekenntnisschule und damit die katholische Erziehung der Kinder in der Familie auch in der Schule weiterführt (KS 95 [1947] Nr. 47, 279, und Nr. 51, 306).

»Es geht überall um die Schule« (KS 96 [1948] Nr. 24, 98) – diese Wertung durch die Sonntagsblattredaktion findet in der Berichterstattung des Jahres 1948 ihre Bestätigung. Unter dieser, wiederum eine Totalität beschreibenden Überschrift konnte sich der Leser über die Schulsituation in der Tschechoslowakei, Rumänien, Frankreich, den USA, Belgien und den Niederlanden informieren. Er gewann dadurch den Eindruck, daß im christlich geprägten Abendland, in der neuen Welt und in den Staaten des Ostens, die dem Kommunismus ausgeliefert waren, die Schulfrage »wieder in den Mittelpunkt des Interesses gerückt« sei[21] – sein engagiertes Eintreten für das Werte- und Normsystem der katholischen Kirche mußte ihm dadurch Gewissenspflicht werden, auf die man kirchlicherseits – und das Sonntagsblatt kann hier als verlängerter Arm des Ordinariates angesehen werden – hinzuweisen nie vergaß. So beispielsweise im Vorfeld der Schulwahl am 12. Dezember 1948 in Württemberg-Hohenzollern: »Die katholischen Eltern von Württemberg-Hohenzollern stehen am 12. Dezember vor einer ernsten Aufgabe. Sie sind dazu berufen [!], ihren Kindern die katholische Schule wiederzugeben und für die Zukunft zu sichern. Unzählige Eltern in Nordwürttemberg, deren Recht von einer Parlamentsmehrheit verweigert worden ist, beneiden sie um diese Gelegenheit! Und ein Blick auf die Vorgänge in Ungarn, in der Tschechoslowakei, in Polen usw., wo die Katholiken mit letzter Anstrengung um ihre katholischen Schulen kämpfen oder bereits mit blutenden Herzen ihren Verlust beklagen, muß unsere katholische Eltern vollends daran erinnern, welch hohes Gut bei ihrer Entscheidung am 12. Dezember auf dem Spiele steht« (KS 96 [1948] Nr. 49, 279). Und auch der Bischof meldete sich mit einem Hirtenbrief zu Wort, der am 5. Dezember im zur französischen Besatzungszone gehörenden Teil der Diözese verlesen wurde. Die darin enthaltenen Ausführungen über die grundsätzliche Unmöglichkeit einer »christlichen Gemeinschaftsschule« zeugen von heute unverständlichen Denkmodellen, die – das wird der

Fortgang der Diskussion in den kommenden Jahren zeigen – jedoch durchaus typisch sind für die lehramtlich vertretene Theologie noch in der Mitte des 20. Jahrhunderts. Das Sonntagsblatt faßt sie folgendermaßen zusammen: »Es gibt in Deutschland zwei große Bekenntnisse, aber kein Christentum an sich. Im Geiste welchen Christentums sollen nun in der Gemeinschaftsschule die Kinder erzogen werden? Beide Bekenntnisse haben wesentliche Lehren, in denen sie sich voneinander unterscheiden, ja erst dadurch werden sie zu dem bestimmten Bekenntnis. In beiden Bekenntnissen müßte man also das, was sie unterscheidet, ausmerzen oder beide vermischen, um das angeblich Gemeinsame herauszustellen. Das ist aber ein falscher Weg, um den konfessionellen Frieden zu erhalten und zu fördern, denn die Verschiedenheit geht bis zur Wurzel und das Verschweigen der vollen und entscheidenden Wahrheit wäre unwürdige Unwahrhaftigkeit. […] So kann das Wort christlich nur bedeuten: entweder katholisch oder evangelisch. Es gibt also tatsächlich keine christliche Gemeinschaftsschule« (KS 96 [1948] Nr. 50, 285). Zufall, daß dieses Hirtenwort gerahmt ist von Bildern der Konsekration von Sprolls Nachfolger, Carl Joseph Leiprecht (1903–1981), zum Weihbischof? Hier kommt das ganze Gewicht kirchlicher Hierarchie in der Gestaltung einer Zeitungsseite zum Ausdruck[22]. Möglicherweise resultiert die konfessionelle Spitze dieser Ausführungen aus der Verärgerung Sprolls über den evangelischen Landesbischof Theophil Wurm (1868–1953), der sich – entsprechend einer Stellungnahme des Oberkirchenrates vom August 1945 – wiederholt gegen die Bekenntnisschule ausgesprochen hatte[23]. Doch solche konfessionell geprägten Einlassungen waren in dieser Frühzeit eher die Ausnahme. Sproll hatte zudem auch in seinem jüngst verstorbenen Metropolitanbischof, Conrad Gröber (1872–1948) von Freiburg, einen Amtsbruder, der die Vorteile (»gewiß kein Ideal«) der badischen Gemeinschaftsschule zu schätzen wußte und für deren Erhalt eintrat, was, wie erwähnt, mit den bewährt guten Erfahrungen mit diesem Schultyp über Jahrzehnte hinweg zusammenhing. Dem immer wieder von der Gegenseite vorgebrachten Hinweis auf Gröbers Haltung hielt in dieser angespannten Zeit das Speyrer Ordinariat entgegen, daß die konfessionellen Grenzen Badens regional verliefen und nicht lokal, so daß die Schule in diesen Gebieten praktisch eine katholische oder eine evangelische sei und daß Lehrpersonal entsprechend ausgewählt würde – auch an dieser Diskussion wurden die aufmerksamen Leser der Bistumszeitung beteiligt[24].

Ihrer oben angesprochenen Berufung kamen die Wählerinnen und Wähler in Württemberg-Hohenzollern nach: 78,4 % der Stimmen bei der Schulwahl vom 12. Dezember 1948 verlangten eine Bekenntnisschule (55,2 % eine katholische, 23,2 % eine evangelische), 21,6 % plädierten für die Gemeinschaftsschule. Damit blieben die bereits bestehenden katholischen Konfessionsschulen erhalten. In überwiegend evangelischen Gemeinden war die Errichtung von evangelischen Bekenntnisschulen und christlichen Gemeinschaftsschulen möglich (KS 96 [1948] Nr. 51, 293; genaue Analyse in Nr. 52, 303). Zeit, sich über dieses überwältigend positive Ergebnis zu freuen, blieb allerdings nicht. Denn seit Juni 1948 verdichteten sich die Gerüchte von der Zusammenlegung der drei südwestdeutschen Länder, über die denn auch seit August offiziell verhandelt wurde. Im Gefolge der Vereinheitlichung des Rechtsraums stand nun die Übernahme der für die katholische Kirche ungenügenden Bestimmungen der Württemberg-Badischen Verfassung in einer gemeinsamen Landesverfassung zu befürchten, zumal diese den badischen Regelungen näher lagen als das Schulgesetz von Württemberg-Hohenzollern.

Die Diskussion um ein Grundgesetz des Bundes mit seinen Auswirkungen auf die Schulsituation in den einzelnen Ländern und deren Kultushoheit kam hinzu[25]. Die ersten Berichte in der Bistumszeitung über das zu verabschiedende Grundgesetz waren keineswegs positiv gestimmt. Am 21. November 1948 beklagt die Redaktion das Fehlen des Wortes »Gott« im ersten Grundrechtekatalog, den der Grundsatzausschuß des Parlamentarischen Rates vorgelegt hatte. Zudem fehle eine klare Sicherung der Elternrechte: »Im bisherigen Text steht kein Wort über das Naturrecht der Eltern auf die Erziehung ihrer Kinder und auf Schulen, welche die Erziehung des Elternhauses im selben Geist fortsetzen! Dieses Elternrecht ist ein menschliches Grundrecht, wie nur irgendeines und muß daher in einer neuen deutschen Verfassung verankert werden« (KS 96 [1948] Nr. 47, 258). Was in den Länderverfassungen nicht erreicht wurde, nämlich die (ausdrückliche) Sicherstellung der Bekenntnisschule, suchten die deutschen Bischöfe und katholischen Verbände nun über das Grundgesetz zu erreichen und begannen hierfür eine bislang beispiellose öffentliche Kampagne, deren Hintergrund bereits in der Einleitung beleuchtet wurde[26]. Mit der im Dezember erfolgten Ablehnung, die Bekenntnisschule im Entwurf des Grundgesetzes zu verankern, habe, so die Ausführungen in KS 96 (1948) Nr. 51 (S. 191), eine »Scheidung der Geister in Bonn« (zwischen CDU und den anderen Parteien) stattgefunden. Sozialdemokraten, Demokraten und Kommunisten erwiesen sich nun »als Kinder desselben Geistes wie die Nationalsozialisten [...], indem sie sich weigerten, das von diesen [Nationalsozialisten] begangene Unrecht, die Zerschlagung der Bekenntnisschule, wiedergutzumachen.« Das Abstimmungsergebnis im Parlamentarischen Rat sei ein »Hohn auf die Demokratie«, da es den Willen der christlichen Eltern nicht berücksichtige, und stelle eine »Vergewaltigung des Naturrechtes der Eltern, das vor dem des Staates geht«, dar. Die Ausführungen des späteren ersten Bundespräsidenten, Theodor Heuss, daß erstmals in der Weimarer Verfassung vom Elternrecht auf Erziehung die Rede sei, könne »nur als lächerlich« empfunden werden[27]; ähnlich wurden Äußerungen Carlo Schmids bedacht. Die einzige Chance, das schlimmste zu verhindern, sei öffentlicher Druck, um noch in letzter Minute die endgültigen Abstimmungen nach der Weihnachtspause beeinflussen zu können. Es herrschte also eine explosive Stimmung, die sich zu Beginn des neuen Jahre entladen sollte.

3. Die Auseinandersetzung eskaliert: Elternrecht ins Grundgesetz?

Württembergs Katholiken erlebten sich »Im Zeitensturm« – so Domkapitular Emil Kaim (1871–1949) in einem seiner letzten Leitartikel für das Sonntagsblatt in Anspielung auf Lk 8,22–25, nämlich gegen die Stürme der Zeit, die auch heute an den Grundfesten von Christentum und Kirche rüttelten: »Man hat gemeint, die heutige Menschheit stehe auf einer solchen Höhe der Bildung, daß derartige Verfolgungen um des Glaubens willen [wie es sie in der Geschichte immer wieder gab] ausgeschlossen seien. Und was mußten wir selber erleben? Ich will nicht weiter darüber reden. Es tut uns in der Seele weh« (KS 97 [1949] Nr. 5, 33 [30. Januar 1949]). Gewiß, der in der Abgeschiedenheit Untermarchtals lebende Prälat reflektierte wohl zunächst die Zeit nationalsozialistischer Herrschaft, deren Opfer er selbst als Leiter des politischen Referats im Ordinariat (1933–1941) geworden war. Und dennoch: Direkt unter dem Artikel verbirgt sich eine Zitatensammlung, wie sie sich seit dem letzten Jahrgang immer wieder findet: Ein Florilegium »Zum Kampf um die Elternrechte«[28]. Spätestens an dieser Stelle mußte es dem Leser klar geworden sein, daß auch die Kirche seiner Zeit mit dem Gegenwind gesellschaftlicher und staatlicher Entwicklungen zu kämpfen und darin zu bestehen hatte. Mittels solch kleiner Merksprüche konnte Stimmung gemacht werden – kurz und prägnant

> **Worte zur Schulfrage**
>
> Wahre Schulbildung ist Seelenbildung.
>
> Ein Kind, das in der Schule an weltlichen Kenntnissen zunimmt, aber an Glaube und Sittlichkeit abnimmt, nimmt mehr ab als zu.
>
> Der Teufel hat mehr Freude an einer falschen Idee als an allen Verbrechen eines Jahrhunderts.

Worte zur Schulfrage – ein beliebtes Mittel, den Leser auf den Schulkampf einzustimmen. Bildnachweis: KS 96 (1948) Nr. 8, 34.

waren die Aussagen, einprägsam, ohne weitschweifige Differenziertheit – sie begegnen früher als fromme Zeilenfüller nur äußerst selten, in der politischen Auseinandersetzung seit 1949 jedoch sehr regelmäßig.

Mit rund 500 Eingaben, welche die Durchsetzung des Elternrechts verlangten, wurde der Parlamentarische Rat – entsprechend der anfangs erwähnten Aufforderung Böhlers und der Diözesanleitungen – von katholischen Verbänden überschüttet (vgl. KS 97 [1949] Nr. 4, 30) – vergebens. Anfang Februar fand ein Fünferausschuß aus SPD, CDU und FDP eine Einigung in wesentlichen Streitfragen der neuen Verfassung für die Bundesrepublik, wobei sich das mehrheitlich von der CDU unterstützte Elternrecht nicht durchsetzen ließ – eine Entwicklung, die zu Spannungen zwischen der CDU und der Bischofskonferenz, aber auch innerhalb der Bischofskonferenz führte[29]. Resigniert spricht der Kommentator im Sonntagsblatt von einem »beschämende[n] Schauspiel«, bei dem sich SPD, KPD und FDP »zum verlängerten Arm des Ostblocks gemacht« hätten (KS 97 [1949] Nr. 7, 50). Der Hinweis auf die Schulpolitik im Osten war ein gängiges Argument, das zeitweise anscheinend selbst auf Heuss Eindruck gemacht hatte. Die eigens einberufene Bischofskonferenz reagierte am 11. Februar jedoch nur verhalten[30]. Vordringlich war eher die Frage nach der bleibenden Gültigkeit des Reichskonkordates, das aus taktischen Gründen seit Ende 1948 in die Diskussion eingebracht worden war[31]. Bejahte man sie, so die Überlegungen auf katholischer Seite, habe man indirekt das Elternrecht bestätigt, das durch Art. 23 des Konkordates geschützt sei. Doch diese Rechnung ging nicht auf. Da die Gültigkeit des Konkordates bestritten wurde, standen plötzlich auch andere Positionen der Kirche zur Disposition.

In dieser Situation wechselte das Kölner Ordinariat – mit Böhler als Verbindungsmann zum Parlamentarischen Rat und ständiger Gesprächspartner für die CDU/CSU-Fraktion – seine Taktik. Wieder wurden die Ordinariate angeschrieben mit der Bitte, öffentlich in Eingaben für eine Volksabstimmung über das Elternrecht einzutreten. Anton Roesen, der Vorsitzende der Katholikenausschüsse der Erzdiözese Köln, forderte in einem offenen Brief, stellvertretend »für die Katholiken von ganz Deutschland, ja wohl für jeden Christen«, diesen Volksentscheid, denn die knappe Mehrheit im Parlamentarischen Rat widerspreche der überwältigenden Mehrheit im Volk, die die Achtung des Elternrechts fordere. »Setzen Sie sich nicht dem Vorwurf aus, der Parlamentarische Rat sagte Volksherrschaft und meinte Parteienherrschaft!« Der »Kulturkampf« habe in den Ländern begonnen, »in denen die Eltern von Staats wegen gezwungen werden, die Kinder in Schulen zu schicken, die dem Geist ihrer Erziehung fremd oder gar feindlich sind« (KS 97 [1949] Nr. 10, 78). Doch auch mit dieser Forderung drang die katholische Kirche nicht durch. Im Gegenteil, sie geriet mit ihren Schulvorstellungen immer mehr ins Abseits. Denn die Intervention der Alliierten gegen den Grundgesetzentwurf (2. März 1949), die hauptsächlich durch die dort festgeschriebene Verhältnisbestimmung der

Länder zur Zentralgewalt und der Stellung Berlins veranlaßt wurde, machte einen neuen Entwurf nötig, in welchem die kulturpolitischen Kompromisse erneut zur Disposition standen. Die Bistumszeitung berichtet bei der Wiedergabe eines Hirtenbriefs von Kardinal Frings über das Vorhaben der SPD, »so gut wie alle christlichen Merkmale der Verfassung, auch solche, denen sie vorher zugestimmt hatte«, zu streichen. »Die Sozialdemokratie [...] hat hier die wirkliche, im Grunde unchristliche Gesinnung enthüllt, die vor allem in ihren Führerkreisen herrscht« (KS 97 [1949] Nr. 19, 167).

Überraschenderweise griff der Papst, bestens über die deutschen Verhältnisse informiert, mit einem Schreiben an die deutschen Bischöfe in die Diskussion ein[32]: »Die Schulabstimmungen haben die Fronten unmißverständlich geklärt [...]. Nichts würde Uns [...] tiefer schmerzen, als Zeuge sein zu müssen, daß gewisse Kreise dieses Volkes der Neuordnung ihres Staatswesens einen kulturellen Unterbau geben, der sie ungewollt und unbewußt zu Nachahmern eines zusammengebrochenen Staatssystems machte, das neben vielen anderen unrühmlichen Kennzeichen auch das der planmäßigen Vertragsuntreue auf seiner Stirne trug« (KS 97 [1949] Nr. 20, 174; vgl. Nr. 19, 166). Während man in der deutschen Kirche dazu übergegangen war, die Kontinuität des eigenen Einsatzes für die Bekenntnisschule unter dem NS-Regime zu betonen und dadurch, offen oder verdeckt, die schulpolitischen Positionen der SPD »in eine gewisse Nähe zur NS-Kulturpolitik«[33] zu rücken, verzichtete Pius XII. darauf, die sozialdemokratische Schulpolitik direkt anzusprechen. Die Stoßrichtung jedoch war eindeutig. Zudem plazierte die Bistumszeitung unter ihre Berichterstattung über das Schreiben aus Rom einen Artikel mit der Überschrift »Aber in Bonn wurde das Elternrecht abgelehnt« (KS 97 [1949] Nr. 20, 174) – dramaturgisch geschickter konnte eine Zeitungsseite nicht gestaltet werden: Der Papst fordert das Elternrecht, der Parlamentarische Rat lehnt es mit der »bekannte[n] Mehrheit aus SPD, FDP und Kommunisten« ab. Und auch hier ist das Sonntagsblatt an vorderster Front in der Auseinandersetzung und von den Vorgängen in Bonn bestens unterrichtet: Denn bereits am Ende des Artikels klingt die weitere Taktik der Kirche an, wie sie auch intern zwischen kirchlichen Vertretern und CDU-Politikern Anfang Mai abgesprochen wurde: »Die erste Lehre, die wir daraus [Nichterfüllung wesentlicher christlicher Forderungen] ziehen müssen, ist die, daß die christliche Bevölkerung in Deutschland auch für eine christliche Mehrheit in den Parlamenten sorgen muß, um den Kampf für die christlichen Grundsätze erfolgreich führen zu können!«[34] Dies war auch die wesentliche Erkenntnis und Quintessenz der »Erklärung der deutschen Bischöfe zum Grundgesetz« (23. Mai 1949)[35]. Bei aller Würdigung des Erreichten sei dieses Grundgesetz aufgrund des fehlenden Elternrechts »nur als ein vorläufiges« anzusehen, »das baldigst einer Ergänzung bedarf« (247). »Das Volk weiß jetzt«, so die Bischöfe, »welche wichtigsten kulturellen Fragen im öffentlichen Leben zur Entscheidung stehen. Bei den künftigen Wahlen wird es die Antwort geben auf die in Bonn durch die parlamentarische Mehrheit erfolgte Zurückweisung seines Rechtsanspruches. [...] In Zukunft muß es jedem christlich denkenden Menschen klar sein, daß er zu wählen im Gewissen verpflichtet ist und daß er nur solchen Frauen und Männern seine Stimme geben darf, die für Gewissensfreiheit und volles Elternrecht einzutreten entschlossen sind« (259). Eindeutiger war bislang keine Wahlempfehlung der katholischen Bischöfe! In ihrem Hirtenbrief zur Bundestagswahl am 14. August 1949 führten sie diese Wahlempfehlung genauer aus. Der Sonntagsblattleser wurde hierüber genau aufgeklärt und war dadurch für seine Gewissensentscheidung gerüstet (KS 97 [1949] Nr. 32, 319; Nr. 33, 331)[36]. Der Leitartikel des Wahlsonntags (»Politik auf der Kanzel?«) gibt die Radioansprache des späteren Weihbischofs Wilhelm Sedlmeier

(1898–1987) vom 2. August 1949 wieder, in der dieser die Kirche als das »wache Gewissen der Parteien« definierte und an den Wahlhirtenbrief erinnerte. Trotz der Ausgewogenheit seiner Ausführungen war sein Erinnern an die Worte des Staatspräsidenten von Württemberg-Hohenzollern, Gebhard Müller (1900–1990), CDU, über die KS 97 (1949) Nr. 27, 271 berichtet hatte, ein diskreter Wink an die Wähler, den ein aufmerksamer Sonntagsblattleser sehr wohl verstand, auch wenn Sedlmeier im Kontext keinen Namen nannte. Die Kirche konnte mit dem Ausgang der Wahl (Koalitionsregierung von CDU/CSU, FDP und DP unter Adenauer) bekanntermaßen zufrieden sein; dies schlug sich in der Berichterstattung nieder: Die verbleibenden Monate des Jahres findet sich nahezu kein Artikel, der die Vehemenz der vorausgegangenen Auseinandersetzung erahnen ließe. Natürlich: In der Diözese standen der Pontifikatswechsel und die ersten Amtshandlungen des neuen Bischofs, Carl Joseph Leiprecht (1903–1981), im Vordergrund[37]. Und selbst die Papstbotschaft zum Katholikentag in Bochum subsumierte die christliche Kulturpolitik, und damit verbunden die kurzen Ausführungen über die Bekenntnisschule, unter »christliche Sozialpolitik«, der das Hauptaugenmerk Pius' XII. in seinem Grußwort galt (KS 97 [1949] Nr. 37, 381f.); zu den »Forderungen des Katholikentags« (385) gehörte die Schulfrage nicht mehr. Und fast ist man versucht, es symbolisch zu nehmen, wenn in der drittletzten Ausgabe dieses bewegten Jahres berichtet wird, wie dem Apostolischen Visitator für Deutschland und späteren Nuntius, Aloisius Muench (1889–1962), bei dessen Besuch im Schwabenland vom Kultminister des Landes Württemberg-Hohenzollern ein Buch verehrt wurde mit den Bestimmungen der Landesverfassung über das Schulwesen, dem Schulgesetz, der Schulwahlordnung und den Ergebnissen der Schulwahl – ein Werk für den Bücherschrank, keine Flug-, geschweige denn eine Streitschrift (KS 97 [1949] Nr. 50, 572).

4. Die Ruhe vor dem Sturm: die Jahre 1950/51

So kehrte denn eine Ruhepause im Kampf um die Bekenntnisschule ein. Bischof Leiprecht hatte vornehmlich mit anderem zu tun: Der Integration der über 500.000 Heimatvertriebenen im Nordteil der Diözese galt seine besondere Aufmerksamkeit. Selbstverständlich nahm er an den Tagungen der katholischen Erzieher teil, auf denen er sich eindeutig und doch differenziert für Elternrecht und Bekenntnisschule aussprach; und dennoch fehlt seinen besonnenen Ausführungen jener Pathos, der die Reden seines Vorgängers auszeichnete[38]. Öffentliche Äußerungen des Oberhirten zu Elternrecht und Bekenntnisschule finden sich darüber hinaus in den Jahrgängen 98/99 (1950/51) nicht[39]. Wiederholt berichtet die Redaktion des Sonntagsblattes über die Wiedererrichtung der von den Nationalsozialisten abgeschafften konfessionellen Lehrerausbildungsstätten in Baden, die verständlicherweise heftig umstritten war[40]. Etwas anderes ist im Kontext bedeutender: Die Bistumszeitung beteiligte sich auch am ausgebrochenen Streit um die (konfessionell) paritätische Besetzung höherer Beamtenstellen im Bund und in den Ländern[41]. Die politische Berichterstattung wurde zunehmend konfessionalisiert. Vorläufiger Abschluß dieses Prozesses war ein umfangreicher Artikel zur Debatte im Landtag von Württemberg-Hohenzollern über eine Große Anfrage der FDP betreffend die Nichtübernahme eines in Nordwürttemberg eingeführten Lesebuchs. Ausführlich kommt Staatspräsident Gebhard Müller zu Wort: »Nichts vergiftete so sehr die politische und konfessionelle Atmosphäre wie die Aufstellung allgemeiner Behauptungen wie etwa der Behauptung eines ›Wiedererwachens vor- und gegenreformatorischer Machtgefühle‹ [...] Für mich war es in meinem politischen Leben jedenfalls eines der beglückendsten Gefühle, daß es nach 1945 endlich gelungen ist, katholische und evangelische Menschen wenigstens auf einer gemeinsamen politischen Ebene zu einigen«. Die Parität sei »geradezu großzügig zugunsten des evangelischen Volksteils gewahrt« worden (KS 99 [1951] Nr. 34, 543)[42].

Verglichen mit der Situation in anderen Ländern (Bayern oder Württemberg-Baden), konnte der Sonntagsblattleser im südlichen Württemberg beruhigt sein – so wenigstens möchte man die Berichterstattung der folgenden Wochen deuten. In Bayern und Württemberg-Baden hatten sich nach den Wahlen im November 1950 uns heute ungewohnt scheinende Koalitionen gebildet (CSU, SPD, BHE/DG unter Hans Ehard in Bayern; DVP/FDP, SPD unter Reinhold Maier [1889–1971] in Württemberg), mit entsprechenden Auswirkungen auf die Kulturpolitik: Den bayerischen Staatssekretär im Kultusministerium, Eduard Brenner (SPD), sollte es fast seinen Posten kosten, als er sich für die Gemeinschaftsschule ausgesprochen hatte und die Berufung eines »der strengkatholischen Richtung« angehörigen Jesuitenschülers ins Kultusministerium verhindern wollte (KS 99 [1951] Nr. 44, 698; vgl. Nr. 37, 588, und Nr. 45, 714). Und aufgrund eines Erlasses der württembergischen Regierung legte das Sonntagsblatt seinen Lesern die Frage vor: »Will man das Kultministerium von Katholiken säubern [!]?« Die gegenwärtige Koalitionsregierung sei bestrebt, »maßgebliche katholische Beamte noch vor der Schaffung des Südweststaates auszuschalten« (KS 99 [1951] Nr. 38, 623). Hier offenbart sich der springende Punkt: Mit der Zusammenlegung der südwestdeutschen Länder zu einem Südweststaat flackerte der alte Schulstreit erneut auf, entzündet an den Diskussionen um eine neue Verfassung, um die Gestaltung der Schulformen und um den Aufbau einer gemeinsamen Verwaltung. Bereits am 29. Juli 1951 kommentierte das Sonntagsblatt die sogenannte »Tübinger Schuldebatte« als einen »Vorstoß gegen das in Württemberg-Hohenzollern herrschende Schulsystem, der durch die forsche Art, wie die Anhänger der Gemeinschaftsschule auftraten, leicht zu einer Verwirrung hätte führen können«. Sie deute »auf künftige Kämpfe im Zusammenhang mit der staatsrechtlichen Neuordnung in Württemberg« hin; so gelte es, »auf der Hut zu sein«. Denn »wer bürgt dafür, daß nicht eine Mehrheit im Südweststaat-Parlament, die der Konfessionsschule abhold ist, gerade in der für Württemberg-Hohenzollern so bedeutsamen Frage etwas anderes beschließt?« Da die Absprache zwischen den Parteien über die Gültigkeit des 1948 vorgelegten Entwurfs eines Staatsvertrages, der die Konfessionsschule für den hohenzollerschen Teil des neuen Bundeslandes sicherte, rechtlich nicht bindend war, bestand diese Sorge nicht umsonst (hierauf verweist KS 99 [1951] Nr. 30, 477). Immerhin führte sie nicht zur Ablehnung des Südweststaates durch die Ordinariate in Rottenburg und Freiburg, die sich, ebenso wie der Heilige Stuhl, zu Neutralität verpflichtet hatten (KS 98 [1950] Nr. 4, 50; 99 [1951] Nr. 35, 554; Nr. 49, 783). Allerdings hatte man sich in der Hoffnung auf den Fortbestand des Parteienkonsenses von 1948 gründlich getäuscht – die politischen Rahmenbedingungen von 1952 verliehen den Gegnern der Bekenntnisschule (zunächst) Aufwind.

5. »Der neue Kulturkampf«[43] in Baden-Württemberg (1952–1953)

Dreh- und Angelpunkt der politischen Berichterstattung des Sonntagsblattes zu Beginn des Jahres 1952 war die anstehende Landtagswahl am 9. März, mit der zugleich die Weichen gestellt wurden für die Zusammensetzung der Verfassungsgebenden Landesversammlung und damit für die rechtlichen Rahmenbedingungen, die das Verhältnis zwischen Kirchen und Staat bestimmen sollten. Bereits der Leitartikel vom 13. Januar informiert die Leser am Sonntag nach Epiphanie, dem Fest der Heiligen Familie (als Titelbild wurde ein modernes Gemälde eines chinesischen Künstlers zur Flucht nach Ägypten ausgewählt), zum wiederholten Mal über »Kindesrecht – Elternrecht«: Dem Kindesrecht, »für Gott erzogen zu werden«, korreliere die Elternpflicht, »ihr Kind für Gott zu erziehen«; dieser Pflicht entspringe das Elternrecht, die religiös-sittliche Erziehung ihres Kindes auch in der Schule entsprechend konfessionellen Prinzipien fortgesetzt zu wissen. »Die Gemeinschaft hat die Pflicht, dieses von Gott gegebene Elternrecht anzuerkennen [...]. Kein Staatsrecht kann Gottesrecht außer Kraft setzen« (KS 100 [1952] Nr. 2, 17f.). Und wer in der Ausgabe weiterblätterte, erhielt Kenntnis von der Anschauung der Arbeitsgemeinschaft der katholischen Organisationen und Verbände Württembergs, daß die christliche Gemeinschaftsschule Nordwürttembergs »sich immer mehr zu einer neutralen Schule liberalistischer Prägung« entwickelt habe (20), so daß die Ermöglichung der Bekenntnisschule im neuen Südweststaat unbedingte Forderung katholischer Kreise sein müsse. Nahezu keine Ausgabe der Bistumszeitung in den Jahren 1952/53 schweigt zu diesem Thema. Ausgestattet mit dem Hinweis, daß Religion sehr wohl etwas mit Politik zu tun habe (KS 100 [1952] Nr. 5, 72), informiert über den unbedingten Vorrang des Naturrechtes vor dem Recht des Staates (KS 100 [1952] Nr. 4, 56), versehen mit verschiedenen Wahlaufrufen, die offen die Unterstützung der für das Elternrecht eintretenden christlichen Partei gegen Sozialisten und Liberale forderten (KS 100 [1952] Nr. 6, 88; Nr. 9, 135f.; Nr. 10, 150–152), und im Wissen um die Unterstützung des Papstes in der Schulfrage (über ein diesbezügliches Schreiben Pius' XII. an die deutschen Bischöfe vom 31.1. berichtet das Sonntagsblatt in Nr. 11, 166), gingen die Katholiken Württembergs am 9. März 1952 zur Wahl. Ihr Ergebnis war eigentlich eindeutig: 35,9% CDU, 28% SPD, 18% DVP, 6,3% BHE, 4,4% KPD. Den Erfolg verdankte die CDU ihren Anhängern in Württemberg-Hohenzollern, die ihrerseits die dortigen Regelungen der Schulfrage mit um so größerer Selbstverständlichkeit auch im künftigen Südweststaat umgesetzt sehen wollten. Die Bildung einer Koalition der im Landtag vertretenen Parteien (außer KPD) unter Ausschluß der stärksten Fraktion, der CDU, setzte diesen Erwartungen jedoch ein plötzliches Ende.

Nun bot also auch Stuttgart jene »kulturpolitische[n] Alarmzeichen«, auf die das Sonntagsblatt in der kritischen Berichterstattung über die Schulpolitik anderer Bundesländer in den Jahren 1952/53 immer wieder mahnend hingewiesen hatte[44]. In jenem »Schauspiel [der Regierungsbildung], das jeden christlichen Wähler mit Empörung« erfüllen müsse, habe die Schulfrage die entscheidende Rolle gespielt und die »großen Gegensätze in wirtschaftlichen und sozialpolitischen Fragen zwischen SPD und DVP« übergangen. Bei dieser »Verschwörung« war »die Ausschaltung der christlichen Partei von vornherein ein abgekartetes Spiel [...][45]. So fühlen sich die christlichen Wähler [...] um ihr Mitbestimmungsrecht an der Verfassung des neuen Bundeslandes betrogen«. Dieser Prozeß sei aber »nur ein Teil der großen Auseinandersetzung [...], bei der es um die Erhaltung des Christentums in Deutschland überhaupt geht«. Der Beitrag schließt mit den markanten Sätzen, in denen sich das Sonntagsblatt selbst situiert: »Und wir wissen, daß wir nicht nur als Christen, sondern auch als gute Deutsche handeln, wenn wir dieser fortschreitenden Aushöhlung des Christentums in Deutschland durch die Sozialisten, Freimaurer und Liberalen wehren, die – gewollt oder ungewollt! – die besten Helfershelfer des gottlosen Kommunismus sind; denn ein entchristlichtes Deutschland würde ganz von selbst die Beute des Bolschewismus werden« (KS 100 [1952] Nr. 18, 291f.)[46].

War das Wort des Bischofs zum Schulsonntag noch relativ unkonkret (gegen den Geist liberalen Christentums in der Schule; vgl. KS 100 [1952] Nr. 19, 307), so nahm Leiprecht auf einem Heimatvertriebenentag in Wiblingen am 4. Mai Stellung zur neuen Lage: »Wir lassen uns die katholische Bekenntnisschule in Süd-Württemberg nicht nehmen. […] Wir wünschen und wollen keinen Schulkampf […] Wir wollen den Kampf nicht. Wenn man uns aber den Kampf aufzwingt, dann werden wir ihm nicht ausweichen« (KS 100 [1952] Nr. 19, 310f.; ähnlich äußerte sich der Bischof auch auf der Pfingsttagung der Katholischen Erzieher; vgl. Nr. 24, 403).

Die Waffen für diesen Kampf wurden im Bischöflichen Ordinariat unter der Federführung von Generalvikar August Hagen (1889–1963) geschmiedet. Am 19. Juni 1952 publizierte es eine umfangreiche Denkschrift zur Schulfrage, die den Standpunkt der katholischen Kirche genau bestimmte und den Fortgang der Verfassungsberatungen beeinflussen wollte (Zusammenfassung in: KS 100 [1952] Nr. 27, 443f.; Nr. 28, 464; Nr. 29, 480). Drei Tage zuvor nämlich hatte die Verfassungsgebende Landesversammlung ihren ersten Entwurf vorgelegt (vgl. KS 100 [1952] Nr. 29, 478), der die schlimmsten Befürchtungen kirchlicher Kreise bestätigte: Die christliche Regelschule sollte für das *gesamte* Bundesland Regelschule werden. Rottenburg reagierte mit einer 12seitigen Stellungnahme (12. Juli), in der unter anderem die Respektierung des Elternrechts gefordert wurde. »Als einen ›Rückfall in das tiefste Staatskirchentum‹ bezeichnete das Bischöfliche Ordinariat die Bestimmung des Entwurfs, daß Zweifelsfragen bei der Auslegung des christlichen Charakters der Volksschule von den staatlichen [und nicht den kirchlichen] Organen entschieden werden sollen« (KS 100 [1952] Nr. 30, 499)[47]. Auch die Fuldaer Bischofskonferenz zeigte sich bestürzt über die gesellschaftlichen und politischen Zustände, wie sie im Schulstreit zum Ausdruck kamen: »Wir sind entsetzt über die Verblendung vieler, die für Demokratie und Menschenwürde eintreten wollen und nicht sehen, wie sie in der Beschränkung der religiösen Erziehung der Kinder der organisierten Gottlosigkeit in die Hände spielen«; dies sei Ausdruck für den »verhängnisvollsten Vorgang unserer Tage […], die Abwendung der Menschen von Gott, und das als Massenerscheinung« (KS 100 [1952] Nr. 37, 611; Nr. 37, 627)[48]. Und wie bereits 1949 floh man in die Hoffnung auf eine Volksabstimmung, von der man erwartete, daß sie zugunsten der Bekenntnisschule gegen die anvisierten verfassungsrechtlichen Regelungen ausfallen würde. Wiederholt sprachen sich auch verschiedene regionale Katholikentreffen hierfür aus (etwa der 7. Diözesanmännertag; vgl. KS 100 [1952] Nr. 46, 803, oder der Landfrauentag in Aulendorf; Nr. 49, 871). Am Ende dieses ereignisreichen »Kulturkampfjahres« wandte sich der Nuntius höchstpersönlich in einer Note an das Auswärtige Amt, mit der er bei Adenauer gegen die projektierten Schulbestimmungen der Verfassung von Baden-Württemberg protestierte, da diese gegen das Reichskonkordat verstießen (KS 100 [1952] Nr. 51/52, 902). Damit war auch diese Front wieder eröffnet, die durch eine kritische Äußerung eines baden-württembergischen Regierungsvertreters zusätzlich Brisanz erhielt. Kirchlicherseits erinnerte man wiederholt an die Ansprache des Bundespräsidenten beim Empfang des päpstlichen Nuntius 1951, in der dieser die Gültigkeit des Abschlusses betont hatte (904; vgl. auch KS 101 [1953] Nr. 5, 76). Im Januar bestätigte Adenauer öffentlich die Geltung des Konkordates (KS 101 [1953] Nr. 5, 75). Das von der württembergischen Landesregierung an der Universität Erlangen in Auftrag gegebene Rechtsgutachten (76) suchte Generalvikar Hagen im Namen des Bischöflichen Ordinariats mit einer Schrift »Schule und Reichskonkordat« zu widerlegen (KS 101 [1953] Nr. 26, 475f.). Scharf im Ton kommentierte der Redakteur der Bistumszeitung die anhaltende Diskussion in der

Verfassungsgebenden Versammlung über diesen Streitpunkt: »Ist das nicht die gleiche Haltung wie die der Nationalsozialisten, die sich auch um die Gültigkeit des Reichskonkordats nicht kümmerten?« (476). Und noch einmal intervenierte Nuntius Muench bei der Bundesregierung, die ihrerseits die Gültigkeit des Konkordates bestätigte und notfalls gegen die Stuttgarter Verfassungsbestimmungen das Bundesverfassungsgericht anzurufen versprach (KS 101 [1953] Nr. 28, 512). Nach der Bundestagswahl am 6. September 1953 forderte Adenauer zum dritten Mal Ministerpräsident Maier auf, »die Schulbestimmungen des Verfassungsentwurfes in Einklang zu bringen mit dem bekannten Schularktikel des Reichskonkordats«; aus Stuttgart kam jedoch eine ablehnende, »unwürdige Antwort« (KS 101 [1953] Nr. 40, 724)[49]. Sie sollte nicht lange Bestand haben. Denn der auch durch die Bundestagswahl ausgelöste Rücktritt der Regierung Maier ermöglichte die indirekte Bestätigung des Konkordats in der Verfassung, die nunmehr mit breiter Unterstützung der Parteien verabschiedet werden konnte. Doch diese Entwicklung war zuvor nicht abzusehen.

Zum Jahreswechsel hatte der Würzburger Bischof Julius Döpfner (1913–1976) in seiner vielbeachteten Silvesterpredigt eine eindeutige Wertung der politischen Parteien vorgenommen und deren Wählbarkeit diskutiert – unter der Überschrift »Katholiken, haltet zusammen!« konnte der Sonntagsblattleser sich hierüber informieren (KS 101 [1953] Nr. 3, 39)[50]. Ähnlich kämpferisch zeigte sich sein Freiburger Amtsbruder, Wendelin Rauch (1885–1954), angesichts des vom Verfassungsausschuß am 29. Januar 1953 gefaßten Beschlusses, die christliche Gemeinschaftsschule als verbindlich für das neue Bundesland festzuschreiben[51]: »Ich habe den Kampf nicht gewollt und gesucht, ich werde ihn aber auch nicht scheuen!« (KS 101 [1953] Nr. 7, 111). Der Protest der Rottenburger Diözesanverwaltung war im Ton moderater (KS 101 [1953] Nr. 6, 96). Ob die Umkehrung der Verhältnisse je einem Zeitgenossen aufgefallen ist?: In der Polemik vertrat der neue Freiburger Oberhirte jene Schärfe, die dem Rottenburger Bischof Sproll zu eigen war. Sein Vorgänger (Erzbischof Gröber) hingegen war – wie dargelegt – weniger kämpferisch, ähnlich wie Sprolls Nachfolger in Rottenburg (Leiprecht). Und wie frustrierend mußte es auf den Sonntagsblattleser gewirkt haben, sich am 22. Februar 1953 »[w]ieder niedergestimmt« – so die Überschrift! – zu wissen bei weiteren schulpolitischen Entscheidungen des Verfassungsausschusses; doch wird dieser Leser zugleich gerüstet zum Kampf gegen »die Stuttgarter Kulturkampfparteien [...], die so leichtfertig und brutal über das Naturrecht und die Gewissensfreiheit der Eltern, über die Forderungen der Kirche und die Anträge der christlichen Volksvertreter hinweggegangen sind« (KS 101 [1953] Nr. 8, 128). Theologisch begründet und sachlich differenziert stellte Leiprecht in seinem Fastenhirtenbrief erneut die Argumente für das Elternrecht zusammen (KS 101 [1953] Nr. 9, 149)[52]. Als Fazit der ersten Lesung stand für das Sonntagsblatt fest: »Diese Verfassung ist unannehmbar« (KS 101 [1953] Nr. 10, 168). Und auch der Fortgang der zweiten Lesung offenbarte vor allem, »daß die Stuttgarter Regierungsparteien ein regelrechtes Kulturkampf-Komplott geschmiedet haben« (KS 101 [1953] Nr. 21, 384; vgl. Nr. 20, 364; Nr. 27, 497).

In dieser Situation formierte sich der Protest der Kirche in öffentlichen Kundgebungen: In der Woche vom 23.–30. Juni 1953 fanden in Ulm, Ravensburg, Rottweil, Stuttgart und Bad Mergentheim Katholikenversammlungen statt, die einzig der Durchsetzung des Elternrechts galten. Auf der Stuttgarter Veranstaltung, an der über 10.000 Personen teilnahmen, sprach der Bischof, der auf die Notwendigkeit des Protestes hinwies, die nicht aus »Lust« oder »einer Freude an der Opposition« entspringe. Er reflektierte seine eigene Rolle in dieser Auseinandersetzung: »Ich habe in den vergangenen Monaten oft und oft mich bittend an die zuständi-

Alle 59 Parteien

der Bundesrepublik — vielleicht sind es inzwischen schon einige Dutzend mehr geworden — werden wohl bestens damit einverstanden sein, daß wir Christen als Sonderaktion zur Bundestagswahl eine **Gebets - woche** halten. Eine Stunde vieler Reden ist angebrochen, warum soll nicht die Rede zwischen **Mensch und Gott** als dringlichste dazwischen stehn! Im öffentlichen Gottesdienst ist das „allgemeine Gebet" um einen guten Ausgang der Wahl angesetzt und für die Priester die Oration in wichtigem Anliegen angeordnet worden. Man möchte hoffen, daß dieser Hinweis für die ganze christliche Bevölkerung zu einem Anruf wird, sich in dieser letzten Woche vor der Entscheidung zur vollen Gebetsversammlung zusammenzufinden oder sich privat im Geist einer Novene diesem Anliegen zu widmen.

Sollte uns jemand, der nun einmal auf Galle und Leber etwas gereizt ist, daraus den Vorwurf eines frommen Propaganda-Manövers machen, so hätten wir lediglich noch anzufügen, daß uns Christen **politische Gebete** von Haus aus liegen. „Für Herren und Könige zu beten", dazu forderten schon die Apostel ihre Gemeinden auf, und in den sonntäglichen „Fürbittgebeten" wurde seit alters für geistliche und weltliche Obrigkeit und für das Wohlergehen von Volk und Land Gott angerufen. Die französischen Katholiken haben längst feinfühlig empfunden, daß Gebete für Regierende und Abgeordnete besonders zeitgemäß sind. Wir haben selbst in der Stunde der Bedrängnis inständig für „Führer, Volk und Vaterland" gebetet. (Gegenüber den siebenmal Klugen übrigens mit Recht, denn alle diese drei hatten es sehr notwendig!). Heutige Politik vollends betrifft in unmittelbarem und direktem Ziel Nation und Christenheit gleichzeitig. Wahrhaftig! Zur modernen Gebetsweise des Christen zählt das politische Gebet.

Speziell **Wahlgebete** gehören seit jeher zu seiner guten Art. Vom Herrn selbst, der vor der denkwürdigen Wahl der zwölf Apostel eine Nacht im Gebet verharrte (Lk. 6, 12), hat er es gelernt. Gebetet haben die Jünger in Jerusalem bei der Wahl des Matthias, gebetet haben sie in Antiochien vor der Wahl des Paulus und Barnabas zu Heidenaposteln. Auch ist für den Christen das ideale Wahlgebet schon bereitet, kein geringeres, denn das Gebet des Herrn selbst: „Geheiligt werde Dein Name, zu uns komme Dein Reich, Dein Wille geschehe wie im Himmel, also auch auf Erden".

Das politische Programm des Christen, auf das hin er betet, tritt darin unmißverständlich hervor: Auf daß der Wille Gottes und das Reich Christi in der Welt Raum gewinne und das Böse besiegt werde. Darin eingeschlossen sind alle Güter der Wahrheit und der Gerechtigkeit, und das einzelne: Der **anständige Ablauf der Wahl, vernünftige Wähler, gute Abgeordnete** und der Sieg der **rechten Parteien**. Und schon als kostbare, beiläufige Frucht brächte das Gebet eine wunderbare Entgiftung des Wahlkampfklimas und doch sachliche Entschiedenheit zugleich. Wenn die Stille des Wahltages selbst angebrochen, dann vertraut der christliche Beter darauf, daß Gott den Sinn der Wähler so leite, daß ihr Wille mit dem Seinigen übereinstimme. Das vermag Er, der nach einem Wort Pius XII. „die Herzen der Menschen lenkt wie Wasserbäche". Kann man sich solches Gebet denken ohne **Buße**? Buße ist innerste Übereinstimmung des Menschen mit Gott. Aus dieser

Der betende Kreuzritter

„Während das Pferd schon ungeduldig scharrt, hebt der Ritter die **Hände** zum Himmel, bereit, sich selber als ein Opfer hinzugeben unter der Kreuzesfahne." — Das Bild ist aus dem Psalter von W e s t m i n s t e r (13. Jahrhundert). Jetzt im Britischen Museum in London.

Der betende Kreuzritter – eine Erinnerung zur Bundestagswahl 1953.
Bildnachweis: KS 101 (1953) Nr. 35, 633.

gen Stellen gewandt; diese Bitten, die in aller Höflichkeit vorgetragen worden sind, haben aber keinerlei Gehör gefunden. Und darum erheben wir nun laut und deutlich unsere gemeinsamen Forderungen« (KS 101 [1953] Nr. 27, 496f.). Damit trat nahezu gleichzeitig mit dem Wahlkampfauftakt der politischen Parteien auch die katholische Kirche Württembergs unmißverständlich und mahnend an die Öffentlichkeit. Da die Bundestagswahl am 6. September in Baden-Württemberg auch als eine Abstimmung über die Politik der amtierenden Koalition unter Ministerpräsident Maier galt, versteht sich die Hartnäckigkeit, mit welcher der

Leser des Sonntagsblattes immer wieder zur Wahl aufgerufen und zu einer richtigen Entscheidung angehalten wurde[53]. Der Leitartikel am Sonntag vor der entscheidenden Wahl fordert die Christen zu einer »Sonderaktion zur Bundestagswahl«, zu einer Gebetswoche, auf. Da »uns Christen politische Gebete von Haus aus liegen« [!], habe man »seit alters für geistliche und weltliche Obrigkeit gebetet«. Konkret bete man nun um einen anständigen Ablauf der Wahl, vernünftige Wähler, gute Abgeordnete und den Sieg der rechten Parteien (KS 101 [1953] Nr. 35, 633f.). Wer trotz der verschiedenen Wahlaufrufe in dieser Ausgabe noch immer nicht wußte, wie er wählen sollte, wurde durch »[e]ine notwendige Erinnerung« darauf aufmerksam gemacht, daß die SPD die Gemeinschaftsschule und nicht die Konfessionsschule als die beste Lösung für das Land hinstelle, womit sie »auffallend mit den Nationalsozialisten« übereinstimme (636). Eine besondere Färbung erhält diese Ausgabe durch das Titelbild: »Der betende Kreuzritter«.

Wie im benachbarten Leitartikel ausgeführt, sind politische Gebete Verpflichtungen für den Christen, gerade angesichts von Wahlzeiten. Dieser betenden Grundhaltung kommt der Kreuzfahrer vorbildlich nach. Ist es dann aber überinterpretiert, auch zwischen dem Kreuzritter und dem gläubigen (Wahl-) Christen von 1953 eine Parallele zu ziehen? Auch der Christ steht angesichts seiner Wahlentscheidung in einem Kreuzzug gegen die Feinde der Kirche und des Christentums, die letztlich das Christentum »aus der Öffentlichkeit überhaupt ausschalten« (siehe Anmerkung 51) möchten – ein feiner Versuch der Einflußnahme auf die Entscheidung des Lesers, der ihn in seinem gerechten Krieg (= Kulturkampf) bestärken und Mut zusprechen will. Ebenso hintergründig-offensichtlich gibt sich auch die Titelseite des Wahlsonntags (KS 101 [1953] Nr. 36, 649): Als Leitartikel legt derselbe Verfasser wie in der Ausgabe zuvor, Bruno Dreher (1911–1971), Gedanken zu Jos 24,15 (»So wählet denn am heutigen Tage«) vor. Die Wahl als ein Auftrag Gottes? Die Wahl zwischen Jahwe und den Götzen (so der Kontext im Buch Josua), übertragen auf das Gebot der heutigen Stunde: die Wahl zwischen christlichen oder gottlosen Politikern? Der spätere Akademiedirektor und Professor für Religionspädagogik führt über das Verhältnis von Christsein und Politik aus: »Glaube und Politik, Öffentlichkeit und Gottes Gesetz, Christentum und Welt, Kirche und Staat, Altar und Leben sind schicksalhaft ineinander geflochten und gemischt und können nimmermehr getrennt werden […] So fordert die Stunde den politischen Christen. Politik ist königliche Tat der Gefirmten aus dem Glauben […] Wählet klug! Und wählet christliche Männer, die in der Tat und ohne Gerede aus dem Glauben handeln, leben, sprechen und kämpfen« (KS 101 [1953] Nr. 36, 649f.). Und auch hier unterstreicht das beigegebene Bild die Aussageabsicht des Textes: »Der Erzengel Michael als Seelenwäger«. Zwar feierte die Kirche am Wahlsonntag das Schutzengelfest, so daß eine Engelabbildung angemessen war. Doch hier handelt es sich um jenen Erzengel, der beim Jüngsten Gericht gut und böse voneinander scheidet, der Schwert und Waage der Gerechtigkeit Gottes in Händen hält, um den Menschen der Konsequenz seines Handelns (Himmel oder Hölle) zuzuführen! Ist dies Zufall? Wie wir wiederholt sahen, sind es gerade solch sorgsam abgestimmten Feinheiten einer Seitengestaltung, mit der die Redaktion des Sonntagsblattes Wirkung zu erzielen hoffte. Auf welch interessante Weise Kirchenpolitik hier zu Katechese geworden war, mag heute überraschen, einen Zeitgenossen wird es nicht befremdet haben. Ein politischer Katholizismus dieser Prägung war erwünscht und angesichts der jüngsten Vergangenheit im Bewußtsein kirchlicher Vertreter geradezu notwendig. Es finden sich in den betrachteten Jahrgängen der Bistumszeitung noch weitaus mehr Artikel mit diesem Grundtenor, als hier referiert werden konnte.

Katholisches Sonntagsblatt

FAMILIENBLATT FÜR DIE SCHWÄBISCHEN KATHOLIKEN
BISTUMSBLATT DER DIÖZESE ROTTENBURG

101. Jahrgang   Stuttgart, Sonntag 6. September 1953   Nummer 36

So wählet denn am heutigen Tage (Josue 24, 15)

Das deutsche Volk der Bundesrepublik schreitet an diesem Sonntag zur W a h l. Sagen wir mit Bedacht und einiger Feierlichkeit „es schreitet"! Denn in der Schicksalszone Europas, und wohl auch der Welt, fallen heute die Lose. Wer nicht um die Würde dieses Tages wüßte, wäre ein unbedeutender und unbrauchbarer Mann. Ja, Wählen! Es gehört zum A d e l d e s M e n s c h e n. Das Tier wählt nicht. Es hat nichts zu wählen. Aber „dem Menschen hat Gott die Wahl gegeben" (Sirach 15, 14).

Schon bei den kleinen, vergnügten Bagatellen des Lebens beginnt das Wählen, dort wo auf der Getränke- und Speisekarte Rot-, Weiß-, Rhein- oder Moselwein gewählt und wo vor dem Schaufenster ein neues Kleid mit beträchtlicher Qual ausgesucht wird. Bald aber hört die Gemütlichkeit auf, und das Wählen wird zur v e r a n t w o r t l i c h e n Last und Liebesmüh' des ganzen Lebens. Einen Beruf, einen Ehegatten, einen Wohnort, einen Arzt, einen Rechtsbeistand müssen wir wählen. Oft hängt das Glück daran.

Dann gilt's auf höherer Ebene zu wählen. Die menschliche Gesellschaft kann überhaupt nicht ohne Wahlen existieren. Wie ein göttliches Geheiß steht über ihr die W a h l p f l i c h t. Aus vieler Köpfe Meinung muß durch Abstimmung der gemeinsame Wille erkundet werden. Die Gemeinde, das Dorf, die Stadt, die Familie, der Betrieb, die Völker, auch die Gemeinde Christi muß wählen: „Sie wählte den Paulus und Barnabas zur Predigt unter die Heiden."

Schließlich muß der Mensch wählen auf höchster Ebene: V o r G o t t e s A n g e s i c h t. Da muß er wählen zwischen Gut und Bös, zwischen Gott und Belial. Nichtwahl ist auch Wahl. In einem schwerwiegenden Augenblick stand Josue vor dem Volke Israel, als es zwischen seinem unbequemen Gott und den bequemen Götzen schwankte und seiner Sendung zu vergessen drohte: „So wählet denn am heutigen Tage, wem ihr dienen wollt." Moses hat das Gottesvolk am Sinaiberg zur Wahl aufgerufen „zwischen Leben und Tod". Ja, zwischen H e i l u n d U n h e i l muß der Mensch wählen, das ist sein königliches Schicksal.

Nun geht es um die Bundestagswahl und der Parteien Streit. Ist das ein weltlich oder göttlich Ding? Glaube und Politik, Öffentlichkeit und Gottes Gesetz, Christentum und Welt, Kirche und Staat, Altar und Leben sind schicksalhaft ineinander geflochten und gemischt und können nimmermehr getrennt werden. Und je moderner die Zeiten ausreifen, desto mehr springt uns die Wahrheit des großen Augustinus-Wortes ins Gesicht, daß jegliche Geschichte dieser Erde — und Geschichte ist vor allem Politik — ein Stück Kampf für oder gegen das Gottesreich ist. So fordert die Stunde den p o l i t i s c h e n C h r i s t e n. Politik ist königliche Tat der Gefirmten aus dem Glauben. In einer Demokratie, was ja in schönster Übersetzung „Königtum des Volkes" heißt, ist der Wahlakt erste politische Tat. Lassen wir uns daher nicht herum überrumpeln. Wir Christen haben schon genug an den Stationen vergangener Wahltage gezaudert. Denken wir nur an die Wahlen vor etwa 20 Jahren. Wenn diese Wahltage

Der Erzengel MICHAEL als Seelenwäger

Federzeichnung von Hans Holbein dem Jüngeren, entstanden um 1518. Sie befindet sich heute in der öffentlichen Kunstsammlung in Basel.

noch einmal wiederkehren könnten! — Eine bittere Christenlehre der Geschichte!

D a r u m w ä h l e t! Unentschuldbar wäre ein Versäumnis der Wahl. Zwei Missionare sollen sich vor den italienischen Wahlen beim Papst vor der Besteigung des Schiffes verabschiedet haben. Dieser ordnete an, daß sie unter Aufschub der Reise um Wochen im Lande bleiben müßten bis

Titelseite am Sonntag der Bundestagswahl 1953.
Bildnachweis: KS 101 (1953) Nr. 36, 649.

Das eindeutige Ergebnis der Bundestagswahl, das Adenauer und seine Politik bestätigte, veranlaßte das Sonntagsblatt zu einem »Nachwort zur Wahl«. Der spätere Chefredakteur Franz Uhl fragte, »was Ministerpräsident Dr. Maier und seine nun vollends ganz unmöglich gewordene Regierungskoalition zu tun gedenke« angesichts dieser Niederlage »[...] Und ebenso eindeutig muß der Schritt Dr. Maiers sein, um einer demokratischen Entwicklung im Südweststaat die Bahn frei zu geben, die er bisher blockiert hat« (KS 101 [1953] Nr. 38, 688). Uhl sah sich in seiner Forderung bestätigt: Am 30. September trat Maier zurück, und seinem schärfsten Gegner, Gebhard Müller, gelang die Bildung einer Allparteienregierung.

Damit hatten sich die Rahmenbedingungen für die Verabschiedung der neuen Verfassung entscheidend geändert. SPD und FDP »haben in den strittigen Punkten der Verfassung, vor allem in der Schulfrage, einige ihrer alten, mit kulturkämpferischer Verbissenheit verteidigten Beschlüsse aufgeben müssen«. Die verschiedenen Formen der Volksschule sollten in den einzelnen Landesteilen erhalten bleiben, also auch in Südwürttemberg die Bekenntnisschule. Das Elternrecht muß, so die Verfassungsvorschrift, bei der Gestaltung des Schulwesens berücksichtigt werden, wobei das Nähere ein Schulgesetz regelt, das einer Zweidrittelmehrheit bedurfte. Da sie nahezu unmöglich zu erreichen war, wurde der Status quo in der Schulfrage durch die Verfassung von Baden-Württemberg de facto festgeschrieben. Diese letzte Bestimmung bleibt natürlich hinter dem von der katholischen Kirche Geforderten (Ermöglichung der Bekenntnisschule in allen Landesteilen) weit zurück. »Aber Politik ist die Kunst des Möglichen«, wie Chefredakteur Franz Kaiser in seinem Artikel »Was in der Schulfrage erreicht wurde« vermerkt. Ein herzlich empfundener Dank an die CDU über das Erreichte beschließt seine Ausführungen (KS 101 [1953] Nr. 41, 744).

Kritischer äußerte sich hingegen Leiprecht über den Kompromiß, mit dem er sich nicht einverstanden erklären konnte: »Wir werden nicht Ruhe geben, bis man uns die demokratischen Rechte zugesteht« (KS 101 [1953] Nr. 43, 791). Ein letztes Mal intervenierten in dieser Phase des Schulkampfes die Ordinariate von Rottenburg und Freiburg gemeinsam bei der Verfassungsgebenden Landesversammlung: »Die Festlegung des Status quo in der Schulform widerspricht dem Elternrecht und ist eine Verletzung der Glaubens- und Gewissensfreiheit. Wenn andere Volkskreise aus ihrer liberalen Weltanschauung heraus die Gemeinschaftsschule wünschen und erstreben, so nehmen die Katholiken aus ihrem katholischen Glaubensbewußtsein heraus das gleiche Recht auf Einführung der katholischen Bekenntnisschule in Anspruch. Mit der Berufung auf das Elternrecht fordern sie nichts Unbilliges. Sie sind nicht gewillt, eine Regelung, die den Elternwillen unberücksichtigt läßt, schweigend hinzunehmen« (KS 101 [1953] Nr. 45, 820). Doch anderes blieb der Kirche und den Katholiken Württembergs und Badens nicht übrig. Die kirchliche und öffentliche Diskussion über die Bekenntnisschule im Südweststaat, und damit auch die Berichterstattung des Sonntagsblattes, ebbte zum Jahresende ab. Sie sollte erst wieder in den sechziger Jahren virulent werden, als – unter gewandelten gesellschaftlichen und politischen Rahmenbedingungen – die südwürttembergische Bekenntnisschule nur noch als Privatschule mit weitgehender staatlicher Unterstützung durchzusetzen war. Auch hierbei spielten bundespolitische Entwicklungen (große Koalition unter dem ehemaligen Ministerpräsidenten von Baden-Württemberg, Georg Kiesinger) eine nicht unwesentliche Rolle. Angesichts dieser Entwicklung, die sich auch im KS gut nachzeichnen ließe, müssen die Ergebnisse der Schulkämpfe zwischen 1945 und 1953 für die Kirche von einem heutigen Betrachter differenzierter gesehen werden, als es der zeitgenössischen Kirchenleitung zu sehen möglich war. Ihre Maximalforderungen (Anerkennung des Elternrechtes in der Verfassung, Ermöglichung der Bekenntnisschulen in allen Landesteilen) hatten nie realistische Chancen, umgesetzt zu werden – dagegen stand der erbitterte Widerstand der SPD und der Liberalen und die mit der katholischen Position letztlich nicht einfach identischen Vorstellungen der CDU, für die Politik noch immer die Kunst des Machbaren war. Insofern ist die Tatsache, daß die Bekenntnisschule in Südwürttemberg bis 1967 öffentliche Volksschule bleiben konnte, realistischer Ausdruck für die Vielschichtigkeit des sensiblen Verhältnisses von Kirche und Staat in Württemberg nach dem Zweiten Weltkrieg. Die harte Kulturkampffront hätte, wenn man die Schulfrage einzig vom Ergebnis her sehen möchte, Ende der sechziger Jahre mindestens die gleiche Berechtigung gehabt wie um 1950. Das 2. Vatikanische Konzil mag hier allerdings nach dem Pontifikat des letzten Piuspapstes einen Wandlungsprozeß in Gang gebracht haben, der dem Weltpessimismus und der defensiven Grundhaltung der fünfziger Jahre eine neue Offenheit gegenüber den autonomen Entwicklungen menschlicher Gesellschaft und Geschichte entgegensetzte.

6. Die Bedeutung des Sonntagsblattes im Schulstreit 1946–1953

Die Kirchen im Nachkriegsdeutschland sahen es, über die konkrete Bewältigung der anstehenden Alltagsprobleme hinaus, als ihre Hauptaufgabe und Erfüllung ihrer Berufung an, zu einer Verchristlichung der Gesellschaft beizutragen. Denn die zwölf Jahre nationalsozialistischer Schreckensherrschaft sollten doch hinlänglich gezeigt haben, wohin der Mensch kommen konnte und wozu er fähig war, wenn die ihn leitenden Maximen nicht nur der sittlichen Motivierung und Begründung entbehrten, sondern auch noch ihrer religiösen Verankerung beraubt waren. Die beklemmende Erfahrung, daß an die Stelle individueller Verantwortlichkeit und Freiheit, freilich im Horizont einer vorgegebenen Werteordnung, ohne weiteres die Vermassung in ihrer monströsen Gestalt treten konnte und getreten war, stellte den abendländischen Wertekonsens, so umstritten er im komplexen politischen Alltagsstreit auch gewesen sein mag, fundamental in Frage. Die Kirche antwortete in dieser Situation mit einer Rückbesinnung auf christliches, je länger, je mehr konfessionell akzentuiertes Gedanken- und Traditionsgut. Doch die Welt hatte sich verändert. Die gesellschaftlichen und politischen Herausforderungen (beispielsweise Demokratisierung, Kommunismus, Wegfall eindeutig konfessioneller Parteien, konfessionell heterogen werdende Landschaft aufgrund der Flüchtlingsströme) verlangten dauerhaft, so die heutige Interpretation, nach moderneren Antworten, als der Kirche zu geben möglich war. So erhielt sie nicht den von ihr angestrebten prägenden Einfluß auf die politischen und gesellschaftlichen Entwicklungen – trotz der ihr anfänglich zugestandenen Kompetenz für die Gestaltung der Nachkriegsgesellschaft. Dies erklärt zu einem gewissen Teil die Vehemenz der Auseinandersetzung über die Gestalt der Volksschule, wie sie hier beschrieben wurde. Wissen ist Macht, das heißt wer über die Art der Vermittlung von Wissen entscheiden kann, besitzt prägenden Einfluß auf das gesellschaftliche Umfeld, in dem dieses Wissen vermittelt wird. Eine christliche Gesellschaft bedarf hierbei christlicher Schulen. Daß die katholische Kirche auf der konfessionell geprägten Bekenntnisschule beharrte, hängt mit dem – wohlbegründeten – Mißtrauen gegenüber ihren Gegnern zusammen, deren Engagement für die »christliche« Schule als taktisch motiviert angesehen wurde, um die eigentliche Absicht, eine religiös neutrale Schule zu schaffen, zu verschleiern. Und eine religiös neutrale Schule konnte man kirchlicherseits nicht anders verstehen denn als gottlose Schule – und wohin dies hinauslief, hatte man erlebt... Daß die Sorge vor einer atheistischen Gesellschaft eigentlich unberechtigt war (wenigstens bezogen auf den Westteil Deutschlands), wird man selbst heute, über 30 Jahre nach der endgültigen Beseitigung der Konfessionsschule als staatlicher Volksschule in Baden-Württemberg, konstatieren dürfen.

Von nicht geringerer Bedeutung ist die historische Prägung, welche die Kirchen bezüglich der Schulfrage mitbrachten. Schon immer galt diese Auseinandersetzung als Gradmesser für die selbstverständliche (!) Akzeptanz und Gestaltungsfreiheit der Kirchen innerhalb der Gesellschaft. Über diese Tradition konnte die Kirche nicht einfach hinweggehen. Die vorgestellten Auseinandersetzungen bis hin zu den Regelungen im Südwesten Deutschlands beschreiben sehr gut den mühsamen Lernprozeß, den die Kirche über Jahrzehnte hinweg in dieser Frage vollziehen mußte. Aus der heutigen Distanz wissen wir, daß er nicht in der befürchteten Katastrophe endete. Den Zeitgenossen ist der Mangel an Distanz nicht vorzuwerfen. Er brachte jedoch jene befremdliche Heftigkeit hervor, die den Schulstreit zu einem »Kulturkampf« ausarten ließ – die gewählte Terminologie entspricht ganz genau der damaligen Ausdrucksweise, so gerne man heute auch auf sie verzichten möchte[54]. Handelnde Personen in diesem Kampf waren die Politiker und ihre Parteien einerseits, die kirchlichen Amtsträger – in je verschiedener Heftigkeit, wie beschrieben wurde – und das katholische Volk andererseits. Dieses Volk zu erreichen, es »aufzuklären« und in seinem Wahlverhalten zu beeinflussen, es zu Unterschriftenaktionen und Kundgebungen zu motivieren, diesem Ziel galt das Engagement des Katholischen Sonntagsblattes. Man ging es energisch an: Eine Vielzahl von Beiträgen ab 1947 diente dieser Aufgabe. Der Schulstreit ist das alles beherrschende Thema der politischen Berichterstattung – allenfalls die Auseinandersetzung mit dem Kommunismus ab etwa 1950 kommt dem nahe. Hierbei wurden alle denkbaren Formen, die dem Medium »Zeitung« zur Verfügung standen, benutzt: Hintergrundartikel, kurze Meldungen, Merksprüche, ausführliche Berichte von Tagungen und Versammlungen und vieles mehr. Die Redaktion erwies sich mit ihrer direkten Verbindung in das Bischöfliche Ordinariat als populäres Sprachrohr der dort verfochtenen Schulpolitik. In der kreativen Umsetzung der Artikel – Beispiele von Seitengestaltungen wurden angeführt – wirkte sie selbst interpretierend mit; kommentierende Bemerkungen finden sich bis zu Beginn der fünfziger Jahre eher selten; mit zunehmender Heftigkeit der Auseinandersetzung können allerdings auch solche aus den »nackten« Berichten gefiltert werden.

Bedrückend ist gerade für diese Spätzeit der wiederholte Vergleich der schulpolitischen Vorstellungen von Sozialdemokraten und Liberalen mit jenen der Nationalsozialisten, der immer nur haarscharf an einer Gleichsetzung der handelnden Personen vorbeigeht[55]. Die Einflußnahme auf die Leserschaft zugunsten der CDU legte sich aus inhaltlichen Gründen nahe, wobei auch hier traditionelle Wurzeln zu berücksichtigen sind. Sie braucht als solche – zumal im Kontext der einleitenden Bemerkungen über die Christianisierung der Nachkriegsgesellschaft und der schroffen Auseinandersetzung der Kirche mit Sozialismus und Kommunismus seit Beginn der fünfziger Jahre – nicht zu verwundern. Auch hier wirkten die späten sechziger Jahre – diesmal bezogen auf die Parteienlandschaft – als Umbruchszeit. Heutige direkte Wahlempfehlungen von Bischöfen, die auch nur annähernd die Deutlichkeit der hier beschriebenen erreichen, sind tabuisiert und befremden mehr, wenn sie gelegentlich auftauchen, als daß sie auf die konkrete Wahlentscheidung Einfluß nehmen könnten. Als Stabilisator für ein sich auflösendes katholisches Milieu sind diesbezügliche Ausführungen im Sonntagsblatt nicht zu unterschätzen – Bestätigung sind sie allerdings für beides: für das (gewünschte oder reale) Vorhandensein eines Milieus ebenso wie für dessen Auflösungstendenzen, die ja substantiell zu diesem nie monolithisch zu denkenden Gebilde »Milieu« gehören.

Und nur diejenigen, die nach dem 2. Vatikanischen Konzil groß geworden sind, mag der Totalitätsanspruch der katholischen Kirche befremden, wie er sich in Vorstellungen von katholischer Naturkunde (vgl. KS 96 [1948] Nr. 49, 279) oder katholischem Mathematikunterricht, in dem auch auf Zahlenmystik Bezug genommen werden kann (KS 95 [1947] Nr. 35, 206), spiegelt. Noch 1951 definierte Pius XII. christliche Erziehung als eine »totale Bildung […], die den ganzen Unterricht, auch den weltlichen« durchdringen müsse[56]. Daß solche Vorstellungen natürlich Wasser auf die Mühlen der Gegner der Bekenntnisschule waren und zu entsprechend sarkastischen Bemerkungen veranlaßten, versteht sich von selbst[57]. Das Katholische Sonntagsblatt kämpfte an vorderster Front und, was die Mobilisierung der katholischen Bevölkerungsschicht angeht, mit sichtbarem Erfolg in den jahrelangen Auseinandersetzungen um die Gestalt der Volksschule. Es kam hierbei seiner Aufgabe als Sprachrohr des Ordinariates, das auf populärem Wege Aufklärungsarbeit zu leisten hat, vorbildlich nach. Die Vorstellung dieser Aufklärungsarbeit gewährt zugleich einen Einblick in die eigentümliche Prägung des politischen Katholizismus Württembergs in der Nachkriegszeit.

Literatur

BURKARD, Dominik, Kein Kulturkampf in Württemberg? Zur Problematik eines Klischees, in: RJKG 15 (1996), 81–98.

FEUCHTE, Paul, Verfassungsgeschichte von Baden-Württemberg (Veröffentlichungen zur Verfassungsgeschichte von Baden-Württemberg seit 1945 Bd. 1), Stuttgart 1983.

FEUCHTE, Paul/DALLINGER, Peter, Christliche Schule im neutralen Staat, in: Die Öffentliche Verwaltung 1967, 361ff.

KÖHLER, Joachim/Damian VAN MELIS (Hg.), Siegerin in Trümmern. Die Rolle der katholischen Kirche in der deutschen Nachkriegsgesellschaft (Konfession und Gesellschaft 15), Stuttgart 1998.

KOPF, Paul, Die Bischofswahl 1949. Beispiel der Zusammenarbeit von Staat und Kirche in den provisorischen Nachkriegsverhältnissen, in: RJKG 7 (1988), 175–190.

PFEIFER, Hans (Hg.), Wallfahrt Schönenberg, 1638–1988 (Festschrift zum 350jährigen Jubiläum der Kirchengemeinde Schönenberg), Ellwangen 1988, 180–192 (Beitrag Paul Kopf).

SÖRGEL, Werner, Konsensus und Interessen. Eine Studie zur Entstehung des Grundgesetzes für die Bundesrepublik Deutschland (Frankfurter Studien zur Wissenschaft von der Politik 5), Stuttgart 1969.

VAN SCHEWICK, Burkhard, Die katholische Kirche und die Entstehung der Verfassungen in Westdeutschland 1945–1949 (VKZG.B 30), Mainz 1980.

WINKELER, Rolf, Der Kampf um die Konfessionsschule in Württemberg 1945–1949, in: RJKG 7 (1988), 73–89.

WINKELER, Rolf, Schulpolitik in Württemberg-Hohenzollern 1945–1952 (Veröffentlichungen der Kommission für geschichtliche Landeskunde in Baden-Württemberg B 66), Stuttgart 1971.

Anmerkungen

1 Zur Verfassungsgeschichte und dem Streit um die Schulform im hier behandelten Zeitraum vgl. generell FEUCHTE, Verfassungsgeschichte, 68–88. 196–211; VAN SCHEWICK, Die katholische Kirche, passim; FEUCHTE/DALLINGER, Christliche Schule, passim; WINKELER, Schulpolitik; WINKELER, Kampf.

2 Böhler an die Ordinariate, 17. Dezember 1948; zitiert nach VAN SCHEWICK, Die katholische Kirche, 99f. In einem weiteren Rundschreiben an die Ordinariate verwies Böhler am 22. Januar 1949 ebenfalls auf die Bedeutung der Öffentlichkeitsarbeit (ebd., 110).

3   Böhler in einem Rundbrief an die Bistumsblätter, 11. Dezember 1948; zitiert nach VAN SCHEWICK, Die katholische Kirche, 96 Anm. 196.
4   Charakteristisch für diese Haltung mag das Gebet sein, mit dem sich Pius XII. an Pius X. anläßlich dessen Seligsprechung wandte; es wurde am 17. Juni 1951 in KS 99 (1951) Nr. 24, 378 abgedruckt: »Die Braut Christi, die deiner Sorge anvertraut war, befindet sich in schwerer Bedrängnis. Ihre Kinder sind an der Seele und am Leibe von unzähligen Gefahren bedroht. Der Geist der Welt geht wie ein brüllender Löwe umher, suchend, wen er verschlingen kann [1Petr 5,8]. Nicht wenige fallen ihm zum Opfer. Sie haben Augen und sehen nicht, sie haben Ohren und hören nicht [Ps 115,5]. Sie schließen den Blick vor dem Lichte der ewigen Wahrheit, sie hören auf Stimmen schmeichlerischer Sirenen und auf täuschende Botschaften«. Ein Leser des KS im Jahre 1951 hörte diese römische Mahnung zusammen mit einer ganzen Fülle von Informationen und Aufrufen zum Thema Schulstreit – eine Durchsicht dieses Jahrgangs ergab mindestens 24 Berichte und Artikel hierzu. Auch der Silvesterleitartikel des KS von 1946 ist von der beschriebenen welt-pessimistischen Grundstimmung getragen (ganz im Gegensatz zum nachdenklichen Ton der letzten Ausgabe von 1945 oder den hoffnungsvollen Äußerungen von 1947).
5   Zwar gab es in den siebziger und achtziger Jahren des 19. Jahrhunderts in Württemberg keinen Kulturkampf, der auch nur annähernd den Auseinandersetzungen in Preußen oder Baden vergleichbar gewesen wäre, wohl aber so manches Kulturkämpferisches an der Basis; vgl. hierzu BURKARD, Kein Kulturkampf? Zur »Kampf«-Terminologie im Kontext der Auseinandersetzung um die Bekenntnisschule vgl. Anm. 54.
6   Die Formulierung lehnt sich an den Hirtenbrief der katholischen Bischöfe vom 2. April 1922 an (vgl. KS 73 [1922] Nr. 15, 165), an den in langen Passagen der KS-Leser angesichts der Volksabstimmung in Württemberg-Hohenzollern am 12. Dezember 1948 erinnert wurde (KS 96 [1948] Nr. 49, 279).
7   KS 96 (1948) Nr. 48, 271, zitiert im Fettdruck wesentliche Passagen, um die Leser auf die Wahl des Schultyps (»Schulwahl«) am 12. Dezember 1948 in Württemberg-Hohenzollern einzustimmen.
8   Zu dieser Phase vgl. WINKELER, Schulpolitik, 44–50. Entsprechende Nachrichten finden sich auch in KS 94 (1946) Nr. 10, 59: Die französische Militärregierung anerkenne die im Reichskonkordat enthaltenen Vorschriften über den konfessionellen Unterricht, der aus Organisationsgründen allerdings erst im Schuljahr 1946/47 auf Antrag durchgeführt werden könne. KS 94 (1946) Nr. 45 vom 10. November informiert schließlich auf S. 269: »Für das Schuljahr 1946/47 ist in Süd-Württemberg, vorläufig bis zur verfassungsmäßigen Regelung, die Bekenntnisschule in 39 Städten und größeren Gemeinden eingeführt worden«. WINKELER, Kampf, 80, charakterisiert die französische Haltung zur Schulfrage als einen »Zick-Zack-Kurs«.
9   Zu den kirchlichen Interventionen des Jahres 1945 vgl. WINKELER, Kampf, 75–78.
10 Zur Schulpolitik von Marx vgl. HEHL, Marx, 58–66. Ein gutes Jahr später setzt Lang dem Rottenburger Domkapitular Paul Stiegele als einem »Kämpfer um die katholische Schule« ebenfalls ein auf die Schulfrage zugeschnittenes Denkmal (KS 94 [1947] Nr. 49, 291). Er zitiert hierbei die kämpferische Rede Stiegeles auf dem Ulmer Katholikentag von 1901.
11 Ein weiterer Artikel über Äußerungen des Papstes zur Schulfrage im 94. Jahrgang (1946) findet sich in Nr. 39, 231 (Kongreß des Katholischen Lehrervereins Italiens).
12 Die politische Neuordnung verlief in der amerikanischen Besatzungszone ungewöhnlich schnell: 19. September 1945 Proklamierung des Staates Württemberg-Baden (heutige Regierungsbezirke Karlsruhe und Stuttgart); Januar und April 1946 Wahlen in den Gemeinden; 30. Juni 1946 Wahlen zur Verfassungsgebenden Versammlung; 24. November 1946 Volksabstimmung über Verfassung und Landtagswahlen. Zum letztgenannten Datum findet sich im KS der Beitrag »Christliche Grundsätze und öffentliches Leben«, der gegen Liberalismus, »Verweltlichung des staatlichen Lebens« und Materialismus Stellung bezieht. Der Christ dürfe sich nicht schämen, öffentlich für eine Verchristlichung der Gesellschaft einzutreten. Wahlen seien hierfür ein wichtiges Mittel (KS 94 [1946] Nr. 47, 280). Hinter dem in der gleichen Ausgabe abgedruckten Hirtenwort des Bischofs zum Wahlsonntag (282) erhalten die KS-Leser ein Gebet zum Wahltage aus Italien an die Hand, wobei man zunächst den Eindruck haben muß, es sei von Sproll selbst autorisiert. Hier heißt es u.a.: »Die neue Verfassung möge vom Geiste Gottes getragen sein, auf daß sie ihn als höchsten Gesetzgeber der Völker anerkenne und sein Recht in Familie und Schule, im öffentlichen und priva-

	ten Verhalten bekräftige« (ebd.). In der französischen Besatzungszone verlief die Aufbauphase demokratischer Institutionen langsamer: April 1946 Bildung von Württemberg-Hohenzollern (heutiger Regierungsbezirk Tübingen) und (Süd-) Baden (heutiger Regierungsbezirk Freiburg); 15. September und 13. Oktober 1946 Wahl der Gemeinde- und Kreisräte; 17. November 1946 Wahl zur Beratenden Landesversammlung (Bericht über Hochamt und Predigt anläßlich der ersten Sitzung am 22. November in KS 94 [1946], Nr. 49, 294); 18. Mai 1947 Volksabstimmung über die Landesverfassung und Landtagswahlen; vgl. FEUCHTE, Verfassungsgeschichte, 18f.
13	Auf die Leitsätze der Fuldaer Bischofskonferenz verwies der Mainzer Bischof in seinem Fastenhirtenbrief 1947, wie der Leser in KS 95 (1947) Nr. 11, 62, erfährt. Über den Hirtenbrief der Salzburger Bischofskonferenz des österreichischen Episkopats, unter anderem über »die Frage der religionslosen Schule«, berichtet das KS am 10. November 1946, KS 94 (1946) Nr. 45, 269.
14	Zum Hintergrund vgl. WINKELER, Schulpolitik, 86–99.
15	Brisanz bekommt der Artikel durch den Hinweis des Verfassers auf die symbolische Bedeutung von Ort und Anlaß der Ansprache. Er erinnert folgendermaßen an die Predigt Sprolls im November 1936 auf dem Schönenberg: »[…] wie er [Sproll] vor Jahren schon [also zur NS-Zeit!] dieses Fest zum Anlaß nahm, das katholische Volk zur Wachsamkeit aufzurufen, daß es den wahren Gott von den damaligen Zeitgötzen unterscheiden möge«. Die zeitgenössische Berichterstattung über dieses Ereignis (KS 87 [1936] Nr. 47, 940) läßt von der Kritik an den Zeitgötzen nichts erahnen – hier greifen die staatlichen Zensurmaßnahmen. Sproll selbst erinnerte in seiner Rundfunkansprache vom 11. November 1945 an diese programmatische Rede, in der er nach eigenem Bekunden u.a. gesagt hatte: »Hatten wir vor wenigen Jahren noch gehofft, die beiden christlichen Konfessionen werden die Grundlagen für den religiösen und sittlichen Aufbau des Reiches sein, so darf es jetzt offen ausgesprochen werden, daß die beiden christlichen Konfessionen zu verschwinden haben und daß die nationalsozialistische Revolution in eine germanisch-heidnische Reformation übergehen müsse. Wer Tag für Tag die Zeitungen verfolgt, kann darüber nicht mehr im Zweifel sein, daß es sich um einen Generalangriff gegen jegliches Christentum handelt« (KS 93 [1945] Nr. 19, 68). Zu den Predigten Sprolls auf dem Schönenberg während des Dritten Reiches vgl. den Beitrag von Paul KOPF in: PFEIFER, Schönenberg.
16	So der Abgeordnete Franz Bläsi am 25. September 1946; vgl. insgesamt FEUCHTE, Verfassungsgeschichte, 70–73. Zu den schulpolitischen Vorstellungen der einzelnen Parteien vgl. die übersichtliche Darstellung bei WINKELER, Schulpolitik, 52–70.
17	Unter der Überschrift »Tätige Staatsbürgerschaft« erinnert das KS am 18.5.1947 an die Gewissenspflicht des Christen, zur Wahl zu gehen. Zitiert wird der pointierte Hirtenbrief des Kardinals von Toronto: »Wenn unchristliche Männer für Ämter gewählt werden, und wenn die Staatspolitik auf schlechten Grundsätzen gegründet ist, dann müssen wir uns selbst fragen, ob unsere Gleichgültigkeit daran schuld ist«. Ein bekanntes Schema: Die Äußerung in Kanada über dortige Verhältnisse gilt gleichermaßen für die gegenwärtige Situation, in der sich der Leser in Südwestdeutschland befindet.
18	Ähnlich auch die Ausführungen »Um die katholische Schule« in KS 95 (1947) Nr. 46, 274.
19	Als Beispiele mögen die angeführten Artikel gelten, in denen sonst keine tieferen Betrachtungen über das Verhältnis von Christentum/Kirche und Demokratie zu finden sind. Des weiteren kommentierte beispielsweise die Bistumszeitung die Ablehnung der Bekenntnisschule in Rinteln/Weser durch »alle 17 nichtkatholischen Stadtverordneten gegen den einzigen katholischen Vertreter« mit den Worten: »70 Prozent der katholischen Eltern hatten die Wiedererrichtung der Schule verlangt. […] So sieht die ›Demokratie‹ dieser Leute in der Praxis aus: sie bestätigen das von den Nazis begangene Unrecht«; KS 95 (1947) Nr. 48, 287; vgl. zu den Vorgängen in Rinteln auch KS 96 (1948) Nr. 30, 123. Ansonsten begegnet das Thema »Demokratie« nur noch im Kontext von Wahlaufrufen – nicht ohne Hinweis auf die Gewissenspflicht der Gläubigen zu richtiger Stimmabgabe.
20	Auch im Zuge der Auseinandersetzung um die Verfassung des neuen Bundeslandes Baden-Württemberg sprach der streitbare »Missionar auf dem Schloßplatz«, P. Johannes Leppich (1915–1992), SJ, von der »heiligen Parallelität« zwischen Lehrer und Priester (KS 100 [1952] Nr. 25, 414).
21	Weitere Schulartikel in KS 96 (1948) über den Bereich Südwestdeutschlands hinaus: Bayern (Nr. 6, 26; Nr. 14, 59); Niedersachsen (Nr. 6, 27; Nr. 30, 123; Nr. 41, 206; Nr. 48, 267); Berlin (Nr. 39, 206); USA (Nr. 34, 154).

22 Zwei Ausgaben zuvor druckte die Redaktion Zitate aus der Enzyklika *Divini illius Magistri* ab, in der Pius XI. (1857–1939) für katholische Schulen eintrat. Für den 12. Dezember wurden die Leser aufgefordert: »[D]enkt an eure Gewissenspflicht, euren Kindern katholische Schulen zu geben!«; KS 96 (1948) Nr. 48, 271. Das Argument, daß es Christentum nicht ohne konfessionelle Ausprägung gebe, begegnet auch auf dem Höhepunkt der Auseinandersetzung um die Verfassung des Südweststaates Baden-Württemberg (vgl. KS 101 [1952] Nr. 8, 128; Nr. 10, 168).

23 Zur Diskussion um das Elternrecht in der evangelischen Kirche vgl. WINKELER, Schulpolitik, 88f.; ders., Kampf, 76f.; SÖRGEL, Konsensus, 189–191. Besonders die Theologen Helmut Thielicke (1908–1986) und Martin Niemöller (1892–1984) bezogen gegen das Elternrecht Stellung. Die Untersuchung der konfessionellen Komponente wäre eine eigene Forschungsarbeit wert.

24 KS 96 (1948) Nr. 45, 243; im Zusammenhang eines Beitrags über die Zurückweisung einer Verfassungsklage der SPD vor dem Badischen Staatsgerichtshof (wegen der Nichtverwendung konfessionsloser Volksschullehrer) begegnet dieses Argument erneut: KS 98 (1950) Nr. 9, 132. Über Gröbers Haltung wird nochmals 1952 öffentlich gestritten: KS 100 (1952) Nr. 27, 444.

25 Hierzu ausführlich und instruktiv: VAN SCHEWICK, Die katholische Kirche, 65–127.

26 KS 96 (1948) Nr. 48, 266 berichtet von einer entsprechenden Eingabe der Katholikenausschüsse der Erzdiözese Köln. Eine offizielle Note der deutschen Bischofskonferenz richtete Kardinal Frings am 20. November an den Parlamentarischen Rat (KS 96 [1948] Nr. 50, 283). Noch in der vorletzten Nummer 1948 erscheint ein sehr polemischer Artikel, der zunächst über die Weigerung der Vereinten Nationen informiert, den Namen Gottes in die Erklärung der Menschenrechte zu übernehmen, deren erste Fassung seit Dezember 1947 vorlag (bereits Nr. 35, 159, setzte sich kritisch mit der Erklärung auseinander). Der Verfasser führt dann aus: Der Parlamentarische Rat lege einen Verfassungsentwurf vor, »der noch weniger an christlichem Geist enthält als die Weimarer Verfassung. [...] Der letzte Satz der Eidesformel, die der künftige Bundespräsident [...] zu sprechen hat, lautet: ›So wahr mir Gott helfe!‹ Der Ausschuß hat beschlossen, daß dieser Satz auch ausgelassen werden kann. Warum auch nicht? Dann hilft Gott dem Bundespräsidenten eben nicht. Es geht auch ohne Gott. Es ist schon einmal ohne Gott gegangen – damals, als uns der ›Allmächtige‹ half. Es ist sogar glänzend gegangen, bis kurz vor dem Schluß…« (KS 96 [1948] Nr. 51, 291). Zum Vorkommen des Wortes »Gott« in verschiedenen Länderverfassungen vgl. KS 96 (1948) Nr. 32, 134f.

27 Heuss bot wiederholt durch seine Äußerungen zur Schulfrage ausreichend Angriffsfläche, da er vor markanter Polemik nicht zurückschreckte, so beispielsweise am 7. Oktober 1948 während einer Rede im Grundsatzausschuß des Parlamentarischen Rates: »Was heißt denn das Elternrecht als Grundrecht? – Kinder zu kriegen! Was denn sonst?«; zitiert nach VAN SCHEWICK, Die katholische Kirche, 75. Nachdem die Kirche mit ihren Forderungen gescheitert war, charakterisierte Böhler Heussens Verhandlungsstil gegenüber dem ›Christlichen Nachrichtendienst‹ mit den Worten: »Der Ausfälligkeit des Abgeordneten Heuss in der Schluß-Vollsitzung den Kirchen gegenüber wird noch die entsprechende Antwort zuteil werden. Er hat damit wieder klar gezeigt, wie wenig der sogenannte ›Liberale‹ dem Wesen der Kirche gerecht werden kann« (KS 97 [1949] Nr. 22, 199).

28 »Das Herz der Schule sind nicht der Staat und die Politik, sondern das Kind und die Eltern. Der Staat ist die Frucht der Familie, aber nicht die Familie die Frucht des Staates. Die Schule ist kein Luftschutzkeller, sie braucht Gottes Licht und Sonne«. Weitere Beispiele: KS 97 (1949) Nr. 6, 42: »Die Schulomnipotenz ist der Dolchstoß für die Elternrechte«; Nr. 7, 49: »Elternrecht ist Gottesrecht. Wer ein Grundrecht leugnet, untergräbt die anderen. Wer aus dem Staatsschiff den Kompaß des Elternrechtes nimmt, landet im Osten«; Nr. 19, 167: »Was die Eltern der Schule geben, kann kein Staatsmann ersetzen. Wahre Schulbildung stammt aus Gott und führt zu Gott«; oder gar solch literarische Bonmots wie in Nr. 8, 62: »Wenn der Staat das Elternrecht nicht anerkennt, verleugnet er Gottesrechte. Wer das Elternrecht nicht ehrt, ist Gottes nicht wert. Wer die Elternrechte nicht anerkennt, macht die Eltern mundtot«; die Reihe ließe sich fortsetzen.

29 Vgl. hierzu VAN SCHEWICK, Die katholische Kirche, 111–121. Vermutlich führte die allgemeine Anerkennung des Erziehungsrechtes der Eltern zu der irrigen Nachricht in KS 97 (1949) Nr. 6, 42 (7. Februar 1949), das Elternrecht sei in das Grundrecht aufgenommen worden. Zur Diskussion innerhalb der CDU vgl. WINKELER, Kampf, 81f.

30 Im Hintergrund stehen die angesprochenen Unstimmigkeiten in der Bischofskonferenz über das weitere Vorgehen; allerdings würden die Bischöfe auf die Forderung nach Durchsetzung des Elternrechts »unter keinen Umständen verzichten«; KS 97 (1949) Nr. 9, 66; vgl. Nr. 8, 58.

31 Das KS berichtet in diesem Jahrgang wiederholt über Versuche, die Gültigkeit des Konkordates zu bestreiten; KS 97 (1949) Nr. 1, 3; Nr. 5, 30.

32 Noch am 7. Februar, also kurz nach Bekanntwerden des unbefriedigenden Kompromisses des Fünferausschusses, wurde Adenauer signalisiert, daß man in der Päpstlichen Mission in Kronberg, der offiziellen Kontaktstelle des Heiligen Stuhles in Deutschland, davon ausging, daß der Papst »zu Fragen des Elternrechts *offiziell* keine Stellung nehmen [werde…] Jedenfalls könnten sich die Bischöfe bei einem event. Kampf nicht auf Rom berufen« (Mitteilung Dörpinghaus an Adenauer nach einem Gespräch mit P. Ivo Zeiger); zitiert nach VAN SCHEWICK, Die katholische Kirche, 11f. Das Schreiben des Papstes datiert vom 20. Februar; veröffentlicht wurde es allerdings erst Anfang Mai; vgl. ebd., 124. Das Sonntagsblatt berichtet darüber hinaus am 9. Oktober über eine Ansprache des Papstes zur Schulfrage auf einem Schulkongreß in Italien (KS 97 [1949] Nr. 41, 429f.) – die auf der Titelseite positionierten Ausführungen dienten selbstverständlich zur Einflußnahme auf den deutschen Leser.

33 VAN SCHEWICK, Die katholische Kirche, 124.

34 Der entschiedenste Verfechter der Bekenntnisschule innerhalb der Bischofskonferenz, Bischof Michael Keller von Münster (1896–1961), forderte Ende des Monats in Rheine, kein Christ dürfe bei den kommenden Wahlen Stimmenthaltung üben oder »falsch« wählen (KS 97 [1949] Nr. 22, 198). Ähnlich das Veröffentlichungsorgan der Katholischen Aktion Italiens, »Il Quotidiano«, in einem Kommentar vom 12. Juni 1949, über den KS 97 (1949) Nr. 24, 222, berichtet.

35 Sie ist im KS abgedruckt: KS 97 (1949) Nr. 24, 223f.; Nr. 25, 235; Nr. 26, 247; Nr. 27, 259. Ich zitiere im folgenden nur die entsprechende Seitenzahl. Die Schriftleitung kommentierte die Wiedergabe: »Wir bitten daher alle Leser, aufmerksam in dieser und den folgenden Nummern die Ausführungen der Bischöfe zu lesen, die damit – wie sein mahnender Brief in letzter Stunde vor der Abstimmung in Bonn gezeigt hat – auch dem Heiligen Vater aus dem Herzen sprechen. Die Schriftleitung« (223).

36 Auf eine nähere Analyse des Hirtenwortes muß aus Platzgründen verzichtet werden. Es war klar, daß »sozialistische« und »liberalistische« Parteien nicht wählbar waren; wer kommunistische Lehren unterstützte, war exkommuniziert, und wer die Kirche als »fünfte Besatzungsmacht« bezeichnete (der SPD-Vorsitzende Kurt Schumacher), begab sich selbst ins Abseits (331). Zur heftigen Diskussion um die Schumacher-Äußerung und deren Nachwirkung vgl. KS 97 (1949) Nr. 27, 271; Nr. 33, 330; KS 98 (1950) Nr. 30, 484; KS 99 (1951) Nr. 34, 540; KS 100 (1952) Nr. 9, 135.

37 Gegenüber dem volkstümlichen Bekennerbischof Sproll, als dessen Hauptanliegen August Hagen (1889–1963) in seinem Nachruf die »Erhaltung der Bekenntnisschule« ausmachte (KS 97 [1949] Nr. 12, 99), wirkte Leiprechts betont priesterlicher Stil eher Distanz schaffend. Die relativ verhaltene Berichterstattung in KS 97 (1949), Nr. 29 (Bischofswahl), Nr. 31 (Empfang in Rottenburg), Nr. 36 (Lebenslauf), Nr. 38 (Inthronisation) veranschaulicht dies gut. Zur keineswegs überraschenden Bischofswahl selbst vgl. KOPF, Bischofswahl.

38 Berichte über die Tagungen in KS 98 (1950) Nr. 3, 44f.; Nr. 25, 405 (Gemeinschaftsschule als »geduldeter Notbehelf«); KS 99 (1951) Nr. 2, 27; Nr. 22, 349. Charakteristisch sind die kurzen Bemerkungen über die Pfingsttagung 1951 (Nr. 22, 349): »Er [Leiprecht] habe nur den einen Wunsch […], daß alle katholischen Erzieher auch wirklich katholische Christen seien. Alle Schulreformen seien zwecklos, wenn nicht auch der Mensch, der Christ, zum katholischen Christen reformiert werde. Dazu seien aber drei Voraussetzungen erforderlich: der lebendige Glaube des Einzelnen, die Ehrfurcht vor dem Kinde und die Liebe als Grundhaltung in der Erziehung wie auch im Leben«.

39 Das Hirtenwort Leiprechts zum Schulsonntag (KS 99 [1951] Nr. 16, 251) läßt nur indirekt die Auseinandersetzungen der vergangenen Jahre erahnen.

40 KS 98 (1950) Nr. 6, 82; KS 99 (1951) Nr. 20, 314; Nr. 25, 394; Nr. 27, 426; Nr. 31, 490.

41 KS 98 (1950) Nr. 26, 418 (Zusammensetzung des Parlaments in Nordrhein-Westfalen); Nr. 30, 484 (Bundesministerien); Nr. 49, 807 (leitende Beamte Südwürttemberg); KS 99 (1951) Nr. 4, 52 (Südwürttemberg); Nr. 29, 460 (Bonn, Südwürttemberg). Nr. 34, 540, reflektiert diese Debatte im Artikel »Konfessionelle Friedensstörer«: »Seit dem bösen Wort von Dr. Schumacher, der die Kirche die

›fünfte Besatzungsmacht‹ in Deutschland nannte, haben wir immer wieder auf Versuche der SPD hinweisen müssen, den konfessionellen Frieden in Deutschland zu stören. Aus reinem Parteinteresse suchen manche ihrer Führer, die Kluft zwischen Katholiken und Protestanten zu erweitern und eine wahre Kulturkampfstimmung gegen die Katholiken in der Bonner Regierung zu entfachen«.

42 Die Personalpolitik des Kultministeriums in Nordwürttemberg mit ihren »Ausschaltungsmethoden« ist auch Hauptkritikpunkt eines vieldiskutierten Flugblattes, das die Arbeitsgemeinschaft der katholischen Organisationen und Verbände Württembergs kurz vor Beginn der Wahlen zur Verfassungsgebenden Versammlung (9. März 1952) in Umlauf brachte und zu einer harschen Auseinandersetzung zwischen dieser Arbeitsgemeinschaft und Kultminister Gottfried Schenkel führte; vgl. den Bericht in KS 100 (1952) Nr. 2, 20, und die Reaktionen des Ministeriums: Nr. 3, 35f.; Nr. 8, 124; vgl. 10, 151f. Die konfessionelle Zusammensetzung der Ministerien beschäftigt auch Nr. 14, 220.

43 Diese Bezeichnung ist der wertenden Unterüberschrift des Beitrags »Das Elternrecht verweigert!« in KS 101 (1953) Nr. 6, 95, entnommen, in dem über die Ablehnung des Elternrechts im Stuttgarter Verfassungsausschuß berichtet wird.

44 Berichte über Niedersachsen in KS 100 (1952) Nr. 9, 136; Nr. 18, 291; Nr. 20, 324; KS 101 (1953) Nr. 5, 76; Nr. 9, 146; Nr. 23, 418; Nr. 47, 858, 860; Berichte über Bayern in KS 100 (1952) Nr. 3, 36; KS 101 (1953) Nr. 6, 101; Nr. 9, 146; Nr. 12, 202; Berichte über Hamburg in KS 101 (1953) Nr. 16, 288; Nr. 18, 326; Berichte über Nordrhein-Westfalen in KS 100 (1952) Nr. 12, 186; Nr. 18, 291; KS 101 (1953) Nr. 19, 347; Berichte über Westberlin in KS 100 (1952) Nr. 18, 291; KS 101 (1953) Nr. 35, 634; Berichte über die Situation in Rheinhessen in KS 100 (1952) Nr. 17, 274; Nr. 18, 291.

45 Daß die »Stuttgarter Regierungsparteien ein regelrechtes Kulturkampf-Komplott geschmiedet haben«, als sie im April 1952 »ihren traurigen Staatsstreich [!] verübten«, sieht die Bistumszeitung durch eine Pressekonferenz Maiers am 23.3.1953 bestätigt, als der Ministerpräsident ausführte, »bei den Verhandlungen vor der Regierungsbildung habe sich gezeigt, daß die CDU die Bekenntnisschule auf das ganze Bundesland ausdehnen wollte, und da hätten ›sich eben diejenigen zusammengefunden, die sie nicht wollten‹. Damit ist also offen zugegeben, daß die Koalition zwischen Liberalen und Sozialisten zur Verhinderung der Bekenntnisschule gebildet worden ist« (KS 101 [1953] Nr. 21, 384). Zu den turbulenten Umständen der Regierungsbildung vgl. FEUCHTE, Verfassungsgeschichte, 160. Zu einer ernsten Regierungskrise in Baden-Württemberg führten nicht wirtschafts- oder sozialpolitische Fragen, sondern die Diskussion um die Zustimmung zu den alliierten Verträgen Adenauers. Die SPD vermied den Bruch der Koalition, da die Schaffung einer neuen Verfassung im Südweststaat Priorität vor den außenpolitischen Vorstellungen der Gesamtpartei besaß (vgl. KS 101 [1953] Nr. 22, 404).

46 Ein Bericht über »[d]ie Vorgänge in Stuttgart« aus der Perspektive des bisherigen Staatspräsidenten von Württemberg-Hohenzollern, der sich gegen Äußerungen des neuen Ministerpräsidenten Reinhold Maier wehrte, bietet KS 100 (1952) Nr. 19, 307. Über entsprechende Auseinandersetzungen zwischen Müller und Maier berichtet auch KS 100 (1952) Nr. 44, 765 und Nr. 45, 794.

47 Hagen nahm auch wiederholt Stellung gegen Positionen der Gewerkschaft Erziehung und Wissenschaft zur Schulfrage, was ihn auch auf diesem Wege mit Ministerpräsident Maier in Konflikt brachte (vgl. KS 100 [1952] Nr. 50, 889 und KS 101 [1953] Nr. 11, 188).

48 In diese angespannte Lage fallen die öffentlichen Auseinandersetzungen mit Kultminister Schenkel, der sich wiederholt kritisch zur kirchlichen Definitionsmacht darüber, was »christlich« sei, geäußert hatte: KS 100 (1952) Nr. 27, 447; Nr. 42, 735 zitiert ihn mit den Worten: »Wir verbitten uns, daß gewisse Leute so tun, als hätten sie das Christentum für sich gepachtet. Es gibt nämlich Christen nicht nur in bischöflichen Ordinariaten und auf den katholischen Synoden des schwäbischen Oberlandes. Es gibt Christen überall, in Reutlingen ebenso wie in Stuttgart«. Bereits Nr. 10, 151f. hatte über ein Informationsblatt der Arbeitsgemeinschaft der katholischen Organisationen und Verbände Württembergs berichtet, das sich kritisch mit Schenkels 1931 erschienener Schrift »Das Doppelgesicht des Christentums« auseinandersetzte, in dem der Kulturkampf als eine Notwendigkeit beschrieben ist. Schenkel erklärte daraufhin in der Landtagssitzung vom 28.2.1952, daß die Schrift, die er Ende 1932 bereits aus dem Buchhandel zurückgezogen habe, nicht mehr seinen heutigen Auffassungen entspreche.

49 Weitere Beiträge des Sonntagsblattes zum Reichskonkordat im 101. Jahrgang (1953): Nr. 29, 531; Nr. 31, 568; Nr. 47, 858; Nr. 51, 946. Die Gültigkeit des Reichskonkordats war Gegenstand des Prozesses vor dem Bundesverfassungsgericht (1955–1957), den die Bundesregierung gegen die Schulgesetzgebung des Landes Niedersachsen angestrebt hatte. Das Verfassungsgericht bestätigte die Gültigkeit des Konkordates, dessen Schulartikel allerdings für die Länder nicht mehr bindend waren; vgl. FEUCHTE, Verfassungsgeschichte, 189–196. 202–207. 456–479 (Verfassungsänderung von 1967).

50 Zu den Reaktionen vgl. KS 101 (1953) Nr. 23, 421 (Justizminister Thomas Dehler [1897–1967], FDP, zur Eröffnung des Bundestagswahlkampfes seiner Partei: »Jesus Christus hätte einen solchen Geistlichen mit zornfunkelnden Augen von der Kanzel vertrieben!«) und Nr. 25, 460 (»Berliner Stimme« über die Reaktionen auf Dehler und Döpfner: »Wie könnte man im Land Adenauer es auch wagen, Kritik an der katholischen Kirche zu üben!«). Das Sonntagsblatt nutze beide Berichte, kurz vor der Bundestagswahl, um Döpfners Einlassungen zur FDP und SPD ausgiebig zu zitieren.

51 Ausführlich referiert in: KS 101 (1953) Nr. 6, 95f. Hier heißt es unter anderem: »Aber wir lassen uns dadurch nicht täuschen: hinter dem Kampf gegen die christliche Bekenntnisschule [...] steckt ein Plan, in dem die Sozialisten, Liberalen und Freimaurer einig sind. Sie wollen [...] den Einfluß der Religion und der Kirche auf das öffentliche Leben schwächen. Die verwässerte ›christliche‹ Gemeinschaftsschule wird die Vorstufe sein zur Schule ohne Christus und schließlich ohne Gott. [...] Auf diesem Wege hoffen sie das Christentum aus der Gesetzgebung und der Öffentlichkeit überhaupt ausschalten zu können«.

52 Kurz vor der zweiten Beratung der Schulartikel wandte sich Leo Schuler mit einem ähnlich differenzierten Artikel über das Elternrecht an die katholische Öffentlichkeit: KS 101 (1953) Nr. 17, 308 und Nr. 18, 328.

53 KS 101 (1953) Nr. 12, 202 (Gemeinschaft der katholischen Männer Deutschlands); Nr. 23, 418 (Wiedergabe des Papstbriefes an die deutschen Bischöfe vom 15.2.); Nr. 27, 494 (Kardinal Frings); Nr. 30, 546 (Bischof Machens von Hildesheim und Weihbischof Sedlmeier); Nr. 33, 604 (Wahlaufruf des Zentralkomitees der deutschen Katholiken); Nr. 34, 620 (Pax-Christi und Arbeitsgemeinschaft katholischer deutscher Frauen); Nr. 35, 634 (Bund der deutschen katholischen Jugend Freiburg); Nr. 35, 636 (ein Jungwähler – ein sehr polemischer Artikel; vgl. Nr. 38, 688); Nr. 36, 651 (deutsche Bischöfe; moderater der Wahlaufruf Leiprechts). Zur Abrechnung mit der Politik Maiers vgl. Nr. 34, 620: »Wir werden ihm die Antwort geben«.

54 Die oben erwähnten Nachweise von Kulturkampf- und Kampfterminologie bieten nur einen kleinen Ausschnitt aus einer unbeschreiblicher Fülle. Für Bischof Sproll ist der Kampf um die Schule ein »guter Kampf um den Glauben« (KS 95 [1947] Nr. 23, 137 [Anklang an 2 Tim 4,7!]); Bischof Keller sprach vom »Kalten Krieg« gegen die Kirche (KS 99 [1951] Nr. 37, 588). Die Rede ist von Kulturkampfstimmung, -parteien, -komplott, -kriegspfade, -utensilien, -zeit oder vom neuen Kulturkampf usw.

55 Als Beispiel seien summarisch aufgeführt: KS 100 (1952), 692 (»Damit sind wir wieder beim Dritten Reich angelangt«); KS 101 (1953) Nr. 26, 476 (»Ganz wie bei den Nationalsozialisten«); Nr. 31, 568; Nr. 35, 636 u.ö.

56 KS 99 (1951) Nr. 20, 314.

57 Vgl. die Stellungnahme in KS 101 (1953) Nr. 5, 76: »Billige Schlagworte wie ›katholischer Turnunterricht‹ und ›evangelische Mathematik‹ verraten die Gedankenarmut ihrer Urheber«.

Personenregister

Abe, *Obergerichtsdirektor* 194
Abeln, Reinhard 55
Adenauer, Konrad 307, 310, 315, 322, 324
Aich, Alfons 186
Allet, P. *SJ* 155
Aloysius, *Hl.* 122, 148, 154
Altmeyer, Karl Aloys 58
Anna, P. *SJ* 141, 155, 182
Arnold, Franz Xaver 107
Arnold, P. *CSSR* 155
Aßfalg, F. 81
Auer, Max von 74, 103

Bacci, *Msgr.* 35
Baden, Leopold von 196
Baden, von *Prinzregent* 205, 211
Barth, L. 262
Baumgärtner, *Caritasdirektor* 107
Benger, P. Michael *CSSR* 155
Bertram, Adolf Kardinal 31
Biedenbach, P. *CSSR* 155
Bismarck, Otto von 23
Bläsi, Franz 320
Böhler, Wilhelm 296f, 305, 318f, 321
Böll, Heinrich 37f, 59
Bolz, Eugen 33, 277, 281, 283f, 293
Braun, Adam 188
Braunmiller, Josef 256
Breucha, *Stadtpfarrer* 107
Brüning, Heinrich 276f, 279, 283, 289, 292, 294
Brunner, Carl 204, 225
Buchegger, Ludwig 199
Buohler, Johann Baptist 184, 186
Bürckel, Josef 29
Burger, Wilhelm 176, 198f
Buß, Franz Joseph Ritter von 129, 178, 227

Camerer, Johann Baptist 175
Cappellari, Mauro (s. auch Gregor XVI.) 223

Dalberg, Karl Theodor von 177
Dannecker, Anton von 212
Dehler, Thomas 324
Di Pozzo, P. *SJ* 155
Diepenbrock, Melchior von 115
Dietrich, Stefan 109
Dolfinger, Karl *SJ* 120, 155f, 177
Döpfner, Julius Kardinal 311, 324
Dorr, Karl 107
Dreher, Bruno 313
Droste-Vischering, Clemens August von 176, 201, 222, 267

Eberl, P. Hartmann 105
Ebersbach, Thorwart von 182
Ehard, Hans 308
Ehrensberger, P. *SJ* 155
Ehrle, Franz Kardinal 268
Epp, Franz Xaver Ritter von 31
Erath, Johann 188

Fieser, *Ministerialrat* 204
Fleischer, *Prof.* 100
Forsch, Philipp 224
Franke, Th. K. 262
Frick, Wilhelm 282
Frings, Joseph Kardinal 296, 306, 324
Fruzzoni, P. *SJ* 154f

Gams, (Bonifatius) P. Pius *OSB* 152, 156, 184
Gantert, *Stadtpfarrverweser* 107
Geissel, Johannes von 186
Gemmiger, P. Ludwig *CSSR* 134, 155, 181
Getzeny, Heinrich 33, 85

Goebbels, Josef   285, 294
Golther, Karl Ludwig   216
Göring, Hermann   282
Görres, Joseph von   267
Gotthelf, Jeremias   57
Gregor XVI., *Papst*   121, 182, 223
Griesinger, Carl Theodor   70, 102
Gröber, Adolf   23, 283
Gröber, Conrad   303, 311

Hagen, August   29, 34, 109, 226, 310, 322f
Hahnengreef, P. *CSSR*   155
Händel, *Ministerialrat*   222
Hänle, Johann   156, 185
Hanßler, *Stadtpfarrer*   107
Härtel, *Stadtpfarrer*   107
Haßlacher, P. *SJ*   137, 155
Hefele, Carl Joseph von   18, 21, 56, 266f, 273
Heinrich, Johann Baptist   195, 223
Hell, *Kaplan*   199
Henze, Winfried   59
Hescheler, Emil   229
Heuss, Theodor   300, 304, 321
Himmler, Heinrich   293
Himpel, Felix   109, 174
Hindenberger, *Domkapitular*   107
Hindenburg, Paul von   275f, 278f, 281–283, 285, 289, 292–294
Hirscher, Johann Baptist   187, 225
Hitler, Adolf   27f, 30f, 53, 274–287, 289, 291–295
Höfer, P. Anton *CSSR*   156, 185
Hoff, Luise   262
Hofmann, Ernst   301
Hölder, *Abgeordneter*   213
Hopf, *Abgeordneter*   213
Hornstein, Frhr. von   222
Hugenberg, Alfred   282–284, 289
Hummel, Theodor   120
Hurter, Friedrich   156
Huthsteiner, R.   230

Ignatius von Loyola   113
Innitzer, Theodor Kardinal   29

Jäggle, Johannes   182
Jasper, Gotthard   291f
Jaumann, Ignaz   227
Jedin, Hubert   59
Jeningen, P. Philipp *SJ*   55, 150, 184–186, 207
Johannes von Nepomuk, *Hl.*   154
Johannes XXIII., *Papst*   34f, 54, 59
Joseph II.   267

Kaas, Ludwig   285f, 294
Kah, *Familie*   266
Kaim, Emil   86, 304
Kaiser, Eduard   181
Kaiser, Franz   31f, 34–37, 59, 84, 86
Karl der Große   288
Kasper, Walter   51
Kastl, P. Lorenz *CSSR*   155
Kästle, *Kooperator*   199
Kautzsky, Karl   264
Keck, Alois   18, 37f
Keller, Johann Baptist von   190, 213
Keller, Michael   297, 322
Kepler, R. E.   230, 233
Keppler, Paul Wilhelm von   56f, 255, 266
Ketteler, Wilhelm Emmanuel von   113, 176, 194, 200, 204, 223, 225
Ketterer, P. *SJ*   155
Kieser, *Bürgermeister*   225
Kiesinger, Georg   315
Kinberger, Augustin   224
Kirchebner, P. *CSSR*   155
Koch, Wilhelm   33
Koch, *Präses*   297
König von Württemberg   212f, 216, 227
Kuhn, Johannes Evangelist   222
Kümmel, Konrad   17–21, 23, 26–28, 32, 34, 53, 56f, 60, 70, 72, 101, 266–268, 270f, 273
Küng, Hans   36
Küßwieder, Anton   224

Laib, *Pfarrer*   101
Lang, Berthold   299, 319

Lang, Lorenz 55
Lanz, Adolf 293
Laßmann, P. *SJ* 153, 155
Laubis, Leonhard 224
Lavall, von *Bürgermeister* 206
Leibbrand, Karl 165
Leiningen, Karl Graf von 201, 204f
Leiprecht, Carl Joseph 35f, 59, 86, 303, 307, 310f, 315, 322
Leiprecht, P. *SJ* 155
Leo I., *Papst* 72
Leo XIII., *Papst* 78, 233, 243, 268, 273, 292
Leppich, P. Johannes *SJ* 320
Liebig, Justus von 66
Linden, von *Minister* 213, 216
Link, P. Augustin *SJ* 156, 185
Linsenmann, Franz Xaver 181
Lipp, Joseph 109f, 117, 119, 143, 150, 158, 174, 184, 195, 210, 212f, 226
Löcher, Paul 17
Ludendorff, Ernst von 279

Maas, Heinrich 177
Machens, Joseph Godehard 324
Mack, *Abgeordneter* 222, 229
Maier, Reinhold 308, 312, 315, 323
Manteuffel, von *Minister* 116
Martin von Tours, *Hl.* 47–49
Marx, Wilhelm 299, 319
Mast, Joseph 56, 181, 188, 273
Mattes, P. Paul *CSSR* 155f, 185
Mattes, Wenzeslaus 273
Mauch, Andreas 177
Mayer, P. Rupert *SJ* 263
Meier, Johann Baptist 224
Melhem, P. *SJ* 155
Mense, *Oberkirchenrat* 297
Menzel, Wolfgang 113, 176
Mergenthaler, Christian 287
Merkle, Sebastian 17, 56
Miller, P. Anton *CSSR* 154f
Mittnacht, Hermann von 230
Mohl, *Abgeordneter* 213
Möhler, Johann Adam 217

Muench, Aloisius 307, 310f
Müller, Gebhard 307, 315
Müller, Hermann 275, 292
Müller, Richard 107
Müller, Wilhelm Karl 224
Müller, Willy 107
Murr, Wilhelm 284

Nachbaur, P. Karl Paul *SJ* 155f, 185
Napoleon Bonaparte 191, 214, 221
Neltner, P. *SJ* 153–155
Niemöller, Martin 321

Oehler, Anton 209, 226
Ottinger, P. *SJ* 154f

Pacelli, Eugenio (s. Pius XII.) 35, 287
Papen, Franz von 276, 278, 281–284, 287, 289
Parhamer, *Propst* 267
Pascher, Joseph 37
Paul VI., *Papst* 34, 56
Pfeiffer, *Dekan* 185
Pfister, Adolph 55
Pflanz, Benedikt Alois 101, 187
Pfluger, P. *SJ* 155
Piccard, Auguste 108
Piscalar, Johann 188
Piscalar, P. Alois Urban *SJ* 155f, 185
Pius VII., *Papst* 191, 214, 221
Pius IX., *Papst* 26, 121, 182, 202, 206, 215, 226
Pius X., *Papst* 23, 319
Pius XI., *Papst* 23, 38, 59, 298, 321
Pius XII., *Papst* 33-35, 306f, 309, 318f
Pollich, *Oberregierungsrat* 84
Prela, Viale 194, 222
Prestinari, Leonhard August 224
Probst, *Anwalt* 209

Rau, Gottlieb 181
Rauch, Wendelin 311
Rechberg, Albert Graf von 236
Reinhardt, Rudolf 186, 268

Reisach, Karl August Kardinal Graf von   177, 194, 215, 223
Renz, Uwe   38, 55
Reyscher, August Ludwig   213f
Rieß, Florian (ab 1857 *SJ*)   13, 15–20, 28, 32, 34, 36, 42, 55f, 61, 69, 101, 113, 120, 156, 167, 170, 175, 177f, 180, 183, 188, 190f, 195f, 201–206, 208–210, 217f, 221, 225f, 228f
Riffel, von *Ministerialrat*   222
Riswick, P. *SJ*   153
Ritz, Thaddäus   213, 227
Roder, P. *SJ*   115, 118, 153, 155, 157, 162
Roest, *Partikulier*   19
Roh, P. *SJ*   153-155, 197
Roncalli, Angelo Giuseppe (s. Johannes XXIII.)   35
Roothan, Philipp *SJ*   186
Rosenberg, Alfred   277, 280, 288, 292f
Rößler, Max   108
Rümelin, Gustav   213, 216, 226, 228
Ruth, *Oberamtmann*   225

Sägmüller, Johann Baptist   17, 56
Sarwey, Otto von   267
Schabet, *Kunstmaler*   140
Schenkel, Gottfried   323
Schlayer, Johannes von   213, 227
Schleicher, Kurt von   276f, 282
Schleyer, Peter Anton   198
Schlösser, Felix   37
Schlosser, P. *SJ*   155, 162
Schlotthauer, Reiner   55
Schmid, Carlo   304
Schmid, Johann Baptist   156, 186
Schmidlin, Joseph   222
Schmidt, Leopold   176, 222
Schmidt, Moritz von   194
Schmitt, Karl   224
Schmitz-Grollenburg, Philipp Moritz von   175
Schmöger, P. Karl Ernard *OSB*   156, 185
Schneider, Bernhard   111
Schneider, P. *CSSR*   132, 155

Schnitzer, *Abgeordneter*   213
Schuler, Leo   324
Schumacher, Kurt   322
Schuster, *Abgeordneter*   228
Schwarz, Franz Joseph   18, 56, 165, 187, 273
Sedlmeier, Wilhelm   306, 324
Seeger, *Obertribunalprokurator*   209
Seibold, Patriz   55
Senger, von *Amtmann*   208
Sengle, Matthäus von   120, 177
Simon, *Buchbinder*   181
Smeddink, P. *SJ*   132, 155, 162, 182
Sproll, Joannes Baptista   20f, 32, 57, 60, 70, 261, 284, 286, 289, 294f, 298, 300f, 303, 311, 319f, 322, 324
Stahl, Georg Anton von   119, 177
Stahl, Norbert J.   36
Standara, *Pfarrer*   205
Stärk, Franz   28f, 31f, 36, 57f, 60, 70, 78, 80, 85
Steinam, *Bürgermeister*   225
Steinhorst, Gertrud   86
Stemmer, Ernst   148, 183
Stengel, Franz von   194, 198
Stiegele, Paul   319
Stix, P. Leopold *CSSR*   155
Stohr, Albert   297
Stolz, Alban   69
Storr, Rupert   17
Straub, *Vikar*   188
Straubinger, Johannes   82f, 105
Strehle, Adolf   177
Supp, Friedrich   192, 222
Sydow, Robert von   222

Tendler, P. *CSSR*   154f
Thälmann, Ernst   278, 292
Theiner, Augustin   109, 174
Thelemann, Max   295
Thielicke, Helmut   321
Thömes, Nikolaus   19f, 61
Tillinger, Joseph   29, 58
Tüchle, Hermann   20, 28, 34f
Turban, *Assessor*   204

Uhl, Franz   37, 59, 315
Uhl, Stephan   15f, 18f, 55f, 61, 113, 163, 175f, 187f, 211–216, 218

Veser, Gerd-Otto   38
Veuillot, *Redakteure*   206
Vicari, Hermann von   15, 119, 177, 194, 197–206, 208, 210, 214f, 222f, 225
Vinzenz von Paul   113
Vögele, Josef   31
Vogl, P. Franz Seraph *CSSR*   141, 155
Vogt, Eduard   55
Vogt, P. Johann Wilhelm *CSSR*   155f, 185
Vosseler, *Pomologe*   65

Wacker, Theodor   56
Waldburg-Zeil, Ferdinand Georg von *SJ*   118f, 143, 153, 155f, 185
Waldburg-Zeil, Franz von   118
Waldburg-Wurzach, *Fürst*   140
Wanner, Gustav   19, 61, 101
Weber, Anton   107

Weiger, *Pfarrer*   107
Werdenberg, P. *SJ*   155
Werfer, *Pfarrer*   101
Werkmeister, Benedikt Maria   175
Wessenberg, Ignaz Heinrich von   177, 183
Widukind   288
Wiest-Ulm, *Abgeordneter*   222
Wilhelmi, *Stadtdirektor*   204
Winghofer, Michael   188
Wittig, Joseph   84
Wohnhaas, Andrea   55
Wolfegg, *Familie*   118
Wolker, Ludwig   87
Wurm, Theophil   303

Zech, P. *CSSR*   155
Zeiger, P. Ivo *SJ*   322
Zeil s. Waldburg-Zeil
Zeitlmaier, P. *SJ*   155
Zetkin, Klara   264
Zirnig, P. *CSSR*   155
Zweissig, P. *CSSR*   155

Die Autoren

Dr. Claus Arnold
geb. 1965; Studium der katholischen Theologie in Tübingen und Oxford; derzeit wissenschaftlicher Assistent am Seminar für Mittlere und Neuere Kirchengeschichte der Katholisch-Theologischen Fakultät an der Westfälischen Wilhelms-Universität Münster

Dr. Dominik Burkard
geb. 1967; Studium der katholischen Theologie in Tübingen und Freiburg i. Br.; derzeit wissenschaftlicher Mitarbeiter im Projekt »Inquisition, Indexkongregation und Imprimatur in der Neuzeit« (Johann Wolfgang Goethe-Universität Frankfurt/Westfälische Wilhelms-Universität Münster)

Marie-Luise Engelhardt
geb. 1971; Studium der katholischen Theologie und Geschichte für das Lehramt an Gymnasien in Frankfurt; derzeit Studienreferendarin in Frankfurt

Dipl. Theol. Jörg Seiler, M.A.
geb. 1966; Studium der katholischen Theologie und Geschichte in Würzburg; derzeit wissenschaftlicher Mitarbeiter an der Johann Wolfgang Goethe-Universität Frankfurt

Dipl. Theol. Barbara Wieland
geb. 1968; Studium der katholischen Theologie in Frankfurt und Mainz; derzeit Doktorandin im Fach Kirchengeschichte an der Johann Wolfgang Goethe-Universität Frankfurt

Prof. Dr. Hubert Wolf
geb. 1959; Studium der katholischen Theologie in Tübingen und München; derzeit Direktor des Seminars für Mittlere und Neuere Kirchengeschichte der Katholisch-Theologischen Fakultät an der Westfälischen Wilhelms-Universität Münster